KB270969

白山 李眞泰 博士 七旬 記念 論叢

神學과 敬虔

光神大學校出版部

THEOLOGY
AND
PIETY

Studies in honor of the Rev. & Dr. Jin-Tae Lee,
Emeritus President of Reformed Theological Seminary

Kwangshin University Press,
Gwang Ju, Korea
2002

白山 李 眞 泰 博士 近影

◆ 목회경력

1962. 9. 1 ~ 1964. 12. 31	대한예수교장로회 청암교회 전도사 및 강도사
1969. 6. 20	대한예수교장로회 군산노회에서 목사(교포 전도목사) 안수
1974. 11. 28 ~ 1975. 12. 30	서울대 전도를 위해 창립된 대학촌교회 초대 교회 (설교목사)
1976. 9. 1 ~ 1981. 8. 31	미국 오렌지한인교회 담임 목사
1984. 1. 1 ~ 1989. 1. 15	미국 L.A. 근교 나성한미교회 담임목사

◆ 저 서

신학 석사 논문 (Th.M.) 1967년

JOHANNES PEDERSEN ON "SHALOM": AN APPRAISAL OF JOHANNES PEDERSEN'S INFLUENCE ON OLD TESTAMENT STUDIES WITH SPECIAL REFERENCE TO HIS DISCUSSION OF "SHALOM" IN REALTION TO COVENANT AND SALVATION (Mentor, Dr. Martin H. Woudstra)

박사논문(Ph.D.) 1973년

THE UGARITIC NUMERAL AND ITS USE AS A LITERARY DEVICE (Mentor, Dr. Cyrus H. Gordon)

교수 연구 논문

안식일의 기원과 달신 숭배 (신학지남 42권 2집) 1975년

창세기 1:1-2:3의 문학적 구조: 우가릿 문학의 평행구문에 비추어 본 새로운 통찰 (개혁신학 창간호) 1994년

The Literary Structure of Genesis 1:1-2:3: A New Insight in the Light of the Ugaritic Parallels. (Acts Theological Journal vol. 1. 1984 Jan.)

하나님의 이름 : 여호와와 야웨 또는 얄뷀 (Jehovah와 Yahweh 또는 Yahveh) 신사훈 박사 기념 논총 (2002년 8월)

욥과 목회 심리학 (1984년 L.A. Christian Journal)

기독교적 복과 축복관, 기독교의 Shalom관, 구약의 축복 기도, 구약의 성령론, 새 시대의 창세기와 기타 여러 논문

白山 李眞泰 博士 略歷

◆ 출 생

1931. 1. 27 경남 마산시 문창교회 사택(목사관)에서 부친 이수현 목사와
모친 송귀내 권사의 2남으로 출생

◆ 결 혼

1962. 1. 9 부친 김세구씨와 모친 고복경씨의 4녀 김희선과 결혼

◆ 학 력

1950. 6. 19 ～ 1956. 9. 30　서울대학교 문리과대학 종교학과 문학사 (B.A)
1957. 3. 1 ～ 1962. 12. 13　대한예수교 장로회 총회신학교 (현 총신대학
　　　　　　　　　　　　　　신학대학원) 신학사 (M.Div.)
1965. 1. 28 ～ 1967. 5. 27　미국 미쉬간주 Calvin 신학교 대학원에서
　　　　　　　　　　　　　　신학석사 (Th.M.)
1968. 9. 1 ～ 1970. 6. 7　미국 메세츠주 Brandeis 대학교 대학원에서
　　　　　　　　　　　　　　고대근동학 전공 문학석사 (M.A.)
1970. 9. 1 ～ 1973. 6. 10　미국 메세츠주 Brandeis 대학교 대학원에서
　　　　　　　　　　　　　　고대근동학과 구약학으로 Ph. D. 학위 받음

◆ 경 력

1958. 3. 1 ～ 1960. 2. 28　정신여자고등학교 교사(독어과)
1974. 3. 1 ～ 1976. 2. 28　총신대학 구약학과 조교수
1977. 9. 1 ～ 1981. 10. 1　미국 L.A. 개혁장로교 신학교 설립.
　　　　　　　　　　　　　　구약학과 부교수, 학감.
1981. 10. 1 ～ 1984. 2. 28　한국 아세아연합신학대학교 구약학과 정교수
1981. 9. 1 ～ 1983. 6　미국 Fuller신학교 D. Min.과 협동교수
1984. 3. 1 ～ 1987. 1. 10　미국 L.A. 국제신학교 구약학과 교수
1987. 1. 16 ～ 1995. 3. 29　대한예수교장로회 총회 개혁신학연구원 원장
1995. 3. 29 ～ 2000. 2. 29　대한예수교장로회 총회 개혁신학연구원 및
　　　　　　　　　　　　　　개혁신학교 교장 및 구약학 교수
2001. 5. 7 ～　현재 대한예수교장로회 총회 개혁신학연구원
　　　　　　　　명예원장

獻　　辭

　학자요, 목회자요, 선생이신 白山 이진태박사의 70회 생신을 기념하여 *神學과 敬虔*이라는 논총을 출간하게 되어 하나님께 감사와 영광을 돌립니다. 白山 이진태박사님은 깊은 신학을 신앙으로 승화시킨 그리스도를 본받은 성숙한 인격의 목사님이셨습니다. 그리하여 교회와 후진들에게 예수님의 낮아지심을 몸소 실천해 보이셨고 이런 삶이 많은 후진과 제자들에게 은은한 감동으로 남아있습니다.

　이진태 박사님은 서울대학교에서 종교학으로 문학사를 공부하고 총신대학에서 목회학 석사를 공부함으로 학자의 길을 준비하셨습니다. 1965년에 도미하여 Calvin신학교에서 신학석사, Brandeis대학교에서 고대근동학으로 문학석사, 그리고 고대근동학과 구약학으로 Ph.D.를 받으셨고 고대근동학 문학석사과정에서는 고대 근동 연구를 위한 필수적인 언어인 영어, 불어, 라틴어, 헬라어, 그리고 히브리어를 비롯하여 아람어, 아케디아어, 히타이트어, 수메르어, 이집트어, 우가릿어 등을 공부하셨습니다. 특히 Ugarit 연구의 세계권위자인 Cyrus H. Gordon교수의 지도 아래 제출한 최종 박사학위논문은 지중해 연안 고대 근동학에 대한 연구로 이스라엘 민족이전에 Canaan지역의 문화와 종교를 대표하는 새롭게 발굴된 Ugarit언어와 설형문자로 된 토판을 해독함으로 그들의 종교와 이스라엘 종교와의 관계를 밝혀내는 성과를 올렸습니다. 이스라엘의 문화와 종교적인 배경과 고대근동학에 대한 이 논문으로 고대 근동학에 대한 새로운 학술적인 공헌을 인정받아 이 분야에서 세계적인 학자로 인정받았습니다.

　목회자로서 이진태목사님은 총신대학에서 목회학 석사학위를 받고 서울 청암교회에서 전도사로 시작하여 1969년에 군산노회에서 목사안수를 받고 학자와 목회자의 길을 걷습니다. 1974년 귀국 후 서울에서 대학촌교회를 설립하여 실질적인 목회자의 사역을 시작하여 1976년 미국 켈리포니아에 오렌지 한국장로교회 초대목사가 되어 1981년까지 목회하셨으며

1984년부터는 미국 나성한미교회 목사로 부임하여 1987년 개혁신학연구원 원장 취임이전까지 목회자의 삶을 사셨습니다. 이진태목사님은 깊은 신학을 목회에 적용하므로 깊이 있는 말씀으로 성도들을 목양하셨고 말씀보다는 삶으로 실천하는 선한목자의 본을 보여 주셨습니다.

선생으로서 정신여고 독어교사를 시작으로 하여 총신대학교 조교수, 미국 L.A.개혁장로교신학교 부교수, 아세아연합신학대학 교수, 미국 풀러신학교 D. Min. 협동교수, 미국 L.A.국제신학교 교수, 개혁신학연구원 원장 및 구약교수, 그리고 명예원장으로 후진들을 양성하셨습니다. 특히 개혁신학연구원의 격동기에 원장으로 부임하셔서 신학교를 세우기 위해 열정을 쏟으셨으며 말씀의 진리를 가르치는 학자로, 그 말씀을 실천하시는 인격자로 후진들을 가르치셨습니다. 교수사역 중에도 목회를 병행하며 신학을 현장에 적용시켰고, 후진들을 사랑하며 겸손함으로 교수하셨던 그 인격은 사제지간의 도를 잃어가는 21세기에 선생의 본을 남기셨습니다.

한평생 학자로, 목회자로, 선생으로 살아오신 白山 이진태박사의 생애와 업적을 기리기 위해 동료, 후배, 제자들이 감사함으로 기고한 글들을 모아 이 논총을 간행하게 된 것을 하나님께 감사드립니다. 이 논문집을 통해 하나님 나라를 세우기 위해 빛과 소금의 삶을 사셨던 그 깊으신 뜻이 조금이라도 표현되기를 바랍니다. 개혁신학원구원의 명예원장으로 한국교회와 후진들에게 높은 인격과 깊으신 학문을 통해 계속적으로 감화를 주심에 감사드리며 이 책을 드립니다.

2002년 9월 일

白山 이진태박사 70회 생신 기념 논총 편집위원회

祝　　辭

변 한 규 *

　1986년 1월, 눈이 펑펑 쏟아지던 날, 윤남중 선배 목사님과 함께 노스웨스트 항공기를 타고 미국으로 향했습니다. 당시 미국에서 목회하고 계시던 이진태 박사님을 본교단 신학교 원장님으로 모셔오기 위함이었습니다. 물론 그 길이 이박사님께는 고난의 길이었지만, 한국교회를 위해 후진을 양성해야 한다는 시대적 사명에 순응하셔서, 오늘에 이르셨습니다. 내조하시는 사모님께도 한없는 감사와 격려의 박수를 보내고 싶습니다.

　「백산 이진태 박사 칠순 기념 논총」 편집 위원으로부터 논총 발간에 부쳐 축하의 글을 써 달라는 청탁을 받고서, 시 126:5-6이 떠올라 그 말씀을 되풀이하고 싶습니다. 이 말씀은 이진태 박사님의 「명예원장 추대식 및 사은의 밤」 행사 때에 설교한 내용으로 이진태 박사님의 고결한 생애를 필자의 나름대로 ①울었다 ②뿌렸다 ③거두리로다 등의 단어로 요약하고 싶기 때문입니다.

　　본문에 「눈물을 흘리며」(5절) 했는데, 이진태 박사님은 한국교회와 보수신학계를 위해서 남모르게 눈물을 그토록 많이 흘리신 분이십니다. 또 본문에 「뿌리는 자」(5절)라고 했는데, 이진태 박사님은 강단에서 복음의 좋은 씨를 평생토록 뿌리셨고, 씨 뿌리는 농부처럼 보수주의 토양에다 순수한 성경신학의 씨만 뿌리면서 살아 오셨습니다. 그리고 본문에 「기쁨으로 거두리로다」(5절)고 했는데, 이제부터 이진태 박사님께는 기쁨으로 단을 거두는 삶만 남아 있으니 하나님께 영광이 될 줄로 믿습니다.

---

* 총회개혁신학연구원 원장, 광신대학교 전체이사장, 광주중앙교회 담임목사, D.Min., D.D.

　실로 백산(白山) 이진태 박사님은 평생을 후진 양성을 위해서 헌신하신 이 시대의 참된 목회자요, 상담자요, 신학자로 살아있는 스승 중의 한 분이십니다. 항상 경건에 힘쓰며 진리를 사랑하고 정의를 위해 솔선수범함으로 하나님 나라 건설에 선두 주자로 뽑히실 분으로 믿고 존경하고 싶습니다.

　오늘도 몸이 불편한 중에서도 노심초사 기도와 묵상으로 집필 활동에 몰두하시는 이진태 박사님은 참으로 후진들의 등불이요, 자랑이요, 축복이요, 영광이 아닐 수 없습니다. 그의 업적을 오래도록 기리면서 감사하고 싶습니다. 금번에 그의 칠순을 기념하여 선배, 후배, 동료들이 「이진태 박사 칠순 기념 논총」을 발간하게 됨을 마음껏 축하하면서 존경하는 이진태 박사님의 앞날에 기쁨으로 단을 거두는 축복이 내내 함께 하시기를 주님의 이름으로 기원합니다.

祝　辭

나 학 수 *

　이진태 박사님의 칠순기념 논총이 발간되게 됨을 기쁘게 생각하며 하나님께 감사를 드립니다.

　우리가 잘 아는대로, 이진태 박사님께서는 한 평생을 하나님의 종들을 훈련시키는 일을 위하여 헌신하시는 가운데 학문과 신앙을 겸비하셨을 뿐만 아니라 항상 겸손과 넘치는 사랑을 가지고 모든 사람에게 귀감을 보이셨습니다. 특히, 우리 교단의 어려운 상황과 곤란 속에서도 지금까지 산처럼 혹은 바다처럼 묵묵히 자리를 지키면서 학자로서, 스승으로서 교단과 많은 후학들에게 크고 작은 감화를 끼쳐오셨습니다. 그래서 이박사님께서 우리 개혁신학연구원의 명예원장님으로 계시는 것만으로도 은혜스러운 일이며, 학교의 자랑이며 기쁨이 됩니다.

　그러므로 이번에 이박사님의 칠순을 기념하여, 하나님의 일을 위해 헌신하신 그 분의 뜻을 기리면서 논총을 발간하게 된 것은 교단적으로도 의미 있는 일이며, 우리 모두 기뻐해야 할 일이라고 생각됩니다.

　이박사님을 존경하는 모든 분들을 대표하여 저명하신 분들께서 이 기념논총에 옥고(玉稿)를 기꺼이 제출해 주신 일도 귀한 일이라고 생각합니다. 글이란 내용 자체도 중요하지만, 글을 쓰신 분의 인격에서 풍기는 영성이 다른 사람에게 더 큰 감동을 주는 것이기에 이 기념논총의 의미가 더욱 깊다고 할 것이며, 한국 교회의 모든 하나님의 종들에게 감동을 주는 글이

---

* 총회개혁신학연구원 이사장, 광주겨자씨교회 담임목사

될 것으로 믿습니다.

　이 논총을 읽는 모든 분들이 자신의 신학사상을 점검하고, 영적인 자기관리를 하는 기회가 되기를 바라고, 또 학문을 연구하는 모든 분들은 공부를 위한 공부보다 삶을 공부한다는 자세로 이 논총을 대함으로써 예수 그리스도의 장성한 분량에 이를 수 있는 좋은 기회가 될 수 있기를 기원합니다.

　끝으로, 존경하는 이 박사님께서 남은 생애 동안 소망을 주님께 두시고, 건강하게 사시기를 원합니다.

내가 본 이진태 목사

윤 남 중 *

"大海不棄淸濁"이라는 말이 있다. 큰 바다는 맑은 물이나 더러운 물이나 버리지 않는다. 즉 바다와 같은 마음을 가진 사람은 맑은 사람이나 더러운 사람을 버리지 않고 다 받아드린다는 뜻 일게다. 이진태목사를 볼 때마다 바로 "대해불기청탁"이란 말을 생각한다. 1985년 개혁신학연구원 이사회는 이박사를 원장으로 청빙하기로 결의하여 나는 미국에 사는 이박사를 모셔 오도록 부탁받았다. 사실 미국생활을 잘 아는 나로서는 그의 안정된 삶을 하고 있는 그를 한국에 가자고 하는 것이 미안하고 무리한 요구였다. 그렇다고 학교사정이 안정된 형편이 아니었다. 그러나 이박사는 한국교회를 사랑하는 마음으로 원장으로 부임한 후 유능하고 훌륭한 교수들을 초빙하여 신학교다운 교수진영으로 기반을 다져나갔다. 그러나 생래적으로 편 당을 좋아하는 분들에 의해 교단이 갈라지자 신학교도 일부 정치교수들이 따라가 두 개의 신학교가 되고 이박사는 그때부터 말할 수 없는 어려움을 당하게 되었다. 그렇지만 세월이 흘러 이목사님이 비록 시련을 당했지만 그 소용돌이 속에서도 학자로서, 목사로서 스승으로서 그의 고매한 인격이 빛나는 발자취를 남겨 존경과 사랑받는 스승의 모델로 평가받게 된 것을 기쁘게 생각한다.

이 박사는 모든 일을 공의로우신 하나님께 맡기고 오래 참는 덕성을 가

---

* 새순교회 원로목사, 본 교단 증경총회장, D.Min., D.Honor

졌다. 우리 교계가 편을 가르면은 이성을 잃고 존경하는 스승도 동기동창도 친구도 없다. 거짓말로 음해를 당할 때에도 같이 흥분해서 무슨 행동을 할 만한데도 그는 "곤욕을 당하여 괴로울 때에도 그 입을 열지 아니하였고." 끝까지 참고 조용히 공의로우신 하나님께 맡기고 하나님의 판단을 기다리는 모습은 구약 학자다운 면을 볼 수 있다.

이박사는 온유한 덕성을 지녔다. 자기를 모해하고 모욕을 준 사람들에게도 원망 한마디 없다. 같이 일하는 사람이 답답하고 분개하리만큼 상대방에게 관용하다. 로이드 존스가 온유에 대해 "겸손하고 너그러운 태도를 나타내는데 있어 자신에 대한 참된 평가에 의해 결정된다"고 말했듯이 자신에 대해 정직한 평가를 하면 남을 그렇게 비난하거나 혹평할 수 없는 것처럼 이목사는 남을 비판하는데 동조하지 않고 침묵으로 일관한다. 그것은 그의 얼굴과 온유한 모습에서도 읽을 수 있다. 아세아연합신학대학원 교수로 있을 때 이목사와 훌러신학교에서 adjunctive 교수로서 한 학기 연구할 때 Samuel Southard 교수가 그의 온유와 겸손한 덕성을 보고 높이 평가한 것을 나는 기억한다.

이박사 주변 사람들은 이박사를 속이 텅 비어 우유부단한 목사라고 수군거린다. 그러나 내가 보기에 그는 주님 섬김에 있어 속(마음)이 빈(empty) 사람이 아니라 그의 마음을 전적으로 비운(clear and pure)사람이다. 마음이 가난하기 때문에 세상사에서는 부족할 지 모르지만 영적으로는 더욱 풍요로운 사람이다. 그래서 바다와 같이 넓을 수 있다. 그렇기 때문에 더러운 것들도 받아들일 수 있었으리라. 요즘 흔히 말하는 정치목사 정치교수들의 마음이 매우 복잡하다. 윗사람의 비위 맞추고, 어느 편에 줄을 서야 안전한가 참으로 처세하기 힘들다고 한다. 그러나 마음을 비운 사람, 즉 예수님이 말씀하시는 가난하고 순수한 품성의 소유자가 얼마나 편하겠는가, 이목사는 일찍 그것을 터득한 탓일까 그는 철하게 정치교수가 아니다. 그는 순수하고 성숙한 가르치는 구약학자이다. 그래서 그는 적(敵)이 별로 없는 것 같다. 그는 누구와도 친하다. 그는 학생들을 사랑하고 학교를 위해 그의 소유를 아낌없이 바친 분이다. 그래서 그들에게서 사랑과 존경을 받고 있고 제자들이 그의 생활을 염려한다. 나는 2001년 5월 7일 이박사를 개혁신학원 명예원장에 추대할 때 그의 제자들이 그를 얼마나 존경하고 아끼는지를 나의 축사 일부를 인용하므로 마감하고자 한다. "...나는 이 시간 이박사와 제자들 사이에 신의와 아름다운 정을 생각할 때 노사도 바울과 그의 제자와의 끈끈하고 깊은 우애 정을 생각합니다. 옥중생활에 외로웠던 바울 사도가 사랑하는 제자 디모데를 통해 고백하기를 "'아시아에 있는 모든 사람이 나를 버린 이 일을 네가 아나니 그 중에 부겔로와 허모게네가 있느니라. 원컨대 주께서 오네시보로의 집에 긍휼을 베푸시옵소서 저가 나를 자주 유쾌케 하고 나의 사슬에 매인 것을 부끄러워 아니하여 로마에 있을 때에 나를 부지런히 찾아 만났느니라. 원컨대 주께서 저로 하여금 그 날에 주의 긍휼을 얻게 하여 주옵소서(딤후 1:15-17)' 이목사님에게는 숨은 오네시보로와 같은 수많은 제자들이 있음을 보고 부러운 마음으로 축하드립니다. 오늘 이 축하연으로 말미암아 이목사님께 늘 빚진 마음으로 살았는데, 이목사님의 제자인 동시에 내 제자들이기도 한 사랑하는 오네시보로와 디모데들의 정성어린 축하연으로 어느 정도 보상을 할 수 있게 된 것을 다행으로 생각합니다...." 이목사님에게 "대해불기청탁"이라는 말은 결코 과장은 아닐 것이다.

安息日의 起源과 달神 崇拜
- 舊約의 달력에 대한 考察 -

이 진 태 [*]

序 論
I. 古代 社會의 달(יָרֵחַ)의 崇拜
II. 月 朔(חֹדֶשׁ)
III. 보름달(כֶּסֶא)
IV. 비 판

序 論

舊約 聖經 王下 4:33, 사 1:13, 호 2:11, 암 8:5 등에 月朔과 安息日이 같이 기록되어 있다. 學者들 중에는 이 두 날을 달神 崇拜와 關係되어 있다고 보며 安息日의 起源을 달과 관계지으려고 한다. 안식일의 起源에 대한 硏究는 19世紀부터 20世紀에 들어와 현재까지 많은 學者들[1]에 의하여 꾸준

---

[*] 총회개혁신학연구원 명예원장, 구약학(Ph.D.)

[1] Cf. W.Smith, K.Marti, T.Cheyne, "Sabbath", *Encyclopedia Biblica*, IV(1903), pp.4173-4180; T.Pinches, "*Sapattu, the Babylonian Sabbath*", *Proceedings of the Society of Biblical Archaeology*, 26(1904), pp.51-57; J.Hehn, *Siebenzahl und Sabbat bei den Babyloniern und im Altern Testament*(Leibzig: J.C.Hinrichs'sche Buchhandlung, 1907,1968); H.Webster, *Rest Days; A Sociological Study* ("University Studies", Vol. XI ; Lincoln, Nebraska: Jan.-Apr., 1911), pp.62-65; B.Landsberger, *Der Kultische Kalender der Babylonier und Assyrer*(Leibzig: J.C.Hinrichs' sche Buchhandlung, 1915,1968); M.Nilsson *Primitive Time*

히 계속되고 있으며 여러가지 說이 있는데 그 형편을 우리는 E.G.Kraeling
의 論文 *The Present Status of the Sabbath Question*[2]이나 近來의 것으로
는 R.North의 *The Derivation of Sabbath*[3]나 H.-J.Kraus의 *New Moon and
Sabbath*[4] 등에서 볼 수 있으나 定說이 없는 中에 안식일과 달을 관계시키
는 說은 아직도 하나의 중요 學說로 꾸준히 主張 되어지고 있다.[5] 이 問題
는 비단 安息日의 문제일 뿐만 아니라 舊約의 달력이라는 복잡하고도 매우
重要한 問題들을 內包하고 있으며, 여러 절기가 이에 따라 定해지고 그 배
경은 달(month)과 날의 계산과도 關聯되어 창조기사와도 관계가 있게 된

Reckoning(Lund: C.W.K. Gleerup, 1960), pp.147-172; N.H.Tur-Sinai, "Sabbat
und Woche", *Bibliotheca Orientalis*, 8(1951) 14-24; K.Budde, "The Sabbat
and the Week", *JTS* 30(1929), pp.6-9; J.Meinhold "Zur Sabbathfrage", *ZAW*
48(1930), pp.121-138; K.Budde, "Antwort auf Johannes Meinholds 'Zur
Sabbathfrage'", *ZAW* 48(1930) pp.138-145; J.Morgenstern, "Supplementary
Studies in the Calendars of Ancient Israel," *HUCA* 17(1935), pp.15-28; H. and
J. Lewy, "The Origin of the Week and the Oldest West Asiatic Calendar,"
HUCA, 17(1942-1943), pp.1-152; S.Gandz, "Studies in the Hebrew Calendar,
I." *JQR*, 39(Jl. 1948-Apr. 1949), pp. 259-281; R.Parker, *The Calendars of
Ancient Egypt* (Chicago: University of Chicago Press, 1950), pp. 2-10, 28-50;
S. Gandz, "Calendar of Ancient Israel," *Homenaje a Millás-Vallicrosa*, I
(Barcelona: Consejo Superior de in Vestigaciounes Cientificas, 1954), pp.623-
646; N.Snaith, *The Jewish New Year Festival* (London: Society for Promoting
Christian Knowledge, 1947), pp.88-130; J. Segal, "The Hebrew and the
Calendar," *JSS* 6(1961), pp.74-94; J.Morgenstern, "Sabbath", *IDB* Ⅳ (1962),
pp.135-141; E. Lohse, "σάββατον," *TWNT* Ⅶ (1964); 英語 번역판으로는
*Thelogical Dictionary of the N.T.*이며 자세한 Bibliography가 있는데 그 중에서
footnote 11에 있는 N.H.Torczyner는 本來(論文 그 自體를 볼 때) N.H.Tur-Sinai
이며 다른 舊約學者 H.Torczyner ("Riddle in the Bible," *HUCA*, I, 1924,
pp.125-149)와 혼돈없기를 바란다.

[2] E.G.Kraeling, "The Present Status of the Sabbath Question," *AJSL* 69(1933),
pp.218-228.

[3] R.North, "The Derivation of Sabbath," *Biblica*, 36(1955), pp.182-201.

[4] H.-J.Kraus, "New Moon and Sabbath," *Worship in Israel*, trans. by G.Buswell
(Richmond, Va:John Knox Press, 1965), pp.76-88.

[5] Cf. E.G.Kraeling, *op. cit.*, p.219 이곳에서 그는 다음과 같이 말하고 있다.
"Undoubtedly the outstanding lunar theory is that which connects the origin of
the Sabbath with the full moon. It operates with the notion of a Babylonian
Origin, and is the most strongly fortified of all current theories."

다. 本 論文에서는 이 모든 것을 다 論할 수는 없으나 다만 問題點들을 紹介하고 舊約의 올바른 理解에 도움이 되기를 원하여 安息日과 달神 崇拜와 連結시키는 說의 모순점을 論하고자 한다.

1. 古代 社會의 달(יֶרַח)[6] 崇拜

달은 現代人의 科學의 진수를 모아 실험하고 탐구하는 대상이 되었을 뿐만 아니라 古代 世界에서도 人間들의 중요한 관심의 대상이었다. 달이 밤하늘에 나타난 歲月이 흐르는 것을 측정할 수 있게 하는 것을 보아 Egypt에서 달神을 Thoth[7]라고 불렀는데 "측정의 神" 또는 더 나아가서 "知識과 지혜의 神"이며 한편으로 Mesopotamia에서는 Nanna(r) 또는 Sin[8]이라고 불렀는데 그것도 역시 "지혜의 神", "知識의 主" 또는 "빛을 주는 能力의 神"[9]이었고 男神 또는 女神으로 나타났다.

특히 近東地方의 유목地帶 또는 사막지대에서 낮에는 너무 더워 밤에 여행하고 밤에 活動을 많이 하였는데 그 밤하늘에 매일같이 나타나고 매일같이 변하며 없어졌다가 다시 소생해 나가며 특히 어느 때는 突然히 없어지기도 하는 (월식) 밤의 主人公같은 달은 일찍부터 神格化되어 崇拜의 對象이 되었다.[10]

---

[6] יֶרַח는 모든 "셈"語에 공통된 말로서 Akkadian으로는 *(w)arḫu*, (=way, 달의 軌道, moon, month, *ūm arḫi*=new moon day) Cf. C.Bezold & Götze, *Babylonisch-Assyrisches Glossar* (Heidelberg: 1926), p.66; Ugarit, *yrḫ*; Phoenician *yrḫ* 등이며 T.H.Gaster, "Moon," *IDB*Ⅲ, P.436(Cf. L.Köhler, *KB*, p.404)에 יֶרַח를 動詞 אָרַח(여행하다, be on the road)와 연관된 것으로 보는데 마치 달이 밤 하늘의 軌道를 바삐 가는 여행자 또는 放浪者 같이 보여지기 때문이다.

[7] Thoth는 Greek로써 *θωύθ*; 애굽語로는 (*Ḏḥwty*; the ibis-god) cf. A.Gardiner, Egyptian Grammar (London: Oxford University Press, 1969) pp.470,604,627.

[8] Sumeria말로는 *NANNA* 또는 *NANNAR*라고 읽고 Akkadian으로는 *Sîn*이라고 읽는데 달 또는 달神이다. Cf. René Labat, *Manuel d'é-pigraphie akkadienne* (Paris: Imprimerie Nationale, 1963). p.153; W.von Soden, *Akkadisches Hardwörterbuch* (Wiesbaden: Otto Harrassowitz, 1972), p.1046.

[9] Cf. M. Jastrow, *Die Religion Babyloniens und Assyriens* (Giessen: Verlag von Alfred Töpfelmann, 1912) p.775; Jastrow, *The Civilization of Babylonia and Assyria*, pp.157,222-3.

달이 地上의 모든 生産과 밀접한 관계가 있다는 것은 古代 世上의 通常
的인 생각이었다. 밤에 이슬을 내려 植物들을 자라게 할 뿐만 아니라 人間
과 家畜의 生産까지도 관계하는 것으로 보았다.

C.L.Woolley의 Ur 發堀보고[11]에 의하면 古代 Mesopotamia Ur의 第三王朝
(약 2060-1950 B.C.)에 달神 Sin이 多産의 상징인 黃金송아지에 判月形 뿔을
가진 우상으로 崇拜되었으며 이 달神 崇拜의 中心地가 Ur와 Haran이었다.[12]

창세기 12장에 야웨 하나님께서 이러한 달崇拜에서 아브람으로 하여금
떠나게 하신 것이다. 달崇拜의 깊은 영향은 Abraham 一家의 이름들 중에
서 즉, Terah,[13] Laban, Sarah, Milcah[14] 등이 달神과 관계된 이름이라는 것

---

[10] Cf. A.Jirku, "Der Kult des Mondgottes im altorientalischen Palästina-Syrien,"
ZDMG 100(1930), 202-4; H.W.F.Saggs, *The Greatness that was Babylon* (New
York: The New American Library, 1962), p.317; A.F.Key, "Traces of the
Worship of the Moon God Sin among the Early Israelites," *JBL* 84(1965), p.
20; Key는 달神 Sin의 崇拜는 적어도 第3 Ur 王朝 卽 약 2060-1950 B.C. 以前으
로 올라간다고 보고하고 있다.

[11] C.W.Woolley, *Ur Excavations: The Royal Cemetery*, II, plate 107, and pp.69-70
of the text..

[12] A.Jeremias, *The O.T. in the Light of the Ancient East: Manual of Biblical
Archaeology* (London; Williams & Norgate, 1911), p.102; J. Bright, *A History
of Israel* (Philadelphia: The Westminster Press, 1959), p.80; Jastrow, op. cit.,
p.157. A.Leo Oppenheim, *Ancient Mesopotamia: Portrait of a Dead Civilization*
(Chicago: The University of Chicago Press, 1964), p.195.

[13] 이들 이름들 중 우선 תֶּרַח의 이름을 考察하여 보면, 1) Akkadian turāḫu에서
왔으며 뜻이 그전에는 거젤羚羊(gazelle)으로 近來는 "野生의 山羊"(ibex)으로 알
려지며, Cf. C.Bezold & A.Götze, *Babylonisch-Assyrisches Glossar*(Heidelberg:
Carl Winter's Universitätsbuchhandlung, 1926), p.295; L.Köhler, *KB*, p.1041,
R.Smith에 의하여 "a totem clan-name" [J.Skinner, *A Critical and Exegetical
Commentary on Genesis, ICC*(Edinburgh: T. & T. Clark, 1951), p.232]이든지
또는 그 뿌리가 半月形 모양을 가지고 있어 일찍부터 Ishtar와 관계되어지며 달
과 연관성이 있다고 보며 (Cf. G.W.Gilmonc, *NSHRE*, Vol. VII, p.493),

   2) F.Delitzsch, *Prolegomena eines neuen hebräisch-aramäischen Wörterbuchs zum
A.T.* 1886, p.80는 Terah이름을 Mesopotamia의 북쪽 또는 Haran근방에 있는 *Til-ša-
turâḥi* (Terah의 언덕 또는 동네)와 연결지어 보며(Cf. "TERAH," *IDB* IV, p.574),

   3) P.Jensen, "Hittiter und Armenier," *ZA*, VI, p.70은 Terah를 Hittite와
N.Syria의 神 Tarhu와 연관짓고 있으나,

   4) R.Dussaud, *Revue de I'Histoire des Religions*, 107, 5ff에서 תֵּימָן이 יָמִין에
서 온 것 같이 תֶּרַח도 ירח(יֶרַח=month יָרֵחַ=Moon)에서 나왔다고 보며,

을 통해서도 볼 수가 있다. Israel이 征服하기 전의 Canaan에도 이미 달崇拜는 잘 알려져 있었고 最近 밝혀진 Ugarit 文書들에 의하면 달神에 대한 祭物들이 明示되어 있다.[15] 舊約안에서도 욥이 달 崇拜에 대해서 말한 것 등으로 그 자취를 엿볼 수가 있다(욥 31:26-27).

Ⅱ. 月 朔(חֹדֶשׁ)[16]

달의 모양이 변하는 중 처음 나타나는 월삭과 보름달이 특별히 중요하였다. 월삭(New Moon)은[17] 古代 社會에 널리 알려진 祝祭日이며 月末에 사

---

5) 특히 Julius Lewy, *HUCA*, 19(1945-1946)에 *Têr*는 달을 뜻하는 South Arabic 말 ﻋﺒﺪ (שׁהרן)의 方言的 변형이며 *Têr*은 Harran 地方에서 알려진 달神이며 Terah는 따라서 "*Têr* is (the divine) brother خ'/ (or protector)"로서 Abraham의 아버지나 또는 그의 祖父가 달神 崇拜者이었다는 것이다. cf. A.F.Key, *op. cit.*, p. 21; Hans Wehr, *A Dictionary of Modern Written Arabic*, ed. by J.M.Cowan, (New York: Cornell University Press, 1966) p.490. 이 以外에도 Ugaritic을 보면 *terah*의 起源으로 *trh*를 생각할 수 있는데 그 뜻은 動詞로는 "to acquire a woman for marriage by paying the bride-price"이며 名詞로는 "bridegroom" (Krt: 100,189). Cf. C.H.Gordon, *Ugaritic Textbook* (Rome: Pontificum Institutum Biblicum, 1965), p.499이나 여호수아 24:2을 보면 Terah가 江 저편에서 다른 神을 섬겼다고 하였으니 달神 崇拜의 中心地 Ur와 Haran에서 살았던 Terah의 이름은 以上의 여러가지 考察로 볼 때 달神과 聯關된 이름임을 잘 이해하게 된다.

[14] Laban, לָבָן(=white)은 "하얀者"로서 לְבָנָה(=보름달)와 聯關되어 있다. Cf. J.Lewy, "Les Textes Paléo-assyriens et I'Ancien Testament," *RHR*, Vol. 110, 1934 pp.44ff. Amorite 이름에 *labanâ-ilâ*(=달은 神이다) Cf. Lewy, "The Old West Semitic Sun-God Hammu," *HUCA*, Vol. 18, 1944, p.434이라는 것도 있어 이 이름이 달과 聯關된 이름임을 잘 알 수 있다. Sarah(=Princess)와 Milcah(=queen)들도 모두 달 女神에 대한 칭호들로 알려져 있다. Cf. *NSHRE* Vol. Ⅶ, p.493.

[15] Ugarit 儀式文書 Text 1 : 14; 5 : 10-11 : *ṭql · ḥrs · lšpš · wyrḫ*="한 세겔의 金을 太陽神과 달神에게" cf. C.H.Gordon, *op. cit.*, p.160,414; J.C.de Moor, "The Semitic Pantheon of Ugarit," *UF*, Ⅱ (1970), p.193.

[16] חֹדֶשׁ, Akkadian: *edēšu* (m)=neu sein, werden, cf. W.von Soden, *op. cit.*, p.186. Ugaritic: *ḥdt*="new"의 Cognate로써 *ymḥdt*는 "day of new moon"(Gorden, *UT*, p.395)이며 Herbrew חֹדֶשׁ는 "새로운"이라는 뜻 뿐만 아니라 本來 "빛나는" 또는 "반짝 빛나는 월삭"이란 뜻이었는데 월삭 祝祭日을 가리키게 되었다. Cf. Solomon Gandz, "Studies in the Hebrew Calensar," *JQR* 39 (Jl. 1948-Apr.1949), p.260; 이에 반하여 N.H.Snaith는 חֹדֶשׁ를 "보름달"로 보고 있다. Cf. N.H.Snaith, *Jewish New Year Festival* (London: Society for Promoting Christian Knowledge, 1947), pp.85ff.

라져 없어진 달이 數日 後 다시 소생하여 나오는 것을 古代人들은 월삭 모양이 날쌘 검같아 마치 그 검으로 惡龍을 정복하고 勝利하여 돌아오는 개선장군과 같이 歡喜를 가지고 맞이하고 있다.[18] A.Jeremias[19]가 "할렐루야"의 "할렐루"(찬양)가 월삭(=Hilāl)[20]에서 나왔다고 說明하는 것을 보아도 古代人들이 얼마나 이 날을 즐겼는가 알 수 있다. 舊約에서 이날은 다른 祝祭日과 더불어 중요한 날로 지켜지고 있으며(호 2:11) 그날에는 安息日과 같이 일이나 장사를 못하게 되어 있고(암 8:5), 선지자들이 예언을 받기도 하며 (겔 26:1, 29:17등등) 또한 선지자들을 찾아가기도 하였다(王下 4:23). 그날에 드리는 祭物은 안식일에 바치는 것보다 더 많이 바쳤고(민 28:11-15, 겔 46:6), 온 宮中이나 一家가 모이기도 하였다(삼상 20:5-6).[21]

---

[17] 天文學上의 New Moon과 古代社會(舊約포함)의 New Moon과는 차이가 있다. 古代는 肉眼에 의한 觀察[Cf. J.B.Segal, "Intercalation and the Herbrew Calendar," *VT* 7(1957), p.253, n4]에 근거하며 現代의 New Moon은 後述하는 대로 (footnote 50 參照) 肉眼으로 볼 수 없다.

[18] Cf. Jeremias, *op. cit.*, pp.110ff, W.Robertson Smith, et al., *op. cit.*, p.4179.

[19] *Ibid.* 특별히 p.110 notes 3,4.

[20] Hebrew הַלֵּל은 찬양하다, 기뻐하다의 뜻이다. 그러나 Semitic *hll*은 "new moon"도 생각할 수가 있다. Ugaritic Text 77:6,40-41, 41-42 등에 "*bnt hll*"라는 말이 나온다. hll은 Virolleaud(*Syria*, XVII, 214)가 "*Hilāl*"(=croissant lunaire)라고 읽었다. Arabic New Moon은 هِلَال 이며 "*bnt hll*"은 "Songstresses"이며 文字的으로는 "The daughter of the New Moon"라고 볼 수 있다. Gordon. *UT*. p.390; Cf. A.Goetze, The Nikkal Poem from Ras Shamra", *JBL* LX(1941), p.360. 그러므로 Arabic هَلّ (hall)은 ①to appear New Moon; ②to shout with joy"(Cf. Hans Wehr, *op. cit.*, p.1030.)이어서 New Moon이 나왔을 때의 歡喜를 뜻한다고 본다. *hll*과 Herbew הֵילֵל에 대해서는 Cf. L. **Köhler**, *KB*. p.231; P.Grelot, "Sur Vocalisation de הֵילֵל(Is, XIV 12)." *VT* 6(1956), pp.303-304; B.S.Childs, *Myth and Reality in the Old Testament*(London: SCM Press Ltd, 1962), pp.69-70; E.J.Young, *The Book of Isaiah*(Grand Rapids: W.B.Eerdmans, 1965), p.440, n 77.

[21] 월삭(New Moon)에 대해서 Cf. Immanuel Benzinger, "New Moon," *Encyclopedia Biblica*, III (1902), pp.3401-3404; G.W.Gilmore, "The New Moon," *NSHRE*, VII p.434; R. de Vaux, *Ancient Israel; Its Life and Institutions*, trans. by J. McHugh (New York: McGraw-Hill Book Co., Inc., 1961) pp.469-470; J.C.Rylaarsdam, "New Moon," *IDB*, III (1962), pp.543-544.

Ⅲ. 보 름 달(כֶּסֶא)[22]

월삭과 같이 보름달도 宗敎的 의의를 가졌으며,[23] Israel의 二大절기인 유월절과 초막절이 이 보름달에 시작된다.[24] 이웃의 Phoenician들 중에서도 이 월삭과 보름달 날은 主要한 祭事날이었으며,[25] 많은 舊約學者들은 "월삭과 안식일"이라는 귀절을 한달 중의 2日 즉 "New Moon"과 "Full Moon"이라고 해석하려고 한다. 이것은 19世紀 下半期의 Pan-Babylonianism[26]의 추세에 따라 舊約의 天地創造를 Babylon의 *Euūma Elish*[27]에서, 舊約의 洪水

---

[22] כֶּסֶא 잠 7:20(또는 כֵּסֶה 시 81:3) *KJV*에서 "at the day appointed"라고 번역되었으나 이제는 "Full Moon" cf. *NASB*, 1973으로 올바로 번역되어 있다. 이 단어는 Akkadian *kasû(m)* Ⅲ "binden"에서 나온 *kusu* "eine kopfbinde"에 相應하는 말이며 *kusu*는 Akkadian *agû(m)* "冠"에 해당되며 보름에 달神이 冠을 쓰는 것으로 알려져 있다. Cf. W. von Soden, *AH*, pp.16,515; Köhler, *KB*, p.446; T.H.Gaster, *loc. cit.*

[23] 보름(달)날에 제사드리는 것은 Old Hindus들에게도 있었다. Cf. W.R.Smith, K.Marti, T.K.Cheyne, "Sabbath," *EB* Ⅳ (1903), pp. 4178-4179.

[24] J.B.Segal, "The Hebrew Festivals and the Calendar, *JSS* 6(1961), pp.76-77, W.R.Smith, et al., *loc. cit.*는 다음과 같이 보고하고 있다. "The full moon as well as new moon had a religious significance among the ancient Hebrews seems to follow from the fact that, when the great agricultural feasts were fixed to set days, the full moon was chosen. Cf. also T.H.Gaster, *loc. cit.*

[25] Cf. A.Jeremias, *op. cit.*, p. 45.

[26] Hugo Winckler "Pan-Babylonian" 학설에 대해서 : Cf. R.H.Harrison, *Introduction to the Old Testament* (Grand Rapids: Eerdmans, 1971), pp.46-48; 특히 356-357: "all the oriental peoples of antiquity had subscribed to concepts about the nature of the universe and man that were dominated by the religious ideas of the Babylonians." Wincker의 說을 한층 發展시킨 F.Delitzsch, *Bable und Bibel* (1902)는 이스라엘의 文化와 宗敎生活 中에서 특별한 제도나 사상은 바비로니아에서부터 나왔다고 한다.

[27] *Enūma Elish*(=when on high 또는 above when above)는 Babylonia의 創造敍事詩(Epic)의 첫 句節로서 이 句節이 時間을 가르키는 副詞節로 시작했으므로 이 영향을 받은 번역이 창 1:1를 "when God set about to creat heaven and earth"(E.A.Speiser, *Genesis, the Anchor Bible*, p. 3)과 *Living Bible*, 또는 *The New English Bible* (p.1)에 나타나 있다. 여기에 비해 *Jerusalem Bible*과 *New American Standard Bible* (1973)은 "In the Beginning God created the heaven……"라고 번역하고 있다. 文法上으로는 지금까지 4가지 說이 있으며, [Cf. C.Westermann, *Genesis*, Vol. 1의 *Biblischer Kommentar Altes Testament*

를 Babylon의 *Gilgamesh Epic*[28]에서 그리고 舊約의 安息日을 Babylon의 *um nuḫ libbi,*[29] 또는 *ūmū limnū*[30]에서 찾으려고 하는데, 마침 T.G.Pinches

---

(Neukirchen-Vluyn: Neukirchener Verlag des Erziehungs Vereins GMBH, 1967-), pp.130-136], 이 問題에 있어서는 創世記 1-2장 硏究로 다시 論하고자 하며 *Enuma elish*에 대해서는 cf. A.Heidel, *The Babylonian Genesis* (Chicago: The University of Chicago Press, 1965), pp.3-17, et passim; E.A.Speiser, "The Creation Epic," *ANET²*, pp.60-72; *idem, Genesis, The Anchor Bible* (Garden City, New York: Doubleday & Co. Inc., 1964) pp.8-13.

[28] Cf. R.C.Thompson, *The Epic of Gilgamesh* (Oxford: At the Clarendon Press, 1930) pp.5-10,60-67; A.Heidel, *The Gilgamesh Epic and Old Testament Parallels* (Chicago: The University of Chicago Press, 1967), pp.5-13,80-93, et passim, E.A.Speiser, *"The Epic of Gilgamesh,"* *ANET²*, pp.93-97; T.H.Gaster, *Myth, Legend and Custom in the Old Testament* (New York; Harper & Row, Publishers, 1969), pp.82-84. Gaster는 이곳에서 "The closest parallel to the Biblical story of the Flood, and undoubtedly the primary source of it, occurs in the Mesopotamia *Epic of Gilgamesh*,"라고 말하고 있다.

[29] 히브리語 שַׁבָּת(*Shabbath*)는 Akkadian (바비로니아와 앗시리아語)의 *šabattum* (또는 *šabbatum, šapattum*)과 聯關된다. R.Labat, *Manuel d'épigraphie akkadienne* (Paris: Imprimerie Nationale, 1963), pp.49,324; E.J.Young, *NBD*, p.1110; Kraeling, *op. cit.*, p.220 etc. 이 *Šabattum*은 Meissner의 表에 5回 일어나는데, Bruno Meissner, *Seltene Assryische Ideogramme*(Leibzig: J.C.Hinrichs' sche Buchhandlung, 1910), nos, 5803, 6829, 5677, 6447, 3629, 그 뜻은분명치 않으나 "祈願, 歎願"등의 뜻도 있다. 그런데 *šabattu*(또는 *šapattu*)는 한 土板文書에 의하면 *ūm nūḫ libbi*로 나타나 있으며, H.Rawlinson, *Inscriptions of Assyria* (London, 1866), 2,32, Col. 1, line 16 (大英博物館 Tablet K 4397); R.North, *op. cit.*, pp.189-190, cf. J.Skinner, *op. cit.*, pp.38-39, 그 뜻은 從來 생각하였던 대로 사람들의 安息日이 아니라 그 平行節을 보면 "(神들의) 마음의 安息의 날" 또는 "(神들의) 마음을 平安케 하여 드리는 날" 卽 神들이 幸福하거나 또는 神들이 怒했을 때 희생물과 기도로써 그들의 怒함을 풀어주며 滿足하게 하여 드리는 날이라는 것이다. 그러므로 이스라엘의 安息日은 本來 이와같이 바비로니아의 기도와 회개의 宗敎的 儀式의 날에서 由來하였다는 것이다.

[30] Akkadian으로 *ūmū limnū*는 *dies nefasti* 즉 나쁜날, 厄日이다. Babylonia의 宗敎曆의 어느 달들(윤달인 Elul Ⅱ와 Marchesvan의 두 달, cf. M.Jastrow, *The Religion of Babylonia and Assyria*, Boston, Ginn & Co., Publishers, 1898 pp.376ff)에 있어서 7日, 14日, 21日, 28日, 그리고 19日은 特別한 날들 즉 *ūmū limnū*이다. 이 날들은 달의 모양에 따라서 前반달, 보름달, 後반달 그리고 마지막 없어지기 전의 월삭 등의 날들과 같으며 19日은 그 전달부터 계산할 때 30日+19日=49日(=7×7) 49日째이며 역시 7數字와 關係가 있다. 이 7, 14, 19, 21, 28 날들은 그 한달에 局限되지 않고 그 前달부터 계산되어지는 것을 볼 때(19日경우)

가 1904年에 "Sapattu, the Babylonian Sabbath"[31]라는 論文에서 1日부터 30日까지의 날자들 중 어느 날들의 이름이 한 설형문자 土書板의 기록에서 발견된 중[32] 열다섯날째날의 이름은 *Shapattu*[33]라는 것을 發表하였다.

古代 社會의 月曆들을 보면 흔히 그 날자들에 이름들이 있는데 그 이름들이 천체의 Zodiac과 관계되고 거기에서 Alphabet이 나오기도 하며[34] 現在까지 Ugarit의 설형문자로 된 30個의 Alphabet이 最古의 것이고 거기에서 Phoenician의 ABC가 그리고 거기에서 Greek, Latin의 ABC등이 나왔다고 한다.[35] Pinches는 이어서 이 15日(Shaputtu)은 Full Moon날이며 달이 滿月될 때 비로소 쉬게 되므로 그날이 Babylonia의 안식일이라고 指摘하고 있다.[36]

그 前달과도 關係가 있으며 J.Skinner (*loc. cit.*)는 이와 같은 날들이 이 두 달에 限하지 않고 다른 달들에도 있었을 것이라고 추측하고 있다. 이 날들은 幸運의 날이든지 그렇지 않으면 나쁜 날이라고 기록되어 있다. (Cf. W.R.Smith, et. al. "Sabbath" *EB.* Ⅳ col. 4179 n 3) 나쁜 날인 이유는 禁한 것들이 있어 不順從의 때에는 큰 禍가 오기 때문일 것이다. 이 날들에는 王들이 그의 兵車에 타지 못하도록 禁止되고 있으며 醫師는 病者에게 손을 못대며 장사하기에 적합지 않다는 등등 여러 禁忌들이 있다[Cf. G.Pinches, "*Sapattu,* The Babylonian Sabbath," *PSBA* 26, (1904) p. 52].

Babylonia의 이와 같은 날들의 영향을 받아 Eissfeldt는 Sabbath가 달의 모양에서 由來되었으며 처음에 히브리人들이 每月 새로운 週로서 시작하다가 다만 後에 가서 安息日이 달의 週期와 絶緣하였다고 한다. [Cf. O.Eissfeldt, "Feste und Feiern," *RGG*², Col. 533: K.Budde "The Sabbath and the Week," *JTS* 30 (Oct. 1928-Jl. 1929) p.6, n 1]

[31] T.G.Pinches, *op. cit.*

[32] *Cuneiform Inscriptions of Western Asia* Vol.Ⅲ, pl.56, No.4.

[33] T.G.Pinches, *op. cit.*, p.56 다음의 부록 plate 참조

[34] Cf. Richard A.Paker, *The Calendars of Ancient Egypt* (Chicago: Chicago University Press, 1950); Parker, "The Names of the Sixteenth day of the Lunar Month," *JNES* 12(1953). p. 50;

이 題目에 대해서 지금까지 가장 상세히 기록되며 특히 東洋文化와 깊은 關係가 있는 책은 H.A.Moran과 David M.Kelley 共著인 *The Alphabet and the Ancient Calendar Signs*, 2nd ed., Daily Press Palo Alto., Col., 1969; Alphabet에 대해서는 David Diringer, *The Alphabet*, 3d ed., Funk and Wagnalls, New York, 1968.

[35] Cf. C.H.Gordon, "The Accidental Invention of the Phonemic Alphabet," *JNES* 29(1970), pp.193-197.

[36] T.G.Pinches, *op. cit.*, p.55. 이 論文의 影響은 매우 크며 E.A.Speiser가 ANET에 *Enūma Elish*를 "The Creation Epic"라고 번역하였을 때 *šapattu*(Tablet V line

그 후 이 영향을 받아 A. Deimal이 그 유명한 Sumerian 大辭典[37]을 만들 었을 때 Šapattu의 뜻을 "Vollmontag" 즉 "滿月日" 또는 "보름(달)날"이라 고 하였다. 이것은 Pinches의 說을 그대로 받아들인 것이며 모두 15日을 滿 月의 날로 前提하고 15日이 Šapattu이니 Šapattu는 "滿月의 날"이라는 것 이다. Šapattu(또는 Šabattu)[38]는 이와같은 경로를 거쳐 달의 모양과 밀접 히 연관을 갖게 되었고[39] Babylonia의 Šapattu에서 由來하였으므로[40] Israel 의 Sabbath도 본래 보름날이며 월식과 안식일이라는 성경 구절은 결국 월 삭과 보름날이라는 것이다.[41]

IV. 비 판

이 문제에 대한 批判은 여러가지로 할 수 있으며 특히 E.G.Kraeling과 Karl Budde에서 잘 다루고 있으나[42] 아직까지 그 說이 有力하게 지속되고 있어[43] 再批判이 要求되고 있다.

---

18)를 "Full Moon"으로 번역하고 있으며 (Cf. A.Heidel, *The Babylonian Genesis*, p.45) Heidel도 Full Moon으로 번역하고 있다. 그러나 *Ibid*.105를 참조하라.

[37] A.Deimal, *Šumerisches Lexicon* (Roma: Pontification Institutum Biblicum, Teil Ⅰ. 3d ed., revised, 1947: Teile Ⅱ-Ⅲ, 1st ed., 1928-34).

[38] Pinches, *op. cit.*, plate가 발표한 土書板에 의하면 šapatti는 Assyrian으로 ▽◁ ▽ ◁▏◁ 라고 쓰여져 있는데 ◁▽ 는 pat 또는 bat로 읽어져 ša-pat-ti 또는 ša-bat-ti로 읽어진다. Cf. R.Labat, *op. cit.*, pp.49,211,250, etc; Pinches, *op. cit.*, p.51.

[39] R.Labat, *op. cit.*, p.324; šapattu (= šabattu, p.49)=jour (fête) de la pleine lune.

[40] Cf. Pinches, *op. cit*, p.56.

[41] H.Zimmern "Sabbath," *ZDMG*. 58. 1904, pp.201f.,에 의하여 시작된 이 學說은 Johannes Meinhold, "zur Sabbathfrage," *ZAW*, 48 (1930), pp.121-138; "Die Entstehung des Sabbaths," *ZAW*, 1906 pp.81f.; Sabbath und Woche *im A.T.* (Göttingen: 1905)에 의하여 가장 熱熱히 옹호되며 발전되었다.

[42] 이 학설에 對한 반대는 Sabbath를 "the Saturn day of the Kenites"에서 即 "대 장간"이라는 뜻이 있는 "겐" 族에서 나왔다는 說(cf. 삿 1:16; 11:17; 출 35:3) 의 主張者인 Karl Budde "The Sabbath and the Week," *JTS*, 30 (oct, 1928- Jl. 1929) pp.1-15, 특히 pp.7-9; "Antwort Auf J.Meinhold," *ZAW*, 48(1930)138-145에 의하여 비판되었고 특히 Kraeling, *op. cit.*, pp.219-223에 의하 여 言語學的과 歷史的으로 그 不當性을 指摘하였다. (Cf. J.Skinner, *op. cit.*,

A. 보름달의 날자 : 15일인가 또는 14일인가?

筆者가 Canaan의 Ugarit[44] 儀式文書[45] 硏究 中 文書 3, 9, 173,[46] 612, 613[47] 등에서 數字 "14"의 用法이 현저하고[48] 월삭(ḥdṯ)과 14日의 연결된 用法이 文書 612, 3, 173, 9와 613[49] 등에서 나타난다. 즉 Canaan의 Phoenician의 主

---

pp.38-39; J.R.Sampey, "Sabbath" *The International Standard Bible Encyclopaedia* Ⅳ, pp.2630-2631.

[43] 이 學說은 아직도 가장 主要 學說中 하나로 남아 있다. Cf. A.-G.Barrois *Manuel d'archéologie biblique*(paris: 1953) 2. p.412; R.North, *op. cit.*, pp.193-198,201.

[44] 偉大한 古代文獻, 古代言語들 가운데 最近에 發見되어 解讀된 것은 우가릿語이며 이 言語는 楔形文字 alphabet으로 진흙 위에 쓰여저 土書板으로 發掘되었고 지금까지 알려진 古代語들 중에서 히브리 말과 가장 가까운 言語이다. Ugarit文學은 Canaan文學의 한 줄기로서 히브리 文學에 至大한 影響을 미치고 있다. Ugarit語의 舊約과의 關係에 對해서 앞으로 다시 紙面으로 紹介하고자 한다. Ugarit에 대한 간단한 기초적 소재는 스칸디나비아의 Ugaritic學者 A.S.Kapelrud가 다룬 "Ugarit," *IDB*, Ⅳ, pp.724-732를 參照하는 것이 좋으며 標準文法으로서는 *Textbook* (Rome: Pontificium Institutum Biblicum, 1967)을 主로 參考하기 바라며 其他 參考書籍들은 다음과 같다.

　　Gordon, *Ugarit and Minoan Crete* (New York: Norton & Co. Inc. 1956) pp.11-17, et passim, M.S.Drower, Ugarit, Fascicle No 63 of *The Cambridge Ancient History* (Cambridge: At the University Press, 1969); A.F.Rainey, "The Kingdom of Ugarit," *Biblical Archaeologists,* 28(1965), 102-125; etc.

[45] Cf. B. Levine, "Ugaritic Descriptive Rituals" *JCS*, 17(1963), p.105; C.H.Gordon, *UT*, p.290; C.Virolleaud, *Le palais royal d'Ugarit*, Ⅴ; *Textes en cuneiformes alphabetiques des Archives sud, sud-ouest et du petit palais*. Vol. Ⅺ of *Mission de Ras Shamra* (Paris: Imprimerie Nationale, 1965) p.545; A.F.Rainey," The order of Sacrifices in O.T.Ritual Texts. *Biblica* 51 (1970) 485-498 etc.

[46] Ugaritic文書에 번호 붙이는 法은 主로 두가지인데 하나는 C.H.Gordon이 *UT*에 붙인 번호이며, 또하나는 A.Herdner의 *Corpus des tablettes en cuńeiformes alphabétiques a Ras Shamra-Ugarit de* 1929 à 1939 (Paris: Imprimerie Nationale, 1963)에 붙인 번호인데 主로 前者의 것이 많이 쓰여지고 있으며 이 論文도 거기에 따르고 있다.

[47] 이 번호들은 역시 C.H.Gordon에 따른 것으로 *Ugaritica* Ⅴ에서 Virolleaud가 붙인 번호에 600을 더한 번호로서 많은 學者들에 依해 使用되고 있다. Cf. L.R.Fisher, "A New Ritual Calendar from Ugarit," *Harvard Theological Review*, 63(1970), p. 485.

[48] 數字 "14"는 다음과 같은 文書 句節에서 나타나고 있다. 612: A:3;613:1;3; 4;9:10;173:4, 54b-55a.

要 祭事日이 월삭과 보름날이어서 Ugarit 宗敎曆 안의 월삭과 14일의 연결 형식은 월삭과 14일은 보름날을 가르키고 있음을 다음과 같은 古代의 달력 작성 方法과 그 結果의 사실들로써 알 수 있게 된다.

B. 古代 달력의 測定法

現代 음력의 월삭은 天文學의 측정에 의하여 이루어진 것이나 古代는 측정보다 觀察에 의하여 월삭이 정해졌다.[50] 그러므로 每月의 초하루가 되는 古代의 월삭과 現代의 월삭은 같지 않으며 따라서 古代의 보름날자와 現代 음력의 보름날자가 같지 않다. 이 문제는 매우 복잡한 것이며 다만 그 문제해결의 결론들만 열거하면 다음과 같다.[51]

---

[49] Ugarit 儀式宗敎曆 (cf. Fisher *loc. cit.*)안에 "*bym ḥdt barbᶜt š̌rt*"라는 公式的 表現이 文書 612:A:1-3;3:1-4;173:1-4, 52-55에서 나타나며 文書 9와 613의 再構成에서도 틀림없이 볼 수 있을 것 같다. 文書 9와 613은 Virolleaud가 *Ugaritica* V, p.593에서 지적한 대로 文書 613의 1-14a行은 文書 9와 거의 같은 사본들이므로 서로 對照하여 補充하며 再構成이 可能하다.

50 Cf. G.Contenan, *Every day Life in Babylon and Assyria*(London: Edward Aznold Publishers LTD., 1954), pp.227-9; M.Jastrow, *The Civilization of Babylonia and Assyria.*, pp.489-91; J.B.Segal, *loc. cit.*

51 여기에는 天文學的 기초 지식과 地球表面上 Ugarit의 位置들에 對한 緯度上의 知識들이 要求된다. 天文學에 對한 專門的인 知識이 없을 때는 世界의 Almanac (曆書 또는 年鑑)들 속에 있는 Astronomy and Calendar, The Moon's Phases, Solar and Lunar Tables등도 도움이 된다. 특히 이 문제는 하루를 後述(footnotes 51-52)하는 대로 저녁에서 저녁까지로 보느냐 또는 아침부터 아침까지로 보느냐에 따라서 날자 계산이 달라짐으로 더욱 복잡하게 되어 여러 다른 結果들이 나오게 된다. 그 모든 것을 이곳에 다 쓸 수 없고 또한 그 문제만을 다룬 책이나 論文들이 歐美學界에도 別로 많지 않으므로 다만 이 문제에 대한 著者의 硏究 結論만을 記錄한 것이다. 다음 冊들은 이 問題 硏究에 有益할 것이다. S.Langdon, *Babylonian Menologies and the Semitic Calendars* (London: Oxford University Press, 1935); S.Langdon and J.K.Fortheringham, *The Venus Tablets of Ammizaduga* (London: Oxford University Press, 1928), p.45, et passim; F.X.Kugler, *Stern-kunde und Sterndienst in Babel*; Bd. Ⅰ: *Assyriologische, Astronomische und Astralmythologische Untersuchungen*; Bd. Ⅱ *Natur, Mythus und Geschichte als Grundlagen Babylonischer Zeitordnung*(Münster in Westfalen: Aschendorffsche Verlagsbuchhandlung (1909-1913) 天文學的 基礎 知識과 肉眼으로 觀察할 수 있는 달의 모양에 대한 것들은 다음 책들을 참고하기 바란다. J.K.Fotheringham "On the Smallest Visible Phase of the Moon", *MNRAS*, 70(1910), 527-31; G.Abell, *Exploration of the Universe*, 2nd ed, (New York:

① 現代 天文學에서는 월삭(=New Moon)은 conjunction을 의미하고 이 때는 전혀 달을 볼 수 없게 되며 이 conjunction(太陽과 地球와 달이 一直線이 되는 것)은 하루 24시간 중 어느 때든지 일어날 수 있다.

② 이 conjunction 後 약 1-2일이 지나면 달이 지구 주위를 조금 진행하여 태양빛을 받음으로 西쪽 하늘에 해가 진 후 잠시 보이다가 다시 사라진다.

③ conjunction에서 하루된 달은 거의 볼 수 없고 보통 이틀된 달이 보이게 되며 이 잠깐 보이는 달이 古代의 New Moon이며 우리의 월삭이다. 그리하여 보통 월삭이란 天文學의 conjunction으로부터 2-days-Moon을 말한다.

④ 보름달이 일어나는 시기는 conjunction으로부터 계산하여 平均 14日 18시간 22분이며(每月 꼭 같지 않다) 따라서 現代 음력으로는 15日이 보름(달)(Full Moon)이겠으나 눈에 보이는 古代 월삭(New Moon)으로부터 계산하면 13-14日이 古代의 보름(달)이다.

⑤ 참고로 달의 平均 주기는(즉 음력으로 一個月이란) 29日 12시간 44분 2.8초이다.[52]

Hold, Rinehart and Winston, 1969), pp.17-18,156-162; V. de Gallataÿ *Atlas of the Moon: Astronomy-Astronomitics*, trans. by R.Lascelles (London: Macmillan & Co. Ltd., 1964), pp.21-30; E.Cherrington, Jr., *Exploring The Moon Through Binoculars* (New York: McGraw-Hill Book Co., 1967. pp.9-12,32-34,77-85,135-137; D.Altar, *Pictorial Guide to the Moon*(New York: Thomas Y. Crowell Co., 1967), pp.40-59; 2. Kopal. *Photographic Atlas of the Moon* (New York: Academic Press, Inc, 1965), pp.11-12, Photograph Ⅰ-ⅩⅩ; etc.

[52] 이문제 역시 매우 복잡한 것이어서 이곳에서 仔細히 取扱할 수 없으며 이곳에서는 다만 序論的으로 다루게 된다. 安息日을 律法的으로 엄격히 지키는 유대教人들과 安息教徒들에게는 舊約에서 安息日이 저녁부터 시작하는지 아침부터 시작하는지에 따라서 하루의 거의 半의 差異가 생기므로 主日을 安息日로 지키는 基督教人들보다 더 조심스러이 그리고 철저히 研究하고 있다. 이 문제에 對한 많은 文獻中 基礎的인 重要한 書籍과 論文中 몇개만 紹介하면 다음과 같다. M.Nilsson, *Primitive Time-reckoning: A study in the Origins and First Development of the Art of Counting Time Among the Primitive and Early Culture Peoples* (Malriö: Nya Litografen, 1960), pp.3,11-13; H.Stroes, "Does The Day Begin in the Evening or Morning? *VT* 16(1966), pp.460-475; S.Zeitlin, "The Beginning of The Jewish Day During the Second Commonwealth," *JQR* 36 (Jl. 1945-Apr. 1946), pp.403-414; Zeitlin, "The Beginning of the Day in the Calendar of Jubilees", *JBL* 78(1959), 153-156; P. Heawood, "The Beginning of the Jewish Day," *JQR* 36 (194-46), pp.393-401; S.Gandz, *Calendar of Ancient Israel*," Homenaje a Millás-Vallicrosa, I Barcelona: Consejo Superior de investigaciones Cientificas, 1954, pp.623-646.

C. 古代 날자 계산法

여기에 또 하나 규정지을 것은 날자 계산인데 구약에서 하루를 계산할 때 저녁부터 저녁까지인가 아침부터 아침까지인가? 이 문제는 성경의 여러 귀절 중 주로 창 1:5 말씀의 주석에 많이 근거하고 있다. 前者를 Evening theory(또는 Sunset theory)라고 하며 後者를 Morning theory(또는 Sunrise theory)라고 하는데 舊約學者들은 이 두가지 說(그 중에 細部에 들어가 더 많은 差異點과 문제들이 있으나)[53]에 兩分되어 있다. 즉 Evening theory에는 E.A.Speiser, W.Schmidt, J.Mengenstern, B.Jacob 등으로 전통적 견해이며 Morning theory에는 J.Heawood, U.Cassuto, S.Zeitlin, R.de Vaux, D. Dalman, G.Barrois, G.von Rad, S.Gandz 등이 속해 있다.

D. 보름(달)날에 대한 諸學說

보름(달)날이 며칠째이냐에 대해서도 지금까지 舊約學者들 사이에 異論이 많았고, 그것이 安息日의 起源과 合하여 混線을 이루어 왔다. 즉 아무 檢討없이 現代에 보통 15일이 보름이기 때문에 15일을 Full Moon Day로 본 學者들이 절대 多數(M.Nilsson, N.Tur-Sinai, R.de Vaux, Saggs, Speiser, Meinhold 등)[54]이며, 이에 反하여 14日로 보는 이가 M.Jastrow,[55] Langdon,[56] F.Kugler,[57] 13日로 보는 이가 J.Segal,[58] K.Budde[59] 등이다.

---

[53] Evening theory에 두가지 說 卽 Traditional evening theory와 Critical evening theory가 있으며 Morning theory에는 3가지 說이 있는데 하나는 "All-time morning theory," "One-time morning theory"와 "Same-time morning theory"가 있다. 이 區別들에 對해서는 다음 機會에 論하고자 한다.

[54] M.Nilsson *op. cit.*, p.332; N.Tur-Sinai, "Sabbat und Woche," *BO* 8(1951), 22;R.de Vaux, *Ancient Israel* (New York; McGraw-Hill Book Co., Inc., 1961), p.477.
H.W.F.Saggs, *The Greatness that was Babylon* (New York: The New American Library, 1968), p.336,; E.A.Speiser, "The Creation Epic," *ANET*, p.68, n 84; J.Meinhold, "Zur sabbathfrage" *ZAW* 48 (1930) p.122,124.

[55] M.Jastrow, Jr., *Die Religion Babyloniens und Assyriens* (Giessen: Verlag von Alfred Töpelmann, 1912), p.466.

[56] S. Langdon, *op. cit.*, p.96.

[57] F.Kugler, *Sternkunde und Strendienst in Babel* Bd.3 ("Erganzungen zum Ersten und Zweiten Buch," **Münster** in Westfalen: Aschendorffsche Verlags-buchhandlung, 1913) p.97.

[58] J.Segal, "The Hebrew and the Calendar," *JSS* 6(1961), p.89.

[59] K.Budde, "The Sabbath and the Week," *JTS*, 30(1929), p.9.

前記 실제 觀察과 天文學의 Data에 의하면 Full Moon은 눈에 보이는 New Moon으로 시작하여 13-14日이며 古代에서 보통 14日이 가장 많이 일어나는 Full Moon Day이니 古代 文書에 15日이 나타나면 그것은 바로 Full Moon Day라고 速斷하는 것은 너무도 無批判的이며 조급한 일이라 하겠다 (實際로 많은 學者들이[60] 범하고 그 結果 해석에 중대한 차이를 보이고 있어 舊約의 批判精神이 强한 自由主義 學者들의 盲點이라 하겠다). 前記한 대로 Ugarit에서 New Moon과 13日 또는 14日의 연결된 用法이 현저히 나타나고 있어 그 13日이나 14日이 Full Moon Day이며 15日이 Šapattu라고 해서 히브리, Sabbath가 Full Moon 崇拜에서 나왔다는 것은 전혀 근거가 없는 理論이겠다.

現代人은 누구를 莫論하고 즉 신자나 不信者나 같이 큰 恩惠를 입고 있는 制度中 하나가 달력에 나타나는 week制度이다. 이 7日이 一週이며 7日마다 安息하는 制度는 舊約 聖經에서 나왔고[61] 古代人들이 우상으로 崇拜하던 달과는 전혀 관계가 없으며 오히려 古代 世界에서 전혀 생각할 수 없었던 思想 즉 달이나 다른 天體들의 週期와 전혀 그 관계를 단절시키는 특별한 制度이다. 다시 말해서 人間들의 생각을 被造物인 日月星辰이 아니라 그것을 創造하신 야웨 하나님께 向하게 하는 特別하신 섭리로 이루어진 것이며, 그러므로 그 하나님께서 申 4:19에 "또 두렵건대 네가 하늘을 向하여 눈을 들어 日月星辰……을 보고 미혹하여 그것에 경배하며 섬길까 하노라"[62]라고 日月星辰 崇拜를 경고하시며, 할례로 정하사 언약의 표징으로 삼으신 하나님께서(창 17:11) 安息日을 또한 언약의 영원한 표로 삼으셔 (출 31:17) 이스라엘 百姓의 몸과 生活制度에 各各 영원한 言約의 표를 주시고 야웨 하나님만을 섬기게 하신 뜻을 잘 理解하게 된다.

---

[60] 前記 註 53 參考: 이러한 過誤는 古代 근동지역의 楔形文字, 상형문자 및 기타 문자 文書 解讀과 研究에 있어서 흔히 일어난다. Cf. J.de Moor, "Studies in the New Alphabetic Texts from Ras Shamra Ⅱ", *UF* Ⅱ (Kevelaer-Neukirchen Nluyn, 1970) p.322; *Ugaritica* Ⅴ에 나타난 새로운 文書解釋에서 de Moor는 15日은 Full Moon day라는 前提下에서 하고 있다.

[61] 창 2:2-3; 출 20:8-11; 신 5:12-15 etc.

[62] 歷史的으로 이스라엘이 가장 宗敎的으로 墮落하였을 때 그들은 이와 같은 天體들을 숭배하였던 것을 다음 句節들에서 볼 수 있다. 왕하 17:16, 21:3,5 (=대하 33:3,5) 렘 8:2; 렘 19:13; 습 1:5; 행 7:42; (Cf. 신 17:3; 왕하 23:4,5,12)

다시 말하면 하나님은 인간의 신체에는 할례를, 생활 제도에는 안식일을 영원한 언약의 표로 만드셨다. 그리고 강력한 해나 모든 인간의 생활이나 운명이나 농사나 바다의 모든 것을 지배하는 것과 같은 달과 별들을 숭배하지 못하게 하셨다.

오히려 그 해와 달을 지으신 이는 하나님이시며 (피조물인 인간들로 하여금 날을) 하루하루 세면서 일곱째 날은 안식일로 지키므로 그가 창조주이심을 믿게 하신다. 후일에 예수님을 보내사 안식일을 완성하시는 주를 믿게 하시는 오묘하신 진리를 이해하게 된다. 이 주제에 대해서 얼마전에 출간된 아래와 같은 책을 참고 하시기 바란다.[63]

---

[63] 양용의 「예수와 안식일 그리고 주일」 (서울: 도서출판 이레서원, 2000년).
이 책은 1997년 3월에 영국 Sheffield Academic Press에서 *JSNT* Supplement Series로 출간된 「Jesus and the Sabbath in Mattew's Gospel」의 한국어판이다.
D.A.Carson, ed. *From Sabbath to Lord's Day* (Grand Rapids: Zondervan, 1982).
※ 이 논문은 1975년 「신학지남」에 발표된 것인데 이번에 약간 고쳐서 이 논총의 기념으로 발표합니다.

※ 本 論文에 쓰여진 省略語들은 다음과 같다.
AH	W.von Soden, *Akkadisches Handwörterbuch* (Wiesbaden, 1958-).
AJSL	*American Journal of Semitic Languages and Literatures.*
BO	*Bibliotheca Orientalis.*
HUCA	*Hebrew Union College Annual.*
IDB	G,A,Buttrick, ed., *The Interperter's Dictionary of the Bible* (New York, 1962).
JBL	*Journal of Biblical Literature.*
JCS	*Journal of Cuneiform Studies.*

JNES　　Journal of Near Eastern Studies.
JQR　　Jewish Quarterly Review.
JSS　　Journal of Semitic Studies.
JTS　　The Journal of Theological Studies.
KB　　L.Koehler-W.Baumgartner, Lexicon in veteris testamenti libro (leiden, 1953).
NASB　　New American Standard Bible.(1973).
NBD　　J.D.Douglas, ed., New Bible Dictionary (1962).
NSHERK　The New Schaff-Herzog Encyclopaedia of Religious Knowledge.
PSBA　　Proceedings of the Society of Biblical Archaelogy.
TWNT　　Theologisches Wörterbuch zum Neuen Testament (1932-).
UF　　Ugarit-Forschungen. (Kevelaer-Neukirchen/Vluyn, 1969-).
UT　　C.H.Gordon, Ugaritic Textbook (Rome, 1967).
VT　　Vetus Testamentum.
ZA　　Zeitschrift für Assyriologie.
ZAW　　Zeitschrift für alttestamentliche Wissenschaft.
ZDMG　　Zeitschrift der Deutschen Morgenländischen Gesellschaft.

창세기 1-2장에 나타난 계약 구조

손 석 태 [*]

서 론
Ⅰ. 창세기 1-2장의 문학적 구조
Ⅱ. 창세기 1-2장의 신학적 구조
Ⅲ. 창세기 1-2장의 계약 개념의 증거들
결 론

서 론

기독교의 모든 신학과 교리는 창세에 하나님께서 에덴동산에서 아담과 계약을 맺었다는 것을 전제로 시작된다. 하나님과 아담 사이에 계약 관계가 있기 때문에 원죄의 개념도 가능한 것이며, 그리스도의 대속적인 속죄와 대표성의 원리도 가능하며, 계약신학도 가능하다. 그러나 창세기 1-2장에는 하나님과 아담 사이에 계약을 맺었다는 명시적인 어휘나 구절이 없다. 창세기 1-2장 뿐만 아니라 구약성경 전체를 통해서도 이러한 개념을 찾기가 쉽지 않다. 따라서 창조시에 과연 이러한 신학적 개념이나 구조가 있었는지에 대해서 검토해볼 필요가 있다.

구약 성경 가운데 널리 사용되는 대표적인 계약 용어는 브리트(ברית)이다. 카라트 브리트(כרת ברית)는 "계약을 맺는다"(to make a covenant)

---

* 총회개혁신학연구원 원장, 구약학(Ph.D.)

는 뜻으로 하나님과 사람 사이, 사람과 사람들 사이에 구분 없이 사용되고 있다. 그러나 이 어휘는 창세기 1-2장에는 나타나지 않는다. 이 때문에 학자들 가운데는 하나님과 아담 사이의 계약 관계를 부인한다. 반면에 하나님과 아담 사이의 계약관계가 있음을 주장하는 학자들 가운데는 "저희는 아담처럼 언약을 어기고 (והמה כאדם עברו ברית) 거기서 내게 패역을 하였느니라"는 호세아 6:7을 원용한다. O. Palmer Robertson은 여기서 "아담"을 에덴 동산의 첫 사람 아담이라고 주장한다.[1] 그러나 현대의 주석가들은 여기의 "아담"을 압복강 입구의 오늘 날 Tell ed-Damje 라고 하는 고대의 도시로 지칭하고 있다 (수 3:16).[2] 아담은 문자 그대로 "인류" 나 "인간"을 뜻하나 인류 역사상 하나님께서 인류와 더불어 직접적인 계약을 맺은 예가 없을 뿐더러, 에덴 동산의 첫 사람 아담과도 명시적으로 계약을 맺었다는 기록이 없기 때문에 "아담"을 지명으로 이해하려고 하는 것이다. 그러나 Wolff는 호 6:7의 브리트(ברית)를 어떤 "계약"(treaty)로 이해하지 않고 "이스라엘의 여호와에 대한 관계"(Israel's relation to Yahweh)로 이해한다.[3] 그래서 그는 브리트(ברית)가 지닌 계약 개념 자체를 달리 이해하고 있다. 따라서 비평학자들의 견해를 따르면 사실상 창세기 1-2장의 창조 기사 가운데서 계약 개념이나 계약적 구조를 찾는다는 것은 불가능하다.

그러나 특정한 용어가 쓰이지 않았다고 해서 어떤 본문에 특정한 개념이 없다고 단정할 수는 없다. 특정한 신학적 개념은 시간이 흐름에 따라 그 의미가 더 강화되거나 더 명확하게 다듬어지며, 결국 그 개념을 표현할 수 있는 용어를 차용하거나 일상의 용어에 그 신학적 의미를 덧붙여 사용하게 된다. 따라서 특정 용어의 유무만으로 그 개념 자체의 유무를 결정하려고 해서는 안된다. 우리는 창세기 1-2장에서 계약 개념을 포괄적으로 살펴볼 필요가 있다.

---

[1] 팔머 로벗슨 「계약신학과 그리스도」 (서울: 기독교문서선교회, 1999), pp. 30-34.

[2] N. Glueck, "Three Israelite Towns in the Jordan Valley: Zarethan, Succoth, Zaphon," *BASOR* 90 (1943): 5f. quoted from Hans Walter Wolff, *Hosea,* Hermeneia- A Critical and Historical on the Bible (Philadelphia: Fortress, 1974), p. 121. Cf. Francis Andersen and D. N. Freedman, *Hosea,* The Anchor Bible (Garden City: Doubleday & Company, 1980), p. 436.

[3] Wolff, p. 121.

I. 창세기 1-2 장의 문학적 구조

창세기 1-2 장은 두 부분으로 나눌 수 있다. 1:1-2:3과 2:4-25이다. 일부 학자들 가운데는 2:3에서 끊지 아니하고, 2:4a에서 끊는다.[4] 왜냐하면 1:1-2:3이 전형적인 P문서이고 2:4a는 바로 P의 문체이기 때문이라는 것이다. 그러나 히브리어 에레 톨레돗(אלה תולדות)은 창세기에서 문단을 시작하는 데 쓰고 있지 마치는 데에 쓰고 있지 않다 (5:1; 11:27). 따라서 본문을 세분하면 다음과 같이 그 내용을 구분할 수 있다.

A (1:1)		천지를 창조하신 하나님
B (1:2-2:3)		하나님께서 창조하신 세계
	b1 (1:1)	"태초에 하나님이 천지를 창조하시니라"(1:1)
	b2 (2:4)	"여호와 하나님이 천지를 창조하신 때에 천지의 창조된 대략이 이러하니라."
C (2:4-2:25)		하나님께서 창조하신 사람
	c1 (2:4-7)	사람을 창조하신 하나님
	c2 (2:8-17)	에덴 동산지기가 된 사람
	c2-1 (2:8)	"여호와 하나님이 동방의 에덴에 동산을 창설하시고 그 지으신 사람을 거기 두시고"(2:8)
	c2-2 (2:9-14)	에덴동산
	c2-3 (2:15)	"여호와 하나님이 그 사람을 이끌어 에덴 동산에 두사 그것을 다스리게 하시며"(2:16)
	c2-4 (2:16-17)	선악을 알게하는 나무의 열매를 따먹지 말라고 명하시는 여호와
	c3 (2:18-25)	가정을 창설하신 하나님

위의 내용 분해를 살펴보면 창세기 1-2장은 하나님의 천지 창조(A)와 사람의 창조(C) 두 부분으로 구성되어 있음을 알 수 있다. 1:1은 하나님의 천지창조에 대한 요약적 선언이다. 그리고 B (1:2-2:3)에서는 하나님께서 창조하신 세계가 어떤 것인가를 기술하고 있다. 그런데 2:4에서 다시 "여호와 하나님이 천지를 창조하신 때에 천지의 창조된 대략이 이러 하니라"고 A (1:1)의 내용을 반복하고 있다. 이것은 마치 또 다른 창조 이야기를 기술하는 것 같이 보이지만 그 내용은 B와는 달리 하나님의 사람 창조에 집

---

4 Gehard Von Rad, Claus Westermann, Walter Brueggenman, etc.

중되고 있는 것을 볼 수 있다. 따라서 C (2:4-25)는 B의 반복이 아니다. b1, b2가 반복되고 C가 B의 반복이 아니라면 b1-b2는 삽입(inclusio)형식을 이루고 있고 b1과 b2는 삽입지시문(instruction key)이라고 볼 수 있다. 여기서 주목할만한 사실은 2:4의 "여호와 하나님이 천지를 창조하신 때에"라고기록할 때에 1:1의 "하늘과 땅"을 히브리 성경에서 "땅과 하늘"이라고 그 순서를 바꾸어 놓고 있다는 것이다. 이것은 성경 어느 곳에서도 이 같은 예(시 148:13)를 찾아보기가 힘든 독특한 경우로서 저작자의 의도가 다분히 짙게 강조된 것이라고 할 수 있다. 즉 창 1:1과 2:4은 느슨한 대칭구조(a looser chiasmus)를 이루고 있음을 보여주는 것이다. 뿐만 아니라 "창조"라는 어휘를 바라(ברא)대신에 아사(עשׂה)를 사용한 것도 특이하다. 왜냐하면 바라(ברא)는 하나님의 창조활동에만 쓰는 동사이기 때문이다. 이같은 사실을 고려한다면 분명 1:1과 2:4 사이에는 문체의 연관성이나 연속성이 있다고 말할 수 있다.

 B는 하나님께서 지으신 세계가 어떤 것인가를 부연 설명하는 것이며, 삽입의 성격상 문장의 흐름에 있어서 생략할 수도 있는 부분이다. 이러한 사실을 염두에 둔다면 본문의 흐름은 1:1에서 바로 2:4로 이어지는 것이다. 마찬가지로 c2-1(2:8)과 c2-3(2:15) 이 삽입을 형성한다. 여호와께서 사람을 만드시고 그를 에덴의 동산지기로 세우셨는 데, 그 에덴동산이 어떤 것인가를 부연 설명하는 것이다. 그리하여 본문의 흐름은 바로 c1, c2-1, c2-3, c2-4, c3로 이어진다. 창조 기사에 있어서 이러한 문학적 구조를 염두에 둔다면 저자는 B에 기술하고 있는 하나님의 천지 창조보다는 C에 기술하고 있는 사람의 창조에 대해서 더 강조하고 있음에 틀림없다.

II. 창세기 1-2장의 신학적 구조

 창조 기록은 분명 저자가 두서없이 써내려간 것이 아니다. 여기에는 순서가 있고, 조직이 있으며, 권위 체계가 있다. 순서가 있되 그것은 창조의 순서를 연대적으로 기록한 것이라고는 볼 수 없다. 또한 창조 기록은 과학적이라고 말하기도 어렵다. 왜냐하면 과학적으로 설명되지 않는 부분이 있기 때문이다. 창조 기록은 신학적이다. 신학적인 구조를 가지고, 신학적 체계를 보여준다.

창세기 1:1은 하나님께서 천지를 창조하셨음을 선언한다. 그리고 2절부터는 하나님께서 창조하신 세계를 우리에게 보여준다. 창1-2장의 창조기사는 날자에 따른 상관성이 있음을 알 수 있다. 첫째 날 하나님께서는 빛(אור)을 창조하신다. 그리고 그 빛을 밤과 낮으로 나누신다. 그리고 넷째 날에 하나님은 큰 광명(המאור הגדל)과 작은 광명 (המאור הקטן) 그리고 별들을 만드신다. 그래서 큰 광명으로 낮을 주관하게 하시고, 작은 광명으로 밤을 주관하게 하신다. 여기서 큰 광명은 낮을 지칭하는 것이고, 작은 광명은 달을 지칭하는 것이다. 여기서 "주관하다"는 말은 히브리어 마샬(משל)을 사용하고 있는데 이는 "다스리다"(to rule)는 뜻이다. 하나님은 첫째 날에 밤과 낮을 만드시고, 그 밤과 낮을 다스리고 주관할 주관자인, 해와 달을 창조하신 것이다.

둘째 날에 하나님께서는 물 가운데 궁창을 나누시고, 궁창 위의 물과 궁창 아래의 물로 나누신다. 그리고 궁창을 하늘이라 칭하신다. 다섯째 날에 하나님께서는 물 가운데 각종의 생물을 지으시고, 하늘의 궁창에는 새들이 날아다니게 하신다. 그리고 하나님께서는 그들에게 복을 주시고 "생육하고 번성하여 여러 바다 물에 충만하라 새들도 땅에 번성하라"고 하신다(1:22). 둘째 날에는 하늘과 바다를 지으시고, 다섯째 날에는 그 하늘과 바다에서 살 수 있는 새와 물고기를 창조하신 것이다. 따라서 둘째 날과 다섯째 날은 서로 연관성이 있음을 알 수 있다.

셋째 날과 여섯째 날은 "하나님이 가라사대"라는 명령이 두 번 반복되고 (1:9, 11, 24, 26) "하나님의 보시기에 좋았더라"(1:10, 12, 25, 31)는 인정공식도 두 번 반복되고 있어서 그 구성상 상응점을 찾을 수 있다. 그러나 이 두 날자 간의 상관성은 이러한 문체보다는 그 창조의 내용에 있어서 더 뚜렷하다. 셋째 날에는 땅이 드러나고, 그곳에 풀과 각종의 씨 맺는 채소, 씨 가진 열매 맺는 나무가 창조된다. 그리고 여섯째 날에는 땅위에 사는 짐승과 사람을 만들고, 하나님께서는 그들에게 그 식물들을 양식으로 주신다. 따라서 셋째 날은 여섯째 날에 창조하신 짐승과 사람들이 먹고 살 수 있는 환경을 만드신 것이다.

따라서 첫째 날, 둘째 날, 그리고 셋째 날에는 하나님께서 일정한 영역을 창조하거나 구분하시고, 넷째 날, 다섯째 날, 여섯 째 날에는 그가 나누신 영역을 다스릴 주관자를 세우신다. 창 2:1에는 하나님의 창조 사역을 정리 요약하여 "천지와 만물이 다 이루니라"고 적고 있는 데 개역성경에 "만물"

이라고 번역하고 있는 콜-츠바암(כל־צבאם)은 문자적으로 "그들의 모든 군대"(all the hosts of them)이다. 여기서 "군대"(army, host)의 뜻을 가진 히브리어 차바(צבא)를 사용하는 것은 분명 넷째, 다섯째, 여섯째 날에 하나님이 세우신 각 영역의 주관자를 염두에 둔 것임에 틀림없다.[5] 따라서 하나님의 창조는 하늘과 땅이라고 표현되는 모든 피조물뿐만 아니라 이 피조물 사이에 내재하는 모든 질서를 내포하며, 이 질서를 세우는 일, 곧 각 영역의 주관자를 세우는 일이야 말로 중대한 하나님의 창조 사역임을 말하고 있는 것이다.

그런데 하나님의 창조 과정 가운데 사람의 위치는 특별히 주목되는 부분이다. 하나님께서는 6일 동안 자연 만물을 다 지으셨다. 그리고 제 6일째 각종의 짐승을 지으시고, 사람을 지으신다. 하나님께서는 사람을 창조하시며, "우리의 형상을 따라 우리의 모양대로 우리가 사람을 만들고, 그로 바다의 고기와 공중의 새와 육축과 온 땅과 땅에 기는 모든 것을 다스리게 하자"(1:26)고 말씀하시며, 하나님께서는 자기 형상, 곧 하나님의 형상대로 사람을 창조하셨다. 사람을 창조하신 목적은 하나님이 지으신 자연 만물을 다스리도록 하자는 것이었다. 하나님께서는 첫째, 둘째, 셋째 날에 창조한 각각의 영역에 넷째, 다섯 째, 여섯 째 날에 주관자를 세우신 것과 마찬가지로, 이제 그가 만드신 모든 자연 만물을 다스릴 사람을 창조하시고자 하신 것이다. 그러기 위해서 사람은 하나님의 형상대로 창조된 존재여야 했다. 하나님께서 사람을 하나님의 형상대로 창조하신 것은 인간 창조의 목적과 부합된 점이라고 할 수 있다. 왜냐하면 고대 근동 세계에서는 일반적으로 왕을 가리켜 "신의 형상"이나 "신의 모양"이라는 말을 썼다. 메소포타미아에서는 왕을 가리켜 "벨의 형상" "샤마쉬의 형상" 혹은 "마둑의 형상"이라고 하였고 에집트에서는 투탄카문을 "아문의 살아있는 형상"이라고 했고, 투트모스 4세를 가리켜 "르의 형상"이라고 했다.[6] 왕을 가리켜 "신의 형상"이라고 일컫는 것은 왕의 통치 기능을 염두에 둔 것으로 이 지상의

---

5 차바(צבא)는 악카드어 ṣabu에서 유래한 말로 보통 "군대"라는 뜻도 있지만 "일하는 그룹의 일원"(a member of work gang, laborer)라는 뜻도 있다. 따라서 2:1을 천지와 그 안에 있는 모든 피조물을 가리킨다고 이해하는 주석자도 있다. 그러나 하나님께서 각 날짜별로 영역을 나누시고, 영역별로 주관자를 세우시는 창조의 질서를 염두에 둔다면 "군대"(host)라는 이해가 더 타당하다. E. A. Speicer, p. 7, Gordon Wenham, p. 35, Claus Westermann, p. 169.

6 손석태 「창세기 강의」(서울:ESP, 1993), pp. 29-30.

왕은 천상의 신을 대리하여 신의 백성을 통치하는 자임을 나타내는 것이라고 생각된다. 우리는 시 8편에서 이와 비슷한 개념을 찾아볼 수 있다.

> "주의 손가락으로 만드신 주의 하늘과 주의 베풀어 두신 달과 별들을 내가 보오니 사람이 무엇이관대 주께서 저를 생각하시며, 인자가 무엇이관대 주께서 저를 권고하시나이까. 저를 천사보다 조금 못하게 하시고, 영화와 존귀로 관(עטרה)을 씌우셨나이다."(시 8:4-6)

이 시편의 저자는 하나님께서 지으신 자연 만물을 바라보며 하나님의 창조의 오묘함을 노래한다. 그는 특히 하나님의 사람 창조에 대해서 깊이 감탄하고 있는 데, 특히 사람을 천사보다는 못하나 관을 쓴 존재로 창조하신 점을 주목하고 있다. 즉 자연 만물 가운데 사람의 위치와 역할에 대해서 하나님의 특별한 배려가 있었다고 생각하는 것이다. 이 시인은 사람을 "영화와 존귀로 관을 쓴" 존재로 보고 있다. 여기서 "관"이라고 번역하는 아타라(עטרה)는 왕관을 의미한다. 하나님께서는 사람을 왕관을 쓴 존재로 창조하셨다는 말인데 이는 하나님께서 사람을 다스리는 기능을 가진 존재로 창조하셨다는 말이다. 바로 이 점이 하나님께서 사람을 "우리의 형상대로 만들고 …을 다스리게 하자"(1:26)는 말씀이나 "땅을 정복하라 바다의 고기와 공중의 새와 땅에 움직이는 모든 생물을 다스리라"(1:28)고 하는 명령이나 그 개념이 일치하는 것을 볼 수 있다.[7] 따라서 사람은 하나님께서 창조하신 자연 만물을 하나님을 대신하여 다스리기 위해서 창조된 하나님의 형상이며, 하나님을 대신한 통치자라는 점에서 왕관을 쓴 존재인 것이다.[8] 하나님께서는 자연 만물에 대한 모든 통치권을 사람에게 위임하신 것이다. 사람은 여섯째 날에 다른 짐승과 함께 창조되었지만 자연만물을 다스리는 하나님의 대리 통치자라는 점에서 자연과 구별된다. 동물적 속성을 가졌지만 동물과는 구별되는 하나님의 형상을 가진 존재이다.

---

7 박준서 "하나님의 형상 (*Imago Dei*)에 대한 성서적 이해" 「기독교 사상」 369 (1989, 9월) 104-120.

8 조직신학에서는 골 3:10, 엡 4:24을 근거하여 하나님의 형상을 참 지식, 의, 거룩함이라고 가르친다. 이는 인간의 내면적 속성을 말하는 것이고, 기능적 속성은 하나님을 대신한 자연 만물의 통치자이며, 바로 왕관을 쓴 존재라는 점에서 인간은 하나님의 형상이다.

인간의 통치 영역과 범주는 하나님께서 창조하신 자연 만물이다. 인간의 통치 영역과 통치 대상에 하나님은 포함되지 않는다. 왜냐하면 인간은 하나님의 피조물이기 때문이다. 하나님께서 그가 창조한 모든 것을 다스릴 수 있는 권한을 인간에게 위임했을지라도 인간은 하나님이 아니다. 하나님은 인간의 통치영역 밖에 계시며, 오히려 인간은 하나님께 복종하고, 그 창조적 권위와 능력에 순응하고 살아야 할 존재이다. 바로 이러한 이유 때문에 하나님께서는 아담에게 "동산 각종 나무의 실과는 네가 임의로 먹되 선악을 알게 하는 나무의 실과는 먹지 말라. 네가 먹는 날에는 정녕 죽으리라"(창 2:17)고 명하신다. 여호와 하나님께서는 이 명령을 통하여 창조주로서의 그의 권위와 존엄성과 주(主)되심을 선포하시는 것이다. 우리 인간은 하나님의 형상일 뿐 아니라 하나님의 명령을 소유한 존재이다.

2:19-20은 아담이 모든 생물에게 이름 짓는 모습을 보여주고 있는 데 이는 1:28에 하나님께서 그에게 주신 사명을 따라 각양의 생물에게 창조주와 동등한 권위를 가지고 그들에게 존재의미를 부여하고 그의 통치권을 행사하는 장면이라고 할 수 있다. 이는 마치 빛을 낮이라 칭하시며(1:5), 궁창을 하늘이라 칭하시고(1:8), 뭍을 땅, 물을 바다라 칭하시던(1:10) 하나님의

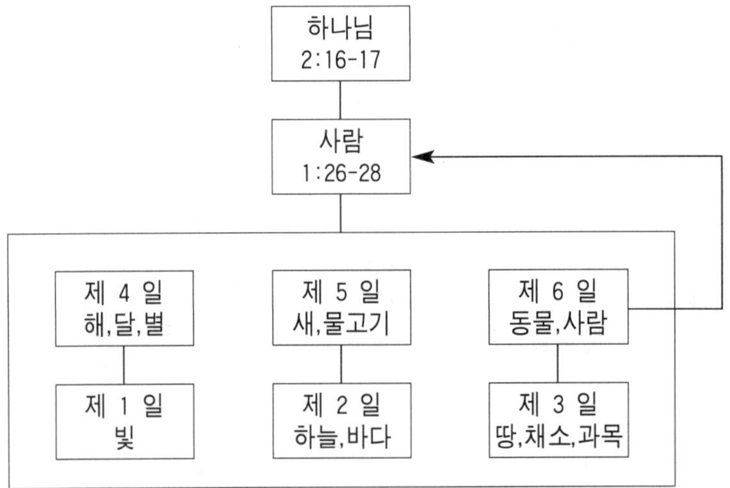

이름 짓는 일을 아담이 답습하고 있는 것이다. 아담이 각 생물을 일컫는 바가 곧 그 이름이 되었다(2:19). 따라서 아담은 창조주 하나님과 같은 역할을 땅위의 생물들 가운데 수행하고 있는 것이다. 그렇다고 해서 아담이

창조주일 수는 없다. 아담은 하나의 피조물에 불과한 것이다. 하나님께서 부여하신 권위에 따라 자연만물을 다스리며, 돌보는 것이며, 그 스스로는 하나님의 권위에 복종해야 할 존재인 것이다. 선악을 알게 하는 나무의 실과를 따먹지 말라는 명령은 바로 아담이 창조주가 아니며 피조물이라는 것을 일깨우며, 사람의 사람됨을 인식시키고, 하나님과 사람 사이에 창조주와 피조물로서 질서를 세우고, 관계를 형성하는 장치라고 할 수 있다. 따라서 하나님께서 창조하신 이 세계는 사람을 중심으로 위로는 창조주 하나님이 계시고, 그 밑으로는 자연만물이 있다. 하나님께서 창조하신 세계를 그림으로 그려보면 위의 도표[9]와 같다. 사람은 동물과 같은 여섯째 날에 창조되었지만 하나님께서는 그에게 자연만물을 다스리라는 사명을 주셔서 사람을 모든 자연 만물 위로 끌어 올리셨다. 그래서 사람은 아래로 자연만물을 다스리는 왕 같은 존재이나 하나님께는 피조물로서 복종해야 할 존재이다. 그러나 불행하게도 아담은 하나님께서 세우신 이 질서를 지키지 않았다. 하나님께서 금지하신 선악을 알게 하는 나무의 실과를 따먹으므로 하나님의 권위에 도전하고 하나님과 같이 되려고 했다. 결국 하나님께서는 이러한 아담의 반역을 놔둘 수는 없었다. 아담에게는 죽음이 선고되고, 아담의 대표성 아래 있는 모든 자연 만물은 아담과 함께 저주를 받게 된 것이다(창 3:17).

우리는 여기서 창세기 저자가 하나님의 창조 세계와 그 질서 조직을 기술함에 있어서 고대 근동 세계의 종주(宗主)와 속주(屬主)의 계약 관계를 차용하고 있음을 볼 수 있다. 특별히 고대 근동의 헷 족속(The Hittites)의 왕들은 그들이 정복한 일정한 영토 위에 속주(Vassal)를 세워 자신을 대신하여 그 영토의 신민들을 다스리게 했다. 그래서 자기는 종주(Suzerain)가 되며, 그가 세운 왕은 그의 속주가 되는 것이었다. 이러한 종주와 속주의 관계는 계약을 통해서 이루어졌다. 이 종속 계약 관계는 아주 엄격하였다. 속주는 종주에게 철저하게 복종해야 했으며 만일에 속주가 복종하지 않을 경우 이는 반역으로 취급되어 종주는 속주와 더불어 그의 백성을 진멸해버렸다. 유다말기 바벨론 왕 느부갓네살이 유다 왕 시드기야와 그 신민을 진멸하고, 유다를 멸망시킨 경우가 그 대표적인 예이다.

---

9 손석태, 「창세기 강의」, p. 27.

따라서 하나님-사람-자연만물의 이 창조 세계는 비록 하나님과 아담 사이에 계약을 맺었다는 명시적인 어휘나 구절은 찾아보기 어렵지만 분명 여기에는 하나님과 사람과 자연만물 사이에 고대 근동 세계에서 통용되던 종주와 속주와 신민 사이의 계약 개념 내지 계약 관계가 내재하고 있음을 볼 수 있다.

Ⅲ. 창세기 1-2 장의 계약 개념의 증거들

성경에는 창조시에 하나님과 아담 사이에 계약을 맺었다는 명시적인 성경 구절이 아니더라도 적어도 창조시에 계약 개념 자체가 있었다는 것을 보여주는 성경 구절들이 있다. 우리는 이를 살펴볼 필요가 있다.

(1) 예레미야 33:20, 21, 25; 31:35-36

예레미야는 "낮에 대한 나의 약정" "밤에 대한 나의 약정"(21) 혹은 "주야의 약정"(25)이라는 말을 쓰고 있다. "약정"이라는 말은 히브리어 호크(חק)를 번역한 것이다. Liedke 에 의하면 호크(חק)는 하나님께서 세우신 질서에 따라 하급자의 의무뿐만 아니라(사 24:5; 렘 31:36; 욥 28:26), 하나님의 약속이나 의무를 가리키는 말이다(시 105:10f).[10] 따라서 이 말은 상하급자가 서로에게 예속되는 면이 있다. 그래서 호크(חק)는 성경에서 흔히 브리트(ברית)라는 말과 병행해서 사용되는 말이다 (왕상 11:11; 왕하 17:15; 시 50:16; 105:10). 렘 31:35-36에서는 "나 여호와는 해를 낮의 빛으로 주었고, 달과 별들을 밤의 빛으로 규정하였고 … 이 규정이 내 앞에서 폐할찐데 이스라엘도 내 앞에서 폐함을 입어 영영히 나라가 되지 못하리라"고 말하고 있는데 예레미야는 여기서도 규정이라는 말은 호크(חק)로 쓰고 있다. 이는 하나님께서 창조시에 그가 지으신 피조물과 더불어 약정과 규정을 세웠다는 것을 말한다. 하나님께서는 이스라엘과도 계약을 맺어 그의 백성으로 삼으셨다. 만일에 하나님께서 세우신 창조의 약정이 깨

---

10 G. Liedke, "חקק" *Theological Lexicon of Old Testament*, by Ernst Jenni, Claus Westermann, trans. by Mark E. Biddle, vol. 2 (Peabody: Hendrickson, 1997), p. 471.

어진다면 하나님께서 이스라엘과 맺은 언약도 깨어질 수밖에 없을 것이다.
말하자면 하나님과 이스라엘의 언약 관계는 창조의 약정만큼이나 견고한
것임을 말하고 있는 것이다. 하나님께서는 창조시에 약정을 세우시고, 규정
을 세우신 분이시다. 하나님께서 세우신 이 약정은 하나님 자신에게도 구
속력을 가진 계약적 성격을 가진 것이다.

(2) 로마서 5:12-21

사도 바울은 우리 죄인들이 어떻게 하나님으로부터 의롭다고 인정받는가
를 설명하며, 아담과 그리스도의 대표 원리를 들어 설명하고 있다. 롬 5:14
에는 "그러나 아담으로부터 모세까지 아담의 범죄와 같은 죄를 짓지 아니
한 자들 위에도 사망이 왕노릇 하였노니 아담은 오실자의 표상이라"고 적
고 있다. 아담 이후 모세까지 세상의 모든 사람들이 비록 아담과 같은 죄
를 짓지 아니하였더라도 아담과 같은 죄인이 되었고, 그 벌로써 아담처럼
죽음을 맞게 되었다는 것이다. 어떻게 이것이 가능한가? 아담의 역심과 죄
인의 피를 유전 받아 이렇게 된 것인가? 아니다. 그것은 오직 창세기의 하
나님께서 아담과 세운 종주와 속주 사이의 계약을 전제하지 않으면 이해가
불가능하다. 속주의 반역이 속주는 물론 그의 신민들도 반역자가 되어 종
주로부터 처벌을 받듯이, 선악을 알게 하는 나무의 실과를 따먹지 말라고
하는 하나님의 명령을 거역한 아담에게만 그 반역의 죄가 있는 것이 아니
라 속주인 아담의 대표성 아래 있는 모든 피조물이 다같이 아담과 같은 죄
인이 되어 죽게 된 것이다. 이러한 속주의 대표성의 원리에 입각하여 바
울은 아담의 반역을 "한 사람의 범죄를 인하여 많은 사람이 죽었은즉"(15),
"심판은 한 사람을 인하여 정죄에 이르렀으나 ..."(16), "한 사람의 범죄를
인하여 사망이 그 한 사람으로 말미암아 왕노릇하였은즉"(17), "한 범죄로
많은 사람이 정죄에 이른 것 같이"(18), "한 사람의 순종치 아니함으로 많
은 사람이 죄인된 것 같이"라고 말하고, 결국 아담 한 사람의 범죄가 아담
의 대표성 아래 있는 모든 자연 만물에게 저주와 심판을 초래했다고 말하
고 있다. 이 같은 원죄의 개념은 하나님과 아담 사이의 계약 관계를 전제
하지 않고는 불가능하다.
하나님과 아담 사이의 계약 관계는 아담의 범죄로 자연 만물에게 초래한
저주에게만 적용되는 것은 아니다. 바울은 "아담은 오실 자의 표상이라"

(롬 5:14)고 말한다. 이것은 사람이 그리스도와 같은 의로운 순종을 하지 않았을지라도 그리스도의 대표성 아래 있음으로 어떻게 의롭게 될 수 있는 가를 설명해준다. 창조시의 계약구조는 하나님-아담-자연만물이었다. 그러나 하나님의 구원과 회복의 경우는 이 계약 구조가 바뀌었다. 하나님-그리스도-자연만물이 된 것이다. 하나님께서는 그리스도를 속주로 하는 새로운 하나님 나라를 건설하시고 그의 백성을 모으는 것이다. 바로 이것이 하나님의 구원의 역사이며, 하나님께서는 누구나 그리스도를 믿는 자를 그리스도의 대표성 아래, 곧 하나님 나라로 들어올 수 있게 하셨다. 그리하여 그리스도의 의로운 행동과 의로운 순종으로 하나님과 바른 관계를 갖게 한 것이다. 우리 인간은 아담의 대표성 아래 있다는 이유 하나만으로 모두 죄인이 되었었다. 그러나 이제 믿음으로 그리스도의 대표성 안에 들어옴으로 우리는 의로운 일을 안했을지라도 의인으로 인정을 받게 된 것이다. 그래서 바울은 그리스도의 "의의 한 행동으로 말미암아 많은 사람이 의롭다하심을 받아 생명에 이르렀느니라"(롬 5:18), "한 사람의 순종하심으로 많은 사람이 의인이 되리라"(5:19)고 말한다 (고전 15:22, 23 참조). 바로 이런 의미에서 그리스도를 둘째 아담이라고 말하고 있다 (고전 15:45).

이상을 살펴볼 때 그리스도의 구원의 원리는 하나님과 아담의 계약 관계로 말미암은 대표성의 원리를 전제한 것이다. 따라서 창세기의 에덴 동산에서 하나님과 아담 사이에 종주와 속주로서의 계약 관계가 없었다면 원죄도 없었을 것이고, 십자가에 죽고 부활하신 그리스도를 믿음으로 말미암은 구원의 원리도 있을 수 없는 것이다. 롬 5 장의 바울의 아담과 그리스도의 대표성 이론은 결국 창세기 1-2장의 계약적 개념과 구조를 전제한 것이다.

결 론

신학적 개념이란 꼭 신학적 의미를 담은 어휘나 용어가 사용되어야만 존재한다고 말할 수는 없다. 왜냐하면 신학적 개념이란 시간이 흐름에 따라 그 의미가 부가되고, 정제되고, 발전하기 때문이다. 또한 신학적 용어가 신학적 개념에 앞서 존재한다고 말할 수 없다. 개념이 있고, 그 개념을 표현하는 어휘가 뒤따른다. 예를 들면 여호와와 다윗의 계약도 나단 선지자를 통하여 선하여졌을 당시에는 계약이라는 말을 쓰지 않았다(삼하 7장, 대상 17장). 그럼에도 불구하고 그 내용은 계약적이었고, 후에는 다윗 자신이 이를 계약이라고 칭한다(삼하 23:5; 시 89:3).[11] 이러한 점을 고려한다면 창 1-2장에 비록 계약이라는 어휘는 사용되지 않았을지라도 계약 개념은 있었고, 계약이 존재하는 데 필요한 요소들이 있었으며,[12] 특히 창조기사는 고대 근동 세계의 국제 정치 조약의 구조를 차용하고 있으며, 따라서 하나님과 아담 사이의 관계는 계약적 관계였다.*

---

11 팔머 로벗슨, p. 32.

12 C. Hodge, *Systematic Theology*, II. (Grand Rapids: Eerdmans, 1946), p. 117.

이스라엘 감사시에 대한 소고

이 태 훈 [*]

1. 들어가는 말
2. 메소포타미아와 이스라엘의 보고적 찬양시
3. 나가는 말

1. 들어가는 말

구약의 시편에는 '이스라엘 감사시'라고 하는 장르가 존재하지 않으며, 사람들이 이스라엘 감사시라고 생각했던 시편들은 대부분 찬양시에 속하는 것들이라는 Crüsemann의 연구 이래로,[1] 그의 학설은 시편연구에서 거의 일반적인 것이 되었다. 그러나 이스라엘 감사시라는 장르를 구약에서 그렇게 무시해 버려도 되는 것일까? 본 논문에서는 이스라엘 감사시가 이스라엘에만 존재하는 독특한 장르라는 것을 밝힘으로서, 이 장르의 존재를 시편에서 다시 확인해 나가는 기초를 놓으려는 데 그 목적이 있다.

Westermann은 구약 시편의 찬양시라는 장르에는 '서술적 찬양시

---

[*] 총회개혁신학연구원, 구약학(D.Th.)

[1] F. Crüsemann, Studien zur Formgeschichte von Hymnus und Danklied in Israel, Neukirchener Verlag 1969.

(beschreibender Lobpsalm)'와 '보고적 찬양시 (berichtender Lobpsalm)'라는 두 종류의 작은 장르가 부속된다고 주장한다.[2] Westermann의 이와 같은 구분이 우리가 찬양시의 성격을 이해하는 데 결정적인 잣대를 제공해 주었다. Westermann이 '서술적 찬양시'와 '보고적 찬양시'라고 정의한 두 장르는 각각 Gunkel이 시편에서 정의했던 '찬양시'와 '이스라엘 감사시'에 해당되는 장르이다. 우리는 Westermann이 말한 이 두 종류의 찬양시의 성격을 서술하기 위해, Gunkel이 각각 '이스라엘 감사시'와 '찬양시'에 했던 정의를 여기에 다시 사용해 본다. Gunkel은 말한다. "감사시에서는 하나님이 감사드리는 자에게 행하신 특별한 사건에 대해 환호하는 반면에, 찬양시에서는 하나님의 위대하신 일들과 그의 영광스러운 속성을 일반적으로 노래하는 것이 그 차이점이다. 그럼에도 이 두 장르가 서로 영향을 준 것은 자연스러운 일이었다."[3] 그리고 Boecker도 같은 의미로 다음과 같이 주장한다. "보고적 찬양시는 시편을 노래하는 자들에게 일어났던 하나님의 일회적인 사역에 그 초점을 맞춘다. 그것이 바로 찬양을 불러일으키는 하나님의 특별한 사역이다."[4]

우리가 위와 같은 정의들을 다시금 Westermann이 말한 찬양시의 두 장르에 적용한다면, 우리는 찬양시에 대해 다음과 같이 서술할 수 있을 것이다. 보고적 찬양시에서는 역사 속에서 행하신 하나님의 특별하고도 일회적인 사역을 주로 노래하는 반면에, 서술적 찬양시에서는 세상에 대한 하나님의 존재와 그 위대하심이 주로 찬양된다. 따라서 보고적 찬양시는 특성상 '하나님께서 행하셨다'는 내용적인 구조를 가지나, 서술적 찬양시는 '하나님은 … 이시다'[5]라는 내용적인 구조를 갖게 된다.[6] 그러므로 보고적 찬양시의 시제는 과거형이 되나, 서술적 찬양시의 시제는 현재형이 된다.[7]

---

[2] C. Westermann, Lob und Klage in den Psalmen, Göttingen 1983, 25쪽.

[3] H. Gunkel, Einleitung in die Psalmen. Die Gattungen der religiösen Lyrik Israels, Göttingen 1985, 276쪽.

[4] H.J Boecker, Psalmen, in: Altes Testament, Neukirchener Verlag 1983, 152쪽.

[5] '하나님께서 행하신다'라는 구조를 갖기도 한다. C. Westermann, Der Psalter, Stuttgart 1980, 26쪽을 참조하라.

[6] C. Westermann, Lob und Klage, 17쪽 ; H.J. Boecker, Psalmen, 153쪽.

2. 메소포타미아와 이스라엘의 보고적 찬양시

2.1. 메소포타미아의 보고적 찬양시

Westermann은 주장한다. "바빌로니아 시편에서의 신에 대한 찬양은 거의 대부분 서술적 찬양 밖에 없다. 여기서는 신의 존재와 사역이 일반적으로 찬양되고 있을 뿐이다. 신의 일회적인 간섭에 기초한 찬양 (곧 보고적 찬양)은 거의 전무한 편이다."[8] 그리고 그는 또 주장한다. "바빌로니아에서 신들에 대한 찬양은 그것의 성격상 거의 서술적 찬양이다."[9] 따라서 "개인의 보고적 찬양은 바빌로니아에서 분명히 독립적인 장르가 되지 못했다."[10] Westermann과 같은 맥락에서 Cumming은 "앗시리아는 이스라엘이 감사기도를 독립적으로 발전시킨 수준만큼 그것을 발전시키지 못했다는 것이 확실하다"고 말하며,[11] Becker도 "수메르-아카디아 기도 가운데서 감사시는 자기 자신의 형태를 보여주지 못한다"고 말한다.[12] 그리고 Gamper도 바빌로니아의 감사기도에 대해 "기도된 것"은 이미 짜여진 제의적 상황에서 나온 것이며, 따라서 기계적인 것이다. 거기에 실제적인 감사기도는 거의 없다"고 말한다.[13]

수많은 학자들이 바빌로니아에서는 보고적 찬양이 자기 자신의 장르를 형성하지 못했다고 공통적으로 주장하는데, 이것은 바빌로니아 찬양시들에

---

[7] 한편 W. Mayer는 "만일 표현 가능한 형식에 한계가 있을 때에는, 일회적인 구원사역에 대한 감사의 표현으로 '서술적' 찬양이 사용될 수 있지 않을까"하는 제안을 하기도 한다 (Untersuchungen zur Formensprache der babylonischen Gebetsbeschwörungen, Rom 1976, 350쪽, 각주 54). 그러나 최소한 구약의 시편에서는 이런 경우가 없다.

[8] Lob und Klage, 30쪽.

[9] 전게서 115쪽.

[10] 전게서, 78쪽, 각주 61. 또한 W.R.Mayer, "Ich rufe dich von ferne, höre mich von nahe!" Zu einer babylonischen Gebetsformel, in: FS für C.Westermann zum 70. Geburtstag, Göttingen 1980, 307쪽도 참조하라.

[11] C.G. Cumming, The Assyrian and Hebrew Hymns of Praise, New York, 1966, 54쪽.

[12] J.Becker, Wege der Psalmenexegese, Stuttgart 1975, 72쪽.

[13] A. Gamper, Gott als Richtergott in Mesopotamien und im Alten Testament. Zum Verständnins einer Gebetsbitte, Innsbruck 1966, 7쪽.

서 역사적 주제가 거의 그 역할을 하지 못한 데서 기인한 것으로 보여진
다. 왜냐하면 보고적 찬양은 대체로 신이 그 민족을 환난 가운데서 구원하
신 역사적 경험과 결부되기 때문이다. 바빌로니아 찬양시들에서는 신들이
백성의 역사적 구원경험과 거의 결부되지 않는 반면에, 구약의 찬양시들에
서는 하나님께서 백성을 구원하신 구속사적 주제가 풍성하게 나타나고 있
다. 이런 의미에서 "이스라엘에게 있어 특징적인 것은 찬양시에서 신화가
비교적 뒤로 물러나는 반면에, 구속사는 아주 넓은 자리를 차지한다는 것
이다"고 Gunkel은 말한다.[14] 이같이 구속사와 관련된 찬양은 이스라엘 찬양
시의 특징적인 것이 된다. Müller도 "오시는 그리고 간섭하시는 여호와에
대해 역사와 연관된 찬양은 이스라엘 공동체의 특징적인 표현형태이며, 초
기역사의 원초적인 경험이 내면화된 경험이며, 공동체나 개인의 새로운 구
원의 상황에서 같은 구조를 가지고 계속 반복되는 경험인 것이다"고 말한
다.[15]

비록 '보고적 찬양시'가 이스라엘 밖에서는 발견되지 않을지라도, 신의
역사 속의 간섭에 대한 찬양으로 사용될 수 있는 이야기는 있다. 예를 들
어 아카디아의 "투쿨티-닌우르타 서사시"에는[16] 앗시리아 왕인 투쿨티-닌
우르타 I세가 (기원전 1243-1207년) 신들의 도움으로 바빌로니아 왕인 (카
시트 왕) 카쉬틸리아쉬 IV세에게 승리를 거뒀다는 이야기가 다음과 같이
서술되어 있다.

바빌로니아의 상인들이 앗시리아에서 첩자의 혐의를 받아 체포된 후에,
앗시리아 왕인 투쿨티-닌우르타는 바빌로니아 왕이 맹세를 깬 것에 대해

---

[14] H.Gunkel, Formen der Hymnen, ThR 20 (1917), 297-298쪽.

[15] H.- P. Müller, Gott und die Götter in den Anfängen der biblischen Religion. Zur
Vorgeschichte des Monotheismus, in: O. Keel (ed.) Monotheimus im Alten Israel und seiner
Umwelt (Biblische Beiträge 14), Schweiz. Kathol. Bibelwerk, Fribourg 1980, 134쪽.

[16] R. Thompson, Archaeologia 79 (1929), 126-133쪽, XLVII-LII판; idem, Annals of
Archaeology and Anthropology (AAA) 20 (1933), 118-126쪽, CI-CIV판; E.Weidner, AfO
7 (1931/2), 280-281쪽; E.Ebeling, MAOG 12/2 (1938), 1-42쪽; W.G.Lambert, AfO 18
(1957/8), 38-51쪽; P.Machinist, The Epic of Tukulti-Ninurta I, A Study in Middle Assyrian
Literature (diss. Yale Uni.) 1978; K.W.Chang (장국원), Dichtungen der Zeit Tukulti-
Ninurtas I. von Assyrien, Seoul 1981; B.R.Foster, Before the Muses: An Anthology of
Akkadian Literature, Vol.I, Bethesda 1993, 209-229쪽.

한탄하며, 재판의 신인 샤마쉬에게 다음과 같이 기도 드린다.

"오 샤마쉬, 재판의 주시여! 나는 당신께 한 맹세를 항상 지키고, 당신의 위대함을 경배하며, 당신께 한 맹세를 깨지 않기 위해 당신의 지배아래서 당신의 경고를 지켰습니다. 우리 조상들이 당신 앞에서 조약을 체결했을 때, 그들은 서로 맹세를 확인하고 다음과 같이 당신의 위대하심을 고백했습니다. '당신은 옛날부터 우리 조상들이 일편단심으로 재판관으로 섬긴 영웅이십니다. 그리고 당신은 처음부터 우리의 의로움을 보시고 질서를 지키시는 신입니다.' 그런데 왜 처음부터 카시트 왕은 당신의 계시와 경고를 무시했습니까? 그는 당신께 대한 맹세를 지키지 않고, 당신의 경고를 어기며, 악을 도모했습니다. 그는 당신 앞에서 내게 대한 범죄를 계획했습니다. 오 샤마쉬여, 나를 판단해주소서! 나는 카시트 왕에게 어떤 악한 일도 행하지 않았으니, 당신에 대한 맹세를 지키는 당신의 위대한 [종]에게 세상에 대한 승리를 주소서. 그리고 당신의 명령을 어기는 자와 살인에 굶주린[17] 그의 부하들에게는 전쟁의 패배에 빠지게 하소서! (II, 13-24)."[18]

앗시리아 왕이 사신과 편지를 통해 바빌로니아 왕에게 보낸 경고들은 아무런 성과도 없었다. 따라서 결국 그들 사이에 전쟁이 일어나게 되었다. 오랜 전쟁 후에 투쿨티-닌우르타 왕은 마침내 신들이 자기편에 서서 전쟁에 참여한 후에 결국 바빌로니아에게 승리를 거두게 된다. 그런데 여기서 신들의 전쟁에 대한 참여가 다음과 같이 서술된다. "Aššur"가 나아갔다. 그는 적들을 굴복시키는 불을 그들 위에 뿜었다. Enlil은 적들의 싸움을 덮어버렸다. 그는 불길을 곳곳에서 일으켰다. Anu는 신들의 무기를 악인들을 향해 용서 없이 쳐들었다. 하늘의 광명인 Sin은 적들이 싸우지 못하도록 꼼짝못하게 만들었다. 영웅인 Addu는 그들 위에 홍수를 부어버렸다. 재판의 주인 Šamaš는 수메르와 아카드 군사들의 눈을 어둡게 만들었다. 신들 중에 가장 위대한 전사인 Ninurta는 그들의 무기를 부숴 버렸다. 그리고 Ištar는 그들의 밧줄을 끊어버렸다. 그녀는 그들의 군사들의 판단력을 어지럽게 만들었

---

[17] 비교. AHw 2권, 780b, 3).

[18] 장국원, Dichtungen der Zeit Tukulti-Ninurtas I. von Assyrien, Seoul 1981, 116-7쪽. 여기서 마지막 줄은 필자가 조금 교정했다; 비교. B.R.Foster, Before the Muses: An Anthology of Akkadian Literature, Vol.I, Bethesda 1993, 216 쪽: "[He who does not] your command, obliterate his people in the rout of battle!"

다. 왕은 자기가 신뢰하는 신들을 따라 군사들의 선봉에 서서 싸움을 시작했다 … (V, 32-40ff.)"[19]

마침내 승리를 거둔 앗시리아 사람들이 바빌로니아를 약탈한다. 그리고 투쿨티-닌우르타는 신들의 신전을 아름답게 장식함으로 그들에게 값비싼 전리품들을 바치고, 마지막으로 그는 만신전의 신들께 찬양을 드린다 (VIb 2-47).

신이 간섭하여 백성을 구원한다는 이런 서술들을 우리는 또한 아람의 한 비문[20]이나 모압의 비문[21]에서도 엿볼 수 있다. 그러나 고대근동에서는 이런 신을 통한 역사적인 구원의 서술이 이스라엘과는 달리 자주 발견되지 않으며 따라서 독립적인 전통을 형성했다고 말할 수 없다. W. Mayer는 다음과 같이 말한다. "아카디아 분야에서도 '보고적' 찬양이 발견되기는 하나, 매우 드물게 나타나며 더욱이 순수 문학작품에 속한다고 추정되는 본문들에서 발견된다. … 내가 보는 한 일반적인 사용을 위한 (보고적 찬양을 가진) 감사시, 즉 각각의 개인이 환난에서 구원받은 후 신전에서 사용할 수 있는 형식들은 고증되고 있지 않다."[22] Kühlewein도 바빌로니아 찬양시에서는 역사적 모티브를 발견할 수 없다고 하며, "구약의 연구에서 고대근동학의 사상은 그들의 무역사성으로 인해 이스라엘과 바로 구별된다는 것이 공통된 견해이다"고 말한다.[23] 그리고 Gunkel도 이런 의미로 다음과

---

[19] 장국원, 전게서 132쪽.

[20] H. Donner - W. Röllig, Kanaanäische und aramäische Inschriften, I-II권, Wiesbaden 1962-1964, 210, 3-4: "아람 왕이 자기의 주 Melqart에게 서원 했을 때, 그가 자신의 기도를 들어주니 그에게 바침."

[21] 전게서 181, 2-4: "나는 (모압 왕 메사) 이 산당을 구원의 표시로 케리호에 있는 Kamo에게 지어 바칩니다. 그가 나를 모든 공격자들로부터 구원하시고, 내 모든 대적들 위에 승리하게 하셨기 때문입니다."

[22] W. Mayer, Untersuchungen zur Formensprache der babylonischen Gebets- beschwörung, Rom 1976, 350쪽, 각주 54.

[23] J. Kühlewein, Geschichte in dne Psalmen, Stuttgart 1973, 16쪽 이하; 비교. C. Westermann, Anthropologische und theologische Aspekte des Gebets in den Psalmen, Liturgisches Jahrbuch 23 (19730, 83-96쪽 (= P.H.A.Neumann (ed.), Zur neueren Psalmenforschung, Darmstadt 1976, 452-468쪽). 그는 "이 역사시편들이야말로 이스라엘의 독특한 것이다. 다른 종교로부터는 이와 평행한 것들이 지금까지 알려져 있지 않다"고 말한다 (459쪽); 참조 F. Stummer, Sumerisch-akkadische Parallelen zum Aufbau alttl. Psalmen, Paderborn 1922 (reprint New York/Londen 1968), 81쪽.

같이 주장한다. "이런 거룩한 전승이 찬양시에 들어오게 된 것은 이스라엘
만의 독특한 현상이며, 바빌로니아와 이집트에는 이와 대응되는 현상이 없
다. 이것이 구약의 시편과 이방의 시편 사이의 본래적인 차이다."[24] 결론적
으로 우리는 바빌로니아 시편에서는 구약의 시편과는 달리 '보고적 찬양
시'가 제 자리를 잡지 못했다고 할 수 있다.

왜 바빌로니아 찬양시에서는 역사적인 모티브가 나타나지 않는가에 대해
Albertz는 다음과 같이 설명한다. "가장 중요한 차이점은 메소포타미아에서
는 신들의 사역이 이스라엘과 달리 우선적으로 백성에 연관되지 않고 도시
나 땅에만 연관된다는 것이다. 백성은 단지 땅에 사는 주민으로서 간접적
으로만 취급된다. 반면에 이스라엘에서는 여호와와 백성간의 관계가 전적
으로 그 중심에 서있다."[25]

다른 이웃 나라들과는 구별되는 여호와와 이스라엘 백성간의 이 특별한
관계 때문에, Gese는 "구약성경이 역사기술에서 얼마나 독특한 방식으로
고대근동과 본질적으로 차이가 나는가"라고 강조한다.[26] 그리고 그는 그 차
이에 대한 이유를 하나님과 백성간의 관계에서 찾으며, 이스라엘 백성의
다른 이웃나라들과의 차이점들 중에서 특히 "이 독특성은 구약성경의 기술
에 따르면 바로 여호와와의 언약이다"라고 강조한다.[27] 언약 때문에 여호와
는 자기 백성에게 재앙을 가져오실 때, 그것을 이전이나 이후에 징계나 훈
계로서 선포 또는 해석하신다. 반면에 메소포타미아의 백성들은 신들의 임
의성에 팽개쳐져있다. 다시 말하면 "이스라엘에는 언약의 실행이 일회성의
사건이 아니라, (약속과 성취의 틀을 통한) 역사적 과정, 곧 역사가 된다."[28]
이런 이유로 인해 구약의 시편에는 바빌로니아의 시편과는 달리, 이스라엘

---

[24] Einleitung, 78쪽.

[25] R. Albertz, Persönliche Frömmigkeit und offizielle Religion. Religionsinterner Pluralismus in
Israel und Babylon, Stuttgart 1978, 161쪽이하; 비교. W.von Soden, Alter Orient und Altes
Testament, in: H.-P. Müller (ed.), Bibel und Alter Orient, Berlin 1985 (BZAW 162), 108쪽
[= WO 4/1 (1967), 38-47쪽]. 그는 "바빌로니아에는 히브리어의 'am이나 goi와 같
은 '백성'에 해당되는 단어가 없다"고 주장한다.

[26] H. Gese, Geschichtliches Denken im Alten Orient und im Alten Testament, ZThK 55 (1958),
127쪽 (= Vom Sinai zum Zion, BEvTh 64, München 1974, 81쪽).

[27] 전게서, 141쪽.

[28] 전게서, 142쪽.

이 하나님과 어떤 경험을 했는가를 표현하는 역사적 모티브가 많이 발견되게 된다.

Weiser는 이 차이점은 구속사적 경험에서 나타나는 것이라고 말하며, "시편과 이웃나라 종교들의 대응되는 찬양시들 간에 구속사적 내용에 관해서는 그 차이점이 현저하다"고 주장한다.[29] 이스라엘은 바빌로니아와 달리 역사 속에서의 하나님과의 경험들, 곧 그들의 환난과 구원의 역사를 시편에 풍성하게 서술했다. 이미 포로기전에 주제화 된 이 구속사를 우리는 미리암의 노래나 홍해의 노래에서 찾아볼 수 있다.

2.2. 이스라엘의 보고적 찬양시

시편에 나타나는 이 구속사적 모티브가 구약의 시편을 바빌로니아의 시편과 구별지어주는 뚜렷한 특징이다. 아마도 이것이 바빌로니아의 찬양시들과 비교할 때, 주로 구속사적 모티브를 그 내용으로 하는 명령형 시편들이 이스라엘에서 압도적으로 많이 나타나는 가능한 이유일 것이다.[30] 단지 이스라엘에서만 하나님과의 역사적인 경험들이 시편에서 자리를 잡게되고 자기 고유의 장르를 형성하게 됐다.[31] 이 역사적 경험은 그 성격상 감사의 모티브를 가질 수밖에 없다. 이스라엘에서만 나타나는 이 역사적인 감사의 모티브가 자기 고유의 시편 장르, 곧 이스라엘의 보고적 찬양시를 만들어 냈을 것이다. 이들은 그들의 성격과 그 "삶의 정황 (Sitz im Leben)"상 찬양시들과 쉽게 결합하여, 이스라엘에게만 특별한 형태인 '역사적인 감사의 모티브를 가진 찬양시'를 생성했을 것이다. 그리고 이스라엘 감사시에 있던 일회적인 이스라엘의 역사적 경험은 시간이 지남에 따라 일반화되어 찬양시에 합류되었을 것이다. 따라서 후기의 이스라엘 찬양시들에서는 찬양

---

[29] A. Weiser, Die Psalmen, ATD 14, Göttingen 1987, 40쪽.

[30] Boecker는 명령형 시편의 두 가지 기본특성을 다음과 같이 서술한다. 1) 이스라엘의 주변 국가에는 그와 평행한 대응시가 없고, 2) "여호와가 이스라엘 백성을 위해 이룩하신 근본적인 역사적 구원의 사역"을 그 주제로 삼는다 (H.J. Boecker, Psalmen, in: Altes Testament, Neukirchener Verlag 1983, 154쪽).

[31] 비교. H.-P. Müller, Ursprünge und Strukturen alttestamentlicher Eschatologie, Berlin 1969, 30쪽. 그는 "이스라엘에게 특징적인 것은 하나님에 대한 찬양의 성격이 좀더 보고적 찬양이라는 것이다"고 말한다.

시와 이스라엘 감사시를 날카롭게 구별하기 어려운 것이 사실이다.

위와 같은 관찰에 대해 Weiser는 다음과 같이 말한다. "(소위 감사시는) 일반적인 찬양시와 구별되지 않으며 찬양시와 똑같은 기본요소들을 가지고 있다. 이것이 찬양시와 감사시를 충분히 예리하게 나누지 못하게 하는 원인이 된다. 찬양시를 나타내는 말로 tehillā나 tôdā 어느 것을 사용하든지 언어사용상 그 근본적인 차이점이 나타나지 않는다. 따라서 찬양시와 감사시의 경계는 느슨하기 때문에 tôdā를 감사시를 위한 전문용어로 한정할 수 없다는 것이 사실이다."[32] 이런 이유로 시편에서 이스라엘 감사시와 찬양시를 구별하는 것이 매우 어렵게 되었다. 그럼에도 불구하고 찬양시와 이스라엘 감사시를 구별하는 것이 과연 불가능한 일일까? 이를 위해 우리는 내용적인 잣대만 아니라, 언어의 정형성과 형식의 잣대를 아울러 적용해야 할 것이다.[33] 내용적인 구별을 위해서는 '서술적 찬양시'와 '보고적 찬양시'에 대한 Westermann의 개념정립이 중요하며, 언어 정형적인 구별을 위해서는 Crüsemann의 '명령형 시편'의 개념정의가 결정적인 도움을 준다.

이스라엘의 '보고적 찬양시'에는 환난가운데서 여호와가 구원해 주셨다는 이스라엘의 역사적 경험이 주된 내용을 이룬다. 따라서 Boecker는 "보고적 찬양시는 시편을 노래하는 사람들에게 일어난 하나님의 일회적인 사역에 기초한다. 그것이 찬양을 불러일으키는 하나님의 특정한 사역이다"고 말한다.[34] Gunkel도 이스라엘 감사시 (Westermann에 의하면 이스라엘의 보고적 찬양시)의 성격에 대해 "이스라엘의 감사축제에 대해 가장 빈번한 동기는 정치적인 성격이다"고 말한다.[35] 한 백성이 국가적이고 정치적인 일에

---

[32] Psalmen, ATD 14, 57쪽.

[33] 비교. J.Becker, Wege der Psalmenexegese, Stuttgart 1975, 54쪽이하. 그는 "감사시도 형식상으로는 찬양시이며 단지 내용적으로만 그것과 구별된다"고 말한다. Cumming도 찬양시와 감사사를 나누는 것의 어려움을 깨닫고 다음과 같이 말한다. "근본적인 차이점은 감사시는 감사를 표현하는 반면에 찬양시는 경배를 표현한다는 것이다. 감사시는 실제적으로 경험된 것을 증거하는 반면에, 찬양시는 하나님 안에 있는 지혜와 능력과 선하심을 소리 높여 찬양한다."(C.G. Cumming, The Assyrian and Hebrew Hymns of Praise, New York 1966, 18쪽).

[34] Boecker, Psalmen, 152쪽.

[35] Einleitung, 316쪽.

있어서만 다른 나라에 대해 하나의 단일체로 나타난다는 것은 자명한 일이다. 따라서 구약에서는 이스라엘이 하나의 단일체, 곧 하나의 공동체로 다뤄지기 때문에, 처음부터 구약의 시편에 이스라엘의 보고적 찬양시가 방대하게 나올 것이라고 우리는 확실히 기대할 수 있다.

그러나 구약학자들 사이에서 '이스라엘의 보고적 찬양시'(Gunkel에 의하면 이스라엘 감사시)는 시편에서 지금까지 확고한 장르를 형성하지 못하고 있다. "이 장르는 모든 것 중에서 가장 어려운 장르이다. … 그리고 이스라엘의 보고적 찬양시가 아주 적게 존재한다는 것을 알 때 더욱 부담을 느끼게 된다"고 Westermann은 말한다.[36] 그리고 Mand도 "시편 장르들 가운데 소위 감사시 만큼 문제가 되는 장르는 없다"고 말한다.[37] 이런 이유로 Gunkel도 이 장르를 주된 장르가 아닌 작은 장르로 분류하고 있다.[38]

이스라엘의 보고적 찬양시의 존재를 부인할 수 없을지라도, 그것을 독립적인 장르로 결정하기에는 그 수가 너무 적은 것이 사실이다.[39] 이런 이유로 Gunkel도 "이 장르의 본래의 모습을 그리고, 이 장르가 나온 정황을 자세히 서술하는 것은 쉽지 않다. 왜냐하면 우리 관찰의 대상이 되는 몇 안 되는 예들이 후기의 형식을 보여주고 있기 때문이다"고 말한다.[40] 더 나아가서 Gunkel은 이스라엘 감사시의 수가 적은 이유를 다음과 같이 설명하고 있다. "아마도 그 수가 적은 이유는 이스라엘에서 백성의 감사시가 많이 있을 수 없다는 것으로 설명될 수 있을 것이다. 왜냐하면 그들의 마음은 자주 그리고 기꺼이 탄식과 간구로 하나님께 향하지만, 구원받은 후에는 구원자에게 감사드리는 것을 잊어버리기 때문이다."[41] 그러나 이런 이유는

---

[36] Lob und Klage, 61쪽이하.

[37] F. Mand, Die Eigenständigkeit der Danklieder des Psalters als Bekenntnislieder, ZAW 70 (1958), 185쪽.

[38] Einleitung, 314쪽이하.

[39] 이 장르에 속하는 시들로, Gunkel은 시 66:8-12, 67, 124, 129를 들고 있고 (Einleitung, 315쪽, 각주 1), Westermann은 시 124 129 (Der Psalter, Stuttgart 1980, 43 쪽; Lob und Klage, 61쪽)를 들고 있다. 비교. Weiser, Psalmen, 56쪽, J. Kühlewein, 26 쪽. 그리고 Kraus (Psalmen, BK XV, 1)나 Reventlow (Gebet im Alten Testament, Kohlhammer 1986, 208쪽이하)는 명확한 언급을 회피하고 있다.

[40] Einleitung, 315쪽.

그다지 설득력이 없으며 객관적인 증거를 필요로 한다. 그래서 Spieckermann은 '이스라엘 감사시'의 수가 적은 이유를 Gunkel이 설명하는 데 실패했으며, 따라서 그것의 양식사를 서술하는데 헛되이 노력했다고 비판한다. [42]

우리는 여기서 Crüsemann이 의혹을 제기하며 던지는 다음과 같은 질문에 귀를 기울일 필요가 있다. "그런데 왜 개인 감사시는 비교적 많은 수가 내려오고 있는가?"[43] 만일 우리가 Gunkel의 주장을 따른다면, 오히려 개인 감사시의 수가 이스라엘 감사시의 수보다 훨씬 더 적을 것이라고 기대할 수 있을 것이다. 왜냐하면 공동체보다는 개인의 마음이 감사를 훨씬 쉽게 잊어버릴 것 같기 때문이다. 그러나 반대로 이스라엘 감사시의 수가 개인 감사시의 수보다 훨씬 적은 이유를 우리는 어떻게 설명할 수 있을 것인가?

Gerstenberger는 이 장르의 존재를 단순히 무시할 수는 없다며 다음과 같이 주장한다. "공동체 감사시는 구약학자들간에 많은 논쟁의 대상이다. … 그럼에도 우리는 구약에서 특별한 감사예배가 있었다는 사실을 없애버릴 수 없다. 적어도 시 66, 67, 124와 129는 국가적인 차원에서의 특별한 감사 제의의 몇몇 징후들을 보여주고 있다. 이런 이유로 나는 공동체 감사시 또한 시편에서 독립적인 장르로 보고 있다."[44] Westeramnn도 이스라엘의 보고적 찬양시가 전승된 시편에 나타나는 만큼 그렇게 적었을 가능성을 거의 배제하고 있다.[45] 이 장르의 존재에 대한 그의 확신은 "여기서 이스라엘의 하나님과의 근본적인 관계가 문제되는 것이 아닌가!"라는데 근거하고 있

---

[41] Einleitung, 315쪽. 한편 Galling은 "시편에서 그 수가 비교적 적은 이유는 (Eißfeldt 처럼), 사람들이 환난이 지난 후 찬양시를 감사시로 사용하기 때문이다"고 말한다 (K.Galling, Psalmen I, RGG3 제 5권, Tübingen 1986, 678쪽). 그리고 Müller는 이스라엘에서 공동체 시편과 개인 시편은 구분할 수 없으며, 개인의 경험이 곧 공동체의 경험이기 때문에 공동체의 찬양시가 개인의 찬양시보다 훨씬 적게 내려오게 된 것이라고 그 이유를 설명한다 (Ursprünge, 16쪽).

[42] H. Spieckermann, Heilsgegenwart. Eine theologie der Psalmen, Göttingen 1989, 14쪽, 각주 21.

[43] Studien zur Formgeschichte, 155쪽.

[44] E.S. Gerstenberger, Psalms: Part I. Forms of Old Testament Literature 14, Grand Rapids:Eerdmans 1988, 16쪽.

[45] Lob und Klage, 61쪽.

다.[46] 그러므로 그는 그 수가 적은 이유에 대해 두 가지 가능한 근거를 제시한다.[47] 첫째로 전승된 시편이 편집되었을 때 하나님의 구원사역은 이미 먼 과거의 일이 되었다는 것이다. 따라서 하나님의 구원에 대한 기억이 생생하게 남았을지라도 몇몇 예외를 제외하고는 하나님께 대한 구원의 찬양이 시편에 실리지 않았을 것이다. 둘째로 이스라엘의 보고적 찬양시가 시형의 언어와 단순한 보고 사이의 중간에 서있다는 양식사적 특성으로 인해, 하나님께 대한 찬양이 시편의 다양한 그룹들로 흩어졌다는 것이다. 그래서 이스라엘의 보고적 찬양시를 하나의 특정한 장르에서만 확인한다는 것은 어려운 일이 돼버리고 말았다.

Westermann도 이 장르의 본래적인 존재에 대해서는 부인하지 않을지라도, 이스라엘의 보고적 찬양시가 시편에 거의 수록되지 않았다는 사실은 스스로 인정한다.[48] 그러나 보고적 찬양과 같은 중심적인 주제가 시편에 거의 수록되지 않았다는 것을 우리가 실제로 인정할 수 있을까? 그러므로 우리가 우리에게 전승된 시편에서 이스라엘의 보고적 찬양시의 존재를 확고히 하기 위해서는, 이 장르의 수가 적은 이유를 다른 곳에서 찾아봐야 할 것이다.

원래 이 장르를 결정하기 어려운 이유중의 하나는 우리가 감사와 찬양 (즉 감사시와 찬양시)를 좀더 충분히 세밀하게 구별하지 못했고 또 구별하기도 어렵기 때문이다. Westermann이 이 문제를 제일 처음 인식하고, "히브리어에는 원래 '감사하다'라는 단어가 없다"고 주장했다.[49] 이런 이유로 그는 '이스라엘 감사시'라는 용어를 '이스라엘의 보고적 찬양시'라는 용어로 대치한다. 그러나 용어를 대치한다고 해서 문제가 해결되는 것은 아니

---

[46] 전게서, 61쪽.

[47] 전게서, 61쪽이하.

[48] 참조. C. Westermann, Ausgewählte Psalmen, Göttingen 1984. 그는 이 책에서 이 장르의 존재를 무시하지 않으면서도, 실제로는 이 장르에 속한 시편들에 대해 하나도 주석을 하고 있지 않다는 사실이 눈길을 끈다 (17쪽이하). 이스라엘의 보고적 찬양시에 대해 그는 조금도 언급하고 있지 않다.

[49] Lob und Klage, 20쪽. Mayer도 또한 "아카디아어의 표현에도 '감사하다'는 단어는 전혀 나오지 않는다'고 말한다 (Untersuchungen zur Formensprache der babylonischen Gebetsbeschwörungen, Rom 1976, 307쪽).

다. 왜냐하면 여전히 이스라엘의 보고적 찬양시의 수가 매우 적기 때문이다. 명백히 Westermann은 이 장르의 성격이나 정의를 새로이 한 것이 아니라 단순히 이름만 바꾼 것이 된다.

왜 이 장르의 참된 정체를 밝히는 것이 이다지 어려운가? 이것은 단지 '이스라엘의 보고적 찬양시'와 '이스라엘의 서술적 찬양시'가 매우 밀접하게 연관되어, 서로 많은 공통점을 보여주고 있기 때문이다. 이런 맥락에서 Reventlow는 "감사시의 많은 표현들이 내용적으로 찬양시와 일치한다"고 주장한다.[50] 그리고 그는 또 "하나님께 대한 찬양이 이미 경험한 구원에 대한 감사를 대신해서 사용되는 일련의 구절들에서 תודה라는 개념이 나타난다는 것은 이미 오래 전부터 알려진 사실이다"고 말한다.[51]

여기서 우리는 이 문제의 해결을 위해 - Gunkel의 근거는 제외하고 -두 가지의 가능한 방향을 더 생각해 볼 수 있을 것이다.

1) '보고적 찬양시'라는 장르가 이스라엘에서 확실히 있었는가? 그것의 존재는 확실한가? Crüsemann은 이에 대해 회의를 표시하며 다음과 같은 주장을 한다. "이 장르의 본문에 대한 그의 (Gunkel의) 서술이 내용적으로나 (기쁨과 환호) 형식적으로나 (들어가는 말 - 설명적 본문 - 나가는 말) 거의 찬양시와 구별되지 않고, 심지어 이 장르에 속한다는 본문 중 하나가 (사 12:3-6) 명백히 명령형 찬양시의 형식을 갖고 또 그 자신에 의해 찬양시로 분류된다는 것을 더욱 염두에 둔다면, 이 장르의 전체적인 문제가 뚜렷해진다."[52] 이런 맥락에서 그는 지금까지 이스라엘 감사시로 여겨졌던 본문들을 찬양시로 분류한다. 그리고 그는 이런 이유로 이스라엘 감사시라는 독립적인 장르의 존재에 대해 부인하며, "독자적이고, 찬양시와는 독립적인 자기 자신의 형식과 독립적인 삶의 정황을 가진 이스라엘 감사시는 이스라엘에서 존재하지 않았다"고 주장한다.[53] 그리고 Mand도 Crüsemann과 같이 "본래적인 의미에서 '이스라엘 감사시'는 결코 존재하지 않았다"고 주장

---

[50] Das Gebet, 209쪽.
[51] 전게서, 212쪽. 비교. Westermann, Lob und Klage, 13쪽. "그러한 감사시와 찬양시는 서로 겹치며 나타난다."
[52] Studien zur Formgeschichte, 156쪽.

한다.[54]

2) 혹시 사람들이 현존하는 이 장르에 대한 모호성을 밝혀줄 특징들을 좀더 명확히 드러내지 못하여, 그것들을 좀더 확실하게 적용하지 못한 점은 없는가? 사람들이 이 장르를 단지 내용적인 잣대로만 정의하려고 하여, 언어 형식적인 특징에 대해 좀더 관심을 기울이지 못한 것은 아마도 사실일 것이다. 우리는 이것을 Boecker의 다음과 같은 말에서 확인할 수 있다. "(서술적 찬양시와 보고적 찬양시)의 구분은 형식적인 잣대를 가지고 해서는 안되며, 그 구분은 좀더 찬양의 내용이 나타나는 곳에 달려있다. 다시 말하면 본문의 내용으로부터 우리는 찬양시를 구분해야 할 것이다"[55] 이와 같은 맥락으로 Stummer도 장르를 결정하는 것은 내용이나 내용에 관계된 것이며, 그러므로 우리는 언제나 내용을 가지고 장르를 결정해야한다고 주장한다.[56] 그렇다면 우리는 이 장르의 특성을 - 특히 언어 형식적으로 - 새롭게 정의하여, 충분한 수의 예들을 찾아봐야 하지 않을까?

3. 나가는 말

우리는 구약의 시편에서 이 장르를 단순히 부인해서는 안될 것이다. 이 장르가 존재한다는 것은 처음부터 전제되었다고 말할 수 있다. 많은 구약 학자들이 이 장르의 존재를 '개인 탄식시'는 '개인 감사시'와 대응되며, '이스라엘 탄식시'는 '이스라엘 감사시 (이스라엘의 보고적 찬양시)'와 대응된다는 논리적 도표에서 도출한다. Gunkel은 이스라엘 감사시라는 장르를 확인함에 있어, 개인 탄식시에 대응되는 개인 감사시라는 평행한 장르가 있듯이 이스라엘 탄식시와 같은 재료를 가지고 그에 대응되는 이스라엘 감사시가 있을 것이라는 논리에 의존한다.[57] 그리고 같은 의미로 Galling도

---

[53] 전게서, 209쪽. 참조. K.Seybold, Die Psalmen. Eine Einführung, Stuttgart 1986; 이와는 반대 의견으로 Kühlewein, Geschichte, 28쪽을 참조하라.

[54] F. Mand, ZAW 70 (1958), 196쪽.

[55] Psalmen, 152쪽.

[56] F. Stummer, Psalmengattungen im Lichte der altorientalischen Hymnenliteratur, in: H.-P. Müller (ed.), Babylonien und Israel. Historische, religiöse und sprachliche Beziehungen, Darmstadt 1991, 315쪽.

다음과 같이 주장한다. "개인 탄식시가 응답 후에 감사시로 연결되듯이, 우리는 처음부터 이스라엘 감사시를 고려해야만 할 것이다."[58] 여기서 "찬양의 약속 (Lobgelübde)"이 각각의 장르의 짝에 "연결관절"이 된다. 이 찬양의 약속은 (예를 들어, "내가 찬양하겠습니다..", "우리가 찬양하겠습니다..." 등) "시편에서 (바빌로니아 시편과는 대조적으로) 결코 서술적 찬양을 도입하지 않으며 항상 보고적 찬양을 이끈다."[59] '개인 탄식시'의 짝이 되는 '이스라엘 보고적 찬양시'라는 장르가 구약의 시편에서 확고한 자리를 차지했다면, 논리상 '이스라엘 탄식시'의 짝이 되는 '이스라엘의 보고적 찬양시'도 그에 대응되는 확고한 자리를 차지했어야 했을 것이다.

우리는 두 번째 방향을 택하여 이 장르에 대해 좀더 정확히 파악해야 할 것이다. 여기서 우리는 이 장르를 위해 이미 정의된 내용적 잣대를 철저하게 적용해야 할 것이다. 즉 우리는 이 장르를 정의함에 '이스라엘의 보고적 찬양시'의 주된 특징 중 하나가 이스라엘을 위한 하나님의 구원을 서술하는 역사적 모티브라는 사실을 항상 염두에 두어야 할 것이다. 이 장르의 내용은 하나님의 과거의 구원사건에 대한 회상이거나 이스라엘 백성을 환난에서 구원하신 하나님에 대한 찬양이어야 한다. 그러면 우리는 어디서 이 모티브를 주로 발견할 수 있을까? 이 역사적 모티브를 자신의 주된 특징으로 가지고, 또 공통적인 언어형식을 보여주는 특별한 시편그룹이 존재하는가? 구약의 시편에서 어떤 그룹이 이스라엘의 보고적 찬양시의 성격을 가장 잘 드러내 주는가? 어떤 시편들이 여호와를 통한 이스라엘의 역사적 구원을 주된 내용으로 삼으며 가장 찬양의 성격을 잘 나타내는가?

우리는 여기서 이스라엘 감사시의 장르에 속하는 본문 중 하나가 명백하게 명령형 찬양시의 형태를 갖는다는 Crüsemann의 언급에 주의를 기울일 필요가 있다.[60] 그의 주장은 이스라엘 감사시는 본래 명령형 찬양시로 분류되어야 하며, 따라서 찬양시의 장르에 속해야 한다는 것이다. 여기서 그는

---

[57] Einleitung, 315쪽. 참조. Westermann, Lob und Klage, 61쪽.

[58] Psalmen, RGG³, 678쪽. 참조 Crüsemann, Studien zur Formgeschichte, 156쪽0;Reventlow, Gebet, 208쪽이하.

[59] Westermann, Lob und Klage, 33쪽.

[60] Studien zur Formgeschichte, 156쪽.

이스라엘 감사시가 명령형 찬양시와 밀접한 관계를 가진다는 것을 잘 관찰했다. 그러므로 그는 독립적인 장르로서의 이스라엘 감사시를 부정하고 그것을 명령형 찬양시에 귀속시킨 것이다. 그러나 우리가 이것을 뒤집어 생각해 볼 수는 없을까? 즉 우리는 명령형 찬양시가 거꾸로 이스라엘 감사시 (즉 이스라엘의 보고적 찬양시)에 속한다고 생각할 수는 없을까?

우리는 명령형 찬양시가 어떤 시편그룹을 형성하는지, 그의 성격을 좀더 자세히 연구할 필요가 있다. 이들은 어떤 내용적인 그리고 언어 형식적인 공통점들을 갖고 있는가? 그들의 삶의 정황은 어떤 것인가? 바빌로니아 시편에서는 그에 대응하는 명령형 시편들이 발견되지 않는다. 따라서 우리는 이들을 "이스라엘의 고유한 시편형태"로 간주할 수 있다.[61] 명령형 시편은 바빌로니아 시편과 비교하여 수적으로도 많이 나올 뿐 아니라, 바빌로니아 시편에는 나오지 않는 세계창조와 구속사라는 모티브로 특징지어지는 독특한 성격을 가지고 있다. 명령형 찬양시는 처음부터 끝까지 특별히 여호와의 자기 백성에 대한 역사적 구원의 사건을 본질적으로 노래한다.[62] 이런 특성들을 고려할 때, 우리는 이스라엘 감사시 (이스라엘의 보고적 찬양시)의 존재를 이 명령형 찬양시라는 장르에서 발견할 수 있을 것이다. 따라서 명령형 찬양시에 대한 구체적인 성격 규명이 앞으로 우리에게 남은 과제가 될 것이다.

---

[61] Gunkel, Einleitung, 38쪽. Westermann, Lob und Klage, 30쪽. 그는 "이 명령형 찬양은 바빌로니아 시편에서 결코 발견되지 않는다"고 말한다. 참조. Stummer, Parallelen, 26쪽; Cumming, 전게서 155쪽; Boecker, Psalmen, 154쪽. 그도 "명령형 찬양시는 이스라엘의 이웃에 실질적인 평행이 없는 본래적인 이스라엘의 찬양형태이다"고 말한다.

[62] Crüsemann, Studien yur Formgeschichte, 153쪽.

구약에서의 의(義)

정 규 남 *

> 1. 서 론
> 2. 하나님의 의(義)
> 3. 인간의 의(義)
> 4. 행함과 의인(義人)
> 5. 결 론

1. 서 론

1) 연구 동기와 목적

구약 연구에 있어서 의(義)의 문제는 인간의 구원 문제와 관련되어 매우 중요하다. 잠언 저자는, "의인은 영영히 이동되지 아니하여도 악인은 땅에 거하지 못하게 되느니라"(잠 10:30)고 하며, "회리 바람이 지나가면 악인은 없어져도 의인은 영원한 기초 같으니라"고 말한다(잠 10:25). 그리고 시편 저자는, "내가 어려서부터 늙기까지 의인이 버림을 당하거나 그 자손이 걸식함을 보지 못하였도다. 저는 종일토록 은혜를 베풀고 꾸어주니 그 자손이 복을 받는도다. … 저희는 영영히 보호를 받으나 악인의 자손은 끊어지리로다"(시 38:25-28)고 말한다.

---

* 광신대학교 총장, 구약학(Ph.D.)

그런대 이런 구절들에서 "의인"은 어떤 사람을 가리키는가? '믿음으로 의롭다함을 받은 자'를 뜻하는 것인가? 혹은 의로운 행위들로 "의인"이라 칭함을 받은자 인가? 혹은 둘다를 구비한 사람을 가리키는가? 이 질문들을 이 논문에서 대답하려 하며 또한 구약에서 의(義)는 절대적인 규범이 있어서 그것에 일치여부에 따라 결정되는 것인지 그렇치 않으면 어떤 사람이 그가 관련된 사회나 이웃과의 관계에서 요구되는 것을 합당하게 수행했는 가에 따라 결정되는지를 살펴 볼 것이다.

2) 개념

구약에서 의(義)를 뜻하는 단어는 "체데크"(צֶדֶק)로서 구약에서 약 119번 사용된다. 그리고 이것의 여성형 "체다카"(צְדָקָה), 동사형 "차데크"(צָדֵק), 그리고 형용사형 "차디크"(צַדִּיק)가 구약에서 약 395번 사용된다. 기본 단어 "체데크"(צֶדֶק)와 함께 그것의 다른 형의 단어가 모두 구약에서 523번 정도 사용된다.[1] 또한 "체데크"(צֶדֶק)와 함께 "의(義)" 혹은 "공평(公平)"으로 자주 번역된 "미쉬파트"(מִשְׁפָּט)도 구약에서 약 417번이나 자주 사용되어 "의(義)"가 구약에서 강조되며 이스라엘이 행해야 될 것임을 시사하고 있다.

구약에서의 의(義)의 핵심 단어인 "체데크"(צֶדֶק)는 아랍어에서 사용된 것을 볼 때 어원적으로 "똑바름," "견고," "확고부동"을 뜻한다. 이 의미들 중에 특히 "똑바름"이 가장 기본 의미로 이해된다.[2] 그런데 "צֶדֶק"는 구약에서, 한글 개역성경을 보면, 주로 "의"(삼하 8:15), "의로운 일들"(삼상 12:7), "정의"(렘 4:2)로 번역된다.

---

[1] Ernst Jenni, Herausgegeben, <u>Theologisches Handwoerterbuch zum Alten Testament</u>, band 2 (Muenchen: Chr. Kaiser Verlag, 1976), p. 511.

[2] E. R. Achtemeier, "Righteousness in the OT," in <u>The Interpreter's Dictionary of the Bible</u>, vol. 4.

2. 하나님의 의(義)

1)의는 하나님의 속성

'하나님이 의롭다'고 말할 때 그 의(義)의 표준이 하나님 위에 있는 혹은 하나님과는 다른 어떤 규범이 아니다. 의(義)의 표준은 하나님 자신 안에 있다.[3] 어떤 행위가 의롭다면 그것은 그 행위가 하나님의 뜻에 맞은 행위이기 때문이다. 여호와 하나님은 이사야 선지자의 입을 통해 자기 스스로 "나는 의(義)의 하나님이고 구원자이며 나 외에 다른 이가 없다"고 증거하신다(사 45:21).[4] 모세는, 하나님 "그는 반석이시니 그(의) 공덕이 완전하고 그(의) 모든 길이 공평하며 진실무망하신 하나님이시니 공의로우시고 정직하시도다"고 한다(신 32:4). 시편저자는, "여호와여 주는 의로우시고, 주의 판단은 정직하시니이다" 말하며(시 119:137), "여호와께서는 의로우사 악인의 줄을 끊으셨도다"고 외친다(시 129:4). 또한 예레미야 애가의 저자도, "여호와는 의로우시도다. 내가 여호와의 명령을 거역하였도다…"고 말한다(애 1:18).

이렇게 여호와 하나님 스스로 자기가 의로우시다고 말씀하시며, 많은 구약의 저자들이 여호와 하나님께서 하시는 모든 일과 판단을 바라보며, 하나님의 의로우심을 증거하고, 하나님의 심판과 행하심이 바르다고 진술한다.

2)하나님의 의는 계시된 성경말씀에 의해 알려짐

(1) 주의 증거가 의(義)이다(시 119:138,144).
시편 119:144에서 시편저자는 주의 증거가 의롭다고 말한다. 여기서 "증거"는 히브리어로 "에드보트"(עֵדְוֹת)로서 "에두트"(עֵדוּת)의 복수형이다.

---

[3] Geerhardus Vos, <u>Biblical Theology, Old and New Testaments</u> (Grand Rapids: Wm. B. Eerdmans Publishing Co., 1948; reprinted, 1983), pp.250f.

[4] 개역성경은 이사야 45:21을 번역하기를, "나 외에 다른 신이 없나니 나는 공의를 행하며 구원을 베푸는 하나님이라 나 외에 다른 이가 없느니라"고 말한다. 이 개역성경은 히브리어 원문성경에서 분명히 표현된 여호와가 "의의 하나님"이시다는 명확한 구절을 살리지 못하고 있다. 히브리어 원문성경을 그대로 번역하면, "…나 외에 다른 신이 없나니, 나는 의의 하나님이고 구원자이며 나 외에 다른 이가 없다"이다.

이 "에두트"(עֵדוּת)는 율법의 동의어로서 곧 성경에 계시되어 쓰여진 하나님의 율법을 가리킨다.[5] 이 하나님의 율법, 곧 주께서 명령하신 "증거"가 의롭다고 시편 119:138에서도 말씀한다.

출애굽기에서는 하나님의 율법의 핵심인 십계명이 쓰여진 두 돌판을 '증거의 판'이라 한다.[6] 하나님이 계시하여 쓰여진 율법이 하나님과 그의 백성 사이에 이루어진 언약과 약속에 의해 주어진 것임을 증거하기 때문인 것으로 보인다. 그리하여 자주 '여호와의 증거'는 '여호와의 율법'의 동의어로 쓰여진다.

(2) 주의 모든 계명이 의(義)이다(시 119:172).

시편저자는 "주의 모든 계명"이 의롭다고 한다(시 119:172). 또한 이전 항목에서 인용했듯이 시편저자는 "주의 명하신 증거는 의롭고…"라고 말씀한다(시 119:138). 하나님께서 성경저자들을 통해 주신 그의 계명이나 그의 명하신 증거가 의(義)로운 것임을 가르쳐준다.

(3)주의 규례가 의(義)이다(시 119:62, 106, 160, 164).

시편 119:160은 하나님이 영감하셔서서 기록해 놓으신 "규례"(מִשְׁפָּט)가 하나님의 의(義)의 규례라고 말한다. 이렇게 주의 규례가 의롭다는 것은 시편 119:62,106,164에서도 거듭 강조된다. 여기서 "규례"로 번역된 "미쉬파트"(מִשְׁפָּט)는 "판결, 공의, 법령, 하나님의 율법" 등을 뜻한다. 바이저(A. Weiser)는 시편 119편 저자의 사고를 맴도는 가장 핵심적인 내용은 하나님의 말씀과 율법이 삶의 모든 영역에서 아주 중요한 요인으로 작용한다는 사실이라고 한다. 그리하여 그는 말하기를 시편 119편에서 "하나님의 말씀과 율법을 나타내기 위해 규례(ordinances), 증거(testimonies), 법도(precepts), 율례(statutee)와 같은 다른 개념들이 사용된다 할지라도 그 개

---

[5] Artur Weiser, <u>The Psalms, A Commentary</u>, trans. by Herbert Hartwell (London: SCM Press, LTD, 1962), p.740.

[6] Philip J. Budd, <u>Numbers</u>, Word Biblical Commentary, vol. 5 (Waco, Texas: Word Books, Publisher, 1984), p.17. 여기서 "벋드"(Budd)는 "'증거'가 하나님이 이스라엘과 함께 거하시겠다고 약속한 것에 대해 어떤 서명날인 한 것을 원래 가리킬 수 있다. 이것이 율법의 판(the law tablets)과 관련되어 사용되어서 율법이 이스라엘에게 순종해야 할 본래의 요구와 그 내용을 항상 일깨워 주는 사실을 강조하고 있다"고 말한다.

념들이 항상 같은 것을 뜻하고 있다"고 한다.[7] 곧, 하나님의 율법을 뜻한다는 것이다.

3) 하나님의 의(義)는 역사 속에 나타남

(1)의인을 복 주심

의인은 간략히 말해, 성경에 계시된 하나님의 의(義)의 율법에 일치되게 행동하거나, 하나님과 이웃과의 관계에서 하나님이 요구하신 것을 수행한 사람이다. 하나님은 아브라함이 하나님 자기의 말씀을 믿고 의지할 때 그를 의롭다고 하셨다. 이런 사람을 하나님은 보호하시며 복 주신다.

잠언저자는 "의인은 환난에서 구원" 받는다고 하며(11:8, 참고, 12:13), "의인의 뿌리는 움직이지 않고" 안주할 것을 말하며(12:3), 이와 비슷하게 "의인의 집은 서있으리라"고 증거 한다(12:7). 그리고 잠언저자는 "의인에게는 아무 재앙도 임하지 아니하고"(12:21), 하나님께서는 "의인의 기도를 들으시느니라"고 말한다(15:29). 시편저자도 "여호와께서 의인을 사랑하신다"(146:8)고 노래한다. 이사야 선지자는 여호와께서 의를 좇으며 여호와 자신을 찾아 구하는 사람들을 위로하며 그들의 황폐한 광야를 에덴 같게하고 그들의 사막으로 여호와 동산 같게 할 것을 말한다(사 51:1-3). 이와같은 맥락에서 이사야 선지자는 여호와께서 "의를 아는 자들, 마음에 내(여호와) 율법이 있는 백성들"을 훼방하는 자들을 좀먹은 옷 같이 그리고 벌레 먹힌 양털같이 만들어버리고, 하나님의 백성들을 구원해 주실 것을 선포한다(사 51:7-8).

(2)악인을 벌하심

하나님이 원하시는 의의 행위를 하지 않고 자신이 처한 상황에서 자기가 해야 할 바른 일을 하지 않으며 하나님을 대적한 사람은 악인이다. 시편저자는 여호와께서 "악인과 강포함을 좋아하는 자를 마음에 미워하신다"고 말한다(시 11:56). 그리고 시편저자는 여호와께서 "악인에게 그물을 내려치시리니," "악인에게" 불과 유황과 태우는 바람이 임할 것이라 말한다 (시 11:6). 잠언저자는 "악인은 와서" 의인의 환난을 대신 받게 될 것이고(잠

---

7 Artur Weiser, <u>The Psalms, A Commentary</u>, p.740.

11:8), 여호와께서 "악을 꾀하는 자"를 정죄할 것이며(잠 12:2), "악인에게는 앙화가 가득하고"(잠 12:21b), 그리고 "거짓 입술"로 악한 거짓말을 하는 자들은 "여호와께 미움을 받는다"고 증언한다(잠 12:22). 또한 잠언저자는 "여호와는 악인을 멀리하신다"고 말한다(잠 15:29a).

아모스 선지자는 여호와께서 "가난한 자를 밟고 저에게서 밀의 부당한 세를" 받은 악한 자들을 벌하여 그들이 "다듬은 돌로 집을 건축하였으나 거기 거하지 못할 것이요, 아름다운 포도원을 심었으나 그 포도주를 마시지 못하리라"고 외친다(암 5:11).

미가 선지자는 여호와께서 강포를 행하는 부자들과 거짓을 말하는 거민을 쳐서 심히 상하게 하고, 처량하게 하며, 먹어도 배부르지 않게 하고, 씨를 뿌려도 추수하지 못하게 하며, 감람을 밟으나 그 기름을 그들의 몸에 바르지 못하게 하고 포도를 밟으나 술을 마시지 못하게 징벌하실 것이라고 말한다(미가 6:12-15). 이런 악을 행하는 자들에 대한 하나님의 진노는 구약에서 거듭거듭 기록되고 있다(미가 2:1-3, 3:1-4, 사 47:8-11, 59:17-18 등)

(3)하나님의 행하시는 모든 일이 의롭다

하나님은 성품이 의로우실 뿐 만 아니라, 하시는 모든 일이 의롭다. 그리하여 구약의 저자들이 여호와 하나님이 하시는 일이 의로우심을 증언한다.

다니엘은 "우리의 하나님 여호와는 행하시는 모든 일이 공의로우시나 우리가 그 목소리를 청종치 아니 하였음이니이다"고 고백한다(9:14). 느헤미야는 이스라엘 백성이 포로로 잡혀가며 예루살렘이 파괴되는 모든 환난이 이스라엘 자신들의 악행 때문이었음을 인정하며, 이런 환난이 이스라엘 백성에게 임하게 하신 하나님의 일은 "공의로우시다"고 말한다(9:33). 이와 비슷하게 에스라도 "이스라엘 하나님 여호와여 주는 의롭도소이다"고 고백한다(스 9:15). 시편 저자들도 "여호와께서는 그 모든 행위에 의로우시며 그 모든 행사에 은혜로우시도다"고 말하며(시 145:17), 여호와이신 "주의 판단은 의로우시다"고(시 119:75) 말한다. 그리고 시편저자는 자신에게 내린 하나님의 벌은 오히려 하나님이 성실하시므로 벌을 주신 것이라고 하며, 여호와는 은혜로우시며 의로우신 하나님이신대(시 116:5) "의로우신 하나님이 사람의 심장을 감찰하시나이다"고 한다(시 7:9). 그리하여 하나님은 그의 의로우심으로 인간의 마음과 행동을 살피시고, 복도 주시며, 벌하기도 하신 것을 성경은 증언한다.

3. 인간의 의(義)

1) 의(義)의 뜻

(1) 하나님의 법에 일치된 삶을 사는 것

구약에서 자주 의(義)는 '하나님의 법에 일치한 것'임을 말씀한다.[8] 잠언 저자는 "완전히 행하는 자가 의인이라"고 말한다(잠 20:7). 이 말씀은 '하나님의 법에 완전히 일치하게 행하는 자'가 의인이란 뜻이다. 호세아 선지자는 "의인이라야 그(여호와) 도에 행하리라"고 말한다(호 14:9). 시편 106:30-31에서, "때에 비느하스가 일어나 처벌하니 이에 재앙이 그쳤도다. 이 일을 저에게 의로 정하였으니 대대로 무궁하리로다"고 말한다. 여기 비느하스가 처벌한 사건은 민수기 25:1절 이하에서 언급되는 이스라엘이 싯딤에서 모압 여자들과 음행한 사건을 간략히 말한 것이다. 이스라엘 백성이 모압 여인들과 음행하고 그들의 유혹에 따라 바알브올에게 절하므로서 하나님이 그들에게 진노하신 때이다. 이때 이스라엘 남자 한 사람이 미디안 여인을 데리고 자기 장막에 가서 악을 행하므로 그들을 뒤따르던 비느하스가 창을 던져 이스라엘 남자와 그 여인의 배를 꿰뚫어서 죽게 하므로 이스라엘 가운데 퍼졌던 염병이 그쳤다(민 25:6-9). 비느하스가 간음을 행하는 이스라엘 남자와 미디안 여자를 창으로 죽이는 처벌로 인해 하나님께서 이스라엘에 대한 진노의 벌을 멈추게 한 것이다(민 25:11). 이런 비느하스가 하나님을 위해 강력한 벌을 내린 행위를 하나님께서는 비느하스의 의(義)로 간주하셨다는 것이다. 이 비느하스의 사건이 하나님의 뜻에 따라 행동할 때 그것을 "의인"이라 부르는 좋은 예라고 말할 수 있다.

그런데, 시편 143편 저자는 "주의 목전에는 의로운 인생이 하나도 없나이다"고 말하며(2절) 시편 14편 저자는, 사람이 "다 치우쳤으며 함께 더러운 자가 되고 선을 행하는 자가 없으니 하나도 없도다"고 한다(3절; 52:3). 그리하여 신약에서 사도바울은 "율법의 행위로 그의 앞에 의롭다 하심을 얻을 육체가 없나니"라고 말하며(롬 3:20), "모든 사람이 죄를 범하였으매 하나님의 영광에 이르지 못한다"고 한다(롬 3:23). 오직 그리스도를 믿는 자

---

[8] D. B. Knox, "Righteousness," in <u>The New Bible Dictionary</u>, ed. by J. D. Douglas(London: Inter-Varsity Press, 1963; reprinted, 1970), p. 1097.

들이 그리스도의 대속의 피로 말미암아 하나님의 은혜로 값없이 의롭다 하심을 얻는다고 바울은 가르쳐 준다(롬 3:22-24).

성경은 위의 구절들을 통해 하나님의 법에 완전히 일치된 삶을 사는 사람은 아무도 없음을 증언한다. 그렇지만 하나님께서 은혜로 어떤 사람들을 하나님을 경외하며 하나님의 법을 지키게 하여 의인으로 칭함 받게 하심을 또한 성경은 증언한다. 그러므로 이사야 선지자는, "여호와여 어찌하여 우리로 주의 길에서 떠나게 하시며 우리의 마음을 강퍅케 하사 주를 경외하지 않게 하시나이까"하여 묻는다(사 63:17). 이런 구절들을 좀더 4장에서 토의 할 것이다.

   (2)믿음으로 의롭다함을 받음

구약에서 일찍이 아브라함이 하나님을 믿음으로 의롭다함을 받았다고 말한다(창 15:6). 주전 7세기 후반에 하박국 선지자는 의(義)와 구원을 연관시켜 나라가 어지럽고 전쟁이 일어나도 "의인은 그 믿음으로 말미암아 살리라"고 가르친다(합 2:4).

그런데 요나 선지자는 "구원은 여호와께로 말미암나이다"고 증거하면서(욘 2:9), 요나 자신처럼 하나님의 말씀을 거역하고 불순종할때도 하나님께서 은혜를 베풀어 구원시켜주기를 원하시면 구원받게 됨을 지적한다. 시편 저자도, <u>구원은 여호와께 있사오니</u> 주의 복을 주의 백성에게 내리소서"라고 말한다(3:8). 이와 같은 맥락에서 모세도 여호와 하나님이 직접 말씀하신 것을 인용하여 이르기를, "나는 은혜 줄자에게 은혜를 주고 긍휼히 여길 자에게 긍휼을 베푸느니라"고 말씀하신다(출 33:19). 사도 바울은 이 모세의 글을 직접 인용하여 창조주 하나님의 절대주권에 의해 하나님께서 뜻에 따라 어떤 사람을 구원받게도 하시고, 구원받지 못하게 하신다고 말한다(롬 8:16-29). 이런 창조주 하나님께, "…[20]지음을 받은 물건이 지은 자에게 어찌 나를 이같이 만들었느냐 말하겠느뇨.[21]토기장이가 진흙 한 덩이로 하나는 귀히 쓸 그릇을, 하나는 천히 쓸 그릇을 만드는 권이 없느냐?"고 바울은 우리에게 질문한다(롬 8:20-21)

이렇게 토기장이 같은 하나님의 절대주권에 우리 인간의 구원문제가 달려있음을 생각하면, 아브라함 같은 사람이 믿음으로 의롭다함을 받는 것도 하나님께서 은혜로 믿음을 갖게해주셨기 때문에 하나님을 믿고 구원받은 것이라고 말할 수 있다. 우리는 요나 선지자처럼 구원은 여호와께로 말미

알는다고 고백해야 한다.

　(3)관계가 요구하는 것을 성취하는 것이 의(義)

　구약에서 많은 학자들은 의(義)는 어떤 절대적인 법이 있어서 그것에 일치하게 행하는 것이라고 말할 수 없다고 한다. 폰 라드(von Rad)는 구약에서 의(義)가 어떤 절대적인 법에 맞게 행동한 것이라고 생각하여 그 절대적인 법을 구약에서 찾으려 할 때 찾을 수 없다고 한다. 폰 라드(von Rad)는 말하기를, "우리가 이제 보는 것과 같이, 잘못은 어떤 절대적이고 이상적인 윤리적 규범이 있다고 생각하고 그것을 찾는데 있다. 고대 이스라엘은 실상 일련의 활동이나 한가지 행동을 어떤 이상적인 규범에 의해 판단하지 않고, 그러나 특별한 관계에 의해, 곧 행동한 본인이 스스로 진실했음을 입증해야만 했던 그 관계에 의해 판단되었다"고 한다.[9]

　엑트마이어(E. R. Achtemeier)도 "צדק(義)는[10] 관계의 개념이고 의로운 사람은 자신이 위치한 관계에서 부과된 요구들을 성취했음이 분명하게 된다"고 말한다.[11] 여호와의 의(義)도 여호와 자신의 본성에 일치하게 행하는 행동에 있거나, 선한 사람을 상주고 악한 사람을 벌하는 공의도 아니고, "여호와와 자기 백성 이스라엘 사이에 위치하는 관계가 요구한 것을 성취한 것이다. 곧 여호와가 자기가 선택한 민족과 맺은 언약을 성취한 것이다"고 설명한다.[12]

　아이히로트(W. Eichrodt)는 히브리인의 사고에는 객관적 표준에 따라 분류될 추상적인 형식 개념같은 것이 전혀 없다고 말한다. 아이히로트(W. Eichrodt)는 카우취(E. Kautch)가 의(義)의 다양한 의미들을 집약한 요점, 곧 그 요점이 한때는 진리의 객관적 규범이 되거나 정직의 주관적 규범이 되고, 다른 때에는 객관적인 신의 명령이 되거나 주관적인 양심이 되고, 또 다른 때에는 하나님의 의도나 사람의 의도도 되는, 그런 요점을 발견하려 했으나 실패했다는 것이다.[13] 크레머(H. Cremer)같이, 아이히로트(Eichrodt)

---

[9] von Rad, <u>Old Testament Theology</u>, vol. 1, trans by D. M. G. Stalker (New York: Harper & Row, Publishers, 1962), p. 371.

[10] 괄호안에 글자 "義"는 필자가 독자의 이해를 돕기 위해 넣은 것이다. 히브리어 "צדק"는 우리 말로 "의(義)"라 번역된 히브리어의 어근이다.

[11] E. R. Achtemeier, "Righteousness in the OT," <u>Interpreter's Dictionary of the Bible</u>, p. 80.

[12] 상게서, p. 82.

는 "צדק"가 두 사람사이의 실제 관계와 관련되며, 그 관계에서 주장되는 요구들에 합당한 행위를 했으면 그 행위가 의(義)의 행위라고 생각한다.[14]

앞서 본대로 의(義)를 관계의 개념으로 주장하는 폰 라드(von Rad)는 사람들이 많은 관계들 가운데 끊임없이 살아가고 있는데 그 관계마다 그 안에 자체의 특별한 법을 갖고 있다고 말한다.[15] 사람들의 일상생활은 그들이 연관된 관계에 충실한가에 따라 전적으로 평가된다고 한다. 사울왕이 '다윗을 자기 자신보다 더 의롭다'고 말했을 때 사울은 다윗이 그들 둘 사이에 있는 관계를 보다 진지하게 고려했고 보다 조심스럽게 행동했음을 의미한다는 것이다(삼상 24:17).

사울이 무방비 상태로 다윗의 손안에 들어왔으나 다윗이 사울을 해치지 않았을 때 그것을 다윗의 의(義)로 간주했다(삼상 26:23). 폰 라드(von Rad)에 의하면, 어떤 사람이 자기가 처한 관계에 충실했는가에 대해 조사를 하여 그가 죄없는지 혹은 벌을 받아야 하는지를 선포하는 것은 거의 그 지방 재판관의 임무였다(신 25:1ff.; 출 23:7; 왕상 8:32ff.). 그러나, 폰 라드(von Rad)는 구약의 의(義)의 개념이 특별히 법정의 개념이라고 주장될 수 없다고 한다. "이는 이 구약의 의(義)의 개념이 이스라엘 사람들의 서로의 관계들 속에 연관될 때는 언제나 이스라엘의 삶의 전체와 결부되어 다루어지기 때문이다"고 말한다.[16] 곧 구약의 의(義)는 법정의 개념 이상으로 광범위하게 사용되기 때문이란 것이다.

폰 라드(von Rad)는 의(義)가 관계의 개념인 것을 보여주는 과격한 예가 유다의 며느리 다말의 사건에서 나타냄을 지적한다. 다말은 창녀처럼 위장을 하고 딤나 길 곁에 앉아 시아버지 유다를 유혹해 임신을 했다. 약 3개월 후에 유다는 다말이 임신했다는 소식을 듣자, 다말을 끌어오게 하여 죽이려했다. 이 때 그녀가 임신하게 된 동기가 비록 극단적인 방법이기는 하지만 자기의 죽은 남편의 후손을 갖기를 원하는 것이었음이 밝혀졌다. 다말은 자기의 가족과의 관계에 충성하려는 마음에서 시아버지를 유혹하는 불륜까지 저지른 것이다. 이 사실을 알게된 시아버지인 유다는 다말이

---

[13] W. Eichrodt, <u>Theology of the Old Testament</u>, vol. 1, trans. by J. A. Baker (Philadelphia: The Westminster Press, 1961), p. 240.

[14] 상게서

[15] von Rad, <u>Old Testament Theology</u>, vol. 1, p. 371.

[16] 상게서, p. 373.

"나보다 의롭다"고 말했다(창 38:26). 그 이유는 시아버지 유다가 그의 막 내아들을 다말과 결혼하도록 하지 않았기 때문이다.

그런데 폰 라드(von Rad)는 하나님과의 관계에서 인간이 의롭다 할 때 그의(義)의 본질이 무엇인가 물으면 그것은 무엇보다 계명들을 지키는 것임을 말한다.[17] 이점에서는 옛날부터 일관되게 어떤 관계에 대한 충성은 계명을 인정하고 지키므로 증명된다고 한다. 그런데 시편에서 가끔 사람들이 자신들이 계명들을 지켰고 의롭다고 주장하는데(시 17:1-5; 18:22-24; 26:1-6), 이 주장들은 시편저자들이 하나님 앞에서 그의 율법을 완전히 지켜 바르게 순종했음을 나타낸 것이 아니라고 한다. 이런 주장들은 일종의 공언(avowal)하는 행동과 같은 것이라고 폰 라드(von Rad)는 말한다. 왜냐하면 이스라엘 사람들은 예배를 통해 하나님께 의지하는 자들에게 하나님이 의인이란 명칭을 줄 수 있다고 배워왔다는 것이다. 그리하여 누구나 예배에 참여하여 하나님을 예배하며 의지하는 사람은 의인이기 때문에 하나님을 의지하는 사람들이 스스로 자신들을 의인이라 부르는 것은 전혀 놀랄 일이 아니라는 것이다.[18]

폰 라드(von Rad)는 구약에서 아주 비관적으로 '아무도 하나님 앞에 의로울 수 없다'고 말하는 구절들이 있는데, 이 구절들이 앞서 자신을 의롭다고 표현한 구절들과 근본적으로 모순이 있는 것은 아니라고 한다. 이렇게 한사람도 하나님 앞에 의롭지 못하다고 표현한 구절들은 시편 가운데서 비탄시의 경우에 발견되는데(시 142:2) 이 비탄시들은 사람이 당한 비참함을 고의적으로 강조하고 있다고 한다.

폰 라드(von Rad)는 고대 이스라엘의 후기 때에 '하나님 앞에서 한사람도 의로운 사람이 없다'고 말하는 사람들이 그 이전의 이스라엘 사람보다 훨씬 더 깊이 하나님 앞에서 사람이 의롭다함을 받을 수 있는 의(義)를 행할 수 없음을 인식한 것 같다고 한다. 여호와께서 어떤 사람을 의롭다고 간주하신다면, 여호와께서 아주 자비로우셔서 그렇게 간주한 것이지, 인간의 의(義)가 그런 자비를 받기에 충분해서 의롭다고 간주하신 것은 아님을 후기 이스라엘 사람들이 훨씬 잘 인식하고 있었다는 것이다.[19] 그렇다고 하여 그들이 사람이 의(義)를 행할 수 있는 가능성을 부정한 것은 아니지만,

---

[17] 상게서, p. 381.
[18] 상게서
[19] Von Rad, <u>Old Testament Theology</u>, vol. 1. pp. 382f.

사람이 행한 그 의(義)로 그 사람 자신이 의롭다함을 받기에 충분한 것으로 생각한 것은 아니란 것이다.

지금까지 의(義)는 관계가 요구한 것을 성취한 것이라는 견해를 살펴보았다. 이 견해를 주장하는 엑트마이어(Achtemier)간은 학자는 지나치게 의인(義人)은 사람이 처한 관계에서 요구한 것을 성취한 사람인 것을 강조한다. 그리하여 마치 사람 스스로 자기의 판단에 근거하여 자기가 처한 관계가 요구한 것을 행한 것처럼 설명한다.

그러나 필자는 이스라엘 사람들이 자기들이 처한 관계에서 요구되는 것에 대해 아무런 기준 없이 스스로 합당하다고 판단되는 것을 행하여 의인으로 불러진 것이 아니고, 자기가 처한 관계에 대한 직접적인 하나님의 율법의 가르침이 없을찌라도 그 당시 자기들이 알고 있는 하나님의 법정신에 합당하게 판단하여 행동했을 때 의인으로 불러졌다고 생각한다. 왜냐하면 구약에서 의인(義人)으로 불러지는 상황을 분석할 때 그는 거의 그 당시에 알려진 하나님의 율법들이나 그것들에서 유추된 하나님의 뜻이라고 생각되는 것에 따라 행동했기 때문이다.

폰 라드(von Rad)는 사람이 처한 관계마다 그 자체 특별한 법을 가지고 있다고 하며, 그리고 하나님과의 관계에서 인간이 의롭다 할 때 그의 의(義)의 본질은 계명들을 지키는 것임을 말하지만 그는 여전히 이스라엘 사람들이 그들의 행동을 판단할 때 이상적인 규범에 의해 판단한 것이 아니고, 그 행동들이 일어난 관계에 의해 판단했다고 하여 이스라엘 백성가운데 의로운 삶을 판단하는 기준으로 작용했던 하나님의 율법의 역할을 제대로 인정하고 있지 않다. 그러나 하나님을 섬기고 하나님의 율법을 지키며 살았던 이스라엘 백성가운데 하나님의 율법이 이스라엘 사람의 사고와 판단에서 아무런 역할을 하지 않았던 것으로 해석하려는 것은 이해하기 어렵다. 이점이 다음 장에서 좀 더 토의될 것이다. 다음 장에서는 구약의 여러 구절에서 사람이 선을 행하여 의인으로 불러지는 말씀들이 있으므로 이런 구절들의 의미와, 그리고 선행과 의(義)와의 관계를 좀더 깊이 살펴보려고 한다.

4. 행함과 의인(義人)

구약에서 자주 이스라엘 사람들이 행하므로 의인이라 칭함을 받는 구절들 가운데 대표적으로 시편 112:5-6, 잠언 20:7 그리고 에스겔 18:9을 주석하며 그들의 의미를 살펴보려 한다.

1) 시 112:5-6, "은혜를 베풀며 꾸이는 자는 잘 되나니 그 일을 공의로 하리로다. 저가 영영히 요동치 아니함이여 의인은 영원히 기념하게 되리로다."

시편 112편은 의인이 받는 복을 노래한다. 특별히 5-6절에서 의인은 남에게 은혜를 베풀고, 돈이 필요한 자에게 꾸어주며, 사건들을 바르게 처리한다고 말한다. 이런 의인은 폭풍이 몰아치고, 악한 자들이 유혹하며 해를 끼치려 한다 할지라도 요동치 않고 자기 위치를 지키며 굳게 서있을 것이라 한다. 또한 의인은 죽은 후에도 사람들에게 그의 선한 행동들이 기억되고 사랑 받을 것이며(6절), 그의 선행에 대한 하나님의 상급이 영원히 있을 것을(9절)[20] 가르쳐 준다.

그런데 이 의인은 시편 112의 문맥에서 "여호와를 경외하며 그 계명을 크게 즐거워하는 자"로(1절) 표현되기도 하고 "정직한 자"로 표현되기도 한다(4절). 한편 악인은 이 의인이 잘되고 영화롭게 되는 것을 보고 화를 내며 이를 갈지만, 결국 멸망할 것이라 한다(10절).

시편 112편에서는 의인(義人)이 하나님을 믿음으로 그렇게 의인으로 칭함 받았다는 이론은 없다. 이 의인이 의로운 행동들을 하기 앞서 그 속에 하나님을 믿는 믿음이 있어서 그 믿음이 행위로 표현된 것이라고 말할 수 있으나, 시편 112편을 그런 믿음으로 의롭다함을 받았다는 이론을 주장하려는 것이 아니고 "의인(義人)이라 불러진 사람의 의로운 행동들을 강조하며 그가 받을 복을 설명해주고 있다. 시편 112편에서 언급되는 의인(義人)은 힘없고 가난한 자에게 은혜를 베풀고 돈 없는 자에게 돈을 빌려주는 선을 행한 사람이며, 이에 앞서 그는 여호와를 경외하여 그의 계명을 아주 즐거워하며 그 계명을 지키는 자이다. 그런데 이 의인이 하나님께서 그에게 역사함이 없이 자기 스스로 그렇게 하나님을 경외하며 하나님의 계명을

---

[20] <u>Commentary on the Book of Psalms by John Calvin</u>, trans. by James Anderson, vol. 4 (Grand Rapids: Wm. B. Eerdmans Publishing Co., n.d.), p. 329.

아주 즐거워하여 선을 행하였는지에 대해서는 시편 112편이 설명하지 않는다. 그렇지만 이 의인(義人)이 시편 112편에 언급되는 복을 받고 그의 일이 번영하는 것은 그가 하나님을 경외하며 하나님의 계명을 사랑하고 선행을 행하기 때문인 것을 1절의 "여호와를 경외하며 그 계명을 크게 즐거워하는 자는 복이 있도다"라는 말씀과, 5절의 "은혜를 베풀며 꾸이는 자는 잘되나니…"란 말씀 속에서 나타내고 있다. 여기에서 누가 복을 주며 누가 잘되게 할 것인가를 분명히 밝혀주지 않으나, 경외함을 받고 자신의 계명이 사랑 받음을 기뻐하실 여호와 하나님이신 것을 문맥에서 암시해준다.

이미 지적했듯이, 시편 112편에서는 하나님을 경외하고, 그의 계명을 지키며 의인이 되는 것이 사람 스스로 할 수 있는 것인지에 대해 설명이 없으나 이사야서나 예레미야서를 보면 하나님이 하나님 자신을 경외하도록 해주실 때 사람이 하나님을 경외하며 하나님이 기뻐하시는 삶을 살 수 있느 것으로 이해된다. 이사야 선지자는 말하기를,

> "여호와여 어찌하여 우리를 주의 길에서 떠나게 하시며 우리의 마음을 강퍅케
> 하사 주를 경외하지 않게 하시나이까 원컨대 주의 종들 곧 주의 산업인 지파들을
> 위하사 돌아 오시옵소서" 라고 한다(사 63:17).

이 구절에서 이사야는 여호와께서 주를 경외하는 마음을 이스라엘 백성에게 주시길 호소하고 있다. 이스라엘 백성이 주를 섬기지 않고 떠난 것이 주님께서 그들을 죄악의 길로 가도록 버려 두었기 때문이라고 한다. 여호와께서 이스라엘 백성에게 돌아 오사 그들에게 긍휼을 베푸시고 하나님을 경외하며 의를 행하는 백성 되게 해주시도록 기도한 것이다.

예레미야 선지자도 이스라엘 백성을 회복시킬 것이라고 하시는 여호와의 말씀을 기록하기를,

> "내가 그들에게 복을 주기 위하여 그들을 떠나지 아니하리라 하는 영영한 언약
> 을 그들에게 세우고 나를 경외함을 그들의 마음에 두어 나를 떠나지 않게 하고,
> [41]내가 기쁨으로 그들에게 복을 주되 정녕히 나의 마음과 정신을 다하여 그들을
> 이 땅에 심으리라"(렘 32:40-41).

여기 예레미야 선지자를 통한 여호와의 말씀은 앞서 인용한 이사야 선지자의 기도에 대한 응답처럼 들린다. 여호와께서 이스라엘 백성에게 여호와 자신을 경외하는 마음을 주고 그들에게 복을 주며 그들을 자기들의 본국으로 귀환시켜 주실 것이라고 말씀하신다.[21] 이렇게 여호와는 예레미야 선지

자를 통해 절망하는 이스라엘 백성에게 위로와 소망의 메시지를 주신다.

위의 이사야나 예레미야는 사람 스스로 여호와를 경외하여 그의 계명을 지키며 의로운 삶을 살 수 있다기 보다는 오히려 사람의 마음에 하나님께서 역사하셔야 그런 마음을 가질 수 있음을 가르쳐 준 것으로 이해된다. 이런 가르침을 따르면 시편 112편의 저자는 분명히 밝히지 않으나 시편 112편에서 언급되는 여호와를 경외하는 의인(義人)은 여호와께서 그렇게 살도록 해주신 하나님의 特別한 은혜를 받은 사람이라고 말할 수 있다. 구약에서 의인이 영영히 기억되고, 그의(義)에 합당한 상급을 받지만 의인은 자기의 의로운 삶에 대해 자랑할 것이 없고, 오히려 하나님의 은혜로 그런 의(義)의 삶을 살수 있었다고 고백해야 될 것이다.

2) 잠언 20:7

"완전히 행하는 자가 의인이라. 그 후손에게 복이 있느니라."

잠언에서는 자주 의인이 어떤 사람인가를 설명해준다. 잠언 20:7에서 의인은 "완전히 행하는 자"임을 말한다. 이 의인은 하나님의 계명을 치우침이 없이 완전히 행하는 사람을 가리키는 것으로 이해할 수 있다. 멕케인(W. McKane)은 "완전히 행하는 자"는 아무런 비난할 것이 없는 사람(blamelessness)이나 결백한 사람을 뜻하는 것으로 생각한다.[22] 이런 삶을 사는 자의 결과는 그 자녀들에게 복이 있는 것이라고 잠언 저자는 말한다. 또한 잠언 저자는 의인은 선한 것을 소원하며(11:23), 공직(公直)한 것을 생각하고(12:5), 육축의 생명을 돌보며(12:10), 거짓 말을 미워하고(13:5), 죽을 때도 소망이 있으며 (14:32), 공의를 즐거워하고(21:15), 노래하고 즐거워하며 (29:6), 가난한 자의 사정을 알아준다(29:7)고 말한다.

잠언저자는 이런 의인의 길을 걸어 의인되게 하는 것은 지혜가 그렇게 해준다고 설명한다(2:20) 이 지혜를 여호와께서 인생에게 주신다고 잠언저자는 말한다(잠 2:6). 그러므로 사람이 지혜가 있어 의인의 길을 걷는 것은 결국 하나님께서 은혜로 그 사람에게 지혜를 주셨기 때문이라고 말할 수 있다.

---

[21] 참고, <u>Commentaries on the Book of the Prophet Jeremiah and the Lamentations by John Calvin</u>, vol. 4, trans. by John Owen (Grand Rapids: Wm B. Eerdmans Publishing Co., n.d.), p. 220; Robert P. Carroll, <u>Jeremiah, A Commentary</u> (London: SCM Press LTD, 1986), p. 629.

[22] William McKane, <u>Proverbs, A New Approach</u> (London: SCM Press LTD, 1970; third impression, 1980), p. 548.

    3) 에스겔 18:9

"내 율례를 좇으며 내 규례를 지켜 진실히 행할 찐대 그는 의인이니 정녕 살리라. 나 주 여호와의 말이니라."

이 9절은 에스겔 18장의 5절부터 시작된 문단의 결론절이다. 5절은 "의인"이란 주제를 소개하고 의인은 법과 의를 따라 사는 사람이라고 말한다. 그리고 6절부터 그 의인이 어떤 법들을 지키는지 구체적으로 설명한다.[23] 의인은 우상을 숭배하지 않으며 이웃의 아내와 간음하지 않고, 전당물을 잡히고 빚을 얻어간 사람이 밤에 덮을 것이 없어 떨지 않도록 전당물을 돌려주며, 남의 것을 억지로 빼앗지 않고, 가난한 자들에게 먹을 것과 입을 것을 준다. 또한 의인은 이자를 받기 위해 꾸어 주지 않으며 죄악을 짓지 않고, 사람들의 분쟁을 공정하고 바르게 재판한다.

또한 9절에서 의인은 앞서 설명한 법들 보다 더 광범위하게 여호와의 율례를 따라 행하고 여호와의 규례를 신실히 행하는 사람이라고 한다. 결론적으로 이 의인은 불행을 당하거나 죽임을 당하는 것이 아니라 여호와의 보호 아래 평안히 복 받고 살 것을 에스겔 선지자의 입을 통해 여호와는 선포하신다. 여기 9절의 말씀은 레위기 25:18; 26:3의 말씀과 아주 비슷하다.

그런데 여기서 말한 의인(義人)은 신약에서 믿음으로 의(義)롭다 함을 받고 영생을 얻는 그런 의인(義人)은 아니다.[24] 왜냐하면 에스겔 18장 9절 이후에서 여호와께서 말씀하시길, 이 의인(義人)이 그 의(義)로 부터 떠나서 범죄하고 악인이 행하는 모든 악한 일을 행하면, 그가 전에 했던 의로운 일은 하나도 기억됨이 없이 그가 지은 죄 때문에 죽게 될 것이라고 하신다(겔 18:24).

남쪽 유다 나라의 역사를 볼 때 아사왕은 "마음이 일평생 여호와 앞에 온전한 의로운 왕이었다"(왕상 15:14; 대하 15:17). 아사왕은 선과 정의를 행했고, 이방제단과 산당을 없이 했으며, 주상을 훼파했고, 유다 사람들에게 하나님 여호와를 구하며 그 율법과 명령을 행하게 했다(대하 14:2-4). 그리하여 하나님께서 아사왕에게 평안을 주었으며, 그 유다 땅도 평안하게

---

[23] 참고, Walther Zimmerli, <u>Ezekiel 1, A Commentary on the Book of the Prophet Ezekiel, Chapters 1-24</u>, trans. by Ronald E. Clements (Philadelphia: Fortress Press, 1979), p. 379.

[24] 참고, Charles Lee Feinberg, <u>The Prophecy of Ezekiel, The Glory of the Lord</u> (Chicago: Moody Press, 1969; paperback edition, 1984), p. 101.

하였고 견고한 성읍들을 유다에 건축케 하셨다(대하 14:6).

그러나 나중 아사왕이 이스라엘 왕 바아사가 유다를 치러 올라와 라마를 건축할 때 여호와 하나님을 의지하지 않고 아람 왕 벤하닷에게 성전과 왕궁의 금은을 취하여 보내어서 유다를 돕게 하여 바아사를 물리쳤다. 이렇게 하나님을 의지하지 않는 아사왕을 하나니 선지자가 책망하자 그를 옥에 가두었다. 이런 불신앙적인 아사왕에게 하나님께서 전쟁이 있게 하실 것을 말씀하셨다(대하 16:1-10). 이런 아사왕은 신약에서 말한 믿음으로 의롭다 함을 받고 영생을 얻는 의인이었는지가 확실치 않다. 오히려 그의 후기의 삶은 하나님보다 이방왕을 의지했고 그를 책망하는 하나님의 종을 옥에 가두는 불신앙의 태도를 보여주었다.

5. 결 론

구약에서 어떤 사람이 의롭다 할 때, 그 의로움 때문에 그가 영원히 구원받을 것인지에 대해서는 분명히 말할 수 없다. 구원은 하나님의 주권에 의해 구원 주실 자에게 구원주시는 것이지, 어떤 사람이 일시적으로 의인이라고 칭함을 받았다고 그가 구원받았다고 말할 수 없다. 오히려 구약에서는 어떤 사람이 의롭다고 칭함을 받는다면 칭함을 받는 그 때에 그가 하나님의 율법에 포괄적으로 합당하게 행하고 있음을 말하는 것이지, 그 자신이 완전히 성화 된 의인임을 뜻하거나, 그가 영생을 얻었음을 뜻하는 것이라 말할 수 없다.

구약에서 어떤 사람이 의인이라고 부름 받을 때, 그 의인이 자신의 양심이나 감정에 따라 옳다고 생각한 것을 했기 때문에 의인이라 부름 받은 것이라고 생각되지 않는다. 오히려 사람은 그 당시 계시되거나 전해 내려온 하나님의 법에 합당하게 행하였는지에 따라 그가 의로운지 그렇지 않은지가 결정되었다고 말할 수 있다. 아이히로트(Eichrodt)나 폰 라드(von Rad)가 의인은 그가 처한 관계가 요구한 것에 부합한 행동을 했기 때문에 의인이라 부름 받은 것이지, 객관적인 하나님의 법을 좇아 행하여서 의인이라 부름 받은 것이 아니라 했다. 그러나 구약에서 사람이 어떤 관계에서 의를 행했다고 말할 때도 단순히 그 사람 자신의 판단에 의해 옳다고 생각한 것을 행하여 그렇게 의(義)를 행한 한 것이 아니라고 생각된다. 왜냐하면 비록 어떤 사람이 그가 처한 관계에 있어서 어떻게 행동해야 되는가에 대한 직접적인 하나님의 법의 가르침이 없더라도, 그 당시 사람들이 알고 있는 하나님의 율법들에서 근거된 법 정신에서 그가 옳다고 판단되는 행동을 했기 때문에 의롭다고 칭함 받은 것이라고 생각한다. 예로써, 다말이 자신을 창녀로 가장하여 시아버지인 유다를 유혹하여 임신했을 때, 유다가 다말을 죽이지 않고, 오히려 다말이 자기보다 의롭다고 말한 것은, 다말이 그녀가 처한 상황에서 그녀 자신의 생각에 따라 바르게 처신했기 때문이라기 보다는 그 당시 이스라엘 사람이 알고 있던 하나님의 법에 유다 보다는 다말이 더 합당하게 처신했기 때문인 것을 신명기 25:5-10의 가족 법에 근거해 말할 수 있다.

그리고 구약에서 믿음으로 의롭다 함을 받고 구원얻는 것은 결코 인간 스스로 노력하거나 심성이 거룩해서 그런 믿음을 가진 것이 아니라, 하나님이 은혜줄 자에게 은혜주고 긍휼히 여길 자에게 긍휼을 베푸시는(출 33:19) 하나님의 절대주권에 의해 그런 믿음을 갖게 하셨기 때문이라고 이해된다. 또한 하나님 앞에서 의로운 사람은 한 사람도 없고 모든 사람이 다 죄인이지만 하나님께서 어떤 사람에게 은혜를 베풀어 하나님을 경외하고 하나님의 법을 지키게 하셨으므로 의인이라 칭함을 받게된 것임을 구약의 선지자들은 증언한다(참고, 사 63:17; 렘 32:40-41). 그러므로 의인은 자신의 의(義)로운 삶에 대해 자랑할 것이 없고, 오히려 하나님의 은혜에 의해 의인의 삶을 살 수 있었다고 고백해야 한다.

모압들 언약에서 "역사 서언"의 경계

최 종 태 *

1. 도　입
2. 광야 여정의 회고(신 1:6-3:29)
3. 신 1:5-3:29의 성격 이해
4. 신 4장의 성격
5. 결　론

　주지하는 대로, 신명기의 구조를 연구하는 비평가들은 법규 부분인 신 12-26장에 두 개의 서론이 (1-4장과 5-11장) 존재한다는 점에서 신명기의 통일성에 심각한 문제가 있다고 판단한다. 그래서 비평가들은 통상 원-신명기 (5-26장 혹은 12-26장)에 1-4장이나 신명기의 나머지 부분이 첨가되었다고 말들 한다. 특히 마틴 노트는 1943년에 발표된 "전승사 연구"란 글에서 이 문제에 대한 해답으로 비평가 다수가[1] 인정하는 한 해결안을 제안한 바 있다.[2] 그것은 신 1:1-4:43이 신명기 자체의 서론이 아니라, 신명기에서

---

* 한빛 교회 목사, 구약학(Ph.D.)

[1] 물론 비평가라고 마틴 노트의 가설을 전부 지지하는 것은 아니다. 예컨대, 밋트만은 신 1:1-6:3의 연구에서 신명기의 율법은 첫 서론부와 분리되어 존재한 적이 없다고 주장한다 (S. Mittmann, *Deuteronomium 1,1-6,3: Literarkritisch und traditionsgeschichtliche Untersucht* [Berlin: Walter de Gruyter, 1975]): 보다 최근의 신명기에 대한 비평가들의 입장에 대하여는 「히브리 성서와 현대의 해석자들」 더글라스 나이트, 진 터커 편집, 박문재 옮김 (서울: 크리스챤 다이제스트, 1996), 325-327 참조.

여호수아, 사사기, 사무엘, 열왕기까지 이어지는 한 큰 역사서 ("신명기 역사" [Deuteronomic History])의 서론이라는 주장이다. 이렇게 신명기의 통일성을 부인하는 비평적 이해를 극복할 수 있는 가장 좋은 접근법은 무엇인가? 필자가 보기에 멘덴홀이 처음 제안했고, M. G. 클라인, G. J. 벤함, K. A. 키친 등이 옹호한 바 있는 힛타이트 제국이 주변 봉신국들과 맺은 종주권 조약과 신명기의 구조 사이에 존재하는 유사성에서 그 해답을 찾을 수 있다고 본다.

그런데 신명기를 "언약 문서"로 이해하는 학자들 사이에도 신명기의 구조 분석에서 의견의 차이가 다양하다. 필자는 이 글에서 신명기를 언약서로 볼 때, "역사 서언"의 경계를 어디에서 어디까지 그을 것인가? 곧 신 1:6-3:29인지,[3] 아니면 1:6-4:43인지,[4] 아니면 1:6-4:49인지[5] 아니면 또 다른 어떤 구분이 정당한지의 문제를 다루고자 한다.

1. 도 입

통상적으로 "역사 서언"은 신 1:6-3:29 혹은 신 1:6-4:43, 아니면 신 1:6-4:49에 해당된다고 이해한다. 그렇지만 역사 서언의 경계를 정하는데 있어서 의견이 다른 학자들 사이에서도 신 1:6-3:29의 "광야 여정" 회고 부분이 역사 서언에 포함된다는 사실만큼은 공히 인정된다. 문제는 신 4장이 역사 서언의 일부인지 아니면 5장부터 시작되는 언약 조항들 (stipulations)의 서론인지가 논란의 대상이다. 더 나아가, 4장을 역사 서언으로 보던지

---

[2] M. Noth, *Ueberlieferungsgeschichtliche Studien I* (Tuebingen: Max Niemeyer, 1957; 2판). 초판은 1943년에 출판되었고, 이 책에서 "신명기 역사" 부분은 *The Deuteronomistic History* (Sheffield: JSOT, 1981)로 영역되었다.

[3] G. J. Wenham, "The Structure and Date of Deuteronomy" (미 출판 박사 논문, London, 1970); K. A. Kitchen, "The Fall and Rise of Covenant, Law and Treaty," *Tyndale Bulletin* 40 (1989), 124-125.

[4] Ernest Wright, "Deuteronomy," in *The Interpreter's Bible* 2 (New York: Abingdon: 1953), 329; 윌리엄 S. 라솔 외, 「구약 개관」, 박철현 옮김 (서울: 크리스챤 다이제스트, 1997), 272.

[5] M. G. Kline, "Deuteronomy," in *The Wycliff Commentary* (Chicago: Moody Press, 1963); R. K. Harrison, "Deuteronomy," in *The New Bible Commentary: Revised* (Grand Rapids: Eerdmans, 1981), 202.

아니면 언약 조항 부분의 서론으로 보던지 간에, 4장 자체에서 어디까지 경계를 정할지에 대하여는 의견이 엇갈린다. 이렇게 문제의 핵심은 신 4장의 분석으로 압축된다. 그래서 우리는 학자들이 공히 역사 서언으로 인정하는 부분 (신 1:6-3:29)의 내용을 우선 검토하고 다음으로 신 4장을 분석하고자 한다.

2. 광야 여정의 회고 (신 1:6-3:29)

신 1:1-4에서 모세가 출애굽 한지 40년 11월 1일에 모압 들에서 이스라엘을 향해 말씀을 선포하는 모습이 제시된다. 신 1:5에서 우리는 "모세가 요단 저편 모압 땅에서 '이 율법 설명하기를 시작하였더라'"[6] 라는 말씀을 듣지만, 곧 뒤따르는 신 1:6-3:29의 내용은 율법 설명이 아니라 방금 앞에서 우리가 언급했던 광야 여정 곧 민수기에 이미 기록된 광야 여정이 새롭게 묘사된다. 율법에 대한 설명은 사실 신 5장에 들어가서야 시작되고 26장까지 지속된다. 오경의 처음인 창세기 1장에서 민수기까지는 지형적으로나 시간적으로 역사 기술이 그런대로 진전 되면서 간간이 시들이나 법규들도 곁들이며 사건들을 묘사해 왔지만, 신 1:6-3:29에서 새롭게 묘사되는 광야 여정은 민수기 내용의 다른 반복이지 그것과 다른 사건들의 묘사는 아니다. 이런 일은 오경에서 처음 있는 일이 아닐 수 없다.

그렇다면 신 1:6-3:29의 내용이 민수기에 (혹은 출애굽기에) 제시된 광야 여정의 묘사와 어떤 차이가 있는지를 살펴보아야 한다. 왜냐하면 단순한 이전 묘사의 동일한 반복은 아니기 때문이다. 두 묘사 사이의 차이는 신명기 부분의 기술 목적을 암시해 줄 수 있을 것이다.

---

[6] "이 법" (핫토라 하조트)은 4:8, 17:18, 19, 27:3, 8, 26, 28:58, 61, 29:28, 31:9, 11, 12, 24, 32:46 등에서 나타나며, 신 29:20, 30:10, 31:26, 수 1:8 등에서는 "이 율법의 책"으로 나타난다. 이 법은 신명기에 제시된 법규들을 총칭한다. "설명하기를 시작 하였더라" (호일 베에르)는 "설명 혹은 강해하기를 착수하다" (undertake to expound)이다 (RSV, NASB). 신명기에 제시되는 법규들은 간략하게 추상적인 법조문이 아니라 권면하는 어투로 된 서론과 설명과 함께 제시되고 있다. 따라서 법의 강해라 할 수 있다. 그런데 신명기 전체 구조에서 보면, 신 1:5은 신 4:44과 함께 신명기의 한 주요 부분을 한정짓는 기능을 감당하고 있다. 아래 참조.

1) 호렙에서 여정의 지시 (신 1:5-8):

신 1:6 우리 하나님 여호와께서 호렙 산에서 ... 이르시기를 너희가 이 산에서 거한지 오래니 7 방향을 돌려 진행하여 (페누 우세우) 아모리 족속의 산지로 가고 (보우) ... 8 보라 (르예) 여호와께서 너희의 열조 아브라함과 이삭과 야곱에게 맹세하사 그들과 그 후손에게 *주리라* 하신 땅이 너희 앞에 있으니 들어가서 (보우) 얻을지니라 (우르슈)

이스라엘의 호렙산 체류는 출 19:1과 민 10:10에서 묘사되고 있으며, 호렙산에서의 출발은 민 10:11-12에서 묘사되고 있다. 그렇지만, 모세가 신 1:6에 언급하는 하나님의 여정 출발 명령은 민수기에 언급이 없다. 구름이 떠오른 것을 신호로 이스라엘은 구름 기둥을 따라 진행했을 뿐이었다. 그렇지만 구름 기둥과 함께 신 1:6의 언급대로 음성으로 지시를 했을 가능성도 있다. 추정컨대 모세에게 개인적으로 먼저 말씀하시고, 다음에 구름 기둥을 통해 백성들에게 출발 신호를 보냈는지 모른다. 이런 추정이 옳다면 신 1:6은 민수기의 묘사보다 모세 자신의 마음을 더 많이 보여주고 있다고 할 것이다.

그런데 드라이버가 지적한대로[7] "방향을 돌려 진행하여 (페누 우세우)" 란 표현은 출애굽기의 병행 구절에서 나타나지 않고 다른 사건을 기술하는 민 14:25에서 나타난다. 그래서 드라이버는 신명기 저자가 민수기의 표현을 편리한 대로 여기저기서 취하여 사용한다고 했다.

아모리 족속의 산지로 가서 "얻으라" (*야라쉬*)는 지시는 조상들에게 약속하신 그 땅을 (창 15:18-19) 이제 정복하라는 전쟁의 지시이며, 동시에 이 명령 역시 민수기의 출발 여정 묘사에 언급이 없다. 이 명령 역시 모세 개인에게 주시고,[8] 이것을 모세가 백성에게 선포했을 것이다. 이렇게 신명기 1:6-8 부분은 민수기 보다 모세 개인이 가진 정보를 더 많이 보여준다.

---

[7] S. R. Driver, *A Critical and Exegetical Commentary on Deuteronomy* (Edinburgh: T. & T. Clark, 1901), 10.

[8] 물론 모세는 신 1:6에서 하나님께서 "우리에게" (엘레누) 말씀하셨다고 언급한다. 그렇다고 그 언급이 하나님께서 모세를 통해 백성에게 명령을 선포하시는 것을 부인하는 것은 아니다. 왜냐하면 백성들은 호렙산에서 하나님의 음성을 직접 듣기를 두려워하여 모세를 중보자로 세워달라고 요청했었기 때문이다 (출 20:19).

2) 모세의 짐을 분담케 하다 (신 1:9-18)

9 그 때에 내가 너희에게 말하여 이르기를 나는 홀로 너희 짐을 질 수 없도다 10 너희 하나님 여호와께서 너희를 번성케 하셨으므로 너희가 오늘날 하늘의 별 같이 많거니와 ... 13 너희의 각 지파에서 지혜와 지식이 있는 유명한 자를 택하라 ... 14 너희가 대답하여 이르기를 당신의 말씀대로 하는 것이 좋다 하기에 ... 각 지파를 따라 천부장과 백부장과 오십부장과 십부장과 패장을 삼고 ... 스스로 결단하기 어려운 일이거든 내게로 돌리라 내가 들으리라 하였고 ...

모세를 돕기 위해 지도자들을 임명한 일이 모세 자신의 생각에서 나왔고, 백성이 그의 제안에 동의한 것으로 언급되고 있다. 그런데 출 18:13-26에서는 오직 장인 이드로의 권고로 그렇게 했던 것으로 나타난다. 그렇지만 양자 사이에 조화를 찾기란 어렵지 않다. 모세의 고통을 장인 이드로가 보고 (출 18:14; 혹은 듣고) 역할 분담을 제안하자 모세는 이 제안을 백성들에게 알려 저들의 동의를 얻어 지도자들을 세웠을 것이다. 그런데 신 1:9-18에서 모세는 지도자들을 세울 필요가 조상들에게 약속하신 "하늘의 별들처럼[9] 많은 씨" (후손들)의 약속을 신실하게 이루신 하나님의 축복의 결과로 (신 1:10-11) 필연적으로 나타날 수밖에 없었다는 점을 강조하고 있다. 출 18장의 묘사에서는 이런 언급은 전연 없다.

또 한 가지 언급할 것은 이 지도자 임명 사건은 출애굽기에서 호렙산을 출발하기 오랜 전에 일어난 인상을 주지만, 여기서는 출발 명령이 있고 나서 주어진 인상을 준다. 그렇지만, 성경은 항상 연대기적 순서로만 기술하지는 않는다는 점을 인정한다면 이 둘 사이의 연대기적 순서는 얼마든지 조화될 수 있을 것이다. 우리가 보기에 신 1:9-18에서 모세는 지도자 임명 사건을 삽화적으로 잠시 회상하고 다시 호렙산/ 시내산을 출발하는 여정

---

[9] 아브라함에게 처음 사용하신 이 표현은 (창 22:17), 이삭 (창 26:4)에게도 반복하셨고, 모세는 이 약속을 근거로 이스라엘을 위해 중보 기도하며 (출 32:13), 모세는 그 약속이 이루어졌음을 지적하고 (신 1:10, 10:22, 28:62) 있다. 후대 기자들 역시 언급한다 (대상 27:23, 느 9:23), 신 28:62에서는 이스라엘이 "하늘의 별같이 많았을지라도" 말씀을 불순종할 때에는 남은 자가 얼마 되지 못하리라 위협한다.

묘사로 되돌아오는 듯 보인다.

그렇다면 모세는 왜 이 지도자 임명 사건을 언급하고자 했을까? 신 1:5-3:29의 내용을 전체로 보면, 호렙산에서 출발 한 이후의 여정만 제시할 뿐, 그 이전의 사건들 즉, 시내산 도착 이전에 출애굽에서 시내산까지의 여정에 대하여는 언급이 없다. 따라서 지도자 임명 사건이 시내산 체류시에 일어났다면 (그것이 확실하지만), 모세는 시내산 체류시에 일어난 여러 가지 사건들 중에서도 하나님께서 얼마나 신실하게 조상들에게 주신 "씨"의 약속을 지키셨는지를 가장 잘 예증해 줄 수 있는 이 사건을 이제 막 약속의 땅에 진입하려는 세대에게 주지시키고 싶어 했을 것이다.

3) 가데스 바네아에서 정탐꾼 사건 (신 1:19-46):

우리에게 명하신 대로 우리가 호렙 산에서 발행하여 너희의 본바 크고 두려운 광야를 지나 아모리 족속 산지 길로[10] 가데스 바네아에 이른 때에 . . . 21 보라 (르예) 너희 하나님 여호와께서 이 땅을 너희 앞에 두셨은즉 . . . 올라가서 (알레) 얻으라 (레쉬) 두려워 말라 (알-티라) 주저하지 말라 (알-테하트) 한즉 22 너희가 다 내 앞으로 나아와 말하기를 우리가 사람을 우리 앞서 보내어 우리를 위하여 그 땅을 정탐하고 . . . 우리에게 회보케 하자 하기에 23 내가 그 말을 선히 여겨 너희 중에서 매 지파에 한 사람씩 열둘을 택하매 24 그들이 . . . 그곳을 정탐하고 . . . 40 너희는 회정하여 홍해 길로 하여 광야로 들어갈지니라 하시매 . . . 46 너희가 가데스에 여러 날 동안 거하였었나니 곧 너희가 그 곳에 거하던 날 수 대로니라[11]

여호와께서 정탐꾼을 파송하도록 모세에게 명하시는 것으로 묘사하는 민 13:1-3과 달리 정탐꾼 파송이 백성의 제안으로 보도된다. 그렇지만 두 묘사

---

[10] 아모리 족속의 산지를 향한 길로: 아모리 족속은 민 21:13, 21에서 시혼과 옥이 요단 동편에서 통치하던 백성들로 언급되었다. 그리고 이스라엘 이전에 가나안에 거주하던 원주민들을 지시한다. 가나안 족속과 함께 언급될 때는 아모리 족속은 산지에, 가나안 족속은 해안, 요단 계곡에 거하는 것으로 언급된다 (민 13:29, 수 5:1, 13:4).

[11] 이 구절은 의미의 명확한 전달을 위해 다음과 같이 번역되어야 한다: 그 때문에 너희는 가데스에서 너희가 했던 것처럼 오랫동안 머물러야 했다 (NJB: That was why you had to stay at Kadesh as long as you did).

사이의 조화는 어렵지 않다. 아마 백성이 그 일을 제안하자 모세가 하나님께 문의하였고, 하나님은 민 13:1-2에 제시된 대로 응답을 주신 듯 하다.

민 14:25에 의하면, 정탐꾼 사건 이후에 하나님은 "아말렉인과 가나안인이 골짜기에 거하나니 너희는 내일 돌이켜 홍해 길로 하여[12] 광야로 들어갈지니" 라 심판을 선고 하셨다. 그러나 저들은 하나님의 선고를 무시하고 호르마를 공격해서 가나안에 진입하고자 시도하였으나 실패하였다 (민 14:40-45). 동시에 이 호르마 패배 이후에 저들이 홍해를 향하여 광야로 나아갔는지에 대하여는 언급이 없다. 민 20:1, 16에서 이스라엘은 에돔 (서편) 변경에 위치한 가데스에 거하였다고 한다 (출애굽 제40년에?).

그런데 여기 신명기에서는 호르마에서 패배한 후 (신 1:41-45), 이스라엘이 많은 날 동안 가데스에 머물다 (1:46), 후에 신 1:40의 명령에 순종하여 저들은 홍해로 향하는 길을 따라 광야로 돌아갔고, 여러 날 동안 세일 산을 우회하여 (신 2:1) 오랫동안 머무르다 (2:3) 이제 북향하라는 명을 받는다. 이렇게 하여 이스라엘은 에돔의 동편 변경을 따라 이 방향으로 가데스 바네아를 떠난 지 38년 후에 모압 변경 세렛 시내에 이른다 (2:8, 13, 14).[13]

민 14장, 20장의 기사는 많은 것을 생략하고 일부만 제시한다. 이스라엘은 가데스에서 몇 달 머문 후에 민 14:25의 명령대로 남으로 방랑길을 행하였다. 그렇다면 민 20:1의 가데스 체류는 38년의 방랑이 끝난 후의 두 번째 방문이 될 것이다. 그런데 신 2:14에 의하면, "가데스 바네아에서 떠나 세렛 시내를 건너기까지 삼십팔 년 동안이라" 라 하였다. 이 기사는 이스라엘이 38년 전에 가데스를 떠났고 그 이후 다시 방문하지 아니했다는 암시를 준다. 그러나 반드시 가데스에 다시 돌아가지 않았다는 말은 못된다. 비평가들이 상정하듯, 이스라엘이 38년간 가데스에서 보냈다고 보도하는 민수기 기사와, 가데스에서 떠나 에돔 주변을 방랑하였다 (신 2:1)고 보도하는 신명기 기사 (2:14) 사이의 모순은 억지로 보인다. 만약 가데스가 에돔의 변경에 위치했다면 (민 20:16) 근본적 조화는 아니 되어도 모순은 상당히 해소될 것이라는 것은 드라이브도 인정한다. 비평가들은 너무나 단면적으로 두 기사를 비교하곤 한다.

여기서 모세의 강조점은 백성의 불신앙과 그 무서운 결과이다. 약속의

---

[12] 홍해로 가는 길을 따라 (along the route to the Red Sea)
[13] S. R. Driver, *Deuteronomy*, 32.

땅을 목전에 두고서도 저들은 취하는데 실패하고 불신앙으로 38년의 세월을 낭비하고 그나마 자기들 당대에는 들어가지도 못하였다. 모세는 이 일로 저들을 질책하길 "이 일에 너희가 너희 하나님 여호와를 믿지 아니 하였도다" 라 한다 (신 1:32). 이는 민 14:11에 기록된 하나님의 말씀의 반영이다. 만약 이 사건 묘사와 앞에 언급된 지도자 임명 사건 묘사를 함께 고려한다면, 하나님의 신실하심과 백성의 불신앙이 대조 부각되고 있다. 모세는 이제 약속의 땅에 진입해서 정복해야 할 세대들에게 이전 조상들처럼 불신앙으로 행하지 말 것을 경고한다.

4) 에돔, 모압은 공격치 말라 (신 2:1-23)

너희는 세일에 거하는 너희 동족 에서의 자손의 지경으로 지날진대 ... 5 그들과 다투지 말라 그들의 땅은 한 발자국도 너희에게 주지 아니하리니 이는 내가 세일 산을 에서에게 기업으로 주었음이로라 ... 네 하나님 여호와가 이 사십 년 동안을 너와 함께 하였으므로 네게 부족함이 없었느니라 ... 호리 사람도 세일에 거하였더니 에서의 자손이 그들을 멸하고 대신하여 그 땅에 거하였으니 이스라엘이 여호와의 주신 기업의 땅에서 행한 것과 일반이었느니라[14] 13 이제 너희는 일어나서 (쿠무) 세렛 시내를 건너가라 (베이브루) 하시기로 우리가 세렛 시내를 건넜으니 14 가데스 바네아에서 떠나 세렛 시내를 건너기까지 삼십팔 년 동안이라 ... 모든 군인이 사망하여 백성 중에서 진멸된 후에 ...

하나님은 온 세상의 통치자로서 에돔과 모압의 영지를 주셨고, 따라서 이스라엘은 하나님의 주권을 존중하여 저들을 건드리지 말아야 했다. 이런 모세의 언급은 민수기 기사에서 찾아 볼 수 없다. 이렇게 모세는 신명기에서 민수기 여정 묘사에 근거하여 회고하면서도 그곳에서 언급되지 아니한 상황들을 자기의 필요에 따라 언급하고 있다. 여기서 모세가 에돔, 모압, 암몬 영지를 존중하라는 하나님의 명령을 언급하는 이유는 약속의 땅 진입을 눈앞에 둔 세대 사람들이 약속의 땅에서 거주할 때도 이웃 나라들을 정복

---

[14] S. R. Driver, *Deuteronomy*, 38은 12절은 가나안 정복 이후에 첨가된 표현이라 지적한다. 그러나 민 32장에 언급된대로 므낫세, 갓, 르우벤 지파 등이 정복한 트랜스-요르단 지역을 염두에 두었다고 볼 수도 있다.

하고자 시도할 근거가 없다는 것을 지적하고자 하는지 모를 일이다. 온 세상에 대한 하나님의 주권을 강조하고, 그분이 허락지 아니한 인접국 영토는 마땅히 존중되어야 한다는 국제 정치외교의 신학적 전망을 보여준다.

끝으로, 모세는 "네 하나님 여호와가 이 사십 년 동안을 너와 함께 하였으므로 네게 부족함이 없었느니라"라는 문구를 이방 영토들에 대한 존중을 강조하는 문맥에 배치시켜 하나님의 주권만 아니라, 그분의 이스라엘에 베푸신 동행의 축복을 상기시킨다. 이런 사고는 민수기의 광야 여정에서는 숙고, 반추적 진술이 아니라, 저들과 광야에 "함께" 행하시는 그분을 직접 묘사하는 것으로 나타났다. 그러나 그 여정을 회고하는 신명기에서는 그분이 "함께" 하므로 부족함이 없었다는 그분의 은혜에 대한 감격의 회상을 그린다. 이러한 회상은 가나안 땅 진입을 앞둔 세대들의 가슴에 깊이 새겨져야 할 요소였다 (신 31:6, 8, 23, 32:12, 39 참조). 하나님은 저들 앞서 행하시며 저들과 "함께" 하사 떠나지 아니하시고 버리지 아니하실 것이므로 저들은 강하고 담대하게 전진해야 한다.

5) 약속의 땅을 향한 여정과 전쟁의 지시 (신 2:24-3:11):

2:24 너희는 일어나 (쿠무) 진행하여 (세우) 아르논 골짜기를 건너라 (베이브루) 보라 (르예) 내가 헤스본 왕 아모리 사람 시혼과 그 땅을 네 손에 붙였은즉 비로소 더불어 싸워서 그 땅을 얻으라 (하헬 라쉬) 25 오늘부터 내가 천하 만민으로 너를 무서워하며 *너를 두려워하게 하리니* 그들이 네 명성을 듣고 떨며 너로 인하여 근심하리라 하셨느니라 . . .

아모리 족속 헤스본 왕 시혼과 바산왕 옥의 통행권 거부로 이스라엘과 전쟁이 일었고 이스라엘은 승리하여 저들의 땅을 점령하였다. 이들 아모리 족속의 땅에 대하여는 하나님께서 정복을 명하신 것이다. 앞에서 본대로, 에돔, 모압, 암몬 족속의 영토는 존중하라고 하였으나 아모리 족속의 땅은 (그것이 트랜스 요르단 지역임에도) 정복하여 취하라고 명하신 이유는 무엇인가? 두 가지로 고려할 수 있다.

첫째로, 아모리 족속은 가나안 거민들로 언급되고 있다는 것이다. 에돔, 모압, 암몬 등은 모두 이스라엘의 조상들과 직접 연관되는 사촌간이다. 그러나 아모리 족속은 함의 아들 가나안의 후손이다 (창 10:16). 따라서 "가나안은 저주를 받아 그 형제의 종들의 종이 되기를 원하노라" (창 9:25)의 말씀이 아모리 족속의 멸절로 이루어져야 했다. 이런 진술은 사실상 대단히 경솔한 것이긴 하지만, 하나님은 창 15:16에서 "아모리 족속의 죄악"을 언급하시고, 다른 가나안 족속의 땅과 함께 "아모리 족속"의 땅도 아브라함 후손에게 주시기로 약속하셨다 (창 15:19). 가나안 족속의 타락은 하나님의 불 심판을 초래했고 (창 10:15-20, 19:1-28 참조), 여호수아 장군이 이끄는 이스라엘군의 진멸 대상이 되어야 했다 (레 18:3 이하).

다음으로, 신 2:26 이하에 의하면 모세는 헤스본 왕 시혼에게 사자들을 보내어 평화를 먼저 선포했다. 시혼이 이를 거절하고 군대를 동원하여 적대행위를 함으로 저들은 스스로의 운명을 결정하고 말았다. 그래서 모세는 하나님께서 "그를 네 손에 붙이시려고 그 성품을 완강케 하셨고 그 마음을 강퍅케 하셨음이라" 고 했다 (신 2:30). 이렇게 본다면, 모세는 애당초 저들과 싸울 의사가 없었을지 모른다. 그냥 통과하기를 바랬을 것이나 거절하고 적대행위를 시작함으로 하나님은 저들을 정복하도록 명하신 것이다. 모세는 "우리 하나님 여호와께서 그 모든 땅을 우리에게 붙이심으로" (신 2:36) 모든 성읍을 다 정복했다고 강조함으로 이 승리도 하나님의 선물임을 강조한다.

6) 땅의 분배와 트랜스 요르단 지파들에 대한 명령 (신 3:12-22):

3:12 그 때에 우리가 이 땅을 얻으매 . . . 내가 르우벤 자손과 갓 자손에게 주었고 . . . 므낫세 반 지파에게 주었노라 . . . 너희 군인들은 무장하고 너희의 형제 이스라엘 자손의 선봉이 되어 건너가되

트랜스 요르단 지역 땅을 지파별로 가족별로 분배한 사실은 이스라엘이 대왕 하나님께 받은 축복의 핵심이었다. 이로써 아브라함에게 주셨던 약속이 완전 성취되기 시작하였다. "씨"의 번성은 애굽에서, "씨"가 발을 디디고 살 기업인 "땅"은 정복 전쟁을 통해 주어진 것이다. 이미 정복한 이 지역의 분배는 약속의 땅에로의 진입을 앞둔 세대들에게 아주 고무적인 사실이 아닐 수 없었다. 저들은 이미 얻은 승리를 근거로, 앞으로도 하나님께서 원수들을 자기들 손에 붙여주실 것이며, 저들에게 주시리라 약속하신 그 땅은 반드시 정복되고야 말리라는 확신을 가질 수 있었다.

7) 모세의 기도와 여호수아를 후계자로 지명 (신 3:23-29):

24 주 여호와여 . . . 천지간에 무슨 신이 능히 주의 행하신 일 곧 주의 큰 능력으로 행하신 일 같이 행할 수 있으리이까 25 구하옵나니 나로 건너 가게 하사 요단 저편에 있는 아름다운 땅 . . .을 보게 하옵소서 하되 26 여 호와께서 너희의 연고로 내게 진노하사 내 말을 듣지 아니하시고 내게 이 르시기를 그만해도 족하니 이 일로 다시 내게 말하지 말라 . . . 네가 이 요 단을 건너지 못할 것임이니라 28 너는 여호수아에게 명하고 (베챠브) 그를 담대케 하며 (베하즈케후) 그를 강경케 하라 (베아므체후) 그는 백성을 거 느리고 건너가서 네가 볼 땅을 그들로 기업으로 얻게 하리라 하셨느니라

모세의 기도와 그것의 거절에 대한 언급은 여기서만 나타난다. 앞에서 언급되었듯이 신명기에서 우리는 민수기에 언급되지 아니한 개인 정보까 지 모세의 입을 통해 듣게 된다. 민수기가 객관적 사건 보도라면 신 1:5- 3:29은 다소 주관적인 사건 보도라 할 수 있다. 그런데 여기에서 이 사적인 기도를 언급하는 이유는 지도자로서 모세의 좌절은 백성들의 불신앙과 연 결되기 때문이며, 이를 거론함으로 약속의 땅에 진입하는 세대들은 지도자 에게 불순종하는 죄를 범치 말아서 다시 이런 슬픈 일이 일어나지 말기를 바람일 것이다.

요약: 신 1:5-3:29에 제시된 광야 여정의 묘사는 모압들에 모인 세대들 과 직접 연관되는 최근의 사건들, 곧 시내산 출발 이후의 사건들만을 다루 고 있다. 민수기가 다소 객관적 기록이었다면, 신 1:5-3:29의 역사 기록은 다분히 주관적인 관점이 피력되고 있다. 있는 그대로를 기술하고자 했던 랑케의 실증주의 사관에서가 아니라 설교자가 백성을 계도하려는 교화적 역사관을 보이고 있다. 우선 하나님의 신실하심을 강조함으로 그분을 온전 히 신뢰할 것을 간접적으로 촉구한다. 다음으로 조상들의 불신앙을 통해 백성들에게 "너희는 그렇게 말라"는 간접 경고를 발하고 있다. 또한 하나 님의 주권 하에 되어진 국제 질서를 인간적으로 깨뜨리지 말 것도 선포되 고 있다. 이렇게 하여, 모세는 요단강을 건너 약속의 땅에 진입할 세대 사 람들에게 확실한 미래를 말하자면 청사진으로 보여주고 있다. 모세는 하나 님의 주권과 그분의 은혜로운 처사를 지적하고 백성의 불신실을 책망하여 다음에 제시될 언약 조항을 이전 세대처럼 불순종하지 말고 온전히 준수할

동기를 유발시킨다.

3. 신 1:5-3:29의 성격 이해

주석가들은 신명기의 내용을 분해하면서 광야 여정을 회고하는 신 1:5-3:29 부분이 신명기 전체 구조에서 어떤 역할을 하는지에 대하여 이런 저런 식으로 설명을 해 왔다. 그렇지만 크게 분류하면 대략 두 접근법들로 요약된다.

1) 모세의 (유언적) 설교

다수는 신명기가 모세의 마지막 유언적 설교라 이해한다. 중세기의 유대인 랍비 라쉬는 신 1:1을 주석하면서 이렇게 말하고 있다.

이것들은 책망의 말씀들이므로 저들이 '전지하신 자'를 격노케 한 모든 곳을 열거하며, 그는 저들이 범죄한 일들을 숨기고, 이스라엘에 대한 존중심에서 이 장소들이 암시하는 암시로서만 지명들을 언급하고 있다.[15]

즉, 라쉬에 의하면 신명기는 모세의 마지막 유언이지만, 무엇보다 이스라엘이 지은 모든 죄악들을 지적하고 책망하는 말씀이다. 그렇지만 청중에게 수치를 주지 않고자 직접 책망하는 대신 저들이 범죄한 장소들이나 암시적 언어들을 사용하여 저들을 간접적으로 책망한다. 그런데 라쉬는 본문의 평이한 해석 (페쇠트) 보다는 목회적 적용인 변칙 해석 (데라쉬)를 자주 애용하곤 한다. 예컨대, 신 1:1에서 "디사합"이란 지명이 나오자 이를 관계대명사 "디"와 "금"을 의미하는 "자하브"의 복합어로 보고 모세가 "디사합"을 언급함으로 (금) 송아지 때문에 이스라엘을 책망하였다고 주석했다. 그런데 라쉬는 신 1:3에 이르자 "제 사십년 십일월 그 달 초일일에" 라는 라는 문구를 놓고 주석하길 이 구절이 가르치는 바는 모세가 저들을 꾸짖되 오직 그가 죽음에 임박했을 때 비로소 책망했다는 것이라 하고, 임종시

---

[15] *Deuteronomy: The Pentateuch and Rashi's Commentary* (New York: S. S. & R. Publishing Co., Inc.: 1977), 1.

에 비로소 자기 자녀들의 잘못을 책망했던 야곱에게서 (창 49:3-4) 모세가 배웠다고 했다.[16] 이렇게 임종시에 비로소 자녀를 책망한 것은 르우벤이 집을 떠나 에서에게 연합할 까 두려워했기 때문이었다 하고, 임종시에만 책망해야 할 이유는 1) 반복하여 자녀의 허물을 책망하지 않도록 2) 자녀 친구가 그를 보면 수치를 느낄 것이기 때문에 (시프레에 의하면 여호수아도 이스라엘을 오직 임종시에만 책망하였고 사무엘도 그리했다; 삼상 12:3; 그리고 다윗도 솔로몬을 그리했다; 왕상 2장). 3) 아모리 왕 시혼을 죽인 후에야 비로소 책망한 것은 이스라엘이 말하길 "이 사람이 우리에게 한 일이 뭐야? 단지 우리를 화나게 하고 우리를 칠 증거만 찾지 않았나? 약속의 땅에도 인도해 들이지 못하면서" 라고 대들 것이 두려웠기 때문이었다. 그러나 라쉬는 신 1:1-5 부분과 1:6-3:29 부분 사이의 사고상의 구분을 간과하고 있으며 한 구절 한 단어의 설교적 적용이나 평이한 설명에 치우칠 뿐 신명기의 전체 구조에 대하여는 별로 관심이 없다.

비평가 드라이버 (S. R. Driver)는 그의 신명기 주석 서론에서 (I. C. C.) "신명기"라는 명칭이 70인역이 신 17:18의 히브리어 (미쉬네 핫토라 핫조트)를 "토듀테로노미온 튜토" (이 둘째 율법)로 잘못 이해하고[17] 붙인 이름에서 유래했지만,[18] 아주 부적절한 명칭은 아니라고 한다. 왜냐하면 신 28:69 (한역 신 29:1)에서 보듯 신명기는 둘째 언약 법 조항들을 담고 있고, 첫 법제정이라 불리는 출애굽기에 포함된 다수의 법들을 (출 20:22-23:33) 반복하고 있기 때문이라 했다. 그리고 드라이버는 신 1:1-5은 "서론"으로 뒤따르는 설교들이 주어진 장소와 시간을 명기한다고 지적하고, 신 1:6-4:40 부분에 대하여 다음과 같이 설명하고 있다.

---

[16] Ibid., 3.

[17] 히브리어 "미쉬네 핫토라 핫조트"는 차례대로 남성명사, 여성명사, 여성 형용사로 직역하면 "이 법의 복사본" (a copy [repetition] of this law)이 된다. 그러나 70인역은 이를 "이 둘째 법" (토 듀테로노미온 투토)(this second law)이라 문법적으로 잘못 번역했다. 그런데 구덕관, "신명기적 징후의 판단,"「구약논단」 9 (2000), 39은 신명기란 책명과 연관하여 두 가지 오류를 범했다. 첫째 "신명기"란 한국역 책명이 "밝히 알린다"란 의미라고 오해했다 (사실은 두 번째 명령의 책, 곧 둘째 법의 책이란 의미). 둘째로 70인역이 "이 법의 사본을 만들라"는 본문의 의미를 "이 법의 반복"으로 오역했다 한다. 70인역은 "사본"을 "반복"으로 오역한 것이 아니라, "이 법의 사본/ 반복(판)"이란 의미를 "이 둘째 법"이란 의미를 오역한 것이다.

[18] S. R. Driver, *Deuteronomy*, i.

1:6-4:40 모세의 첫 강화 혹은 서론적 강화 (discourse)로 (a) 역사적 회고와 (b) 회고의 목회적 결론 등으로 구성되었다. 역사적 회고 부분에서는 호렙에서 출발한 여정의 주요 사건들을 다루면서 저들을 광야를 통해 인도한 섭리를 지적한다. 회고의 결론 부분에서는 이스라엘에게 은혜를 주신 이에 대한 의무를 상기시키면서 호렙에서 각인된 여호와의 유일하심과 영이신 하나님의 영성을 잊지 말 것을 촉구한다.

드라이버는 신 4:44-49 부분은 법의 강해를 담고 있는 모세의 둘째 강화에 (5-26장, 28장) 대한 표제로 보고, 신 5-26장, 28장 등이 신명기의 중심부로 법의 강해이며 5-11장과 12-26, 28장 두 부분으로 나누어지며, 첫 부분은 십계명의 첫 계명을 강해하는 권면체의 서론이며 이스라엘이 한 나라로 통치되어야 할 일반적 신정적 원리들을 깨우친다면, 둘째 부분에서는 구체적 법들을 담고 있으며 그것을 모세는 강해하여 이스라엘로 순종케 하고자 한다고 지적한다. 또한 27장에 대하여는 모세의 강화의 흐름을 방해하며 3인칭으로 제시되었다고 지적한다.[19] 드라이버의 이러한 분석은 대단히 예리하다고 여겨진다. 물론 드라이버는 오경의 문서설을 신봉하는 비평가였고[20] 따라서 이러한 내용 분해는 피상적일 뿐, 문서설이 옳다는 것을 지지하기 위해 드라이버는 신명기와 다른 오경의 제책들 사이에 모순들이 있다는 점을 지적한다.[21]

어네스트 라잇도 신명기가 모세의 고별 설교라고 보지만, 그 나름대로 특이하게 신명기에서 율법이 복음의 맥락 안에 위치되었다고 지적하면서 다음과 같이 기술하고 있다:

신명기는 판사, 왕, 제사장같이 법을 집행하는 사람들을 위한 법전이 아니라 전체 이스라엘 교회 공동체를 위해 기술되었다. 이는 이스라엘 신앙을 선포, 강해 설교하는 설교이다. . . . 서론 부분은 (1-11장) 출애굽과 광

---

[19] Ibid., i-ii.

[20] 비평가들은 벨하우젠의 뒤를 따라 신명기를 "경건한 사기물" (pious fraud)로 본다. 저들에 의하면, 주전 7세기 요시아왕 시대의 종교 개혁가들이 모세의 이름으로 한 율법책을 만들어 발견되도록 성전에 숨겨 놓았다가 결국 발견되어, 요시아 종교개혁을 촉발시켰다고 한다 (J. Wellhausen, *Prolegomena to the History of Israel*, 재판 [Cleveland: World, 1965], 25-28).

[21] Ibid., xxxv-xlii.

야에서 여정을 인도하신 하나님의 완전한 사랑, 공짜로 주신 신비롭고 탁월한 사랑을 기술한 후, 바로 이 사랑에 믿음을 두도록 요청한다. 그렇게 사랑하신 하나님은 자기 백성에게 자기만 일편단심으로 사랑하고 자기에게만 감사를 표하라고 요청하실 수밖에 없다. 언약 법들로 표시된 그분의 뜻에 대한 자원적이고 기쁜 순종이야말로 이 헌신을 표할 수 있는 주요 방식인 것이다. . . . 이렇게 복음 안에 율법을 둔 이후에 저자는 우리를 그 중심부로 우리를 이끈다 (12-26장). 그러나 주요 관심은 법전을 제시함이 아니라 그것을 설명하는 것이다.[22]

2) 언약서에서의 "역사 서언"

폰 라트는 이미 1938년에 "육경의 양식사 문제"란 글에서 "신명기의 양식문제"를 다루었다.[23] 그는 신명기의 구성 양식들이 출 19-24장에서 발견되는 바와 흡사하다고 지적하고, 네 가지 문학 양식들로 분석한 바 있다. 1) 시내산 사건을 역사적으로 기술한 것과 그 권고의 말 (신 1-11장), 2) 율법의 낭독 (신 12:1-26:15), 3) 계약 의무성 (신 26:16-19), 4) 축복과 저주 (신 27장 이하). 폰 라트에 의하면, 신명기는 과거 사건을 오늘의 사건으로 재현하는 동시대성을 강조하며, 이는 결국 세겜에서 거행된 언약 갱신 의식용으로 신명기가 마련되었기 때문이라 한다. 폰 라트의 이러한 지적은 M. G. 클라인의 견해로는, 사실 표적을 근사(近似)하게 잘 맞춘 것이었다.[24] 폰 라트는 신명기가 산출된 그 세겜 언약 갱신 의식은 후대에 에스라의 지도 하에 일어난 추방 이후 시대의 언약 의식과 흡사한 것이었다고 지적한다 (느 8장).[25] 에스라 시대에 운집한 회중에게 에스라는 율법을 낭

---

[22] Ernest G. Wright, "Deuteronomy," 312-13. 라잇도 물론 "신명기의 구조"란 부분에서 신명기의 "언약 성격"과 원-신명기와 후대 첨가물을 구분하는 비평적 견해를 언급하고 있다 (315-318).

[23] 폰 라드, "육경의 양식사 문제,"「폰 라드 논문집」, 김정준역 [서울: 대한기독교출판사, 1991], 13-109, 특히 48-66 참조.

[24] M. G. Kline,「성경의 권위의 구조」(서울: 크리스챤 다이제스트, 1994), 122 참조. 클라인은 폰 라트의 상기한 논문을 "왕조 언약 (지도직 교체 언약)" (dynastic covenant)이란 글에서 창조적으로 비판하고 있다 (Ibid, 119-138).

[25] Gerhard von Rad, *Deuteronomium-Studien* (Goettingen: Vandenhoeck & Ruprecht, 1947), 8-9.

독하면서 레위인들이 그 의미를 해석해 주도록 하였다 (느 8:7-8). 즉 율법
을 단순히 낭독만 한 것이 아니라, 그 의미까지 해석해 주었다. 레위인들은
이렇게 율법 강해의 책임을 맡아서 훈련된 자들이므로 (신 33:10, 대하
15:3, 17:8-9, 30:22, 35:3 등 참조) 신명기도 바로 이런 레위인들이 언약 갱
신 의식에서 율법을 강해하면서 만든 산물이라 한다.[26] 그렇지만 폰 라트의
이런 추방 이후 시대 의식과 신명기 언약 갱신 의식의 비교는 결정적인 약
점을 지닌다. 에스라 시대에 레위인들의 율법 설명은 추방 생활로 모국어
를 상실한 사람들의 히브리어 몰이해에 기인된 것이었지, 폰 라트가 상정
하듯 율법 자체의 의미 설명이라 보기 어렵기 때문이다. 물론 율법 자체를
어떻게 실생활에 적용할 것인가? 하는 문제는 어느 시대를 무론하고 레위
인들이 가르쳐 주어야 할 사항이었다는 점은 인정될 수 있다.

그렇지만 바인펠트는 폰 라트와 달리 말하길, 신명기는 폰 라트가 주장
하듯 정기적인 예배 의식의 문서라기보다 언약의 문학 전승을 따른다고 했
다. 신명기는 옛 언약 전승의 모티브들을 보존하고 있긴 해도 그것들은 앗
시리아 조약을 흉내 내어 히스기야-요시아 시대 서기관들이나 현자들이 새
롭게 개정하여 언약 문학 패턴에 맞추었다고 한다.[27]

한편 G. E. 멘덴홀은 1955년에 발표한 글에서[28] 신명기의 구조나 구약에
언급된 언약 형식의 새로운 이해에 아주 중요한 주장을 제기하였다.[29] 그에

---

[26] 물론, 폰 라트 역시 신명기의 현재 모습이 모세의 "고별 설교" 형식임을 잘 알
고 있다. 오경의 다른 부분에서 하나님의 뜻은 야웨께서 이스라엘에게 말씀하시
는 것으로 나타나지만 신명기에서만 모세의 "고별 설교"의 문체로 구성되었다는
것이 아주 특징적이라 한다 (오경 밖에서 "고별 설교"들은 수 23장의 여호수아,
삼상 12장의 사무엘, 대상 22장과 29장의 다윗 등)(von Rad, *Deuteronomy*, 23).

[27] M. Weinfeld, *Deuteronomy and the Deuteronomic School*, (Oxford: Clarendon,
1972).

[28] G. E. Mendenhall, *Law and Covenant in Israel and the Ancient Near East*,
(Pittsburgh: Presbyterian Board of Colportage, 1955); 원래 "Ancient Oriental
and Biblical Law," *BA* 17 (1954), 26-46; "Covenant Forms in Israelite
Tradition," *BA* 17 (1954), 50-76에 실린 것을 재 인쇄함.

[29] 그의 연구는 1931년 발표된 코로섹 (V. Korošec, *Hethitische Staatsvertraege*,
[Leipzig: Weicher, 1931]의 힛타이트 조약 연구서나 올브라잇 (W. F. Albright)
등의 연구를 발판으로 하였다. 그는 E. Bikerman, *Arch, d'histoire du droit
oriental* 5 (1950-51)가 이미 시내산 언약이 힛타이트 종주권 조약과 유사하다는
점을 지적했다고 말한다 ("Covenant Forms," 62, n. 26). 멘덴홀 이전의 학자들
은 성경 언약의 모델로 아랍 족속들의 언약 형식을 주로 사용하였다. 구약성경의

의하면 힛타이트 제국이 주변 봉신국들과 체결한 종주권 조약의 형식이 구약에 나타난 언약과 여러 병행들을 보인다.[30] 예컨대 시내산 언약, 신명기의 모압들 언약, 여호수아의 세겜 언약 등이 그러하다.[31] 힛타이트 종주권 조약의 목적은 쌍 방간의 상호간 도움의 관계를 확정짓는 것인바 (특히 군사적 지원), 그러나 궁극적인 주요 관심사는 힛타이트의 주권을 확고히 세우는 일이었다. 쌍방간의 관계 설정이긴 하나 종주국의 일방적 관계 설정이었다. 왜냐하면 조약의 규정들은 오직 봉신국 만이 준수할 의무를 지녔기 때문이다. 물론 종주가 봉신을 보호할 책임을 지는 것은 당연하였다. 종주권 조약은

1) 전문 (preamble): "이것들은 누구의 말들이라" 로 시작되어, 조약을 허락하는 자가 누구이며 그 타이틀과 위엄, 권능, 족보가 제시된다.

2) 역사 서언 (historical prologue): 여기서는 쌍방간의 이전 과계가 상세하게 묘사된다. 특히 강조점은 힛타이트 대왕이 봉신국에 베푼 은혜로운 처사들에 두어진다. 일반적이고 상투적인 언어가 아니라 아주 구체적으로 실제로 있었던 사건들을 언급하며 종주의 은혜를 상기시킨다. 따라서 이 부분은 역사가들에게 좋은 역사 자료를 제공해 준다.[32] 코로섹은 이 부분의 중요성에 대하여 이렇게 말하고 있다:

이 진술이 의미하는 바는 대왕이 봉신에게 베푼 자비와 은총, 호의 때문에 봉신이 대왕에게 영원히 감사해야 한다는 것이다. 이 부분에 곧장 이어 봉신이 대왕에게 헌신하는 것이 논리적 귀결로 언급 된다 (즉 조약 규정들

언약 (＝계약) 개념의 연구 역사에 대하여는 간략하지만, 노희원, 「구약성서의 계약 구조」 (서울: 은성, 1995), 63-84 참조.

[30] 고대 근동국이 체결한 국제 조약들은 크게 두 종류의 조약으로 분류된다. 평등 조약 (parity treaty)에서는 쌍방이 모두 조약 규정을 준수할 의무를 지니며 준수키로 맹세하나 종주권 조약에서는 종주가 부과한 조약 규정을 봉신만이 준수할 의미를 지니고 그렇게 하기로 맹세한다. 평등 조약의 경우는 힛타이트 대왕과 애굽왕 사이에 체결된 불가침 평화 조약이 있고 (*ANET*, 199-203), 종주권 조약은 힛타이트 제국이 주변 봉신국들과 맺은 것들이 있다 (*ANET*, 203-206).

[31] G. E. Mendenhall, "Covenant Forms," 56.

[32] 종주권 조약이 아닌 쌍무(평등) 조약에서 역사 서언 부분은 아주 간결하게 처리되었다. 이유는 쌍방간의 이전 관계가 별로 상찬할 것들이 없었고 또 짧았으므로 언급할 바가 별로 없었으며, 동시에 순종을 위한 동기 유발을 촉발시킬 그런 관계도 아니기 때문이다.

이 뒤 따른다).[33]

또한 맥카티는 역사 서언 부분에 대하여 언급하길 "그것은 세심하게 선별하여 구성된 주장으로 문서에서 주장될 권리들의 토대를 놓는 것이다"라 하였다.[34]

이 부분에서 발견되는 아주 특징적인 요소는 "내가 너에게" 즉 "나-너"(I-Thou) 형태의 호칭 형태이다. 힛타이트 왕이 조약의 주인이므로 1인칭으로 직접 봉신에게 말한다. 이렇게 조약 관계는 어떤 객관적이고 추상적인 법의 관계가 아니라 인격적 관계로 이해되었다.

3) 조약 조항들/ 규정들 (treaty stipulations): 봉신이 준수해야 할 조약 규정들이 제시된다.

4) 상벌규정 (축복과 저주): 조약을 준수할 때의 축복과 그렇지 못할 때의 위협이 제시된다.

5) 증인들; 힛타이트 제국의 신들이나 봉신국의 여러 잡신들이 증인으로 언급된다. 여기에는 신격화된 산들이나 강들, 샘들, 바다, 천지, 바람, 구름 등까지 포함된다.

· 조약 문서를 신전에 보관: 쌍방의 신전에 보관해야 함[35]

· 정기적 낭독: 조약 규정은 봉신국 왕만 아니라 온 백성이 조약을 준수해야 할 것이므로 정기적인 낭독은 온 백성에게 조약을 알게 하고, 대왕과의 긴밀한 관계를 서술함으로 봉신국 백성이 자기들의 왕을 더욱 존경하도록 하려는 것이다.

멘덴홀은 이런 종주권 조약의 요소들이 시내산 언약에 다 나타나지는 않는다는 점도 알았다. 예컨대, 성소에 보관하라는 규정, 정기적인 낭독, 증인들, 저주와 축복 등의 요소가 결여되었다고 지적했다.[36] 그렇지만 증인들의

---

[33] G. E. Mendenhall, "Covenant Forms," 58에서 재인용.

[34] D. J. McCarthy, *Treaty and Covenant* (Rome: BIP, 1978), 37.

[35] *ANET*, 205에서 숩필룰리우마스와 쿠르티와자 사이의 조약 참조: "이 판의 사본이 아린나 태양 여신 앞에 보관되었음. 왜냐하면 아린나 태양 여신이 왕권과 여왕권을 주장하기 때문이다. 미탄니 땅에서 (사본이) 카핫의 쿠린누의 주 텟숩 앞에 보관되었다. 정기적으로 그것들을 미탄니 땅의 왕과 후리 땅의 아들들 앞에서 읽을 것이라."

[36] Mendenhall, "Covenant Forms," 65.

경우에는 이스라엘과 하나님 사이의 관계 자체가 다른 어떤 잡신들을 증인으로 불러들일 수 없었다.[37] 유일신 신앙을 지닌 저들에게 그런 일은 용납될 수 없었다. 그리고 성소 보관 규정은 출 25:16에서 "내가 네게 줄 증거판을 궤 속에 둘지며" 라고 하는 말씀에서 나타나고,[38] 저주와 축복은 시내 산 언약의 일부인 레위기 26장에서 나타나며, 정기적인 낭독의 규정만 결여되었다고 할 수 있다. 그리고 후대에 천지를 불러 증인을 삼는 경우들이 있다 (예컨대, 신 32:1, 사 1:2 등).

이러한 멘덴홀의 주장은 1963년에 출판된 위클립 주석의 신명기 부분을 맡았던 M. 클라인 (M. Kline)에 의해 신명기 내용 분해에 그대로 채용되었다.[39] 클라인이 제시한 신명기 내용 분해는 종주권 조약의 구성 요소를 제시한다:

1) 전문 (신 1:1-5) 2) 역사 서언 (1:6-4:49) 3) 언약 조항들 (5:1-26:19) 4) 상벌 규정과 맹세 (27:1-30:20) 5) 지도직 교체, 언약의 연속성 보장 (31:1-34:12).

이러한 신명기의 구조 분석은 1970년에 학위 논문으로 G. J. 벤함이 제시한 연구 논문에서 확인되었다.[40] 그러나 벤함의 분석은 클라인의 그것과 다소 차이를 보인다:

1) 역사 서언 (1:6-3:29) 2a) 기본 규정들 (4:1-40, 5:1-11:32) 2b) 구체적인 규정들 (12:1-26:19) 3) 언약 문서 기록과 언약 갱신의 규정 (27:1-26) 4) 축복들 (28:1-14) 5) 저주들 (28:15-68) 6) 종합적 반복 (29:1-30:20). 마지막으로 31-34장은 언약 형식에 속하지 않고 언약 갱신과 연관된다고 지적한다.

그런데 바인펠트는 멘덴홀이 주전 9-7세기 어간의 앗시리아 종주권 조약은 무시했다고 불평한다.[41] 그는 힛타이트 조약만이 성경 언약의 모델이며

---

[37] 채홍식, "계약법전과 원-신명기," 「구약논단」 9 (2000), 67은 신적 증인의 나열이 빠졌다는 이유로 신명기가 헷 족속의 계약체결 양식을 모델로 했다는 주장이 설득력이 없다고 잘못 판단하고 있다.

[38] 메레디스 G. 클라인, 「성경의 권위의 구조」, 103-118에서 "언약의 두 돌판"을 참조.

[39] M. Kline, "Deuteronomy," in *The Wycliff Commentary* (Chicago: Moody, 1963).

[40] G. J. Wenham, "The Structure and Date of Deuteronomy."

[41] Moshe Weinfeld, *Deuteronomy*, 59.

원형이라는 멘덴홀의 주장은 잘못되었고, 신명기의 언약 형식은 오히려 훨씬 후대인 앗시리아 종주권 조약을 모방했다고 주장한다. 그러나 멘덴홀이 앗시리아 종주권 조약의 형식을 무시한 것은 아니었다. 왜냐하면 멘덴홀은 이미 앗시리아 제국이 봉신국과 체결한 종주권 조약에서는 "역사 서언" 부분이 완전히 결여되었다고 지적함으로 구약 언약들과 후대 앗시리아 종주권 조약 사이의 연관성을 부인하였기 때문이다.[42] 그러나 바인펠트가 보기에 앗시리아 종주권 조약에 "역사 서언"이 결여된 것은 신명기가 그 조약의 양식과 무관하다는 증거는 못 되며,[43] 그것이 결여된 이유는 현존하는 앗시리아-아람 조약들이 오직 파편들 상태로만 발견되어 온전한 형태가 하나도 없기 때문이며, 또한 앗시리아 왕은 힛타이트 대왕과 달리 거만하게 온 세상의 군주로 자처하여 봉신에게 베푼 은혜를 상기시키면서 충성을 유발시킬 필요성도 느끼지 못했기 때문이라 했다.[44] 그리고 신명기와 앗시리아 종주권 조약 사이의 연관성을 지지하는 증거는 힛타이트 조약에서는 저주가 아주 짧고 일반화된 문구인데 비해 신명기에서는 앗시리아 조약과 세피레 비문에 담긴 저주처럼 아주 세밀하고 장황하다는 사실이라 했다.

이러한 바인펠트의 주장에 대하여 K. A. 키친은 현존하는 고대 근동의 법전들과 조약들을 전부 정리하여 그 형식상의 특징들을 언급하고, 시대별로 조약들 사이의 내용이나 형식상의 분명한 특징들을 맥카티나[45] 바인펠트[46] 등이 부인하고 있다고 잘 지적하였다.[47] 키친은 시내산 언약, 신명기, 수 24장의 언약들을 종주권 조약 구성 요소들과 비교해 보면, 앗시리아 종주권 조약 보다는 힛타이트 제국의 종주권 조약에 근접한다고 주장한다. 비평가들이 신명기 언약 형식을 후대의 앗시리아 종주권 조약과 유사한 것으로 결사 주장하는 이유는 다름 아니라 신명기를 주전 7세기 요시아 왕

---

[42] G. E. Mendenhall, "Covenant Form," 56, n.19; 61도 참조.

[43] M. Weinfeld, *Deuteronomy*, 67.

[44] Ibid., 68-69.

[45] D. J. McCarthy, *Treaty and Covenant*, 122; 맥카티는 기원전 첫 천 년대의 조약들 (앗시리아)이나 둘째 천 년대의 조약들 (힛타이트) 사이에 형식상의 일치점이 있다고 주장한다. 심지어 삼천 년대의 조약들까지 이 일치점은 발견된다고 주장하여 구약의 언약 형식이 힛타이트 조약을 모델로 했다는 멘덴홀의 주장을 반박하였다.

[46] M. Weinfeld, *Deuteronomy*, 59-61.

[47] K. A. Kitchen, "The Fall and Rise of Covenant, Law and Treaty," 124-125, 128 이하.

시대의 작품으로 보는 자기들의 비평적 견해와 맞추기 위함이 아니고 무엇일까?

우리는 이상에서 신명기 혹은 신 1:5-3:29 부분의 성격에 대한 두 접근법을 제시했지만, 신명기 자체의 내적 증거나 (신 28:69; 한역 29:1), 힛타이트 종주권 조약과의 유사성 등에 비추어 볼 때 종주권 조약의 견지에서 이해함이 타당하다고 여겨진다. 그렇다고, 라쉬나 폰 라트 등이 지적했던 대로 신명기가 유언 혹은 고별 설교의 성격을 부인하는 것은 아니다. 분명히 여호수아 (수 24장)나 사무엘 (삼상 12장) 등은 고별 설교를 통해 언약을 갱신하였고, 모세의 경우도 그러하기 때문이다. 그렇지만 고별 설교는 지도자의 교체시에 언약을 갱신하는 예배의식의 한 요소일 뿐, 그것이 신명기 전체의 성격을 규정지을 수는 없다.

외적 증거는 앞에서 언급된 대로, 신명기의 구조가 힛타이트 제국이 인근 봉신국들과 맺은 종주권 조약의 형식과 유사하다는 것이며, 내적 증거라 함은 히브리어 성경 28:69에서 "이것들은 여호와께서 모압 땅에서 이스라엘과 맺도록 모세에게 명하신 언약의 말씀들이라"는 진술을 가리킨다. 여기서 "이것들"이란 지시 대명사는 앞에 언급된바 곧 신 1-28장을 지시하고, 따라서 신 28:69은 신명기 전체를 호렙산 언약으로 규정하는 것이다. 그런데 장 구분을 달리하여[48] 신 29:1로 나눈 역본들은 이러한 이해를 흐리

---

[48] 히브리어 성경 (맛소라 사본)은 원래 장, 절 구분이 없었다. 회당 예배시 낭독을 위해 3년 만에 오경 전체를 읽을 수 있도록 오경을 모두 154개 부분들 (세다림)로 나누었던 관례 (이스라엘 거주 유대인들의 경우), 일년에 오경 전체를 다 읽을 수 있도록 53개의 부분들 (파라숏)으로 나누었던 관례 [나중 1개가 더 첨가됨](바빌로니아 유대인들)에서, 구약 전체가 문단들로 구분되었다. 그런데 오늘날 우리가 보는 절 구분은 문단구분 보다 늦어 탈뭇 시대에 되어진 것으로 여겨진다. 장 구분은 영국 캔터베리 대주교 랭톤 (Stephen Langton [1150-1228])의 창안으로 라틴어 성경에 처음 도입되고, 주전 1330년경에 랍비 살로몬 벤 이스마엘 (R. Salomon b. Ismael)이 히브리어 성경에도 도입하였다 (Christian D. Ginsburg, *Introduction to the Massoretico-Critical Edition of the Hebrew Bible* [New York: Ktav, 1966], 25-107 참조). 문제는 여기서처럼 현재 우리가 보는 히브리어 성경의 장구분과 한역 (혹은 영역)의 장 구분이 일치하지 않는 경우들이 있다는 점이다. 이는 히브리어 성경에 표시된 원래 문단 구분과 후대에 도입된 기독교 '장' 표시가 서로 맞지 않을 경우, 히브리어 성경 (70인역 LXX도)의 원래 문단 구분을 존중하면서 야기되었다고 여겨진다 (Jordan S. Penkower, "The Chapter Divisions in the 1525 Rabbinic Bible," *VT* 48/3 [1998], 349-374 참조).

게 한다. 물론 지시대명사 "이것들" (엘레)은 전술한 바를 지시할 수도 있고 (삼하 23:22), 후술될 바를 지시할 수도 있지만 (창 6:9), 문맥적으로 보건대 전술한 바를 지시한다고 파악함이 자연스럽다. 히브리어 성경구분이나 신 예루살렘 성경 (NJB)의 번역이 이런 관점을 제시해 준다.

그런데 발쳐는 "이것들"이 후술하는 바를 지시한다고 하면서 신 29-30장에 언약 요소들을 발견할 수 있다고 지적하였다.[49] 곧 역사 서언 (Vorgeschichte, 29:1-7), 기본 조항 (29:8 이하, 12, 17), 축복과 저주 양식 (30:16-18), 증인 (30:19) 등. M. 클라인 역시 후술할 바를 지시한다고 취하면서 한역 신 29:1절과 2절의 관계는 마치 4:45절과 5:1의 그것과 동일하다고 지적한다.[50] 발쳐의 지적은 그럴 듯하지만, 클라인이 지적한대로 29:1-29은 차라리 종주권 조약에서 볼 수 있는 "충성의 서약" 부분에 해당된다. 충성의 서약을 요청하면서 과거 쌍방간의 관계를 회상하고 (역사 서언), 축복과 저주, 증인 등을 언급하나 발쳐가 지적한 기본 조항은 (신 29:9 이하, 12, 17) 언약 조항이라기보다, 충성의 맹세에 대한 언급이다. 신 29:9에서 "이 언약의 말씀들(을 지켜 행하라)" 하는 말씀은 신 29-30장에서 그 내용을 찾아 볼 수 없고 오히려 5-26장의 내용을 지시하는 것이다.

그렇다면 이스라엘이 가나안 땅을 진입하기 직전, 모압 들에서 맺었던 언약은 호렙산의 언약과 어떤 연관이 있을까? 신 29:1 (히 28:69)은 호렙산 언약과 모압들 언약을 나란히 제시하고 있다. 성경에 언급된 하나님과의 언약은 시대를 따라 변천하는 면도 있으나 거룩한 하나님께서 시대와 달라진 환경에 처한 다른 언약 당사자들에게 주시는 언약으로 본질상 통일성을 견지한다.[51] 이런 통일성은 언약의 주체이신 하나님의 불변성 때문에 유지

---

[49] K. Baltzer, *Das Bundesformular*, 44.

[50] "Deuteronomy," 195.

[51] 언약 갱신에서 가변적 요소와 불변적 요소를 볼 수 있다. 폰 라트는 신명기를 출애굽기에 포함된 "언약서"와 비교해 보면 신명기의 가장 주요한 특징은 야웨께서 선택하시는 장소에 예배를 중앙 단일화시키는 규정이라 지적했다 (*Deuteronomy*, 16). 그러나 신명기에서 이런 성소 중앙 단일화 요청은 그 당대에 혁명적인 발상이었으므로 신명기에 수록된 많은 법규들에는 아직 반영되지 못했고 오직 여섯 부분들에서만 그 사고가 반영되고 있다고 했다. 그 여섯 부분들이란 제단법 (12장), 십일조법 (14:22-29), 초태생법 (15:19-23), 절기법 (16:1-17), 예루살렘에 설치된 법정에 관한 법 (17:8-13), 제사장에 관한 법 (18:1-8) 등이며, 여기에 도피성에 관한 법 (19:1-13)도 첨가될 수 있다고 한다. 그런데 이런 여섯 부분에서 느껴지는 언약서와의 차이는 사실상 언약 갱신의 가

될 수 있다. 그러나 달라진 환경과 시대, 달라진 언약당사자 (이스라엘) 때문에 언약의 내용은 점차 확대되고 갱신된다. 요컨대 모압들의 언약은 호렙에서 맺은 언약의 갱신이었다. 모압들 언약은 모세의 설교라는 형식으로 제시되고 있으나 어디까지나 언약서의 성격을 지니고 있는 것이다.

4. 신 4장의 성격

신명기를 내적인 증거 (신 29:1)나 힛타이트 족속의 종주권 조약과의 유사성에 비추어 언약서로 이해되어야 마땅하다면, 신 4장은 종주권 조약의 어느 구성 요소에 해당되는 것인가? 이러한 질문은, 신명기를 언약서로 이해하는 학자들 간에 저마다 이 부분에 대한 이해가 다르기 때문에 당연히 제기되어야 한다. 앞에서 본대로 M. 클라인이나 R. K. 해리슨은[52] 신 1:6-4:49이 역사 서언이라 보지만, G. J. 벤함, K. A. 키친 등은 신 1:6-3:29 부분만이 역사 서언이요, 4장은 언약 조항에 해당된다고 이해한다. 어느 견해가 합당한 것인가? 이를 결정하기 위해서는 신 4장의 내용과 종주권 조약의 "역사 서언" 부분을 비교해 봄이 필요할 것이다.

신명기 4장의 요점은 이제 제시될 규례와 법도를 지키라는 권면이다. 이런 권면은 1:6-3:29에 나타난 언약 주체 쌍방간의 이전 관계 묘사에서 나타나지 않는 직접적 권면 설교이다. 한편 힛타이트 제국의 무르실리스 대왕과 그의 봉신 아무루의 둡피-텟숩 사이에 체결된 종주권 조약에서 역사 서언 부분은 다음과 같다:

변적 요소라 할 수 있고, 나머지는 불변 요소라 할 수 있다. 한편 송제근, 「시내산 언약과 모압 언약: 출애굽기 19-24장과 신명기 5-28장 연구」 (서울: 솔로몬, 1998), 193은 모압 언약에서 "불변적 요소는 현재/ 모압에서, 모세에 의해서 주어진 언약적인 규범 (신 5-26장)과 언약관계의 정의 (26:17-19)이다." 그러나 "가변적 요소는 미래/ 가나안에서, 여호수아의 영도 하에 장로들과 제사장들에 의해서 이행될 것이고 그 내용은 언약 체결 제사이다. 이 변화적 요소는 언약의 갱신이 필요할 때마다 반복될 수 있었다" 라고 한다. 그렇지만 이런 구분은 시내산 언약 갱신으로서의 모압들 언약의 불변 혹은 가변 요소가 아니다. 그는 이 부분에서 언약 "갱신"을 오해하고 있는 듯 하다. 여호수아 영도하의 이스라엘이 가나안 땅에 진입하여 가질 그 언약 체결 의식은 사실 시내산 언약의 갱신인 모압들 언약의 최종 확정이지 모압들 언약의 갱신이 아니다.

[52] R. K. Harrison, "Dueteronomy," 202.

아자라스는 너, 둡피-텟숩의 증조부였느니라. 그가 내 부친을 반역하였으나 곧 다시 내 부친께 굴복하였었노라. 누핫시 땅의 왕들과 킨자의 왕들이 내 부친을 반역하였을 때, 아지라스는 그에 가담치 아니하였었노라. 그가 조약을 충실히 지켰느니라. 내 부친이 원수들과 싸울 때 아지라스도 같이 싸웠노라. 아지라스는 내 부친에게 충성을 다하여 내 부친의 진노를 격발시키지 아니하였었노라. 내 부친 역시 아지라스와 그 땅에 신의를 지켰노라 . . . 네 부친이 죽었을 때, 네 부친의 말대로 나는 너를 탈락시키지 아니하였노라. 네 부친이 네 이름을 크게 칭찬하며 언급했으므로 나는 너를 후원했노라. 사실로 말해 너는 병약하였으나 나 태양 (신)은 너를 네 부친의 자리에 앉히고 네 형제들과 자매들과 아무루 땅을 맹세로써 네게 주었노라.[53]

이 "역사 서언" 부분에서 우리는 충성을 요청하는 권면의 설교는 듣지 못한다. 그런데 문제는 그 다음에 나오는 부분이 "역사 서언"인지 아니면 "조약 규정"인지 확실치 않다는 점이다. 번역자 (Albrecht Goetze)는 이 부분의 제목을 "두 나라 사이의 장래관계"라 붙여 놓았다.

나 태양(신)이 네 부친의 말대로 너를 후원하여 너를 네 부친의 자리에 앉혔을 때, 나는 핫티 땅의 왕을 위하여 그리고 핫티 땅과 내 아들 딸들을 위하여 맹세로써 너를 세웠노라. 따라서 그 왕과 왕의 친족들에게 충성의 맹세를 존중할지라. 나 대왕도 너 둡피-텟숩에게 신실할 것이라. 네가 아내를 취하여 후계자를 낳으면 그가 아무루 땅에서 마찬가지로 왕이 될 것이라. 내가 네게 신실한 것과 같이 네 아들에게도 나는 신실할 것이라. 그러나 너 둡피-텟숩은 핫티 땅의 왕과 핫티 땅과 내 아들 딸들에게 영원히 충성할지어다. 네 증조부와 네 부친에게 부과된 그 공물 (정금 300세겔)을 너도 똑같이 바칠지어다. 네 두 눈으로 타인을 향하지 말지어다! 네 조상들은 애굽에게도 공물을 바쳤으나 너는 [그리하지 말지어다].[54]

이 부분은 분명히 "역사 서언"에 나타난 요소들과 공통 요소들을 지니고 있으며, "역사 서언"에 근거하여 충성을 요청하고 있다. 따라서 "역사 서

---

53 *ANET*, 203-204.
54 *ANET*, 203-204.

언"의 결론이라 할 수 있다.[55] 이 부분 다음에는 "군사 조항"이 제시되며, 이 "군사 조항"은 분명하게 조약 조항에 해당된다. 따라서 이 "장래 관계" 부분이 신 4장과 성격상 같은지 여부가 문제 해답의 관건이다.

다시 신 4장으로 눈을 돌리면 신 4장이 "역사 서언"의 결론적 권면이라 이해하는 이들의 주장도 종주권 조약의 "장래 관계" 부분이 신 4장에 해당된다고 본다면 일리가 있다. 그런데 신 4장과 신 1:5-3:29 사이에는 종주권 조약의 역사 서언과 "장래 관계" 부분 사이에 존재하는 그런 공통 요소가 없다. 즉, "역사 서언"은 어디까지나 "과거 여정"의 묘사라면 신 4장은 어디까지나 "권면"이다. 이런 사실은 신 1:5-3:29에는 직설법이 사용된 반면, 신 4장에서는 설교자인 모세가 청중 이스라엘에 직접 권고하는 2인칭 명령형이 처음부터 나타나 권고체라는 점을 명시해준다. 예컨대, 들으라 (*쉐마*, 4:1), 삼가라 (*히쇼메르*, 4:9), 지키라 (*쉐모르*, 4:9), 삼가라 (*히쇼므루*, 4:23), 문의하라 (*쉐알*, 4:32) 등이 그러하다. 이러한 명령형은 언약 조항 부분인 5-11장 부분에서 전형적으로 나타난다. 예컨대, 들으라 (*쉐마*, 5:1, 6:4, 9:1), 조심하라 (*히쇼메르*, 6:12, 8:11), 기억하라 (*제코르*, 9:7), 삼가라 (*히쇼므루*, 11:16) 등이 그러하다.

그렇다면 신 4장은 "언약 조항"에 해당되는 것인가? 동사의 문법적 형태만 놓고 본다면 적어도 그러하다. 즉 신 4장에서 언약 조항 부분인 5-11장의 어형과 동일한 청중에게 직접 권고하는 명령형이 나타난다.[56] 그런데 한 가지 주목할 사항은 신 4:1의 초두에 신 1:5-3:29의 논리적 결론을 유도하는 부사 (*베앗타*)가 위치한다는 점이다. 이 시간 표시 부사는 "(베)힌네"와

---

[55] 숩필룰리우마스와 아무루의 왕 아지라스 사이의 조약에서도 이 점은 확인된다 (*ANET*, 529). "역사 서언" 부분을 보면 "만일 너 [아지라스가 네 주인 핫티 땅의 왕을 보호한다면] 너의 주인인 핫티 땅의 왕이 [너를 동일한 방식으로 보호할 것이다]. 장차 [너, 아지라스는 핫티 땅의 왕]과 핫티 땅[과 내 아들들과 내 손자들을] 보호하라. 300 [세겔의 정금], 최고급 순전한 것을 매년 핫티 땅의 왕에게 공물로 바치라. . . [그리고 너 아지]라스는 매년 핫티 땅으로 태양(신)에게 올지니라 . . ."고 규정한다.

[56] 그런데 맥카티 (D. J. McCarthy)는 신 4:44-26:19, 28장 등을 "원 신명기"(Ur-Deuteronomium)라 부르고, 이 부분에서 조약 요소들을 다음과 같이 분석한다: 서론 (4:44-49), 역사 서언 (5-11장), 언약 조항들 (12:1-26:15), 소환과 서약 (26:16-19), 축복과 저주 (28:1-69) 등. 이러한 분석은 우리가 언약 조항(그 중에서도 일반적 조항들)에 해당되는 부분 (5-11장)을 "역사 서언"으로 처리하고 있다.

는 달리 직접 화법에서만 등장하고 앞에서 다룬 주제나 사건에서 현재 행동에 관한 결론을 도출할 때, 혹은 진술된 바의 결론을 유도할 때 사용된다.[57]

이러한 점은 신 4장 성격 규명에 결정적인 근거가 되므로, (베)앗타의 용례를 좀더 고려해 본다. 앞에서 언급한대로 이 표현은 직접 화법에서만 사용되는 데, 창 3:22, 4:11, 11:6, 12:19 (힌네와 같이 사용됨),[58] 20:7, 21:23, 24:49, 27:3, 8, 43, 31:16, 44 등 (이하 생략)에서 볼 수 있고, 신명기에서는 4:1, 5:25, 10:12, 10:22,[59] 26:10,[60] 31:19 등에서 나타난다. 이런 예들에서 "(베)앗타" 앞에 제시된 바의 귀결을 유도한다. 이러한 고찰은 신 4:1이 전술된 "역사 서언" (신 1:5-3:29)의 귀결을 유도한다는 사실을 말해준다. 그리고 신 4:1-40은 한 단위를 구성하고, 신 4:41은 소위 x-Yiqtol (x-미완료상 동사) 구문으로[61] 40절과 다른 주제를 도입하고 있다. 그런데 신 4:41-43

---

[57] Alviero Niccacci, *The Syntax of the Verb in Classical Hebrew Prose* (Sheffield: JSOT Press, 1990), 101, §73. L. Koehler and W. Baumgartner, *The Hebrew & Aramaic Lexicon of the Old Testament*[3] (Brill: Leiden, 2000) 는 이 부사가 접속사 바브와 같이 등장할 때 (베앗타) 종종 새로운 주제나 부분을 도입하여 "그런데 이제" (and now)를 의미한다고 제시한다. 전술한 바의 결론을 도출한다는 언급은 없다. 이러한 사전적 정의는 문—맥을 고려해 보면 상당히 부족한 정의이다.

[58] *(베)힌네*는 *(베)앗타*와 달리 직접화법(discourse)만 아니라 내러티브에서도 나타나며, 본문이 제시하는 커뮤니케이션의 현재적 견지에 직접 연관이 되는 과거나 현재 사건 혹은 정황을 도입하는 역할을 한다 (Alviero Niccacci, *The Syntax*, 100, §70). 다시 말하면 내러티브나 강화의 현재 시점과 아주 긴밀한 연관이 있는 과거나 현재 사건 혹은 정황을 도입하는 것이다. 만약 "힌네"가 없다면, 언급되는 사건은 현재 순간의 커뮤니케이션과 직접 연관이 없는 것이 된다 (Alviero Niccacci, *The Syntax*, 96-100에서 여러 예증들 참조). 때로 *(베)앗타*는 *(베)힌네*와 같이 사용되어 *(베)앗타*로 표현된 사건의 결과를 도입하기도 한다 (창 27:6-8, 삼상 8:5 등 참조).

[59] 이 경우는 과거와 대조하여 "이제"를 강조한다.

[60] 힌네와 같이 나타난다: *베앗타 힌네* --"이제 내가 주께서 . . ."란 한역은 밋밋하다. 그 맛을 살려서 "그런 까닭에 (혹은 그러므로) 이제 내가 . . ."(NJB, NAB 참조)로 해야 한다.

[61] 히, 아즈 얍딜 (그 때에 그가 구분하였다). 미완료상이지만 "그 때에"라는 과거 지시사가 위치하여 "완료된" 동작을 제시하공 있다. 시간 표시 부사 "아즈"는 출 15:1, 민 21:17, 왕상 8:1, 왕하 12:18, 16:5 등에서처럼 역사 기술 내러티브에서 미완료 시상과 같이 사용되어 과거 사건을 기술한다. 그런데 이 문장은 "동사" 아닌 문법 요소가(x) 초두에 위치하므로 명사절에 해당되어 다른 단락의 서론을

은 도피성 할당에 대한 내용으로 "역사 서언" 해당된다. 그리고 또 한 가지 주목할 바는 신 4:45에서 언약 조항 (stipulations) 부분의 도입을 명기한다는 점이다: "이것들이 모세가 이스라엘 자손에게 선포한 증거들, 규례들, 법도들이다."

한편 멘덴홀은 힛타이트 종주권 조약의 조약 규정들 (stipulations)의 항목들을 열거하면서 1) 힛타이트 제국 아닌 다른 이방 나라와의 관계를 금지 2) 대왕의 주권 하에 있는 다른 봉신국들과의 적대관계 금지 3) 군사 요청을 거절하지 말 것 4) 봉신은 대왕을 온전히 신뢰할 것; 대왕에 대하여 악한 말을 금함[62] 5) 도피자에게 피난처를 제공하지 말라 6) 일년 일차 대왕 앞에 나타날 것 7) 봉신국들 사이의 분쟁은 대왕에게 판단을 요청할 것 등 일곱 가지로 분석했다. 그의 분석을 참조한다면, "장래 관계" 규정은 "조약 조항들"이 아니라 "역사 서언"의 일부로 보아야 할 것이다.

한편 신 4:45-49은 5-26장에 제시되는 언약 조항들의 서론이라 이해할 수 있고, 신 4:41-43은 "역사 서언"의 마지막 부분이며, 신 4:44은 신 1:5와 함께 "역사 서언" 부분을 둘러싸는 그 결구이다. 그런데 폰 라트는 신 4:44-49 부분을 주석하면서 이 부분은 "모세가 이스라엘에게 선포한 토라를 도입하는 두 표제들로 구성되었는데 (44절과 45-49절), 구문의 견지에서 말하자면, 그것은 괴물 (monstrosity)과 같다" 고 했다.[63] 그가 말하는 괴물 같은 구문은 도대체 어떤 것인가? 신 4:44-45의 구문은 모두 유사한 구조를 지닌 명사절이다.

44절: 베조트 핫토라   아쉐르 삼 모세 리프네 베네 이스라엘
45절: 엘레 하에도트 베하훅킴 베함미쉬파팀 아쉐르 딥베르 모세 엘-베네 이스라엘 베체탐 밈미츠라임

44절에 나오는 "이는 그 법이라"는 표현은 구약에서 레 14:54, 민 19:14,

유도하고 있다. 명사절은 전통적 문법에서 동사가 없는 문장이나 텍스트 언어학에서는 문장 초두에 동사가 위치하지 않는 문장은 모두 명사절로 처리한다. 명사절은 동작의 진전, 곧 사건 기술 전개가 아니라 기술된 사건의 배경이나 설명을 제시하거나 아니면 어떤 기술(내러티브)의 시작에 사용된다.

[62] 이런 조약에 비추어 보면, 광야에서 이스라엘이 내 뱉은 수많은 원망과 불평들은 (출 15:24, 16:2, 17:3, 민 11:1, 14:2, 16:41, 21:5 등) 언약 관계에서 종주 대왕에게 절대 허용될 수 없는 악행이었다.

[63] von Rad, Deuteronomy, 55.

신 4:44 등 세 번 나타난다.[64] 반면 "이 법" (핫토라 핫조트)은 민 5:30, 신 1:5, 4:8, 17:18, 19, 27:3, 8, 26, 28:58, 61, 29:28, 31:9, 11, 12, 24, 32:46 등에서 나타난다. 그런데 신명기 내에서 법 용어들이 위치하는 구절들에서 전략적 기능을 한다는 것이 지적되어 왔다.[65] 예컨대, "규례와 법도' (하훅킴 베함미쉬파팀)란 표현은 레 26:46, 신 4:1, 45, 5:1, 31, 6:1, 20, 7:11, 11:32, 12:1, 26:16 등에서 나타나는데, 5:1과 11:32, 12:1, 26:16 등에서는 구조 지시 표시 (structural signal marker) 역할을 한다. 즉 5:1은 "일반적 언약 조항들" (basic stipulations)의 시작, 11:32에서는 그 끝을 알린다면, 12:1에서는 "구체적인 언약 조항들" (detailed stipulations)의 시작을, 26:16에서는 그 끝을 알린다. 한편 신 1:5과 4:44에서 사용된 "토라" 라는 법 용어 역시 이런 구조 지시표시로서 기능을 감당한다는 주장이 있다. 곧, 1:5-4:44의 "역사 서언" 부분을 도입하고 마무리 짓는다.[66] 그렇지만 우리는 1:5이 신명기 전체의 성격을 설명하는 한 삽입구적 문장이라 본다.

이러한 이유들 때문에 우리는 "역사 서언" 부분은 신 1:6-4:44이라 결론을 짓는다. 이 역사 서언 부분에서 신 4:1-44은 그 결론적 권면을 구성하는 것이다. 이러한 우리의 판단은 4장을 "언약 조항" (stipulations)으로 이해하는 G. J. 벤함, K. A. 키친 등의 분석과 다르고, "역사 서언"의 일부로 이해하는 M. 클라인, R. K. 해리슨 등의 분석과 일치하나 다만 이들은 4:1-44만이 아니라, 4:1-49까지를 모두 "역사 서언"에 포함시킨다.

5. 결 론

신명기서는 모세의 고별 설교 형식을 통해 모압 들판에서 이루어진 시내산 언약의 갱신을 기록한 언약 문서이며, 이 언약서는 A 전문 (1:1-5) B 역사 서언 (1:6-4:44) C 일반 언약 조항들 (basic stipulations; 4:45-11장)과 구체적인 언약 조항들 (specific stipulations; 12-26장) D 상벌 규정 (신 28

---

[64] 정관사가 없이 "이는 법이라"는 표현은 레위기나 민수기에서 개개 법을 도입할 때 자주 나타난다 (레 6:2, 7, 18, 7:1, 11, 37, 11:46, 12:7, 13:59, 14:2, 32, 54, 57, 15:32, 민 5:29, 6:13, 19:14 등).

[65] 송제근, 「시내산 언약과 모압언약」, 196, n.15 참조.

[66] Ibid., 198-199 참조.

장) 등의 부분들로 구성되었다. 비록 모압들 언약이 모압 들판에서 갱신되었으나 그 최종 확정은 신 27장이 지시하는 대로 여호수아 장군의 지도 하에 가나안 약속의 땅에 들어갔을 때 이루어질 수 있었다. 이렇게 언약서라는 관점에서 볼 때, 신 1:6-3:29은 "역사 서언" 부분에 해당되며, 논란이 되는 신 4:1-44은 "역사 서언"에 근거하여 도출된 그 결론적 권면에 해당되므로 역시 "역사 서언"의 일부를 구성한다.

톨레도트와 창세기의 구조

황 성 일 *

1. 서 론
2. 톨레도트의 형태별 분석
3. 창세기 구조

1. 서 론

톨레도트(תּוֹלְדוֹת)는 구약 성경에서 모두 39회 사용된다. 톨레도트는 동사 יָלַד '낳다'의 히필 형에 접두어 ת를 붙여서 만든 명사다.[1] 이 단어의 유래가 명확함에도 불구하고 이 단어의 정확한 의미를 찾는 것이 어려우며, 실제로 이 단어는 문맥에 따라 다양하게 번역된다. LXX는 이 단어를 많은 경우에 *γένεσις*로 번역하나, 다른 곳에서는 *γενεά* (창 25:13), *συγγένεια* (출 6:16, 19; 민 1:20, 22, 24, 26, 28, 30, 32, 34, 36, 38, 40, 42)로 번역하기도 한다. 한글 개역 성경은 번역이 지나치게 다양하여서, 그 일관성을 찾기가 힘들다: '大略' (창 2:4; 36:1, 9), '자손의 系譜' (창 5:1,

---

* 광신대학교 교수, 구약학(Ph.D.)

[1] 이와 같이 ת를 접두어로 하는 동사적 명사 형태는 약동사에서 흔히 발견된다. 예/ תּוֹכֵחָה '형벌', תּוֹצָאוֹת '출구', תַּרְדֵּמָה '깊은 잠'. 참고, E. Kautzsch, *Gesenius' Hebrew Grammar* (Oxford: Clarendon, 1980) 237.

여기서는 סֵפֶר תּוֹלְדֹת), '事蹟' (창 6:9), '後裔' (창 10:1; 11:10, 27; 25:12, 19), '世系' (창 10:32; 룻 4:18; 대상 1:29; 26:31), '世代' (창 25:13), '略傳' (창 37:2), '年齒' (출 6:16, 19; 28:10), '낳은 자' (민 3:1), '譜系' (대상 5:7; 7:4, 9; 9:9), '代代' (대상 7:2; 8:28; 9:34). 이 단어가 같은 구조 안에서 12번 사용된 민수기 1장에서는 이 단어를 12번 모두 "~에게서 난 자"이라고 번역한다.

이 단어가 사용되는 구문을 몇 가지로 구분할 수 있다:
① ~ אֵלֶּה תּוֹלְדֹות (창 2:4; 6:9; 10:1; 11:10, 27; 25:12, 19; 36:1, 9; 37:2; 민 3:1; 룻 4:18; 대상 1:29)
② ~ זֶה סֵפֶר תּוֹלְדֹת (창 5:1)
③ לְתוֹלְדֹתָם ~ (창 10:32; 25:13; 출 6:16, 19; 대상 5:7; 7:2, 4, 9; 8:28; 9:9, 34; 26:31)
④ כְּתוֹלְדֹתָם ~ (출 28:10)
⑤ תּוֹלְדֹתָם (민 1:20, 22, 24, 26, 28, 30, 32, 34, 36, 38, 40, 42)

위의 다섯 가지 중 ②는 보다 일반적인 형태인 ①의 변형으로 여겨질 수 있다.[2] ③, ④ 그리고 ⑤는 창세기의 구조와 특별한 관계를 갖지 않는다. ③과 ④는 각각 전치사와 연결됨으로써 부사구로 사용된다. ⑤에서 톨레도트는 단순히 후손들(descendants)의 의미로 사용된다. 하지만 these 혹은 this와 연결되는 ①과 ②는 이 단어의 문자적인 의미를 넘어서서 창세기의 구조를 형성하는 문학적 도구로서 사용되고 있다고 주장되어 왔다. 그러므로 여기서 논의될 형태는 제목으로서 사용된 톨레도트 즉 ①과 ②이며, 여기에는 모두 열 네 번의 톨레도트가 포함된다. 그 중에서도 특별히 창세기에서 사용된 11번의 톨레도트가 창세기의 구조와 어떤 관계를 갖는가 하는

---

[2] Carr는 창 5:1의 toledot scroll이 toledot의 본래 형태를 나타낸다고 본다. 즉 5:1의 toledot scroll이라는 표현이 창세기의 다른 모든 toledot들 앞에 위치함으로써 그 toledot들은 어떤 toledot scroll의 부분들임을 암시한다고 주장한다. David Carr, "Βίβλος γενέσεως Revisited," *ZAW* 110 (1998) 169. 이러한 견해는 Cross에게서 이미 나타난다: "제사장적 공식 (Priestly formula)은 고대 문서 seper toledot ādam에서 이차적으로 유래했다." Frank M. Cross, *Canaanite Myth and Hebrew Epic* (Cambridge, Massachusetts: Harvard University, 1997, 1st edition 1973) 301.

점이 이 글에서 다루어질 것이다. 창세기에서 톨레도트가 중요한 역할을 한다는 것은 이 단어의 헬라어 번역인 $\gamma\acute{\epsilon}\nu\epsilon\sigma\iota\varsigma$가 LXX의 창세기 제목이 되었다는 점에서도 암시된다.

2. 톨레도트의 형태별 분석

2.1 용어 정의

학자들은 창세기 안의 열 한 개의 톨레도트들을 흔히 족보와 이야기로 구분하여, 그 중에서 다섯은 이야기(narrative)를 소개하며 (2:4; 6:9; 11:27; 25:19; 37:2), 나머지는 족보와 관련된다고 생각한다 (5:1; 10:1; 11:10; 25:12; 36:1, 9).[3] 하지만 창세기에서 족보를 이야기와 명백하게 구분하는 것은 쉽지 않다. 족보는 흔히 짧은 이야기를 포함하기 때문이다 (예/ 5:29; 10:9-12). 한편, 이야기 안에도 짧은 족보가 포함될 수 있다 (예/ 4:18; 6:10; 35:23-26). 심지어 데라 톨레도트 (11:27-32)의 원래 형태가 족보인지, 아니면 이야기인지 쉽게 결정할 수 없다.[4] 족보에도 두 가지 유형이 있다. 어떤 족보는 한 사람의 아들을 한 명씩만 소개하는 반면, 다른 족보는 각 사람에 관하여 여러 아들들의 이름을 나열한다. 전자를 단선형 족보(linear genealogy)라 한다면, 후자는 복선형 족보(segmented genealogy)라 할 수 있다.[5]

그러므로 창세기에서 톨레도트가 어떤 역할을 하는지 보다 명료하게 이해하려면, 족보와 이야기 외에도 목록형 톨레도트를 구분하여 새롭게 정의하는 것이 필요하다. 그 세 가지 형태들은 이 글에서 이렇게 정의된다. 족

---

[3] Gordon J. Wenham, *Genesis 1-15* (WBC 1; Waco, Texas: Word, 1987) xxii; Cross, 302-4, 특별히 304; Robert R. Wilson, "Genealogy, Genealogies," *ABD* 2, 930; Victor P. Hamilton, *Genesis 1-17* (NICOT; Grand Rapids, Michigan: Eerdmans, 1990) 2-3.

[4] 학자들은 흔히 데라의 톨레도트가 11:27-25:11에 해당한다고 생각한다. Cf. Thomas W. Mann, "All the Families of the Earth," *Interpretation* 45 (1991) 345. 그러나 데라의 죽음이 언급되는 11:32에서 데라 톨레도트가 끝난다고 보아야 할 것이다.

[5] Wilson, 930.

보는 한 사람의 자녀들 중에서 한 명의 아들 이름만 소개하며, 적어도 4대 이상 여러 세대를 동일한 형식으로 기록하는 것이다. 이는 위에서 말한 단선형 족보에 해당한다. 목록은 한 사람에 속한 자녀들의 이름이 다수 소개되며, 3 세대 혹은 4 세대 이하로만 제한되는 것이다. 이는 복선형 족보에 해당하지만, 족보가 아니라 목록이라고 칭하는 것이 더 좋다. 왜냐하면, 한 가문의 수직적 계보를 말하고자 함이 아니라, 한 사람 혹은 길어야 3-4 세대(3-4 세대는 같은 시대에 존재할 수 있다)의 가족들의 이름을 수평적으로 나열하는 것이 목록이기 때문이다.[6] 이야기는 이름을 나열하기보다는 사건을 기술하는 것이며, 여기에 목록이 포함될 수 있다. 목록은 후손들을 집단으로 언급하지만, 이야기는 개인의 생애를 기본 틀로 하여 기술된다. 예를 들어, 창19:37-38은 모압과 암몬의 생애를 개별적으로 기록하는 것이 아니라, 그들의 이름을 나열하여 롯의 아들들이라는 하나의 집단으로 묶고 있기 때문에 목록으로 간주될 수 있다.

2.2 제목으로서의 톨레도트

"A의 톨레도트"라고 할 때 흔히 A에 관한 이야기는 톨레도트라는 용어 앞에 놓여진다. 천지 창조 이야기(1:1-2:3)가 있은 후 천지의 톨레도트(2:4)라는 문구가 사용되며, 2:5이하에서는 하늘과 땅의 창조에 관한 이야기가 없다. 아담에 대한 이야기(3-4장)가 있은 뒤에, 아담의 톨레도트라는 문구가 나오고, 그 뒤에는 아담에 관한 이야기가 불과 세 절에 불과하다(5:3-5). 셈과 함과 야벳의 이야기(9:18-27) 역시 '셈과 함과 야벳의 톨레도트'(10:1)라는 문구 앞에 나온다. '이삭의 톨레도트'(25:19)라는 문구 뒤에는 이삭이 아니라, 야곱과 에서의 이야기가 기록되며, '야곱의 톨레도트'라는 문구 뒤에도 야곱이 아니라, 요셉의 이야기가 나온다. 이러한 이유 때문에, 톨레도트가 어떤 인물의 역사에 대한 서문이라고 생각하기 힘들게 된다. 또한 "아담의 톨레도트의 책"(5:1)의 LXX의 번역 "$αὕτη\ ἡ\ βίβλος\ γενέσεως\ ἀνθρώπων$"은 마 1:1 "$Βίβλος\ γενέσεως\ Ἰησοῦ\ Χριστοῦ$"와 동일하다. 마 1:1의 예수의 가문의 기원에 대한 제목이다. 그러므로 창 5:1의 톨레도트도 아담의 후손에 관련되기보다는 아담

---

[6] 셈의 목록(10:21-31)은 예외로서 여섯 세대에 걸쳐 이름들이 나열된다. 셈의 목록은 족보와 혼합된 형태이기 때문이다: 아르박삿 → 셸라 → 에벨.

의 가문의 기원에 관한 책을 뜻할 수 있다. 그렇다면 5:1의 톨레도트가 앞부분의 결구가 될 것이다. 따라서 해리슨은 창세기에서 사용된 11개의 톨레도트라는 용어가 고대 문서의 콜로폰(colophon)과 같은 역할을 하는 것으로서, 항상 앞부분의 결구(結句)가 된다고 주장한다.[7]

그러나 톨레도트가 앞부분의 내용을 가리킨다는 주장은 여러가지 약점들을 갖고 있다. 특히, 톨레도트가 명백하게 뒷부분의 제목으로 사용되었다고 생각할 수 있는 예들이 있다. "노아의 톨레도트"(6:9)는 뒷부분에 나오는 노아 이야기의 제목이라고 보는 것이 가장 적합하다. 만일 노아의 톨레도트가 노아 가문의 기원을 밝히는 5장과 연결된다면, 6:1-8이 왜 삽입되어 있는지 설명하기 힘들다. "셈의 톨레도트"(11:10) 역시 동일한 이유에서 뒷부분(11:10b-26)의 제목이 된다고 보아야 할 것이다. "야곱의 톨레도트"(37:2)가 에서와 관련된 몇 가지 목록들(36:10-43)을 가리키며, "이스마엘의 톨레도트"(25:12)가 아브라함의 생애(11:27b-25:12)를 설명한다고 주장하는 것은 해리슨의 이론이 피하지 못하는 오류다.[8] "야곱의 톨레도트"가 만일 앞부분을 가리킨다면, 그것은 에서에 관한 이야기가 되고, 만일 뒷부분을 가리킨다면 그것은 요셉에 관한 이야기가 된다. 그렇다면 요셉에 관한 이야기가 야곱의 이야기와 뒤섞여 있으므로, "야곱의 톨레도트"는 뒷부분과 연결된다고 간주하는 것이 옳을 것이다.

해리슨이 톨레도트를 결구라고 생각하는 중요한 이유는 "A의 톨레도트"라는 문구 뒤에 A가 아니라 A의 후손들에 대한 이야기가 나온다는 것이다. 그러나 만일 우리가 "A의 톨레도트"라는 문구를 A와 A의 후손에 대한 이야기라고 간주한다면, 적어도 아담, 노아, 노아의 아들들, 셈, 데라, 이스마엘, 이삭, 에서(×2), 야곱이라는 이름이 붙은 10개의 톨레도트들이 무리 없이 모두 뒷부분의 제목이 될 수 있다. 사실상 톨레도트라는 단어의 문자적인 의미("후손")를 생각한다면, "A의 톨레도트"라는 문구가 A의 후손에 대한 이야기를 포함시키는 것이 자연스럽다. 그러므로 톨레도트라는 용어는 뒷부분의 제목으로 사용되었다고 볼 수 있다.

가장 설명하기 어려운 부분은 천지의 톨레도트다(2:4). 로핑크는 창 2:4a

---

[7] Roland K. Harrison, *Introduction to the Old Testament* (Grand Rapids: Eerdmans, 1969) 544. 고대 문서의 마지막에 표시되는 콜로폰에는 그 문서의 소유주의 이름이나, 기록 날자 혹은 문서의 제목이 언급된다.

[8] Duane Garrett, *Rethinking Genesis* (Grand Rapids, Michigan: Baker, 1991) 95f.

의 톨레도트가 맺음 공식(concluding formula)이라고 말한다.[9] 맺음공식으로 보아야 할 이유는 2:4의 '하늘과 땅'이 2:5 이하의 내용보다는 1:1-2:3의 내용과 관계된다는 점이다. 이 경우 '하늘과 땅'은 1:1-2:4을 봉투형으로 만든다. 같은 입장에서, 슈라이너도 2:4a의 톨레도트는 창조의 7일간 만들어진 피조물을 가리킨다고 주장한다.[10]

그러나 2:4이 뒷부분의 제목이라고 볼 수 있는 이유가 있다. 첫째, 만일 '천지의 톨레도트'가 앞부분과 연결된다면, 사용된 신명(神名)의 차이로 인하여, 2:4을 전반부와 후반부로 나누어야 한다. 2:4절에서 사용된 신명은 '여호와 하나님'이며 동일한 이름이 2:5-3:23까지 계속된다. 따라서 2:4a는 1:1-2:3의 결문이고, 2:4b는 2:5-3:24까지의 제목이다. 그렇다면, 2:4b는 부정사 구이므로 뒤 문장과 연결되어야 하지만, 5절은 접속사 ו로 시작하여 2:4b와 구별되는 것이 좋다. 결국 2:4b는 적당한 위치를 발견하지 못한다. 둘째, 다른 곳에서는 (창세기의 열 가지 경우; 민 3:1; 룻 4:18; 대상 1:29) 톨레도트를 뒷부분의 제목으로 간주하는 것이 더 적합하다. 셋째, 〈A의 톨레도트〉라는 표현은 일반적으로 A의 역사 (혹은 생애)와 A의 후손들에 관한 이야기를 담고 있다. 넷째, 2:5-3:24은 하늘과 직접적으로 관련되지 않는다 하더라도, 처음부터 끝까지 땅에서 일어난 일들을 이야기하고 있어서 적어도 '땅'의 톨레도트라고 할 수 있다. 그러므로 창 2:4에서도 톨레도트가 '하늘과 땅'의 창조에 관한 이야기이거나, 하늘과 땅에 포함되는 구성 요소들의 기원에 관한 이야기라기보다는, 오히려 하늘과 땅이 창조된 이후에 어떤 일이 하늘과 땅에서 일어났는가 하는 것에 대한 기록이다.[11]

2.3 족보

족보 형태의 톨레도트로서 단순한 것은 셈의 것이다 (11:10-26). 여기에는 셈에서부터 아브라함까지 열 세대가 순서대로 기록되어 있다. 11:1-9까지의 내용은 셈과 직접적인 관계를 갖지 않으며, 또한 11:27에서는 새로운

---

[9] Norbert Lohfink, *Theology of the Pentateuch* (Minneapolis: Fortress, 1994) 151 n. 38; 비슷하게, Gerhard von Rad, *Genesis* (OTL; London: SCM, 1961) 63.

[10] J. Schreiner, "yālad," *TDOT* VI (1990) 80.

[11] Keil and F. Delitzsch, *The Pentateuch* (Grand Rapids, Michigan: Eerdmans, 1976) 70f.

톨레도트가 시작된다. 또한 11:10-26은 각 사람의 생애를 요약하는데 있어서, 예외 없이 동일한 패턴을 반복하고 있다. 그러므로 셈의 톨레도트가 11:10-26에 해당한다는 것은 쉽게 알 수 있다. 셈의 톨레도트에서 몇가지 특징들을 발견할 수 있다. 첫째 여기서 '톨레도트'라는 용어는 뒷부분 (11:10b-26)의 제목으로 사용된다. 둘째, 이 톨레도트에 기록된 각 사람에 있어서 아들의 이름은 단지 한 명만 소개된다: A, A의 아들 B, B의 아들 C, C의 아들 D, etc. 마지막 사람인 데라만 세 명의 아들이 소개되었다 (아브람, 나홀, 하란). 데라의 아들들을 여러 명 열거하면서, 여기서 족보가 끝난다는 것을 표시한다. 셋째, 동일한 패턴이 반복되고 있다: "A는 x세에 B를 낳았고, B를 낳은 후에 y년을 지내며 자녀를 낳았으며, B는 ∼."

　동일한 형식이 "아담 자손의 계보"에서 발견된다 (5:1-32). "아담 자손의 계보"를 보다 문자적으로 번역하면 "아담의 톨레도트 책"이 된다. 아담의 톨레도트에서 사용된 패턴은 셈의 톨레도트에서 사용된 형식에 수명과 죽음에 관한 언급을 덧붙인 것이다: "A는 x세에 B를 낳았고, B를 낳은 후 y년을 지내며 자녀를 낳았으며, 그가 z세를 향수하고 죽었더라. B는 ∼." 아담에서부터 노아의 아들들까지 열 세대로 구성된 이 톨레도트 가운데서 이 패턴에서 벗어나는 것은 아담, 에녹, 라멕, 그리고 노아다. 그러나 모든 경우에 기본적인 형식은 그대로 지켜지며, 단지 간략한 추가 설명이 더해졌을 뿐이다. 특히 아담의 출생에 관한 설명이 제목에 덧붙여졌다. 여기서도 톨레도트가 뒷부분의 제목으로 사용되었다. 아담에 관한 이야기는 사실상 4장에서부터 시작된다. 그러나 만일 5:1의 톨레도트를 4장의 내용을 요약하는 결구라고 생각한다면, 아담의 톨레도트 안에 가인의 족보가 포함되는 것은 다른 톨레도트들에서 유사한 예를 찾을 수 없다.[12] 신명의 차이도 5:1의 톨레도트를 4장과 연결하기 어렵게 한다. 노아의 아들들 세 명의 이름이 나열되면서, 노아와 그의 아들들에게서 족보가 끝난다는 것을 표시한다.

---

[12] 창4:16-24은 아담의 이름이 빠져 있기 때문에 아담의 족보가 될 수 없다. 모두 7세대로 구성되어 있으나, 마지막의 라멕의 아들들이 복수로 언급되는 것 외에는 각 세대에 한 사람의 이름만 제시되고 있으므로 목록이 아니다. 라멕의 아들들이 복수로 언급되는 것은, 족보의 일반적인 형식에 따라서, 그들의 세대에서 족보가 끝난다는 것을 표시한다. 따라서 가인의 족보는 가인의 시대와 라멕 및 그의 아들들의 시대를 연결시키는 기능을 갖는다.

2.4 목록

"노아의 아들 셈과 함과 야벳의 후예"는 각 사람에게 있어서 여러 아들들의 이름을 소개한다는 점에서 목록이라 칭할 수 있다. 여기서는 처음에 제목이 나타나고 (10:1a), 셈과 함과 야벳 각각에 관하여 3대 혹은 4대에 걸친 후손들의 이름이 열거되어 있으며, 또 그들이 거주한 지역과 나라들이 소개되었다. 그리고 셈과 함과 야벳 각각의 목록은 그것의 내용을 요약하는 결문으로 끝난다 (10:5, 20, 31). 10장의 처음 절과 마지막 절이 각각 제목과 결문의 역할을 하면서 봉투형 구조를 만든다.

유사한 구조가 에서의 두 번째 톨레도트에서 발견된다 (36:9-19): 제목과 설명 ("세일 산에 거한") + 3대에 걸친 에서의 후손들의 이름 목록 (10-14절) + 그 후손들이 형성한 종족의 족장들의 목록 (15-18절) + 그 두 목록을 요약하는 결문 (19절). 족장들의 목록은 셈과 함과 야벳의 톨레도트를 끝내는 요소인 거주 지역과 나라들의 목록에 해당할 것이다.

목록형 톨레도트는 독립적으로 존재하기보다는 이야기형 톨레도트의 한 부분이 된다. 그러므로 반드시 이야기형 톨레도트의 뒤에 연결된다. 이와 유사하게, 톨레도트라는 제목이 붙여지지 않는 목록들도 모두 어떤 이야기의 한 부분으로 소개된다 (창 22:20-24; 25:1-4; 35:22b-26; 46:8-27).

2.5 이야기

이름을 나열하기보다는, 삶의 과정을 이야기하는 것이 이야기 형 톨레도트이다. 데라에 관하여 가장 단순한 이야기 형 톨레도트가 기록되어 있다 (11:27-32): 제목 ("데라의 톨레도트," 27a절) + 데라의 후손들 (27b-30절) + 데라의 여정 (31절) + 데라의 죽음 (32절). 데라의 톨레도트가 아브라함의 죽음에 관한 이야기인 25:11까지를 포함한다고 생각할 근거는 없다. 왜냐하면, 다른 이야기형 톨레도트들이 당사자의 죽음에 관한 언급으로 끝나기 때문이다 (노아, 이스마엘, 그리고 이삭의 톨레도트).

이야기형 구조를 지닌 다른 톨레도트들이 있다. 노아 톨레도트 (6:9-9:29): 제목과 설명 (6:9) + 아들들의 이름 목록 (6:10) + 노아의 여정 (6:11-9:27) + 노아의 죽음 (9:28-29).

이스마엘의 톨레도트 (25:12-18): 제목과 설명 (12절) + 이스마엘의 아들들의 목록 (13-16절) + 이스마엘의 죽음 (17-18절).

이삭의 톨레도트 (25:19-35:29): 제목과 설명 (25:19) + 이삭의 아들들 소개 (25:20-34) + 이삭의 여정 (26:1-33) + 이삭의 아들들의 이야기 (26:34-35:27) + 이삭의 죽음 (35:28-29).

야곱의 톨레도트 (37:1-50:14): 제목과 설명 (37:1-2a) + 야곱의 아들들 이야기 (37:3-49:28) + 야곱의 여정 (46:1-47:12) + 요셉 이야기 (47:13-26) + 야곱의 죽음 (47:27-50:14). 창세기의 마지막 부분(50:15-26)을 야곱의 톨레도트 안에 포함시키기 힘든 이유는 야곱의 죽음이 기록된 다음에 위치하면서, 또한 요셉의 죽음이 기록되어 있기 때문이다.

이와 같은 이야기 형식 톨레도트들의 공통점은 제목을 앞에 두고, 본론을 기록한 다음, 자신의 죽음에 대한 기록으로 끝난다는 것이다. 제목('A의 톨레도트')에는 흔히 A의 출생이나 거주지역 혹은 어떤 특성에 관한 설명이 붙는다. 이 특징은 족보형과 목록형 톨레도트에서도 나타날 수 있다 (아담 톨레도트와 에서의 두 번째 톨레도트). 'A의 톨레도트'의 본론은 A에 관한 이야기다. A의 이야기는 A의 자녀들에 대한 이야기와 A의 여정으로 구성된다. 짧은 톨레도트에서는 자녀들의 이야기가 단지 자녀들의 이름 목록을 제시하는 것으로 대체된다. A의 톨레도트에서 A의 자녀들에 대한 이야기를 하는 것은 전혀 이상하지 않다. 톨레도트의 저자는 A의 자녀들의 이야기와 A 본인의 이야기를 구분하지 않는다. 사실상 자녀들의 이야기는 본인 이야기의 일부이기 때문이다. A의 톨레도트는 A의 생애 속에서 중요한 일들을 이야기하는 것이며, 그 중요한 일들이란, 대부분의 경우에 있어서 자녀들의 일들이다. A가 살아 있는 한, A의 아들(B)의 이야기는 A의 이야기의 일부를 구성하며, B 자신의 이야기로 존재하지 않는다. 단지 A의 죽음이 기록된 후부터는 B의 이야기가 B의 톨레도트로 기록된다. 다시 이 B 톨레도트의 주요 내용은 B의 자녀들의 이야기로 채워진다. 그러므로 A의 톨레도트라는 제목이 붙여진 이야기 형 톨레도트에서 다루는 내용은 A의 이야기이며, 여기에는 A의 후손에 관한 이야기도 A의 이야기의 일부로서 포함될 수 있다.

크로스는 "그 공식[PN의 톨레도트]은 일반적으로, 톨레도트 문서의 원래 용도에 해당되는, 세대별로 구분된 PN의 후손들을 뜻하거나, 혹은, 족보가 없는 곳에서는, PN의 후손들에 관한 이야기들을 이끈다"고 말한다.[13] 그러

---

[13] Cross, 302.

나 이와 같은 주장은 쉽게 받아들이기 힘들다. 이삭의 톨레도트를 예를 들어보자. 사실상 이삭의 톨레도트(25:19-35:29)는 이삭의 아들들에 관한 이야기가 대부분을 차지하고 있다. 하지만 이삭의 이야기를 하려할 때, 그의 자녀들에 대한 이야기를 빼놓을 수 없다. 그러한 점에서 톨레도트라는 단어가 동사 יָלַד에서 유래하였으며, 문자적으로 '후손들'이라는 의미를 갖는 것이 자연스럽다. 한편 야곱과 에서에 관한 이야기라 할지라도, 그것이 이삭의 생애 중에 일어난 일이라면, 이삭의 이야기이기도 하다. 만일 이삭의 사후에 야곱과 에서에게 일어난 일이라면, 그것은 야곱과 에서 각 사람의 톨레도트에 해당할 것이다. 더욱이 이삭 본인에 관한 이야기가 이삭 톨레도트 안에 포함되어 있다(26장).

　에서의 톨레도트는 에서의 죽음이 기록되지 않는다는 점에서 예외로 간주할 수 있다. 에서의 톨레도트 (36:1-8): 제목 (1절) + 에서의 자손들의 목록 (2-5절) + 에서의 여정 (6-8절). 에서 자손들의 목록이 기록된 에서의 또 다른 톨레도트가 이어지기 때문에, 그의 기록이 완전히 끝나는 신호가 되는 죽음 기사가 생략되었을 것으로 여겨진다.

　"하늘과 땅의 톨레도트" 역시 이야기형이므로, 같은 형태의 다른 톨레도트들과 동일한 형식을 갖는다고 가정해볼 수 있다: 제목(A의 톨레도트)과 설명 + A의 자녀 이야기 + A의 여정 + A의 죽음. A에 해당하는 것은 하늘과 땅(הַשָּׁמַיִם וְהָאָרֶץ)이다. 천지의 톨레도트(2:4-3:24)는 사람이 아니라 자연세계에 관련되어 있다. 제목이 "천지의 톨레도트"이므로, 이 제목에는 "천지"의 출생에 관한 설명이 첨부되어 있다(2:4b). 그리고 그 뒤에 천지의 한 부분인 땅(אֲדָמָה)에 관한 이야기가 이어진다. 그러므로 제목은 "천지의 톨레도트"이지만, 내용면으로는 "땅의 톨레도트"이다. 그렇기 때문에 2:4b에서 '하늘과 땅'의 순서가 바뀌어 '땅과 하늘'이 되었을 수도 있다. 그리고 사람이 "땅의 후손"의 자리에 있다. 땅과 사람의 관계가 처음부터 제시된다(5b, אָדָם אַיִן לַעֲבֹד אֶת־הָאֲדָמָה). 사람의 출생(2:7)과 사람에 관한 이야기가 기록된다. 이 사람은 흙에서 만들어졌으므로, 사람의 이야기는 천지의 후손에 관한 이야기라고 할 수 있다. 여기서 사람은 땅의 일부로 묘사된다. 그의 출생은 땅으로부터 말미암았다: "(땅의) 흙으로 사람을 지으시고." 이야기형 톨레도트의 기본 구조에 따르면 '땅과 하늘' 혹은 '땅'의 죽음이 언급됨으로써 "천지의 톨레도트"가 종결되어야 한다. 그러나 땅의 죽음이란 있을 수 없으므로, 3:23-24에서 아담이 "그의 근본된

토지"를 경작하도록 에덴 동산에서 쫓겨나는 것으로 "천지의 톨레도트"가 끝난다.

2.6 하나의 제안

와이브레이는 "톨레도트는 이러하니라"라는 문구가 족보, 후손 목록(6:9; 10:1), 그리고 이야기 혹은 역사(2:4; 37:1)와 같이 다양한 의미로 사용되기 때문에, 창세기의 구조를 나타내는 표식으로 사용될 수 없다고 주장한다.[14]

하지만 다수의 학자들이 창세기의 구조를 톨레도트의 사용에 따라 분석한다. 이는 하나의 톨레도트는 그것이 사용된 장소에서부터 다음 톨레도트가 사용되기 전까지를 포함하는 전체 내용의 제목이 된다고 간주하기 때문이다. 이에 따라 학자들은 열 개 혹은 열 한 개의 톨레도트로 구성된 구조를 가정한다.[15] 그러나 10개 혹은 11개의 톨레도트가 서론으로 간주되는 1:1-2:3을 제외한 창세기 전체의 내용을 구성한다고 생각할 필요는 없다. 톨레도트의 내용에 적합하지 않은 부분들이 있기 때문이다.[16]

앞에서 시도한 톨레도트의 형태별 분석에 따르면, 창세기에는 톨레도트라는 단어가 붙어있지 않는 여섯 개의 비(非)톨레도트 단락이 남게 된다. 이 여섯 개의 단락들은 창세기에서 가장 중요한 주제라고 흔히 생각되는 천지 창조(1:1-2:3)와 아브라함(12:1-25:11), 그리고 그 외에도 가인의 타락(4장), 홍수 사건의 서론이 되는 인류의 부패(6:1-8), 아브라함의 소명의 배경이 되는 바벨탑 사건, 그리고 요셉을 다루고 있다. 그렇다면, 톨레도트라는 제목이 없는 이 여섯 개의 단락들이, 창세기의 핵심이 되는 여섯 개의 주제들을 논리적으로 배열하면서, 창세기의 골격을 형성한다고 간주할 수 있다. 따라서 창세기는 여섯 개의 이야기로 구성된다. 각각의 이야기는 그 첫 부분에 이야기의 주제를 결정하는 비톨레도트 단락이 나오고, 그 뒤에

---

[14] R.N. Whybray, "Genesis," *The Oxford Bible Commentary*, ed. J. Barton and J. Muddiman (Oxford: Oxford University, 2001) 41.

[15] Lohfink, 152 and 155; C.F. Keil and Delitzsch, 35f; E.J. Young, *An Introduction to the Old Testament* (London: Tyndale, 1964) 49; Hamilton, 2.

[16] 톨레도트 자료들이 창세기의 전부를 포함하지 않는다는 점에서 Duane Garrett, 97도 같은 의견을 갖는다. 그러나 톨레도트 자료들의 범위에 관해서는 필자의 의견과 다르다.

톨레도트 단락들이 하나 혹은 여러 개 따라 나온다. 톨레도트라는 제목은
각각의 주제 단락, 즉 비톨레도트 단락들이 관련된 단락으로 이어질 때, 그
단락을 도입하는 도구가 된다.

① 7일 창조 (1:1-2:3) → 천지의 이야기형 톨레도트 (2:4-3:24)

② 가인의 타락 (4:1-26) → 아담의 족보형 톨레도트 (5:1-32)

③ 인류의 부패 (6:1-8) → 노아의 이야기형 톨레도트 (6:9-9:29) → 노
   아 아들들의 목록형 톨레도트 (10:1-32)

④ 바벨탑 (11:1-9) → 셈의 족보형 톨레도트 (11:10-26) → 데라의 이야
   기형 톨레도트 (11:27-32)

⑤ 아브라함 (12:1-25:11) → 이스마엘의 이야기형 톨레도트 (25:12-18)
   → 이삭의 이야기형 톨레도트 (25:19-35:29) → 에서의 이야기형 톨레
   도트 (36:1-8) → 에서의 목록형 톨레도트 (36:9-43) → 야곱의 이야기
   형 톨레도트 (37:1-50:14)

⑥ 요셉 (50:15-26)

이야기형 톨레도트는 이야기를 구성해 가는 문학적 도구로서, 앞 이야기
(1)에서 언급된 하나의 주제 혹은 사람에 초점을 맞추어 다시 이야기(2)를
시작하려할 때 사용된다. 이 때 그 새로운 주제 혹은 사람은 흔히 〈이야기
1〉의 후반부에 언급된다. 따라서 톨레도트는 〈이야기 2〉의 제목이지만, 동
시에 앞부분과 밀접한 관련을 갖는다. 〈이야기 1〉에서 둘 이상의 자녀가 소
개되고 그들 각각의 톨레도트를 기록해야하는 경우 중요하지 않은, 혹은
선택받지 않은 아들의 톨레도트를 먼저 소개한다.[17] 선택받지 않은 아들의
이야기는 그의 짧은 톨레도트로서 종결되지만, 선택받은 아들의 이야기는
계속하여 그의 후손으로 이어져야 하기 때문에 뒤에 놓이는 것이 적당하
다. 이야기형에 속하는 "A의 톨레도트"는 A에 관한 이야기이기 때문에, A
의 죽음을 언급하는 것으로 종결된다.

족보형 톨레도트는 시대적 간격이 있는 이야기 두 개가 연결될 때, 시간
적 간격을 메우기 위한 도구로서 사용된다. 한편 목록형 톨레도트는 이야
기형 톨레도트를 보충하며, 인물에 대한 구체적인 설명이 없이 많은 인물
들의 이름을 나열하기만 하고, 더 이상의 이야기를 전개하려 하지 않을 때
사용된다.

---

[17] 아처, **구약총론** (기독교문서선교회, 1985) 203-4.

3. 창세기 구조

3.1 천지창조

① 만물의 창조 (1:1-2:3)

1:1-2:3은 톨레도트라는 제목을 갖지 않는다. 첫 번째 독립된 주요 주제를 형성하기 때문이다. 이 이야기는 하나님이 하늘과 땅을 창조했다(1:1)는 선언으로 시작하여 하나님이 창조하시던 일이 마쳤다(2:3)는 말로써 끝난다. 이 단락은 창세기 전체의 서론일 뿐만 아니라, 바로 뒷부분의 서론이 된다. 하나님의 창조를 통해 만들어진 것들 중 중요한 한 가지는 땅이다.

② 하늘과 땅의 톨레도트 (2:4)

תֹולְדֹות הַשָּׁמַיִם는 LXX에서 $α\hat{υ}ται$ $αί$ $γενέσεις$로 번역되는 것이 일반적이지만, 2:4에서는 $α\acute{υ}τη$ $\acute{η}$ $βίβλος$ $γενέσεως$로 번역된다. 이는 5:1의 LXX 번역과 동일하다. 그러나 MT에 비교하여 LXX은 이 구절에 관하여 사본이나 번역본들의 지지를 받지 못한다.[18] 2:4은 시간을 나타내는 부정사구를 두 개를 갖고 있기 때문에, 문장이 다소 불완전한 것처럼 보인다. 웨버스는 두 번째 부정사구문을 종속구문으로 취할 수 있는 주절은 7절이 되어야 한다고 말한다: "[2b]여호와 하나님이 땅과 하늘을 만드실 때, ~, [7]여호와 하나님이 흙으로 사람을 지으시고 ~."[19] 그러나 주절과 종속절이 너무 멀리 떨어지는 것처럼 여겨진다. 오히려 2:4은 두 번째의 부정사구가 동격으로서 첫 번째 부정사구를 보충 설명하는 것으로 여기는 것이 좋다(ESV, NASB). 따라서 2:4은 2:4a와 4b로 나누지 않아야 한다.

2:5-3:23은 앞 단락에서 제시된 주제어인 하늘과 땅(2:1), 그 중에서도 특별히 땅을 보충적으로 설명하는 것으로서 땅에서 일어난 사건들에 관련된다. 처음에는 땅에 비가 내리지 않았고, 경작할 사람도 없었다. 땅의 흙으로 사람이 만들어졌다. 그후 에덴 동산의 땅으로 관심이 옮겨진다. 그 땅에서 네 강이 발원하였다. 땅에서부터 각종 들짐승과 새들이 만들어졌다. 3장에서는 땅의 흙으로 만들어진 사람이 어떻게 해서 에덴 동산에서 쫓겨나서, 땅을 경작하게 되었는가 하는 것을 설명한다. 아담은 하나님의 명령을

---

[18] 참고, Wenham, 46.

[19] John William Wevers, *Notes on the Greek Text of Genesis* (Septuagint and Cognate Studies 35; Atlanta, Georgia: Scholars, 1993) 22.

어겼다. 3:24은 에필로그로서 2:5-3:23의 내용을 "에덴 동산"이라는 주제로 요약하면서 보충한다.

3.2 가인의 타락

① 가인의 범죄

앞부분은 에덴 동산에서 일어난 일을 다루지만, 4장은 에덴의 이야기가 아니기 때문에, 하늘과 땅의 톨레도트에 포함되어서는 안되며, 분리되어야 한다. 또한 5장은 다른 톨레도트가 시작된다. 그러므로 창세기 4장은 앞부분이나 뒷부분과 연결되지 않고 독립적으로 존재한다. 4장은 내용상으로 가인의 톨레도트에 해당하지만, 톨레도트라는 제목을 사용하지 않는다 (4:1-24). 좀더 정확히 구별하면, 4:1-15는 가인의 이야기형 톨레도트, 16-24 절은 가인의 족보형 톨레도트에 해당한다. 이 전체의 내용에 톨레도트라는 말을 사용하지 않는 것은 이것이 이전 내용과 구별되어 새로운 주제를 형성하기 때문일 것이다. 여기에 아담의 또 다른 아들 셋에 관한 이야기가 덧 붙여졌다. 이는 선택받은 자손의 이야기는 선택받지 못한 자손의 이야기 뒤에 위치한다는 구조를 지키면서, 동시에 뒤에 이어지는 아담 자손의 톨레도트가 자연스럽게 소개하기 위해서 일 것이다. 톨레도트는 독립된 주제 단락을 형성하는 것이 아니라, 앞에서 언급된 내용들 중 하나를 이어서 발전시키거나, 앞과 뒤의 이야기를 시간적으로 서로 연결시키려 할 때 사용하는 도구 용어이기 때문이다. 여기서 가인이 땅을 경작하는 사람이 된다 (4:12). 아담과 같이 (3:24), 가인 역시 에덴 동편에 거주한다 (4:16). 아담이 하나님의 명령을 어겼던 것처럼 가인은 질투심으로 형제 살해죄를 범한다.

② 아담의 톨레도트 (5:1)

톰슨은 5:1-2이 창세기 전체의 제목이 된다고 말한다.[20] 이는 LXX에 따라서 אָדָם תּוֹלְדֹת을 "사람의 톨레도트"라고 이해하기 때문이다. 웨버스 역시 2:4과 5:1의 LXX에서 תּוֹלְדוֹת가 단수로 번역된 것은 그 두 개의 톨레도트가 특정 인물에 대한 톨레도트가 아니라, 보다 일반적인 용어인 "하늘과 땅" 그리고 "인류"에 대한 톨레도트이기 때문이라고 주장한다.[21] 그러

---

[20] Thomas L. Thompson, The Origin Tradition of Ancient Israel (JSOTS 55; Sheffield: JSOT, 1987) 73.

나 족보형 톨레도트의 단락은 시간적인 간격이 있는 두 이야기들을 서로 연결하려 할 때 사용되는 문학적 도구다. 그러므로 "아담의 톨레도트"에서의 아담은 5:1b-2에서처럼 인류를 가리키는 것이 아니라, 4:25-26에서처럼 셋의 아버지 아담을 가리키는 것으로 생각된다. 즉 4:25-26은 5장에서 아담과 셋의 족보가 나올 것을 기대하게 만든다.

"아담 자손의 계보"(זֶה סֵפֶר תּוֹלְדֹת) 안에는 하나님께서 아담을 창조하시는 이야기가 포함된다. "A의 톨레도트"의 첫 부분에 A의 출생이나 특징에 관하여 간단히 언급하는 것은 톨레도트 단락을 시작하는 하나의 방법이다(2:4, 6:9, 25:12, 19; 37:1). 그러므로 사람의 창조에 관한 이야기가 있다고 해서 이 톨레도트가 창 1:1-2:3과 연결되어야 하는 것은 아니다. 아담의 톨레도트는 아담과 그의 후손들의 족보다. 가인 이야기(4장)와 홍수 이야기(6:1-8) 사이의 시대적 간격을 해소하기 위하여 이 족보가 사용되고 있다.

3.3 인류의 타락과 홍수

① 인류의 타락 (6:1-8)

인류의 타락 이야기가 아담의 톨레도트에 포함된다고 주장되기도 한다.[22] 그러나 아담의 톨레도트가 규칙적인 패턴에 의해 기록되었고, 마지막으로 노아의 몇 아들들을 동시에 나열함으로써 종결되는 것은 셋의 톨레도트 (11:10-26)에 의해서도 지지를 받는다. 그러므로 이 단락은 어느 톨레도트에도 포함되지 않으면서, 창세기의 기본 구조를 형성하는 세 번째 주제를 제시한다.

만(Mann)은 창2:4-11:32을 두 부분으로 나누어서, 후반부(6:9-11:26)가 새로운 아담에 해당하는 노아의 이야기를 다루고 있다고 생각한다.[23] 그에 따르면, 아담의 이야기는 첫 사람 아담의 창조에서 하나님의 아들과 사람의 딸들 사이의 결혼을 통한 하나님의 영역과 사람 영역의 뒤섞임으로 이어지는 것처럼, 노아의 이야기 역시 홍수 후 첫 사람인 노아에게서부터 하나님의 영역과 사람의 영역이 뒤섞이는 바벨탑 사건으로 이어진다.[24] 그러

---

21 Wevers, 22.

22 Wenham, 49, 96.

23 Mann, 346.

므로 만은 1:1-11:26에서 '창조에서 신적 질서의 해체로 나아감'이라는 주제가 "순환적"(cyclical)으로 전개된다고 주장한다.[25]

창세기 전반부는 어떤 면에서 순환적 구조를 가지기도 하지만, 죄의 발전이라는 직선 구조로 더욱 쉽게 이해할 수 있다. 3장에서 죄의 시작(에덴 동산)을 본다면, 4장에서는 죄가 가족 윤리의 파괴(가인)와 강한 자의 횡포(라멕)로 나타나며, 6:1-8에서는 인류의 보편적 부패가 보여지며, 11장에서는 하나님께 대한 인류의 반역이 바벨탑 건축의 배경이 된다. 따라서 인류의 타락을 다루는 6:1-8은 이와 같은 죄의 발전 과정 속에 위치한다.

② 노아의 톨레도트 (6:9)

노아는 아담의 톨레도트 뒷부분(5:32)에 소개되었다. 6:1-8은 프롤로그로서 홍수의 이유를 제시하면서, 홍수에서 구원을 얻게 될 노아를 자연스럽게 소개한다. 6:9에서 시작되는 홍수 이야기는 이야기형 톨레도트의 기본구조에 따르면서, 노아의 생애에 일어난 중요한 사건들, 즉 홍수 심판과 구원, 그리고 그의 자녀들과의 관계를 묘사한 뒤, 노아의 죽음에 대한 기록(9:29)으로 끝난다.[26] 즉 노아의 톨레도트는 노아의 생애에 관한 이야기이다.

③ 노아의 아들 셈과 함과 야벳의 톨레도트 (10:1)

셈과 함과 야벳은 노아의 톨레도트 뒷부분(9:18-27)에 이미 소개됨으로써, 자연스럽게 그들의 톨레도트로 이어진다. 노아의 아들 셈과 함과 야벳의 톨레도트는 후손들의 이름을 나열한 목록이며, 마지막 절인 10:32에 의하여 바벨탑 이야기와 밀접하게 연결된다. 셈은 노아의 아들들 중 일반적으로 제일 앞에 소개되지만 (5:32; 9:18; 10:1), 노아의 아들들의 톨레도트에서는 셈의 후손이 가장 늦게 기록된다. 이는 택함을 받은 사람의 이야기가 가장 늦게 기록되는 순서에 따른 것이다. 또한 그렇게 함으로써 셈의 톨레도트(11:10-26)가 자연스럽게 이어진다. 셈의 후손들의 목록에서 셈을 에벨 온 자손의 조상으로 소개하는 것에 주목해야 한다 (10:21). 에벨의 두 아들은 벨렉과 욕단이다 (10:25). 셈의 후손들의 목록(10:21-31)은 에벨의 두 아들 중 욕단의 아들들에 대한 소개로 끝난다 (10:26-29). 택하지 않은

---

[24] 하나님의 영역과 사람의 영역이 섞였다고 말하는 것은 만(Mann)이 하나님의 아들을 천사들로 간주하였기 때문이다.

[25] Mann, 346.

[26] Cross는 노아의 톨레도트가 6:9-9:27까지 해당되며, 5:32에서 9:28f으로 이어지는 족보의 중간에 삽입되었다고 간주한다. Cross, 302.

아들을 먼저 소개하는 순서에 따른 것이다. 벨렉은 택한 자들의 계열에 들어가기 때문에, 셈의 족보에서 소개된다 (11:18).

3.4 인류의 교만과 바벨탑

① 바벨탑 (11:1-9)

톨레도트라는 제목을 갖지 않는 바벨탑이야기는 노아의 아들들의 목록형 톨레도트(10장)에도 포함되기 힘들며, 셈의 족보형 톨레도트(11:10ff)라고 할 수도 없다. 그러므로 바벨탑이 창세기의 골격을 형성하는 네 번째 주제가 된다.

② 셈의 톨레도트 (11:10)

바벨탑과 데라 사이에는 시간적인 간격이 있기 때문에, 셈의 족보가 두 이야기를 시간적으로 연결시킨다. 데라의 세 아들들의 이름이 열거됨으로써 그 세대가 셈의 족보의 마지막임을 보여준다. 셈에서 에벨에 이르는 목록은 이미 10:22-24에서 소개되었으며, 에벨의 두 아들 중 벨렉의 후손을 소개한다. 톨레도트의 기본 형식에 따라, 선택받지 않은 아들의 톨레도트를 먼저 소개하고 (이 아들에 관한 이야기는 이로써 끝난다), 선택받은 아들의 톨레도트를 그 뒤에 제시한다. 그리고 이 아들의 톨레도트는 그의 아들들의 톨레도트로 계속 이어진다.

③ 데라의 톨레도트 (11:27)

이야기형 톨레도트의 형식에 따른다. 즉 데라는 셈의 톨레도트의 뒷부분 (11:26)에서 소개되었다. 셈의 톨레도트가 데라에게서 중단되는 것은 아브라함의 아버지 데라의 톨레도트를 따로 제시하기 위함이다. 데라의 톨레도트는 아브라함 이야기의 서론으로서 독자적인 중요성을 갖는다. 그러므로 데라의 톨레도트를 셈의 톨레도트에 포함시키지 않고, 구별하여 제시했을 것이다. 그렇지만, 데라의 톨레도트를 족장사의 일부로 간주할 필요는 없다.[27] 족장을 부르심으로써 시작하는 하나님의 구원역사는 아브라함에게서부터 시작하기 때문이다.

---

[27] 11:27에서 족장사가 시작된다고 간주되기도 한다. 예를 들어, Terje Stordalen, "Genesis 2:4. Restudying a *locus classicus*," *ZAW* 104 (1992) 170.

3.5 족장사

① 아브라함 이야기 (12:1-25:11)

아브라함 이야기는 톨레도트라는 제목을 갖지 않는다. 그러므로 이 이야기는 창세기의 다섯 번째 주제 단락을 형성한다. 크로스는 창 12장부터 전적으로 새로운 형식의 톨레도트가 나타난다고 말한다.[28] 그러나 아브라함 이야기를 톨레도트(즉 데라의 톨레도트)에 포함시킬 이유가 없으며, 이스마엘에서 야곱에 이르는 네 개의 톨레도트들이 창세기 전반부의 톨레도트들과 전혀 다른 의미를 갖는다고 주장할 필요도 없다. 이들은 이야기형 톨레도트의 일반적 형식을 따르고 있기 때문이다. 아브라함 이야기는 그가 부름을 받는 것에서부터 시작하여 그의 죽음에 대한 언급으로 끝난다. 아브라함의 죽음에 관한 언급에서 이스마엘과 이삭이 소개된다.

② 이스마엘의 톨레도트 (25:12)

이스마엘은 아브라함의 이야기 끝 부분(25:9)에서, 아브라함을 장사지낸 두 아들 중 하나로서, 다른 아들 이삭과 함께 소개되었다. 이스마엘의 톨레도트가 이삭의 것보다 먼저 나오는 이유는, 이스마엘은 선택받지 않은 아들이므로 그의 이야기는 그의 짧은 톨레도트와 함께 끝나야 하기 때문이다. 이 톨레도트에서 이스마엘의 탄생에서 죽음에 이르기까지의 내용이 기록된다.

③ 이삭의 톨레도트 (25:19)

이삭은 아브라함의 이야기 끝 부분(25:9)에서 이스마엘과 함께 소개되었다. 이삭의 이야기는 다음 이야기(야곱의 이야기)와 연결되기 때문에, 이스마엘의 톨레도트보다 나중에 기록된다. 이삭의 톨레도트는 아브라함이 이삭을 낳는 것에서부터 시작하여 죽어 장사되는 것까지 진행된다 (25:19-35:29). 이삭의 톨레도트에서 야곱과 에서에 관한 이야기가 이삭 자신에 대한 이야기보다 더 많이 나오는 이유는, 톨레도트가 본인에 관한 이야기가 아니라 후손에 대한 이야기를 뜻하기 때문이 아니다.[29] 〈A의 톨레도트〉는

---

[28] Cf. Cross, 301. Cross는 סֵפֶר תּוֹלְדֹת 형식의 이야기가 아브라함의 아버지 데라에게서 종결되었고, 이스마엘, 이삭, 에서, 그리고 야곱의 톨레도트는 톨레도트라는 제목에도 불구하고, 전적으로 다른 형태의 족보 형식에 속한다고 말한다.

[29] 스파이저는 창12:1-18을 아브라함 이야기로, 25:19-37:2a를 야곱의 이야기로 간주한다. 그리고 이삭의 이야기가 독립된 단락으로 소개되지 않는 것을 이상하다

A 본인에 대한 이야기이며, 그에게 있어서 후손들에 대한 이야기가 가장 중요한 부분을 차지한다.

④ 에서의 톨레도트 (36:1-8, 9-43)

이삭을 장사한 아들들은 에서와 야곱이다 (35:29). 이 두 아들들에 대한 이야기들 중, 에서의 톨레도트가 먼저 나오는 것은 선택받지 않은 에서의 이야기가 더 이상 계속될 필요가 없기 때문이다.

에서의 첫 번째 톨레도트는 이야기형이다. 이는 에서의 생애를 다루고 있으며, 에서가 세일산에 거하게 된 과정을 간략히 설명한다. 두 번째 톨레도트는 몇 종류의 목록들로 구성된다. 첫 번째 목록은 에서의 후손들의 이름(10-14절), 두 번째 목록은 그 후손들에게서 나온 족장들의 이름(15-19절), 세 번째 목록은 세일산 원주민들의 이름(20-28절), 네 번째 목록은 그들의 족장들의 이름(29-30절), 다섯 번째 목록은 에돔 땅을 다스리는 왕들의 이름(31-39절), 여섯 번째 목록은 에서에게서 나온 족장들의 이름들(40-43절)을 나열하고 있다.

⑤ 야곱의 톨레도트 (37:2)

야곱은 이삭의 톨레도트의 마지막 부분에서 에서와 함께 이삭을 장사지낸 아들로서 소개되었다 (35:29). 야곱의 톨레도트는 요셉의 인물 소개에 많은 분량을 할애함에도 불구하고 야곱 자신의 이야기다. 요셉의 꿈과 고난과 전화위복에 대한 모든 이야기는 결국 야곱이 가족들을 이끌고 이집트로 내려가게 되는 과정을 설명하는 것이다. 야곱의 톨레도트는 그가 죽어 장사되는 것으로 끝난다 (37:1-50:21). 야곱에 관한 실제적인 이야기는 그의 죽음으로서 끝나지만 (49:33), 그의 톨레도트는 그가 장사되는 이야기를 덧붙임으로써 완결된다 (50:1-21).[30]

고 말한다. E.A. Speiser, Genesis (AB; Garden City, NY: Doubleday, 1982) LVIII. 그러나, 예를 들어 25:19ff는 야곱 이야기의 시작으로 간주하기보다, "이삭이 아들을 낳는 이야기"로 생각해야 한다.

[30] 야곱의 죽음 이후 요셉이 자기 형제들의 오해를 풀고 위로하는 이야기(50:15-21)는 야곱의 죽음을 배경으로 하기 때문에, 야곱의 장사에 관한 이야기의 한 부분이 된다.

3.6 요셉 (50:22-26)

요셉의 이야기에는 톨레도트라는 제목이 붙지 않는다. 왜냐하면, 아브라함의 경우와 같이, 요셉이라는 인물은 창세기의 기본 구조를 형성하기 때문이다. 아브라함 이야기와 그에 이어지는 이삭과 야곱의 톨레도트는 선택받은 가족이 어떻게 이집트에 거주하게 되었는가 하는 과정을 보여준다. 그리고 요셉의 이야기는 그 선택받은 민족이 어떻게 이집트를 떠나 가나안 땅으로 돌아가게 되는가 하는 과정을 설명하는 출애굽기의 서론이 된다. 그러므로 요셉의 이야기는 아브라함의 이야기와 함께 톨레도트라는 제목이 붙여지지 않고, 창세기의 기본 구조를 형성한다.

사도행전에 나타난 하나님의 나라

김 세 윤 *

1.1. 사도행전 중심 주제로서의 하나님 나라
1.2. 미래적 하나님 나라
1.3. 현재의 통치자시요 구원자이신 주 예수 그리스도
1.4. 성령의 대리권과 능력
1.5. 주 예수와 그의 사도들
1.6. 메시아, 다윗 또는 이스라엘의 왕국, 그리고 12사도
1.7. 결론

1.1. 사도행전 중심 주제로서의 하나님 나라

두 권으로 된 저작 중 두 번째 책인 사도행전의 서론에서 누가는 부활하신 예수님께서 승천하시기 전 40일 동안 사도들에게 전한 그 가르침이 하나님의 나라에 관한 것이었다고 요약하였다 (행 1:3). 누가는 로마 제국의 중앙에서 행해진 하나님 나라와 주 예수 그리스도에 대한 바울의 설교로써 행전을 마친다 (행 28:31; cf. 28:23). 사도행전 메시지의 시작과 끝을 연결시키는 이러한 首尾雙關 (inclusio)를 통하여 누가는 사도행전의 중심주제가 첫번 째 책인 누가 복음의 중심 주제와 연결된 하나님의 나라임을 시사하고 있는 듯하다. 이러한 사실은 행전의 본문에서 빌립과 바울의 메시지를 하나님의 나라와 관련하여 누가가 요약하고 있음에서 확인된다(행 8:12; 19:8; 20:25; cf. 14:22; 17:7).

---

* Fuller Theological Seminary 신약학 교수 및 한인 목회학 박사원 원장, 신약학(Ph.D.)

하지만 "예수 그리스도의 이름"과 함께 나타난 "하나님의 나라"와 "주 예수 그리스도"와 함께 쓰여진 "하나님의 나라"를 빌립의 복음(행 8:12)과 바울의 복음(행 28:23, 31)으로서 통합한 것은 하나의 변천을 의미한다: 누가 복음에서 예수의 복음은 "하나님 나라"에 관한 것이었으나 사도행전에서의 사도들의 복음은 하나님의 나라와 더불어 주 예수 그리스도를 포함한다. 사도들의 설교들을 요약함에 있어서 누가는 동사 euangelizomai의 목적어로서 하나님 나라(행 8:12) 뿐만 아니라 주 예수 그리스도(행 5:42; 8:35; 10:36; 11:20; 17:18; cf. 행 15:35)를 취한다. 사도들의 설교를 요약하기 위해 동사 kerysso를 사용할 때 누가는 마찬가지로 이 동사의 목적어로서 예수 그리스도 (Jesus the Christ) 또는 하나님 나라(행 20:25; 28:31)는 물론 하나님의 아들(행 8:5; 9:20; 19:13; cf. 17:3, 7; cf. 하나님의 아들)을 지정한다. 이러한 현상들, 특히 빌립의 다양한 복음 요약에서의 현상들(행 8:5, 12, 35)은 하나님 나라 선포가 실제로 그리스도 예수에 대한 선포임을 나타낸다. 잘 알려진 바와 같이, 공관 복음서에 나타난 예수의 하나님 나라 복음은 일반적으로 신약의 나머지 책들에서 그리스도에 대한 사도적 복음으로 대치되어 지고 전자에서 선포자이신 예수는 후자에서 선포되어지는 그리스도가 되신다. 사도행전에서 누가 또한 이러한 일반적인 변경을 반영하고 있으며 이러한 변경이 어떻게 그리고 왜 일어나고 있는지를 나름대로 보여준다.

1.2. 미래적 하나님 나라

하나님 나라의 최종적 도래는 미래적 사건으로 기대되어 지고 있으나 "아버지께서 자기의 권한에 두신 때와 기한"에 대해서 우리는 알려고 하지 않아야 한다 (행 1:6-7). 그때는 "유쾌하게 되는 날" 또는 "만유를 회복하실 때"가 될 것이요 모든 이스라엘이 회개할 때 그리스도의 재림과 함께 그 날은 임할 것이다 (행 3:19-21). 따라서 하나님 나라는 구원의 완성을 나타내고 있고 우리들은 하나님 나라에 들어 가기위해 믿음을 지키고 고난을 끝까지 견뎌야 한다 (행 14:22).

1.3. 현재의 통치자시요 구원자이신 주 예수 그리스도

하지만 누가는 현재의 하나님 통치에 더욱 관심을 가진다. 하나님의 통치는 고양된 그리스도와 성령을 통해서 현재에 일어나고 있다. 그의 역사적 존재 동안 예수는 하나님께서 그를 통하여 기적과 이사와 표적을 일으키셨거나 구원의 통치를 나타내신 대리인이셨다 (행 2:22-23). 하나님께서는 이러한 예수를 죽음에서 건지시고 그의 우편으로 높이시사 시편 110:1의 약속의 성취 안에서 부왕(Viceroy)이 되게 하셨다 (행 2:32-35; 5:31). 따라서 "… 이 예수를 하나님이 주와 그리스도가 되게 하셨느니라" (행 2:36). 사도행전에서 주 (Kyrios) 라는 타이틀은 예수 그리스도께서 현재 하나님의 주권을 대신하여 행사하고 계신다는 의미에서 하나님은 물론 예수께로 적용되어 진다. 이는 사도들의 하나님 나라 선포가 정규적으로 예수의 메시아적 왕권이나 주권을 포함하고 있거나 때때로 후자에 의해 대치되고 있는 이유이다.

구약에서 그의 백성들의 죄를 용서하시거나 그들을 구원하시는 이는 주 (Kyrios)로서의 야웨이시나 지금 이러한 신적 특권을 행사하고 계시는 이는 예수이시다. 구약에서 구원받는 것은 야웨 주님 (Yahweh the Lord)의 이름을 부름으로써 이루어지나 지금 현재 이 주님은 오직 예수 그리스도이시고 그래서 죄의 용서 또는 구원이 얻어 지는 것(행 10:43; cf. 3:16; 4:12, 30; 16:18; 22:16)은 "만유의 주되신 예수 그리스도" (행 10:36), "산 자와 죽은 자의 재판장" (행 10:42)이신 이의 이름을 통해서이다.

높임받은 주 예수 그리스도의 신적 왕권 또는 주권의 행사는 교회 사명을 인도하심에서 나타난다. 하나님의 우편에 서 계신 인자 또는 주로서 그는 순교자 스데반의 영을 받으신다 (행 7:56, 59). 그는 다메섹 근교에서 사울/바울을 붙드시고 이방인을 위한 사도가 되도록 부르시고 (행 9:1-19; 22:3-16; 26:9-18) 바울에게 그의 보호하심을 확신시키고 (행 18:9), 그의 선교방향을 돌리시고 (행 22:17-21), 그를 로마로 인도하신다 (행 23:11). 주 예수 그리스도는 루디아의 마음을 열어서 바울의 복음을 전유하게 하시고(행 16:14-15), 안디옥에서의 기독교 선교를 성공하게 하시고 많은 수의 사람들을 믿음을 통해 자신에게로 돌아오게 인도하신다 (행 11:21). 신적 주권의 행사에 있어서 예수 그리스도는 성령의 능력과 대리행위와 그의 사도들의 사역을 사용하신다.

1.4. 성령의 대리권과 능력

하나님께서 그의 우편으로 예수를 높이심은 예수에게 주권의 위임뿐 아니라 성령을 주시고 하나님의 영의 분배자로 만드심을 뜻하기도 하였다: "하나님이 오른손으로 예수를 높이시매 그가 약속하신 성령을 아버지께 받아서 너희가 보고 듣는 이것을 부어 주셨느니라" (행 2:33). 따라서 만약 그리스도의 고양을 통하여 아버지 하나님께서 자신을 대신하여 그의 왕권이나 주권을 행사하는 대리인으로 예수를 만드셨다면 오순절 날에 주 예수 그리스도께서는 하나님의 대리인이 되거나 하나님을 대신하여 왕권이나 주권을 행사하기 위하여 성령을 부어주셨다. 주 예수 그리스도께서 "만유의 회복"이나 하나님 나라의 완성(행 3:19-21)을 위하여 오시는 그의 재림 때까지 하늘에 계신 하나님의 우편에 계시는 동안 지상에서는 성령께서 그를 대신하여 주권을 행사하신다. 따라서 하나님 나라의 현재적 현시에는 삼위일체 구조가 있다: 하나님 아버지께서는 그의 아들 예수 그리스도를 통하여 다스리시는데(행 9:20) 그리스도께서 이번에는 성령을 통하여 다스리신다. 그러므로 교회를 인도하심과 강력한 구원 행위등 주 예수 그리스도께 귀속되어지는 행위들은 또한 성령께로도 돌려진다. 그것들은 성령의 대리행위를 통한 주 예수 그리스도의 하나님 통치 행위이다. 따라서 그것들은 주 예수 그리스도께는 물론 성령께로 그 기원을 돌릴 수가 있다.

그래서 주 예수 그리스도의 교회 인도하심은 성령의 대리행위와 능력을 통해서이다. 승천하시기 전 성령을 통하여 그의 사도들에게 그는 지시하셨다 (행 1:2). 그의 승천 후에 사도들은 주 예수 그리스도에 의해 주어진 성령을 받았고 성령께서는 사도들의 사명에 권능을 부여하고 인도하셨다 (행 1:5, 8; 2:33). 주 예수 그리스도께서 사도들의 사역을 인도하시고 권능을 부여하셨다는 언급이 있는 한편 성령께서 사도들의 사역을 인도하시고 권능을 주셨다는 평행 언급들이 있다: 행 8:29; 10:19; 11:12, 28; 13:2, 4; 15:28; 16:6, 7; 19:21; 20:22, 23; 21:4, 11. 그러한 두 종류의 진술들이 동일한 실체를 언급한다는 사실이 사도행전 16:6-7에 암시되어 있다: 아시아를 떠나 마게도냐로 가라고 바울에게 지시하신 성령은 명백히 "예수의 영"으로 확인되어진다. 바울은 이러한 경험으로부터 하나님께서 마게도냐인들에게 "복음을 전하라고 (그를) 부르"셨다고 결론짓는다 (행 16:10). 따라서 행 16:6-10 말씀은 교회의 사명과 관련하여 실행된 신적 주권의 삼위일체 구조를 암시한다.

지상에서 머무는 동안 예수께서는 성령의 능력을 통하여 행한 축사(귀신 쫓음)와 병고치는 사역을 통하여 하나님의 구원의 통치를 실제화 하셨다 (눅 11:20 병행 귀절 마12:28; 행2:22; 10:38). 현재 고양된 주로서 그는 성령을 그의 교회에 부어주시고 계신다 (행 2:33). 그를 믿고 그의 이름으로 세례를 받은 자들에게 성령이 주어졌고 (행 2:38; 9:17-18; 10:43-44; 11:16-17; 19:5-6) 따라서 이들은 예수 그리스도의 통치 영역 안에 있는 하나님의 종말적 권능의 축복을 즐기게 된다.

나아가서, 고양된 주 예수께서 그의 사도들에게 성령을 나누어 주심은 복음을 효과적으로 선포하고 종말적 구원의 표시로써 많은 축사와 병고치는 기적을 행하도록 사도들에게 권능을 부여하기 위한 목적이 있었다 (행 1:8). 그러한 "이사와 기적들"은 종종 "예수 그리스도의 이름으로" 사도들에 의해서 행하여졌다고 하거나 (행 3:6, 16; 4:30; 8:6-12; 16:16-18; cf. 행 19:13-20) 하나님께로 직접 돌려지거나 (행 15:12; 19:11-12) 또는 주님 (예수?)께 돌려진다 (행 14:3). 그러나, 행 1:8과 2:33뿐만 아니라 행 4:29-31; 6:8; 그리고 8:5-19로부터 오는 확실한 암시는 주 예수 그리스도에 의해 주어진 성령의 능력을 통하여 사도들이 치유의 기적들을 행하였다는 것이다. 그래서 성령은 실제적으로는 하나님의 구원의 통치인 주 예수 그리스도의 구원의 통치를 실제화 하는 대리인이다. 우리는 J. D. G. Dunn의 다음과 같은 수사학적 질문에 확정적으로 응답하여야 한다: "만약 예수 안에 있는 하나님 나라의 존재가 요단강에서 예수 위에 임한 성령의 오심으로 결정되어졌다면, 같은 방식으로 하나님 나라는 오순절 날 성령의 오심에 의해 제자들에게 임하게 되었다고 우리는 말해도 되거나 또는 진실로 그렇게 말해야 되지 않는가?" ("Spirit and Kingdom," Expository Times 82 [1970/71], 40).

1.5. 주 예수와 그의 사도들

성령과 함께 교회, 특히 12 사도들은 하나님 또는 그리스도의 나라를 현재에 또한 실제화하는 대리인이다: 좀더 징확하게 말하여서, 성령에 의해 권능을 받고 인도함을 받는 교회는 이러한 역할을 성취한다. 그의 고별 강화에서 지상의 예수는 아버지께서 언약에 의해 그 나라를 그에게 부여했던 것과 같이 12 제자들에게 언약에 의해 그 나라를 부여하시겠다고 약속하셔서 그들이 그리스도의 나라에 참여하게 되었고 이스라엘을 다스리는 통치자와 재판관이 되게 하셨다 (눅 22:29-30). 새로운 언약을 세우기 위한 희생인 그의 죽음을 통하여(눅 22:20) 예수는 이 약속을 성취하셨고 12 지파를 가진 이스라엘과 예표론적으로 상응하는 핵(nucleus)으로서 12 제자들과 함께 하나님의 새로운 백성을 창조하셨다. 따라서 언약에 의해서 그는 하나님의 새로운 백성, 즉 하나님의 왕권 아래 있는 새로운 백성을 창조하셨다. 그렇다면 부활하신 그리스도는 하나님 나라에 대하여 그들을 가르치시고 성령의 권능을 그들에게 부여하고 하나님 또는 그리스도의 나라를 증거하도록 위임하셨다 (행 1:8; 2:1-36).

베드로에 의해 대표되는 12 사도들과 스데반, 빌립, 바울, 그리고 바나바와 같은 자들은 하나님 나라와 그리스도의 주권을 선포하고 성령의 능력을 통하여 그 나라의 구원 (축사와 병고침의 이사와 표적)을 증거하면서 유대와 사마리아 그리고 로마와 같이 먼 이방 나라에 간다. 회개와 믿음으로 그들의 복음에 응답하는 자들은 주 예수 그리스도의 이름으로 세례를 받음으로써 예수 그리스도의 주권 아래의 영역(즉, 하나님 나라)에 편입되고 그들은 그 나라의 축복과 그들의 죄 용서함과 성령의 종말적 능력을 받는다(행 2:38; 19:5-6; 22:16). 따라서 교회의 선교를 통하여 하나님 또는 그리스도의 나라는 확장된다.

1.6. 메시아, 다윗 또는 이스라엘의 왕국, 그리고 12 사도

주(Kyrios)라는 타이틀과 함께 "그리스도" (=메시아)는 예수를 하나님 나라안에서의 지배자로 지칭하기 위해 사용되어 진다: 하나님께서 못박히신 예수를 그의 우편으로 높이셨고 그를 주와 그리스도로 만드셨다 (행 2:33, 38). 메시야로서의 높이심은 하나님께서 다윗에게 하신 약속의 성취 안에서 다윗의 왕위에 예수께서 즉위하심을 의미한다 (행 2:30; 13:23, 32-39; cf. 삼하 7:12-14). 이처럼 그것은 "다윗의 무너진 장막" (행 15:16)의 회복을 의미하고, "주를 찾는" 유대인 남은자들과 "(그리스도의) 이름을 일컫는 모든 이방인들"은 하나님의 종말의 백성, 즉 다윗 또는 이스라엘의 회복된 왕국의 백성들인데, 이들 위에 다윗적 메시아이신 예수께서 다스리신다 (행 15:17). 12 사도들은 그의 대리인으로 지정되어서 그의 이름으로 그들을 다스리고 심판하게 된다 (눅 22:30). 그러나, 다윗 또는 이스라엘의 회복된 이러한 왕국은 당시의 유대 정파의 일부에서의 경우처럼 유대 국가적 정치적 제도의 관점에서 생각되어 질 수 없으나(행 1:6), 주의 이름을 부르는 (즉, 야웨의 왕권을 대표하는 메시아 예수의 왕권에 복종하는 [행 2:21]) 유대인들과 이방인들의 공동체적 관점에서 이해되어 질 수 있다.

1.7. 결 론

사도행전에서 누가는 그의 주권과 왕권을 집행하기 위해서 예수를 그의 우편으로 높이신 하나님의 구속 역사와 성령과 교회를 통하여 하나님의 왕권과 주권을 행사하시는 주 예수 그리스도의 구속역사와 구원을 위해서 하나님 또는 그리스도의 나라안으로 옮겨진 유대인과 이방인의 구속 역사를 기록한다. 누가는 그 나라의 현재적 명시에 초점을 맞추고 있으나 종말의 완성 즉, 그리스도의 재림때에 이루어질 "만유의 회복"을 향하여 나가는 과정으로서 그것을 조망한다.

고린도 교회의 예언의 기능(Function)에 관한 고찰

노 영 근[*]

서 론

1. 고린도 교회의 예언적 기능에 관한 현 시대의 논쟁들

2. 삼중적 차원에서의 기능
   (*A Threefold Dimensional Function*)

결 론

서 론

고린도 교회의 예언의 기능(function)은 무엇일까? 고린도 교회의 예언의 기능에 관해 학자들 사이에 많은 논쟁이 있어 왔음에도 불구하고 만족할만한 시원한 해답이 나오지 않고 있는 실정이다. 본 논문은 먼저 예언의 기능에 관해 학자들간에 쟁점이 되고 있는 주요 논쟁들을 간략히 살펴본 후, 그 논쟁들을 통해 제기되어지는 문제점들을 분석해보므로 진정한 의미에서의 고린도 교회의 예언의 기능이 무엇인지를 탐구하는 데에 조금이나마 도움이 되고자 한다. 본 논문에서는 삼중적(문학적, 사회-역사적 그리고 신학적) 분석의 방법을 통해 고린도 교회의 예언의 기능을 이해하려고 시도할 것이다.

---

[*] 총회개혁신학연구원, 신약학(D.Th.)

1. 고린도 교회의 예언적 기능에 관한 현 시대의 논쟁들

1.1. 현 시대의 논쟁들에 관한 개관

현 시대의 학자들은 고린도 교회의 예언에 관해 어떤 합일점을 찾지 못한 채 다양하고 혼돈된 논쟁들을 거듭하고 있다. 우리는 먼저 학자들 간에 논쟁이 되고 있는 주요 주제와 쟁점들을 살펴보고 그것들을 비교, 분석하여야 할 것이다. 그리고 그 후, 우리는 제기되어지는 문제점들을 탐구해야 할 필요가 있을 것이다.

1.1.1. 양식 비평적 접근(Form Critical Approach).

고린도 교회의 예언에 대한 양식 비평적 접근은 예언적 말들을 이 땅에서의 예수의 말씀과 구별하지 않는다. 양식 비평적 접근은 이 세상에서 예수께서 하신 말씀이라든지 구약 성경의 전통 등을 재 조명하는데에는 관심이 없다. 양식 비평은 예수의 직접 명령과 바울의 영감된 견해를 구별하려 하지도 않고 바울의 견해와 바울에 의해 사용되어진 구약의 직, 간접의 인용을 구별하려는 어떠한 시도도 하지 않는다. 다만 양식 비평학자들은 고린도 텍스트를 작성하는 데에 고린도 선지자들의 창의성을 매우 강조한다 (참고. Gitay 1981:11).

그러나 우리는 초기 기독교 교회의 예언적인 말들이 예수의 전통적 말씀들 내에 얼마나 들어있는지 의심스럽다. 더욱이 고린도 전서가, 기독교 예언자들이 부활하신 그리스도에 관해 말한 창작품인지 의문이 간다. 고린도 전서 전 텍스트를 고린도 교회의 예언자들의 창작품으로 돌려져야만 하는지 의심스럽다는 말이다. 또한 헬라-로마의 특수한 사회 속에 있는 고린도 성도들에게 예언적인 말들로 반응한 바울의 의도를 무시하는 것이 옳은지 궁금하다. 양식 비평의 일반적인 약점은 그 예언적 말들이 이 땅에서의 예수의 말씀들 속에 내포되어 있다는 '적절한 증거'를 보여주지 못한다는 데에 있다(Dunn 1978:179).

바울 서신 어디에도 초기 기독교 예언자들에 의한 부활의 말들이 이 땅에서의 예수의 말들로 전이되었다는 흔적은 없다. 오히려 바울은, 예를 들면, 고전 7:40에 보면 예수의 전통적 말씀과 바울 자신의 영감된 견해를 명백하게 구별하고 있다(Hill 1973-74:267). 또한 양식 비평학자들은 고린도 텍스트가 작성될 때 기독교 예언자들의 주된 역할(창의성)을 강조하므로 저자로서의 바울의 역할을 무시한다(Gitay 1981:11). 바울은 자신의 독특한 예언적 목적 때문에 '*persher* midrashic structure'를 통하여(Neusner 1987; Bailey & Vander Broek 1992; Ellis 1978; [1957] 1981; Dunn 1995; Bailey 1995) 자신의 영감된 견해를 구약의 인용이나 예수의 구두적 전승(oral tradition)과 구별하였다. 예를 들면 고린도 전서 9:9-15에서 바울은 구약(신 25:4)과 예수의 말씀(눅 10:7; 마 10:10)을, 자신의 사도적 권위를 위해 그리고 고린도 교회의 특별한 상황 속에서 계시된 말씀을 해석하기 위해 인용하였다.

1.1.2. 전통적-역사적 접근(The *Traditio*-Historical Approach)

어떤 현대의 학자들은 양식 비평적 접근을 좀더 개발하고 확장하여 그것을 '전통적-역사적 접근'이라고 부른다. 그들은 쓰여진 형태의 계시는 없거나 거의 없다고 주장한다. 더욱이 최근의 학자들은 예언자들이 실제로 하나님으로부터 메시지를 받았다는 것을 부정할 뿐 아니라 성경이 믿음 생활의 무오한(infallible) 척도라는 생각을 포기한다(MacRae1975:889). Aune(1983)은 초기 기독교 예언에 대한 전통적-역사적 접근을 시도하는 대표적인 학자이다. 그는 초기 기독교 예언(고린도 교회의 예언을 포함하여)을 헬라-로마의 주술적 예언과 같은 범주 또는 비슷한 범주에 넣는다(참고. Boring 1985:156). Aune(1983:231, 338)은 헬라-로마 사회적 상황에서 고린도 교회의 예언을 포함한 신약의 예언은 그 형식면이나 내용면에서 어떤 특별한(dominant) 것이 없다고 주장한다. Aune(1983)에 따르면, 고린도 교회(신약)의 예언과 헬라-로마 예언 사이에 중요한 유사성은 '주술적(ecstatic) 요소'라는 것이다. 더욱이 Aune(1983:230)은 고린도 예언의 어떤 국면에서의 주술적 요소(특히 방언적 현상)는 이방적 기원을 갖는다고 보고 있다.

그러나, Witherington(1995:276-77)이 정확히 지적한 것처럼, 고린도 교회의 예언에 관한 추정 중 가장 문제가 되는 것 중의 하나는, 고린도 교회의 예언의 본질 또는 현상이 헬라-로마 예언의 주술적 본질 또는 현상과 밀접하게 관련되어 있거나 유사하거나 심지어 복사한 것이라는 추측이다. 그러나 우리는 고린도 교회 예언이 헬라-로마 예언의 주술적 현상(ecstatic phenomenon)과 유사한지 의심스럽다. 왜냐하면 헬라-로마 예언의 현상은 정신을 잃은 채 주술적 환각 상태(a mindless ecstatic madness)를 나타내지만(참고. Plutarch Moralia 397C-D; 414E; 432; Wilson 1979:324; Grudem 1982:150-51; Callan 1985:129; Reinhold 1972:107-08, 123-24; Flaceliere 1961:28-9, 36-7, 48, 50), 고린도 교회의 예언은 이러한 주술적 환각 상태를 나타내지 않는다. 예를 들면, 고린도 전서 14장 29-33절에서 바울은 예언을 하는 사람은 자기 절제를 잃어서도 아니되고 자기의 의지에 거스려 말해도 아니됨을 강조하고 있다. 멈출 때 멈추고(30절) 모든 사람에게 기회를 부여하고(31절) 질서있게 해야함을 강조하고 있다(32-33절; Grudem 1982:153). 더욱이 우리가 고린도 전서를 살펴볼 때, 특히 14장에서, 고린도 교회의 예언과 방언은 통합된 것이 아니라 명백한 대조를 이루고 있다(고전 14:2, 3,4,5,6,19,22-24,27-28; 29-31; Gaffin 1979:56). 바울은 고린도 교회 예언의 우월성(방언에 비해)을 강조하고 있는데 그 이유는 예언이 전 교회 공동체의 건덕을 위해 유익하고 이해가 잘 되기 때문이다(고전 14:1,4,5,6,17,19,31,39; 참고. Horrell 1996:183; Gaffin 1979:96-7).

1.1.3. 부활하신 그리스도의 말씀으로써 초기 기독교 예언의 재구성(A Reconstruction of Early Christian Prophecy as Sayings of the Risen Christ)

1.1.3.1. Boring

Boring은 고린도 교회의 예언을 포함해서 초기 기독교의 예언을 내용 면과 콘텍스트 면에서 차별화를 보이기위해 그것들을 재구성하려고 애쓴다. Boring은 전통적 예수의 말씀과 기독교 예언자들을 통해 나타난 부활하신 그리스도의 말씀 사이에는 연속성이 있다고 강조한다. 또한 고린도 교회의 예언과 초기 기독교 예언의 차별화된 특징으로써 기독교적 종말론을 강조한다(Boring 1982:111). 더 나아가 Boring(:95-110)은 고린도 교회 예언의 해석적 기능(the interpretative function)을 강조한다. 그에 따르면, 기독교 선지자들은 부활의 주님의 말씀을 명확히 하기 위해 전통적 예수의 말씀을 해석했다는 것이다.

진실로 우리는 초기 기독교 예언의 해석적 기능에 초점을 맞춘 Boring의 입장에 동의한다. 그러나 우리는 역시 사도로서의 고린도 교회의 예언에 관한 해석적 기능을 수행하는 바울의 역할이 매우 중요하다는 사실을 잊어서는 아니될 것이다.

1.1.4. 고린도에서 예언하는 여자들에 관한 이슈 (Issue of Women Prophesying in Corinth).

1.1.4.1. Wire

고린도 교회의 공동체 내의 여자 선지자들의 역할에 초점을 맞추므로써, Wire(1990a:137, 149-50)는 고린도에서의 기독교 예언을 재구성하려고 애쓴다. Wire(1990a:137-38; 1990b:195)는 바울과 고린도인들(특히 여자 선지자들) 사이의 '상호(mutual) 기능'을 강조하므로써, 바울과 반대 입장에 있는 여자 선지자들의 명백한 주장에 주의를 기울이려한다. 그와 동시에 성경 저자로서의 바울에게 부여된 어떤 권위를 거절하려 한다. 더욱이 Wire(1990a:149; 1990b:140-45)는 주장하기를, 고린도 교회 내에는 다양한 종류의 예언이 행하여지고 있는데 그중에도 예언과 방언 사이의 통합된 현상으로써 환상적 말(ecstatic speech)에 초점을 맞추어야 한다는 것이다. Wire(1990b:140, 145)는 특별히 환상적인 상태에서 방언을 하는 것을 (헬라-로마의 주술적 예언의 현상과 비슷한 현상으로써) 예언의 최고봉으로 여긴다.

그러나 우리는 고린도 교회의 예언의 진정한 기능이 바울과 여자 선지자들 사이의 '상호 기능'인지를 의심한다. 오히려, 우리는 고린도 교회의 예언의 기능은 고린도 교회 공동체 내의 한쪽 그룹이 다른쪽 그룹에 우세하게 작용한다고 추정한다. 더욱이 우리는 고린도 교회 내에서 예언과 방언이 통합된 현상을 가지고 있는지 의심스러울 뿐 아니라 방언이 고린도 교회 예언의 최고봉으로 나타난다는 주장에 회의적이다. 왜냐하면, 바울은 방언을 예언으로부터 분리하려고 애쓰기 때문이다(고전 14:19). 그리고 교만한 고린도 교인들에 의해 시행된 방언의 남용을 경고하면서 이해하기 쉬운 (intelligible) 예언을 이해하기 어려운(unintelligible) 방언보다 우위에 두기 때문이다.

1.1.5. 예언에 대한 신학적 접근.

초기 기독교 예언에 대한 신학적 접근은 예언의 역사적인 면이나 문학적인 면보다는 어떤 특별한 신학적 기능이나 이슈에 초점을 맞춘다는 사실이다(참고 Aune 1983:5; Hill 1979:110-39; Ellis 1977:46-57; Friedrich 1968:848; Crone 1973:205-30, 290-96). 다시 말해 고린도 교회에 대한 신학적 접근은 특별히 예언적 계시(prophetic revelation)의 본성과 예언적 권위(prophetic authority)에 관심을 갖는다(참고. Hill 1979:126, 128; MacArthur 1984:302-04, 332-33, 389-95; Packer 1984:214-17; Williams 1984:205-08; Grudem 1982:7-73, 115-76).

1.1.5.1. 예언적 계시의 이슈(계시적 혹은 선언적).

1. Williams(1971; 1977; 1984), Gee(1963), 그리고 Fee(1987)와 같은 학자는 고린도 교회의 예언을 포함한 초기 기독교 교회의 예언을 '*계시적 (revelatory)*' 예언으로 간주한다. 그들에게 있어서 예언자는 하나님으로부터 특별한 상황에 대하여 직접 메시지를 받는다. 그래서 예언자들은 하나님의 자발적 대변인이요 전령이다(Gee 1963:41-4). 이 학자들은 고린도 교회의 예언을, 고린도 교인들의 실제 삶의 다반사를 실제적으로 인도하는 하나님의 임재의 신호로 보았다(Fee 1987:683).

2. Hill(1977; 1979), MacArthur(1983; 1984; 1992), Kistemaker(1993), Packer(1984), 그리고 Ellis(1977)는 초기 기독교 예언(고린도 교회 예언을 포함)을 '설교' 또는 '성경 해설(exposition of the Bible)'으로 본다(참고. Laurin 1987:205-06, 248-49; Hurd 1965:188; Hill 1977:116-19, 125, 129; Ryrie 1965:86; Ellis 1977:49-51, 55). 그들은 고린도 교회의 예언을 성경을 설교한 것, 즉 '*선언적(declarative)*' 예언으로써 간주한다. 그들은 고린도 교회의 예언자들을 성경을 설교한 설교자, 선포자 또는 강해자로 부른다(참고. Friedrich 1968:829, 848; Hill 1979:4, 126; Ellis 1977:55).

1.1.5.2. 예언적 권위의 이슈.

고린도 교회의 예언적 권위에 관한 한 두 가지 큰 사상의 흐름이 있다:

1. 구약 성경의 예언과 고린도 교회의 예언 사이의 계속성(continuity).

권위적인 면에서, 구약 성경의 예언과 고린도 교회의 예언은 차이가 없고 똑같다는 주장이다. 즉 예언의 정확성이나 권위가 연속성을 갖는다는 주장이다. 대부분의 non-cessational 학자들(Williams, Gee, Yocum, 그리고 Mallon 등)과 Farnell(1992a; 1992b; 1993)과 같은 cessational 학자들이 여기에 속한다 .

2. 구약 성경의 예언과 고린도 교회의 예언 사이의 불연속성(discontinuity).
첫째, 성경 자체에 의해 평가되어지는 적용으로서의 계시: Packer, Kistemaker와 MacArthur와 같은 cessational 학자들은 모든 예언은 성경의 평가 아래에 놓여야만 한다고 주장한다. 기록된 말씀의 적용으로서의 계시는 성경 그 자체에 의해 평가되어져야만 한다(Kistemaker 1993:508; Packer 1984:215; MacArthur 1984; 1992)는 것이다. 그들은 모든 예언은 성경에 의해 평가되어져야만 한다고 믿는다(고전 14:37).

둘째, Grudem의 견해:
Grudem(1982)은 예언을 두 계층(level)으로 구분한다: '권위적(authoritative)' 예언과 '덜-권위적(non-authoritative)' 예언. Grudem(1982:7-12)은 고린도 전서의 예언의 권위는 구약 성경의 예언의 권위와 비교해 볼 때 '덜-권위적(non-authoritative)' 이라고 주장한다.
구약 성경의 예언이 '정확한 말들'의 권위적 예언인 반면, 고린도 교회의 예언은 '일반적 내용'의 덜-권위적 예언이라는 것이다. 다시 말해, Grudem에 의하면, 구약 성경의 예언은 전체 내용은 물론 단어 하나까지 틀림없이 맞는데 비해, 고린도 교회의 예언은 예언의 전체 내용만이 맞을 뿐이지 단어 하나 하나까지 정확히 맞는 것은 아니다. 더 나아가서 Grudem은 주장하기를, 구약 성경의 선지자와 신약 성경의 사도는 권위적인 면에서 같지만, 신약 성경의 예언자는 구약의 선지자나 사도의 권위와 같지 않다는 것이다.

이상으로 현 시대의 학자들의 논쟁을 요약하면, 고린도 교회의 예언에 관한 각 견해는 오직 예언에 관한 한 면만(a one-sided aspect)을 강조한다는 사실이다. 더욱이 각 학파의 견해는 고린도 교회 예언의 특별한 현상, 본질, 특징에 관한 한 다소 혼돈되어 있고 혼잡되어 있다. 또한 각 학파의 학자들은 다른 견해의 어떤 면들을 채택하거나 수정하였다. 어느 정도 중복되거나 합쳐져 있다, 예를 들면, 전통적-역사적 학자들과 Wire(주술적 예언을 강조); 양식 비평과 Wire(저자인 바울의 의도 무시); 양식 비평과 전통적-역사적 학자들(문학적 작품성을 강조).

1.2. 현 학자들의 논쟁에 관한 문제점들은 두 단계(levels)로 존재한다.

우리는 고린도 교회의 예언의 본질, 현상, 특징 그리고 기능을 어떻게 이해해야만 하는가? 현 학자들이 주장하는 논쟁의 많은 문제점들은, 예를 들면 고린도 교회의 예언과 함께 존재하는 역사적 신학적 문제점들은, 실제로 해석학적 문제들로부터 기인한다.

따라서 우리는 첫째로, 적절한 해석학적 도구의 도움을 받아 고린도 교회의 예언의 기능, 특징, 현상 등을 이해해야만 한다. 사람들이 고린도서의 텍스트를 다르게 해석하면 고린도 교회의 예언의 기능에 관한 견해가 달라지기 때문이다. 그러면 우리는 고린도 텍스트를 어떻게 해석할 것인가? 저자인 바울의 의도(intention)를 살펴야 할 것이고, 텍스트를 분석해야 할 것이고, 고린도 독자들을 염두에 두어야 할 것이다. 즉, 저자의 의도와 텍스트와 독자의 역동적 관계성(a dynamic relationship)에 기초하여 본문을 해석하여야 할 것이다.

둘째로, 특별한 상황과 복합적인 콘텍스트를 지닌 고린도 교회 내의 예언의 기능을 보다 잘 이해하기 위해 단일 영역적 접근보다 복합 영역적 접근을 시도할 것이다. 다시 말해, 우리는 세가지(문학적, 사회-역사적, 신학적) 영역의 접근을 시도해보고자 한다. 즉, 현 학자들의 논쟁의 문제점들에 대한 하나의 해결책으로서, 우리는 세가지 영역(문학적 영역, 사회-역사적 영역, 신학적 영역)에서 그 문제점을 탐구해보고자 한다.

1.2.1. 문제를 해결하려는 하나의 시도: 삼중적 접근(A Threefold Approach).

고린도 교회의 예언의 기능을 고린도 교회 공동체의 콘텍스트에서 보다 더 잘 이해하기 위해 우리는 하나의 '삼중적 접근(a threefold approach)'을 가진 해석학적 모델을 제시해보려 한다. 이 모델은 저자와 텍스트 그리고 독자 사이의 역동적 관계성(a dynamic relationship)에 초점을 맞춘다.

1.2.1.1. 문학적 접근(A Literary Approach).

성경은 형태 면에서 문학적이다. 더욱 구체적으로 장르 면에서 고린도 전서의 지배적인 형태는 서신체의 형태(epistolary form)와 수사학적 양식(rhetorical convention)이 어우러진 서신 장르이다. 그래서 우리는 고린도 전서를 분석할 때에 서신체-수사학적 분석(an epistolary-rhetorical analysis)을 사용할 것이다(참고. Wuellner 1989:36-7; Betz 1979:14).

바울의 편지는 복잡한 여건과 특별한 문제점들을 안고 있는 실제 교회들에 보내어졌다. 그래서 바울은 편지 장르 안에 수사학적 형태를 사용하여 하나님 말씀을 전하므로 수신자들의 문제를 위로하고 그것을 해결하며 말씀에 따라 살도록 설득하였다(Bailey 1995:214-15). 바울은 그의 서신에서 그 누군가가 회중 앞에서 자신의 편지를 큰 소리로 읽기를 기대하면서 '수사학과 서신체(epistolorgraphy)'를 절묘하게 조화시켰다(참고. Betz 1979:14; Bailey & Vander Broek 1992:23). 바울은 서신의 시작과 끝 부분에서 헬라 서신의 형태를 변형시켰고 서신의 본론 부분에서는 수사학적 형태를 사용함으로 자신의 주요 주제를 효과적으로 전달하고 청중들의 마음에 강한 어떤 충격을 주기를 바랬다. 따라서 우리는 문학적인 여러 가지 기교들과 함께 결합되어진 수사학적 구조에 주의를 기울일 것이다.

1.2.1.2. 사회-문화적 접근(A Socio-historical Approach)

우리는 역시 바울 서신의 사회-역사적 면에 초점을 맞출 것이다. 왜냐하면 텍스트 안에 문학적인 면은 특별히 사회적 콘텍스트와 역동적으로 연결되어 있기 때문이다(참고. Robbins 1993:444). 우리는 텍스트 안에 문학적인 면과 사회-역사적 면 사이의 상호관계성에 주의를 기울인다. 특히 우리는 고린도 텍스트 안의 수사학적 구조에 밀접한 관계를 갖고 있는 헬라-로마 사회와 고린도 사회의 특별한 사회-역사적 문맥에 관심을 갖는다. 다시 말해, 우리는 고린도 교회 공동체 내의 특별하고 개별적인 특징에 초점을 맞출 뿐 아니라, 헬라-로마 사회라는 일반적이고도 보편적인 특징에도 관심을 기울인다는 말이다. 고린도 교회의 콘텍스트를 이해함에 있어서, 특별하고 개별적인 특징과 함께 일반적이고 보편적인 현상을 함께 결합시켜 연구함은, 이 사회 현상들은 서로 배타적이 아니라 상호 보충적이기 때문이다 (Elliott 1993).

1.2.1.3. 신학적 접근(A Theological Approach).

우리는 텍스트 내의 신학적 요소에 주의를 기울여야만 한다. 왜냐하면 신학적인 기능은 문학적 기능과 더불어 사회-역사적 기능과 상호 역동적으로 관계하기 때문이다(참고 Longman 1987:88). 더욱 구체적으로 말하여, 우리는 고린도 교회 공동체의 사회적 구조를 형성하는데 있어서 바울의 신학적 대응에 초점을 맞춘다. 고린도 교회 공동체의 많은 문제점들이 본질상 사회적 중요성 뿐 아니라 신학적으로 문제가 있기 때문이다(Chow 1992:36; Witherington 1995:x). 진실로 바울의 편지는 사회-문화적 콘텍스트 뿐 아니라 신학적 중요성과도 밀접한 연결을 갖고 있다. 그러므로 신학적 요소를 고려함 없이 우리는 고린도 교회 공동체 내의 예언의 기능을 충분히 이해할 수 없다.

따라서 우리는 특별한 시대와 장소에서 살던 특별한 저자와 독자들의 이해와 사상을 반영시키는 '공통적 견해와 가치'에 초점을 맞출 것이다 (Robbins 1996:72). 더 구체적으로 우리는 고린도 교회 내에 지배적 소수 (the dominant minority)로서의 힘센 부자(the powerful rich)의 견해에 초점을 맞출 뿐 아니라, 바울의 신학에 깊은 관심을 기울일 것이다. 고린도 교회의 문제점들과 긴장은 '힘있는 부자들'과 '바울' 사이의 신학적이고도 사회적인 차이점에 의해 일어난 것이다. 바울은 '급진적 개혁가'로서 그 지배적 소수의 편견과 잘못된 가치관을 급진적이고 개혁적인 방법으로 변화시키려 하였다. 따라서 우리는 한편으로, 사회적 관계로부터 시작된 고린도 교회 공동체 내의 갈등과 문제점들을 살펴볼 것이다. 다른 한편으로는, 이 사회적 갈등 뒤에 숨겨진 내적인 동기와 신학적인 관심들에 대해 초점을 맞출 것이다.

2. 삼중적 차원에서의 기능(A Threefold Dimensional Function)

2.1. 문학적 차원(Literary Dimension).

2.1.1. 서신적-수사학적 구조 분석(the Epistolary-rhetorical structure).

<u>시작(The opening) 서신적 구조 -고전 1:1-3.</u>
시작 부분에서, 자신의 필요에 의해 아주 기술적인 계획으로 바울은 헬라적 기본 형태를 변형한다. 헬라적 기본 형태는 '보내는 자와 수취인에 관한 언급, 문안 인사 그리고 감사(Bailey & Vander Broek 1992:23-4).' 헬라적 형태와 바울의 변형된 형태를 보면 다음과 같다:

헬라적 형태	Vs	바울의 변형된 형태
보내는 자와 수신자		바울(보내는 자)… (변형된 언급)
		…교회(확장된 수신자들) (1-2절)
문안 인사(Greetings!)		은혜와 평강이 여러분에게…(3절)
감사(위험으로부터 지켜준		하나님의 은혜로 인하여 항상
신들에게 감사)		너희를 위하여 하나님께 감사…(4절)

(참고. Deissmann 1927:164, 166, 167, 170; Bailey & Vander Broek 1992: 23-4; Dorty 1973:22, 43; White 1988:89-95)

시작 부분은 바울이 이야기하려는 것에 대한 이해를 돕는 열쇠가 된다.

<u>마침(The closing): 서신적 구조-고전 16:19-24.</u>
마침 부분에서 바울은 의도적으로 그리고 자유롭게 헬라적 기본 형태를 변형하고 확장한다. 헬라적 기본 형태는 '마침 인사(a final greeting), 건강을 염원, 작별(farewell)'이다(Bailey & Vander Broek 1992:27). 그 비교는 다음과 같다:

헬라적 형태	Vs	바울의 변형된 형태
마침 인사		마침 인사들(16:19-20)
건강을 염원(건강하길!)		거룩한 입맞춤(고전 16:20하)/
		자서전적 인사(고전 16:21)/ 경고와
		종말론적 기도(고전 16:22)
날짜와 함께 작별(Erroso)		확신의 말들이 따르는 축도(16:23-24)

(참고. Doty 1973:22, 39-43; White 1988:89; Bailey & Vander Broek 1992:27; Weima 1994:203)

바울은 고린도 교회 공동체의 특별한 상황에 맞추어 마침의 인사를 변형하였는데 특히 바울은 성도들의 사랑에 강조점을 두고 있다: "만일 누가 주님을 사랑($\phi\iota\lambda\epsilon\iota$)하지 않는다면..(16:22)" ; "내 사랑($\alpha\nu\alpha\pi\eta$)은... (16:24)" (Weima 1994:203). 날카로운 경고와 함께 짝을 이룬 바울의 사랑에 관한 강조점은 바울과 고린도 교인들, 특히 영향력 있는 소수와의 갈등을 반영시킨다(:203-04). 고린도 전서의 마침 부분에 관한 언어는 바울과 힘있는 부자 사이의 갈등을 드러낸다(:205-06; Fee 1987:5-15). 그럼에도 불구하고 바울은 자신과 고린도 교인들이 사랑으로 하나되기를 강하게 염원한다(:207). 우리는 고린도 전서의 마침 부분은 바울과 고린도 교인들, 특히 힘있는 소수들과의 첨예한 긴장 관계를 이해하는데 중요한 역할을 한다(:208).

<u>본문(The body): 수사학적 구조(the rhetorical structure)-고전 1:4-16:18.</u>
고린도 전서의 본문은 수사학적 구조와 문학적 보조-양식(sub-forms)으로 구성되어 있다. 우리는 이 구조적인 특성을 수사학적 체계를 통해 분석해 보고자 한다.
· 서두(Exordium)-고전 1:4-9: 고린도 전서 1장 4-9절에서 바울은 보다 효과적으로 독자를 설득하기 위해 자신의 인격과 밀접하게 연결된 자신만의 '에토스(ethos)'를 확립하려고 애쓴다(Witherington 1994b:12). 즉 바울은 자신이 선택한 언어와 스타일로 정적이고 윤리적 호소를 하므로써 고린

도 교인들에게 영향을 미치려 한다.

· 명제*(Propositio)*-고전 1:10: 고린도 전서 1장 10절은 '명제*(a propositio)*로써 전 논쟁의 주제를 설명한다(Witherington 1995:94; Mitchell 1991:198). 바울은 고린도 전서의 전 논쟁의 주요 요점을 간단히 그리고 분명하게 기술한다(Mitchell 1991:198-99).

· 서술*(Narratio)*-고전 1:11-17: 고린도 전서 1장 11-17절에서 바울은 왜 자신이 편지를 신속하게 쓰게 되었는가 하는 이유와 고린도 교회의 문제 많은 상황을 간략히 설명한다(Witherington 1995:76). 이 상황에서 바울은 사회적, 윤리적, 그리고 신학적으로 심각한 문제를 갖고 있는 고린도 교인들을 설득해야만 한다고 느꼈다(:78). 이 서술*(narratio)*에서 바울은 (모든 고린도 교인들에게 세례를 주는 것이 아니라) 복음을 선포할 (자신의) 중요한 책무를 강조한다(1:17).

· 본론*(Probatio)*-고전 1:18-16:12: 바울은 본론에서 중심 주제(the focal theme)에 효율적이고도 일관성 있게 집중하기 위해 논리적인 방법으로 많은 소 주제를 취급한다(참고. Mitchell 1991:19, 66). 우리는 특별한 소 주제를 다루는 다섯 단락으로 전체를 나눌 것이다.

논쟁 I(고전 1:18-4:21)에서 사람의 지혜와 하나님의 지혜의 대조적인 예를 사용함으로써 바울은 자신의 일반적 결론을 끌어낸다(참고. Mitchell 1991:46-8; Kennedy 1984:16-7). 이 논쟁에서 힘있는 부자들은 자신들의 관심사를 위해 인간의 지혜에 초점을 맞춘다. 그러나 바울은 고린도 교회 전 공동체의 유익을 위해 십자가의 말씀과 밀접한 관련이 있는 하나님의 지혜에 집중한다.

논쟁 II(고전 5:1-7:40)에서 바울은 글로에의 집 사람들 편으로부터 들었던 것에 대응하며(고전 5:1-6:20) 고린도 교인들이 그에게 보내었던 편지에 응답한다(Wire 1990b:72). 이 논쟁에서, 바울은 고린도 공동체 내의 죄 가득한 행동을 지적한다(Witherington 1995:177).

논쟁 Ⅲ(고전 8:1-11:34)에서 바울은 지식이 얼마나 과장되어 있는지 보인다. 일련의 예를 통해서(예를 들면, 제 8장에 나오는 우상에 바쳐진 고기를 먹는 것 등) 바울은 논리적으로 자신의 중심 주제를 주장한다. 즉, 전 공동체의 유익을 위해 고린도 교인들(특별히 힘있는 소수들)의 자유는 제한되어야만 한다는 것이다(Mitchell 1991:48-50, 237-63).

논쟁 Ⅳ(고전 12:1-14:40)은 하나의 수사학적 단위이다(a single rhetorical unit) (Witherington 1995:253). 그리고 하나의 ABA' 형식의 교차 구조(chiasmus)를 가진다(Greidanus 1988:320). 이 구조는 고린도 전서 13장이 예언과 방언에 관한 토론에서 절정을 이룸을 보여준다(:320). 이 구조는 자기 희생적 사랑(self-sacrificial love)이 예언의 기능에 관한 논쟁에 핵심 요점임을 나타낸다. 고린도 전서 12장에서 바울은 성령의 은사에 관하여 일반적으로 이야기하는 반면, 고린도 전서 14장에서 그는 예언과 방언에 관해 특별히 논쟁한다(Witherington 1995:253).

·보조-양식(Sub-forms): 고린도 교회 공동체 내의 상황이 매우 복잡하기 때문에 바울은 그의 청중들을 설득하기 위해 다양한 문학적 기교들을 주요 논쟁들 가운데에 기술적으로 사용한다(Witherington 1995:77). 고린도 전서 본문(특히 12-14장)과 관련된 보조-양식으로써의 문학적 기교들은 다음과 같다: 교차 구조(chiasmus), 미드라쉬(Midrash), 비유(metaphor), 반복(repetition), 대조(antithesis), 수사학적 의문문(rhetorical questions), 과장(Hyperbole), 시적 리듬(hymnic rhythm) 그리고 제의적 요소들(liturgical fragments).

논쟁 Ⅴ(고전 15:1-16:12)에서, 바울은 기독교 종말론을 통해 '고린도 교회 공동체의 유익을 구한다'는 일반적 결론의 특별한 예를 논리적으로 전개해 나가고 있다. 아울러 바울은 고린도 교인들에게 새생활을 영위하는 자들로

서 그들이 어떻게 연보해야 하며 자비를 베풀어야 하는
가를 충고하고 있다(고전 16:1-12).

· 결론(Conclusio)-고전 16:13-18: 결론 부분에서 바울은 자신의 입장을 요
   약하면서 고린도 교인들(특히 힘있는 소수들)이 자신의
   가르침에 따를 것을 설득한다(참고. Bailey & Vander
   Broek 1992:32). 결론 부분에서 바울은 고린도 교회 회중
   들의 감정과 정서에 호소함으로써 회중들에게 결론적 충
   격을 주려고 애쓴다(Byrskog 1997:42-3).

2.1.2. 고린도 교회 예언의 문학적 기능

  문학적으로 접근하기 위해 우리가 서신적-수사학(the epistolary-rhetoric)
에 초점을 맞추었을 때, 예언적 강화(the prophetic discourse)[1]가 고린도 전
서의 구조에 어떤 특별한 역할을 한다는 것을 알 수 있다. 다시 말해, 바울
이 구약 성경과 예수의 구전들을 다양한 현재의 상황에 적절히 인용, 해석
(pesher interpretation)함으로 자신의 영감된 견해를 설득력 있게 선포[2]하고
있다는 사실을 발견할 수 있다. 그런 점에서, 우리는 고린도 전서의 텍스트
에서 선언적 예언(the declarative prophecy) 혹은 해석적 예언(interpretative
prophecy)이 우월하게(혹은 현저하게) 작용한다는 사실을 알 수 있다. 바울
은 고린도 공동체라는 복잡하고 다양한 여건에서 자신의 독특한 예언적 목
적을 달성하기 위해 때때로 구약 성경과 예수의 구전을 확대 적용, 해석한

---

[1] 고린도 전서는 고린도 교회에 대한 예언적 강화의 한 수단으로서 존재한다
  (Neusner 1987:7). 바울의 영감된 견해 또는 선언적 예언인 'pesher
  interpretation'을 통해, 고린도 전서는 동시대 독자들에게 현재와 미래의 사건들
  을 위한 메시지를 전한다(:7).

[2] 고린도 텍스트에서 바울은 동사들, "선포하다, 선언하다, 혹은 설교하다"
  ($\varepsilon \dot{v} \alpha \gamma \gamma \varepsilon \lambda i \zeta \omega$ 고전 1:17; 9:16, 18; 15:1-2, $\kappa \alpha \tau \alpha \gamma \gamma \dot{\varepsilon} \lambda \lambda \omega$ 고전 2:1; 9:14,
  $\kappa \eta \rho \dot{v} \sigma \sigma \omega$ 고전 1:23; 9:27; 15:11-12)을 독점적으로 사용한다. 그것은 하나님
  의 지혜와 연결된 십자가의 복음(고전 2:6-16)을 선포하는 설교자로서의 자신의
  역할을 강조하기 위함이다(Litfin 1994:152). 그러나 고전 12-14에서는 이 동사들
  이 빠져 있고 설교의 은사도 영적 은사의 목록에서 제외되어 있다(고전 12:8-10,
  28-30; Kistemaker 1993:46). 이러한 사실로 미루어, 고린도 교회의 예언은 선언
  적 기능(a declarative function)을 포함할 뿐 아니라 그 기능이 텍스트 안에서
  우월함을 알 수 있다.

다. 이 점에서 우리는 바울의 미드라식(midrashic)[3] 해석으로서의 선언적 예언(바울의 영감된 견해)는 형태면에서 유일하다(unique)고 본다.

2.2. 사회-역사적 차원(*Socio*-historical Dimension)

2.2.1. 사회-역사적 분석(The *Socio*-historical Analysis)

헬라-로마적 콘텍스트에서 고린도 교회의 예언의 사회적 기능은 무엇일까? 고린도 교회의 예언은 이방의 주술적 예언과 비교해볼 때, 독특한 사회적 기능을 가지고 있지는 않은가? 사회-역사적 분석을 통해서 헬라-로마 콘텍스트에서 고린도 교회의 예언의 사회적 기능을 탐구해보자.

바울		힘있는 소수들
· 봉사/섬김	사회적 관계	차별화/ 조작
· 질서적 방법	질서와 무질서	무질서적 방법
· '설교'를 통한	신체적 유추	'방언'을 통한 계급
· 연합으로 자기-절제		구조로 자기-절제 상실

2.2.1.1. 사회적 상태: 힘없는 다수와 힘있는 소수

고린도 교회 회심자들의 다수는 힘없고 가난한 하류층 사람들이다(Theissen 1982:69-73; 125-29; Horrell 1996:98). 고린도 전서 1장 26-28에서 바울은 고린도 교회 교인의 다수가 힘없고 가난하고 하류층 사람임을 암시한다: "…육체를 따라 지혜있는 자가 **많지 아니하며**(not many)…능한 자가 **많지 아니하며**(not many)…문벌 좋은 자가 **많지 아니하도다**(not many); 하나님이 세상의 미련한 것들을 택하사…약한 것들 택하사…**천한**

---

[3] 고린도 전서 안에서 바울의 미드라식 해석, 특히 *pesher* interpretation은 그 형태면이나 문장 구조면에서 독특하다. 즉, 직접 인용과 간접 인용을 주어진 콘텍스트에서 자유롭게 주석하고 원래의 텍스트를 자신의 의도대로 변형시키는 바울의 미드라식(특히 *pesher*)형태는 고린도전서 모든 문장 구조의 기본 형태를 이룬다(Ellis 1978:220). Bailey(1995:215)에 따르면, 바울의 논쟁은 특징면에서 미드라식이다. 바울은 때때로 연쇄 직접 인용(1:19, 31; 2:9, 16; 3:19하-20; 15:27, 32; 15:54-55 등)과 간접 인용을 사용한다(5:13; 10:3; 10:5; 10:10; 11:25 등)(참고. Bailey & Vander Broek 1992:42; Ellis [1957] 1981:153-54).

것들과 **멸시받는 것들**과 **없는 것**들을 택하사…"

그러나 어떤(혹은 소수) 교인들은 사회적으로 정치적으로 힘이 있는 그리고 경제적 부를 갖고 있어 교회 내에서 막강한 영향력을 끼치고 있다(Horrell 1996:156; Witherington 1995:22-4; 참고. Barclay 1997:286). 바울이 고린도 전서 1장 26절에서 "많지 않다(not many)"라고 언급했을 때 그는 약간(혹은 소수)의 교인들은 경제적 부를 지닌 사회적으로 상류층에 속한 자라는 것을 암시하고 있다(Clarke 1993:42, 45, 57; Winter 1997:191; Theissen 1982:70-73; Horrell 1996:95, 98; Fiore 1985:95; Barrett 1985:37). 얼핏 보면 이 문장은 하류층으로서 '힘없는 다수'에게 초점을 맞추는 듯하나 좀더 세심하게 살펴보면 바울은 그의 '의도된 독자(intended readers)'인 상류층으로서의 '힘있는 소수'에 대해 언급하고 있다(Theissen 1982:70).

2.2.1.2. 사회적 관계와 역할(Social Relationships and Roles)

사회적 관계와 역할 면에서 바울과 힘있는 소수들 사이에는 갈등이 있었고 그에 따른 상대에 대한 전략들(strategies)이 있었다. 힘있는 소수는 (1) 방언(혹은 주술적 예언)을 함으로써(고전 12장, 14장) (2) 윤리적 율법을 지키지 않고 자유롭게 행하므로써(고전 5장; 6:12-20; 참고. 8:9; 10:23) (3) 집을 예배 장소로 제공하고, 음식을 차별해서 먹음으로, 유별난 외모를 취함으로써(고전 11:2-16, 17-22, 33-34) 차별화(a differentiation)를 시도하였다. 그와는 대조적으로 바울은, 한편으로는, 방언의 사회적 위상을 감소시키려 애썼다: 첫째는 예언이 방언보다 우월하다는 전략(고전 14:1, 19, 39) 이요, 둘째는 방언은 자기 중심적이고 오직 개인을 위해서만 유익하다는 전략이다(고전 14:4, 16; Theissen 1987:292-93, 303). 또 다른 한편으로, 바울은 힘있는 소수의 세속적 경향을 기독교적 사회 형태로 재구성하려 애썼다: 즉, 음행한 자(고전 5:13)뿐 아니라 힘있는 소수들의 성적 부도덕을 공격함으로써(고전 6:12-20), 그들이 기독교 신자로서의 정체성을 확립하기를 바랐다(Moxnes 1988:213; Witherington 1995:154). 더 나아가 힘있는 소수들이 예배 처소로 모인 가정에서 행한 세속적 전략에 맞서 바울은 기독교적 종말론을 강조하였다. 또한 음식 차별화의 전략에 대항하여 바울은 성만찬으로 애찬을 대신함으로 힘있는 소수들의 사회적 형태를 재구성하려 하였다.

2.2.1.3. 질서와 무질서의 지도(Map of Order & Disorder)

Neyrey(1990:21-74)에 따르면 질서는 순결하고 강한 것을 의미하며 무질서는 부패하고 더러우며 약한 것을 의미한다고 한다. 헬라-로마의 질서 체계에 따르면 질서는 계급 구조에 의해 통제되는 강하고 힘있는 것이었다(Kee 1989:41). 고린도 교회 내의 힘있는 소수들은 자신들이 계급 구조에 의해 통제되는 강한 자들로 생각하였다. 그럼에도 불구하고 그들은 환상적인 상태에서 방언을 무질서하게 자랑함으로 행하였다(고전 14:9, 16, 23). 교회에서 방언을 할 때 그들은 자기 절제를 잃었다. 심지어 통역을 내세우지 않고 교만하게 무절제하게 시행하였다. 이 모순된 행동을 지적함으로 바울은 그들의 무질서를 나무랐다(고전 14:5, 13, 27-28).

대신 바울은 하나님의 질서라는 새로운 지도(map)를 사용함으로 힘있는 부자들을 변화시키기를 바랐다. 바울은 사랑이라는 방법을 통해 고린도 교회 공동체 전체의 유익을 구하려는 하나님의 질서의 지도를 사용하여 헬라-로마의 계급 구조(hierarchical structure)의 옛 지도(old map)에 탐닉하여 있는 힘있는 소수들을 변화시키려 의도하였다(참고. Neyrey 1990:31-75). 바울은 사랑의 방법으로 십자가의 복음을 선포하는 하나님의 새로운 질서의 지도를 통해서만 그들을 변화시킬 수 있음을 확신하였다(고전 1-4장; 고전 13장; 고전 14:1, 40).

2.2.1.4. 언어를 위한 신체적 유추(A Bodily Analysis for Speaking)

Neyrey(1990:109, 131)는 사회 조직과 사람의 신체 사이에는 관련이 있다고 말한다. 그는 주장하기를, "개인의 신체를 조절하는 것은 사회적 조절의 표현이다"라고 하였다. 이 이론에 의하면, 고린도 교회 공동체를 하나되게 하기 위해서는 개인적 신체는 통제되어야 만 한다(Witherington 1995:255). 바울은 고린도 교회 공동체 전체의 덕(edification)을 갈망하였다. 그래서 바울은 지적이고 이해가 쉬운 그러면서도 절제가 가능한 예언을 통해서 하나가 되기를 바랐다. 그러나 자신들의 유익에 관심을 가졌던 힘있는 소수들은 비지성적이고 무절제하고 극히 개인적인 방언을 말하므로써 자기 절제를 잃었다.

2.2.1.5. 이방 주술적 예언과 고린도 교회의 예언

주술적 상태란 '의식이 없고 심리적으로 붕괴되어 통제하지 못하는 행동을 하는 심리적이면서도 신체적인 상태'를 뜻한다(Wilson 1979:324). 바울은 고린도 교회의 예언과 이방의 주술적 예언을 분명히 구별하였다. 힘있는 소수들은 이방의 주술적 예언에 깊은 영향을 받은 것 같다.

고린도 교회의 예언	Vs	이방의 예언
·주술적 상태가 아님		·주술적 상태
·방언과 통합된 현상이 아님		·방언과 통합된 현상
·방언보다 우월함		·방언보다 열등함
·계시된 말씀에 대한 선언적 기능이 지배적임		·개인적 요구에 대한 반응적 기능

2.2.2. 고린도 교회의 예언의 사회-역사적 기능

사회-역사적 분석을 통해서 우리는 고린도 교회의 사회적 기능이 헬라-로마의 콘텍스트에서 독특하다는 사실을 알 수 있다. 고린도 교회 전 공동체의 유익을 위해 선언적 예언을 사용하는 바울은 힘있는 소수들을 하나님의 새로운 지도(new map)로 변화시키기를 원했다. 사도 바울은 선언적 예언을 선포함으로써, 자신들의 이기적 관심을 만족시키기 위해 영적, 사회적 차별화를 시도하는 힘있는 소수들의 조작(manipulation)을 좌절, 통제, 심지어 변화시키기를 원했다.

2.3. 신학적 차원(Theological Dimension).

2.3.1. 신학적 분석(The Theological Analysis)

바울	힘있는 소수들
〈선언적 예언〉으로	〈주술적 예언〉으로
자기-희생적 사랑	지식/ 지혜
기독교적 종말론	권위/ 힘/ 영향력
기독교적 자유	윤리로부터 자유

<u>자기-희생적 사랑</u>(self-sacrificial love), <u>기독교적 종말론</u>(Christian eschatology) 그리고 <u>기독교적 자유</u>(Christian freedom)는 고린도 교회 공동체 전체의 유익에 초점을 맞추는 바울의 신학이다.

첫째로, 자기-희생적 사랑은 예언을 통해 전 고린도 교회 공동체에 덕을 끼치고 유익을 주기를 원하는 바울의 가장 중요한 신학 사상이다. 자기-희생적 사랑은 바울의 설교의 주요 주제일 뿐 아니라 그의 삶의 척도이다. 그것은 고린도 교회 공동체의 문제점들을 해결해나가려는 바울의 전략과 계획들의 초석이 되는 개념이다(Johansson 1963-64:390).

둘째로, 바울은 성도들이 현재의 삶에서 예수의 재림을 준비하고 '*마라나타*(Maranata)'의 신앙을 지켜야만 한다는 종말적 개념(고전 1:8-9; 3:13; 4:5; 7:29-31; 13:9, 12; 15:23-28, 51-57)을 선포함으로써 세상적 재미와 기득권을 오랫동안 향유하려는 힘있는 소수들을 변화시키기를 원했다.

셋째로, 바울은 성도란 그리스도의 보혈을 통해 죄의 멍에에서 자유를 얻은 자임을 주장한다. 그러나 기독교적 자유는 다른 사람의 구원과 선을 위해 자신의 자유를 제한하거나 포기하여야만 한다고 바울은 주장한다.

<u>지식</u>(knowledge), <u>지혜</u>(wisdom) 그리고 <u>윤리로부터의 자유</u>(freedom from ethics)는 자신들의 유익과 사회적 힘 그리고 영향력 등을 반영시키려는 힘있는 소수들의 사상이다. 힘있는 소수들에 따르면, 지식, 지혜 그리고 도덕적 법으로부터의 자유는 다음과 같은 방법으로 서로 서로에게 밀접하게 상호 관련된다:

· 그 힘있는 소수들의 행동에 관한 자유는 영지주의적 지식에서 유래한다.
· 지혜있는 자들로서의 그 소수들의 지혜는 그들의 지식과 연관된다.
· 지혜있는 자들로서의 그 소수들은 도덕적인 법들로부터 자유하다.

실제적 삶에서, 힘있는 소수들은 영적이고 사회적인 조작(방언을 하는 것, 집을 예배 처소로 제공하는 것, 음식을 분리하여 먹는 것, 부도덕한 짓을 한 친구를 옹호하는 것 등)을 통하여 차별화(a differentiation)를 시도하려 하였다.

2.3.2. 고린도 교회의 예언의 신학적 기능

고린도 교회 회심자들, 특히 힘있는 소수들을 향한 바울의 주된 관심 중 하나는 자신의 신학(기독교적 종말론, 기독교적 자유 그리고 특히 자기-희생적 사랑 등)에 기초한 선언적(혹은 해석적) 예언을 통해 그들의 사회적 행동과 삶의 양식을 바꾸는 것이었다. 바울의 관심은 오직 고린도 교회 공동체 전체의 유익과 그들이 그리스도 안에서 하나가 되어 그리스도의 십자가의 복음으로 든든히 세워져 가는 것이었다. 그러나 힘있는 소수들의 관심은 공동체 위에 행사되어지는 자신들의 사회적 힘, 영향력 그리고 권위 등이었다. 바울 자신의 신학에 기초되어진 선언적 예언을 통해 바울은, 힘있는 소수들이 자신들의 내적 동기를 만족시키려 주장하고 있는 지식, 지혜 그리고 도덕적 법으로부터의 자유 등에 대해 예리하게 비평하며 그들의 견해와 행동을 변화시키려 애쓰고 있다.

따라서, 고린도 전서의 신학적인 면에 초점을 맞추어 볼 때, 우리는 바울의 신학에 기초를 둔 선언적(혹은 해석적) 예언이 힘있는 소수의 사상에 의해 사용되어진 주술적 예언(the ecstatic revelatory oracles)보다 훨씬 우월하게 작용함을 알 수 있다.

결 론

우리는 지금까지 고린도 교회의 예언의 문학적, 역사-사회적, 그리고 신학적 기능을 살펴 보았다. 첫째로, 고린도 서신 안에서 예언적 강화(the prophetic discourse)의 문학적 기능은 고린도 전서의 구조면에서 특별한 역할을 한다. 우리는 미드라식(midrashic) 해석으로서의 바울의 영감된 견해는 고린도 교회의 회심자들(특히 힘있는 소수들)을 변화시키기 위해서 고린도 텍스트 내에서 우월하게 작용한다는 사실을 살펴 보았다.

둘째로, 헬라-로마의 사회적 콘텍스트에서 고린도 교회의 예언은 차별화되어 작용한다.

왜냐하면 바울이 헬라-로마적 계급 구조(hierarchical structure)에 탐닉하고 있는 힘있는 수들을 선언적(해석적) 예언을 통해 하나님의 새로운 질서 속으로 끌어들이려 하였기 때문이다. 그리하여 그들을 기독교적 사회 구조 속으로 재조직하려 하였기 때문이다.

셋째로, 예언적 권위는, 바울이 자신의 신학에 기초한(특별히 자기-희생적 사랑) 선언적 언을 통해 힘있는 소수들의 편견적 사상과 삶의 양식을 변화시키는 데에 초점을 맞추었다는 점에서 재구성되어야만 한다. 바울에게 있어서 예언적 권위의 본질을 평가하는 데 있어서 중요한 척도는 예언을 듣는 청중의 사회적 행동과 삶의 스타일이 변화하느냐 변화하지 못하느냐는 문제에 있었다.

결론적으로, 위의 예언적 논쟁에 관계되는 한, 말과 행동으로 보여준 *자기-희생적 사랑(self-sacrificial love)*에 기초한 선언적 예언(declarative prophecy)은 이방의 주술적 예언과 비교하여 볼 때 형태 면에서나, 콘텍스트 면에서나, 내용 면에서 우월하게(dominantly) 작용한다.

참고 문헌 (Bibliography)

Aune, D 1983. *Prophecy in early Christianity and in the ancient Mediterranean world.* Grand Rapids: Eerdmans.

Bailey, J L 1995. Genre analysis, in Green, J B (ed), *Hearing the New Testament: Strategies for interpretation,* 197-221. Grand Rapids: Eerdmans.

Bailey, J L & Vander Broek, L D 1992. *Literary forms in the New Testament.* Louisville, KY: Westminster/ John Knox Press.

Barclay, J M G 1997. Thessalonica and Corinth: Social contrasts in Pauline Christianity, in Porter, S E & Evans, C A (eds), *New Testament interpretation and methods,* 267-92. Sheffield: Sheffield Academic Press.

Barrett, C K 1985. *Church, ministry, and Sacraments in the New Testament.* Exeter: The Paternoster Press.

Betz, H D 1979. Galatians: *A commentary on Paul's letter to the churches in Galatia.* Philadelphia, PA: Fortress Press.

Boring, M E 1982. *Sayings of the risen Jesus: Christian prophecy in the synoptic tradition.* London: Cambridge University Press.

---1985. Prophecy in early Christianity and the ancient Mediterranean world by D Aune. *CBQ* 47, 156-57.

---1991. *The continuing voice of Jesus: Christian prophecy and the Gospel tradition.* Louisville: Westminster/ John Knox Press.

Byrskog, S 1997. Epistolography, rhetoric, and letter prescript: Romans 1:1-7 as a text case, *JSNT* 65, 27-46.

Callan, T 1985. Prophecy and ecstasy in Greco-Roman religion and in 1 Corinthians. *NovT* 27/2, 125-40.

Chow, J K 1992. *Patronage and power: A study of social networks in Corinth.* Sheffield: Sheffield Academic Press. (JSNTSS 75.)

Clarke, A D 1993. *Secular and Christian leadership in Corinth: A socio-historical and exegetical study of 1 Corinthians 1-6.* Leiden: E J Brill.

Crone, T M 1973. *Early Christian prophecy: A study of its origin and function.* Baltimore: St. Mary's University Press.

Deismann, A 1927. *Light from the ancient east: The New Testament illustrated by recently discovered texts of the Greco-Roman world,* tr

L R M Strachan. London: Hodder and Stoughton.

Dorty, W G 1973. *Letters in primitive Christianity*. Philadelphia, PA: Fortress Press.

Dunn, J 1978. Prophetic 'I' sayings and the Jesus tradition: The importance of testing prophetic utterances within early Christianity. *NTS* 24, 175-98.

---1995. *1 Corinthians*. Sheffield: Sheffield Academic Press.

Elliot, J H 1993. *What is social-scientific criticism?* Minneapolis: Fortress Press.

Ellis, E E 1977. Prophecy in the New Testament church, in Panagopoulos, J (ed), *Prophetic vocation in the New Testament and today*, 46-57. Leiden: E J Brill.

---1978. *Prophecy and hermeneutic in early Christianity*. Grand Rapids: Eerdmans.

---[1957] 1981. *Paul's use of the Old Testament*. Grand Rapids: Baker.

Farnell, F D 1992a. The current debate about New Testament prophecy. *BS* 149, 277-303.

---1992b. The gift of prophecy in the Old and New Testament. *BS* 149, 387-410.

---1993. When will the gift of prophecy cease? *BS* 150, 171-202.

Fee, G 1987. *The first epistle to the Corinthians*. NICNT. Grand Rapids: Eerdmans.

Fiore, B 1985. "Covert Allusion" in 1 Corinthians 1-4. *CBQ* 47/1, 85-102.

Flaceliere, R 1961. *Greek Oracles*, tr by D Garman. London: Elek Books.

Friedrich, G 1968. sv 'Prophets'. *TDNT*.

Gaffin, R 1979. *Perspective on Pentecost: New Testament teaching on the gifts of the Holy Spirit*. Phillipsburg, NJ: Presbyterian and Reformed.

Gee, D 1963. *Spiritual gifts in the work of the ministry today*. Springfield, Mo: Gospel Publishing House.

Gitay, Y 1981. *Prophecy and persuasion: A study of Isaiah 40-48*. Germany: Linguistica Biblica Bonn.

Greidanus, S 1988. *The modern preacher and the ancient text: Interpreting and preaching biblical literature*. Grand Rapids: Eerdmans.

Grudem, W A 1982. *The gift of prophecy in 1 Corinthians*. Washington DC: University Press of America.

Hill, D 1973-74. On the evidence for the creative role of Christian prophets.

NTS 20, 262-74.

---1977. Christian prophets as teachers or instructors in the church, in Panagopoulos, J (ed), *Prophetic vocation in the New Testament and today*, 103-80. Leiden: E J Brill.

---1979. *New Testament prophecy*. Atlanta: John Knox Press.

Horrell, D G 1996. *The social ethos of the Corinthian correspondence: Interests and ideology from 1 Corinthians to 1 Clement*. Edinburgh: T & T Clark.

Hurd, J C 1965. *The origin of 1 Corinthians*. London: SPCK.

Johansson, N 1963-64. 1 Cor 13 and 1 Cor 14. *NTS* 10, 383-92.

Judge, E A 1974. St Paul as a radical critical of society. *Interchange* 16, 191-203.

Kee, H C 1989. *Knowing the truth: A social approach to New Testament interpretation*. Minneapolis: Fortress Press.

Kennedy, G A 1984. *New Testament interpretation through rhetorical criticism*. Chapel Hill, N C: The University of North Carolina Press.

Kistemaker, S J 1993. Exposition of the first epistle to the Corinthians. Grand Rapids: Baker.

Laurin, R L 1987. *First Corinthians: Where life matures*. Grand Rapids: Eerdmans.

Litfin, A D 1994. *St. Paul's theology of proclamation: 1 Corinthians 1-4 and Greco-Roman rhetoric*. Cambridge: Cambridge University Press.

Longman, T 1987. *Literary approaches to biblical interpretation*. Grand Rapids: Zondervan.

MacArthur, J 1983. *Spiritual gifts*. Chicago: Moody.

---1984. *1 Corinthians*. Chicago: Moody.

---1992. *Charismatic chaos*. Grand Rapids: Zondervan.

MacRae, A A 1975. sv 'Prophets and prophecy'. *The Zondervan Pictorial Encyclopaedia of the Bible*.

Mallone, G (ed) 1983. *Those controversial gifts: Prophecy, dreams, visions, tongues, interpretation, healing*. London: Hodder & Stoughton.

Mitchell, M M 1991. *Paul and the rhetoric of reconciliation: An exegetical investigation of the language and composition of 1 Corinthians*. Louisvill, KY: Westminster/John Knox Press.

Moxnes, H 1988. Honor, shame, and the outside world in Romans, in Neusner,

J & Frerichs, E S & Borgen, P & Horsley, R (eds), *The social world of formative Christianity and Judaism*, 207-18. Philadelphia: Fortress Press.

Neusner, J 1987. *What is midrash?* Philadelphia: Fortress Press.

Neyrey, J H 1990. *Paul, in other words: A cultural reading of his letters*. Louisville, KY: Westminster/ John Knox Press.

Packer, J I 1984. *Keep in step with the Spirit*. Old Tappan, NJ: Revell.

Plutarch. *Plutarch's Moralia*, tr. by F C Babbitt. 15 vols. London: Heinemann.

Reinhold, M 1972. *Past and present: The continuity of classical myths*. Toronto: Hakkert.

Robbins, V K 1993. Rhetoric and culture: Exploring types of cultural rhetoric in a text, in Porter, S E & Olbricht, T H (eds), *Rhetoric and the New Testament*, 443-63. Sheffield: Sheffield Academic Press. (JSNTSS 90.)

---1996. *Exploring the texture of texts: A guide to socio-rhetorical interpretation*. Valley Forge, PA: Trinity Press International.

Ryrie, C C 1965. *The Holy Spirit*. Chicago: Moody Press.

Theissen, G 1982. *The social setting of Pauline Christianity: Essays on Corinth*, tr by J H Schuetz. Philadelphia: Fortress Press.

---1987. *Psychological aspects of Pauline theology*, tr. by J P Galvin. Philadelphia: Fortress Press.

Thuren, L 1995. *Argument and theology in 1 Peter: The origin of Christian paraenesis*. Sheffield: Sheffield Academic Press. (JSNTSS 114.)

Weima, J A D 1994. *Neglected endings: The significance of the Pauline letter closings*. Sheffield: JSOT Press. (JSNTSS 101.)

White, J L 1988. Ancient Greek Letters, in Aune, D E (ed), *Greco-Roman literature and the New Testament: Selected forms and genres*, 85-105. Atlanta, GA: Scholars Press.

Williams, J R 1984. 'Charismatic movement'. *Evangelical Dictionary of Theology*.

Wilson, R R 1979. Prophecy and ecstasy: A reexamination. *JBL* 98, 321-37.

Winter, B W [1991] 1995. Civil litigation in secular Corinth & the church: The forensic background to 1 Corinthians 6:1-8, in Rosner, B S (ed), *Understanding Paul's ethics: Twentieth century approaches*, 85-106. Grand Rapids: Eerdmans.

Wire, A C 1990a. Prophecy and women prophets in Corinth, in Goehring, E & Hedrick, W & Sanders, JT & Betz, D (eds), *Gospel origins and Christian beginnings*, 134-50.

---1990b. *The Corinthian women prophets: A reconstruction through Paul's rhetoric*. Minneapolis: Fortress Press.

Witherington, B 1994. *Friendship and finances in Philippi: The letter of Paul to the Philippians*. Valley Forge, PA: Trinity Press International.

---1995. *Conflict and community in Corinth: A socio-rhetorical commentary on 1 & 2 Corinthians*. Grand Rapids: Eerdmans.

Wuellner, W 1989. Hermeneutics and rhetorics: From 'truth and method' to 'truth and power'. *Scriptura* S3, 1-54.

생명의 떡(요6:1-66) 논쟁에 나타난 구약인용[1]

박 정 식 *

1. 서 론
2. 본 론
  2.1 요한복음과 논쟁
  2.2 방법론
  2.3 요한복음의 구약인용
  2.4 생명의 떡 논쟁
3. 결 론

1. 서 론

사도요한은 요한복음 20:31에서 저작 목적을 분명하게 밝히고 있다. 그것은 요한복음이 독자들을 설득하기 위한 목적을 가지고 기록되었으며, 그 내용은 예수님이 그리스도시고, 하나님의 아들이신 것을 믿게 하려함(과거 가정법인 $\pi\iota\sigma\tau\epsilon\acute{u}\sigma\eta\tau\epsilon$로 읽을 경우지만 현재 가정법인 $\pi\iota\sigma\tau\epsilon\acute{u}\eta\tau\epsilon$로 읽는다면 믿어가게 하려함)이다. 이 사실을 효과적으로 설득하기 위해 논쟁형식을 취하고 있다. 요한복음의 전반부(2:13-12:50)에서 저자는 유대인

---

* 광신대학교 교수, 신약학(D.Th.)

[1] 신학교 시절 고결한 인격으로 큰 가르침을 주셨던 은사이신 이진태 원장님의 고희 기념논문집에 원고를 쓸 수 있게 되어 큰 영광으로 생각한다. 요한복음을 전공한 필자는 구약을 전공하신 원장님의 전공을 고려하여 요한복음에서 구약과 관련이 있는 한 주제인 "생명의 떡"(만나-요한 6) 주제를 다룬다. 주님 안에서 항상 건강하시며 주앞에 설 때까지 주님의 백성들을 사랑으로 굳게 세웠던 사도요한의 온유와 사랑이 항상 넘치시길 기도한다.

들과의 논쟁을 통해 예수께서 그리스도시고 하나님의 아들이신 정체성을 명확히 제시하고 있다. 기독론의 핵심 주제들인 하나님 되심, 하나님의 아들, 인자, 그리스도 등의 주제가 여기에서 다뤄지고 있으며, 예수께서 죽으신 두 가지 죄목인 "성전 되심"(요한 2-성전청결)과 "하나님 되심"(요한 5-신성모독)도 여기에서 다뤄지고 있다. 테니(Tenney)는 좀 더 구체화하여 요한복음 6장을 예수님과 유대인들 사이의 갈등(6:1-8:59)의 시작으로 설명한다.[2] 저자는 예수님의 정체성을 드러내기 위해 수사학의 설득 전략들을 사용하고 있으며, 생명의 떡 논쟁에서는 그의 정체성인 "하늘에서 온 떡"으로 계시의 초점을 맞추어 유대인들과의 논쟁을 통하여 제시하고 있다. 특히 저자는 예수님의 정체성을 효과적으로 드러내기 위해 구약의 출애굽 사건의 이미지들과 만나를 사용하고 있다.

우리는 예수님의 정체성을 드러내기 위해 수사학의 설득 전략에 따라서 요한복음 6장의 주제들과 이것들의 논리적인 흐름을 연구할 것이다. 특히 구약의 형상화된 이미지들과 모형들을 사용하여 예수께서 생명의 떡되심을 저자가 어떻게 효과적으로 논증해 가는지를 연구할 것이다.

2. 본 론

2.1 요한복음과 논쟁

와르너(Warner)는 고전적인 아리스토텔레스(I.II.19-21)학파의 수사학에 대한 정의를 따라 복음서들의 중요한 목적을 설득으로써 제시한다.[3] 더 나아가 모리스(Morris)는 이러한 저작 목적인 효과적인 설득을 위해 요한복음이 논쟁을 사용하고 있다고 설명한다.[4] 저자는 예수께서 보여주신 그 표적들과 말씀하신 담화들을 통해 예수님이 그리스도이고 하나님의 아들인 것을 증명한다(20:31). 그러므로 요한복음은 청중 혹은 독자들을 효과적으

---

[2] Merrill C. Tenney, *The Gospel of John* (Grand Rapids: Zondervan Publishing House 1981), 70.

[3] Martin Warner, The Bible as Rhetoric: Studies in Biblical Persuasion and Credibility (London: Rouhedge, 1990).

[4] Leon Morris, *The Gospel according to John* (Grand Rapids: WM. B. Eerdmans Publishing, 1971), 208.

로 설득을 위해 구성되었고, 이를 위해 법정 수사학적[5] 인 논쟁의 구성과 논리를 따르고 있다.

존과 밀러(Johns & Miller)는 이 법적인 논쟁이 예수님이 그리스도요 하나님의 아들인 것을 독자에게 설득하고, 그 사실을 증명하기 위해 증인들과 증거를 사용하고 있다고 주장한다.[6] 요한복음은 많은 법률적인 용어들을 사용하고 있는데 그 대표적인 예들은 예수님을 위한 증인의 증거들로써 "증언"과 "증거하다"와 법적인 재판의 과정에서 사용하는 재판과 재판하다라는 용어들이다. 요한의 논쟁에서 중요한 증거들로 사용된 것들은 예수님의 사역들과 표적들이다.

요한복음을 연구하는 학자들은 이 복음서에 나타난 중요한 특징중의 하나인 예수님과 유대인들 사이의 많은 토론과 대립에 관심을 갖는다. 브라운(Brown)은 "유대인들과의 논쟁"을 이 복음서의 중요한 특징중의 하나라고 설명하며[7] 다드(Dodd)는 "표적의 책"이라고 불리워지는 그 복음서의 전반부에서 나타난 어떤 중요한 변경은 그것이 제시하고자 하는 강하고 미묘한 통일성을 만들어 내는 많은 논쟁들로 구성되어 있다고 지적한다.[8] 그러므로, 요한복음은 "변증적인 생생한 묘사"[9] 을 통한 "예수님과 유대인들 사이의 논쟁"[10] 을 사용해 저자의 저작목적을 강조하고 있다. 요한복음의 저

---

[5] 수사학의 장르는 세가지로 나눠진다. 첫째는 법정 수사학(forensic or judicial rhetoric)이다. 이것은 수사자가 과거에 일어난 사건에 대해 청중들이 심판을 하도록 설득할 때 사용하는 수사학을 말하며, 정의와 불법, 비난과 옹호가 이 수사학의 주제로 등장한다. 주로 법정에서 사용하는 수사학이다. 둘째인 정치(심의) 수사학(deliberative or political rhetoric)은 앞 날의 어떤 일들의 수행을 목표로 하여 청중들을 설득시킬 때의 사용하는 수사학을 말한다. 셋째는 의전 수사학(epideictic, demonstrative or ceremonial rhetoric)으로 현재의 생각이나 관점 혹은 사상들을 재확인하고 이것들을 견지하려고 할 때 사용되는 수사학을 지칭한다. 국가 기념일에 주어지는 축사가 의식 수사학에 속하며 찬양, 고무, 혹은 비난 등으로 그 내용들을 특징지을 수 있다. 요한복음 6장은 심의 수사학적인 성격을 갖고 있지만 형식과 구성은 법정 수사학의 장르를 갖고 있다.

[6] Loren L. Johns, & Douglas B. Miller, The Signs as Witnesses in the Fourth Gospel: Reexamining the Evidence. *CBQ* 56 (1994), 533.

[7] Raymond E. Brown, *The Gospel according to John (i-xii)* (New York: Doubleday, 1966), lxx-lxxv.

[8] C. H. Dodd, *The Interpretation of the Fourth Gospel* (Cambridge: Cambridge University Press, 1968), 389.

[9] Craig A. Evans, Images of Christ in the Canonical and Apocryphal Gospels. in

자는 그리스-로마 문학을 지배하던 수사학 논쟁을 통해 복음서의 목적인
"오직 이것을 기록함은 너희로 예수께서 그리스도요, 하나님의 아들이심을
믿게 하려 함이요"(20:31)를 효과적으로 증거 하고자 한 것이다.

2.2 방법론
2.2.1 논쟁 패턴

논쟁은 수사학의 가장 기본적인 요소로 저자가 자신의 주장을 증명하기
위해 사용하는 방법이다. 이 논쟁을 정확하게 분석하기 위해서는 본문이
어떤 논쟁의 패턴으로 구성되어 있는지 알아야 한다. 창안되거나 존재한
자료들을 사용하여 저자가 어떤 순서로, 어느 부분을 확대하고 축소할지,
또는 어떻게 주제를 발전시킬 것인지를 하나의 개요로 정리한 것이 논쟁
패턴이다. 맥(Mack)은 논쟁을 구성하는 일반적인 네 가지 요소들을 제시
하였는데 그것은 서론(exordium), 명제나 이유등에 의한 진술(narratio), 반
대명제나 유추 또는 비교, 예, 인용 등을 통한 논쟁(argumentatio), 그리고
결론(conclusio)이다.[11] 서론은 도입부로써 청중과 그들의 상황을 인식하고
화자의 신뢰성을 세우는데 초점을 맞춘다. 그것의 중요한 기능은 청중의
관심과 주의를 고취하고, 화자의 신뢰성을 보여주며 중심 메세지의 내용을
제시한다. 서술부(narratio)는 상황을 열거하고 이슈를 명확히 하며, 이유와
함께 또는 결정적인 주제들의 하나를 제시함으로 명제를 세운다. 베일레이
와 반더 브록 (Bailey & Vander Broek)에 따르면 그 서술부는 사실에 바
탕을 두고 청중을 위한 중요한 배경 정보를 공급한다고 한다.[12] 확증 또는
논쟁은 증거를 배열하고, 명제들을 지지하기 위하여 통례적인 전략에 따라
서 해석된 표제로부터 예들을 공급한다. 법정적인 논쟁은 고소자의 죄목에
부정이나 그의 진술에 대한 반증, 또는 그의 약점을 진술한다. 결론은 논쟁

S. E. Porter, Michael Hayes, & David Tombs, (eds), *Images of Christ:
Ancient and Modern* (Sheffield: Sheffield Academic Press, 1997), 56.

[10] Merrill C. Tenney, The Gospel of John. (Grand Rapids: Zondervan Publishing
House, 1981), 24-25.

[11] Burton L. Mack, *Rhetoric and the New Testament* (Minneapolis: Fortress
Press, 1990), 42.

[12] J. L. Bailey, & L. D. Vander Broek, *Literary forms in the New Testament*
(Louisville: Westminster/John Knox Press, 1992), 32.

의 결과로 결정된 결과들을 받아들이노록 청중을 설득하고 논쟁의 주요점들을 반복하는 많은 기능들을 포함한다.

그러나 이 패턴은 수사학적인 종류나 논증 내용에 따라 구성 요소들이나 순서들이 유동적이다. 법정 수사학은 청중의 주의를 화자에게 돌리기 위하여 서론(exordium, introduction)으로부터 시작한다. 그 다음으로 사실의 진술 또는 나레이션(narratio or statement of fact)이라 불려지는 사실 혹은 배경 설명을 통한 정보 제공이 등장하며 그 다음으로는 명제(proposition)라고 불려지는 그리고 연사가 증명해야 하는 부분이 따라온다. 다음은 이를 증명(proof)해야 하며 또한 반론(refutation)도 제기하여 마지막으로는 결론(epilogue)을 내린다. 정치 수사학의 구조는 법정 수사학의 구조보다는 간단하여 서론, 명제, 증명 그리고 결론으로 구성된다. 또한 의전 수사학은 찬사라는 encomium이 그 대표적인 형태이다. 기념을 목적으로 하는 연설이므로 그 구조는 서론과 기원, 혈통, 출생 등의 서술, 그리고 그의 교육과 덕 그리고 공적들과 재능들에 대한 업적들의 언급, 그리고 명예를 돌리는 결론의 형태를 가지고 있다.

2.2.2 병렬구조

이스라엘을 포함한 고대 근동과 그리스에서 논리적으로 자신들의 주장을 상대방이나 청중에게 제시했던 방법이 평행구조이다. 이 구조는 구약 특히 시가서의 기본뼈대를 구성하는 문학 구조였고 신약시대에는 문학의 기본 틀(frame)을 형성하였다. 이 병렬구조는 성경저자가 하나님의 말씀을 기록할 때 비교하거나 대조시키기 위한 병렬구조로 성경을 읽을 때 운율을 주어 메시지가 효과적으로 전달되도록 하는 전달방법이다. 병렬구조는 동일하거나 관계되어지는 문장의 의미에 대한 내용과 문법적인 구조의 반복으로 보다 더 자세히 표현되어 질 수 있으며 그 효과는 병렬되어 나타나는 성경의 절이나 구들에서 주제나 내용들이 서로 상응하거나 유사하거나 대조되어진다.[13]

병렬구조는 사상들이나 대상들, 사실들에 대한 단어들의 관계를 따라 자신의 생각에 이미 가지고 있는 병렬 되어진 구조들을 사용하여 표현하려는

---

[13] Adele Berlin, Parallelism, in Freedman, David Noel, et al. (eds), *The Anchor Bible Dictionary Vol. V* (New York: Doubleday, 1992), 155-156.

방법이다. 병렬구조의 종류들은 많지만 가장 일반적으로 사용하는 것은 교차대구구조(chiasmus)이다. 이것은 문장에서 단어들, 또는 절들이 십자형태로 교차되어서 놓여진 형태(ABXB′A′)를 갖는다. 즉 반복되거나 연속적으로 언급되어진 구, 절 또는 단어들의 순서가 의도적으로 전도(reversal)되어 나타난 것을 말한다.[14]

2.3 요한복음에서 구약인용

요한복음에서 구약을 인용하는 방법은 독특하다. 공관복음이나 바울서신들은 일반적으로 구약의 본문(종종 LXX역)을 직접 인용하지만 이에 반해 요한은 직접 인용한 경우가 거의 없다. 그렇지만 그것이 요한복음에서 구약이 중요하지 않다는 것을 의미하지는 않는다. 요한복음에서는 저자의 신학을 드러내기 위해 구약의 메시지를 매우 많은 부분에서 간접적으로 인용하고 있다. 특히 강한 논쟁의 성격을 갖는 2장에서 12장까지는 구약의 어떤 사상이나 모형을 신학적으로 재해석하여 인용하고 있다.

뒤 란드(Du Rand)는 요한복음의 구약 사용의 예에 대해 "다른 복음서보다 구약 메시지의 중요한 윤곽을 보다 명확하게 정리하여 인용한다"고 설명한다.[15] 저자는 예수님의 정체성을 드러내는 전반부에서 구약의 다양한 모형들을 예수께서 완성하셨음을 보여주기 위해 구약을 간접적으로 인용하고 있다. 그 예를 살펴보면 2장은 성전, 2-3장은 유월절, 5장은 안식일, 6장은 유월절과 만나, 7-10장 전반부는 장막절, 10장 후반부는 수전절, 그리고 12장 이하는 다시 유월절을 성취하셨음을 보여준다. 결국 요한의 구약 인용의 독특성은 구약의 어떤 본문을 직접 인용하기 보다는 구약의 절기나

---

[14] 예를 들면 요한일서 4:7-8의 교차대구법의 구조를 보면 다음과 같다.

4:7 A: …사랑은 하나님께 속한 것이니, B: 사랑하는 자마다 하나님께로 나서 하나님을 알고

4:8 B′: 사랑하지 아니하는 자는 하나님을 알지 못하나니 A′: 이는 하나님은 사랑이심이라

이 두절을 보면 7절의 A와 8절의 A′가 그리고 7절의 B와 8절의 B′가 서로 같은 내용이 대조되어 나타난다. 이 형태는 헬라어의 X(chi)의 글자와 같은 폼인 (ABXB′A′)를 갖으므로 chiasmus로 부른다.

[15] J. A. Du Rand, *Johannine Perspectives: Introduction to the Johannine Writings- Part1* (Johannesburg: Orion, 1994), 40.

모형들이 예수님에 의해 성취되었음을 밝혀 그분의 정체성을 드러내기 위해 사용한 것이다.

2.4 생명의 떡 논쟁(요한 6)
2.4.1 서론

요한복음 6장은 예수님과 유대인들 사이의 갈등이 심화되어 나타나는데 이것은 기적들과 함께 "나는 ~이다" 말함의 자기 정체성이 논쟁의 형식을 통해 명확하게 드러내고자 함이다. 예수님의 구약성취에 대한 실제적인 격렬한 논쟁은 5장에서부터 시작한다. 5장에서는 안식일을 성취하고 6장에서는 유월절 이후에 출애굽 한 유대인들에게 때를 따라 공급하셨던 만나를 성취하심으로 자신이 한번 먹으면 다시는 배고프지 않는 참 만나, 즉 생명의 떡임을 드러내고 있다. 그러므로 요한복음은 생명의 떡 논쟁을 통하여 하나님으로부터 주어진 참 생명의 떡(32-35)으로써 예수님의 정체성을 제시하고자 한다.

2.4.2 논쟁 패턴

이 논쟁은 예수님과 유대인 사이의 대립적인 논쟁의 전략을 사용하여 예수님의 정체성인 생명의 떡 되심을 드러내고 있다. 본문에 나오는 두 가지 기적은 단순히 기적들 행하심에 그 목적을 두고 있는 것이 아니라 예수님이 이 세상에 생명의 기원이 될 뿐만 아니라 영생의 지지자요, 부양자가 되시는 하나님의 아들되심을 보여주기 위함이다. 그러므로 이 기적들은 하나의 표적($\sigma\eta\mu\epsilon\hat{\iota}o\nu$)이 된다. 사도요한은 7개의 기적들을 예수님의 정체성을 드러내는 표적으로 사용하고 있다.

수사학적인 효과를 위해 예수는 조상들이 광야에서 먹었던 만나를 자신이 주는 생명의 떡과 비교하여 제시하며, 생명의 떡은 단계적으로 발전되어질 뿐 아니라 영생을 가져오는 떡이 바로 인자의 육체와 피임을 구체적으로 설명하고 있다. 그러므로 이 생명의 떡 논쟁은 세상에 생명을 주기 위해 하늘로부터 내려온 예수님의 존재론적인 정체성을 드러내는데 초점을 맞추어 기록되었다.

생명의 떡 논쟁 패턴

1. 서론:	두 표적들(1-21).
2. 이슈:	예수님은 생명의 떡이다.
3. 논쟁	
3.1 논쟁 I:	생명의 떡(22-40).
내러티브:	무리가 예수님을 찾는다(22-25).
소논제:	영생을 위해 일하라(26-27).
기원:	영생은 인자가 준다(27a).
이유:	영생의 권세는 아버지가 인자에게 주었기 때문이다(27b).
질문 I:	하나님의 일은 무엇인가?(28).
대답:	하나님의 일은 예수님을 믿을 것이다(29).
질문 II:	예수님을 믿을 수 있는 표적을 달라(30).
예:	유대인의 조상들이 광야에서 만나를 먹었다(31).
대답:	그 만나는 예수님의 아버지가 주셨다(32a).
이유:	참 떡은 아버지에 의해서만 주어진다(32b).
결과:	하나님의 떡인 예수님은 세상에 생명을 준다(33).
요구:	이 떡을 항상 주라(34).
논제:	"나는 생명의 떡이다"(35).
반응:	유대인들은 예수님을 보았지만 믿지는 않았다(36).
대조:	아버지께서 예수님께 준 자들은 그분에게 올 것이다(37).
결과:	예수님에게 온 자들을 다시 살릴 것이다(38-39).
결론:	아들을 믿는 자는 영생이 있다(40).
3.2 논쟁 II :	예수님의 육체는 생명의 떡이다(41-59).
문제:	사람은 하늘에서 내려올 수 없다(42).
소논제:	아버지께서 이끌지 않으며 아무도 예수님께 올 수 없다(44a).
결과:	예수님께 온 자들은 마지막 날에 다시 살 것이다(44b).
예:	선지자의 글을 보라(45).
결과:	하나님께 배운 자는 예수님께 온다(46).
결과:	믿은 자는 영생을 가졌다(47).
논제:	예수님은 생명의 떡이다(48).
예:	유대인들은 만나를 먹었지만 죽었다(49).
대조 I:	생명의 떡을 먹은 사람은 결코 죽지 않는다(50).
이유:	참 떡은 예수님 육체이기 때문이다(51).
반응:	유대인들은 이 진리를 알지 못했다(52).
선포:	인자의 살과 피를 먹지 않는 자는 생명이 없다(53).
대조 II:	인자의 살과 피를 먹는 자는 생명을 가졌다(54).
이유:	예수님의 살과 피는 참 양식과 음료이기 때문이다(55).

결론:	예수님은 자신을 먹고 마시는 자안에 영원히 거한다(56-58).
유추:	예수님은 아버지 때문에 산다(57a).
결과:	성도도 예수님 때문에 산다(57b).
예:	만나를 먹는 자는 죽었다(58a).
대조 Ⅲ:	예수님을 먹는 자는 영원히 산다(58b).
4. 결론:	많은 제자들은 예수님을 떠났다(60-71).
이유:	믿지 않기 때문이다(64).
이유:	아버지께서 주신 자들이 아니기 때문이다(65).
결과:	많은 제자들이 예수님을 떠났다(66).
대조:	제자들은 예수님을 떠나지 않고 믿었다(66-71).
이유:	예수님에게 영생이 있기 때문이다(68).

　　예수는 이 "생명의 떡" 논쟁을 통해 자신이 구약의 이스라엘 백성들이 광야에서 먹고 생명을 누렸던 만나의 의미를 성취하셨음을 보여 준다. 저자는 예수께서 참 만나 되심에 대한 배경(setting)적인 효과를 위해 본문의 그 배경을 출애굽의 과정처럼 설치한다. 우선 가버나움에서 갈릴리 호수 북쪽의 요단강을 건너서 디베라 바다 건너편인 벳세다까지의 여정을 홍해를 건넌 후 사흘 길을 걸어간 이스라엘 백성의 모습으로 그리고 있다. 또한 음식을 구하는 출애굽을 한 이스라엘 백성들의 모습과 음식을 구하기 위해 기도하는 모세의 모습을 예수는 그들이 굶주리고 자신에게 오신 것을 보시고 빌립과 안드레에게 모세처럼 음식을 달라고 기도하는 모습으로 만드신 후에, 하나님께서 응답하여 광야에서 만나가 내린 것처럼 예수 자신이 기도하신 후 직접 빵을 나눠주신 배경을 설정하고 있다. 이러한 설정은 저자가 예수님의 정체성을 어떻게 설명하고자 하는지를 보여준다.

　　예수는 만나가 단순히 출애굽을 한 백성이 광야에서 생명을 영위하기 위해서 먹었던 하나의 음식으로써의 역할 뿐 아니라, 미래에 예수 그리스도 안에서 성취될 새로운 만나를 예표하고 있음을 보여 준다. 이 만나는 구약에서 하나님의 통치의 결과로 자신의 백성들을 돌보시고 날마다 생명을 주시는 하나님의 구원의 상징으로 사용되었다. 그러므로 유대인들은 메시야가 오시면 구약처럼 그들을 이끌어 내실 뿐 만 아니라 날마다 자신들의 생명을 영위케 할 것이라고 기대하고 있었고, 예수께서 오병이어의 기적을 행하자 바로 그 메시아로 예수님을 인정하여 자신들이 기대하는 왕으로 삼으려고 한 것이다. 그렇지만 예수는 이 사건을 외형적인 공급의 관점이 아니라 하나님께서 구약에서 주셨던 구원의 관점에서 설명하였다. 그러면서 그 생명은 육체적인 생명이 아니고 예수님의 인격 안에 거하는 것이며 예수 자신이 이 생명의 근원 되심을 설명한다. 그러므로 생명의 떡 논쟁은 생명을 영위하기 위한 조건으로써 예수님을 믿어야 하는 것이 아니라 참 떡 자체이신 예수님을 믿어야 한다는 것이다. 결국 이 생명의 떡 논쟁은 예수님의 정체성을 다루며, 영원한 생명을 주기 위하여 하늘로부터 오셔서 만나의 본질을 회복하기를 기대하는 약속을 성취하고 있음을 드러내기 위함이다.[16]

2.4.2.1 서론

이 논쟁은 두 가지 표적으로 시작한다. 예수께서 생명의 떡되심을 논증하기 위해 예수는 베세다 광야에서 굶주린 백성들을 먹이신다. 이 기적의 배경을 살펴보면 저자는 유월절의 시간적인 배경(6:4)[17]과 출애굽 후 홍해를 건너서 시내광야로 들어와 만나를 먹었던 출애굽의 초기 여정(출 12:37-16:31)을 재현하기 위하여 의도적으로 북쪽 요단강 서편에서 벳세다 광야로 건너 가는 과정과 같은 공간적인 배경을 사용하고 있다. 만나 먹음의 배경과 예수님의 오병이어의 배경을 동일시 하여 예수님이 만나의 성취자 이심을 의도적으로 그린다. 배경 뿐만 아니라 실재적인 기적 사건에서도 유사한 구성을 갖고 있다. 먹을 것을 구하는 이스라엘 백성들(출 16:3)과 예수님을 따라온 굶주린 큰 무리(6:5), 유사한 등장인물인 모세와 빌립 또는 안드레, 그리고 하나님의 만나를 내리심과 예수님의 떡과 생선을 나눠주심을 아주 유사한 사건으로 그린다. 즉 예수는 모세를 통해 내렸던 만나를 이제 하나님인 자신이 직접 살아있는 만나로 오신 것을 보여주려는 저자의 치밀한 구성적인 전략을 보여준다.

논쟁의 서론에 나타난 두 가지 표적들은 예수님의 신적인 정체성과 밀접하게 관련이 있다. 군중을 먹이는 표적은 예수님이 육체적 배고픔에 대하여 준비할 뿐만 아니라 심령의 갈급함을 채워주는 영생의 떡을 공급하시는 분으로 설명하고 있다. 그리고 물위로 걷는 표적은 생명을 가져오시는 분

---

[16] Charles H. Talbert, *Reading John: A Literary and Theological Commentary on the Fourth Gospel and the Johannine Epistles* (London: SPCK, 1992), 132.

[17] 오병이어 사건의 배경을 공관복음과 비교해 보면 시간적인 유월절 배경을 설명하고 있는 것은 요한복음 뿐이다. 이는 저자가 의도적으로 유월절의 사건을 도입시켜 예수께 그 유월절의 출애굽 사건과 병렬시키고 있다.

으로써, 또는 "하나님의 거룩한 자"($\acute{o}$ $\H{a}\gamma\iota o\varsigma$ $\tau o\hat{v}$ $\theta\epsilon o\hat{v}$)로써 예수 그리스도의 본질을 보일 뿐 만 아니라 또한 제자들이 예수님께 전적으로 의존되어 있음을 드러낸다.[18]

이 두 표적들은 요한복음의 일반적인 특성처럼 교차대구 구조를 형성한다.[19] 이 첫번째 기적은 예수님이 배고픈 군중을 먹이심에 초점을 맞추고 있고, 두번째 기적은 예수께서 하나님 되심을 드러내는데 있다.

두 기적의 교차대구 구조

요한복음 6:1-15(오병이어)	요한복음 6:16-25(바다위를 걸으심)
A: 군중이 따르자 산 위에 앉으심(1-3).	A: 제자들이 가버나움으로 가려함(16-17a).
B: 먹을 것을 주라고 함(4-9).	B: 예수님이 계시지 않음(17b).
C: 오천명을 앉히심(10).	C: 풍랑이 일어남(18).
B′: 군중을 먹이시는 예수님(11-13).	B′: 예수님이 오심(19-20).
A′: 군중의 오해와 산으로 가심(14-15).	A′: 가버나움으로 감(21).

이 두 기적들은 모두 예수님이 보통 사람이 아닌 메시아이고 하나님의 아들임을 드러내는데 사용되어지고 있다. 오천명을 먹이는 사건이나 물위로 걷는 사건은 예수님이 하나님이 아니시면 불가능한 초자연적인 사건들이고 저자는 이 사건들을 통해 다음에 올 생명의 떡을 주실수 있는 분임을 직접적으로 제시하고자 한 것이다. 이 기적들은 앞으로 일어날 논쟁의 도입부로 예수께서 유월절과 만나를 성취하기 위해 친히 자신을 생명의 떡으로 주시기 위해 오셨음을 보여주는 역할을 한다.

2.4.2.2 이슈

예수는 생명의 떡이다. 이 이슈는 생명의 떡 논쟁이 예수님의 오병이어 기적이 만나처럼 이른 아침에 하늘에서 내리는 이미지를 사용해 하늘에서 온 생명의 떡으로 병렬 시켜 예수님의 정체성을 드러내고 있다. 생명의 떡

---

[18] Wes Howard-Brook, *Becoming Children of God: John's Gospel and Radical Discipleship* (Maryknoll: Orbis Books, 1994), 148.

[19] Peter F. Ellis, *The genius of John: A Composition-critical Commentary on the Fourth Gospel* (Collegeville: The Liturgical Press, 1984), 100-101; Wes Howard-Brook, op. cit., 140-141.

논쟁은 예수님의 정체성과 그의 구원 사역을 분명히 보여주는 내용으로 교차대구 구조를 형성하고 있다.

교차대구 구조(6:1-71).
  A: 예수님은 두가지 표적을 행하였고 사람들은 예수님을 찾는다(6:1-25).
    B: 예수님은 하늘로부터 온 생명의 떡이다(6:26-40).
      C: 유대인들은 생명의 떡이신 예수님의 정체성을 부정한다(6:41-48).
    B′: 예수님은 참 떡이시고 이 떡은 그의 몸이다(6:49-59).
  A′: 많은 제자들은 예수님을 떠나지만 열두 제자들은 따른다(6:60-71).

위의 교차대구 구조를 보면 이 논쟁의 목적이 저자가 예수께서 생명의 떡임을 드러내기 위해 본문을 기록하고 있음을 알 수 있다. 특히 예수님의 자기 계시의 일환으로 사용한 "나는 ~이다" 말함은 예수님의 권위를 드러내는 것으로 이 생명의 떡 되심이 예수님의 사역에서 중요한 일임을 보여준다. 즉 "나는 ~이다" 말함에서 예수는 확실한 생명을 공급하는 사람으로 자신의 역할을 설명한다. 그 구조의 목표는 이 논쟁의 이슈가 예수께서 세상에 생명을 주시는 떡이 되시는 정체성을 보여주는데 있다.

2.4.2.3 논쟁

이 생명의 떡 논쟁에 대한 지금까지의 해석경향은 3가지로 분류된다. 첫째는 브라운(Brown)과 슈낙켄부르그(Schnackenburg)가 주장하는 해석으로 오병이어 사건은 성찬의 관점에서 해석할 수 있다는 주장이다.[20] 두번째 경향은 비더링톤(Witherington)의 주장으로 이 오병이어 사건은 영적인 실재들로 해석되어져야 한다는 것이다.[21] 마지막으로는 탈버트(Talbert)가 주장하는 것으로 예수님을 하나님과 세상의 중재자로 보는 견해이다.[22] 이 세

---

[20] Raymond E. Brown, *The Gospel according to John* (*i-xii* (New York: Doubleday, 1966), 274; Rudolf Schnackenburg, *The Gospel according to St. John vol. 2: Commentary on Chapters 5-12* (London: Burns & Oates, 1980), 24.

[21] Ben III Witherington, *John's Wisdom: A Commentary on the Fourth Gospel* (Cambridge: The Lutterworth Press, 1995), 149.

[22] Charles H. Talbert, *Reading John: A Literary and Theological Commentary on the Fourth Gospel and the Johannine Epistles* (London: SPCK, 1992), 140.

가지 해석 경향 중 비록 많은 학자들이 이 떡 논쟁을 성찬적인 연합으로
그것이 가지는 주님의 만찬으로 적용하고 있지만 그러나 이 주장은 몇 가
지 뒤따르는 상황이나 의미들을 보면 무리가 따른다는 것을 알 수 있다.
특히 기적의 배경, 회당적인 상황, 사용된 용어들(53), 요한복음에서 예수님
의 살과 피에 대한 일반적인 사용(35,40,47), 그리고 실제적인 배경으로써 1
세기 유대인들의 말투들을 보면 이 기적을 성찬적인 연합으로 해석하는 것
은 문제가 있다. 그러므로 성찬으로 해석하는 관점은 아마도 요한이 의도
하지 않았으며 논쟁의 중요한 목적은 순수하게 영적인 실재들로 해석되어
져야 한다고 바렛트(Barrett)는 주장한다.[23] 이러한 주장은 학자들에 의해
동의를 얻고 있다. 모리스(Morris)는 그리스도의 몸을 먹고 그의 피를 마시
는 것은 3:16에서 언급한 중심적인 구원의 행동의 다른 표현이라고 설명한
다.[24] 더 나가서 멘켄(Menken)은 이 사건을 십자가 사건과 연관시켜 예수
님의 몸과 피는 그를 믿는 자들에게 영생을 주시기 위해 주어지는 예수님
의 십자가 사건이라고 주장한다.[25] 던(Dunn)이 설명한 것처럼 6장에서 오
병이어 기적을 통해 보여주려는 중심 주제는 예수님 자신이 영생의 원천이
고 유지자이심을 드러내기 위함이다.[26] 그러므로 논쟁의 중심 목적은 순수
한 영적인 실재들 또는 은유적인 목적들이며 "성찬적인 병렬들은 요한의
논쟁에서 아마도 부수적으로 일어났던 것"이다.[27] 예수님의 살을 먹고 그의
피를 마심의 의미는 믿음에 대한 상징적인 행동이고, 더 나아가 요한복음
3:16에서 언급되어진 믿는 자들의 구원에 대한 중심적인 행동이다.[28] 논쟁
중에서 예수님의 살과 피에 대한 언급은 믿은 사람들에게 생명을 주시기
위한 예수님의 십자가에 못 박힘으로 나타낸다.[29]

  이 생명의 떡 논쟁은 두가지의 소논쟁들로 구성되어 있으며 둘 다 생명
의 떡이신 예수님의 정체성과 밀접하게 연관되어 있는데 그것은 논쟁 I의

---

[23] C. K. Barrett, op. cit., 272.

[24] Leon Morris, op. cit., (1971), 353.

[25] M. J. J. Menken, John 6:51c-58: Eucharist or Christology? Biblica 74 (1993),
   23.

[26] James D. G. Dunn, John 6-a Eucharistic Discourse? *NTS* 17 (1971), 337.

[27] C. K. Barrett, op. cit.

[28] Craig R. Koester, Symbolism in the Fourth Gospel: Meaning, Mystery,
   Community (Minneapolis: Fortress Press. 1995), 99.

[29] M. J. J. Menken, op.cit., 23.

논제와 결론이 논쟁 II에서 반복되어지고 발전되어지고 있다. 이 소논쟁들의 논쟁 패턴은 형식상 분리 되어 있고 구조 역시 약간의 차이가 나지만 그러나 논쟁의 주제인 예수께서 생명의 떡이시고, 이 떡을 먹는 자, 또는 믿는 자는 영생을 갖는다는 기본 가정은 동일하다.

2.4.2.3.1 논쟁 I: 생명의 떡(22-40)

논쟁 I은 "나는 생명의 떡이다"($\mathrm{E}\gamma\acute{\omega}\ \epsilon\acute{\iota}\mu\iota\ \acute{o}\ \acute{\alpha}\rho\tau o\varsigma\ \tau\hat{\eta}\varsigma\ \zeta\omega\hat{\eta}\varsigma$)라는 예수님의 자기 선언인 논제를 증명하기 위해 "영생을 위해 일하라"(27a)라는 소논제로 시작하여 유대인들과 예수 사이의 질문과 대답, 그리고 예를 사용하여 논리를 제시한다. 결국 이 논쟁은 소논제와 논제를 결합한 "아들을 믿는 자는 영생이 있다"(40)로 결론을 맺는다.

이 논증은 서론(1-21)에서 예수께서 행하셨던 두 기적을 통해 그가 의도하셨던 그 표적들의 의도가 무엇인지를 설명하기 위해 내러티브(narrative)로 시작한다(22-26). 오병이어 표적을 체험한 군중은 그들이 소망했던 메시야로 인식하고 그를 찾기 위해 예수님의 여로를 추정하여 추적하고 있다. 이것은 그들이 예수님을 찾고자 하는 목적과 뒤에 뒤따르는 예수님의 자기 계시와 밀접하게 연관된다. 이러한 예수님을 찾는 사람들의 모습을 아래 구조가 정확히 보여준다.[30]

예수님을 찾음(6:22-25))
A: 바다 건너편에서 사람들이 예수님을 찾는다(22a).
　　B: 그들은 예수님이 제자들과 함께 가지 않음을 안다(22b).
　　　　C: 벳세다로 예수님을 찾아간다(23).
　　B´: 예수님을 찾지 못하고 가버나움으로 온다(24).
A´: 사람들은 바다 건너편에서 예수님을 발견한다(25).

이 교차대구 구조는 예수께서 행하신 기적을 보고 벳세다에서 가버나움까지 그를 찾아다닌 것을 보여준다. 이들이 예수님을 찾는 이유는 다음 소논제에서 밝혀주는데 이는 그들이 오병이어 표적을 경험하고 배불렀기 때

---

[30] Wes Howard-Brook, op. cit., 150.

문이라는 것이다(26). 그러므로 예수님은 소논제에서는 육체적인 욕구를 채우기 위해 일하지 말고 영적인 생명을 위해 일하라고 권고한다. 그 후 그들에게 예수님은 자신이 누구인가를 제시한 것이다. 이것은 예수님의 표적들의 목적이 영생을 위해 사는 것이 무엇인지를 보여주기 위함이다 (27a). 영생의 삶은 예수님을 믿는 것이다. 아래 구조는 이것은 정확히 보여준다.[31]

생명의 떡이신 예수님(6:26-35))
 A: 썩을 양식을 위해 찾지 말고 영생을 위해 일하라(26-27).
   B: 하나님의 일은 예수님을 믿는 것이다(28-29).
     C: 군중들이 예수님이 누구인가를 알기를 원한다(30-31).
   B′: 하나님의 떡이 세상에 올 것이다(32-34).
 A′: 나는 영생을 주는 떡이다(35).

예수님을 찾았던 군중에게 그는 자신을 믿으라고 말한다. 이러한 예수님의 선포는 그들이 가장 관심을 갖는 예수님의 정체성에 대한 질문을 던지게 된다. 즉 이 말을 하는 네가 누구인지를 표적을 통해 밝히라는 것이다. 특히 본문은 모세와 예수님을 의도적으로 비교하고 있다. 모세는 만나를 주는 사람이 아니고 하나님께서 주셨으며 실재적으로 그 만나는 예수님 자신임을 설명하여 자신의 정체성을 제시한 것이다.

예수는 영생을 위해 사는 것이 무엇인지를 가르쳐 주기 위해 그 근원부터 설명한다. 그 근원은 종교적인 삶이나 유대교의 전통이 아닌 예수 자신에게서 와야만 한다는 것이다. 왜냐하면 영생을 주는 권세는 아버지가 오직 인자에게만 주었기 때문이다(27c). 예수님은 영생이 자신에게서 기원함을 정확히 밝히기 위해 "인자"($\dot{o}$ $\upsilon\dot{i}\grave{o}\varsigma$ $\tau o\hat{u}$ $\dot{\alpha}\nu\theta\rho\dot{\omega}\pi o\upsilon$)라는 용어를 사용한다. 이 "인자"의 개념은 다니엘서 7:13-14에 일반적으로 근거를 두고 요한복음에서 예수님의 정체성을 설명할 때 사용 되어진다. 다니엘서 7장의 어전회의에서 온 우주의 주인으로서의 하나님과 그 우편에 또 다른 인자와 같은 신적인 존재가 나오는데 그분이 구름을 타고 와서 하나님으로부터 나라와 권세와 영광을 받는 장면이다. 즉 하나님의 우편에 앉아 왕권을

---

[31] Ibid., 153.

위임 받는 것이다. 에스겔 1:26에 나타나는 사람의 형상과 종합해서 보면 그는 결국 하나님과 같은 분이고 하나님과 분리될 수 없는 신적인 존재이다. 이 용어는 요한복음에서 예수께서 자신을 칭할 때 사용하신다(3:14-18; 9:35). 요한복음에서 인자의 개념은 크게 두 가지로 쓰인다. 하나는 고난 받는 메시아, 십자가에 높이 들리는 구원자(19:5), 그리고 하나님의 백성들을 구원하기 위한 십자가의 고난 받는 종으로서(12:32) 묘사하고 있고, 다른 하나는 다니엘서에 나타난 역사의 종결에 구름을 타고 오셔서 세상을 심판하시고 온 민족의 경배를 받는 하나님의 심판자로서의 인자로 묘사하고 있다. 이 용어는 요한복음에서 인류의 구속자이신 인자가 마지막에 세상을 심판하실 그분(5:22,30)으로 그려지고 있는 것이다. 이 인용은 결국 예수님을 "구약의 약속의 성취자"이시고, 하나님의 인자로서 그의 백성에게 영생을 수여할 자로 증거하는 외증[32]이 된다.

예수님과 유대인들 사이의 영생에 관한 논쟁은 당시의 일반적인 교육방법이었고 수사학의 학문 방법인 질의응답의 기교를 사용하고 있다. 첫 질문은 영생을 누리기 위해 해야하는 "하나님의 일은 무엇인가?"(28)이고 이에 대한 예수님의 대답은 "하나님의 일은 예수님을 믿는 것이다"(29)이다. 이 대답은 간략하면서도 절대적인 권위를 갖는 예수님의 선포이다. 이 답을 들었던 그들은 어이가 없어서 예수께 힐난하듯이 말을 던지다. "그렇게 말하는 네가 도대체 누구인지 알 수 없으므로 만나와 같은 표적을 달라"(30)고 요구한 것이다. 유대인들이 광야에서 먹었던 만나(출 16:4,15; 시 77:24)는 모세를 통해 주신것이다. 유대인들은 모세를 통해 주셨던 만나의 전통을 해석할 때 모세를 만나의 수여자로 일반적으로 이해하였음을 멘켄(Menken)은 지적한다.[33] 유대인들은 이 전통을 모세가 주었던 만나를 마지막 구원자(the final redeemer)가 줄 것이라는 전통으로 다시 이해한다. 그래서 그들은 이미 오병이어의 기적을 통해 이 표적을 보았음에도 불구하고

---

[32] George A. Kennedy, *New Testament interpretation through rhetorical criticism* (Chapel Hill: The University of North Carolina Press, 1984): 케네디에 따르면 설득을 위한 자료들은 창작소제와 비창작 소제로 나뉘어진다. 비창작의 대표적인 경우는 인용, 통계, 고증 등으로 증인의 증거, 문서적인 증거, 내적인 증거, 예술적인 증거들이 있다. 신약성경에는 세가지 비창작 소제들이 나타나는데 구약성경의 인용, 이적들의 증거, 그리고 증거인의 이름으로 한 증거들이다.

[33] M. J. J. Menken, *Numerical Literary Techniques in John: The Fourth Evangelists Use of Number of Words and Syllables* (Leiden: E. J. Brill, 1996), 61.

예수님이 만나를 줄 구원자라면 표적을 달라고 한 것이다. 이 말을 들은 예수는 만나의 근원과 본질에 대해 답하신다. 즉 그 만나는 인간에게서 주어질 수 있는 것이 아니고 오직 예수님의 아버지께서 예수님을 통해 주시기 때문에 세상에 생명을 주실 수 있다는 것이다(32-33). 이 대답을 들었던 유대인들은 다시 예수께 그 만나를 오병이어 기적처럼 한번이 아니고 계속해서 달라고 요구한다. 이것은 유대인들이 만나를 오직 먹을 수 있는 음식으로만 이해하였을 뿐 영적인 구원으로 이해하지 못했음을 보여준다. 그래서 예수님은 다시 이 논쟁의 논제인 "나는 생명의 떡이다"(35)를 선포하신 것이다.

요한복음에 "나는 ~이다" 말함(Ἐγώ εἰμι saying)은 두가지 형식으로 나타난다. 하나는 "나는 ~이다"(I am)이고 다른 하나는 "나는 ~이다"(I am the...)이다. 전자를 일반적으로 절대적인 자기 진술(6:20; 8:24,28,58; 13:19; 18:5-6)이라고 부르고 후자를 서술적인 자기 진술(6:35,41,48; 8:12; 9:5; 10:7,9,11,14; 11:25; 14:6; 15:1,5)이라고 부른다.

이러한 두 형태의 표현들은 예수님이 강한 자기 계시를 드러낼 때 사용하는 전략이다. 예수는 구약에 나타난 하나님의 자기 현시와 동일한 방법으로 자신을 드러냄으로 하나님께서 이스라엘을 구원하신 것처럼 자신을 통해 하나님의 백성을 구원하실 것을 보여준다. 이에 대해 거쓰리(Guthrie)와 맥케이(Mckay)는 "나는 ~이다"의 기원에 대해 하나님께서 모세에게 말씀하셨던 "나는 스스로 있는 자이다"(אֶהְיֶה אֲשֶׁר אֶהְיֶה-출 3:14)에 근거한다고 설명한다.[34] 예수는 구약의 이 상용구를 사용함으로써 구약을 성취하시는 동일한 하나님으로 자신을 계시한다(Morris 1989:110). 이 상용구는 불타는 가시떨기 가운데 나타나 모세에게 자신을 계시하셨던 하나님께서 자기정체성을 드러내기 위해 사용하신 절(clause)이다. 하나님은 자기 백성을 구원해 내기 위해 모세를 부르며, 자신이 어떤 분인가를 모세에게뿐 아니라 새로 이루어질 이스라엘에게 알리기 위해 사용한다. 하나님은 믿음의 족장들에게 약속하신 그 약속을 성취하기로 작정하시고 모세를 불렀다. 하나님은 그 족장들의 후손들인 이스라엘 백성들을 불러내어 하나님이 다스리는 나라를 이루시길 원하셨고 그 약속이 시내산에서 그의 이름 가운데 시작되고 있음을 보인 것이다. "나는 스스로 있는 자이다"라는 출

---

[34] D. Guthrie, *New Testament Theology* (Leicester: IVP, 1981), 331; K. L. McKay, 'I am' in John's Gospel. *The Expository Times* 107 (1996), 302.

애굽기 3:14의 언급은 하나님이 스스로 계심이 이스라엘을 불러 내심과 깊은 관련이 있다는 것이다. 즉 스스로 계심은 이스라엘을 구원하시기로 스스로 작정하시고, 스스로 그분의 권위로 이루실 것을 계시하신 것이다. 구약의 "I am"(אֶהְיֶה)은 크게 두 가지와 관련되어 사용되어지고 있다. 하나는 "내가 너와 함께 있겠다"(אֶהְיֶה עִמָּךְ)(출 3:12; 4:12,15; 수 1:5; 3:7)로 하나님이 그들과 함께 있어 구원의 주체가 되시겠다는 것이고, 또 다른 하나는 "나는 너희의 하나님이 될 것이다"(אֶהְיֶה לָכֶם לֵאלֹהִים)(렘 11:4; 30:22; 겔 11:20; 34:24; 슥 8:8)로 하나님은 스스로 이스라엘을 구원하여 그들의 하나님 되시겠다는 것이다.

예수님의 자기 서술적인 선포의 특징은 예수께서 구약의 "나는 ~이다"라고 선포하신 하나님과 동등한 분이시고, 그 약속의 성취자이시며, 영원한 생명의 수여자 되심을 드러내기 위함이다. 즉 이러한 표현은 예수님의 기독론적인 자기 정체성을 표현하는 대표적인 예이다. 예수님은 구약의 그 절대적 존재로서 존재의 근원과 본질이 되는 하나님의 절대적인 "나"를 사용하여 자신의 정체성을 선포하신 것이다. 초대 기독교인이었던 유대인들은 예수님을 창조주이신 아버지 하나님과 동일시 하였던 것이다. 결국 떨기나무 가운데 나타나 자기 백성을 구원하시기 위한 하나님의 역사처럼 예수는 직접 자기 몸을 떡으로 주어 아버지의 백성을 구원하시겠다는 것이다. 예수님의 자기 계시는 구약에서 이스라엘 백성을 구원하신 하나님처럼 자기백성을 구원하실 하나님이심을 보여주려는 의도이다. 요한복음에서 "나는 ~이다" 말함(I am saying)은 예수 자신이 드러내는 자기 정체성에 대한 최고의 선포인 것이다.

"나는 ~이다"의 선언들은 요한복음의 핵심적인 절(clause)로 예수님의 정체성을 드러내기 위해 사용되어지고 있다. 이것들은 논쟁 해석을 위한 동기들과 예수님의 다양한 신학적인 관점들을 보여준다. 이러한 일곱 가지 서술적인 진술들[35] 은 예수님의 지상사역에서 이루시려는 신적인 사명에

---

[35] 요한복음에서 예수님께서 자신의 정체성에 대해 사용하는 7개의 "내가~이다"가 있다.

1 나는 생명의 떡이다(6:35,41,48,51).   Ἐγώ εἰμι ὁ ἄρτος τῆς ζωῆς.
2 나는 세상의 빛이다 (8:12).   Ἐγώ εἰμι τὸ φῶς τοῦ κόσμου.
3 나는 문이다(10:7,9).   Ἐγώ εἰμι ἡ θύρα τῶν προβάτων.
4 나는 선한목자다(10:11,14).   Ἐγώ εἰμι ὁ ποιμὴν ὁ καλός.
5 나는 부활이고 생명이다(11:25).   Ἐγώ εἰμι ἡ ἀνάστασις καὶ ἡ ζωή.

관한 진술들이다. 즉 모든 "나는~이다"는 예수님의 구원사역과 관련이 되며 믿는 자에게 주시는 생명과 연관되어 사용된 각기 다른 이미지들이다(Schnackenburg).[36] 이 일곱 가지 보어적인 명사들은 생명을 주시고, 생명을 유지하고, 지지하고, 보살피고, 허락하고, 조명하고, 돌보고, 인도하고, 출생하는 것으로 예수께서 주시려는 영생의 동기들과 모두 관련이 된다.[37] 이러한 예수님의 자기선언은 하나님에게서 오신 구원자로서 자기 백성에게 어떤 역할을 하고 있는지를 보여준다.

이러한 "나는 생명의 떡이다"라는 예수님의 선포는 오히려 그들에게 더 큰 혼란을 주었고 이 논쟁의 결론에서 나타난 것처럼 아버지께서 택하신 자와 선택하시지 않는 자 사이에 분리(division)가 일어날 것을 보여준다. 이 분리는 아래 교차대구 구조에서 구체적으로 보여준다.[38]

예수님이 오신 목적(6:36-40)
A: 군중이 예수님을 보고도 믿지 않는다(36).

　B: 아버지께서 내게 예수께 주신 자는 올 것이다 (37).

　　C: 하나님의 뜻을 이루기 위해 오셨다(38).

　B′: 하나님의 뜻은 예수께 주신 자들을 살리실 것이다(39).

A′: 믿는 사람은 생명을 얻는다(40).

이 구조는 예수님이 이 세상에 왜 오셨는가를 정확히 밝힌다. 그것은 믿는 자들에게 생명을 주시는 사역이고 이를 위해 자신이 생명의 떡으로 주어질 것을 설명한다. 예수는 아들을 믿는 자는 생명의 떡을 먹는 자들이고 그들에게 영생을 주실 것을 약속하며(40) 첫번째 논쟁의 결론을 맺는다. 유대인들은 믿지 않을 것이다(36). 그러나 "아버지께서 나에게 준 모두는 믿을 것이다"(37)라는 대조는 전체 생명의 떡 논쟁의 결론에서 다시 반복되

---

6   나는 길이요, 진리요, 생명이다(14:6). Ἐγώ εἰμι ἡ ὁδὸς καὶ ἡ ἀλήθεια καὶ ἡ ζωή.

7   나는 참 포도나무다(15:1,5).　　　　Ἐγώ εἰμι ἡ ἄμπελος ἡ ἀληθινη.

[36] Rudolf Schnackenburg, op. cit., 80.

[37] D. Guthrie, op. cit.; J. C. Coetzee, The theology of John. in Du Toit, A B *Guide to the New Testament vol. VI-The Gospel of John; Hebrews to Revelation: Introduction and Theology*, 40-77 (Halfway House: NG Kerkboekhandel, 1993), 43.

[38] R. E. Brown, op. cit., 276.

어 진다.

첫번째 논쟁을 통해 예수님은 구약의 만나의 본질인 생명 주심의 사역이 자신이 하나님의 아들되심과 하나님의 절대적 자기선언인 "나는 ~이다"를 통해 성취되었음을 알리시고, 자기를 믿는 자들에게 영생을 주실 것을 선포하셨다.

2.4.2.3.2 논쟁 II: 생명의 떡되신 예수님의 몸

논쟁 I 에서 예수님은 자신이 영생을 주는 생명의 떡($\acute{o}$ $\acute{\alpha}\rho\tau o\varsigma$ $\tau\hat{\eta}\varsigma$ $\zeta\omega\hat{\eta}\varsigma$) 되심을 강조하기 위하여 만나를 사용해서 자신의 정체성을 밝히고 계심을 살펴보았다. 이러한 예수님의 상징이 논쟁 II에서 보다 직접적이고 구체적인 주제로 발전 되어진다. 예수께서 생명의 떡 되심은 만나처럼 먹는 음식이 아니라 자신의 육체와 피임을 설명한다. 그리고 보다 더 강하게 세상에 생명을 주는 그 떡은 사람이 영생을 소유하는 필수적인 요소가 된다고 다음과 같이 "예수께서 이르시되 내가 진실로 진실로 너희에게 이르노니… 내 살을 먹고 내 피를 마시는 자는 영생을 가졌고 마지막 날에 내가 그를 다시 살리리니"(53-54) 언급하고 있다. 특히 이 논쟁에서는 먹는 사람 또는 마시는 사람과 그리스도와의 긴밀한 관계성을 다루고 있다. 이 논쟁에서 사용하는 "거하다"는 동사인 $\mu\acute{\epsilon}\nu\omega$는 요한이 인간과 함께 계시는 하나님의 내주를 설명할 때 사용하는 동사로 개인적이고 특별한 관계성의 결과를 표현할 때 사용된다.[39] 요한복음에서는 여러 차례 이 동사를 사용해 예수님과 제자들과의 관계를 설명하고 있다(요한 1:39; 6:56; 8:35; 14:17; 15:9). 즉 단순히 "머무르다"는 뜻이 아니고 예수님을 믿고 깊이 알아가는 인격적인 관계를 갖는 신앙의 본질을 의미한다. 이러한 인격적인 관계를 바울은 신비적인 연합으로 설명한다(갈 2:20). 요한복음에서 인격적인 관계를 표현해주는 관용적인 표현은 "예수님을 믿는다"라고 쓸 때 항상 $\acute{\epsilon}\nu$(in)라는 전치사를 사용하고 있는데 이것은 믿음이 단순한 입술의 고백을 넘어서는 계속적으로 그리스도와의 관계성 안에서 믿어가야 함을 보여주기 위함이다. 이것은 셈족들의 언어사용에서 나타난 일반적인 특징이다.

논쟁 II는 유대인들의 문제제기로부터 시작한다. 예수님을 믿지 못하는

---

[39] Robert Kysar, *John* (Minneapolis: Augsburg Publishing House, 1986), 108.

군중의 반응은 본문의 핵심 주제인 예수님의 정체성인 생명의 떡을 다루게
된다.

예수님이 오신 목적(6:41-48)
　A: 군중은 예수님이 생명의 떡이심을 믿지 못한다(41-42).
　　　B: 아버지께서 내게 주신 자들을 살릴 것이다(43-44).
　　　　　C: 아버지께 듣는 사람은 예수님을 믿는다(45-46).
　　　B′: 믿는 자들은 영생이 있다(47).
　A′: 예수님은 생명의 떡이다(48).

이 구조는 예수님의 정체성을 인식하지 못하는 그들에게 아버지께서 예
수님에게 주신 자들은 믿을 것이라고 말하면서 그들이 아버지를 믿지 않기
때문에 예수님도 믿지 않는다고 간접적으로 설명한다.

유대인들과 많은 제자들은 논쟁 I에서 예수님이 생명의 떡이라는 주장을
들으면서 도저히 이해할 수 없었다. 이는 그들이 예수님의 출신과 그의 부
모를 알고 있었기 때문이며 나다나엘이 "나사렛에서 무슨 선한 것이 날 수
있느냐"(1:46)라고 질문한 것처럼 이러한 오해는 육신적인 그들에게 당연
한 것이었다. 그들에게는 결코 인간이 하늘에서 내려올 수 없을 뿐 만 아
니라 나사렛에서는 모세와 같은 구원자가 날 수 없었다. 육신적인 이들의
사고로는 결코 하나님의 역사를 이해할 수 없다. 그래서 예수는 그들이 구
원을 받지 못하는 이유를 소논제에서 "아버지께서 이끌지 않으며 아무도
예수께 올 수 없다"(44a)라고 제시한다. 그들이 이해하지 못하는 다른 본질
적인 이유는 그들이 본질적으로 하나님의 말씀을 듣는 자들이나 배운 자들
이 아니고 불신자들이기 때문임을 밝힌다(45-46). 그렇지만 예수께 온 자들
은 영생을 가진 자들이고 결국 마지막 날에 다시 살 것이다(44b, 47).

예수는 논쟁 I과 같은 논제인 "나는 생명의 떡이다"(Ἐγώ εἰμι ὁ
ἄρτος τῆς ζωῆς)(48)를 다시 한번 선포한다. 그리고 논쟁 I과 같은 예
인 만나를 다시 들어 그들이 알고, 의지하는 만나를 먹으면 죽을 수 밖에
없기에 영원히 살 수 있는 만나를 먹고, 또한 믿으라고 대조의 기교를 사
용하여 예수님만이 영생을 주시는 하늘에서 온 떡임을 분명히 한다(49-
50).[40] 즉 이 대조는 새로운 만나로 성도들에게 영원한 생명을 주시는 예수
님의 역할을 명확히 보여준다. 결국 예수는 십자가에서 그의 몸을 참떡으

로 주실 것이다(51). 예수님의 정체성인 생명의 떡되심의 설명은 생명의 떡이 무엇을 의미하는지 나타내는 이 논쟁에서 절정에 이른다.

생명의 떡이신 예수님(6:49-59)
A: 하늘에서 온 떡을 먹으면 죽지 않는다(49-50).
  B: 예수님은 하늘에서 내려온 떡이다(51-52).
    C: 예수님의 살과 피를 먹는 자는 생명이 있다(53).
  B': 예수님을 먹는 자는 살 것이다(54-57).
A': 이 떡을 먹으면 영원히 살 것이다(58-59).

이 구조는 생명의 떡이 예수님 자신의 살과 피이고 이것은 먹는 자는 영생을 가진다고 선포한다. 그래서 예수님을 먹는 자는 영원히 아버지와 함께 살 것이다.

논쟁 II는 두개의 작은 논쟁들로 구성되어 있다. 전자는 6:41-48이고 후자는 6:49-59이다. 이 둘은 다루고 있는 내용도 같고 구조도 유사하다. 그 구성도 보면 유대인들의 불신으로 시작하여 예수께서 생명을 주시는 떡되심을 다루고 있다. 그렇지만 이 논쟁은 좀더 발전되어진다. 이러한 점진적인 발전을 살펴보면 다음과 같다.

생명의 떡 되심에 대한 두 단계 발전(Two-step Progression[41])
A: 나는 생명의 떡이니 내게 오는 자는 결코 주리지… 목마르지 아니하리라(22-40).
B: 나는 생명의 떡이니 인자의 살과 피를 먹는 자는 영원히 살리라(41-59)
  (a)- 나는 생명의 떡이니… 이 떡을 먹으면 영생하리라(41-51).

---

[40] Craig A. Evans, op. cit., 56.

[41] Vernon K. Robbins, *New Boundaries in Old territory: Form and Social Rhetoric in Mark*, in David B. Gowler, (ed) (New York: Peter Lang Publishing Inc., 1994), 119: 로빈스에 따르면 두 스텝 발전은 두 수준들 사이에서 의미상의 발전을 보이는 수사학적이고 문학적인 전개 방식을 말한다. 이 수준들은 서로 유사한 내용들로 구성되어 하나의 병렬구조를 이루며 씨리즈로 형성되어 나타난다. 이것은 일반적으로 저자가 주요한 주제들을 발전시키기 위한 기교로 두 번째로 나타나는 내용은 앞에서 제시한 주제에 대한 의미의 발전을 보여준다. 즉 이 두 번째 수준은 처음 나왔던 사람이나, 물건, 구들, 주제들의 의미가 계속적으로 발전되어지면서 논쟁을 발전시켜가는 방법이다.

　　(a′)- 나는 생명의 떡이니… 인자의 살과 피를 먹는 자는 영생을 가졌고 마
　　　　지막 날에 내가 그를 다시 살리리라(52-59).

　예수께서 생명의 떡되시는 자신의 정체성을 논증해 갈 때 점진적으로 두 단계를 거치면서 발전시켜가고 있다. 결국 예수님이 생명의 떡되심은 십자가의 사건이고 그 사건을 통해 우리에게 영생을 수여하실 것을 다루고 있는 것이다.

　예수님의 논쟁을 유대인들이 도저히 이해할 수 없었다(52). 그러므로 구체적인 설명이 다시 필요하게 된 것이다. 생명의 떡을 먹는 것은 "인자의 살과 피를 먹음"이고, 그것은 예수 그리스도의 십자가의 사건을 믿음이라는 것이다. 이 먹음과 구원의 연관성은 "인자의 살과 피를 먹지 않는 자는 생명이 없고"(53), "인자의 살과 피를 먹는 자는 생명을 가진다"(54)로 대조되어 나타난다. 예수는 자신을 먹는 것이 왜 그렇게 중요한가에 대한 이유를 밝히는데 그것은 예수만이 인간을 영원히 살게 하는 참 양식과 음료인 살과 피이기 때문이다(55).

　이 두 번째 논쟁은 "예수는 자신을 먹고 마시는 자 안에 영원히 거한다"(56-58)는 거함의 논리를 사용하여 결론을 맺는다. 요한복음에서 이 단어가 인격적인 구원의 상황을 표현함에 대해 이미 살펴보았다. 그 "거함"의 관계는 아들 예수님과 아버지 사이의 영원한 사랑의 관계로 유추되어진다(57a). 아들이 그 관계 안에서 영원히 사는 것처럼 그리스도인도 예수님 때문에 영원히 살게 되며(57b), 만나를 먹는 자는 죽을 수 밖에 없지만 예수님을 먹는 자는 영원히 살게 된다(58b).

　이 논쟁은 생명의 떡으로써 예수님의 정체성을 드러내기 위해 연역적인 생략삼단논법[42]을 구성하고 있다. 그 생략삼단논법은 예수께서 생명의 떡되심을 정확히 정체화 시키기 위한 논리를 보여준다.

---

[42] George A. Kennedy, *Aristotle, On Rhetoric: A Theory of Civic Discourse* (New York: Oxford University Press, 1991), 315; 케네디에 따르면 생략삼단논법은 연역적인 삼단논법에서 일반적으로 규칙이나 실례 중 청중들이 일반적으로 알고 있거나 유추할 수 있는 구성 요소에서 그 하나를 생략하는 논법이다. 성경 논쟁에서 일반적으로 논리를 구성할 때 삼단논법의 세가지 요소 중 하나를 생략하는 생략삼단논법을 사용하여 저자의 논리를 풀어가고 있다. 특히 청중이 유대인일

생략삼단논법
규칙: 하나님에게 온 사람은 이스라엘 사람들에게 생명의 떡(만나)을 주실 것이다.
실례: 예수는 믿는 성도들에 생명의 떡(만나)을 주셨다.
결과: 그러므로, 예수는 하나님에게서 온 생명의 떡(만나)이다.

생명의 떡 논쟁의 논리는 생명을 주시는 그의 사역을 통하여 예수님의 정체성을 드러내며, 그가 실제로 성도들에게 영원한 생명을 주시기 위하여 자신이 십자가에서 죽으심으로 우리에게 영생을 주실 것을 나타낸다. 이 논쟁은 예수님이 생명을 주는 영적인 떡임을 드러내고 있다.

2.4.3 결론

논쟁의 결과로 그 논쟁을 들었던 사람들이 두가지 반응으로 양분화 (division) 되는데 하나는 이해하지 못한 많은 제자들과 유대인들의 반응으로 "제자 중에 많이 물러가고 다시 그와 함께 다니지 아니하더라"(66)라는 설명처럼 예수님의 정체성을 정확히 이해하지 못하자 예수님을 떠났다. 즉 땅에서 난 자들은 땅의 것을 추구함으로 하나님에게서 오신 그 분을 도저히 이해 할 수도 믿을 수도 없기에 떠난 것이다. 또 다른 하나의 반응은 예수님의 12 제자들의 반응으로 "주여 영생의 말씀이 계시매 우리가 뉘게로 가오리까 우리는 주는 하나님의 거룩하신 자신줄 믿고 알았삽나이다"로 상반되게 예수님을 하나님의 아들로 고백하고 예수님을 계속해서 따른다(68-69). 하나님에게서 새로 난 자들인 예수님의 제자들은 하늘에서 온 예수님을 정확히 이해하고 그 생명의 근원되시는 예수님과 함께 거하겠다고 반응한다. 이러한 결과는 다음의 교차대구 구조에서 정확히 나타난다.

교차대구 구조(6:60-71)
A: 많은 제자들은 예수님을 오해하고 믿지 않았다(60-64).
    B: 아버지께서 오게 하지 않는 많은 제자들이 예수님을 떠났다(65-66).
        C: 너희도 가려느냐?(67).
    B′: 열두 제자들은 영생이신 예수님을 믿고 알았다(67-69).
A′: 가룟유다는 예수님을 믿지 않았고 배신할 것이다(70-71).

이 교차대구 구조는 예수님의 말씀을 듣고 믿는 자들과 믿지 않는 자들이 정확히 양분화 된 것을 보여준다. 예수님을 믿지 않는 자들은 아버지께서 오게 하여 주지 아니한 자들로 요한은 설명하고, 이와 대조적으로 열두 제자는 하나님께서 믿게 한 자들이라고 그 원인을 설명한다. 중심 C를 형성하는 질문은 수사학적인 질문으로 이 본문을 읽고 있는 독자에게 결단을 촉구하고 있다. 즉 "생명의 떡되신 예수님을 믿을 것인가?", "아니면 불신하고 떠날 것인가?" 그러므로 이 질문은 이 논쟁의 수사학적인 결론이다.

3. 결 론

예수님은 유대인들의 조상들이 광야에서 먹었지만 결국은 죽었던 계속 먹어야 할 만나가 아니라 영원한 생명의 떡이신 이 논쟁을 통해 보여 주셨다. 그래서 누구나 한번 먹으면 배고프지 않고 영원한 생명을 주시는 하늘로부터 오신 새로운 영생을 주는 떡이다. 저자는 예수님의 이러한 정체성을 드러내기 위해 유월절이 가까운지라는 배경을 사용하여 오병이어의 기적을 행하셨고 구약을 간접적으로 인용하여 구원을 주시는 생명의 떡으로 설명한 것이다. 예수님은 생명의 떡이다. 이러한 예수님의 정체성을 드러내기 위해 저자는 논쟁에서 구약을 다음과 같은 두 가지 의도에서 인용하였다. 첫째로 신학적인 의도로 저자는 당시 유대인들이 모두 알고 있고, 그것이 성취되기를 기다리는 유월절과 만나를 인용하여 예수께서 그것을 성취하실 하나님의 아들이심을 드러냈다. 둘째로 파급 효과적인 의도로 예수는 그들이 전혀 생각할 수 없는 만나가 먹을 수 있는 음식이 아닌 자신의 몸임을 드러내기 위해 구약의 "나는~이다"는 하나님의 자기 정체성의 계시를 직접적으로 인용하여 선포함으로 자신의 정체성(하나님 됨)과 구원의 절대성(유일한 구원의 방편)을 제시하셨다.

이 논쟁을 통해 예수님은 오직 자신만이 아버지에게서 온 참 생명의 떡이요, 구원자라고 자신의 정체성을 제시하고, 더 나아가 조상들에게 생명을 영위케 하였던 구약의 만나를 소망하고 있는 유대인들에게 예수님은 오병이어 기적을 통해 자신이 새로운 유월절의 떡이요, 광야에서 먹었던 만나로 이 세상에 오셔서 십자가를 사건을 통해 믿는 자들에게 영원한 생명을 주실 것을 증거 하셨다. 이러한 자기 정체성의 효과적인 제시와 설득을 위해 예수님은 구약의 만나와 절대적인 자기 선언인 "나는 ~이다"를 사용하신 것이다.

마태복음과 구약[1]

양 용 의 [*]

서 론
1. 성취 형식 인용구
2. 구약 성경 내용에 관한 다른 언급/인용들
3. 모형론
4. 예수와 율법
결 론

서 론

마태복음은 다른 세 복음서들에 비해 두드러지게 많은 구약 인용구들과 언급들을 포함하고 있다. 마태복음의 이러한 특징은 그 독자들에 대한 일반적인 이해에 비추어 볼 때 그렇게 놀라운 것이 아니다. 유대인 그리스도인들이 그 주된 독자들로 추정되는 마태복음은 예수를 그리스도로 제시하는데 있어서 그 어떤 다른 복음서들 보다 예수의 생애와 가르침을 구약과의 연관성 속에서 다루어야할 필요에 직면해 있었을 것이다. 따라서 마태

---

[*] 국제신학대학원대학교 교수, 신약학(Ph.D.)

[1] 필자의 은사이신 이진태 원장님의 고희 기념논문집에 졸고를 싣게 된 것을 무한한 영광으로 생각한다. 이 원장님의 전공분야가 구약학이기에, 필자는 본 논문에서 필자의 전공분야인 마태복음과 구약학의 연결 주제를 다루고자 하였다. 사실 본 논문은 이미 「그말씀」 2001년 2월호에 보다 평이한 형태로 발표되었으나, 여기에서는 보다 전문적인 논의와 더불어 특히 각주의 내용이 보강되었음을 밝혀둔다.

복음을 해석하는데 있어서 그의 구약 사용의 원리와 목적 그리고 그 내용
에 대한 적절한 이해는 결정적으로 중요한 것으로 보인다. 사실 마태의 구
약 사용은 여러 가지 면에서 독특한 측면들을 가지고 있으며, 이는 상당수
학자들의 관심의 대상이 되어왔다.[2] 본고에서는 마태의 구약 사용의 특징
들을 개관하면서, 그와 관련해서 문제시되어 왔던 논점들을 학자들의 대표
적인 견해들과 더불어 제시해 나가는 가운데, 마태복음의 구약 사용의 신
학적 의미들을 정리해 보고자 한다.

1. 성취 형식 인용구

마태의 구약 사용에 있어서 가장 특징적인 형태는 아마도 복음서 전체를
통해 10회에 걸쳐 나타나는 '성취 형식 인용구들'일 것이다(1:22-23; 2:15;
2:17-18; 2:23; 4:14-16; 8:17; 12:17-21; 13:35; 21:4-5; 27:9-10; 참조. 2:5-
6; 또한 참조. 13:14; 26:54, 56). 우선적으로 이 인용구들은 동일한 형식의
도입구를 갖는다는 점이 특이하다: '선지자 ...로 하신 말씀을 성취하려 하
심이라' ($\ddot{\iota}\nu\alpha$ $\pi\lambda\eta\rho\omega\theta\hat{\eta}$ $\tau\grave{o}$ $\dot{\rho}\eta\theta\grave{\epsilon}\nu$ $\dot{\upsilon}\pi\grave{o}$ $\kappa\upsilon\rho\acute{\iota}ou$ $\delta\iota\grave{\alpha}$ ... $\tau o\hat{\upsilon}$
$\pi\rho o\phi\acute{\eta}\tau ou$ $\lambda\acute{\epsilon}\gamma o\nu\tau o\varsigma$).[3] 마태의 이 도입 형식구는 매우 독특하며, 따라서
마태 자신으로부터 온 것이 거의 분명하다.[4] 이와 유사한 도입구는 놀랍게도

---

[2]   예를 들어, G. Strecker, *Der Weg Gerechtigkeit: Untersuchungen zur Theologie des
Matthäus* (FRLANT, 82; Göttingen: Vandenhoeck & Ruprecht, 1962); R.H. Gundry,
*The Use of the Old Testament in St. Matthew's Gospel with Special Reference to the
Messianic Hope* (NovTSup, 18; Leiden: Brill, 1967); K. Stendahl, *The School of St
Matthew, and its Use of the Old Testament* (ASNU, 20; Lund: Gleerup, 2nd edn, 1968);
R.S. McConnell, *Law and Prophecy in Matthew's Gospel* (Basel: Friedrich Reinhardt
Kommissionsverlag, 1969); M.D. Goulder, *Midrash and Lection in Matthew* (London:
SPCK, 1974); A. Sand, *Das Gesetz und die Propheten. Untersuchungen zur Theologie
des Evangeliums nach Matthäus* (Biblische Untersuchungen, 11; Regensburg: Verlag
Friedrich Pustet, 1974); O.L. Cope, *Matthew: A Scribe Trained for the Kingdom of
Heaven* (CBQMS, 5; Washington: CBAA, 1976); R.T. France, *Matthew: Evangelist
and Teacher* (Exeter: Paternoster, 1989), chs 4, 5; et al.

[3]   하지만 2:23의 경우는 그 도입구의 형식이 약간 다르다는 점을 주목하라($\ddot{o}\pi\omega\varsigma$
$\pi\lambda\eta\rho\omega\theta\hat{\eta}$ $\tau\grave{o}$ $\dot{\rho}\eta\theta\grave{\epsilon}\nu$ $\delta\iota\grave{\alpha}$ $\tau\hat{\omega}\nu$ $\pi\rho o\phi\eta\tau\hat{\omega}\nu$ $\ddot{o}\tau\iota$). 사실 이러한 도입구의 차이는 그 인용
구를 해석하는데 열쇠를 제공하는지도 모른다. 참조. R.T. France, Matthew
(TNTC, 1; Leicester: IVP, 1985), pp. 88-89.

당대의 유대교 및 기독교 문헌들 가운데서 거의 발견되지 않으며, 난지 요한 복음에서만 어느 정도 유사한 형태가 발견될 뿐이다: '이는 성경이[또는 선지자 …의 말씀이] 성취되기 위함이다' ($\acute{\iota}\nu\alpha$ $\acute{\eta}$ $\gamma\rho\alpha\phi\grave{\eta}$ $\pi\lambda\eta\rho\omega\theta\hat{\eta}$, 요 12:38; 13:18; 15:25; 17:12; 19:24, 36; 참조. 요 18:9, 32).

마태의 형식 도입구의 특징은 모든 경우들에서 반복해서 나타나는 세 단어들에 의해 잘 드러난다. 첫째, 모든 경우들에 있어서 마태는 인용구의 내용을 '토 레덴'($\tau\grave{o}$ $\acute{\rho}\eta\theta\acute{e}\nu$, '말씀되어진 것')이라고 부른다. 수동형 분사 '레덴'($\acute{\rho}\eta\theta\acute{e}\nu$)은 신약 성경 전체를 통해 마태에 의해서만 특징적으로 사용되고 있는데(10개의 형식 인용구들에서, 그리고 다른 신적 예견들 또는 선언을 지칭하는 3:3; 22:31; 24:15에서), 그 수동형이 내포하고 있는 주어는 하나님 자신인 것이 분명하다(참조. 1:22; 2:15).[5] 그렇다면 마태는 구약의 여러 저자들을 통해 기록된 다양한 인용구들을 한결같이 하나님의 계획을 선포하고 있는 '하나님 자신의 말씀'으로 간주하고 있는 것이다. 둘째, 모든 경우들에서 '선지자'($\acute{o}$ $\pi\rho o\phi\acute{\eta}\tau\eta s$)가 인용된 하나님의 말씀의 매개자로서($\delta\iota\acute{\alpha}$, '통하여') 언급되고 있다. 마태에게 있어서 선지자는 인용된 말씀의 진정한 저자가 아니라 단지 매개자일 뿐이다(참조. 겔 38:17; 단 9:10; 눅 1:70 등). 그런데 특이하게도 마태는 13:35에서 시편을 인용하는 상황에서까지도 그 인용구를 '선지자'에게로 돌리고 있다. 이는 마태가 하나님의 계획을 앞서 보여 주는 예견자로서의 기능과 관련하여 '선지자'의 개념을 상당히 폭넓게 이해하고 있었음을 보여 준다(참조. 11:13).[6] 셋째, '선지자'라는 명사와 밀접하게 연관되어 있는 또 하나의 특징적인 단어는 '성취하다'($\pi\lambda\eta\rho\acute{o}\omega$)라는 동사이다. 이 동사는 마태복음의 핵심 주제를 매우 간략하면서도 분명하게 드러내 보여 준다.[7] 사실 구약 성경에 약속된

---

[4] 참조. G.M. Soares Prabhu, *The Formula Quotations in the Infancy Narrative of Matthew* (Rome: Biblical Institute Press, 1976), pp. 46-63; G.N. Stanton, 'Matthew's Use of the Old Testament', in *idem, A Gospel for a New People: Studies in Matthew* (Edinburgh: T. & T. Clark, 1992), p. 359.

[5] 참조. France, *Evangelist*, p. 172 n. 12; W.D. Davies and D.C. Allison, *A Critical and Exegetical Commentary on the Gospel according to Saint Matthew* I (3 vols; ICC; Edinburgh: T. & T. Clark, 1988, 1991, 1997), p. 212.

[6] 참조. Davies and Allison, *Matthew* II, p. 425.

[7] H. Frankemölle, *Jahwe-Bund und Kirche Christi: Studien zur Form- und Traditionsgeshichte des "Evangeliums, nach Matthäus* (Münster: Aschendorff, 2nd edn, 1984), p. 388.

이스라엘의 소망의 '성취' 주제는 신약 성경 전체의 주제이다. 하지만 마태복음에서는 이 주제가 보다 더 주도적인 역할을 하고 있는 것이다.[8] 결론적으로, 모든 경우들에서 이 세 단어들을 포함하고 있는 형식 도입구는 마태가 구약의 인용구들을 활용한 목적이 예수의 생애를 다름 아닌 구약 예언의 성취로 드러내 보여 주는데 있었음을 너무도 확고하게 시사해 준다.

한편, 마태의 성취 형식 인용구들과 관련하여 특이한 점은 21:4-5의 경우를 제외한[9] 모든 인용구들이 신약 성경에서 인용된 적이 없는 독특한 것들이라는 사실이다. 뿐만 아니라 형식 인용구들과 직접 연관된 이야기들 대부분은 (역시 21:4-5의 경우를 제외하고) 마태복음에서만 유일하게 나타나거나(1:18-25; 2:1-12, 13-15, 16-18, 19-23; 27:3-10), 마가복음의 장황한 이야기를 매우 간략하게 요약한 형태들로 나타나고 있다(4:13-16; 8:16-17; 12:15-21; 13:34-35). 이러한 기본적인 사실들과 그 밖의 몇몇 요인들을 검토한 후 상당수의 학자들은 이 형식 인용구들이 마태 자신으로부터 기인된 것이라는 결론을 내린다.[10] 그럴 경우 성취 형식 인용구들에 대한 주의 깊은 관찰은 마태의 신학적 강조점을 발견하는데 크게 기여할 수 있을 것이다.

마태의 형식 인용구들과 그와 연관된 이야기들 사이의 관계를 살펴보는 것은 상당히 흥미롭다. 먼저 1:18-2:23의 경우, 형식 인용구들을 삭제해 버린다 해도 이야기의 흐름에는 아무런 영향을 끼치지 않을 뿐 아니라 오히려 더 자연스럽기까지 하다. 이는 이 형식 인용구들이 이야기들 중간 중간에 첨가된 마태 자신의 논평들임을 시사해 준다. 하지만 논평들이 그처럼 자주 삽입됨으로 말미암아 이야기의 흐름은 계속 단절되는 느낌이다. 마태가 이와 같은 이야기의 단절을 감수하면서까지 그의 논평들을 자주 삽입한 이유는 무엇이었을까? 여기서 우리는 마태의 주된 관심이 그 이야기들 자체보다 오히려 그와 관련해서 삽입된 논평으로서의 인용구들에 있지 않았는지 의심하게 된다. 만일 그럴 경우 마태가 삽입하고 있는 형식 인용구들은 그의 신학적 관심을 드러내 보여 주는 목적 있는 논평들인 것이 분명하

---

[8] France, *Evangelist*, p. 166.

[9] 21:4-5에서 인용된 슥 9:9은 요 11:14-15에서도 인용되고 있다. 하지만 그 인용구의 형태는 상당히 다르다는 점을 주목하라. 참조. Stanton, 'Use', p. 363.

[10] Soares Prabhu, *Formula Quotations*, pp. 83-84; France, Evangelist, pp. 179-81; Stanton, 'Use', pp. 360-61; Davies and Allison, Matthew III, pp. 575-77; *pace* Strecker, *Weg*, pp. 50, 82-85; U. Luz, *Matthew 1-7* (trans. W.C. Linss; Edinburgh: T. & T. Clark, 1990), pp. 159-61.

다. 이러한 우리의 제안은 1:18-2:23 이외의 경우들에서 더욱 분명해 진다.
4:13-16; 8:16-17; 12:15-21; 13:34-35의 경우, 그 마가복음 평행구들에서는
이야기들 자체가 관심의 유일한 대상들인데 반해서, 마태복음에서는 이야
기들이 단지 인용된 구약의 내용들을 확증해 주는데 필요한 최소한의 내용
들만을 제공해 줄뿐이며, 따라서 마태의 관심의 초점은 이야기 자체보다는
인용구들에 맞추어져 있다는 것이 명백하기 때문이다.[11]
   그런데 이와 같이 그 신학적 목적이 분명한 마태의 '성취 형식 인용구
들'의 구약 본문 형태는 마태의 다른 구약 인용들의 경우에 비추어 볼 때
매우 특이하다. 10개의 형식 인용구들(그리고 이와 유사한 2:5-6)을 제외한
다른 구약 인용구들에서 마태는 일반적으로 70인역 본문을 사용하고 있다.
이는 초대 교회 당시 70인역이 표준적인 헬라어역 구약 성경이었다는 점을
감안해 볼 때 지극히 자연스런 현상이다. 하지만 성취 형식 인용구들의 경
우 그 본문 형태들은 (어쩌면 1:23의 경우를 제외하고) 70인역과 현저하게
다르다. 더욱 놀라운 점은 형식 인용구들의 본문 형태들 대부분이 70인역
뿐 아니라 (우리가 현재 알고 있는) 그때 당시 존재하던 어떤 다른 히브리
본문이나 번역본들과도 상당히 다르다는 사실이다.[12] 실제로 각 인용구들은
단순한 인용이라기보다는, 생략, 삽입, 대체, 통합, 요약 등의 다양한 방법들
을 활용한 지극히 창의적인 인용들로 드러난다. 그 구체적인 예들을 유형
별로 들어보면 다음과 같다. 1) 구약의 한 기본 구절에 다른 구절(들)이 연
결되어 인용된다. 2:6의 경우, 미가 5:2에 사무엘하 5:2이 첨가되고 있다.
또한 21:5의 경우, 스가랴 9:9에 이사야 62:11의 몇몇 단어들이 첨가되고
있다. 2) 구약의 긴 구절의 주제와 내용이 다른 구절을 활용하여 요약적으
로 인용된다. 27:9-10의 경우, 예레미야 19:1-15(및 18:1-12; 32:6-9)의 긴
내용이 스가랴 11:12-13을 변형시켜 인용하는 가운데 적절히 반영되고 있
다.[13] 3) 많은 경우들에 있어서 마태의 인용구들은 마태의 이야기들의 내용

---

[11] France, *Evangelist*, pp. 179-80; 참조. Stanton, 'Use', p. 360.
[12] 유일한 예외가 있다면 아마도 2:18일 것이다. 이 인용구는 히브리 본문을 약간
줄여서 번역한 것으로 보인다.
[13] 이와 관련된 다양한 설명들에 대해서는 Gundry, *Use*, pp. 125-26; D.P. Senior,
The Passion Narrative according to Matthew: a Redactional Study (BETL,
39; Leuven: Leuven University Press, 1975), pp. 367-69; France, *Matthew*,
pp. 386-87; D.A. Hagner, *Matthew 14-28* (WBC, 33b; Dallas: Word Books,
1995), pp813-15; Davies and Allison, *Matthew* III, pp. 568-69 등을 보라.

과 상황에 적합하게 창의적으로 변형되거나 대체되거나 생략되고 있다. 대표적으로 2:6의 경우, '에브라다' 대신 '유대 땅'($\gamma\hat{\eta}$ '$Iou\delta a$)이 대체되고 있으며, '결코'($ou\delta a\mu\hat{\omega}s$)가 첨가되고 있다. 4) 때로는 그 출처가 불분명하다. 2:23의 경우, 그 인용구의 출처는 몇몇 제안들에도 불구하고(참조. 사 4:3; 11:1; 삿 13:5, 7) 결코 명백하지 않다.[14]

그렇다면 마태가 형식 인용구들을 인용하는데 있어서 이와 같은 창의적 방법을 사용한 이유는 무엇이었을까? 그 가장 분명한 대답은 형식 인용구들이 인용된 문맥들과 관련하여 제시될 수 있다. 마태가 인용한 인용구들은 위에서 지적하였듯이 예수의 생애와 관련하여 교회 안에서 일반적으로 널리 사용되던 구절들이 아니었으며, 그 결과 마태는 그의 독자들의 이해를 돕기 위해 그 구절들을 예수에 관한 이야기 문맥들과 보다 의미 있게 연결시켜야 할 필요를 느꼈을 것이다. 그는 이를 위해 기존의 70인역 본문을 있는 그대로 (혹은 히브리어 본문을 문자적으로 번역하여) 사용하기보다는, 문제의 본문들을 문맥들에 맞는 형태들로 적응시켜 인용하는 방법을 적극적으로 채택하였던 것으로 보인다.[15] 그리고 마태는 아마도 이처럼 독특한 자신의 인용들에 대해 독자들의 주의를 환기시켜 주기 위해 그 모든 경우들마다 그의 독특한 형식 도입구를 일관성 있게 사용했던 것 같다.[16]

사실 마태의 성취 형식 인용구들에 대한 논의는 그 구체적인 인용구들에 대한 해석적 작업이 없이는 특히 그 신학적 중요성 및 의미와 관련하여 그 진정한 결론에 도달하기 어렵다. 하지만 위의 개괄적인 논의들을 기초로 해서 우리는 다음 몇 가지 잠정적인 결론들을 정리해 볼 수 있다. 마태의 성취 형식 인용구는 (특히 그 도입구는) 구약 성경이 당시 교회에게 진리를 가늠하는 '하나님의 말씀'으로서의 권위를 가지고 있었음을 전제한다.[17] 또한 그 인용구들이 예수의 생애에서 성취되었다는 사실은 마태와 그의 교회가 추종하고 있는 종교가 과거 구약 종교에 대한 반발이 아니라 그 연속이자 그 완성이라는 점을 입증해 준다. 한편 마태는 구약을 인용하는데 있어서 오늘날 21세기의 딱딱한 정확성보다는 신학적 의미의 연결성에 더 무

---

[14] 이러한 상황에 대한 France, *Matthew*, pp. 88-89의 해석은 매우 흥미롭고 설득력이 있다.

[15] 마태의 이런 인용 방식은 1세기 당시 유대인들의 탈굼 기법과 무관한 것으로 보이지 않는다; 참조. France, *Evangelsit*, pp. 180-81.

[16] Davies and Allison, *Matthew* III, pp. 576-77.

[17] Davies and Allison, *Matthew* III, p. 577.

게를 두었으며, 따라서 오늘날 우리의 잣대에는 무책임하고 부정확해 보이지만 당대의 잣대에는 크게 문제가 되지 않았던 탈굼적 변형들을 매우 적극적으로 활용하고 있다. 이러한 마태의 인용 배후에는 어쩌면 예수의 생애가 구약 성경의 문자적 의미에 의해 규정되는 것이 아니라, 오히려 예수의 생애에 의해 구약 성경의 그 궁극적이고 진정한 의미가 드러나게 된다는 신학이 깔려 있었는지도 모른다.[18] 그밖에 성취 형식 인용구들의 보다 구체적인 신학적 의미들은 1-2장에 대한 석의적 접근에서 다루어질 것이다.[19]

2. 구약 성경 내용에 관한 다른 언급/인용들

마태는 성취 형식 인용구들을 제외하고서도 다른 복음서 저자들에 비해 구약 성경과 관련된 자료들을 매우 많이 포함하고 있다. 그 대표적인 예가 12:1-8에서 발견된다. 마태복음의 본 단락을 그 평행 단락들인 마가복음 2:23-28 및 누가복음 6:1-5과 비교해 보면, 마태는 마가나 누가에서 발견되지 않는 자료들을 첨가하고 있는데(5-7절), 그 자료들은 모두 구약 성경과 밀접하게 관련된 것들이다. 그런데 마태의 이러한 자료 삽입은 결코 무의미한 것들이 아니라, 지극히 중요한 신학적 의미를 갖는 것들로 드러난다. 본 단락에서는 그 삽입된 자료들의 신학적 의미를 간략히 살펴봄으로써 마태의 구약 사용의 특징들을 예시해보도록 하겠다.

12:1-8은 안식일에 밀밭에서 이삭을 잘라먹는 예수의 제자들을 자신들의 전통적 규례에 의거해서 비난하는 바리새인들과 그들에게 답변하시는 예수 사이의 대화를 다룬다. 그 예수의 답변들 중 두 번째 답변인 5절에서, 예수는 바리새인들의 규례보다는 구약의 율법 자체에('율법에서') 호소한다(참조. 민 28:9-10). 즉, 그는 구약 율법에서도 안식일보다 더 큰 권위를 갖는 성전 안에서는 제사장들이 안식일을 범하여도 죄가 되지 않는다는 점을 지적한다. 그리고 6절에서 예수는 자기 자신이 성전보다 더 큰 자라고

---

[18] 사실 마태의 이러한 신념은 그의 인용구들의 원래 상황이나 지칭 대상이 마태복음에서 적용되는 상황이나 지칭 대상과 상이한 경우들에서 보다 두드러진다(예. 1:22-23; 2:15; 2:17-18 등). 한편 이러한 신념은 신약 성경 안에서 널리 발견되는 모형론의 주요 원리이기도 하다.

[19] 필자의 「마태복음 1-2장에 대한 주해와 적용」, 『그 말씀』 2001년 3월호를 보라.

선언한다. 본 문맥에서 이 선언의 의미는 분명하다: 만일 성전이 하나님의 임재의 중심으로서의 그 역할 때문에 안식일보다 더 큰 권위를 갖는다면, 성전의 역할을 성취하심으로 성전 자체를 대체하시는 예수 자신은 안식일보다 훨씬 더 큰 권위를 갖는다.

한편 예수의 세 번째 응답인 7절에서, 호세아 6:6로부터의 인용구인 '나는 자비를 원하고 제사를 원치 아니하노라' 는 구절은 요구하는 분이라기보다는 우선적으로 자비로운 분으로 이해되어야 하는 하나님의 성품을 보여준다. 우리는 여기서 하나님의 자비로운 성품과 안식일 사이에 어떤 관계가 있는지를 살펴 볼 필요가 있다. 안식일 제도는 하나님께서 창조 후 일곱째 되는 날을 축복하신 가운데 암시적으로 나타난 그의 백성을 위한 '영원한 안식' 의 계획을 반영하며(참조. 창 2:2-3; 출 20:8-11), 또한 이집트로부터 이스라엘을 이끌어 내신 '구속적 구출' 사역 역시 반영한다(참조. 신 5:12-15). 이처럼 안식일은 그 기원에 있어서 짐이라기보다는 오히려 하나님의 은혜와 자비의 표현이었다. 그런데 마태복음 11:28-30은 안식일 제도 가운데 반영된 하나님의 자비로우심을 취하신 '예수의 자비로우신 성품' 과 안식일의 궁극적 목표를 성취한 '종말론적 안식' (즉, 구속) 사이에 연관이 있음을 분명히 보여준다. 그렇다면 7절은 이미 구약 성경을 통해 존재해 왔으며 이제 11:28-30에서 보다 구체적으로 표현된 사상의 흐름에 비추어 이해되어야 한다. 게다가 본 인용구가 예수 자신이 성전보다 크다고 선언한 성전-모형론에 바로 뒤이어 나온다는 점을 주목하는 것은 매우 중요하다. 이러한 모든 점들을 종합해 볼 때, 그들이 무죄한 것은 그들이 바리새인들의 안식일 규례들을 범하지 않았기 때문이거나, 더 나아가서 '옛' 의미에서의(혹은 '성취되지 않은' 의미에서의) 안식일 율법을 범하지 않았기 때문이 아니다. 그보다는 오히려 그들이 안식일을 성취하심으로써 그들에게 '종말론적 안식' (즉, 구속)을 제공해 주신 '자비로우신' 예수의 권위 하에서 그렇게 하였기(즉, 범하였기) 때문인 것이다.[20]

마태는 이처럼 5-6절을 삽입함으로써는 구약에 익숙한 그의 독자들에게 예수의 권위가 성전의 권위보다 크시며, 따라서 안식일(그리고 궁극적으로는 율법)의 권위를 능가한다는 기독론적 주장을 매우 효과적이고 강력하게 펼치고 있다. 한편 7절에서 호세아 6:6을 인용함으로써는 안식일에 대한 하

---

[20] 본 구절들에 대한 자세한 논의에 대해서는 필자의 『예수와 안식일 그리고 주일』(서울: 이레서원, 2000), 제4장을 보라.

나님의 원래 의도가 무엇인지를 보여 줌으로써 제자들이 무죄하다는 사실을 적절히 입증해 준다. 이처럼 적어도 우리가 살펴본 12:5-7에 나타난 마태의 구약 사용은, 그의 독자들이 구약 성경에 익숙할 뿐 아니라 그 권위를 인정하는 유대인 그리스도인들이었다고 가정할 때, 그 적절성과 유용성에 있어서 지극히 돋보인다는 사실을 부인하기 어렵다. 그 밖의 다른 경우들은 다음 장들에서도 확인될 것이다.

3. 모형론

우리가 이미 고찰한 성취 형식 인용구들에서 마태는 예수께서 구약의 성취이시라는 사실을 대개 명시적으로 입증하고 있다. 하지만 마태의 성취에 대한 관심은 그러한 명시적 방법에 그치지 않는다. 그는 자신의 그러한 관심을 그의 모형론적 구약 사용에서도 매우 적절하고 효과적으로 드러내 보여주고 있다. 마태는 이 모형론적 방법을 통해 예수를 구약의 몇몇 제한된 예언들만을 성취하신 분이 아니라 구약 성경 전체를 성취하신 분으로 제시해 나간다.

물론 '모형론'이라는 용어는 상당히 다양한 의미로 이해되어져 왔으며, 따라서 그 정확한 의미를 정의한다는 것은 불가능하다. 하지만 복음서에서의 용례와 관련하여 우리는 다음과 같이 정의할 수 있을 것이다: 모형이란 하나님께서 역사하시는 원칙들의 성격은 시대에 따라 결코 변하지 않는다는 신념에 기초하여, 신약과 구약의 사건, 인물, 제도 사이에 서로 일치되는 점을 인식하여, 신약의 사건, 인물, 제도를 구약의 모형의 견지에서 이해하고 묘사하는 것이다.[21] 이러한 모형론적 구약 사용은 모든 복음서들에서 발견된다. 하지만 마태복음은 이 모형론에 있어서도 다른 복음서들보다 훨씬 두드러진다는 점은 부인할 수 없다.

3.1. 새로운 모세로서의 예수

마태복음에서 가장 중요하게 대두되는 모형론은 모세-예수 모형론이다.

---

[21] France, *Jesus and the Old Testament* (London: Tyndale Press, 1971), p. 40; *idem, Matthew*, p. 40.

이 주제와 관련하여 한 훌륭한 연구서가 있는데, 그것은 앨리슨(D.C. Allison)의 *The New Moses: A Matthean Typology*이다.[22] 이 책의 가치는 마태의 모형론적 암시들을 확인하는데 있어서 마태복음 이전의 유대교 본문들 가운데서 모세가 모형론적 인물로 사용된 용례들을 균형 있게 활용하고 있다는 점이다. 앨리슨은 먼저 모세가 다양한 기능적 측면에서 모형으로서의 역할을 담당하고 있음을 밝혀 준다: 지도자/왕(여호수아, 요시아), 구원자/구출자(기드온, 메시아), 율법 제공자/선생(에스라, 에스겔, 힐렐), 중보자, 고난받는 선지자(예레미야, 제2-이사야의 종).[23] 앨리슨은 마태가 이러한 모형론적 전통을 익히 알고 있었다고 전제하면서, 그가 복음서에서 제시하고 있는 모세 모형론적 암시가 무엇인지를 탐구해 나간다. 앨리슨은 마태복음 거의 전체에서 모세 모형론의 암시들을 발견해 내려고 시도한다: 유아기 내러티브, 시험, 산상설교, 팔복, 예수와 율법, 8-9장의 기적, 제자 파송 설교, 표적 요청, 광야에서 먹이신 기적들, 변화산 사건, 예루살렘 입성, 23장, 종말 강화, 최후의 만찬, 예수의 죽음, 등. 여기서는 지면 관계상 앨리슨의 연구 모두를 다룰 수는 없기 때문에, 단지 한 가지 예, 즉, 유아기 내러티브 만을 다루려 한다.

앨리슨이 제안한 유아기 내러티브의 모세 모형론적 암시는 다음과 같다: 1. 명시적 인용: 마태복음 2:15에서 출애굽과 관련된 명시적 인용이 나타나는데(호 11:1), 이는 일차적으로 모세에 대한 이야기는 아니지만, 그러나 이스라엘의 출애굽은 모세와 밀접한 관계가 있다. 2. 암시적 인용: 마태복음 2:19-21과 출애굽기 4:19-20 사이에는 상당한 유사성들이 존재하며, 특히 마태복음의 '아기의 <u>목숨을 찾던 자들</u>이 죽었느니라'와 출애굽기의 '네 <u>목숨을 찾던 자들</u>이 다 죽었느니라'는 축어적 일치를 보여 준다. 그런데 마태복음의 경우 예수의 목숨을 찾던 자로서 죽은 자는 문맥상 헤롯 대왕 한 사람인데도(19절), 마태가 '찾던 자들'이라는 복수 형태를 사용하고 있는 것은 모세와 예수 사이의 모형론적 연관성을 암시해 주고 있는 것이 분명하다. 뿐만 아니라 이러한 죽음에 대한 사실은 초자연적으로 전달되고 있으며, 두 주인공들은 그 가족과 함께 돌아가고 있다. 이 밖에도 앨리슨은

---

[22] 이 책의 논점에 대한 유용한 요약이 리치스, [마태복음](신약성경 가이드 1; 양용의 역; 서울: 이레서원, 2000), pp. 144-54에서 발견된다.

[23] D.C. Allison, *The New Moses: A Matthean Typology* (Edinburgh: T. & T. Clark, 1993), ch. 2.

마태의 내러티브와 유대교 전통에 나타난 모세 이야기 사이의 상황적 유사성과 구조적 유사성 및 핵심 단어들과 어구들 사이의 유사성들을 주목함으로써, 마태의 유아기 내러티브가 모세-예수 모형론을 얼마나 풍성하게 암시하고 있는지를 입증해 보이고 있다.[24]

하지만 앨리슨은 모세 모형론이 유아기 내러티브 뿐 아니라 거의 마태복음 전체에 걸쳐 암시되고 있음에도 불구하고, 그 모형론은 대부분 감추어져 있다는 점을 주목한다.[25] 이는 마태의 기독론에 무슨 시사점을 던져 주는가? 여기서 우리는 마태가 모세를 예수의 모형으로서 뿐 아니라 경쟁자로서도 제시하려 하고 있음을 주목하게 된다.[26] 비록 마태는 모세가 예수의 선행자로서 모형적 기능을 한다는 점을 인정하지만, 그러면서도 마태는 진정한 지도자, 선생, 권위자, 중보자, 구원자는 모세가 아니라 '하늘과 땅의 모든 권위'를 가지신(28:18) 예수 한 분뿐이심을 드러내 보이는데 더 큰 관심을 가지고 있었던 것 같다. 그래서 마태는 모세의 다양한 모형론적 기능은 암시적으로만 제시하면서, 정작 모세 자신의 모습은 감추고 오로지 예수만을 두드러지게 제시하고자 하였던 것으로 보인다. 마태의 이러한 암시적 모세 모형론으로부터 우리는 다음과 같은 결론을 내리게 된다: 예수는 모세의 모형들을 이어 받으셨을 뿐 아니라 그것들의 궁극적인 목표를 성취하신 분이시며, 따라서 그는 모세와 유사할 뿐 아니라 그를 초월하신 분이시다.[27]

3.2. '더 큰이'

마태복음의 모형론에 대해 고찰할 때 우리의 관심을 것은 12장에서 발견되는 3중적 모형론이다: 12:6 - 성전 모형론; 12:41 - 요나 모형론; 12:42 - 솔로몬 모형론. 그런데 여기서 발견되는 모형론들은 모세 모형론과 달리

---

[24] Allison, *New Moses*, pp. 140-65.

[25] 물론 앨리슨은 모세 모형론을 보여주고 있는 대부분의 유대교 문서들에 있어서도 모형론적 연결은 명시적이지 않다는 점을 밝히고 있다. 하지만 마태의 경우 그러한 암시성은 다른 모형론들(예를 들어, 3.2에서 살펴볼 성전, 요나, 솔로몬 모형론)에 비추어 볼 때 보다 인상적이다. 사실 모세의 이름은 마태복음 전체를 통해 일곱 번밖에 나타나지 않는다.

[26] 이는 다음 단락(4. 예수와 율법)의 논의에서 보다 분명해질 것이다.

[27] 참조. France, *Evangelist*, p. 187; 리치스, [마태복음], pp. 152-54.

'더 큰이'($\mu\epsilon\hat{\iota}\zeta ov,\ \pi\lambda\epsilon\hat{\iota}ov$)라는 표현을 사용함으로써 보다 명시적인 성격을 띤다.

먼저 12:6에서 예수는 그 자신이 '성전'보다 크신 분이심을 밝히신다. 그런데 예수는 이러한 선언을 위한 근거를 다른 곳에서 찾지 않으시며, 오로지 그 자신의 권위로서 선언하신다. 예수는 이 선언적 성전 모형론을 통해 하나님의 임재의 초점으로서의 성전의 기능과 권위가 이제 자신에게 이전되었고 자신에 의해 성취되었음을 밝히신다. 하나님의 임재가 예수에게 이전되었고 그에 의해 성취되었다는 개념은 마태에게 특별히 의미심장한 것으로 보인다. 이는 단지 이 성전 모형론에 의해서 명시적으로 선언될 뿐 아니라, 복음서 전체가 1:23의 '하나님께서 우리와 함께 계시다'($'E\mu\mu\alpha vou\acute{\eta}\lambda$)와 28:20의 '내가 너희와 항상 함께 있느니라'($\acute{\epsilon}\gamma\grave{\omega}\ \mu\epsilon\theta'\ \acute{\upsilon}\mu\hat{\omega}v\ \epsilon\acute{\iota}\mu\iota\ \pi\acute{\alpha}\sigma\alpha\varsigma\ \tau\grave{\alpha}\varsigma\ \acute{\eta}\mu\acute{\epsilon}\rho\alpha\varsigma$)에 의해 감싸여 있다는 사실에 의해서도 암시적으로 보여지고 있기 때문이다.[28] 현 문맥에서 이 개념의 중요성은 명백하다. 만일 성전이 하나님의 임재의 초점으로서의 그 기능 때문에 안식일보다 더 권위가 있다면, 성전의 그 기능을 대체하시고 성취하신 예수는 안식일보다 얼마나 더 권위가 있겠는가? 한편 성전보다 더 높으신 따라서 안식일보다 더 높으신 예수의 권위 개념은 8절에서 제시될 예수의 결정적인 메시아적 선포에로의 길을 잘 준비해 준다: '인자는 안식일의 주인이니라'($\kappa\acute{\upsilon}\rho\iota o\varsigma\ \gamma\acute{\alpha}\rho\ \acute{\epsilon}\sigma\tau\iota v\ \tauo\hat{\upsilon}\ \sigma\alpha\beta\beta\acute{\alpha}\tauo\upsilon\ \acute{o}\ \upsilon\acute{\iota}\grave{o}\varsigma\ \tauo\hat{\upsilon}\ \acute{\alpha}v\theta\rho\acute{\omega}\pi o\upsilon$).

12:39-41은 요나 모형론을 제시해 준다. 이는 아마도 예수께 적용되고 있는 가장 좋은 모형론의 본보기일 것이다. 40-41절은 요나와 예수 사이의 두 가지 역사적 일치점들을 소개해 준다. 첫째, 40절은 두 사람 모두가 속박된 상태에 놓여 있다는 일치점을 보여 준다. 그들은 동일한 기간 동안(삼일 삼야), 자연적으로는 전혀 구출을 기대할 수 없는 상태로부터, 하나님의 초자연적 개입에 의해 구출되었던 자들이라는 공통점들을 갖는다. 둘째, 41절은 그들 모두가 회개의 설교를 선포하였다는 일치점을 보여 준다. 하지만 이들 둘 사이에는 일치점들 뿐 아니라 상이점들 역시 발견된다. 요나의 속박 상태는 그의 사역 첫 부분에 있었던데 반해, 예수의 죽으심과 부활은

---

[28] 예수께서 성전을 대체하시는 것과 관련한 이 말씀의 중요성에 대해서는, B. Gärtner, *The Temple and the Community in Qumran and the New Testament: A Comparative Study in the Temple Symbolism of the Qumran Texts and the New Testament* (SNTSMS, 1; Cambridge: Cambridge University Press, 1965), p. 114를 보라.

그의 사역의 절정부를 이루고 있다. 또한 보다 중요하게, 요나가 속박된 상태에 놓이게 된 것은 그의 불순종에 대한 형벌이었던데 반해, 예수께서 땅속에 묻히신 것은 죽음까지도 감수한 그의 순종의 결과였다. 이처럼 모형론은 모든 점의 일치에 의존하지 않는다. 사실 모형론의 진정한 의미는 일치의 기반 위에 드러나게 되는 상이점들에 있다고 할 수 있다. 왜냐하면, 모세 모형론에서도 언급하였듯이, 모형론의 진정한 목표는 예수께서 모형과 유사하실 뿐 아니라 모형을 훨씬 더 뛰어 넘으신 분이심을 드러내 보여 주는데 있기 때문이다: '요나보다 더 큰이가 여기 있느니라.'

12:42은 솔로몬 모형론을 제시해 준다. 이는 요나 모형론의 형식과 크게 다르지 않다. 솔로몬과 예수 사이의 일치점은 매우 분명하다. 솔로몬과 예수는 모두 다윗의 아들(자손)이다. 두 인물은 모두 지혜로 특징지워진다. 하지만 이들 사이의 상이점 역시 매우 분명하다. 솔로몬은 자신의 지혜에도 불구하고 그의 말년에 우상 숭배에 빠졌던 것과 달리, 예수는 그의 전 생애를 통해 하나님 아버지의 뜻에 순종하며 사셨던 것이다. 그렇다면 예수의 선언은 지극히 당연하다: '솔로몬보다 더 큰이가 여기 있느니라.'

12장의 이 3중적 모형론을 통해서, 마태는 예수께서 성전, 위대한 왕 솔로몬, 선지자 요나, 즉, 구약 성경의 세 가지 중심적인 역할들보다 더 큰 분이신 메시아라는 사실을 효과적으로 선언하고 있다. 그리고 이러한 선언은 예수께서 구약 성경의 성취이시라는 사실을 인상적으로 증거해 준다(참조. 5:17).

이러한 모든 모형론들은[29] 예수께서 구약을 성취하셨다는 개념을 몇몇 제한된 명시적 예언의 성취 범주를 뛰어넘어, 구약의 인물, 사건, 제도에 걸친 거의 전포괄적인 영역으로 확장시켜 준다. 뿐만 아니라 마태의 모형론들은 예수를 구약과 연속선상에 서 있는 분으로 제시해 줄 뿐 아니라, 보다 중요하게 구약을 초월하신 최종적 권위를 가지신 분으로 제시해 준다.

---

[29] 지금까지 살펴본 모형론들 이외에도 마태복음 안에는 몇몇 다른 의미심장한 모형론들이 있다: 이스라엘-예수 모형론(2:15; 4:1-11 등); 이스라엘-교회 모형론(8:11-12; 19:28 등). 이 모형론들에 대해서는 France, *Evangelsit*, pp. 207-13을 보라.

4. 예수와 율법

마태의 구약 사용을 고찰하는데 있어서 빼놓을 수 없는 또 한 가지 중요한 문제는 예수와 율법의 관계에 대한 마태의 입장이다. 예수와 율법의 관계에 대한 마태의 입장을 살피는데 있어서 마태복음 5:17-20이 결정적으로 중요하다는 점은 의심할 여지가 없다. 하지만 이 단락은 마태복음에 있어서 가장 난감한 석의적 문제들 중 몇 가지를 제기해 주며, 그래서 이 단락에 대한 수많은 제안들과 견해들이 상세하게 제시되어 왔다.[30] 하지만 지면의 한계상 본 단락에 대한 상세한 논의를 할 수는 없으며, 따라서 필자는 우리의 연구에 가장 밀접하게 연관된 몇몇 핵심 문제들에 대해서만 간략하게 다루고자 한다.

(1) 5:17 - 구약 성경의 성취자로서의 예수

'율법과/이나 선지자들'($\tau\grave{o}\nu$ $\nu\acute{o}\mu o\nu$ $\mathring{\eta}$ $\tau o\grave{\upsilon}\varsigma$ $\pi\rho o\phi\acute{\eta}\tau\alpha\varsigma$)은 구약 성경 전체를 지칭하는 전통적인 유대교적 어구이다(참조. 마카베우스2서 15:9; 행 24:14 등). 11:13에서 마태는 동일한 어구를 '예언하다'($\pi\rho o\phi\eta\tau\epsilon\acute{\upsilon}\epsilon\iota\nu$)동사와 함께 사용하고 있다. 이는 선지자들 뿐 아니라 율법도 '예수께서 이제 이루어 가시려는 바'를 내다보는 예언적 기능을 갖고 있음을 시사해 준다.

17절의 핵(核)은 의심할 여지없이 '플레로사이'($\pi\lambda\eta\rho\hat{\omega}\sigma\alpha\iota$)라는 단어이다. 이 단어의 의미는 아마도 구약 성경의 궁극적 목표를 '달성하다' 혹은 '성취하다'인 것으로 보인다.[31] 길리히(R.A. Guelich)가 적절히 지적한 바와 같이, 예레미야 31:31-34에서는 '마음에 쓰여진 율법'(즉, '시온-토라')을 동반한 새 언약이 '돌 판들에 쓰여진 율법'(즉, '시내-토라')을 동반한 옛 언약에 대조하여 약속되고 있다. 그렇다면 마태복음 5:17은 '시내-

---

[30] 예. McConnell, *Law*, pp. 6-58; R. Banks, *Jesus and the Law in the Synoptic Tradition* (SNTSMS, 28; Cambridge: Cambridge University Press, 1975), pp. 204-26; J.P. Meier, *Law and History in Matthew's Gospel: A Redactional Study of Mt. 5:17-48* (AnBib, 71; Rome: Biblical Institute Press, 1976), pp. 41-124.

[31] Meier, *Law*, pp. 41-124, 160-61; Banks, *Jesus*, pp. 203-26, 229-35; France, *Matthew*, pp. 113-17; 참조. Hagner, *Matthew 1-13*, p. 105.

토라'가 내다보았던 이 '시온-토라'에 대한 약속이 예수의 오심 가운데서 성취된 것을 말하는 것으로 이해될 수 있다.[32]

마태에게 있어서, 예수는 '그리스도인의 관심과 헌신 그리고 순종의 구심점'으로서의 율법의 지위를 대신한다.[33] 뱅크스(R. Banks)가 지적한 바와 같이, '그가 [즉, 마태가] 기술하고자 하는 바는 율법에 대한 예수의 태도라기 보다는, 오히려 율법이 예수와 연관해서 어떤 위치에 있는가이다; 이 예수는 다름 아닌 그 율법을 성취하신 분이고, 따라서 이제 모든 관심이 그에게 돌려져야 하는 분인 것이다'.[34] 하지만 이는 율법의 규범적 성격이 본 단락 안에서 여전히 고려되고 있음을 부인하는 것은 아니다(참조. 18, 19절). 그러나 그 규범적 성격마저도 '성경을 성취하기 위해 구원 시대의 도래자로 오신 예수의 종말론적 사역에 대한 보다 폭넓은 이해의 구도 안에' 설정되고 있다.[35] 그렇다면 17절의 '플레로사이'($\pi\lambda\eta\rho\hat{\omega}\sigma\alpha\iota$)라는 단어는 예수께서 그리고 특히 율법을 성취한 그의 가르침이 율법 자체가 내다보았던 바와 여전히 연관되어 있다는 점에 있어서 '연속성'의 요소를 포함하며, 동시에 예수께서 그리고 율법을 성취한 그의 가르침이 이제 율법을 초월한다는 점에 있어서 '불연속성'의 요소를 포함한다고 제안될 수 있을 것이다.[36]

(2) 5:18 - 율법의 지속적인 유효성

'율법'($\tau o\hat{v}$ $\nu\acute{o}\mu o\upsilon$)의 지시 대상은 우선적으로 모세 율법인 것으로 보인다.[37] 마태의 관심은 이제 성경 전체로부터 율법에로 좁혀지고 있는데, 이 초점은 뒤따라오는 절들에서 계속 지속된다. '일점 일획'($\iota\hat{\omega}\tau\alpha$ $\H{\epsilon}\nu$ $\H{\eta}$ $\mu\acute{\iota}\alpha$ $\kappa\epsilon\rho\alpha\acute{\iota}\alpha$) 구절은 가장 세부 사항에까지 미치는 율법의 양적 전체성

---

[32] R.H. Guelich, *Sermon on the Mount* (Waco: Word Books, 1982), p. 140.

[33] Meier, *Law*, pp. 88-89.

[34] Banks, *Jesus*, p. 226.

[35] Guelich, *Sermon*, p. 142.

[36] Banks, *Jesus*, p. 210; 참조. France, *Evangelist*, p. 196 - France는 율법의 '권위'와 '기능' 사이의 구분을 제안한다; 그리고 비록 율법이 예수께서 메시아로서 오신 후에도 하나님의 계시로서의 그 '권위'는 계속 유지하지만, 그러나 그 '기능'은 예수의 성취로 말미암아 변화되었다고 제안한다.

[37] Banks, *Jesus*, pp. 214-15. novmo"의 지시 대상에 대한 다양한 견해들에 대해서는 Banks, *Jesus*, p. 214 n. 2를 보라.

을 강조해 준다. 그렇다면 '율법으로부터 일점 일획도 없어지지 않을 것이다' 구절 전체는 율법의 손상될 수 없는 전체적 유효성을 강조적으로 확증해 준다. 하지만 이 강조적 확증은 중앙 주절을 앞뒤로 감싸고 있는 두 ἕως 종속절들에 의해 한정되고 있다.[38]

'하늘과 땅이 없어질 때까지'라는 구절은 특정 시한(時限)을 지칭한다기보다는,[39] '결코'라는 의미의 통속적 과장법으로 보인다.[40]

두 번째 수식 종속절은 적어도 두 가지의 상호 연관된 문제를 제기한다: 1) '기네스다이'(γίνεσθαι) 동사의 의미; 2) '모든 것들'(πάντα)의 지시 대상. 첫째, 마태복음에서 동사 '기네스다이'는 일반적으로 '일어나다', '발생하다'의 의미로 사용되는데, 이러한 의미가 본 문맥에서도 적용되어야 할 것이다.[41] 둘째, '모든 것들'의 지시 대상은 예수의 전 생애(즉, 그의 잉태로부터 그의 재림에 이르기까지)를 지칭하는 것으로 보인다.[42] 그렇다면 우리는 이 종속절의 시한(時限)이 예수의 초림 가운데서 성취되었던 '이미'의 측면과, 그의 재림 시에 완성되어야 할 '아직'의 측면을 동시에 포함한다고 결론 내릴 수 있을 것이다. 이러한 결론은 예수의 성취에 비추어 본 율법의 연속성과 불연속성 사이의 해결 불가능해 보이는 긴장을 부분적으로 설명해 준다.

결론적으로 18절에 따르면, 마태에게 있어서 율법은 구속사의 제한된 기간동안 그 유효성을 갖는데, 그 기간의 끝은 이미 예수의 첫 번째 종말론적 강림에 의해 시작되었지만, 그 최종적 완성은 아직 예수의 재림을 내다보고 있는 것이다.

---

[38] 한글개역의 번역은 매우 실망스럽다. 주절과 종속절의 역할 구분이 애매해져 버렸기 때문이다. 원문에 가까운 번역은 다음과 같다: '진실로 내가 너희에게 말한다(a). 하늘과 땅이 없어질 때까지(b), [즉,] 모든 것이 이루어질 때까지(d), 율법의 일점 일획도 없어지지 아니할 것이다(c). 원문의 어순은 a-b-c-d이지만, 번역에서는 국어의 특성상 어순이 a-b-d-c로 바뀌었음을 주목하라.

[39] Guelich, *Sermon*, p. 144.

[40] 본 구절을 이러한 과장법적 의미로 이해하는 학자들의 목록에 대해서는 Meier, *Law*, pp. 49-50 n. 27을 보라; 보다 최근의 학자들로는 France, *Matthew*, p. 115; Luz, *Matthew 1-7*, pp. 265-66.

[41] Meier, *Law*, pp. 53-54, 61-62; Davies and Allison, *Matthew*, I, p. 494 등.

[42] Meier, *Law*, pp. 60-64.

(3) 5:19 - 계명을 버림/행함

동사 '루에인'(λύειν)은 17절의 동족어 동사 '카타루에인'(καταλύειν, '폐하다')에 비추어 볼 때 계명을 '불순종하다'라는 의미보다는 계명을 '제쳐두다'라는 의미를 갖는 것으로 보인다.

본 절의 해석에 대한 열쇠는 '이 계명들'(τῶν ἐντολῶν τούτων)이라는 구절에 놓여 있다. '이 계명들'이 18절의 '율법'(νόμος)를 지칭한다는 것은 거의 확실하다. 하지만 여기서 우리는 '이 계명들'의 성격을 보다 정확하게 규정할 필요가 있다. 만일 18절에 대한 필자의 해석이 옳다면, 구속사의 시간 선상에 있어서 19절의 계명들의 지시 대상은 '성취 이후' 시기에 속하는데 반해,[43] 17, 18절에서의 율법의 지시 대상은 명백히 '성취 이전' 시기에 속한다. 여기서 17, 18절에서 '율법'(νόμος)이 19절에서는 '계명'(ἐντολαί)으로 바뀐 어휘 변화를 주목하는 것은 의미심장하다. 아마도 마태는 그러한 지시 대상의 변화를 시사하기 위해 의도적으로 어휘를 바꾸었던 것 같다. 그렇다면 '이 계명'은 단지 '있는 그대로의 율법'(즉, 성취 이전의 율법)을 지칭한다기보다는 오히려 '성취된 율법'을 지칭한다. 그런데 이 '성취된 율법'이란 옛 율법이 내다보았던 '새 율법'이고, 예수의 종말론적 초림에 의해 이미 성취된(혹은 완결된), 그리고 그의 재림에 의해 완성될 때까지 예수의 제자들에 의해 지켜질 것이 아직 기대되는 '메시아적 율법'이다. 바로 이 때문에 제자들이 토라의 모든 계율을, 예수의 초림에 비추어서 뿐 아니라(참조. 5:21-48; 7:12; 11:28-30; 15:19-20; 19:7-9; 22:36-40), 또한 그의 재림을 내다보면서(참조. 5:29-30; 18:4, 8-9; 28:20) 지키는 것은 지극히 중요한 것이다. 그렇다면 마태는 바로 뒤이어 나타나는 귀결절들에서('그들은 하늘 나라에서 지극히 작은 자/큰 자라 불릴 것이다') 자연히 율법에 대한 그들의 태도 및 복종과 연관된 하나님 나라의 미래적 측면, 그리고 그 안에서 제자들의 지위에로 그의 관심을 돌린다.

끝으로 19절에서 '하늘 나라'[44] 구절의 반복적 출현은 율법 문제와 관련

---

[43] 18d절(즉, 두 번째 ἕως 종속절)의 사건은 19절의 시점에서 이미 일어났다는 점을 주목하라.

[44] '하늘 나라'는 마태복음에만 특징적으로 나타나는 유대적 표현으로서, 다른 복음서들 및 다른 신약 책들에서 나타나는 '하나님 나라'(즉, '하나님의 통치')와 같은 의미이다.

하여 종말론에 대한 마태의 관심을 드러내 보여 주는 것 같다. 마이어(J.P. Meier)가 지적한 바와 같이, 마태복음에서는 '과거, 현재, 그리고 미래 모두가 하늘 나라의 도래의 다양한 단계들에 연관된다'.[45] 하지만 5:19과 관련해서, '클레데세타이'(κληθήσεται, '불릴 것이다') 동사의 미래 시제는 하늘 나라의 미래적 측면, 즉, 예수의 재림 시에 완성될 하늘 나라의 마지막 단계를 지시해 준다.

그렇다면 19절 전체의 사상과 기능은 다음과 같이 정리될 수 있다. 두 쌍의 조건절들과 귀결절들은, 율법(즉, '메시아적 율법')의 가장 사소하고 덜 중요한 사항들까지도 순종하느냐 아니면 제쳐두느냐가 하나님께서 '하늘 나라의 마지막 단계에서의 지위'를 선언하게 될 근거가 된다는 점을 분명히 해 준다. 이처럼 본 절은, 18절에서 진술된 바, 예수의 성취에 비추어 이해된 '율법의 지속적인 유효성'을 제자들의 행함과 관련하여 잘 설명해 준다.

(4) 5:20 - 더 큰 의

본 절에서 '하늘 나라'는 다시 한번 역사의 마지막에 완성될 나라로 이해되어야 할 것이다. 제자들이 소유해야 할 '더 큰 의'는 이 완성된 하늘 나라에 들어가는 기준으로 제시되고 있다. 이 의가 없이는 누구도 그 나라에 들어 갈 수 없는 것이다.

본 절의 핵심은 분명 '너희 의'(ὑμῶν ἡ δικαιοσύνη) 구절이다. 하지만 본 구절의 해석은 결코 쉬운 것이 아니다. 제자들의 의가 서기관들과 바리새인들의 의와 비교되고 있기 때문에, 결정적인 질문들 중의 하나는 그 비교가 질적인 것인가 아니면 양적인 것인가이다. 21-48절의 대조법들에 비추어 볼 때, 제자들의 의는 서기관들과 바리새인들의 의보다 양적인 향상을 필요로 하는 것이 분명하다. 하지만, 대부분의 학자들이 주장하는 바와 같이, 제자들의 의는 서기관들과 바리새인들의 의와 질적인 차이를 갖는다는 점 역시 명백하다.[46] 마이어가 신빙성 있게 주장한 바와 같이, 여기서 '제자들의 의'는 하나님과 맺게 된 인격적 관계에 기초한 그리고 그것에 의해 가능케 된 '도덕적 행동'을 의미하는데, 이 근본적인 관계는 율법

---

[45] Meier, *Law*, p. 99.
[46] Banks, *Jesus*, p. 225.

과 선지자에 의해 계시된 하나님의 뜻을 성취하심으로써 하나님의 나라 (즉, 하나님의 통치)를 도래케 하신 메시아 예수를 통하여 가능하게 된다.[47] 하지만 서기관들과 바리새인들의 의는 이러한 근본적인 관계를 결여하였던 것이다.

마태에게 있어서 '새로운 종말론적 관계'는 하나님 나라에 들어가는데 필요한 의의 시발점이자 기초이기 때문에, 이러한 새로운 관계를 결여한 서기관들과 바리새인들의 의는 그 나라에 들어가는 기준에 미치지 못한다. 마태가 율법경시론과 율법주의라는 이중적인 적을 대항하여 싸우고 있다는 점은 그 주지가 사실이다. 그런데 19절과 20절에서 마태가 문제를 다루는 바에 따르면, 20절에서 서기관들과 바리새인들로 대표되는 율법주의에 대한 예수의 경고(즉, 하늘 나라로부터 제외됨)는 19절에서 제자들 사이에서 나타나는 율법경시론에 대한 경고(즉, 하늘 나라에서 가장 낮은 지위)보다 훨씬 더 신랄하다. 하지만 좋은 제자는 19절과 20절의 상호 보완적인 경고들에 대해 공히 충분한 주의를 기울임으로써, 율법주의 뿐 아니라 율법경시론에 대해서도 경계를 게을리 하지 말아야 할 것이다. 좋은 제자는 성경 전체에 계시된 하나님의 뜻을 성취하신(17, 18절) 메시아 예수를 통하여 하나님과 새로운 관계를 우선적으로 갖추는 것이 필요하지만(20절), 그러나 메시아로 오신 예수에 의해 도래케 된 하나님의 통치의 필연적인 결과인 하나님의 뜻에 순종하는 행동도 결여해서는 안 되는 것이다(19절).

5:17-20에 나타난 마태의 예수와 율법에 대한 이러한 입장은 5:21-48에서 여섯 가지 대조법들을 통해 구체적으로 예증되고 있다. 뿐만 아니라 율법의 성취로서의 예수에 대한 마태의 입장은 12:1-14; 15:1-20; 23:1-36 등에서도 특히 바리새인들의 율법주의적 태도와 대조적인 모습으로 일관성 있게 제시되고 있다. 마태는 이처럼 구약 성경의 가장 핵심인 율법 문제를 다루는데 있어서도, 앞의 경우들에서와 마찬가지로, 예수는 율법의 연속선상에 서 계시면서도, 그 율법의 한계에 머물지 않으시고, 그것의 궁극적 목표를 성취하심으로써, 그것을 초월하신 분으로 제시하고 있다.

---

[47] Meier, *Law*, pp. 109-10.

결 론

마태복음의 구약 사용에 대한 우리의 지금까지의 고찰은 상당히 다양한 그러면서도 일관성 있는 그림을 그려준다.

첫째, 마태의 성취 형식 인용구들은 그 도입구와 그 인용구들의 본문 형태에 있어서 다른 복음서들 뿐 아니라 마태복음 안에서도 매우 독특하다. 그 독특한 도입구들은 인용구들과 더불어 구약 성경이 당시 교회에게 진리를 가늠하는 '하나님의 말씀'으로서의 권위를 가지고 있었음을 보여 준다. 또한 그 인용구들이 예수의 생애에서 성취되었다는 사실은 마태와 그의 교회가 추종하고 있는 종교가 과거 구약 종교에 대한 반발이 아니라 그 연속이자 그 완성이라는 점을 입증해 준다. 이는 아마도 유대인들이었을 마태의 독자들에게는 다른 어떤 이방인 그리스도인들에게보다 의미심장하게 받아들여졌을 것이다. 한편 마태가 구약을 인용하는데 있어서 상당한 유연성을 보이고 있다는 사실은 어쩌면 예수의 생애가 구약 성경의 문자적 의미에 의해 규정되기보다는, 오히려 예수의 생애에 의해 구약 성경의 그 궁극적이고 진정한 의미가 드러나게 된다는 신념을 반영해 주는지도 모른다.

둘째, 성취 형식 인용구들을 제외한 그 밖의 많은 구약 인용들과 구약에 대한 언급들 중 한 예로 택한 12:5-7에 대한 고찰은, 비록 제한된 예에 국한되기는 하지만, 마태가 다른 복음서와 구별되게 구약을 인용하거나 그것에 대해 언급할 때 거기에는 상당히 뜻깊은 신학적 의도가 드러나 있음을 보여 준다. 마태의 구약 사용은, 적어도 12:5-7의 경우에는, 매우 효과적이고 유용하며 강력한 논증 효과를 갖는다는 점을 부인하기 어렵다.[48]

셋째, 마태는 모형론에 있어서도 매우 풍성한 자료들을 제공해 준다. 그는 모형론적 방법을 통해 예수께서 구약을 성취하셨다는 개념의 범주를 단지 몇몇 제한된 명시적 예언들의 범주를 뛰어넘어, 구약의 인물, 사건, 제도에 걸친 거의 전포괄적인 영역으로까지 확장시켜 준다. 뿐만 아니라 마태는 이 방법을 통해 예수를 구약과 연속선상에 서 있는 분으로 제시해 줄 뿐 아니라, 보다 중요하게 그 구약의 궁극적 목표를 성취하심으로써 구약을 초월하신 최종적 권위를 가지신 분으로 제시해 준다.

---

[48] 하지만 마태의 모든 구약 사용이 그렇다는 주장은 결코 아니다. 예를 들어, 24:20의 '안식일에도'의 삽입은 신학적이라기 보다는 현실적인 것으로 보인다.

넷째, 5:17-20에서 마태는 구약 성경의 가장 핵심인 율법 문제를 다루면서도, 다른 경우들에서와 마찬가지로, 예수를 율법의 연속선상에 서 있는 분으로서 뿐 아니라, 그 율법의 한계에 머물지 않으시고, 그것을 성취하심으로써, 결국은 그것을 초월하신 분으로 제시하고 있다. 그와 더불어 그는 예수의 제자들도 예수의 율법 성취의 결과 율법에 대한 새로운 관계를 설정해야 할 것을 요청하고 있다.

끝으로, 위의 모든 결론들을 종합해 볼 때, 마태의 구약 사용은 지극히 기독론적이다. 그는 구약을 사용한 대부분의 경우들에서 문제의 구약 내용을 예수와 연결시켜 제시하고 있다. 그러는 가운데 그는 예수와 구약의 관계를 연속성과 초월성의 양 측면에서 어느 정도 긴장을 유지하며 제시해 나간다. 이러한 긴장 관계는, 5:18절에 대한 우리의 해석이 보여 주는 바와 같이, 성취 개념의 종말론적 긴장관계와 무관하지 않다. 마태는 이 긴장 관계를 적절히 유지함으로써, 그의 유대 그리스도인 독자들에게 구약에 대한 관계를 단절도 아니고 예속도 아닌 예수의 성취 중심적 관계로 유지해 나가도록 인도하고 있다.

바울과 역사적 예수
-바울복음의 기원문제를 중심하여-

이 종 윤 *

들어가는 말

I. Ἐγνώκαμεν κατὰ σάρκα Χριστόν
   (그리스도를 육신을 따라 알았으나) 고후 5:16
II. κατὰ παράδοσις(전승을 따라): παραλαμβάνω
   καί παραδίδωμι(받은 것과 전한 것) 고전 15:3
III. δἰ ἀποκλυψεως(갈 1:12), 또는 κατὰ ἀποκάλυψιν
   (계시를 따라) 갈 2:2
맺는 말: 바울-예수 문제에 대한 제언

들어가는 말

　바울은 예수의 영향을 받았는가? 예수의 설교와 바울의 복음사이엔 어떤 관계가 있는가?

　전통적 기독교회는 『예수의 종교』보다 『바울의 복음』에 그 신앙적 기초를 두고 있는 것인가? 만일 바울이 기독교의 창시자라면 어떤 의미에서 창시자며 어떤 점에서 예수의 제자라 할 수 있을까? 예수와 바울 사이에 연속성이 있는가 또한 차이성이 있다면 어떻게 해석해야 할 것인가? 바울은 예수를 얼마나 알고 있었으며 알았다면 어떻게 알았을까와 같은 많은 문제들은 19세기로부터 오늘에까지 신약학자들의 많은 관심을 불러 일으켰다.[1]

---

* 서울교회담임목사, 신약학(Ph.D.)

[1] 바울-예수에 대한 역사적-비판적 연구는 Jong-Yun Lee, Paul and the Historical Jesus, Pilgrim Publishing Co., 1998을 참조할 것.

한 세기가 넘도록 많은 학자들이 토론해온 예수-바울 문제를 우선 정리해보면 다음과 같다.[2]

1) 예수와 바울의 설교 사이에 실제적 동일성이 있다고 주장하는 이들-(Matheson, Schmoller, Turlington)
2) 바울은 예수의 해석 자로 보는 견해 (바울은 예수를 가장 잘 이해한 사람이라고 주장하는 이들)-(Gleatz, Wellhausen, Harneck, Deissmann)[3]
3) 바울을 기독교의 창시자로 보는 이들-(Nietzsche, Knight, F. C. Baur, Weinel, Wernle)
4) 바울은 예수의 메시지를 발전시킨 자라고 주장하는 이들:
   a) 바울신학은 예수의 메시지를 잘못 발전시켰다고 보는 이들(이들은 소위 'Back to Jesus' 운동을 일으킨 이들)-(Wendt, Wrede, Goguel)
   b) 바울의 교리적 가르침이 예수의 메시지를 합리적으로 발전 또는 확장시켰다는 견해를 가진 이들-(Hilgenfield, Kaftan, Meyer, Weiss, Moffat, Morgan, Scott, Fridrichsen, Duncan, Beare)
5) R. Bultmann의 견해-바울신학은 예수의 메시지와 동일성이 없으며, 그것을 해석한 것도 아니고, 역사적으로 거기서부터 발전된 것도 아니라고 한다. 이같은 입장은 긍정적인 면에서나 부정적인 면에서 다 같이 부인된 것이다. 그는 바울 신학을 헬레니스틱 교회가 갖고 있던 케리그마의 설명이라 보고, 그 주제는 예수의 메시지도 행위도 아니고 부활하신 그리스도안에서 인간에게 제시하신 하나님의 현재성이라 한다.
6) Kümmel에 의하면 예수-바울 문제는 동일성과 상이성을 찾아내는 Identity 문제와 역사적 연속성을 묻는 Continuity문제로 구분한다.

예수-바울 문제는 아직도 이처럼 더 연구해야할 부분이 많이 남아있다. 특히 바울복음이 예수로부터 왔다면 어떤 경로를 따라 어떻게 왔는지를 아는 것이 이 문제의 중요한 과제가 될 것이다.

---

[2] 신학논단, 15집(1982), pp. 81-111에서 이종윤은 6가지 형태로 정리를 하고 있다.
[3] Jüngel은 19C 학자들과 입장은 다르지만 바울의 의(義) 개념은 예수의 천국사상에 대한 해석이라고 한다.

따라서 필자는 본 논문에서 ① 바울이 예수를 육체로 알았는지 즉 지상의 예수를 알았는지 그리고 ② 그가 말한 대로 예수를 전승으로 알았는지 또는 ③ 계시로 알았는지를 해석학적 방법으로 논하여 그 답을 얻으려 한다.

I. Ἐγνώκαμεν κατὰ σάρκα Χριστόν (그리스도를 육신을 따라 알았으나) 고후5:16

바울은 예수를 알고 있었을까?[4] 이 질문은 단순한 것 같으면서 실은 매우 애매모호하다. 왜냐하면 '안다'는 말이 매우 넓게 이해되고 있기 때문이다. 바울이 예수와 어떤 접촉이나 관계를 가졌을까? 바울은 예수를 보고 그로부터 직접 말씀을 들은 적이 있었을까, 그리고 예수와 대화를 한 적이 있을까? '안다'는 말속에는 눈으로 보아 안다는 것 또는 예수와 시선이 마주친 적이 있다는 뜻도 있지만 다른 이들로부터 들어서 안다 거나 또는 예수에 관해 이해하거나 지식으로 판단하는 것도 포함되어 있다. 이 같은 질문에 대한 대답을 고후 5:16을 해석함으로 찾아보고자 한다.

A. 신학적 논쟁들

바울은 예수를 본 적이 있을까, 아니면 예수와 함께 한 적이 있었는가? 어떤 이들은 바울이 수난을 당하시기 전의 예수를 보았다고 주장한다. 예루살렘에서 예수가 가르치고 있었을 때 바울이 보았다는 것이다. 요하네스 바이스(Johannes Weiss)는 이 같은 주장을 하면서 바울이 전에 예수를 본 적이 없었다면 다메섹에서 만난 예수 환상은 가능치 않았다고 한다. "예수가 지상 사역에서 우리에게 보여주신 사랑을 생각지 않고 우리가 감사를 크게 할 수 없듯이 바울은 부활하신 주님을 알 수가 없을 것"[5]이라 한다.

바이스(J. Weiss)는 고후 5:16을 주석 하면서 바울은 사람들이 서로를 알

---

[4] Lee Jong-Yun, The Problem of Paul's Understanding of the Historical Jesus,(1975), Univ. of St. Andrews를 참고할 것.

[5] Johannes Weiss, Paulus und Jesus, (1905), p. 15.

듯 예수를 알고 있었다고 한다. 다시 말해서 바울은 예수를 자기 눈으로 보았다고 한다. '육체대로 알았다'는 말은 바울이 예루살렘에서 예수의 마지막 주간에 외적으로만이 아니라 개인적으로 직접 만난 바가 있음을 암시한 것이라 한다.

그러나 케네디(H. A. A. Kennedy)는 바이스의 견해에 정면 도전을 한다. 바울이 예루살렘에서 예수를 만났을 것이라는 가설을 불가능한 것이라 할 수는 없으나 그것이 고후 5:16의 '안다'는 말의 근거가 된다고 보기에는 불확실하다고 한다.[6]

몰튼(J. H. Moulton)은 "바울이 세계사의 중심이 되는 그 마지막 주간에 예루살렘에 있었을 뿐 아니라 그는 인간적으로 교제를 했고 갈보리의 드라마를 보았다"[7]고 한다. 부셋(Boussett) 역시 고후 5:16을 통해 예수가 그의 마지막 주간 예루살렘에 있었을 때 바울이 그를 보았을 가능성이 높다고 한다. 릿츠만(Hans Lietzmann)도 부셋과 함께 예수가 가말리엘의 제자와 우연히 만난 일이 있었을 것이라고 가정했다.[8] 포프(A. M. Pope)는 예수께 온 부자 청년이 바울이라고도 한다.[9]

스콧트(C. A. A. Scott)[10], 크라우스너(Klausner)[11]도 모두 바울이 예수를 전에 보았어야 한다고 주장하면서 행 26:4과 고후 5:16을 근거로 말한다.

반 우닉(Van Unnik)은 행 22:3을 근거로 바울이 예루살렘에서 예수와 무엇인가를 했다고 주장한다. 반 우닉은 이 같은 주장을 고후 5:16을 들어 뒷받침했다.[12]

---

[6] H. A. A. Kennedy, The Theology of the Epistles, (1919/48), p. 49.

[7] J. H. Moulton, The Expositor II, (1911), pp. 18f.

[8] C. A. A. Scott, Christianity according to St. Paul, (1927/66), p. 12, n. 1

[9] A. M. Pope, Paul's previous Meeting with Jesus, Expositor, 8th Ser., XXVI(1923), pp. 38-48.

[10] C. A. A. Scott, op. cit., p. 11

[11] J. Klausner, From Jesus to Paul, (ET, 1942), pp. 312-316.

[12] W. C. Van Unnik, Tarsus or Jerusalem: The city of Paul's Youth, (ET, 1962), p. 54.

그러나 이것이 사실이라면 왜 바울은 이에 대한 아무런 언급을 하지 않았을까? 바울은 자기가 그리스도를 대적한 사실을 교회에는 고백했으나(갈 1:13, 빌 3:6) 예수께는 한 적이 없다. 그가 바리새인들과 한 편이 되어 예수께 대적을 하고 그리스도를 저주했다면 그가 그리스도의 십자가를 증거하면서 이 일에 대해 침묵을 한 것은 수치스런 일이다. 바울이 예수를 베드로처럼 정말 보았다면 그 사실을 말했어야 한다. 그러나 베드로의 말처럼 "예수를 너희가 보지 못하였으나 사랑하는 도다. 이제도 보지 못하나 믿고 말할 수 없는 영광스러운 즐거움으로 기뻐하니" 즉 바울은 보지 못하고도 믿을 수 있었다고 본다.

먼 거리에서라도 바울이 예수를 알았다면 고후 5:16의 모호한 주장보다는 오히려 어떤 환상을 기대했어야 한다.[13] 알로(E. B. Allo) 역시 의심하는 편에 있다.[14]

*   *   *

역사적 예수를 바울이 본 적도 안 적도 없었다는 결론은 더 많은 지지를 받고 있다. 휜드레이(G. G. Findlay)는 예수가 예루살렘을 방문하고 있었을 때 바울은 예루살렘에 없었다고 주장한다. 디벨리우스와 퀌멜(Times-Kümmel)은 바울이 역사적 예수를 만났을 것이라는 주장을 거부하고 고후 5:16을 포함한 모든 증거들을 비판했다. 쉐프스(H. J. Schoeps)도 고후 5:16과 예수의 말을 인용한 바울의 말을 연구한 후 바울은 예수를 본 적이 없다는 결론을 내렸다.[15] 존 녹스(John Knox)도 같은 입장이다.

1929년에 불트만(Rudolf Bultmann)[16]은 "바울이 역사적 예수로부터 직접 영향을 받지 않았다"고 주장했다. 바울은 예수의 제자도 아니고 예수의 지상 생애동안 그의 고문단 중 한 사람도 아니었다. 불트만은 바울이 회심 전에 예루살렘에 있지도 않았으며 따라서 행 7:58~8:3에 있는 스데반 죽

---

[13] John Knox, Chapters in a life of Paul, (1950), p. 123.

[14] E. B. Alli, La Seconde ´Epitre aux Corinthiens, (Paris, 1956), Excursus XI, pp. 179ff.

[15] John Knox, Paul, (ET, 1961), p. 57.

[16] R. Bultmann, Die Bedeutung des geschichtlichen Jesus für die Theologie des Paulus, (Glauben und Verstehen, 1932), pp. 188f.

이는 일에 참여했다는 것과 행 22:3의 가말리엘 문하에서 바울이 수학했다는 기사는 전설에 불과 하다고 했다. 아무튼 바울이 예수를 개인적으로 알고 있었다거나 그에 대한 어떤 인상을 받았다는 것을 고후 5:16에서 뽑아낼 수 없다는 것이 불트만의 입장이다.

*   *   *

어떤 이들은 바울이 예수를 알고 있었느냐는 질문을 훨씬 넘어선 사고를 펴고 있다. 바울의 사상 속에 역사적 예수가 전혀 중요하지 않다는 것이다. 바울은 예수의 말씀을 적게 인용했고 예수의 신학·구원·인간론에 대한 설교가 바울에게서 크게 반영되지 않았다는 것이다. 그러므로 바울을 연구해서는 역사적 예수를 재건할 수는 없다는 것이 그들의 주장이다.

두 사람의 유대인 학자 크라우스너와 쉐프스는 불트만과 비슷한 입장을 취하면서 바울은 예수를 유대교에서 분리시키면서 영성화, 신성화 그리고 우주화시킨 장본인이라고 했다. 다윗의 왕가를 재건시키려고 이러한 살과 피를 가진 예수는 실패했다고 크라우스너는 주장한다. 바울과 초대교회는 로마인들에 의한 고난과 핍박 없이 그 같은 메시야를 제시할 수가 없었다. 그래서 바울은 하늘로부터 메시야 환상을 보았다고 했고 육체적 예수가 아닌 하늘의 예수 즉 영의 예수를 설교했다고 한다.[17] 바울은 역사적 예수보다 하늘 메시야를 선포한 것이며, 그가 과거에 '육체를 따라' 예수를 안 것은 중요하지 않게 되었다는 것이다. 여인의 몸을 통해 율법 아래 나신 예수는 바울에게는 의미가 없다고 한다. 쉐프스에 의하면 바울이 본 예수는 12제자들과 달리 인간 예수가 아닌 신/인 되신 그리스도였다고 한다. 바울은 고후 5:16에서 더 이상 예수를 육체로 알지 않을 것이며, 지상의 예수는 자기에게 더 이상 의미가 없다고 한 것으로 해석했다.[18]

그러나 녹스(W. L. Knox)는 기독교가 신비적 종교와 다른 것을 말하기 위해 바울은 역사적 예수의 가치를 인정했다고 주장한다. 그는 고후 5:16을 역사적 예수를 말하는 것으로 읽었다.

---

[17] Klausner, op. cit., pp. 436, 475ff.

[18] Schoeps, Paul, (ET, 1961), pp. 57, 107f.

B. 주석학적 문제들

이제 우리는 고후 5:16을 해석학적으로 연구키로 하자.[19] *εἰ καὶ ἐγνώκαμεν κατὰ σάρκα Χριστόν, ἀλλὰ νῦν οὐκέτι γινώσκομεν.*

바울이 주어를 '우리'로 한 것은 공적인 자리에서 하는 자기 표현이다. 그는 예수를 개인적으로 전에 알고 있었다고 한다. 그러나 그같은 지식은 과거의 것이며 이제는 영적으로 그리스도를 알겠다는 것이다. 만일 바울이 '우리'를 사용치 않았다면 바울도 다른 이들처럼 예수를 보았다는 말을 할 수 없을 것이다.

전에는 외모로만 예수를 알았다는 뜻이다. 그의 그리스도에 대한 태도가 변했음을 보여준다. 새롭게 변화된 피조물로 새로운 시각을 갖게 되었다는 뜻이라, 이런 의미에서 16절은 17절과 함께 이해되어야 한다. 두 절 모두 *ὥστε*로 시작된다. 17절에서 *εἴ τις ἐν Χριστῷ, καινὴ κτίσις*는 16절에 현재와 과거가 대조되듯 17절에서는 이전 것은 지나갔고 새 것이 되었노라고 한다. 새 사람이 되었으니 모든 것이 새롭게 이해된다.

11절~21절에서 바울은 외모로 하는 것과 마음으로 하는 것을 구별하고 있다. 그리고 모든 사람을 대신하여 죽으신 그리스도의 사랑을 말한다. 고로 다시는 자신을 위해 살지 않고 희생제물이 되신 그리스도를 위하여 살겠다고 한다. '그러므로'(v. 16)는 이런 맥락에서 그 뜻이 분명해진다. 15절은 16절에서 '이제부터는'이라는 말이 왜 나오게 되었는지를 설명한 것이다. 그리고 17절에서 옛것과 새것이 대조적으로 나타났다. 그리스도를 바로 안 이후부터 바울에게 새로운 관(觀)이 생긴 것이다. 이전의 바울은 그리스도나 다른 사람에 대해 다른 방법으로 생각했었다.

이제 우리는 좀더 구체적으로 생각해 보자. *κατὰ σάρκα*라는 용어를 자주 사용한다. 그러나 그것이 명사를 언급할 때 그는 롬 8:5, 갈 4:29에서처럼 분사형 명사와 함께 정관사를 사용할 때를 제외하고 롬 4:1, 9:3, 고

---

[19] 이종윤, 바울에게 있어서 역사적 예수 문제, (1965), p. 199.

전 1:26, 10:18에서처럼 명사를 쫓아 나온다. 고후 5:16의 *κατὰ σάρκα*는 *οὐδένα*(*οὐδένα οἴδαμεν κατὰ σάρκα*)와 분명히 구별되어 있다. 그것은 16절 하반 절에 있는 *Χριστόν*을 선행사로 한다. 그러므로 그것은 16절 상반 절에 있는 *Χριστόν*과 16절 하반절에 있는 *ἐγνώκαμεν*과 함께 읽어야 한다.

16절에서 '안다'는 말이 두 개의 다른 단어로 나타났다. 즉 *εἰδέναι*와 *γινώσκειν*이다. ① *οἴδαμεν*(16[a])과 ② *γινώσκομεν*(16[b])은 ① 다른 사람과 ② 그리스도에 대한 현재적 지식을 언급한 것이다. 그리고 16[b]에 있는 *ἐγνώκαμεν*은 그리스도에 대한 이전의 지식을 말한다. 이상에서 말한 두 개의 동사사이에 차이는 없다. *εἰδέναι*는 사실(facts)을 아는 것을 말하거나(1절, 6절) 사람을 가르킬 경우(마 25:12, 막 1:34)도 있고, 사람에 관한 사실을 언급할 경우도 있다(눅 13:25, 요 7:27). 고로 이 말은 아는 것, 이해하는 것, 평가하는 것, 간주한다고 번역되기도 한다. 막 4:13에서는 특수한 비유를 아는 것으로 읽히기도 한다. *γινώσκειν*도 같은 의미로 읽는다. 사람을 가르킬 경우(마 7:23, 막 6:33), 사실을 언급할 경우(요 2:24), 일반적으로 어떤 비유를 이해하는 것(막 4:13), 사람을 이해하는 경우(요 2:25)에 쓰였다. 사람과 사건을 이해하는 것(고후 3:2), 예수 그리스도의 은혜에 관한 지식(고후 8:9), 다른 사람을 개인적으로 아는 것(고후 5:16)을 말한다. 그러나 바울은 그리스도를 포함하여 다른 사람도 새로운 면에서 이해하게 되었다고 한다.

그리스도는 여기서 육체를 가지신 역사적 예수를 단순히 언급한 것이 아니다. 바울이 예수를 보았다면 여기서도 그리스도 대신 예수라고 했을 것이다. 바울은 고린도후서에서 여러 차례 그리스도에 대한 말을 했다(1:5, 5:18, 10:1, 12:19). 동시에 이 서신에서 예수라는 말도 수 차례하고 있다. 특히 바울은 예수라는 말을 17회 사용하면서 그 중 7번을 고린도후서에서, 그 가운데 6번이 4장에서 말씀되었다(5절, 10절에서 2회, 11절에서 2회, 14절). 바울은 자신을 예수의 종이라 했다. 예수와 함께 마지막날 부활할 것이라고도 했다. 그러므로 바울에게서 그리스도는 역사적 예수와 분리할 수가 없다.

다른 사람이나 그리스도에 대해 더 이상 '육체대로' 알지 않겠다고 한다. 육체는 가까이 있는 인간을 언급한다. 물질적이고 이 세상 적이며 죄가 이 육체를 통해 들어온다. 바울은 이 세상의 조건으로 영향을 받은 지식을 말한 것이다.

마지막으로 '우리'라는 말을 생각해 보자. 1장에서 2장 14절까지는 '내가'를 사용한 바울이 우리라는 복수형으로 주어를 바꾸었다. 바울은 점차 자신을 다른 사람과 함께 생각했다(4:14,16, 5:1ff.,10,14,17). 바울은 여기서 자신을 다른 신자 중 한 사람으로 생각한 것이다.

*　*　*

εἰ καὶ ἐγνώκαμεν κατὰ σάρκα Χριστόν은 사실인가, 아니면 가설인가? 데니(Denney)는 가설로 해석한다.[20] 가설로 해석할 경우 문법적으로 번역이 안된다. 과거에 완성되지 못한 미완료과거형(Aorist)인 은 바울이 다른 사람을 참으로 육체대로 알았으며 그리스도도 그렇게 알고 있었다는 것이다. 그러면 '육체대로' 알았다는 말은 무엇인가?

C. 해석상의 이해들

고후 5:16에 대하여 많은 학자들은 서로 다른 견해를 나타내고 있다. 우선 바울의 회심 이전을 언급했다고 보는 두 가지 견해가 있다.

1. 정치적 메시야 : 회심 이전의 바리새인 사울은 당시 유대인이 가졌던 매우 일반적이고 상식적인 메시야 관을 갖고 있었다. 메시야는 로마를 정복하고 이스라엘을 해방시켜야 한다는 것이다.[21] 앞에서 이미 언급한대로 크라우스너(Klausner)는 정치적 메시아 관에서 영적 메시야로 바울의 생각이 바뀌었다고 한다.[22] 그러나 바울은 그같은 일반적 메시야에 대해 Χριστός라는 말을 사용한 적이 없다. 그는 항상 예수 그리스도에 대한 언급을 하고 있다. 16절 하반부에 있는 '그리스도도 육체대로 알았으나'가

---

[20] The Expositor's Bible, Second Corinthians, (1916), p. 199.

[21] A. Plummer, Second Epistle to the Corinthians, (I. D. D. 1915), p. 177.

[22] J. Klausner, op. cit., pp. 475ff.

일반적 메시야를 언급한 것이라면 16절 상반부에 있는 '아무 사람도 육체로 알지 아니하노라' 는 말과 조화를 이루지 못할 것이다.

2. 이단자 예수 : 바울은 예수를 이단자로 알았다. 산헤드린에 의해 정죄된 거짓스승으로 로마사람들에 의해 못 박혀 죽었다. 따라서 바울은 그의 추종자들을 핍박하고 투옥하며 살해하는 일에 앞장을 섰다. 이 같은 주장은 전통적으로 카톨릭교회의 입장으로 알려져 왔다. 바울은 그가 갖고 있었던 과거의 예수 관은 즉 '육체를 따라' 알던 예수는 잘못된 이단자였다.[23] 그러나 이제는 예수께 대하여는 사도적 헌신과 그의 추종자들에게 형제애로 바뀌었다.

*　　*　　*

회심 이후의 지식에 대해 세 가지로 해석한다.

3. 두 번째 회심 : 바울의 초기 사역에서 예수에 대한 입장은 매우 유대적이다. 유대인으로서 할례 받은 것과 그의 사역도 팔레스타인에 머물렀다.[24] 그러나 그의 두 번째 회심 경험은 그를 폭넓은 세계주의자가 되게 한다.[25] 그러나 이 같은 사상은 사도행전이나 바울서신에서는 찾을 수 없다. C. H. 다드(Dodd)에 의해 강하게 제기된 바울의 두 번째 회심론은 많은 학자들에 의해 거부되었다. 바울의 기독론은 다메섹 경험 한 번으로 결정된 것이다.[26] 만일 바울의 두 번째 회심을 받을 경우 고린도에서의 경험을 생각해야 할 것이다. 그러나 이 같은 주장은 받아드릴 근거가 희박하다.

4. 예수에 대한 지식의 가치를 부인함 : '육체를 따라' 그리스도를 안다는 것은 예수에 대한 일차적 지식을 말하는 것이라는 해석이다. 할례 받은 일과 같은 지식을 갖고 자랑했을지 모른다. 이런 점에서 바울은 원 사도들에게 열등감을 갖고 있었는지 모른다. 그래서 바울은 그같은 것들에 대한 지

---

[23] F. F. Bruce, 'Jesus and Paul,' in T. S. F., Bulletin No. 46.

[24] Plummer, ibid.

[25] C. H. Dodd, 'The Mind of Paul,' in New Testament Studies, (1953), p. 67.

[26] J. Jeremias, 'The Key to the Pauline Theology,' in Expository Times, LXXVI (1964), p. 27./J. Munck, Paul and the Salvation of Mankind, (ET. 1959), Ch. 1.

식은 과거의 것이라 나는 이제부터는 그리스도를 새롭게 영적으로 알겠다는 뜻으로 읽는다.

5. 예수에 대한 가르침을 부인함 : 4번과 비슷한 주장 같다. 사도들과 다른 이들이 예수에 대해 전통적으로 가르치고 있는 바에 바울은 반대를 했으나 다메섹 경험을 통해 예수께 더 큰 권위를 드렸다. 부셋(Bousset)은 바울이 예수에 대한 목격자들로부터 듣고 안 바를 부인한 것으로 고후 5:16을 해석한다. 바울은 항상 원 사도들과 피곤한 관계에 있었기 때문에 그들이 역사적 전승으로 전해준 것이 바울설교의 참된 기초가 될 수 없었다는 것이다. 오히려 바울은 예수의 죽으심과 부활하심에 초점을 맞추고 예수의 교훈은 교회를 위해 필요에 따라 사용했을 뿐이라고 한다.

*　　*　　*

다른 사람들과 연결된 것으로 보는 두 가지 해석도 있다.

6. 사도들은 바울이 알고 있던 사람들을 갖고 있다. 바나바, 실라, 요한, 마가와 같은 이들은 예수의 지상 생애 속에서 예수와 개인적 관계를 가졌던 이들로 볼 수 있을 것이다. 이 같은 관계를 그들은 자랑스럽게 생각했을 것이다. 고린도에서 바울의 대적자 중에는 이런 것을 사도권의 핵심이라고도 생각했다.[27] 그러나 예수께서는 자기의 가족 관계가 아무런 의미가 없음을 말씀하셨다(막 3:33). 요한복음에 의하면 예수와의 새로운 관계는 그가 떠나심으로 성령이 오셔서 생긴 관계라는 것이다(요 16:7). 바울은 다른 사람들이 말하고 경험한 예수를 '육체를 따라' 안 예수라고 말한다는 해석이다. 그러나 외형적으로 아는 것은 더 이상 의미가 없다.

7. 바울은 고린도 성도들과의 관계 속에서 자신의 사도성을 변호하고 있다. 성도간의 이 같은 특별관계는 그리스도의 부활로 설명이 되는 데 부활이 있었기 때문에 사도들의 그리스도에 대한 태도가 변화될 수 있었다는 것이다. 바울은 예수를 잘못된 메시야로 오해했었지만 이제는 그를 하나님의 아들로 안다는 것이다. 이처럼 고후 5:16은 이 같은 바울의 경험과 다른

---

[27] J. Munck, op. cit., p. 186.

사람에게도 일어날 수 있는 일을 기술한 것으로 해석한다.

8. 변증적 해석들 : 고후 2:14~7:4, 10장~13장에 나타나 있는 바울의 대적 자들의 견해와 연결시킨 해석들이 있다. 전통적 해석에 의하면 그들은 아마도 ⓐ. 예루살렘으로부터 온 사자들이거나 ⓑ. 그노시스 교리를 가진 헬레니스틱 유대인 크리스챤일 것이다. ⓐ의 견해는 바우르(F. C. Baur)에 의한 주장이다.[28] 케제만(E. Kaesemann)이나 바렛트(C. K. Barrett)도 같은 입장을 취한다. ⓑ의 주장은 뤼트거트(W. Luetgert)나 알로(E. B. Allo)가 따른다. 불트만(R. Bultmann), 라이첸슈타인(Reitzenstein), 부셋(Bousset)은 그노시스주의를 강조하면서 같은 입장을 지지한다.

*　　*　　*

고후 5:16과 연결하여 대적 자들의 문제는 일로(Allo)와 죠지(Georgie) 그리고 마틴(Martyn)의 입장을 좀 더 연구해 볼 필요가 있다.

a) 알로(Allo)는 '그리스도를 육체를 따라 알았으나' 라는 말을 매우 조심스럽게 읽는다. 바울은 초기 유대 기독교인들 또는 바울의 과거를 잘 알고 있는 예수의 제자들에게 자신을 변명하는 변증적 성격이 있는 말로 이해해야 한다고 한다. 바울이 예수를 육체를 따라 안 것이 회심 이전을 말하는지 이후를 말하는지 분명치는 않다고 한다. 반면에 바리새인들이나 세속주의자들의 어떤 것이 아직 바울에게 남아있었을 때 과도한 영적 분위기에 대한 반응일 수도 있다고 본다. 알로(Allo)는 이같은 주장은 하고 있지 않지만 개연성을 제시하고 있다. 일반적으로 바울의 사도성에 대한 고린도인들의 심한 반발에 대해 바울은 자신의 사도성을 정당화시키기 위한 방어적인 말이 필요했던 것이다.

바울이 예루살렘으로부터 온 유대인 크리스챤 선교사를 만났다면 그는 갈라디아서에서처럼 율법 문제를 다루지 않고 그리스도의 사명 자로 새로운 얘기를 했을 것이다. 왜냐하면 고린도에서 그를 향한 대적 자들은 좀 더 개인적 문제를 야기시켰기 때문이다.

---

[28] F. C. Baur, Paulus, der Apostel Jesu Christi, (1845), pp. 259-332.

b) 죠지(D. Georgie)는 전혀 다른 견해를 보인다. 뭉크(Munck)와 바렛(D. K. Barrett)처럼 죠지는 바울의 대적 자를 헬라파-유대인 크리스챤들이라고 보았다. 그들은 구약의 모세를 하나님의 종으로 예수는 최고 대표자로 보고 있어 이에 대한 바울의 변증이 필요했던 것이다.

죠지는 고후 5:16^{b}은 가설이지 사실은 아니라고 보았다. 그리고 *κατὰ σάρκα*를 부사가 아닌 형용사로 보았다. 여기서 문제는 기독론적인 것이다. 대적 자들의 기독론은 17절^{b}의 *ἀρχαία*에 속한다. 그리고 지상의 예수의 영화를 말한 것이라 했다. *κατὰ σάρκα Χριστός*는 이미 토의한 바 대로 실제로 존재한 지상의 예수를 말한 것이라고 한다.

c) 마틴(Martyn)은 *κατὰ σάρκα*를 부사로 읽는다. 그래서 그는 기독론보다는 인식론적 이해를 요구한다. 바울에게 그리스도를 아는 새로운 방법이 있어야겠다는 것이다.

문제는 그리스도를 아는 새 방법이 무엇이냐는 것이다. 마틴은 노스틱주의를 중요하게 생각한다. 그들은 예수를 *κατὰ πνεῦμα*(cf. *πνευματικῶς ἀνακρίνειν*, 고전 2:14)로 처음부터 알았다는 것이다. 따라서 그들은 종말론에 대한 관심은 없었다.

고린도 후서에 있는 바울의 대적자가 결국은 노스틱주의자들 이라면 그들은 모세처럼 예수를 *θεῖοι ἄνδρες*로 보았다. 모세, 야곱(이스라엘), 아브라함처럼 하나님을 본 이들의 얼굴이 변화되듯 하나님의 사람들은 하나님의 영광 때문에 그 얼굴에 광채가 난다는 것이다. 바울은 고후 5:12에서 이같이 외모를 자랑하는 이들을 책망한 것이다. 그들은 예수를 사실로 알기보다 영으로(*κατὰ πνεῦμα*) 알려 했다는 것이다.

영으로 아는 것은 새로운 시대의 선물인데 바울은 아직 새 시대에 완전히 살지 못하고 오히려 고통과 괴로움이 있는 그리고 구원이 요청되는 세상에 살고 있다(고후 2:15). 새 시대에 완전히 들어가지 못했기 때문에 '육체를 따라 아는' 대적 자에게 *κατὰ πνεῦμα*로가 아닌 *κατὰ σταυρόν*(십자가를 따라) 그리스도를 알아야 할 것을 선언한 것이라 한다.

왜냐하면 노스틱 주의자들은 메시아가 십자가에 못 박힌 사실을 부인했기 때문이다. 그러나 바울은 십자가에 못 박힌 그리스도의 사도다. 십자가는 부활이 따르지만 바울은 $\kappa\alpha\tau\grave{\alpha}$ $\pi\nu\epsilon\hat{u}\mu\alpha$로 아는 지식을 거부했다고 본다.

*　*　*

결국 바울은 예수를 옛사람의 눈으로 보지도 않고 육신을 입고 있는 한 인간 차원에서 이해할 수도 없으며 그렇다고 노스틱주의자들의 주장처럼 육이 없는 $\kappa\alpha\tau\grave{\alpha}$ $\pi\nu\epsilon\hat{u}\mu\alpha$로 그리스도를 알겠다는 것도 아니다. 이제부터는 믿음의 눈으로 구원 주를 보듯이 그리고 새로운 피조물로서 창조주를 보듯이 보겠다는 것이다.

그러므로 바울이 역사적 예수를 알고 있었다는 근거로 고후 5:16을 제시하는 것은 무리라 보는 견해가 많다.

II. $\kappa\alpha\tau\grave{\alpha}$ $\pi\alpha\rho\acute{\alpha}\delta o\sigma\iota\varsigma$(전승을 따라): $\pi\alpha\rho\alpha\lambda\alpha\mu\beta\acute{\alpha}\nu\omega$ $\kappa\alpha\grave{\iota}$ $\pi\alpha\rho\alpha\delta\acute{\iota}\delta\omega\mu\iota$(받은 것과 전한 것) 고전 15:3

A. 바울서신에 있는 예수에 대한 정보들

바울이 비록 예수를 만난적도 본적도 없다해도 그는 예수의 사역과 교훈에 대해 알고 있는 흔적을 그의 서신에서 찾을 수 있다. 바울서신에서는 4복음서와 같이 예수에 대한 기록을 함께 모아 기록한 곳은 없다. 그러나 여기 저기서 언급한 말씀들을 종합해 보면 다음과 같다.

1) 예수는 여자에게서 나셨고 율법아래 나셨으며 (갈 4:4) 다윗의 혈통에서 나셨다 (롬 1:3)
2) 예수는 다른 형제들이 있었고(고전 9:5) 그 중 한 사람이 야고보였다(갈 1:19, 2:9,12, 고전 15:7)
3) 예수는 12제자를 갖고 있었으며 그 중 한 사람이 베드로라고도 불리운(갈 2:7,8) 게바였다(갈 2:1-14). 그리고 다른 사람은 요한이었

다(갈 2:9).

4) 복음 전하는 자들이 복음으로 말미암아 살 것이라고 예수께서 가르치셨다(고전 9:14). 그리고 혼인한 여자는 남편에게서 갈리지 말라고 주께서 명하셨다(고전 7:10-11).

5) 예수의 최후 만찬 사실과 주께서 주신 말씀 즉 떡과 잔으로 예수의 죽으심을 기념했다(고전 11:23-25).

6) 그 날밤 예수는 배신을 받았다(고전 11:23).

7) 예수는 하나님의 뜻에 죽기까지 복종하셨고(빌 2:8) 성경대로 우리 죄를 위하여 죽으셨다(고전 15:3).

8) 예수는 십자가에서 처형되었으며(고전 1:17-2:5, 갈 3:1) 그를 십자가에 죽게한 자는 그 시대의 관원들과(고전 2:8) 유대인이다(살전 2:14-16).

9) 예수의 시체는 무덤에 장사되었고 사흘만에 다시 살아 나셨다(고전 15:4, 롬 6:4).

예수의 생애, 교훈, 죽음에 관한 정보들이 많지만 바울이 자기 서신에서 언급한 것은 대체로 이상과 같은 것들이다. 그렇다면 바울은 예수의 처녀 탄생이나 요한으로부터 수세한 것 그리고 기적 같은 권능의 역사들, 비유의 말씀, 세리와 죄인들과의 교제, 특히 하나님 나라와 율법에 대한 교훈, 예수를 배신한 유다, 마지막 체포, 재판 받으신 얘기들은 듣지도 보지도 알지도 못한 것인가?

우리는 사도바울이 죽을 때까지 복음서들은 아직 기록되지 않았음을 기억해야 한다. 물론 예수의 어록이 바울시대에 있었겠지만 바울이 지상의 예수에 대해 갖고 있는 정보의 대부분은 구전으로 전해온 것들일 것이다.

B. 초대교회에 있는 예수의 전승들

예수에 관한 전승은 본래 예수에 대한 목격자들이 예수에 관하여 다른 사람에게 말한 것을 의미한다. 이와 같은 전승 속에 예수를 보지 못한 이들이 만들어 내거나 잘못 이해한 이야기들까지 함께 포함되어 전해지기도 했다.

예수에 대한 말을 전하는 이들은 예수애기를 전체로 말하기보다는 자기의 관심 범위만을 자기 입장에서 말한 것이 대부분이었다. 자기 관심사에서 먼 얘기나 덜 중요하다고 생각되는 부분은 잊어버리거나 넘어가는 경우가 많았다. 따라서 예수에 관한 애기들은 이미 해석된 예수로, 사건은 변하지 않았으나 사실을 이해하고 보도할 때엔 다른 각도로 말이 전해졌다. 바울은 예수의 지상 사역과 교훈을 여러 각도에서 이해하고 해석하고 있는 전승들을 알고 있었다.

바울은 복음서의 기자들처럼 예수에 관한 두 종류의 구전을 알고 있었다. 초창기 전승의 주제는 - 예수께서 자기 사역을 시작했을 때 주제는-그의 지상 생애동안 그가 말씀하신 것과 행하신 것이었다. 우리는 이것을 'pre-Easter tradition'이라 부른다.

또 다른 것은 'post-Easter' 전승인데 이것은 예수가 죽은 후에도 그의 제자들을 위하여 계속 일을 하셨다는 것이다. 이들 전승들은 초기의 것이든 후기의 것이든 예수에 대한 정보에 의미를 더 강화한 것이 특징이다.

*   *   *

1. 예수의 지상 생애에 관한 전승들

예수의 지상 생애에 관한 전승들은 주로 그에 관해 애기 형식으로 전해져 왔다. 세례요한과의 관계에서 요한으로부터 세례를 받으신 것(막 1:2-11, 마 11:2-19), 예수께서 제자들을 부르신 것(막 4:18-22), 그들을 가르치시고(막 9:30-49) 사명을 부여하신 것 등이다(눅 10:1-12).

예수께서 소외된 이들과 관계를 맺는 애기들 즉 세리나 병자(눅 19:1-10, 마 11:18-19), 부정한 자(막 1:40-45) 그리고 여자들에 관한 것들이 있다. 특히 병자를 고치시고 귀신을 내어쫓으신 일들(막 1:29-31, 5:1-20)과 초자연적 권능으로 오병이어의 기적으로 오천명을 먹이신 것(막 8:1-10), 풍랑을 잔잔케 하시고(막 4:35-41) 반대자들을 물리치신 애기들(막 2:1-3:6)이 있다.

이와 같은 Pre-Easter 애기 전승들은 바울 시대에도 이미 형성되어 돌아가고 있었다. 그러나 바울의 서신에는 이같은 것들은 아주 조금씩 기록되어 있을 뿐이다. 가령 바울이 고전 11:23-25에서 주께 받은 것이라고 말하면서 언급한 성만찬에 대한 얘기도 바울이 목격자로 기록한 것이 아니고 이와 같은 전승을 통해 얻은 지식이다.

예수에 대한 얘기들은 주로 바울의 도움을 찾는 이들, 질문하거나 도전해 오는 이들에게 바울이 응답하는 경우가 많았다. 그러나 교회는 예수의 사역중 특별한 사건과 연관되지 않은 예수의 말씀들을 많이 기억했고 또 전수 받고 있었다. 비유의 말씀들, 잠언적 교훈들, 예언적, 묵시적, 율법적 말씀들이 그것이다. 이같은 말씀들은 아주 초기부터 교회에 알려져 왔고 그 말씀의 모음집도 있었다. 이같은 것들을 통해 예수의 교훈들은 바울에게 알려지기도 했다(고전 7:10-11, 9:14).

2. 예수의 의미에 관한 전승들

예수의 Pre-Easter 전승에 못지 않게 바울은 십자가에 못 박히시고 부활하신 예수에 관한 Post-Easter전승을 많이 갖고 있었다. 이같은 얘기들은 주로 예수의 제자들 중에 풍만히 퍼져나갔다. 십자가에 죽고 부활하신 예수는 그들과 현재 함께 있으며 그들 삶에 새로운 의미가 된다는 것이다. 이같은 신앙은 교회의 예배의식과 신조 가운데서 볼 수 있다. 예수의 수난 사화와 죽음(막 .14-15), 빈 무덤(막 16:1-8), 부활후 나타나심(마 28), 승천(눅 24:50-51, 행 1:6-9)뿐 아니라 예수의 잉태와 탄생(마 1:18-2:23, 눅 1:5-2:40) 그리고 재림이다(행 1:10-11 , 막 13:24-27).

바울 서신에는 예수의 잉태, 탄생, 빈 무덤, 승천에 관한 기사는 없다. 다만 예수의 죽음에 대해 아주 선택적인 방법으로 기술하고(고전 2:2, 갈 3:1) 부활하신 예수가 나타나신 바를 보고하고 있다(고전 15:5-7). 그리고 주님이 다시 오신 것을 그의 서신에서 분명히 했다(살전 4:16, 5:2).

Post-Easter 교회 전승은 예배의식을 통해 전해졌다. 찬송, 기도, 축도, 영광송, 성찬식과 세례식을 통해 예수의 지상 사역에 관한 얘기들이 전승되어왔다. 바울이 고전 11:23-25에서 '주 예수'라는 예전적 용어를 쓰고 있는 것도 이같은 전승에서 얻은 신앙이다.

그리스도에 대한 신앙은 교회의 신조를 통해서도 전해졌다. 바울 서신 중에서 여러 차례 발견되는 신조는 다음과 같다: 롬 1:3-4, 고전 8:6, 고전 15:3-5등이다.

* * *

3. 전승에 대한 바울의 접근

예수에 관한 교회의 전승을 바울은 어떻게 얻을 수가 있었을까? 언제, 어디서, 그리고 누구로부터 바울은 예수가 말씀하신 것과 행하신 바를 배울 수 있었나? 어떤 경우에 바울은 교회의 예배의식, 신조, 그리고 성경의 특별한 해석을 소개받을 수 있었을까? 이 질문에 대한 대답은 매우 난해할 수밖에 없다.

사도행전에 의하면 바울은 다메섹 경험을 통해 부활하신 예수를 만난 후 아나니아를 포함한 예수의 여러 제자들을 그 성에서 수일간 만났던 것으로 되어있다(행 9:17-19). 그러나 그가 다메섹의 그리스도인들로부터 어떤 지도를 받았다는 기록은 없다. 오히려 '즉시로 각 회당에서 예수의 하나님의 아들이심을 전파했다'고 한다(행 9:20). 사도행전은 바울이 예루살렘에 가서 바나바에 의해 12제자들에게 소개되고 이때 그들로부터 무엇을 배운 것이 아니고 오히려 복음을 담대히 전했다고 한다(행 9:26-28).

우리의 질문은 바울서신을 읽으면서 더욱 어려움에 빠진다. 바울은 스스로 주장하기를 어떤 사람에 의한 것이 아니고 그리스도를 만나고 그의 부르심을 받았다고 한다. 아나니아나 다메섹의 크리스챤들도 아니고 예루살렘의 사도를 만나러 가지도 않았다고 한다. 오히려 아라비아로 갔다가 다시 다메섹으로 돌아왔다(갈 1:16-17). 그는 자기의 복음과 사도권의 기원은 하나님께 있음을 분명히 했다(갈 1:1,11-12).

크리스챤으로서 바울은 예수의 처음 제자들과 만나는 모습을 갈 1:18-19에서 언급하기를 "그 후 삼년만에 내가 게바를 심방 하려고 예루살렘에 올라가서 저와 함께 십오일을 유할 쌔 주의 형제 야고보외에 다른 사도들을 보지 못 하였노라"고 했다.

바울은 여기서 3가지 점을 말하려고 했다.

  a. 그가 예루살렘에 가기전 수년동안 그는 이미 사도의 사역을 했다는
   것.
  b. 예루살렘에는 상대적으로 짧은 기간동안 머물렀다는 것.
  c. 대부분의 사도들을 만나지 않은 채 예루살렘을 떠났다는 것.

따라서 바울은 예루살렘 교회로부터 즉 자기 사역을 인정받을 어떤 권위에 의한 인준을 받을 필요가 없었다는 결론이다.

갈 1:18-20에 언급한 바울의 예루살렘 방문은 예루살렘 교회가 갖고 있던 예수에 관한 소중한 전승을 바울이 소개받은 시간이었다. 그러나 바울의 사도권과 그의 복음은 예루살렘 사도들로부터 온 것은 아니다. 15일간 예루살렘을 방문하는 동안 바울은 베드로에게 인사나 하면서 지나친 것은 아니다.

그러면 이 기간동안 바울은 무엇을 했을까? 바울은 베드로에게 자기의 과거 즉 바리새인으로서 다메섹에 가다가 주님을 만났고 그 후 3년간 아라비아에 갔던 얘기를 한 것일까?

여기서 우리는 베드로가 바울에게 무엇을 말했는지가 더 궁금하다. 예수의 교훈들을 알려주었을까 그리고 예수의 사역 특히 죽을 때 환경과 부활 후 나타나셨던 일을 말한 것인가? 사실 이같은 질문에 대답은 불가능한 것은 아니지만 매우 추상적일 수밖에 없다.

그럼에도 불구하고 바울은 예루살렘에서 많은 것을 배웠을 것이다. 교회의 의식, 신조 그리고 헬라어를 말하는 이들에게 전도할 수 있는 간증적 전승들을 얻었을 것이다. 바울은 초기 헬라파 그리스도인들의 중심지인 수리아의 안디옥에 있는 전승을 받고 있었지만(갈 2:11-14, 행 11:22-26) 여기서 다시 우리는 자료의 한계성에 부딪히면서 추론을 해볼 수가 있을 것이다.

*   *   *

C. 전승을 가진 바울

바울은 예수에 관한 교회의 전승을 알고 있었다. 그렇다면 자기 복음은 사람에게서 온 것이 아니요 하나님의 계시로 말미암아 왔다는 바울의 주장과 어떤 조화를 시킬 수 있을까?

1. 전승과 계시

바울은 고린도 전서에 있는 3개의 구절에서 자기가 교회의 전승에 의존된 지식을 갖고 있음을 말하고 있다.

  a. 고전 11:2 "너희가 모든 일에 나를 기억하고 또 내가 너희에게 전하여 준대로 그 유전을 너희가 지키므로 너희를 칭찬하노라"
  b. 고전 15:3-5 "내가 받은 것을 먼저 너희에게 전하였노니 이는 성경대로 그리스도께서 우리 죄를 위하여 죽으시고"
  c. 고전 11:23-25 "내가 너희에게 전한 것은 주께 받은 것이니…."

바울은 주님으로부터 직접 말씀을 받은 것은 아니다. 그러나 여기서 '받았다' 는 것은 교회 전승을 알고 있었음을 말한다. 특별한 개인에게 하나님의 말씀은 다른 방법으로 나타났다(고후 12:8-9). 다만 그가 언급한 전승 뒤에는 주님의 권위가 있음을 말해주고 있는 것이다.

이처럼 바울은 교회 전승을 알고 있으면서도 갈 1:11-12에서 자기가 전한 복음은 사람의 뜻을 따라 된 것이 아니요 사람에게서 받은 것도 아니며 배운 것도 아니고 오직 예수 그리스도의 계시로 말미암은 것이라고 한다.

바울이 다른 사람으로부터 받았다는 것과 하나님이 그에게 계시해 주셨다는 것 사이엔 큰 차이가 있다. 그가 여기서 생각하고 있는 계시는 다메섹 도상에서 주님의 현현을 의미한 것임엔 의심할 여지가 없다. 거기서 그의 사도성과 그의 복음이 나왔다는 것이다(갈 1:1, 15-16).

그러나 여기엔 아직도 풀어야할 질문이 남아 있다. 바울이 그리스도의 갑작스런 현현을 어떻게 복음을 위한 계시라고 주장할 수 있을까(갈 1:11-

12) 그리고 그가 받은 교회 전승을 어떻게 사용해야 할지 그가 알고 있었을까(고전 11:2,23, 15:3)라는 질문을 할 수 있다.

바울은 그와 같은 복음을 복음에 관한 설명들과 구분하고 있다는 사실을 인식하면 그 대답을 찾을 수 있을 것이다. 그가 말한 복음은 구원을 위하여 하나님이 그리스도 안에서 행하신 일을 말한다. 이것이 그가 계시로 하나님으로부터 받은 복음이며 자신을 변화시킨 것이다. 그는 이것을 어느 인간으로부터 받은 것이 아니고 심지어 사도들로부터 받은 것도 아니라는 것이다.

바울이 다른 신자들로부터 받은 것은 그리스도 안에서 하나님의 구원사역에 관한 진술들이었다. 그것들이 복음을 어떻게 설명했든 그것들이 구원 사건을 일으키는 것은 아니다.

이와 같은 구별은 고전 15:1-3을 통해 설명될 수 있다. 1절-2절에서 바울은 고린도에서 자기복음을 '선포했다'고 한다. 그는 다른 이들로부터 받은 전승의 일부로 그것을 간주하고 있지 않기 때문에 그가 복음을 '받았다'고 하지 않았다. 그는 고린도교회 성도들이 복음을 받았다는 사실을 기억케 했다.   이런 점에서 복음은 전승으로 그들에게 온 것이 아니며 오히려 그들은 복음을 받은 것이다.

'형제들아 내가 너희에게 전한 복음을 너희로 알게 하노니 이는 너희가 받은 것이요 또 그 가운데 선 것이라'(고전 15:1).

그들에게 구원 사건을 일으킨 이 복음은 그들로 계속 구원에 이르도록(continue to stand)하고 '나의 전한 그 말을 굳게 지키고 헛되이 믿지 아니하였으면 이로 말미암아 구원을 얻으리라'고 한다. 그러나 3절에서 바울의 용어는 변한다. 그리스도의 죽으심과 부활에 관한 신조적 설명이 교회 전승의 하나로 소개되고 있기 때문에 바울은 '내가 받은 것을' 고린도교회에 전했다고 한다.

사도는 전승을 멸시하지는 않지만 그는 복음에 대한 자기 사역이 전승에 의해 힘을 얻은 것이 아니고 복음자체의 힘으로 된 것으로 이해했다.

2. 전승과 해석

우리가 매일 사용하고 있는 용어 중 '전승'이라는 말은 변할 수도 없고 변하지도 않는 것으로 생각해 왔다. 예컨대 전통의상, 전통규례, 전통적 생각 등이다. 그러나 전통은 정지된 상태에 있는 것이 아니다. 가정, 종족, 국가, 사회가 받은 전통은 항상 움직인다. 계속적으로 해석된다. 자동적으로 또는 고의적으로 분명하게 때로는 덜 분명하게 해석된다. 확실한 것은 전승은 변한다는 것이다. 그렇지 않을 경우 소멸된다. 정지된 못이 아니고 흐르는 시냇물과 같다.

바울이 받았고 그의 교회에 전한 예수에 관한 전승은 확실한 것이었다. 그 전승은 그들이 받고 해석하고 적용한 대로 살아있었다. 그 전승을 소유한 사도 자신은 동시에 전승의 해석 자도 된다. 바울은 특히 예수가 가르치신 교훈에 대한 전승을 특별히 고려하였다. 그러나 여기서는 예수에 관한 신조적 전승과 예배전승을 바울이 어떻게 끌어냈는지를 생각할 필요가 있다.

D. 바울의 예배 전승과 신조 전승의 사용

1. 고전 11:17-34

바울은 주의 만찬을 위해 고린도 교인들이 모였을 때 있었던 일을 예리하게 책망했다. 분쟁, 술취함, 무질서한 일이 일어난 것을 정확히 알고 있었다. 사도는 특별히 성만찬 예식으로부터 인용한 말씀을 하고 있다(23-25절).

'내가 너희에게 전한 것은 주께 받은 것이니 곧 주 예수께서 잡히시던 밤에 떡을 가지사'(23절)라고 한 이 말씀에서 바울은 전승으로서 말씀을 자기 회중에게 처음 전하는 것이 아님을 알 수 있다. 그들이 성찬식을 하기 위해 모일 때마다 사용한 예식문의 한 부분을 회상한 것이다.

그러나 바울은 전승되어온 말씀을 암송만 한 것은 아니다. 그는 '너희가 이 떡을 먹으며 이 잔을 마실 때마다 주의 죽으심을 오실 때까지 전하는 것이니라'(26절)는 말씀을 첨가했다. 이 말은 예식문에 있는 것이 아니었다.(공관복음서에 있는 성찬식 문구에서는 찾을 수 없다. 마 26-29, 막 14:22-25, 눅 22:15-20). 오히려 이것은 전통적으로 사용했던 말씀을 사도가 해석하여 덧붙인 것이다. 그러므로 이것은 성찬의 의미에 대한 것이다. 그린도 성도들은 그리스도께서 자기들을 위해 죽으셨다는 사실을 기억할 필요가 있었다. 그리고 그리스도는 자기들을 위해 다시 오실 것을 알아야 했다.

성만찬 예식의 전통적 예문에 바울은 자기해석을 첨가하고 성도들을 격려하고 경고하기 위해 27-29절, 33-34절 상반까지 말씀을 제공하였다.

그리스도의 몸과 피를 '합당치 않게 먹고 마시는 자에 대한 언급을 하고 주의 몸을 '분변치 못하고' 먹고 마시는 자는 죄를 먹고 마시는 것이라고 했다(27, 29절).

특히 바울은 모인 공동체 자체를 그리스도의 몸으로 해석했다. 따라서 성도간에 서로 무시하는 것은 그리스도의 몸을 범하는 것이 되는 것이다. 이런점에서 성만찬에 대한 예수의 말씀을 전승으로 그가 받아 암송하는 것은 바울에게는 아주 중요한 일이 된 것이다.

2. 빌 1:27-2:18

여기서 바울은 빌립보교회 성도들에게 크리스챤 공동체 회원으로서 그들 신분에 맞는 행동을 하도록 권면을 하고 있다. 특히 2:6-11에서 당시 교회가 부르던 찬송의 한 구절을 인용하고 있다. 바울은 천상(天上)의 그리스도를 노래하고 있다. 그는 본래 하나님과 동등 되셨으나 우리를 구원하시려고 죽기 위해 아버지 하나님께 복종하심으로 하나님이 그를 주로 세우시고 모든 만물이 그 앞에 무릎을 꿇고 찬양과 경배를 드리게 했다.

당시 빌립보교회에서 그리스도 복음에 합당치 않게 행하는 이들이 있어(빌 1:27) 바울은 그의 서신에서 이 찬송을 인용하게 된 것이다. 그리하여 온 교회가 한 고백을 하고(빌 2:2) 그리스도 예수의 마음을 본 받으라(빌 2:5)했다. 예수를 주와 구원자로 찬양한 이 노래는 예수를 도덕적 모범 자로서가 아니라 새 생명을 주시는 신앙의 대상으로 고백한 것이다. 바울은 이 찬송을 인용하면서 자신의 신학적, 손도장(finger prints)을 그 위에 찍은 것이다. '죽기까지 복종하셨으니'(빌 2:8) 곧 예수께서 십자가에 죽으심을 바울은 강조하고 있다.

3. 고후 5:11-15

여기서 바울은 비록 자기 방법대로 인용하고 해석하기는 하였으나 그리스도에 관한 전통적 신조를 만들어 사용하고 있다. 바울이 전승으로 받아 알고 있는 형태는 '그리스도께서 우리 죄를 위하여 죽으시고'(고전 15:3)라는 말씀이다(롬 5:8, 살전 5:10).

바울은 고후 5:14-15에서 그리스도의 죽음에 관해 3가지를 말하고 있다.

  a. 한 사람이 모든 사람을 대신하여 죽었다(v. 14)
  b. 그가 모든 사람을 대신하여 죽었다(v. 15)
  c. 죽었다가 다시 살아나신 이는 그리스도시다(v. 15b)

이같은 전승을 받은 바울은 "그리스도의 사랑이 우리를 강권하시는 도다"라고 했다. 그리고 이제는 그리스도의 사랑에 일치하는 삶을 살도록 권면한 것이다. 바울은 그리스도의 죽음을 하나님 사랑의 표현으로 생각했기 때문에 그가 전통적 신조를 적극적으로 수용하는 데에는 아무런 무리가 없었다. 바울은 그리스도의 죽으심은 우리의 삶의 목표를 바꾸었다고 한다. "다시는 자신을 위하여 살지 않고 오직 그들을 대신하여 죽었다가 다시 살아나신 이를 위하여 살게 하려 함이라"(고후 5:15)고 했다.

바울은 이와 같은 신조적 전승을 언급할 때 두 가지 중요한 해석을 하고 있다. ① 그리스도가 우리(죄)를 위해 죽었도다를 모든 사람을 대신하여 죽었다 라고 하고; ② 그리스도의 죽으심을 대리적인 것으로 해석했다.

E. 예수의 칭호와 형상에 대한 바울의 사용

어떤 특별한 분이 우리의 삶을 변화시키고 새롭게 할 수 있다고 말하기는 쉽지 않다. 초대 교회 성도들은 예수 그리스도께서 자기들을 변화시켰다고 고백을 했다. 그들이 경험하고 이해한 대로 그들은 예수의 이름에 다양한 칭호를 붙였고 그 모습을 표현했다.

1. 전통적 칭호들

예수에 대한 다양한 칭호들이 바울서신에서 발견된다. 사도는 예수를 그리스도(250회 이상)와 주(150회 이상)로 부르고 있다. 하나님의 아들(15회), 구주(빌 3:20)로도 불렀다. 예수라는 이름(17회)을 종종 사용하기도 했지만 이것은 지상에서 사신 예수를 말할 때 사용한 것은 아니다. 오히려 예수는 주님이심을(롬 10:9, 고전 12:3, 빌 2:10) 강조할 때와 예수의 죽으심과 부활을 강조할 때 사용했다(롬 8:11, 고후 4:10-14).

바울은 그 그리스도(메시야)가 하나님이시라(롬 9:5)고 선언했다. 주($K\acute{\upsilon}\rho\iota o\varsigma$)라는 말도 바울에게서는 승천하시고 주권을 갖고 다스리시는 하나님을 가리킨다(빌 2:6-11). 이처럼 바울은 예수의 권위와 권세를 강조키 위해 이같은 칭호를 자주 사용했다(고전 5:4,6,14, 7:10,25, 9:14, 14:37, 고후 10:8,18, 13:10).

2. 전통적 이미지

바울은 교회가 갖고 있던 예수에 대한 이미지를 잘 알고 있다. 예수는 유월절 양(고전 5:7), 심판하시는 이(롬 2:16, 고전 4:4-5), 거치는 돌(롬 9:32-33), 신령한 반석(고전 10:4), 둘째 아담(롬 5:12-21, 고전 15:20-22,45-49), 이새의 뿌리(롬 15:12), 살려주는 영(고전 15:45), 하나님의 약속의 예(고후 1:19-20)가 되신다.

*   *   *

바울은 초기 기독교인들처럼 예수가 메시야 되심을 믿었다. 그러나 롬 9:5에서 그리스도라는 칭호를 메시야로서 보다 예수의 이름으로 사용하였다. 이것은 주나 하나님의 아들 칭호와는 다르다. 바울은 초기 교회가 전승으로 전해준 것을 자기 것으로 만든 것이다. 이처럼 바울이 갖고 있던 예수의 이미지는 전승에 의해 받은 기독론적 칭호라기 보다는 자기 체험에서 계시로 받은 것이라 해야 할 것이다.

III. $\delta\iota'\dot{\alpha}\pi o\kappa\lambda\acute{\upsilon}\psi\epsilon\omega\varsigma$(갈 1:12), 또는 $\kappa\alpha\tau\grave{\alpha}\ \alpha\pi o\kappa\acute{\alpha}\lambda\upsilon\psi\iota\nu$ (계시를 따라) 갈 2:2

A. 예수 그리스도의 계시

바울은 자신이 전하고 있는 복음의 근원(sources)을 갈라디아서에서 말하고 있다. "형제들아 내가 너희에게 알게 하노니 내가 전한 복음은 사람의 뜻을 따라 된 것이 아니니라. 이는 내가 사람에게 받은 것도 아니요 배운 것도 아니요 오직 예수 그리스도의 계시로 말미암은 것이라"(갈 1:11-12).

예수 그리스도의 계시는 예수의 소유격으로 계시가 설명되고 있다. 그것은 예수 그리스도가 목적격으로 즉 계시된 분은 예수 그리스도라는 뜻이다. 갈 1:15-16의 빛 속에서 읽으면 분명해 진다. "그러나 내 어머니의 태로부터 나를 택정하시고 그의 은혜로 나를 부르신 이가 그의 아들을 이방에 전하기 위하여 그를 내속에 나타내시기를 기뻐하셨을 때에"라고 했다. 이처럼 예수 그리스도의 계시는 바울의 회심과 동시적이었다. 바울이 복음을 받고 그것을 이방인 중에 전하도록 명령하셨을 때 예수 그리스도의 계시가 온 것이다.

바울의 복음은 그리스도 안에 있는 이들로부터 받은 것도 아니고 배운 것도 아니며 오직 그리스도가 친히 계시로 주신 것이라 한다. R. Bultmann 도 갈 1:11 말씀을 확인하면서 "바울이 회심 후 예수에 관한 지도를 받기 위해 예루살렘 교회 지도자나 사도들을 만나려고 노력한 일이 없고 오히려 갈 1-2장에서 보여준 대로 그들로부터 바울은 독립을 선언했다"고 한다.[29]

그러나 바울은 '그 후 3년만에 게바를 만나려고 예루살렘에 올라가서 그와 함께 15일을 머무는 동안' 야고보도 만났다고 한다.(갈 1:18-19).

바울이 계시로 받은 복음은 하나님의 아들의 계시다. 즉, "예수가 부활하신 주님이시다"라는 것이다. 이것은 다른 이들에게서 바울 이전에 이미

---

[29] R. Bultmann, Theology of the New Testament, (London, 1952), p. 188

고백되고 선포된 복음이다. 바울은 이 사실을 알고 있었다. 그러나 그가 받은 것은 그들로부터 받은 것이 아니라는 것이다. 오히려 그들로부터 그 같은 말은 들었을 때엔 그들은 신성모독 죄를 짖고 있다고 생각했다. 하나님의 저주를 받고 죽은 자가(신 21:23) 어떻게 부활의 주가 되며 하나님의 아들이 될 수 있겠느냐는 것이었다. 그러나 예수가 부활하신 주라는 사실을 그에게 알게 한 것은 바울의 다메섹 도상에서 경험이었다. 거기서 그는 예수 그리스도의 계시를 직접 받은 것이다. 그가 전에 알고 있는 예수의 전기적 생애나 교훈 등은 다메섹 경험에 종속되었을 뿐이다. 다메섹 경험에 비추어 다른 것들은 의미를 갖게 된 것이다.

행 9:20에 의하면 바울 자신이 즉시로 예수가 하나님의 아들이심을 각 회당에서 전파했다고 한다. 그가 이같은 복음을 전할 수 있게 된 이유가 있다. "그의 아들을 이방에 전하기 위하여 그를 내 속에 나타내시기를 기뻐하셨다"고 한다(갈 1:16).

계시가 하나님의 활동이라면 그것을 보는 것은 바울의 책임이다. 바울은 주를 보았다고 한다(고전 9:1). 그리고 "맨 나중에 만삭되지 못하여 난 자 같은 내게도 보이셨다"(고전 15:8)고 수동태로 설명한다.

이처럼 계시로 전해진 복음을 바울은 종종 '비밀'이라는 말로 묘사하고 있다. 비밀은 공식적으로는 감춰진 것이지만 지금은 특별 계시로 열려진 것을 말한다.

B. 복음의 비밀

바울은 복음과 복음의 내용인 그리스도를 '비밀'의 개념으로 설명한다.

고전 1:18-2:16에서 이것을 분명히 했다. 그는 고린도인들에게 그리스도의 복음을 선포한다고 말하는 대신에 '하나님의 비밀'[30]을 선포하려고 고린도에 왔다고 말할 수 있었다.(고전 1:23, 2:2) 또는 $\acute{\epsilon}\nu$ $\mu\upsilon\sigma\tau\eta\rho\acute{\iota}\omega$(은밀한 가운데 있는) 하나님의 지혜다(2:7). 이 말씀 속에서 바울은 '말과 지식

---

[30] $\tau\acute{o}$ $\mu\upsilon\sigma\tau\acute{\eta}\rho\iota\upsilon\nu$ $\tau\upsilon\hat{\upsilon}$ $\theta\epsilon\upsilon\hat{\upsilon}$(p. 46 ℵ* A C 등의 지지를 받음)

에 풍족한' 고린도의 신령파들의 과오를 지적하면서 대항하고 있다(고전 1:5). 아직도 시기와 분쟁이 있는 고린도 교인이(고전 3:1f.) 어찌 참 신령한 자가 될 수 있겠느냐는 것이다. 그들의 잘못된 지혜 개념을 교정시키려고 바울은 "십자가에 못 박힌 그리스도가 참 지혜요 하나님의 지혜라고 한다"(고전 1:24, 30).

세상적 기준으로 볼 때 십자가에 못 박힌 그리스도는 지혜가 아니요 오히려 어리석은 자다(고전 1:21, 23). 오직 부르심을 받은 사람들에게만 그는 하나님의 지혜로 알려진다(고전 1:24, 30). 은밀한 가운데 있는 하나님의 지혜는 십자가에 못 박히신 그리스도시다. 왜냐하면 십자가에 못 박히신 메시야를 통해서 하나님의 구원 계획이 이루어 졌기 때문이다.[31]

이제 하나님은 바울에게 숨은 지혜를 계시해 주셨다. 그리고 성령을 통해 그의 동지들에게 계시하심으로[32] 그들은 온전한 자들(성숙한 자들) 중에서는 이 지혜를 말한다고 했다(고전 2:6). 하나님의 영을 받은 참으로 신령한 사람이 십자가에 못 박히신 그리스도 안에서 하나님의 지혜를 분별할 수 있다(고전 2:10-3:1)는 것이다. 그래서 바울과 그의 동지들은 '하나님의 비밀을 맡은 자'라 했다(고전 4:1).

바울이 다메섹 도상에서 본 예수 그리스도의 계시는 더 이상 거리끼는 것이나 어리석은 것이 아니라 십자가에 못 박히신 그리스도시다(고전 1:23). 그 그리스도가 하나님의 지혜라고 한다(고전 1:24). 하나님의 지혜는 십자가에 못 박히신 그리스도에게서 나타났다.

로마서에서도 바울은 "나의 복음과 예수 그리스도를 전파함은 영세 전부터 감추어졌다가 이제는 나타내신바 되었다"고 한다.(롬 16:25f) 이 비밀은 바울이 골 4:3에서 말한 그리스도의 비밀과 다른 것이 아니다. 그리스도의 비밀은 복음의 비밀이다. 하나님의 구원 목적은 그리스도 안에서 계시되고 성취되었기 때문이다.

---

[31] Barrett, 1 Cor., p. 68. cf. 고전 2:7-9

[32] 고전 2:10f. $\acute{\eta}\mu\epsilon\hat{\iota}\varsigma$는 다른 동료를 말하고 있으나 주로 바울을 말한 것이다.(J. Lindblom, Geschichte und Offenbarungen, pp. 154f.).

그러나 그리스도 자신은 하나님의 계시다. 바울은 골로새 교인들이 이단으로부터 보호받기 위해 권면하기를 "확실한 이해의 모든 풍성함과 하나님의 비밀인 그리스도를 깨닫게 하려함이라" 했다. 그리고 "그 안에 지혜와 지식의 모든 보화가 감추어져 있다"(골 2:2-3)했다.

바울의 서신들은 이 비밀을 일반적으로 복음으로 지칭한다. 딤전 3:9에서는 '믿음의 비밀'을 가진 자를 말한다. 특히 딤전 3:16에서는 큰 '경건의 비밀'이 그리스도의 육신으로 나타나고 영광 가운데 올려 지셨다고 한다.

C. 마지막 때의 비밀

바울은 부활에 대한 긴 말씀을 고전 15장에서 하면서 그리스도인의 부활은 그리스도의 부활과 완전히 연결되어 있음을 증거 한다. 그리고 그는 '내가 너희에게 비밀을 말하노니'(51절)라고 한다. 그 비밀은 살아있는 자가 죽은 자들과 함께 홀연히 다 변화를 받아 하나님의 나라에 들어가 새로운 질서를 갖게 하려고 그리스도께서 다시 오신다는 것이다.

AD 50년경 바울은 데살로니가를 방문했다.[33] 그는 그곳서 복음을 설교했고 교회를 세웠다(행 17:1-9). 그는 데살로니가인들에게 이방 신을 섬기던 것에서 돌이켜 살아 계신 참 하나님을 섬기게 했을 뿐만 아니라 죽었다가 부활하사 우리를 하나님의 진노에서 구원하신 하나님의 아들이 하늘로부터 오실 것을 기다리라고 했다(살전 1:9f.).

그러나 바울은 곧 그 곳을 떠나게 되었고 주의 재림을 기다리던 성도들 중엔 이미 죽은 이들이 생겼다. 디모데가 후일 데살로니가를 방문하고 바울에게 보고한 바에 의하면 ① 그리스도가 재림 하시기전 많은 성도가 죽었는데 그들은 어떻게 될 것이며, ② 주님은 언제 다시 오실 것인가에 대한 문제로 교회가 어지럽다고 했다. 바울은 그들의 질문에 데살로니가 전서 4:13-18로 대답을 분명히 했다. 바울은 이것을 '주의 말씀으로' 그들에게 전했다(15). 여기서는 '비밀'이라는 말이 쓰이지 않았지만 계시의 상태

---

[33] 이종윤, 신약개론, (개혁주의 신행협회, 1992(3판)), p. 359-383.

로 말씀이 전해졌다. 언어와 인상은 마치 구약의 구원과 심판에 대한 말씀처럼 주의 호령과 천사장의 소리와 하나님의 나팔소리가 울리면서 주께서 구름 타고 강림하신다고 한다(16, cf. 사27:13, 단7:13). 그리고 공중에서 주를 영접하게 한 후 항상 주와 함께 있게 될 것이라 했다.

언제 주님이 오실 지에 대하여는 예기치 않는 때에 '밤에 도적같이' 오신다고 한 예수의 말을 반복했다(마 24:43f, 눅 12:39f, 계 16:15). 바울은 데살로니가 전서 5:1-9에서 그런고로 깨어 정신을 차리고 믿음과 사랑의 흉배를 붙이고 구원의 투구를 쓰고 구원을 받으라고 한다.

수년 후 바울은 고린도 교회에 답변하는 중 "너희 중에 어떤 사람들은 어찌하여 죽은 자 가운데서 부활이 없다하느냐"(고전 15:12)고 반문을 하고 있다. 그리스도의 부활은 부활의 첫 열매로 그가 우리의 마지막 원수를 멸하는 시간이 될 것이다.

바울이 말한 미래의 부활은 몸의 부활을 의미한다. 그리고 첫 사람 아담은 생령이 되었다 함과 같이 마지막 아담은 살려주는 영이 되었다고 한다(고전 15:45).

바울은 데살로니가 교인들에게 주었던 확신을 넘어서 고린도서에서는 선언을 하고 있다. 그리고 바울은 이 부활에 대한 계시를 '비밀'이라 하고 선언한다(고전 15:51).

바울은 빌 3:20f.에서 우리의 낮은 몸을 그리스도의 영광의 몸의 형체와 같이 변하게 하실 그리스도를 기다린다고 한다. 그리스도와 그의 백성들은 영원히 연합되어 그리스도와 승리를 나누게 될 것이라는 것이 바울의 확신이다. 그는 부활처럼 그리스도와의 연합의 비밀을 말하고 있다.

D. 그리스도안에서 연합의 비밀

이 비밀은 바울이 다메섹 도상에서 받은 계시 속에 은연중에 함축되어 있었다. 이방인의 사도로 부르심을 받은 것은 그의 다메섹 도상에서의 부르심과 함께 온 것이었기 때문이다. 바울은 예수의 일꾼이 되어 이방인을 제물로 바쳐야 하는 하나님의 복음의 제사장으로(롬 15:16) 부름을 받은 것이다.

1세기의 많은 유대인들은 하나님 지식을 이방인에게 전달하는 것을 특권처럼 여겨왔다. 자기들은 선지자적 권위가 있는 것처럼 생각한 것이다. "이 백성(이스라엘)은 내가 나를 위하여 지었나니 나를 찬송하게 하려 함이라"(사 43:21) 하심으로 많은 유대인들은 이방인 중 하나님을 두려워하는 이들에게 이 진리를 전함으로 유대교로 개종케 하였다.

유대인 기독교인들은 유대인들의 사명처럼 자기들에게 부여된 복음을 전해야 된다는 사명감을 처음부터 갖게 된 것은 자연스러운 결과였다. 사도 바울에게도 이같은 의식은 강하게 나타났다. 당시 복음은 알렉산드리아와 로마에까지 급속도로 전파되었다. 그래서 바울의 '유대인에게 먼저 그리고 헬라인에게'(롬 1:16)라는 말은 자연스럽게 들렸을 것이다. 그것은 복음을 전하는 순서 뿐 아니라 수용의 순서가 그러하다는 것이다.

유대인들이 먼저 십자가에 못 박히신 예수를 그들의 참 왕으로 믿어야 하고, 그 분의 통치가 전체 이방나라에 까지 미쳐야 한다는 것이다. 야고보 사도가 예루살렘 회의에서 아모스 9:11f.를 인용하여 외친 말씀에서도 같은 사상이 나타나 있다(행 15:16).

예루살렘과 유대에서는 유대인 선교가 놀라울 만큼 성공적이었으나 헬라-로마 세계에서는 회당에서 기독교로 돌아온 수가 이방인 중에서 회심한 사람의 수 보다 훨씬 적었다. 십자가와 부활 사건이 있은 지 20년 이내에 이방인 신자의 수가 유대인 수보다 훨씬 많아졌다. 그래서 예루살렘 회의도 열려야 했던 것이다. 결국 바울과 같은 열심 있는 사명자의 전도활동으로 복음은 유대의 울타리를 벗어나 전 세계로 확장되기에 이르렀다.

바울이 '유대인에게 먼저' 라고 했으나 복음을 수용한 것은 이방인들이 더 빨리 수용했다. 결국 이방인이 믿음으로 유대인의 시기를 일으켜 그들을 구원코자 하시는 하나님의 이상한 계획이 있었기 때문에 이방인은 유대인을 위한 하나님의 도구가 된 것이다.

　"이 신비를 너희가 모르기를 내가 원하지 아니하노니 이 신비는
　이방인의 충만한 수가 들어오기까지 이스라엘의 더러는 우둔하게
　된 것이라. 그리하여 온 이스라엘이 구원을 받으리라"(롬 11:25-26).

　유대인과 이방인 신자가 그리스도의 몸의 지체로서 연합되는 비밀(신비)[34]를 말한 것이다. 특히 온 이스라엘이 구원을 얻겠다는 것은 오랫동안 이스라엘 백성에 대한 하나님의 약속이었다.[35]

　로마교회 성도들은 '그리스도 안에서 한 몸이 되어'라고 했다(롬 12:5). 고린도 교회 성도들도 "너희는 그리스도의 몸이요 지체의 각 부분이라"고 한다(고전 12:27). 유대인이나 헬라인아나 종이나 자유 자나 다 한 성령으로 세례를 받아 한 몸이 되었고 또 다 한 성령을 마시게 하셨다고 한다(고전 12:13). 갈라디아 성도들도 그리스도와 합하기 위해 세례를 받고 그리스도로 옷 입었다고 한다(갈 3:27).

　유대인과 이방인의 차이가 있었으나 그리스도 안에서 한 몸을 이루어 지체가 된 것처럼 새로운 공동체를 형성케 된 것이다. 골로새서와 에베소서에서도 그리스도 안에서 유대인도 이방인도 한 몸이 되었음을 강조한다. "이 비밀은 만세와 만대로부터 감추어졌던 것인데 이제는 그의 성도들에게 나타났고....이 비밀은 너희 안에 계신 그리스도시니 곧 영광의 소망이니라"(골 1:26-27). 바울은 "하나님이 그들로 하여금 이 비밀의 영광이 이방인 가운데 얼마나 풍성한지를 알게 하려 하셨다"고 한다.

　이스라엘 구원에 대한 하나님의 목적이 구약의 주제였다면 이스라엘처럼 이방인 구원도 하나님이 원하신 바였다. 이방인도 유대인도 이제는 부활하

---

[34] 성경은 비밀이라는 단어를 다양한 의미로 사용함. 천국의 비밀(마 13:11), 감람나무의 비밀(롬 11:25), 그리스도와 교회에 대한 큰 비밀(엡 5:32), 경건의 비밀(딤전 3:16), 마지막 날 홀연히 변화되는 비밀(고전 15:51), 불법의 비밀(살후 2:6), 끝난 하나님의 비밀(계 10:7) 등 다양하게 나타나 있다.

[35] '온 이스라엘이 구원을 얻는다'는 말씀에 대한 주석은 이종윤, 로마서 3권(필그림출판사, 97), pp. 271-278을 보라.

신 그리스도와 연합함으로 이 은혜가 나타난다는 것이다. '피조물의 고대하는 바는 하나님의 아들들이 나타나는 것'(롬 8:19)이라 했다. 그들도 하나님의 영광을 함께 나타내야 하기 때문이다.

바울은 자신이 이 비밀의 청지기 됨을 엡 3:1-12에서 선언한다.

E. 하나님의 최종 목적에 대한 비밀

"이는 그가 모든 지혜와 총명을 우리에게 넘치게 하사 그 뜻의 비밀을 우리에게 알리신 것이요 그의 기뻐하심을 따라 그리스도 안에서 때가 찬 경륜을 위하여 예정하신 것이니 하늘에 있는 것이나 땅에 있는 것이 다 그리스도 안에서 통일되게 하려 하심이라"(엡 1:8-9).

*　*　*

하나님이 화해의 걸작품으로 만드신 교회는 우주를 통일하시려고 모든 것의 머리가 되시는 그리스도 안에서 연합을 이루게 하실 것이다. 물론 교회밖에 있는 것들이 그리스도의 통치하에 들어오지 않으려 하지만 하나님의 뜻의 비밀은 때가 차면 예정하신 대로 이루어지게 될 것이다. 이 비밀을 바울은 다메섹 도상에서 계시로 받은 것이다(갈 1:12). 부활하신 그리스도가 곧 역사적 예수라고 그가 받아드리고 믿는 순간 그는 이 비밀을 계시로 알게 된 것이다.

맺는말: 바울-예수 문제에 대한 제언

이 문제를 다루는 이들은 마땅히 바울이 예수를 어떻게 이해했는지를 조심스럽게 연구해야 할 것이다. 이것은 바울의 복음에 있는 역사적 예수의 위치를 묻는 신학적 질문을 포함해야 한다.

예수-바울 문제는 역사적 질문을 떠나서는 해결이 되지 않을 것이다. 바울과 예수의 역사적 관계 즉, 예수의 생애와 교훈에 바울이 얼마나 의존되어 있는가? 예수에 대한 지식이 바울에게 있다면 그 자료는 어디서 어떻게 얻은 것일까? 바울은 실제로 예수와 동의하고 있는 것인지 또는 예수의 복사 품인지도 물어야 한다.

이 문제에 대한 신학적, 역사적 연구는 상호 연관되어 있다. 그러나 이들 사이의 구별을 방법론적으로 달리 연구할 필요가 있을 것이다. 과거 바울-예수 문제가 혼란에 빠진 이유중 하나가 신학적 질문과 역사적 질문의 구별을 분명히 하는데 실패했기 때문이었다. 바울의 예수와의 관계를 이해함이 없이 예수와의 역사적 관계를 물음으로 역사적 예수에 대한 지식이 바울에게 있느냐 또는 결여되었으나 예수의 교훈과는 일치하지 안느냐는 등 혼란을 야기시킨 경우가 있었다. 반면에 바울이 예수를 만났는지 또는 영향을 받은 적이 있는지를 묻는 역사적 사실을 무시한 채 바울과 예수의 관계를 신학적으로만 보려는 이들도 있었다.

철저한 과학적 연구 방법만으로 예수-바울 문제를 풀어보려한 이들도 있었다. 바울이 예수의 가르침에 무관심했는지, 아니면 완전히 예수의 교훈으로부터 자유로웠는지도 물어야 했다. 그러나 이같은 질문도 바울-예수 문제가 역사적으로만 풀려지지 않는다는 또 하나의 예를 남기게 되었다.

바울-예수 문제를 풀기 위해서는 역사와 계시 문제가 중요하다는 것은 이미 언급한 바 있다. 바울에게 있어서 크리스챤이란 '그리스도 안에' 있는 사람을 말한다. 그리스도 안에서 신자는 '하나님의 아들'(갈 3:26)이 되고, 새로운 피조물(고후 5:17)도 되며, 그 안에서 영생도(롬 6:23), 구원과 용서(골 1:14, 엡 1:7)도 그리고 칭의(갈 1:17)와 성화(고전 1:2) 언약의 수혜자(엡 3:6), 은혜를 받은 자(엡 1:6)도 된다.[36]

하나님의 숨겨진 비밀이 그리스도 안에서 나타났고 그리스도 안에서 죄와 사망을 이기고 새롭게 된 것이다. 따라서 그리스도 안에 있는 바울의 현재 삶은 부활하신 그리스도와 교제하는 삶이다. 그것은 예수의 죽으심과 부활하심 속에서 계시되고 성취된 것을 말한다. 그래서 바울은 그리스도와

---

[36] 우리는 바울서신의 저자 문제에 대한 신학적 논쟁이 있다는 사실을 알고 있으나 본 논문에서는 교회가 갖고 있는 전통적인 입장을 따라 13권의 책을 그대로 받고 있다.

함께 죽고 그리스도와 함께 다시 살았다고 한다. 예수 그리스도 안에서 죄에 대하여 죽고 하나님께 대하여 산 것이다(롬 6:5-11, 골 3:11ff.). "내가 그리스도와 함께 십자가에 못 박혔나니 그런즉 이제는 내가 사는 것이 아니요 오직 내 안에 그리스도께서 사시는 것이라"(갈 2:20)고 바울은 선언한다.

바울이 그리스도 안에서 실현한 것은 바울에 의해 다른 방법으로 표현되었다. 즉 인간의 운명은 인간 예수의 삶을 통해 계시되고 성취된 것에 의존되어 있다는 것이다. 한 사람 예수 그리스도의 순종이 우리를 죄와 사망에서 구원하셨다는 것이다 (롬 5:12ff.). 그리스도를 통해 계시된 참 인간의 모습은 그리스도의 몸 되신 교회에서 실현되어야 한다. 성령의 다양한 은사와 사역들이 나타나야 한다는 것이다(엡 4:1ff.).

이처럼 그리스도 안에서 나타난 하나님의 구원 목적을 역사적 과정으로 바울이 이해한 것은 그리스도의 몸으로서의 교회를 통해 나타난 것처럼 신자들의 생활을 통해 실현되고 나타나는 것이다(엡 3:1-13). 바울에게 역사적 과정은 그리스도 안에서 세상을 구원하려는 하나님의 목적과 신학적으로 일치한다. 그러나 이 목적은 완성되어 나타날 때까지 비록 계시로 나타났지만 감춰져 있는 것이다. 그리스도의 역사적 현현 속에서 하나님의 임재하심이 세상을 구원하는 것으로 나타났다는 것이다. 그러나 이 소망은 성령을 통해서 우리에게 알려지고 믿게 된 것이다.

이처럼 바울의 신앙은 그리스도에 대한 역사적 계시에 뿌리를 박고 있다(갈 1:12). 지상의 예수와 부활하사 영광을 받으신 그리스도에게 근거를 두고 있는 것이다. 부활하신 그리스도와의 교제는 역사적 인간 예수와의 교제를 말하기도 한다. 성령으로 그의 몸되신 교회에서 계속 재현되고 있는 예수의 삶과 죽음 그리고 부활을 바울은 선포한 것이다.

더욱이 바울은 그리스도의 고난에 동참하려하여 고난과 핍박을 잘 이해하였다(골 1:5). 바울은 그리스도의 화해의 사역도(고후 5:18ff.) 보여주면서 그리스도의 사역이 그리스도의 몸되신 교회를 통해 계속 되어야 할 것을 가르친다.

이처럼 바울이 예수께 의존되어 있다고 본 Paret 이나 Feine는 제자가 스승에게 의존한 것이 아니고 구원받을 자가 구원 주에게 의존하는 관계며 자기 생명의 원천이고 목적이라 했다.[37] 크리스챤으로서의 바울은 그리스도에게 전적으로 의존되어 있으며, 바울뿐 아니고 교회도 계속적으로 그리스도를 닮아가도록 변혁되어져야 할 것이다.

바울에게는 부활하신 그리스도와 지상의 예수를 구분한다는 것은 불가능했다. 그러나 부활하신 그리스도의 사역은 항상 지상 예수의 삶과 사역의 빛 속에서 해석되었다. 그러므로 바울의 복음은 역사적 예수로부터 독립될 수가 없는 것이다. 이처럼 바울의 복음은 역사 속에서 특히 그리스도의 역사적 현현 속에 뿌리를 박고 있다.

바울서신에서는 역사적 근거를 갖고 구체적으로 신앙을 세우려 하지 않았다. 예수의 생애와 가르치심으로 이미 믿음을 가진 크리스챤에게 바울은 서신을 보냈다. 따라서 그는 복음서에 나타난 예수의 탄생을 비롯한 구체적 실례들은 모두 생략하고 교회의 문제들과 생활에 관심을 갖고 서신을 기록하였다. 그리스도의 역사적 현현 속에서 하나님의 임재를 계속적으로 언급하면서 교회가 그리스도를 닮도록 권면하고 있다.

바울이 헬라적 영향을 받았느냐는 질문은 이미도 많은 연구가 있었으나 역사 연구가들에게 더 많은 시간을 주어야 할 것이다. 유사한 또는 상용되는 용어 몇 개를 찾아서 바울이 헬라적 또는 유대주의 그리고 신비주의나 노스틱 주의자들로부터 영향을 받았다는 결론은 바울이 말한 계시와 역사적 전승들을 너무 과소평가 하는 우를 범할 가 염려된다.

예수와 바울은 서로 다른 세계에서 살았었다. 그러나 그들은 세상을 구원하시려는 하나님의 구원 목적에 동참을 하는 공동 목표를 갖고 살았다. 그러므로 교육, 문화적 전통, 인간 존재에 대한 이해가 서로 달랐다해도 역사 속에서 하나님의 목적 실현에 함께 봉사를 한 것이다.

---

[37] Jong-Yun Lee, 'Paul and the Historical Jesus', p. 312.

그렇다면 바울이 예수의 의도하신 바에 합리적으로 충실하게 따라왔느냐는 질문을 해야 할 것이다. Bultmann과 같은 비판주의 입장에 있는 이들까지도 바울과 예수의 교훈은 근본적으로 일치한다고 한다. 그렇다고 바울이 예수의 교훈을 그대로 받았거나 영향을 받았다는 뜻으로 이해할 수만은 없다.

바울에게는 그리스도의 마음이 단순히 예수의 메시지나 가르치심 속에만 표현된 것이 아니고 그의 전 생애를 통해 나타났다고 본 것이다. 그러므로 바울이 그리스도께 얼마나 신실했느냐 하는 질문은 바울이 예수의 말씀을 얼마나 많이 그리고 정확하게 암송하고 인용했느냐를 묻는 것 보아 그리스도의 마음을 자기 생활 속에서 즉 희생과 사랑의 정신을 믿는 자로서 구현하고 있는 지를 물어야 할 것이다. 신학의 참된 가치는 결국 사랑 안에서 그리스도의 몸을 세우고 있는지, 성숙한 신자로 양육되고 있는지, 그리스도의 충만한 분량까지 자라고 있는지 그리고 그 방향으로 가고 있을 때 평가될 수 있는 것과 같다.

이런 의미에서 우리에게 알려진 바울의 전 생애는 그리스도의 마음에 일치하는 증거를 보여 주었고 역사 속에서 하나님의 임재하시는 실재를 증거로 나타내 주고 있다.

따라서 예수-바울 문제가 기독교의 기원 문제를 논하기 위해 단번에 어떤 해답을 내놓으려 하지 않을 것이다. 지난 200년 동안 이 문제를 풀어보려고 수많은 신학자들이 노력한 흔적들을 보면서 우리는 그들의 고뇌하는 모습이 단순한 학문적 호기심이나 열심만으로 보고 싶지 않다. 그것은 기독교인의 신앙이 역사와 어떤 연관을 갖고 역사가 신앙과 어떻게 화해할 수 있는지도 배워야 할 것이다. 이런 의미에서 예수-바울 문제는 새로운 차원에서 연구되어야 할 것이다.

그리스도의 죽음에 대한 바울의 해석

- 그리스도의 죽음에 대한 바울의 네 가지 형식(formulae)사용을 중심으로[1] -

한 천 설 [*]

---

1. 서 론
2. 희생으로서의 그리스도의 죽음
3. 결 론

---

1. 서 론

바울에게 있어서 그리스도의 죽음은 그리스도의 부활과 더불어 그가 전한 복음의 핵심적인 위치를 차지하고 있다. 이렇게 말할 수 있는 것은, 바울은 그리스도의 죽음과 부활의 사건 속에서 하나님께서 친히 계획하시고, 성취하시며, 완성해 가시는 하나님의 구속사역 전체를 분명히 바라볼 수 있었기 때문이었다. 다시 말해 그리스도의 선재와 성육신과 관련해서는 '회고적으로', 그리스도의 영화와 재림과 관련해서는 '전망적으로' 바라보면서 그리스도의 죽음과 부활사건 속에서 구속사가 그 정점에 달했다는 분명한 통찰을 얻을 수 있었던 것이다. 이런 이유로 바울은 거듭해서 자신이 전파한 복음의 중심에는 그리스도의 죽음과 부활이 자리하고 있음을 분명히 밝히고 있다.[2]

---

[*] 총회개혁신학연구원, 신약학(D.Th.)
[1] 이 글은 『국제신학 2』에 일부 실렸던 본인의 논문을 수정·보완한 것이다.

특별히 바울에게 있어서 그리스도의 죽음에 대한 이해는 그의 신학적 메시지의 구조에 있어서 매우 중요한 역할을 하고 있다. 바울은 그리스도의 죽음을 그의 서신 여러 곳에서 거듭해서 언급하면서 그리스도의 죽음의 성격과 의미가 무엇인지를 분명히 밝히고 있다. 바울에게 있어서 십자가 위에서의 예수 그리스도의 죽음은 무엇보다도 이 세상 역사 속에서 실제로 일어났던 역사적인 사건이었다. 왜냐하면 과거의 특정한 시간과 장소에서 "유대인이 … 주 예수 그리스도를 … 죽였기" 때문이었다.[3] 이 역사적인 사건은 막연히 진공 상태 속에서 발생한 단순한 하나의 사건은 아니었다. 그것은 1세기 초의 유대교 상황(context) 속에서, 즉 우리가 아직도 그 상당 부분을 보유하고 있는 구약 성경과 다른 초기 유대교문학 속에 반영되었던 것이고, 또한 그 영향을 받아 형성된 역사적 상황 속에서 발생하였던 역사적인 사건이었다.

1세기의 다른 유대 기독교인들과 마찬가지로, 바울은 하나님께서 그에게 계시하셨던 것과 병행하여 이러한 배경을 바탕으로 예수의 역사(history)를 해석했다. 바울은 고린도전서 15:3-8절에서 복음을 요약할 때에도 "그리스도께서 죽으셨다"라는 역사적 사실을 단순히 반복할 뿐 아니라, 적당한 상황에 그것을 위치시킴으로써 이 사건에 대한 올바른 해석을 강조하려 하고 있음을 확인할 수 있다. 즉 "그리스도께서 … 성경대로 죽으셨다"는 것을 부각시키고 있는 것이다.[4]

이러한 해석은 바울에게 그리스도의 죽음에 대한 몇 가지의 확신을 갖게 해주었다.[5] 즉 그리스도의 죽으심은 하나님의 사랑을 보여주는 최대의 계

---

[2] H. N. Ridderbos, *Paulus. Ontwerp van zijn theologie* (Kampen: Kok, [1]1966, [5]1978), p. 5; idem, *Paulus en Jezus. Oorsprong en algemeen karakter van Paulus' Christusprediking* (Kampen: Kok, 1955), pp. 46-53; idem, *When the Time Fully Come. Studies in New Testament* (Grand Rapids: Eerdmans, 1957), pp. 84-87. 그리스도의 죽음과 부활이 바울 복음의 중심이며, 구속사의 중심에 자리잡고 있다는 주장은 H. N. Ridderbos뿐 아니라 G. E. Ladd등 많은 개혁주의 신학자들의 공통된 주장이기도 하다. Ladd의 견해를 위해서는 그의 책, *A Theology of the New Testament* (Grand Rapids: Eerdmans, repr. 1993)을 참고하라.

[3] 살전 2:14-15.

[4] 고전 15:3.

[5] 그리스도의 죽음에 대한 바울의 이해에 관해 다루는 일반적인 참고문헌은 다음과 같다. (1) Gloria van Donge, "In What Way is Paul's Gospel (Euangelion) of Freedom Theology of the Cross (Theologia Crucis)?," *Coll* 21 (1988): 19-33, (2) Edwyn Clement

Hoskyns and Francis Noel Davey, *Crucifixion-Resurrection: The Pattern of the Theology and Ethics of the New Testament*, with a Biographical Introduction by Gordon S. Wakefield (London: SPCK, 1981). 특히 이 책 3장("The Death of Jesus in the Pauline Epistles": pp. 117-32)에서 그는 바울서신에 나타난 그리스도 죽음의 의미를 중점적으로 다루고 있다. (3) Charles B. Cousar, *A Theology of the Cross: The Death of Jesus in the Pauline Letters, Overtures to Biblical Theology* (Minneapolis: Fortress Press, 1990). (4) James D. G. Dunn, "Paul's Understanding of the Death of Jesus," in *Reconciliation and Hope: New Testament Essays on Atonement and Eschatology Presented to L. Morris on His 60th Birthday*, ed. Robert Banks (Exeter: Paternoster Press, 1974). (5) Ernst **Käsemann**, *Perspectives on Paul* (Philadelphia: Fortress Press, 1971). 특별히 Käsemann은 이 잭에서 다음과 같은 두 제목으로 그리스도의 죽음을 중점적으로 다루고 있는데, 그것은 "The Saving Significance of the Death of Jesus in Paul"(pp. 32-59)과 그리고 "The Faith of Abraham in Romans 4" (pp. 79-101)이다. (6) Xavier Léon-Dufour, *Face a la Mort: Jésus et Paul* (Paris: Editions du Seuil, 1979). 그는 이 책 5장(Chapter 5: pp. 178-212)에서 "Paul Face Jsus en Croix"를 다루고 있는데, 이 책의 영어번역은 1986년에, *Life and Death in the New Testament: The Teaching of Jesus and Paul* 이라는 제목으로 출판되었다. (7) A. Maillot, "Les Thologies de la Mort du Christ chez Paul," *FV* 85 (1986): 33-45. (8) I. Howard Marshall, "The Death of Jesus in Recent New Testament Study," *WW* 3 (1983): 12-21. (9) Helmut Merklein, *Studien zu Jesus und Paulus* (**Tübingen**: J. C. B. Mohr, 1987). 그는 이 책에서 그리스도의 죽음과 바울의 의개념을 중점적으로 다루고 있는데, 그 장(chapter)의 제목은 다음과 같다. "Die Bedeutung des Kreuzestodes Christi für die paulinische Gerechtigkeits- und Gesetzesthematik," (pp. 1-106). (10) Paul S. Minear, "The Truth About Sin and Death: The Meaning of Atonement in the Epistle to the Romans," *Int* 7 (1953): 142-55. (11) Leon Morris, *The Cross in the New Testament* (Grand Rapids: Eerdmans, 1977). (12) Peter von der Osten-Sacken, "Die paulinische theologia crucis als Form apokalyptischer Theologie," *EvTh* 39 (1979): 477-96. (13) Herman N. Ridderbos, "The Earliest Confession of the Atonement in Paul [i.e., 1 Cor. 15:3]," in *Reconciliation and Hope: New Testament Essays on Atonement and Eschatology Presented to L. Morris on His 60th Birthday*, ed. Robert Banks (Exeter: Paternoster Press, 1974), pp. 76-89. (14) M. De Jonge, *Christology in Context: The Earliest Christian Response to Jesus* (Philadelphia: Westminster Press, 1988). (15) Samuel Shahoon Shin, "St. Paul and the Atonement" (Ph.D. diss., Drew University, 1945). (16) Petros Vassiliadis, "STAUROS: Centre of the Pauline Soteriology and Apostolic Ministry," in *L'aptre Paul: Personnalité, Style et Conception du Ministre*, ed. A. Vanhoye, Bibliotheca Ephemeridum Theologicarum Lovaniensium, 73 (Leuven: University Press, 1986), pp. 247-53. (17) Hans Weder, *Das Kreuz Jesu bei Paulus: Ein Versuch, über den Geschichtsbezug des christlichen Glaubens nachzudenken* (Güottingen: Vandenhoeck & Ruprecht, 1961). (18) Ernst **Käsemann**, "Die Heilsbedeutung des Todes Jesu bei Paulus," *Paulinische Perspektiven.* 그리고 (19) D. E.

시였다고 말하면서,[6] 그리스도의 죽음을 정의하기를 그 죽음은 희생적인 죽음이었고,[7] 자신을 위한 것이 아니라 다른 사람을 위한 대리적인 죽음이었으며,[8] 또한 대속적 죽음이었고,[9] 구속적 죽음이었으며,[10] 화목적인 죽음[11]이었다고 해석하고 있다. 특히 바울은 그리스도의 십자가의 죽음을 새 언약을 세우는 '죄를 위한 희생'으로, 그리고 하나님께서 아브라함과 모든 민족들을 향하여 '자신의 의'(righteousness)를 나타내신 사건으로 해석하고 있다. 이미 언급한 대로 그리스도 죽음에는 여러 성격과 깊은 의미가 있지만, 이 글에서는 그 초점을 그리스도 죽음이 죄를 위한 희생이었다는 그리스도 죽음의 희생적인 의미에 대하여 집중하여 다루고자 한다. 이 연구는 그 예비적 고찰로써 바울이 그리스도의 죽음을 다룰 때 사용했던 네 가지의 형식(formulae)을 중심으로 희생으로서의 그리스도의 죽음의 의미를 살펴보고자 한다.

H. Whiteley, "St. Paul's Thought on the Atonement," *JTS* 8 (1957): 240-55이다. Whiteley는 말하기를, "만일 바울이 (속죄의) 작용방식(modus operandi)에 대한 이론을 가지고 있다면, 그 이론은 참여를 통한 구원의 이론이라고 가장 잘 설명될 수 있을 것이다: 그리스도는 오직 죄만 제외하고 죽음까지도 포함하는 우리의 모든 경험을 공유하셨는데, 이는 우리로 하여금 그와의 결속(solidarity)을 통해 그의 생명을 공유할 수 있도록 하기 위해서이다"(p. 240). 그는 "사도 바울은 첫 열매의 거룩케 됨(sanctification)이 실제적으로 덩어리의 거룩케 됨을 성취한다는 … '첫 열매의 전제'(롬 11:16을 보라)를 … 배경으로 해서, 그리스도 안에서의 구원을 이해했다"고 기록하고 있다(p. 242).

[6] 롬 5:8; 롬 8:32; 고후 5:14, 19; 엡 5:25.

[7] 롬 3:25; 롬 5:9; 고후 5:7; 엡 1:7; 2:13; 5:2; 골 1:20.

[8] 롬 5:8; 8:32; 갈 3:13; 엡 5:2; 살전 5:9.

[9] 딤전 2:6; 고후 5:15. 또한 엡 2:8, 9절을 참고하라.

[10] 엡 1:7; 딤전 2:6; 고전 6:19, 20; 고전 7:22, 23; 갈 3:13; 갈 4:4.

[11] 롬 3:24, 25.

2. 희생으로서의 그리스도의 죽음[12]

2.1. 그리스도의 죽음에 관한 바울의 네 가지 형식
(Four Pauline formulae)

바울은 그리스도의 죽음을 해석하는 과정 속에서 "그리스도께서 왜, 그
리고 무엇 때문에 죽으셨는가" 하는 문제와 관련되어 있는 많은 형식들을
비중있게 사용하고 있다. 이 형식들은 특히 전치사 $\dot{v}\pi\acute{\epsilon}\rho$(위하여)와
$\delta\iota\acute{a}$(위하여, 혹은 때문에)를 중심으로 구성되어 있음을 발견할 수 있다.
우리는 바울이 어떤 전치사를 사용하고 있는지, 그리고 그 전치사의 목적
어가 사람(들)인지, 아니면 죄라는 개념을 표현하는 용어인지 하는 것에
근거해서 이 형식들을 4개의 범주(Category)로 나누려한다. 바울은 그리스
도께서 (1) 죄를 '위해서' ($\dot{v}\pi\acute{\epsilon}\rho$),[13] (2) 죄 '때문에' ($\delta\iota\acute{a}$),[14] (3) 사람(들)
을 '위해서' ($\dot{v}\pi\acute{\epsilon}\rho$),[15] 그리고 (4) 사람(들) '때문에' ($\delta\iota\acute{a}$)[16] 죽으셨다고 말
하고 있다. 이 하나 하나가 바울이 그리스도의 죽음을 표현하는 주요 형식
들인데, 그렇다면 바울은 이러한 네 가지의 형식들을 어디에서 발견한 것
이며, 또 그 형식들을 어떻게 사용하고 있으며, 그리고 그 형식들의 구체적

---

[12] 초기 기독교 문서에서 '희생'이라는 주제가 가지는 의미를 다룬 네 개의 유용한 배
경연구가 있는데 그것은 다음과 같다: (1) Robert J. Daly, *Christian Sacrifice: The
Judaeo-Christian Background Before Origen*, The Catholic University of America Studies
in Christian Antiquity, 18 (Washington, D. C.: Catholic University of America Press,
1978). Daly는 이 책에서 특별히 "The Pauline Theology of Sacrifice"이라는 주제를
다루고 있다(pp. 230-56 참조). (2) Derek Ki, "Sacrifice--Metaphors and Meaning,"
TynBul 33 (1982): 119-36. (3) S. W. Sykes, "Sacrifice in the New Testament and
Christian Theology," in *Sacrifice*, ed. M. F. C. Bourdillon and Meyer Fortes (New
York: Academic Press, 1980), 61-83. Skyes는 이 글에서 '희생'과 관련된 바울의 견해
를 '바울신학'("The Theology of Paul")이란 제목으로 다루고 있다(pp. 73-77). 그리고
(4) Frances M. Young, *The Use of Sacrificial Ideas in Greek Christian Writers From
the New Testament to John Chrysostom* (Cambridge, Massachusetts: Philadelphia
Patristic Foundation, 1979).

[13] 고전 15:3; 갈 1:3-4.

[14] 롬 4:25.

[15] 롬 5:6-8; 8:32; 14:15; 고전 11:24; 고후 5:14-15, 21; 갈 2:20; 살전 5:9-10절을 보
라. 또한 고전 1:13절을 참조하라.

[16] 고전 8:11.

인 의미는 무엇인가?

2.2. 교회 전통과 70인경 (The Septuagint)

고린도전서 15:3절을 보면, 바울이 자신보다 먼저 믿은 기독교 초기신자들로부터 최소한의 용어들을 도입해서 그리스도의 죽음의 목적을 설명하고 있다는 것을 알 수 있다. 이 설명 속에서 바울은 확립된 하나의 전통($\pi\alpha\rho\alpha\delta\acute{o}\sigma\iota\varsigma$: 전승, tradition)을 다른 사람에게 전수시키는 것과 관련된 용어를 사용하고 있다. 그렇게 함으로써 그 자신이 이전에 고린도교회 교인들에게 전해주었던($\pi\alpha\rho\alpha\delta\acute{\iota}\delta o\nu\alpha\iota$) 형식, 즉 범주(Category) 1에서 도출된 하나의 형식 ("그리스도께서 우리 죄를 위하여 죽으시고")을 상기시키고 있다. 그리고 나서 바울은 그 자신이 이 전통을 다른 사람들, 아마 추측컨대 그가 초창기에 팔레스타인이나 시리아에서 접촉했던 헬라어를 사용하는 그리스도인들에게서 '받았다'($\pi\alpha\rho\alpha\lambda\alpha\mu\beta\acute{\alpha}\nu\epsilon\iota\nu$)는 것을 설명하고 있다.[17]

그렇다면 당시 기독교 초기의 신자들은 여러 관점에서 살펴볼 때 1세기의 전형적인 처형방식이었던 십자가형에 대한 이처럼 보기 드문 설명방식을 도대체 어디에서 가져오게 된 것인가? 즉 그 기원을 어디서 찾을 수 있을까 하는 질문이다. 여러 증거들을 살펴볼 때, 우리는 앞에 나오는 네 가지의 범주 중에서 세 가지의 범주를 보여주고 있는 70인경에 주목하게 된다. 그 이유는 바울과 초대교회의 신자들이 그리스도께서 '우리의 죄를 위해' 죽으셨다고 고백하고 있음을 볼 수 있는데, 이는 그들이 그리스도의 죽음이 '성경대로'였다고 확신했기 때문이었다.[18]

이제 우리는 다양한 유형의 형식들이 70인경에서 어떻게 사용되고 있는가를 조사하게 될 것인데, 이는 바울에게 있어 그 형식들이 갖는 의미가 무엇인지에 대한 이해를 얻기 위함이다.

---

[17] "The Expiatory Sacrifice of Christ," (*BJRL* 62 [1980]: 454-75)라는 글에서, Martin Hengel은 스데반으로 대표되는 헬라파 그리스도인들을 통해 아람어를 사용하는 가장 초기의 팔레스타인 교회에게로, 그리고 궁극적으로는 그리스도께서 성만찬을 제정하심으로써 자신의 임박한 죽음을 해석하실 때의 그리스도 자신에게로 거슬러 올라가서 $X\rho\iota\sigma\tau o\acute{\varsigma}$ $\dot{\alpha}\pi\acute{\epsilon}\theta\alpha\nu\epsilon\nu$ $\dot{\upsilon}\pi\grave{\epsilon}\rho$ $\tau\hat{\omega}\nu$ $\dot{\alpha}\mu\alpha\rho\tau\iota\hat{\omega}\nu$ $\dot{\eta}\mu\hat{\omega}\nu$ ("그리스도께서 우리 죄를 위해서 죽으시고")라는 헬라어 형식(formula)의 기원을 추적하고 있다.

[18] 고전 15:3.

2.3. 범주 1: 죄를 '위하여' ($\upsilon\pi\acute{\epsilon}\rho$) 죽음

70인경에 보면 역대상 16:18-19절에서 한 사람의 죽음을 그 자신의 죄를 '위한' ($\upsilon\pi\acute{\epsilon}\rho$) 죽음으로, 또는 그 자신의 죄에 대한 정당한 대가로 설명하고 있음을 볼 수 있다. 본문에는 시므리가 "그가 범죄함을 인하여 죽었다"고 기록하고 있다. 하지만 바울은 자신의 죄로 말미암아 죽었던 시므리와는 대조적으로 그리스도께서는 "전혀 죄를 알지 못하신다"고 주장하면서,[19] 이런 이유때문에 주님은 자신의 죄를 위해 죽으신 것이 아니라, 오직 다른 사람의 죄를 '위해서' 죽으신 것으로 설명하고 있다.

유대인의 관례에는 어떤 경우에도 다른 사람들의 '죄를 위하여' 인간을 대신 죽게 만드는 예는 결코 포함되어 있지 않다. 실지로 70인경에 보면 그러한 용어들은 오직 희생제사에서 도살된 짐승들과 관련해서만 사용되고 있다.[20] 그것도 두개의 문맥, 즉 에스겔 40-48장에 나타나는 성전 환상과[21]

---

[19] 고후 5:21. V. P. Branick은 그의 논문인 "The Sinful Flesh of the Son of God [Rom. 8:3]: A Key Image of Pauline Theology," *CBQ* 47 (1985): 246-62에서 다음과 같이 논증하고 있다. 바울이 롬 8:3절에서 하나님께서 "자기 아들을 죄있는 육신의 모양으로 보내어"($\dot{\epsilon}\nu\ \dot{o}\mu o\iota\acute{\omega}\mu a\tau\iota\ \sigma a\rho\kappa o\acute{\varsigma}\ \dot{a}\mu a\rho\tau\acute{\iota}a\varsigma$)라고 말할 때, 사도 바울은 그리스도께서 그의 죄에 있어 우리 인간과 전적으로 연합되셨다는 것을 의미한다(p. 250). 그는 "부활은 그 효과에 있어 그리스도 그 자신의 죄로부터의 구속이다"라고 말하고 있다(p. 259). 그러므로 Branick은 말하기를, 고후 5:21절은 지상에서의 예수가 아니라 선재(preexistent)하시는 그리스도를 가리킨다고 주장하고 있다.

　　이러한 주장에 대해 Florence Morgan Gillman은 그의 글인, "Another Look at Romans 8:3; 'In the Likeness of Sinful Flesh,'" *CBQ* 49 [1987]: 597-604에서 이와는 다른 의견을 제시하고 있다. 그는 주장하기를, 바울은 oJmoivwma를 사용하여 때로는 '유사하지만 완전히 일치하지는 않는 것'을 가리키기도 하고, 또 때로는 '완전히 일치함'을 의미하기도 한다고 말하고 있다(p. 599). 롬 8:3절에서 바울 사도는, Branick이 주장하고 있는 것처럼 "그리스도와 죄된 육체사이에 어떠한 차이도 없다"고 말하고 있는 것이 아니라(p. 579), "그리스도께서는 다른 인간들과 같은 동일한 구속받지 못한 존재의 능력의 영역에 포함되어 있으며, 모든 인간들이 가지고 있는 것과 동일한 죄된 성향의 육체를 가지고 있다"고 말하고 있는 것이다. 바꾸어 말하면, 그는 "죄된 육체로서의 그들의 상황과 관련해서, 그리스도와 다른 인간들 간의 전적인 일치"를 표현하고 있는 것이다(p. 604). 그러므로 바울에게 있어서는 선재하시는 그리스도뿐 아니라, 지상에서의 예수 또한 "결코 죄를 알지 못하셨다."

[20] 미 6:7절은 이방인들이 했던 것처럼, 인간을 제물로 드려지는 희생 제사의 가능성을 제기하기는 하지만 오로지 그것을 거부하기 위해서 그런 것이다. James Luther Mays, *Micah: A Commentary*, OTL (London: SCM Press, ²1980), pp. 140-41에 나오는 이

에스라 6:17절과 에스드라 1서 7:8절에 나오는 에스라와 느헤미야 시대에
재건된 성전 봉헌식과 관련된 평행구절에서만 사용되고 있는 것이다. 하지
만 '죄를 위한' 희생에는 이와 다른 종류의 동물들이 드려지기도 했으며,[22]
또한 죄를 위한 희생이 아니더라도 그 외의 다른 경우에도 동물들이 제물
로 드려지기도 했었다.[23] 그렇지만 위의 세 본문에서는 죄를 정결케 하려는
목적으로 그런 희생 제물의 피가 흘려졌다는 것, 즉 그것들의 '생명이 쏟
아 부어졌다는 것을 강조하고 있다. 이렇게 동물들의 생명의 상징인 피로
드려진 '죄를 위한' 제사는 제단을 정결하게 하며(에스겔 42:22, 26), 성전
을 정결케 했다(45:18).[24]

이러한 배경을 근거로 우리는 다음과 같은 예비적인 결론을 도출해 낼
수 있다. 바울은 고린도전서 15:3절에서 "그리스도께서 우리의 죄를 위해
죽으셨다"고 하거나, 또는 갈라디아서 1:4절에서 예수께서 "우리 죄를 위하
여 자기 몸을 드리셨다"고 말함으로써, 다른 초기 그리스도인들에게 반향
을 불러 일으켰다. 왜냐하면, 바울은 십자가 위에서의 예수 그리스도의 죽
음이 죄를 "정결하게 한다"는 점에서 성경에 기록된 짐승의 희생제사와 유
사하다고 확신했기 때문이었다.

2.4. 범주 2: 죄 '때문에'($\delta\iota\acute{a}$) 죽음

70인경은 사람들의 죽음과 관련해서 말하기를, 어떤 사람이 죽는 것은
그들 자신의 죄로 '인하여'($\delta\iota\acute{a}$), 또는 '죄 때문에' 죽는 것으로 말하고
있다. 예를 들어 (1) 레위기 26:39절에는 이스라엘 사람들이 "그 열조의 죄
로 인하여" 죽는 것으로 언급되고 있으며, (2) 민수기 27:3과 (3) 시편
72:19절, 그리고 (4) 이사야 64:6-7절에는 민족의 죄 때문에 하나님께서 유

본문에 대한 토론을 보라.

[21] 겔 44:29; 45:17, 22, 24, 25; 46:20절 등을 보라.

[22] 즉 스가랴 6:17절과 에스드라 1서 7:8절에서의 수양, 에스겔 44:22, 25절에서의 수양
의 새끼, 그리고 45:22, 23절에서의 송아지 등이 그것이다.

[23] 즉 에스겔 45:22, 24절에 나오는 유월절과 무교절, 45:25절에 나오는 초막절, 그리고
에스드라 1서 7:7-8절에 나오는 성전 봉헌식 등이다.

[24] Bernhard Duhm은 '종의 노래'로 알려진 이사야서의 인용문을 그와 같은 이름으로
처음 부른 사람이었다. 더 자세한 것은 그의 책, *Die Theologie der Propheten als
Grundlage für die innere Entwicklungsgeschichte der israelitischen Religion* (Bonn:
Adolph Marcus, 1875)을 참고하라.

다를 소멸되게 하신 것($\pi\alpha\rho\alpha\delta\acute{\iota}\delta o\nu\alpha\iota$)으로 언급되고 있다. 또한 우리는 이러한 예를 (5) 에스겔 33:6절과 (6) 마카비 2서 12:42절 등에서도 볼 수 있고, 그리고 마카비 2서 7:32-33절도 이와 유사하게 하나님께서 심지어 그의 언약 백성들을 그들의 죄 '때문에'($\delta\iota\acute{\alpha}$) 고난을 당하게 함으로써 그들을 훈련시키신다고 말하고 있다.

그러나 이들 성경 저자들과는 대조적으로, 바울은 로마서 4:25절에서 그리스도께서 그 자신의 죄 때문이 아니라 "우리의 범죄함을 위하여 하나님에 의하여 (죽음에) 내어줌이 되었다"고 말하고 있다. 70인경 가운데 오직 하나의 본문만이 이와 같은 방식으로 다른 사람의 '죄 때문에' 죽은 한 사람에 대해 언급하고 있다. 그 본문은 바로 이사야 52:13-53:12절에 나오는 '주의 종'에 대한 이사야의 네 번째 노래이다.[25] 이 구절에서 하나님의 종은[26] 이방인들의 죄를 위한[27] 하나의 희생 제물로서[28] 비하와[29] 고난,[30] 그리

---

[25] 생명의 상징이며, 또한 하나님께서 죄로부터 정결케 하는 수단으로서 주신 컷허에 대해서는 레 17:11절을 참고하라.

[26] 즉, $\acute{o}$ $\pi\alpha\iota\varsigma$, 사 52:13; 53:2절을 보라.

[27] 사 53:4-6, 11-12절을 보라.

[28] 이사야가 그 종이 당하는 고난과 죽음을 하나의 '희생제사'로 해석하려고 하거나, 또는 다른 사람들의 죄에 대한 하나님의 형벌을 한 사람이 담당함으로 그 사람들을 죄의 결과로부터 구원하는 것으로 해석하려 하고 있다는 사실은 다음과 같은 점에서 드러난다. (1) 이사야는 53:10절에서 그 종을 '죄를 위한 제물'($\pi\epsilon\rho\iota\acute{}$ $\acute{\alpha}\mu\alpha\rho\tau\acute{\iota}\alpha\varsigma$, 아래에 나오는 이 구절의 의미에 대한 논의를 보라)이라고 부르고 있으며, (2) 53:7절에서 그 종을 희생제사 때 종종 도살되던 짐승이었던 한 마리의 양과 비교하고 있고, (3) 이사야 선지자는 53:3, 4, 11, 12절에서 그 종이 다른 사람들의 죄와 그 형벌을 "담당하고 있다"($\phi\acute{\epsilon}\rho\epsilon\iota\nu$, 또는 $\acute{\alpha}\nu\alpha\phi\acute{\epsilon}\rho\epsilon\iota\nu$)고, 또는 (4) 53:4-8, 10-12절에서 다른 사람들을 위해 대속적으로 고난을 당하고 있다고 반복해서 강조하고 있다.

그러나 여기서 '죄를 담당함'($\acute{\alpha}\nu\alpha\phi\acute{\epsilon}\rho\epsilon\iota\nu$ $\acute{\alpha}\mu\alpha\rho\tau\acute{\iota}\alpha\varsigma$)이란 말을 통해서 이사야 선지자가 과연 무엇을 의미하려 하고 있는 지를 정확히 이해한다는 것은 그리 쉽지 않다. 왜냐하면, 이 구절은 이사야서 이외에 다른 어떤 기독교 이전의 유대 문헌에서도 등장하지 않기 때문이다. 그렇지만 적어도 두 가지의 사실이 '죄를 담당함'이란 말은 일차적으로 '희생적'인 개념을 내포하고 있는 것으로 해석해야 한다는 것을 지지해 주고 있다. 다시 말하자면 한 사람이 그 자신의 죽음을 통해서 다른 사람들의 죄를 없이하는 것을 가리키고 있다는 것이다. 그 두 가지의 요소들이란, (1) 이 구절이 이사야 53장에서 등장하는 희생제사의 문맥과(위를 보라), (2) 히브리서의 저자가 9:25-28절에서 '죄를 담당함'($\acute{\alpha}\nu\alpha\phi\acute{\epsilon}\rho\epsilon\iota\nu$ $\acute{\alpha}\mu\alpha\rho\tau\acute{\iota}\alpha\varsigma$)은, '죄를 제거하려는'($\acute{\alpha}\theta\epsilon\tau\epsilon\hat{\iota}\nu$) 의도로 피의 '희생제물'($\theta\upsilon\sigma\acute{\iota}\alpha$)로써 '드려진'($\pi\rho\sigma\sigma\phi\acute{\epsilon}\rho\epsilon\iota\nu$) 그리스도께서 행하신 어떤 것이었다고 말하고 있는 사실을 근거로 해서이다. '속죄의 희생 제

고 죽음을[31] 감당하고 있다.

그러나 그 후 그 종은 다시 살아나는 것으로 나타난다. 왜냐하면 하나님께서 그를 높이시고, 그를 매우 영화롭게 하시기 때문이다.[32] 바로 이러한 갑작스럽고 예상하지 못한 종의 높임이야말로 이방의 왕들을 놀라움에 입을 다물도록 만들며,[33] 또한 그가 그 자신의 죄 때문에 고난을 당했던 것이 아니라[34] 이방인들의 죄 때문에 고난을 당하셨다는 사실을 깨닫도록 만들고 있다.[35]

그렇다면 이사야가 이 본문에서 말하고 있는 그 컨얇이란 과연 누구를 의미하고 있는가? 이 문제와 관련하여 전후 문맥을 미루어 본문을 해석해 볼 때, 이사야는 일차적으로는 이스라엘을 의미하고 있는 듯이 보인다. 다시 말하자면 이사야 선지자는, 그 종은 고난을 받아 독립된 국가로서는 '죽었으며',[36] 포로로 시달림을 당하며 바벨론 땅에 '매장되었던'[37] 이스라

사'로서 그 종의 죽음에 대해서는 Claus Westermann이 그의 주석인, *Isaiah 40-66: A Commentary*, OTL (London: SCM Press, [6]1985), pp. 268-69에서 언급하고 있는 것을 참고하라. 물론 이 주석은 70인경(LXX)보다는 MT사본에 근거하고 있다.

[29] 사 52:14; 53:2-3, 8절을 보라.

[30] 사 53:3-5, 7절을 보라.

[31] 사 53:7-8, 12절을 보라.

[32] 사 53:10절에 나오는 그 종이 '그의 날이 긴 씨'(long-lived-seed)를 본다는 신비스런 (cryptic) 언급과 함께, 사 52:13; 53:11-12절을 보라.

[33] 사 52:14 - 53:1절을 보라.

[34] 사 53:9절을 보라. 만일 여기서 '그 종'이 가리키는 것이 본문의 문맥가운데서 살펴볼 때 일차적으로 이스라엘을 의미하고 있다면(아래에 나오는 이 문제에 대한 토론을 보라), 이 예언자는 아마도 이스라엘이 전혀 죄가 없다는 것을 의미하고 있는 것이 아니라, 그 국가가 오직 자신의 죄에 대해서 요구되는 것 이상으로 고난받았다는 것을 의미하는 것이다. Tryggve N. D. Mettinger는 이러한 해석을 지지하면서, 사 40:2절에 나오는 '자신의 죄에 대해 두 배나' 고난을 당한 예루살렘에 대한 구절을 인용하고 있다(*A Farewell to the Servant Songs: A Critical Examination of an Exegetical Axiom* [Lund: Gleerup, 1983], p. 42).

[35] 사 53:4-6절을 보라.

[36] 예를 들어, 사 41:8-9; 42:1; 43:1, 10; 44:1-2, 21; 45:4; 49:3절 등을 보라. Bernhard Duhm (*Die Theologie der Propheten*)에 의해 개진된 것과 같은 20세기의 지배적인 견해를 논박하는 가운데 Mettinger는, 이사야서에 등장하는 4개의 '종의 노래'가 이사야서의 나머지 부분에서 제시된 것과는 다른 '주의 종'에 대해 묘사하고 있는 것이 아니라고 올바르게 주장하고 있다.

[37] 사 53:9절을 보라.

엘이라는 것을 독자들에게 이해시키려는 것처럼 보인다는 것이다. 이사야
는 하나님께서 고레스를 사용하여 유대인을 해방시키고 그들의 국가와 위
엄을 곧 회복시킬 것이라고,[38] 즉 그들을 죽음에서 살아나게 하시며, 땅의
모든 나라 가운데서 지극히 높이실 것이라고 예언하고 있다. 또한 이사야
선지자는, 이스라엘의 하나님께서 이와 같은 일을 행하셨을 때 이방인들이
다음과 같은 사실들을 분명히 깨닫게 될 것이라고 기대하고 있다. 단순히
겉으로 드러난 것과는 달리 하나님께서는 그의 종을 결코 버리지 않으셨다
는 것, 즉 하나님께서 이스라엘을 그들 자신의 죄 때문에 고난을 당하게
하고 유배되어 죽게 한 것이 아니라는 사실과 또한 이스라엘을 다른 민족
들의 죄를 위한 '희생 제물'로 주셨다는 사실을 분명히 깨닫게 될 것이다.
그러므로 이방의 왕들은 다음과 같이 고백할 것이다.

> 우리는 다 양 같아서 그릇 행하여 각기 제 길로 갔거늘, 여호와께서는 우리 무리
> 의 죄악을 그(다시 말해서 이스라엘, 하나님의 종)에게 (고난 당하고 '희생제물'
> 로써 '죽임' 당함으로) 담당시키셨도다.[39]

또한 이와 같은 하나님의 말할 수 없는 자비로운 행동에 직면한 이방인
들은 이스라엘의 하나님께 반드시 순종하게 될 것이라고 이사야는 예언하
고 있다. 그러므로 하나님의 '종' 이스라엘은 자신의 죄때문이 아니라 다
른 사람의 죄 '때문에'($\delta\iota\alpha$) 자신이 대신 당하는 고난과 희생적 죽음을
통하여 결국 '열방의 빛'이 되어 열방과 주님 사이의 언약을 성취하고, 또
한 그렇게 함으로써 "세상의 종말에 구원을 가져 오라"는 자신의 사명을
성취하게 될 것이다.[40]

바울은 예수 그리스도를 고난을 당하시고 죽으셨으나, 지금은 다시 생명
으로 부활하셔서 하나님에 의해 크게 높임을 받으신 분으로서 인식하고 있
다.[41] 동시대의 많은 그리스도인들처럼 바울은 이사야의 '종의 노래'에서,
예수 그리스도 안에 모든 민족들을 향한 '하나님의 의가 표현되어 있음'을
말해주는 율법과 선지자들의 또 다른 증언을 발견하고 있다.[42] 로마서 4:25

---

[38] 사 44:28; 45:1-6절을 보라.

[39] 사 53:6.

[40] 사 49:6절을 보라.

[41] 예를 들어 빌 2:6-11절을 보라.

절에서 바울이 한 말, 즉 그리스도께서는 "우리 범죄함을 위하여[43] (죽음에) 내어 줌이 되고, 또한 우리를 의롭다 하심을 위하여 살아나셨느니라"는 말은, 이사야의 '종의 신학'에 대한 하나의 암시로 보는 것이 가장 타당할 것이다.[44] 이러한 배경을 바탕으로, 바울은 그리스도께서 십자가에 못박히신 것은 열방의 죄('우리 범죄함') 때문에 그것을 없이 하시기 위해 하나님께 바쳐진 희생 제사("[그는] 내어줌이 되고")라고 해석하고 있다. 또한 바울은 그리스도의 부활("그가 살아나셨느니라")사건의 의미를 해석하면서, 그리스도의 부활은 예수의 죽음이 바로 그러한 '희생 제물'임을 드러내주는 사건이라고 설명하고 있다. 이는 이방인들로 하여금 예수 안에서 나타난 새 언약의 의("우리를 의롭다 하심을 위해서")[45]를 찾아 알게 하기

---

[42] 롬 3:21절을 보라. 바울은 네 번째의 종의 노래와 이 노래가 등장하는 문맥을 수없이 인용하고 있으며, 곳곳에서 이 노래에 대해 수많은 암시를 하고 있다는 사실을 발견할 수 있다(E. Ellis, *Paul's Use*, pp. 150-54를 보라). 이러한 점은 바울 사도와 이 본문 사이의 친밀성을 보여주고 있고, 또한 바울이 그리스도를 이해하는데 있어 이 본문이 갖는 중요성을 입증해주고 있다. Douglas J. Moo는 "The Use of the Isaianic Servant Songs in the Gospel Passion Texts,"라는 제목의 장(chapter)에서, 1세기의 다른 기독교 저자들이 이사야의 예언을 예수와의 관계 속에서 어떻게 해석했던가를 조사하고 있다 (*The Old Testament in the Gospel Passion Narratives* [Sheffield, England: Almond Press, 1983]). 심지어 Roy A. Rosenberg는 이러한 사실에 기초하여 하나의 가설까지를 세우고 있다. 그것은 원시 교회의 기원에 관한 것인데, 원시교회는 사 52-53장을 슥 3:8절과 렘 23:5절에 비추어서 메시야의 고난과 죽음을 예언하는 것으로 이해했던 어떤 유대교 종파에 의해 이전에 놓여졌던 토대 위에 세워졌다고 하는 것이다("The Slain Messiah in the Old Testament," *ZAW* 99 [1987]: 259-61). 그렇지만 기독교 이전 시대의 증거들을 조사한 후에 Sydney H. T. Page 는 말하기를, 비록 "일부 시작 단계에서 그런 방향으로 가기는 했지만"(p. 493), 예수와 초기의 그리스도인들이 아마도 이사야의 '종의 노래'를 자신의 고난과 죽음을 통해서 죄를 구속하실 메시야에 대한 예언으로 해석하는 최초의 사람들이었을 것이라고 결론을 내리고 있다 ("The Suffering Servant Between the Testaments," *NTS* 31 [1985]: 481-97).

[43] 로마서 4:25절 "$\ddot{o}\varsigma\ \pi\alpha\rho\epsilon\delta\acute{o}\theta\eta\ \delta\iota\alpha\acute{}\ \tau\alpha\acute{}\ \pi\alpha\rho\alpha\pi\tau\acute{\omega}\mu\alpha\tau\alpha\ \dot{\eta}\mu\hat{\omega}\nu\ \kappa\alpha\iota\acute{}\ \dot{\eta}\gamma\acute{\epsilon}\rho\theta\eta\ \delta\iota\alpha\acute{}\ \tau\eta\acute{\nu}\ \delta\iota\kappa\alpha\acute{\iota}\omega\sigma\iota\nu\ \dot{\eta}\mu\hat{\omega}\nu.$"의 번역은 한글 개역 성경에는 "예수는 우리의 범죄함을 위하여 내어줌이 되고, 또한 우리를 의롭다 하심을 위하여 살아나셨느니라"로 되어 있지만, 상반절의 diav와 하반절의 diav를 다르게 번역하는 것이 본문의 의미를 더 정확히 표현할 수 있을 것이다. 사역을 제시하면 다음과 같다: '그는 우리의 범죄함 때문에 넘겨지셨고, 그리고 우리의 의롭다 하심을 위하여 살아나셨습니다."

[44] M. Hengel도 "Expiatory Sacrifice," 458에서 그와 같이 주장하고 있다.

[45] '언약' 개념과의 관련 속에서 그리스도의 죽음을 다루는 보다 완전한 토론을 보기 위해서는 아래를 보라.

위해서 그렇게 했던 것이다.

2.5. 범주 3: 인간을 '위하여' ($\acute{\upsilon}\pi\acute{\epsilon}\rho$) 죽음

70인경은 범주(Category) 3에서 도출된 형식들을 사용해서 두 가지의 구별되는 개념을 표현하고 있다. 첫째로, 이 개념들은 인간을 '위한' 희생 제물로 드려지는 짐승에 대해 말하는 문맥 속에 등장한다.[46] 이것은 그리스도의 죽음을 '인간들을 위한' 것으로 보는 바울의 설명을 이해하는 해석상의 열쇠(key)가, 그의 죽음을 '죄를 위한' 것으로 이해하는 열쇠를 발견했던 것과 동일한 영역[47] 즉, 희생제사의 영역 안에 있음을 말해주고 있다. 바울 사도는 고린도후서 5:21절에서 그리스도께서 십자가에 못박히신 것은 사람들을 위한 '희생'이라고 단정적으로 설명하고 있다. 이 구절에서 그는 하나님께서 그리스도를 "우리를 위해서 죄를 삼으셨다"고 기록하고 있다.

또한 범주 3에 속하는 또 다른 형식들도[48] 희생 제사적인 용어로 적절하게 해석될 수 있다. 때문에 바울이 "그리스도께서 사람을 위해 죽으셨다"고 말했을 때, 그는 "그리스도께서 사람을 위한 희생 제물로서 돌아가셨다"는것을 의미했을 가능성이 매우 커 보인다.

둘째로, 한 사람을 '위하여' 죽는 것에는 그 사람의 죄를 위해 사형까지도 감수한다는 의미도 포함되어 있는 많은 70인경 본문들이 있다. 하나의 예를 들면, 거룩한 제사장 엘르아살은 마카비 4서 6:28-29절에서 이런 가혹한 특권을 하나님께 청원하고 있다. 여기에서 그는 주께서 자신을 '이스라엘을 위해' 죽게 하심으로 이스라엘에게 자비를 보여주실 것을 간구하고 있다.[49] 엘르아살은 하나님께서 이스라엘을 대신해서 자신에게 주님의 공의의 형벌을 담당시키시고, 자기의 피로 그들을 정결하게 하시며, 그렇게 함으로써 그 민족을 죄로 말미암은 필연적인 파멸에서 건지시기를 원하고 있

---

[46] 스 6:17; 에스드라 1서 8:65-66; 마카비 2서 1:26; 3:32절 등을 보라.

[47] 즉, 범주 1의 형식(formulation).

[48] 즉 롬 5:6, 8; 8:32; 14:15; 고전 11:24; 고후 5:14-15; 갈 2:20, 그리고 살전 5:10을 보라.

[49] 이것은 Codex Sinaiticus에 등장하는 본문이다. Codex Alexandrinus에는 $\pi\epsilon\rho\acute{\iota}$ $\alpha\upsilon\tau\hat{\omega}\nu$으로 등장한다.

는 것이다. 엘르아살의 죽음에 대한 이러한 설명은, 바울 시대에도[50] 적어도 몇몇 유대인들은 하나님께서 한 사람의 다른 사람을 '위한' 죽음을 받아들이신다고 믿고 있음을 말해주고 있다. 그렇지만 우리는 엘르아살의 기도가 신명기 24:18절에 표현된 유대 전통의 주류와는 배치되고 있다는 사실을 인식해야만 한다.

> "아비는 그 자식들을 인하여 죽임을 당치 않을 것이요, 자식들은 그 아비를 인하여 죽임을 당치 않을 것이라. 각 사람은 자기 죄에 죽임을 당할 것이니라"[51]

헬레니즘 시대 동안 유대인들은 고귀한 명분을 위해 죽은 순교자들을 존경하게 된 반면,[52] 일반적으로는 한 사람이 다른 사람의 죄를 위해 죽임을 당하는 것을 하나님의 율법에 반하는 불의로 보았다. 그런데 마카비 4서에 나오는 엘르아살이나 이사야에 나오는 주의 종과 같은 인물들은 이러한 일반적인 규칙에 반하는 놀라운 예외였다.

그렇다면 이 모든 것들이 시사하고 있는 것은 바울이 그리스도의 죽음을 사람을 '위한' 것으로 말했을 때, 그는 주님이 당하신 죽음(사형)이 단순히 불의한 행위였거나, 또는 다른 사람들이 받아야 마땅한 형벌을 잘못 받으신 것으로 말하고 있지 않다는 것이다. 바울은 어떤 면에서 이 죽음이 '성경대로' 된 것으로 설명하기가 그리 쉽지만은 않았다는 것을 인식했을 것이다. 우리가 이렇게 생각할 수 있는 것은, 오히려 바울은 단순히 (1) 그 역사적 사건을 희생 제사적인 용어로 해석하고 있으며, 그럼으로써 (2) 70 인경이 주의 종과 엘르아살의 죽음을 다소 독특하고 유례없는 사건들로 구별하고 있는 것처럼, 그리스도의 죽음에 특별히 거룩한(purificatory) 중요성을 부여함으로 그리스도를 다른 부당하게 죽은 사람들과 구분시키고 있기

---

[50] 마카비 4서는 그 연대가 기원전 1세기 후반, 또는 기원후 1세기 전반기로 추정된다. 그것이 묘사하고 있는 사건들은 기원전 2세기 동안에 일어났다.

[51] 왕하 14:6; 대하 25:4절 등을 참조하라.

[52] 예를 들어 마카비 4서 1:8절에 보면 7명의 유대 형제들과 그들의 어머니는 '덕을 위해서'($\dot{\upsilon}\pi\varepsilon\acute{\rho}\ \dot{\alpha}\rho\varepsilon\tau\acute{\eta}\nu$) 죽고 있는 것을 볼 수 있고, 또한 마카비 2서 7:9절에서는 하나님의 '율법을 위해서'($\dot{\upsilon}\pi\varepsilon\acute{\rho}\ \tau\hat{\omega}\nu\ \dot{\alpha}\upsilon\tauο\hat{\upsilon}\ \nu\acuteο\mu\omega\nu$) 죽고 있는 것을 볼 수 있다. 반면에 마카비 1서 2:50절에보면 마타티아스(Mattathias)와 그의 아들들은 '우리 아비들의 언약을 위해서'($\dot{\upsilon}\pi\varepsilon\acute{\rho}\ \delta\iota\alpha\theta\acute{\eta}\kappa\eta\varsigma\ \pi\alpha\tau\acute{\varepsilon}\rho\omega\nu\ \eta\acute{\mu}\hat{\omega}\nu$) 죽고 있으며, 또한 마카비 4서 16:25절에 보면 '하나님을 위해서'($\delta\iota\alpha\acute{}\ \tauο\acute{\nu}\ \theta\varepsilon\acuteο\nu$) 죽는 유대 순교자를 말하고 있는 예들을 발견할 수 있는데, 이런 예들을 참조하라.

때문이다. 그럼으로 바울이 그리스도의 죽음을 사람과 죄를 '위한', 그리고 '성경대로 이루어진' 죽음으로 설명할 수 있게 되었다는 점이 점차 분명해지는 것이다.[53]

2.6. 범주 4: 인간들 '때문에' ($\delta\iota\alpha$) 죽음

바울은 "그리스도께서 인간들 때문에 죽으셨다"는 범주(Category) 4에서 도출된 형식을 다만 고린도전서 8:11절과 연관해서만 사용하고 있다. 즉 '그리스도께서 위하여 죽으신 형제'에 대해 말할 때 이 형식을 연결시키고 있는 것이다.[54] 70인경에는 한 사람의 다른 사람을 '위한' 죽음에 대해 이런 방식으로 언급한 사례가 전혀 없기 때문에, 그것은 우리의 이해에 별 도움이 되지 못한다. 그렇지만 우리는 바울이 범주 4에서 도출된 형식을 사용할 때에 지금까지의 범례와는 근본적으로 다른 것을 말하고 있다고 생각하기보다는, 오히려 범주 1, 2, 그리고 3에 있는 형식들과 근본적으로 다른 것을 말하고 있지 않다고 생각하는 것이 더 합리적인 자세일 것이다.

3. 결 론

간략하지만 지금까지 우리는 그리스도 죽음의 성격과 의미를 살피기 위한 예비적 고찰로서 바울이 그리스도 죽음을 해석하는 네 가지의 형식들을 (Four Pauline formulae) 어디서 가져왔으며, 그것을 어떻게 그리스도의 죽음에 적용했는지를 살펴보았다. 지금까지 살핀 토론은 다음과 같은 몇 가지의 결론에 이르게 된다.

첫째, 바울이 그리스도께서 죄를 '위해서'($\upsilon\pi\acute{\epsilon}\rho$, 또는 $\delta\iota\alpha$), 또는 사람을 '위해서'($\upsilon\pi\acute{\epsilon}\rho$) 죽으셨다고 말할 때에, 그는 다른 초기 그리스도인들처럼 70인경의 용어들을 예수님께 적용하고 있다는 것이다.

---

[53] 우리가 살펴본 것처럼, 이사야는 고난받는 종의 죽음을 희생제사로 묘사하고 있다. 마카비 4서 또한 엘르아살의 죽음을 아마도 희생 제사적인 용어로 표현하려 하고 있는 것처럼 보인다.

[54] 고후 8:9절에 나오는 바울의 $\delta\iota\,{}'\,\upsilon\mu\hat{a}s$ (너희를 위하여)도 또한 그러한 형식으로써 의도되고 있을 것이다.

둘째로, 바울은 그런 형식들을 사용함으로써 희생 제사적인 개념들을 상기시키려 했을 가능성이 매우 크다는 것이다. 물론 예수는 동물은 아니시다. 또한 그 분은 규정된 유대 의식에 따라 죽임을 당하지도 않으셨다. 그 분의 몸은 불살라지지도 않았으며, 그 분의 피는 제단이나 성전에 뿌려지지도 않았다. 바울의 형식들은 그 자체로는 그리스도의 죽음을 어떤 한 유형의 희생제사나 유대 의식과 연결시키지 않고 있다. 그렇지만 성경의 언어를 사용함으로써, 바울은 그리스도의 죽음이 피흘림이나, 또는 하나님에 대해 생명을 포기함으로써 죄에서 정결케 하는 죽음이기 때문에, 70인경에 묘사된 희생제물로써의 동물의 죽음과 유사하다고 말하는 것으로 생각되어 진다.

이전에 있던 일부 유대인들이 생각했던 것과는 달리, 바울은 죄란 것은 제단이나 성전, 또는 '속죄소'를 떠올리면 일종의 자석 같이 당연히 끌려오는 물질로서 거기에서 피를 사용해서 '문질러 없어지는 것'으로 보고 있지 않다.[55] 대신에 바울은 죄에 대해 정의하기를, 죄란 하나의 '힘'(power)이며, 우주의 창조주이시며 예수 그리스도의 아버지이신 하나님 이외의 다른 어떤 사물이나 존재의 주권 아래 놓여 지배받고 있는 상태라고 표현하고 있다. 이것은 바울이 구약의 제의적인 용어를 사용할 때, 그 의미를 새롭게 변형시키고 있다는 것을 의미하는 것이다. 실지로 바울이, 그리스도께서 '죄를 위하여', 또는 '사람을 위하여' 죽으셨다고 말할 때 — 히브리서의 저자가 히브리서 9:11-12절에서 그리스도께서 그의 피로서 하늘의 성소를 정결케 하신다고 설명하는 것과 같이 — 자신의 피를 흘리심으로 예수께서 단순히 죄를 제단이나 성전으로부터 제하셨음을 의미하고 있지는 않다. 오히려 바울은, 그리스도께서 십자가에 못박히신 것은 사람들로 하여금 죄의 주권과 그 세력으로부터 자유롭게 되어 하나님의 지배로 옮겨지도록 영향을 미친다는 개념을 설명하기 위하여 이 네 가지의 형식들을 사용하고 있는 것이다. 그래서 우리는 그리스도께서 구원(deliverance), 즉 속죄의 작용방식(modus operandi)에 대한 개념을 정확히 어떻게 성취하시는가를 하는 것을 바울이 기록한 여러 글에서 확인할 수 있게 되는 것이다.

---

[55] J. Milgrom, "Atonement in the OT." In Interpreter's Dictionary of the Bible, Supplementary Vol., ed. Keith Crim. (Nashville: Abingdon, 1976), pp. 78-79를 보라.

셋째로, 70인경은 바울에 의해 사용된 동일한 언어를 통해서 죄 때문에 죽음의 형벌을 당한다는 개념을 종종 표현하고 있다. 그것은 그 자신의 죄 때문이든, 또는 다른 사람의 죄 때문이든 간에 상관없이 사용되고 있다. 때문에 바울의 형식들은 대속적 고난의 개념이나 대리적인 속죄의 개념을 어느 정도는 분명히 반영하고 있다고 생각되어진다. 그렇지만 이런 개념들은 희생적인 의미와 비교해서 생각해본다면, 바울은 상대적으로 이 개념들을 희생적인 것에 비해 조금은 덜 강조하고 있는 듯이 보여진다.[56]

마지막으로, 로마서 4:25절에 나오는 범주 2에서 도출된 형식은 특별한 '희생적' 죽음, 즉 이사야 52:13 - 53:12절에 표현되어 있는 바와 같이 고난을 당하는 주의 종이 맞이할 죽음을 암시하고 있다. 이미 일찍부터 교회가 그리스도를 이사야의 고난의 종과 연결시켰다는 점이 아마도 바울로 하여금 그리스도의 죽음을, (1) 비하, 고난, 종되심, (2) 다른 사람들의 죄를 위한 정결 희생, (3) 유대인 뿐 아니라 이방인들까지도 포함하는 언약적 의로움의 성취 등에 의해 해석하도록 자극하였을 것이다.

---

[56] Ernst **Käsemann**은 "The Pauline Theology of the Cross," *Int* 24 (1970): 151-77의 162에서 이러한 진술을 하고 있고, 또한 D. E. H. Whiteley도 "St. Paul's Thought on the Atonement," *JTS* 8 (1957): 240-55에서 그와 마찬가지의 진술을 하고 있음을 확인할 수 있다.

참 고 문 헌

Branick, V. P. "The Sinful Flesh of the Son of God [Rom. 8:3]: A Key Image of Pauline Theology." *CBQ* 47 (1985): 246-62.

Cousar, Charles B. *A Theology of the Cross: The Death of Jesus in the Pauline Letters, Overtures to Biblical Theology*. Minneapolis: Fortress Press, 1990.

Daly, Robert J. *Christian Sacrifice: The Judaeo-Christian Background Before Origen*. The Catholic University of America Studies in Christian Antiquity, 18. Washington, D.C.: Catholic University of America Press, 1978.

Duhm, Bernhard. Die *Theologie der Propheten als Grundlage für die innere Entwicklungsgeschichte der israelitischen Religion. Bonn*: Adolph Marcus, 1875.

Dunn, James D. G. "Paul's Understanding of the Death of Jesus., In *Reconciliation and Hope: New Testament Essays on Atonement and Eschatology Presented to L. Morris on His 60th Birthday*, ed. Robert Banks. Exeter: Paternoster Press, 1974.

Ellis, E. Earle. *Paul's Use of the Old Testament*. Edinburgh: T. & T. Clark, 1957.

Gillman, Florence Morgan. "Another Look at Romans 8:3; 'In the Likeness of Sinful Flesh.'" *CBQ* 49 (1987): 597-604.

Gloria van Donge, "In What Way is Paul's Gospel (Euangelion) of Freedom Theology of the Cross (Theologia Crucis)?" *Coll* 21 (1988): 19-33,

Hengel, Martin. "The Expiatory Sacrifice of Christ." *BJRL* 62 (1980): 454-75.

Hoskyns Edwyn Clement and Francis Noel Davey. *Crucifixion-Resurrection: The Pattern of the Theology and Ethics of the New Testament*, with a Biographical Introduction by Gordon S. Wakefield. London: SPCK, 1981.

Jonge, M. De. *Christology in Context: The Earliest Christian Response to Jesus*. Philadelphia: Westminster Press, 1988.

Käsemann, Ernst, *Perspectives on Paul*. Philadelphia: Fortress Press, 1971.

________ . "Die Heilsbedeutung des Todes Jesu bei Paulus." In *Paulinische Perspektiven*. Tübingen: J. C. B. Mohr, 31993.

________ . "The Pauline Theology of the Cross." Int 24 (1970): 151-77.

________ . "'The Righteousness of God' in Paul." In *New Testament Questions of*

Today. Philadelphia: Fortress Press, 1969.

Ki, Derek. "Sacrifice--Metaphors and Meaning." *TynBul* 33 (1982): 119-36.

Léon-Dufour, Xavier. *Face a la Mort: Jésus et Paul*. Paris: Editions du Seuil, 1979.

Ladd, G. E. *A Theology of the New Testament*. Grand Rapids: Eerdmans, repr. 1993.

Maillot, A. "Les Théologies de la Mort du Christ chez Paul." *FV* 85 (1986): 33-45.

Marshall, I. Howard. "The Death of Jesus in Recent New Testament Study." *WW* 3 (1983): 12-21.

Mays, James Luther. *Micah: A Commentary*. OTL. London: SCM Press, [2]1980.

Merklein, Helmut. "Die Bedeutung des Kreuzestodes Christi für die paulinische Gerechtigkeits- und Gesetzesthematik." In *Studien zu Jesus und Paulus*. Tübingen: J. C. B. Mohr, 1987.

Mettinger, Tryggve N. D. A *Farewell to the Servant Songs: A Critical Examination of an Exegetical Axiom*. Lund: Gleerup, 1983.

Milgrom, J. "Atonement in the OT." In Inetrpreter's Dictionary of the Bible, Supplementary Vol., ed. Keith Crim. Nashville: Abingdon, 1976.

Minear, Paul S. "The Truth About Sin and Death: The Meaning of Atonement in the Epistle to the Romans." *Int* 7 (1953): 142-55.

Moo, Douglas J. *The Old Testament in the Gospel Passion Narratives*. Sheffield, England: Almond Press, 1983.

Morris, Leon. *The Cross in the New Testament*. Grand Rapids: Eerdmans, repr. 1977.

Novum Testamentum Graece: Nestle-Aland. 27th ed. Stuttgart: Deutsche Bibelgesellschaft, 1993.

Osten-Sacken, Peter von der. "Die paulinische theologia crucis als Form apokalyptischer Theologie." *EvTh* 39 (1979): 477-96.

Page, Sydney H. T. "The Suffering Servant Between the Testaments." *NTS* 31 (1985): 481-97.

Ridderbos, Herman N. *Paulus. Ontwerp van zijn theologie*. Kampen: Kok, [1]1966, [5]1978.

________ . *Paulus en Jezus. Oorsprong en algemeen karakter van Paulus' Christusprediking*. Kampen: Kok, 1955.

_______ . *When the Time Fully Come. Studies in New Testament*. Grand Rapids:

Eerdmans, 1957.

________ . "The Earliest Confession of the Atonement in Paul [i.e., 1 Cor. 15:3]." In *Reconciliation and Hope: New Testament Essays on Atonement and Eschatology Presented to L. Morris on His 60th Birthday*, ed. Robert Banks. Exeter: Paternoster Press, 1974. pp. 76-89.

Rosenberg, Roy A. "The Slain Messiah in the Old Testament." *ZAW* 99 (1987): 259-61.

Septuaginta: *Id est Vetus Testamentum graece iuxta LXX interpretes*. Edited by Alfred Rahlfs. Stuttgart: Deutsche Bibelgesellschaft, 1935-[79].

Septuaginta: *Vetus Testamentum graecum Auctoritate Acadiae Scientiarum Göttingen- sis editum*. Göttingen: Vandenhoeck & Ruprecht, 1931-[86].

Shin, Samuel Shahoon. "St. Paul and the Atonement." Ph.D. diss., Drew University, 1945.

Sykes, S. W. "Sacrifice in the New Testament and Christian Theology." In *Sacrifice*, ed. M. F. C. Bourdillon and Meyer Fortes. New York: Academic Press, 1980, pp. 61-83.

Vassiliadis, Petros. "STAUROS: Centre of the Pauline Soteriology and Apostolic Ministry." *In L' aptre Paul: Personnalité, Style et Conception du Ministre*, ed. A. Vanhoye, Bibliotheca Ephemeridum Theologicarum Lovaniensium, 73. Leuven: University Press, 1986. pp. 247-53.

Weder, Hans. *Das Kreuz Jesu bei Paulus: Ein Versuch, über den Geschichtsbezug des christlichen Glaubens nachzudenken*. Göttingen: Vandenhoeck & Ruprecht, 1961.

Westermann, Claus. *Isaiah 40-66: A Commentary*. OTL. London: SCM Press, [6]1985.

Whiteley, D. E. H. "St. Paul's Thought on the Atonement." *JTS* 8 (1957): 240-55.

Young, Frances M. *The Use of Sacrificial Ideas in Greek Christian Writers From the New Testament to John Chrysostom*. Cambridge, Massachusetts: Philadelphia Patristic Foundation, 1979.

리쳐드 린츠의 구속사적 조직신학의 프로그램

이 승 구 *

Ⅰ. 린츠가 말하는 구속사 신학의 모습
Ⅱ. 구속사 신학의 방법론
Ⅲ. 논의점
Ⅳ. 결 론

미국 매사츄세츠주 싸우뜨 해밀턴에 위치한 고든-콘웰 신학교(Gordon-Cornwell Theological Seminary)의 신학과 변증학 교수로 있는 리쳐드 린츠(Richard Lints)는 미국 신학교 연합(the Association of Theological Schools)과 퓨 재단(Pew Charitable Trusts)으로부터 연구 기금을 받아 듀크 신학교(Duke Divinity School)에서 신학의 과거와 현재를 잘 분석하는 연구를 하여 1993년에 복음주의 신학의 새로운 패러다임을 제시하면서 복음주의 신학의 프롤레고메논, 또는 "프롤레고메논의 프롤레고메논"을 제시하였고,[1] 그의 이 아이디어는 이미 여러 번 우리들에게 소개 된 바 있다.[2] 린츠 교수는 미

---

* 국제신학대학원대학교, 조직신학(Ph.D.)

[1] Richard L. Lints, *The Fablic of Theology: A Prolegomenon to Evangelical Theology* (Grand Rapids: Eerdmans, 1993). 인용문은 335의 그의 후기로부터의 인용이다. 앞으로 이 책으로부터의 인용은 본문 안의 ( ) 안에 책의 면수만을 밝히기로 한다.

[2] 이 책과 린츠 교수의 아이디어에 대한 소개로 다음을 보라. 이승구, "20세기 후반 북미 개혁신학의 동향,"『신학지평』8 (안양대학교 신학 연구소, 1998): 193.

국 펜실베니아(Pennsylvania) 주의 뉴 윌밍톤(New Wilmington)에 있는 웨스트민스터 대학(Westminster College)에서 철학과 종교학을 전공하여 문학사 학위를(B. A.) 받았고, 노트르담 대학교(the University of Notre Dame)에서 철학 전공의 석사 학위(M. A.)와 박사 학위(Ph. D.)를 하였고, 시카고 대학교(the University of Chicago)에서 신학 전공의 석사 학위(A. M.)를 한 후에, 1981년에는 노트르담 대학교의 연구원(senior teaching fellow)으로 있으면서 가르치기도 하였고, 1982-1983년에는 그의 모교인 웨스트민스터 대학에서, 그리고 1984-1986에는 영국 브리스톨(Bristol)에 있는 성공회 신학교인 트리니티 대학(Trinity College)에서 가르치다가, 1986년부터 고든-콘웰 신학교에서 신학과 변증학을 가르쳐 왔다. 그는 미국 장로교회(the Presbyterian Church in America, PCA)의 목사이며, 한 동안 매사츄세츠 주의 콩코드(Concord)에 있는 구속주 장로 교회(Redeemer Presbyterian Church)에서 목회를 하기도 했다.[3]

우리는 그가 제시하는 새로운 조직신학의 틀에 관심을 가지게 된다. 그래서 이 글에서는 좀더 구체적으로 그가 제시하는 새로운 신학의 구조를 검토해 보려고 한다. 이렇게 신학의 틀과 방법에 대해 집중하는 것은 린츠 자신의 그의 처음 책에서 이 문제에 집중하고 있기 때문이다(특히 279를 보라). 이미 여러 번 강조한 바와 같이 그는 전통적 조직신학의 틀을 그대로 놓고서 작업하기보다는 신약학이 잘 밝혀준 구속사에 근거하여 조직신학의 구조 자체를 새롭게 할 것을 제안하고 있는 것이다. 그의 이런 시도에 있어서 토대를 마련해 준 이들은 기본적으로 루터와 칼빈, 그리고 개혁파 정통주의자들이라고 할 수 있다. 그러나 구속사적 개념을 좀더 의식적으로 신학적 구조에 도입하는 일에 보다 직접적인 영향을 미친 이들은 역시 요나단 에드워즈와 게르하르더스 보스라고 할 수 있다. 그는 특히 보스가 잘 정리하고 제시한 구속사와 구속적 계시 개념에 근거하여 구속적 신학을 시도할 것을 요청하는 것이다. 그가 말하는 구속적 신학(redemptive theology), 좀더 구체적으로 볼 때 구속사적 신학은 구체적으로 어떤 모습을 지니는 것인지를 생각하기로 하자.

---

n. 6: 그리고 이승구, "21세기와 개혁 신학의 새로운 패러다임", 『21세기와 개혁 신학의 새로운 패러다임: 한국개혁신학회 논문집』 8 (2000): 96-99.

[3] 그에 대한 개인적 정보는 고든-콘웰 신학교 홈페이지에 있는 그에 대한 교수 소개를 참조하라. Cf. http://www.gcts.edu/facl/lints.html.

I. 린츠가 말하는 구속사 신학의 모습

린츠는 신학의 본질은 구속사의 해석(the interpretation of the history of redemption)이라고 본다(268). 이를 제대로 하려면 목표를 향해 나아가는 성경 계시의 움직임 전체를 잘 보아야 하며, 그것을 잘 드러내는 신학적인 틀을 가져야 한다고 말한다. 그렇게 하지 않으면 우리는 우리 자신과 우리 문화에 대해서 형편없이 그야말로 희망이 없을 정도로 파편화 된 개념을 가지게 될 것이라고 린츠는 우려한다(276). 그리고 과거와 현재와 미래의 통일성을 제대로 이해하고 있지 못하면 우리의 삶 자체도 통일성과 정합성을 갖기 어렵다고 한다(276f.). "과거, 현재, 그리고 미래"를 알 때, 우리는 우리 자신을 새롭게 알 수 있게 된다. 그리고 그 때에야 "우리는 과거 현재 미래를 붙잡는 하나님을 다시 만나고 알 수 있게 된다"(336). 그러므로 마치 구약의 선지자들이 하나님의 구속사의 관점에서 역사를 해석하고 과거와 미래에 대한 의미를 밝혔던 것처럼(269, 303), "현대 복음주의자들의 신학적 틀도 이런 유목적적인 역사 읽기(this purposeful reading of history)를 시도해야 한다"고 린츠는 주장한다(269). 우리가 어디서 왔으며, 어디를 향해 가고 있는지를 이해해야만 우리가 지금 어디에 있는 지를 바로 이해할 수 있다는 것이다(276). 그러므로 성경이 제시하는 구속사적 관점을 가지고 해석하지 않으면 그저 "세속적"인 것으로 여겨질 사건들의 의미를 제시할 신학적 틀을 제공해야 한다는 것이다(269). 그런데 그런 해석의 틀은 오직 성경이 제시하는 것이다. 그는 이렇게 말한다:

> 성경은 인간 역사를 세계적 용어로 설명하고, 우리들로 하여금 그 역사 안에서의 우리의 역할을 이해하도록 하는 해석의 틀(the interpretive matrix)를 제공한다. 물론 그 역사는 볼 수 있는 눈과 들을 수 있는 귀를 가진 이들에게만 궁극적으로 유목적적(purposeful)인 것이다(269).

그러므로 린츠에 의하면 우리의 해석의 틀은 성경의 해석의 틀이어야만 한다(269). 우리는 성경이 구속사적인 틀로 과거, 현재, 미래를 의미 있게 바라보듯이, 같은 방식으로 과거, 현재, 미래를 의미 있게 해야 하는 것이다. 성경의 서로 다른 시기들의 유기적 관계를 더 발전시켜 현대까지를 포괄하게 해야 하고, 그리하여 모든 역사를 성경의 해석적 우산 아래 있도록 해야 하는 것이다(271). 린츠는 바로 여기에 우리의 조직신학적 작업이 있다고 본다.

그렇게 하기 위해서는 우리가 우리 시대의 질문을 가지고 성경에서 대답을 찾아보려고 하지 말고, 과거와 현재와 미래를 이해하는 데에 중요한 "성경이 묻는 질문을 찾아야 한다"(269). 그리고 그렇게 본문 자체가 묻는 것에 대한 대답을 본문으로부터 찾으려고 해야 한다(293). 그 성경의 질문을 찾고 그에 대답하려다 보면 해석자인 우리는 우리들의 근본적 가정들과 사유 방식을 다시 생각하게 된다고 한다(291). 따라서 성경의 본문이 묻는 질문이 우리의 신학의 기본적 질문이어야 하고, 성경 본문의 중요한 주제들이 우리들의 신학의 중요한 주제여야만 한다는 것이다(271). 이런 말을 할 때 린츠는 과거의 많은 신학자들이 조직 신학이라는 말을 생각 할 때 성경의 다양한 자료들을 설명해 줄 수 있는 교리적 모델이나 열쇠를 찾는 것으로 생각했던 것을 염두에 두면서 그런 접근의 신학에 대한 의식적인 반대를 표현하는 것이다. 19세기 말에 모든 추론의 법칙들과 정상 과학들을 보면서 그와 대등한 학문(science)으로서의 신학을 강조하던 찰스 핫지의 접근이 이런 성향을 가졌었다고 린츠는 말한다.[4] 마치 과학자들이 여러 모로 설명 가능한 자료들을 가지고 현대 과학적 공동체에 가장 이해하기 쉽게(intelligible) 설명할 수 있는 이론을 찾으려고 하듯이, 이런 모델의 신학을 하는 신학자들은 성경의 모든 자료들을 이해할 수 있게(intelligible) 만드는 교리들을 발전시키려고 할 것이라는 것이다(270). 린츠는 신학적 작업을 이렇게 이해하는 가장 명백한 진술로 클락 피녹의 논문을 예로 든다.[5] 린츠는 이와 같은 모델이 개신교 개혁자들의 중요한 통찰인 오직 성경(sola Scriptura)의 원리에 대한 심각한 배반일 수도 있음을 말한다. 성경은 신자 개인의 삶에서 최종 권위일 뿐만 아니라, 해석학적으로도 최종 권위여야 한다. 그 말은 해석된 결과만이 아니라, 해석의 과정에서도 성경은 규제적인 역할을 해야 한다는 것이다(292). 즉, 성경이 성경을 해석하게 해야 한

---

[4] Charles Hodge, *Systematic Theology* I (1872; reprint, Grand Rapids: Eerdmans, 1946), Part 1, chapter 1을 언급하면서 이점을 지적하는 Lints, 270, n. 13을 보라.

[5] Clark Pinnock, "How I Use the Bible in Doing Theology," in *The Use of the Bible in Theology: Evangelical Options*, ed, Robert K. Johnston (Atlanta: John Knox Press, 1985), 18-34.

다는 것이다. 이 "성경의 유비"(analogia Scriptura)의 원리를 린츠는 다시
한번 더 강조하면서 우리의 신학이 이 원리를 따르고 반영하여야 한다고
주장한다(291). 다시 말해서, "오직 성경"을 말하려면 신학의 내용뿐만이
아니라, 신학의 구조도 성경의 구조와 연관되어 있어야만 한다는 것이다
(270, 271). 그래야만 성경의 내용과 구조에 참으로 충실할 수 있다는 것이
다. 따라서 만일에 우리가 그렇게 하지 않는다면, 그것으로써 성경의 규범
적 역할을 손상하게 된다는 것이다(270).

  이는 신학적 틀, 즉 조직신학이 성경 본문을 반복해서 그대로 말해야만
한다는 것이 아니라, 신학적 틀의 개념적 범주들이 성경의 현상을 적절하
고 바르게 반영해야만 한다는 주장이다(270). 그래서 그는 자신의 주장의
가장 중요한 요점으로 조직신학의 구조가 성경 신학의 구조를 상당히 반영
해야만 한다고 주장한다(270, cf. 290). 그는 때로는 "조직신학이 구조적으로
성경 신학에 의존해야 한다"고 표현하기도 한다(271, n. 17). 그는 자신이
이렇게 말할 때 근본적으로는 보스의 주장을, 그리고 좀더 직접적으로는
리쳐드 개핀과 클라인의 주장과 같은 의견을 말한다는 것을 밝힌다.[6] 그리
고 바로 이것이 요나단 에드워즈가 죽기 얼마 전에 그가 작업하고 있으며
이루어 보려고 하던 것을 표현한 것, 즉 "구속 사역의 역사"(history of the
work of redemption)에 근거한 신학적 틀을 만드는 것, "역사의 형태로 구
성된 전혀 새로운 방법의 일단의 신학"(a body of divinity in an entire new
method, being thrown into the form of a history)을[7] 오늘의 시점에서 시도
하는 것이라고 말한다(271, 176). 린츠는 에드워즈와 보스가 전통적 의미의
칼빈주의 신학에 깊이 헌신하였으나, 그 신학의 틀의 내용을 전복시키려는
의도가 전혀 없었다는 것을 잘 안다(271). 그들은 당시 대부분의 조직신학
의 틀이 성경 본문에 나타나고 있는 역사적 움직임을 잘 반영하고 있지 못
함을 안타깝게 생각하면서 그들의 신학 틀에서 그 역사적 움직임을 다시
나타내 보려고 했고(271), 그것을 오늘날 계속해서 유지하는 것이 중요하다
고 주장하는 것이다.

---

[6] 그는 특히 다음과 같은 글을 염두에 두고 있는 것이다. Meredith Kline, *By Oath
Consigned: A Reinterpretation of the Covenant Signs of Circumcision and
Baptism* (Grand Rapids: Eerdmans, 1968), 29: "조직신학은 연관된 것들을 좀더
체계적으로 엮어야 할 것이다"; Richard B. Gaffin, "Systematic Theology and
Biblical Theology," *Westminster Theological Journal* 38 (1975-1976): 284-88.

[7] Cf. Sereno E. Dwight, *The Life of President Edwards* (New York, 1830), 569.

린츠는 이것을 설명하기 위해서 하나님 속성에 대한 대부분의 신학 책의 논의 방식의 문제를 잘 지적하고 있다(272). 그러나 그는 우리가 하나님의 속성에 대해서 전혀 말하지 말아야 한다거나 말할 수 없다는 것이 아니라, 속성들은 하나님의 행동이라는 성경적 출발점에서 나오는 결론들(a derivation)로 논의되어야 한다는 것임을 유의해야 한다고 한다(272, n. 18). 또한 흔히 린츠나 다른 이들의 말을 오해하여 생각하듯이 주제별 진술 방법 자체를 문제 삼는 것도 아니고, 린츠는 "주해적이고 구속사적 관심이 계속해서 염두에 두어진다면 성경 자료들에 대한 주제적 진술이 정당하다"고 말하고 있기 때문이다(272).

II. 구속사 신학의 방법론

(1) 구속사적 성경 해석

신학적 작업에서 제일 먼저 오는 것은 역시 주어진 성경 본문에 대한 해석이다. 그런데 린츠는 다른 모든 정통적 그리스도인들과 함께 "신구약 성경은 하나님의 구속적 계시"라고 생각한다(295). 성경은 하나님과 세상을 묘사할 뿐만이 아니라, 하나님의 구속적 목적을 구현하기도 한다는 것이다. 이런 의미에서 성경의 진리는 변화시키는 진리이다(295). 린츠는 성경이 구속에 대한 묘사와 계시이기만 할 뿐 아니라, 구속을 성취하는 일도 한다는 것을 여러 번에 걸쳐서 강조한다(295, 298). 그러므로 성경 본문에 대한 해석을 잘하려면 린츠가 클라우니에게서 배운 개념들을 자신의 용어로 표현한 (1) 본문적 지평(the textual horizon), (2) 시기적 지평(the epochal horizon), (3) 그리고 정경적 지평(the canonical horizon) 모두에 잘 유의해야 한다(293).[8] 성경 자료를 바르게 이해하기 위해서는 이 각각의 지평을 신중하게 취급해야 하는데, 주어진 어떤 구절의 의미는 상당히 그것이 그 특정

---

[8] Cf. Clowney, *Preaching and Biblical Theology* (Grand Rapids: Eerdmans, 1961), 16. 이 점들에 유의하는 해석의 필요성에 대한 지적으로 졸고, "복음주의와 성경," 『개혁신학 탐구』 (서울: 하나, 1999), 46-48을, 그리고 그런 해석의 실례로 『개혁신학에의 한 탐구』 (서울: 웨스트민스터 출판부, 1995), 1장과 2장인 15-25, 27-48을 보라.

한 구속사의 시기 중 어떤 위치를 차지하고 있는가와 구속 계시 전체에서의 자리에 의존하는 것이라고 한다(293). 이런 주장을 하면서 린츠는 대개의 주해가들이 본문적 지평에는 유의하나 시기적, 정경적 지평에서 그 본문을 떼어 내는 우를 범하는 것을 안타깝게 여기면서 본문의 의미를 시기적 지평과 정경적 지평에서 분리해 내지 않도록 해야 한다는 것을 강조한다(294, 294f.). 우리가 보기에 매우 중요한 점이 시기적 지평과 정경적 지평이라는 유리한 점에서 보면 사소한 문제일 수도 있음을 의식해야 한다는 것이다(294). 그러므로 성경에 대한 신학적 해석은 이 세 가지 지평이 끊임없이 서로 대화하도록 하여 각각의 의미를 설명하고 더 분명히 하도록 해야 한다는 것이다(293).

본문적 지평(the textual horizon)이라는 말은 본문의 의미를 찾을 수 있는 그 본문의 직접적 문맥이나 그 본문이 속해 있는 책의 맥락을 지칭하는 것이다. 이를 드러내는데 개신교에서 강조해 온 문법적-역사적 주해가 매우 도움이 된다고 린츠는 강조한다(296f.). 그런데 성경 본문은 그 구속적 목적 때문에 다양한 스타일과 장르로 기록되어져 있다(295). 더구나 성경은 보다 풍성한 사상의 전달을 위해 다양한 심상들(the imagery)과 상징적인 언어(symbolism)로 표현되어 있다. 이런 심상들과 상징들은 "그저 번역되어져서는"(translate out) 안 된다. 그렇게 하는 것은 그 의미를 추상화하여 본문의 생명력을 제거해 버리는(drain away) 것이다(296). 예를 들어서, 예수께서 일으키신 다양한 이적들은 결국 그리스도께서 그의 죽음과 부활을 통해 그의 백성을 위해 이루신 구속의 성격과 변화시키는 능력을 지시해 주는 것임을(299)[9] 잘 의식하면서 해석해야 한다는 것이다. 그렇게 하지 않고 그저 이런 일의 역사성만을 강조하고, 구속의 변혁시키는 힘을 보지 못하는 (299) 방식으로 심상들과 상징들을 제거시킨 "문자주의적" 신학(literalistic theology)은 필연적으로 가난한(impoverished) 신학이 될 것이고(298, 300), 또한 성경적 상징을 모두 현대의 상징들로만 대치시킨 "토착화" 신학 (contextual theology)은 필연적으로 성경적 메시지를 변경시킬 것이라고 한다(299). 그러므로 우리는 그런 두 가지 문제에 빠지지 말고, 오히려 그런 심상들과 상징들이 풍성히 전달하는 의미와 그것이 이루려고 하는 변화를 잘 드러내도록 해야 한다(296).[10] 그리고 상징으로부터 상징된 것에로의 자

---

[9] 린츠는 이 점을 잘 지적하는 콜린 브라운을 언급하기도 한다. Cf. Colin Brown, *Miracles and the Critical Mind* (Grand Rapids: Eerdmans, 1984), 293-326.

연스럽고 직관적인 전환을 해석자와 신학이 잘 파악해서 현대인들에게 잘 드러낼 수 있어야 하는 것이다(300). 즉, 심상들과 상징들이 의미하는 것만을 말하려고 하지 말고, 그 의미가 전달되는 방식과 그것이 우리의 삶 가운데서 이루어 내려고 하는 변화를 파악하여 표현해 내려고 해야 한다는 것이다(296). 그러므로 예를 들어, 성경의 이적들을 참으로 이해하게 되면 우리가 세상을 개념화하는 방식이 변화하게 되는 것이라고까지 말한다(300).

린츠는 성경 언어의 풍성함을 드러내기 위해 케빈 반 후저(Kevin Van Hoozer)가 말하는 각 문장(구절)이 가지고 있는 네 가지 근본적인 요소들인 명제적 요소(the proposition), 목적의 요소(the purpose), 현존의 요소(the presence), 그리고 힘의 요소(the power)들에 대한 분석의 통찰력을 높이 산다.[11] 즉, 각 문장은 무엇인가에 관한 것(명제적), 즉 어떤 사실이나 특정한 사태를 지시하는 것이며, 그것이 이루려고 하는 특별한 기능이 있고(목적), 그것을 표현하는 특정한 방식을 가지고 있으며(현존), 또 그것을 이룰 수 있는 힘을 가지고 있다는 것이다(297). 이런 점들에 유의함으로써 우리는 본문의 다양한 성격을 신중하게 고려하며 해석할 수 있게 된다. 린츠는 이런 다양성이 성경 기록의 인간적인 요소들 때문에 발생하고 있다고 시사하는 반 후저를 비판하면서, "성경의 근본적 저자이신 하나님께서 당신님의 다양한 목적들의 전달을 위해서 다양한 문학적 장르를 의도하셨다고 생각하는 것이 더 합리적으로 보인다"고까지 말한다(297, n. 8).

시기적 지평(the epochal horizon)은 한 계시가 주어진 시기적 특성을 지칭하는 것이다. 그 시기들에 따라 하나님이나 그의 약속, 또 하나님의 계획이 달라진 것은 아니다(301). 그 모든 시기를 하나님께서 붙들고 계시기 때문이다. 따라서 구속의 모든 시기들의 통일성이 있는 것이다. 그러나 모든

---

[10] 이렇게 말할 때 린츠는 본문의 의미란 논리실증주의에서 말하는 지시된 것(the reference) 이상의 것이라는 입장, 즉 본문이 유발하는 삶의 변화도 포함하는 이라는 입장을(296) 표현하는 것이다. 논리 실증주의적 의미 이해에 대한 고전적 진술로 린츠는 Ludwig Wittgenstein, *Tractatus Logico-Philosophicus*, trans. D. F. Pears and B. F. McGuinness (London: Routledge & Kegan Paul, 1974)를 들고 있다(296, n. 6).

[11] Cf. Kevin Van Hoozer, "The Semantics of Biblical Literature," in *Hermeneutics, Authority and Canon*, ed. D. A. Carson and John Woodbridge (Grand Rapids: Zondervan, 1996): 53-104.

시기의 근본적 통일성은 각 시기의 독특성들을 간과하지 않도록 해야 한다 (301). 예를 들어서, 모세 언약은 성공적이었으나 그 자체가 구속을 가져오는 언약은 아니고 인도해 가는 언약(caretaker covenant)이고, 구속을 미리 보여 주는 언약이며, 예수님의 사명과 사역을 준비하는 언약이다(301). 그러나 그렇다고 해서 모세 언약이 그 자체로 흠 있고 약한 언약이었다고 해서는 안 된다. 모세 시기의 힘은 그리스도 안에서 장차 임할 구속을 준비하게 하는 능력에 있기 때문이다. 이와 같이 성경의 모든 시기들은 다른 것들과의 관계해서와 또 그 자체로 이해해야 하는 것이다(301).

그렇다면 린츠는 구속사의 시기를 어떻게 구분하고 있는가? 그는 성경 여러 곳에서 그 자체가 시사하고 있는 시기의 구분들을 잘 살피면서 언급한 후에, 구약은 복잡하고 성경의 저자들은 시기를 단일하게 구분하여 말하지 않고, 각각 다른 신학적 목적에 따라서 시기를 구분하여 말한다고 한다(302). 그러나 한 곳에서 그는 결국 보스, 에드워즈, 클라인, 로벗슨, 맥코미스키, 엘리스 등의 견해에[12] 동의하면서, 아브라함에게 주신 약속, 시내산에서 주신 율법, 다윗에게 주신 약속의 갱신 등을 중심으로 구약의 시기들을 나누어 생각한다(302). 그러나 그는 아주 분명한 시기 구분을 제시하지 않고 단지 그가 앞에서 제시한 신학의 틀에 따라 말하면 아브라함을 중심으로 약속된 언약(the covenant promised), 모세를 중심으로 중간 언약 (interim covenant), 그리스도를 중심으로 도입된 성취(the fulfillment inaugurated), 그리고 극치에 이른 구속(redemption consummated)로 나누어 (287f.) 구속사를 생각하고 있음을 알 수 있다. 다윗 시기를 중심으로 한 갱신을 따로 나누어 논의할 것을 시사하지 않은 것이 의아하다.

마지막으로 정경적 지평(canonical horizon)은 정경 전체의 범위와 내용에 신경 쓰는 것을 뜻한다. 왜냐하면 성경을 해석할 때 우리는 전체로서의 성

---

[12] Jonathan Edwards, *A History of the Work of Redemption*, ed. John F. Wilson, vol. 9 of the *Works of Jonathan Edwards* (New Haven: Yale University Press, 1989); Vos, *Biblical Theology* (Grand Rapids: Eerdmans, 1948); Meredith G. Kline, *The Structure of Biblical Authority*, rev. ed. (Grand Rapids: Eerdmans, 1975); O. Palmer Robertson, *The Christ of the Covenants* (Grand Rapids: Baker, 1981); Thomas McComiskey, The *Covenants of Promise* (Grand Rapids: Baker, 1985); 그리고 E. Earle Ellis, *Prophecy and Hermeneutic in Early Christianity: New Testament Essays* (Grand Rapids: Eerdmans, 1978).

경이 우리의 주해의 규정점(the defining point)이 되게 해야 하기 때문이다. 린츠는 "바른 주해는 그 해석적 지평으로 전체로서의 정경을 신중하게 취하여야만 한다"고 주장한다(273). 성경의 각 부분을 지도하며 그 전체를 하나로 묶는 것은 구속사와 구속적 계시 전체이기 때문이다(273). 그러므로 하나님의 약속들 사이의 연속성과 그 약속들의 성취가 성경 해석의 정경적 지평에서 본질적인 것이라고 할 수 있다(303). 그러므로 약속-성취의 모델이 다양한 성경 저작들을 하나로 묶고, 그 통일성을 확보하는 끈이라고 할 수 있다. 그것이 현재 상황에서 의미를 제공하며, 미래 구원에 대한 희망을 제공하는 것이다(303). 린츠는 루터의 말인 "그리스도를 지시하는 것"(ob sie Christum treiben, "what urges Christ")이라는 말을 사용해서 정경 안의 정경 개념의 선구가 된 루터를 비판하면서 정경 자체가 그리스도를 지시하는 것이 무엇인지를 바르게 규정한다고 말한다(274).[13] 그래서 그는 성경의 해석적 틀(the interpretive matrix)은 모든 성경(all of Scripture)이라고 말한다(274, cf. 279).[14]

예를 들어서, 그리스도의 죽음을 바르게 해석하기 위해서는 그 사건을 인정할 뿐 아니라, 그 사건의 성경적 의미(biblical significance)도 이해해야 하는 것이다. 그런데 그렇게 하려면 우리는 그리스도의 죽음을 "구약의 언약들과의 관련 가운데서, 그리고 마지막의 역사의 극치와의 관련 가운데서 이해해야만 하는 것이다." 이처럼 그리스도의 죽음에 대한 교리는 해석학적으로 과거와 미래 모두와 연관되어 있다(292).

그렇게 성경 전체의 틀에서 성경을 해석하면 자연스럽게 성경 계시의 각 시기를 성경 자체가 제시하는 것과 같이 바르게 연관시켜 이해할 수 있다고 한다. 그렇게 하면 우리는 각 시기간의 연속성을 너무 강조하는 미국의 신율주의자들(theonomists)이나,[15] 그 시기간의 연속성을 너무 부인하는 세

---

[13] 그는 리덜보스가 이 점을 강하게 주장하였음을 말한다(274, n. 22). Cf. Herman Ridderbos, *Redemptive History and The New Testament Scriptures*, trans. H. DeJonste and Richard B. Gaffin, Jr. (Phillipsburg, N. J.: Presbyterian & Reformed, 1988), 36-40.

[14] Cf. O. Palmer Robertson, "The Outlook for Biblical Theology," in *Toward a Theology for the Future*, ed. David F. Wells and Clark Pinnock (Carol Stream, Ill.: Creation House, 1971): 65-91.

[15] 린츠는 신률주의자들이 근본적으로 신구약 사이의 유기적 점진성을 잘 이해하지 못한다는 개핀의 지적에 동의하면서 소개하고 있다: Richard B. Gaffin, Jr.,

대주의자들의 오류에 빠지지 않을 수 있다고 한다(278).[16]

약속-성취의 모델을 제시하는 중요한 방식의 하나는 모형론(typology)이다. 모형론적인 관계는 특정한 본문적, 시기적 지평이 후기의 지평과 연관되는 중요한 수단이다(304). 이런 모형론적 이해는 결국 하나님의 약속들과 그 약속들의 성취에 대한 유기적 연관성에 기초하고 있는 것이다. 린츠는 프란시스 폴크스를 따라서,[17] 모형론의 이중적 성격에 대해서 말한다. 즉, 첫째는 구속사에 있어서 약속-성취 양상의 반복이 있다는 것이고, 둘째는 하나님의 이전 행위와 새로운 것 사이의 정도의 차이가 있어서 하나님 약속의 성취는 원래의 약속을 받았던 이들이 생각했던 것 보다 훨씬 더 크다는 것이다(305). 그리고 "모형과 실현 사이에는 유기적 관계가 있고, 따라서 실현이 이루어졌을 때에는 원래의 모형의 의미의 발전이 있는 것이다"(309).

그러므로 모형론은 결국 섭리와 예언 개념에 근거하고 있다(306). 그래서 린츠는 "모형론이 구속 계시의 신학적 해석의 토대인 것처럼, 하나님의 섭리도 모형론의 신학적 해석의 토대"라고 한다(306). 그래서 아담과 모세도 다윗과 솔로몬도 이런 섭리 가운데서 각기 그 나름대로 그리스도와 모형론적으로 연관되어 있다고 할 수 있는 것이다(307f.). 이렇게 섭리의 빛에서 린츠는 신약 성경이 명확히 말하는 것을 넘어서도 더 풍성한 모형론을 말할 수 있다고 주장한다(309).[18] 이를 드러내기 위해서 린츠는 "구속사는 서로 다른 시기들을 하나로 묶는 중요한 끈들로 역사라는 한 직물에로 짜져 있다"고 한다(309). 그래서 모형론적 해석에 대한 확언은 구속적 계시의 이

"Theonomy and Eschatology: Reflections on Postmillennial," in *Theonomy: A Reformed Critique*, ed. William S. Baker and W. Robert Godfrey (Grand Rapids: Zondervan, 1990); 197-224.

[16] 세대주의자들이 각 시기들이 하나의 은혜스러운 계획의 발전하는 표현이라는 시기들간의 유기적 관계를 잘 이해하지 못하고 있다는 점에 대한 지적으로 E. Clowney, *Preaching and Biblical Theology* (Grand Rapids: Eerdmans, 1961), 15를 언급한다.

[17] Francis Foulkes, *The Acts of God: A Study of the Basis of Typology in the Old Testament* (London: Tyndale Press, 1940).

[18] 그리고 비슷한 입장에 대한 변호로 Leonhard Goppelt, *Typos: The Typological Interpretation of the Old Testament in the New*, trans. D. H. Madvig (Grand Rapids: Eerdmans, 1982)과 Clowney, *Preaching and Biblical Theology*를 언급한다(309, n. 25).

런 직물적 성격을 확언하는 것이라고도 말한다(309).

이런 입장에서 보면 우리들이 살고 있는 시기는 그리스도의 초림과 재림 사이, 성육신과 파루시아 사이의 구속사적 시기인 것이다. 이 시기는 바울이 살고 있던 그 구속사적 시기이므로 바울과 우리는 같은 구속사적 지표(the same redemptive-historical index)를 가지고 있다고 할 수 있는 것이다(278). 바로 여기서 우리의 신학적인 틀 구성의 방향이 제시된다.

(2) 신학적인 틀(Theological Framework)의 형성(constructing): 조직 신학의 과제

그런데 린츠에 의하면 성경이 과거와 현재와 미래에 대해서 설명할 때 성경은 그 자체가 그 나름의 구성 원리들(its own principles of organization)을 가지고 있다(273). 그러므로 린츠에 의하면, 우리가 구성하는 신학적인 틀은 구속사에 의해서 조건화되어야 한다(279). 신학의 틀은 정경의 구조를 반영하려고 해야 하기 때문이다(290). 즉, 우리의 신학의 틀은 성경의 구속적 계시에서 발견되는 해석적 틀(matrix)을 반영하는 것이어야 한다는 것이다(310). 그러므로 우리의 신학적인 틀은 하나님의 구속적 활동에 대한 계시를 조심스럽고 유목적적으로 읽는 것을 통해서 이루어진다(312). 그렇게 하면 할수록 우리의 신학의 틀이 보다 성경적인 것이 될 뿐만 아니라, 동시에 우리가 처한 상황에 대해서도 더 적절한 것이 되는 것이다(310). 왜냐 하면 성경적으로 적절한 신학적인 틀만이 현대의 개념적 범주들을 효과적으로 변화시킬 수 있고, 현대에 살고 생각하는 사람들을 효과적으로 변화시킬 수 있기 때문이다(311).

그리고 린츠는 성경이 "이야기 같은"(story-like) 성격을 지니고 있음을 강조한다(274). 성경은 신학 책이나 사전으로 하루아침에 주어진 것이 아니라는 것이다. 그런 의미에서, 성경의 "이상"을 파악하는 것은 현대 어린이들에게 중세기 이야기의 이상을 파악하도록 전달하는 시도와 유비적이라고 한다. 린츠에 의하면 어린이들에게 중세의 이야기가 궁극적으로 말하는 바(vision)를 제대로 파악하게 하는 최선의 방법은 (1) 추상적 개념들을 사용해서 중세의 이야기에 포함된 심상들(imagery)을 설명하는 것도 아니고, (2) 현대인의 개념적 틀 안에서 그 심상(imagery)을 이해해 보려는 것도 아니고, 오직 (3) 스스로가 이야기의 심상들을 이해해서 그 이야기에 사로 잡히게 하는 것이라고 한다(276). 즉, 그 이야기 자체의 개념적 범주들 안에서 생각하기를 돕는 것이 성경을 제대로 이해하게 하는 최선의 방법이라는 것이다. 이와 마찬가지로 오늘날에 효과적인 신학적인 이상도 결국 현대의 독자들이 그 풍성한 성경의 플롯에로 다시 돌아가도록 하고, 그리하여 독자들이 현대 세계에 대해서 생각하는 방식을 도전하도록 해야 한다는 것이다. 즉, 원래 이야기의 범주들을 해석해 주기보다는 현대인들을 성경의 개념적 세계로 데리고 가야 한다는 것이다(276).

그렇다면 린츠가 생각하는 성경 자체의 가장 중요한 개념의 틀은 무엇일까? 그는 "구속사적 지표"(redemptive-historical index)를 강조하면서 말한다(276). "성경은 수세기 동안 쓰여졌고, 그 이야기는 점진적으로 발전해 갔다"고 하면서(275), 린츠는 성경 전체의 구속사의 진전을 매우 강조하고 있다. 결국 성겨 읽기를 효과적으로 마친 뒤에 우리는 하나님의 구속 목적의 역사적 전개 안에서의 우리의 위치를 이해할 수 있어야 한다는 것이다(276). 그런데 이것은 "성경에 기록되고 해석된 구속사의 통일성에서 시작하는 것"이다(277). 그리고 그 구속사의 통일성이란 결국 성경에 기록되고 해석되어져 있는 "창조주와 피조물 사이의 언약적 관계의 역사의 연속성"(the continuity of the history of the Creator-creature covenantal relationship)이다. 이것을 말하고 주장하면서 린츠는 20세기의 많은 신학자들이 구원사의 통일성, 신구약의 통일성을 인정하지 않고 연속성보다는 비연속성(disunity)을 강조하는 것에 대해서 우려에 찬 비판을 하고 있다. 린츠 자신은 신구약이 다양성 가운데 통일성을 가지고 있는데(the unity-in-diversity of the Testaments), 그 중에서도 통일성이 좀더 앞서는 것으로 이해해야 한다고 주장한다. 왜냐하면 "당신님을 다양한 역사적 시기에 드러내시고 계시하신 분은 한 분 하나님이시기 때문이다"(277). 여기서 린츠는 "하나님의 창조적이고 구속적인 성격과 활동 안에서의 신구약의 정합성과 일치성을 인정하지 못하는 신학적인 틀은 성경 자체에 온전히 공정하지 못한 것"이라고 강하게 주장한다(277).

그리하여 이런 점들에 유의하면서 린츠가 그리고 있는 신학적인 틀은 어떤 것일까? 린츠는 "당신님의 영광을 위해 창조하시고 재창조하시는 하나님"이라는 주제를 중심으로 자신이 생각하는 신학적 틀의 구조를 다음과 같이 제시하고 있다:

I. 창조하시는 하나님
　　A. 창조의 계시
　　B. 창조의 언약
　　　　1. 언약적 왕이신 하나님 (God as Covenant-King)
　　　　　　a. 선택의 원리(The Principle of Election)
　　　　　　b. 심판의 원리(The Principle of Judgment)
　　　　2. 하나님의 형상(Imago Dei)
　　　　　　a. 창조주/피조물의 구조
　　　　　　b. 형상일 뿐이며 유일한 형상인 피조물
　　C. 창조와 피조계에서의 하나님의 영광(The Glory of God in Creation)
II. 재창조(구속)하시는 하나님
　　A. 구속의 계시
　　　　1. 구속사
　　　　2. 해석된 구속사-구약과 신약
　　　　　　a. 성경의 권위와 영감
　　　　　　b. 문학적 다양성-신학적 구조
　　　　　　c. 해석학
　　　　　　기사(narrative)-역사성
　　　　　　　　(1) 교훈적-신학적 주해
　　　　　　　　(2) 모형론-종말론
　　　　3. 살아 계신 말씀-성육신 (기독론)
　　B. 구속의 언약
　　　　1. 약속된 언약(the Covenant Promised)-아브라함
　　　　2. 중간 언약(The Interim Covenant)-모세
　　　　3. 도입된 성취(The Fulfillment Inaugurated)-그리스도
　　　　　　a. 그리스도와의 연합(구원론)
　　　　　　b. 그리스도의 사역의 적용(성령론)
　　　　　　c. 새언약적 공동체(교회론)
　　　　4. 극치에 이른 구속
　　　　　　a. 최후의 심판
　　　　　　b. 새 하늘과 새 땅
　　C. 구속에서 나타난 하나님의 영광(The Glory of God in Redemption)(287f.)

　　린츠는 이와 같이 신학적인 틀을 구성하는 것은 성경이 참으로 하나님 백성을 위한 구속적 계시의 정경으로 기능하는 방식을 존중하는 것이라고 한다(288). 그러면서 이 틀은 새로운 주해적, 성경 신학적 작업이 나타남에

따라서 상당히 수정되고 바뀌어질 수도 있는 것이라고 한다(288). 그는 주의 나라가 극치에 이르기 전에는 바른 신학적인 틀을 구성하는 우리의 사역이 결코 완성되지 못할 것임을 아주 현실적으로 인정한다. 그 때까지는 온전한 틀(a completely exhaustive framework)을 가질 수는 없으리라는 것이다(288). 물론 그런 틀이 없거나 있을 수 없어서가 아니라, 우리의 눈이 마땅히 보아야 할 것을 다 보지 못하고, 우리의 귀가 마땅히 들어야 할 것을 다 듣지 못하기 때문이다(289). 그 때까지는 다음과 같은 바울의 말과 같이 말할 수밖에 없다는 것이다: "우리가 이제는 거울로 보는 것과 희미하나 그 때에는 얼굴과 얼굴을 대하여 볼 것이요, 이제는 내가 부분적으로 아나 그 때에는 주께서 나를 아신 것 같이 내가 온전히 알리라"(고전 13:12).

(3) 린츠의 신학적 이상(Theological Vision)

린츠는 위와 같이 성경의 구속적 틀을 잘 반영하는 신학적 틀로부터, 그런 틀을 토대로 하여 우리가 살고 있는 현대라는 정황 가운데서의 현대적 신학적 이상을 이끌어 내고, 그런 이상을 제시하려고 한다(312, 315). 성경적 신학적 틀의 구속사가 계속되고 있기에 이런 성경적인 현대적 신학적 이상(modern theological vision)이 생성될 수 있는 것이다. 이 시대의 신학적 이상을 통해서 우리는 현대를 사는 개인들과 해석적 공동체의 바른 정체성을 이해하게 되고, 구속사에서 현대라는 시기의 바른 위치를 이해할 수 있게 된다고 한다(312). 성경에서 시작되고 그 구속사의 정점에 이른 그 이야기가 이미 그 극치를 시사하고 있고, 그 역사가 지속되고 있으므로 성경은 과거 현재 미래를 해석하는 틀을 제공하고, 따라서 오늘 우리의 상황에도 적절한 것이다(313). 그리고 제대로 된 우리의 신학적 이상이 우리를 준비시키는 "복음의 희망은 우리가 하나님의 영광 가운데 빠져 영원을 영원히 또 영원히 보내게 될 것"이라는 것이다(336).[19]

그런데 이런 영원에 대한 소망과 이해에서 나오는 현 세대에 대한 해석

---

[19] 린츠의 책의 마지막의 이 감동적인 구절을 그의 말 그대로 소개하고 싶다: "The hope of the gospel is that we will spend eternity basking in the glory of God, forever and ever and ever. May our theological vision prepare us for that."

은 기독교 공동체의 과제와 책임을 이해하고 비판하게 할뿐만 아니라, 현대의 불신 공동체도 이해하게 할 수 있는 틀의 개발도 포함한다. 기독교 공동체와 불신 공동체 모두가 다 성경의 구속사적인 틀 안에 있고, 그에 대한 해석에 종속하는 것이다(313). 이 공통의 틀의 보편성은 창세기 1장에 근거하는 것이다(313). 신자와 불신자 모두가 다 하나님의 창조물이며, 다 같이 하나님을 신체적으로 드러내는(fleshly representative) 하나님의 형상이다. 이 하나님의 형상 됨이 서로 다른 상황 가운데 있는 사람들 간의 신학적인 다리를 제공해 주고, 그들 사이의 문화와 역사를 넘어 선 의사 소통을 가능하게 해준다(313). 그러나 그들 사이의 또 하나의 공통성이 있는데 그것은 창세기 3장이 보여 주고 있는 인간의 반역과 죄의 현실이다(314). 그리고 특히 현대에 살고 있는 사람들에게 해당하는 세 번째 공통점은 우리들 모두가 구속사의 극치를 향해 가는 그 과정 가운데 있다는 현실이다(314). 우리 모두가 다 그리스도의 초림, 특히 오순절과 그리스도의 재림 사이의 기간에 있는 것이다. 이 근거에서만 성경이 현대 세계에 효과적으로 적용될 수 있는 것이다(314). 물론 차이가 있음을 린츠는 분명히 말한다. 불신자들은 장차 올 심판을 기다리고 있으나, 신자들에게는 그 심판이 이미 그리스도의 십자가에 내려졌다는 것이다(315). 이렇게 신자와 불신자 모두가 같은 역사적 정황 속에 있으나 그들이 처한 상황이 다르다는 것을 지적하는 것은 우리 모두가 같은 역사적 시기, 즉 그리스도의 구속 사역에 의해 규정된 시기 안에 있음을 잘 드러낸다는 점에서 매우 강하고 귀한 확신의 표현이라고 할 수 있다. 린츠의 의도는 이미 그리스도 안에서 영적으로 시작된 하나님의 통치를 인정하지 않고 저항하여 나가는 이들의 문제를 크게 부각시키려는 것이며, 또한 불신자들의 큰 문제와 그들이 실질적으로 처해 있는 위치를 잘 보여 주는 것이라고 생각된다.

결국 인간의 죄의 문제는 현대에 와서도 아주 복잡하고 다양하게 나타나게 되고, 이를 잘 분석하는 것이 현대 문화에 대한 신학적 비판을 구성하게 하는 것이다. 린츠에 의하면, 문화란 '우리들 각자'와 우리가 그 안에서 살고 있는 '환경' 사이에서 일어나는 계속적인 대화이다(316, 29), 그리고 린츠는 이 대화가 교회(the church)와 대중 문화(popular culture)와[20] 학문계

---

[20] 비록 린츠는 여기서 '대중 문화'라는 말을 사용하고 있지만 린츠는 좁은 의미의 대중 문화를 생각하기보다는 교회와 학문계를 제외한 우리들의 문화 활동 영역 일반의 의미로 사용하고 있은 것이다. 그렇게 볼 때에라야 린츠가 문화 영역

(the academy)의 세 부분으로 나뉘어져 있은 것으로 볼 수 있다고 하면서, 신학은 이 각 부분과 대화를 계속하고, 이 각각을 비판하는 과제를 가졌다고 할 수 있다고 한다(316). 물론 린츠는 문화에 대한 분석을 이렇게 세 영역으로 나누어 하는 것이 어느 정도는 자의적(恣意的)인 것임을 잘 의식하고, 이렇게 나누어 분석하는 것은 단지 아주 복잡한 것들을 개념적으로 처리할만한 조각으로 나누어 보기 위한 것이라고 말한다(316). 그저 신학적인 틀로부터 신학적 이상에로 나아가는 논의에로 들어가기 위한 접촉점일 뿐이라고 한다. 그리고 각각의 문화의 부분과 관련해서 신학이 할 수 있는 일은 그 문화를 잘 설명하는 일(exposition)과 그 영역에로 신학을 적용하는 것(application)이라고 한다(316). 이 작업의 궁극적 목적은 현대를 사는 개개인들을 성경의 사상 세계에로 다시 이끌어 들이고, 그들로 하여금 성경적 역사관을 이해하도록 하고, 성경적 상징과 심상들, 그리고 은유들을 존중하도록 돕는 것이라고 한다(316). 그리하여 현대의 문화 생활 배후의 가정들을 성경의 신학적 틀에 근거해서 비판할 수 있도록 도전하는 것이다(316). 그리하여 현대인들이 그들이 살고 있은 세계를 새롭게 보게 되었을 때, 그리하여 그들이 문화에 대해서 선지자적인 입장을 갖게 되었을 때, 우리의 신학적인 이상이 그 역할을 제대로 수행하는 것이 된다고 한다(316). "신학은 현대 문화 안에서 선지자적이어야만 한다. 기독교는 그 본질에 있어서 대안문화적 운동이다"(317).[21] 그러므로 우리의 "현대적 신학적 이상은 이 시대가 변화될 수 있도록 하기 위해서 하나님의 전 경륜을 우리 시대 전체 세계에 적용시키기를 추구해야만 한다"(317). 이런 우리의 신학적 이상이 의도하는 목적의 하나로 우리는 현대 문화에 대한 비신화화를 말할 수 있다. 즉, 우리는 현대 문화의 신화들을 드러냄으로써 현대 문화가 그 본질이 무엇인지를 잘 드러낼 수 있어야 한다는 것이다.

우리의 신학적 이상은 무엇보다 먼저 교회, 즉 신자들의 공동체에서 강하게 나타나야 한다(317). 새 언약의 시대에는 교회가 "하나님께서 허락하신 신학적 이상을 수행하기로 하나님께서 선택하신 근본적인 장(fundamental context)"이요, "하나님의 활동의 근본적 기관"(the primary organ of God's activity)이기 때문이다(318). 신자들과 공동체의 정체성을 분

을 교회, 문화, 학계로 나누어 생각하는 일이 이해될 질 수 있을 것이다.

[21] "Theology must be prophetic in the modern culture. Christianity is a countercultural movement at heart"(317).

명히 하는 것에서 교회의 신학적 이상의 실현이 시작된다(317). 사도들은 특정한 교회들에 대해서 말하면서도 사람들에게 세계를 보는 새로운 방식인 공통적인 신학적 틀을 제공하였던 것이다(318). 그런데 19세기 이후에는 신학과 교회의 거리가 여러 면에서 나타나게 되었다. 심지어 복음주의 진영에 의해서도[22] 신학과 예배와 선교의 분리가 일어났고, 그리하여 신학적 구성의 기본적 맥락이 교회 밖으로 움직여졌고, 그 결과로 당신님의 백성을 자신의 것으로 부르시는 하나님에 대한 이상을 잃어버리고 말았다(318). 그러나 20세기에도 신학적 이상을 위한 출발점은 바로 교회라는 실재이다(318f.). 교회의 정체성도 성경에 근거하고 있고, 교회의 활동도 성경과 관련해서 수행되어야 한다. 그런데 교회는 하나님의 전 경륜을 보호하고 선포하는 책임을 가지고 있다. 신학이 추상화되면 신학은 신앙 공동체로부터 유리되고 변혁적이기를 그만두게 될 것이다(336).

이 작업을 통해서 가장 크고 복잡한 영역인 대중 문화의 영역에 대한 우리의 신학적 작업이 나타나야 한다. 이 문화 영역이 오늘날 세상에서 일반적으로 받아들여지고 있은 가치의 원천이고, 심지어 복음주의 운동에도 우리가 상상하는 것보다 훨씬 큰 영향을 미치고 있은 것이므로, 이 문화 영역이 성경적 비판을 가장 많이 받아야 할 영역이 된다(317). 그리고 대중 문화의 포괄성과 강함을 생각할 때 현대 신학은 이 문화 영역에 대해서 말하려고 할 때 매우 주의해야 한다(322). 현대 문화에 대해 선지적 입장을 지녀야 함을 강조한 한 논문에서 부루스 니콜스는 이런 입장의 논의는 다음 세 가지 요소를 가지고 있어야 한다고 했다: 믿는 공동체 안에서 성경적 신앙에 대한 왜곡된 부착을 비문화화(deculturalize)할 것, 우리 사회 안에 있는 하나님 말씀에 반하는 문화적 요소들을 판단하고 정죄하는 일, 그리고 하나님의 계시와 일치하는 문화적 요소들을 재창조하고 변형시키는 일이 그것들이다.[23] 그리고 이 일을 제대로 하도록 하기 위해서 린츠는

---

[22] 복음주의 진영에서의 이런 변화를 말하면서 린츠는 (1) 복음주의의 parachurch적 성격의 등장과 이로 인한 교회 신학의 가능성의 전복, (2) 신학 교육 기관의 사유화(예, Fuller, Gordon-Conwell, Dallas, Reformed, Westminster, Talbot, Asbury 신학교 등), 그리고 (3) 신학적 틀의 중요한 범주로서의 교회론의 파괴를 들고 있다(318).

[23] Bruce Nicholls, "Towards a Theology of Gospel and Culture," in *Down to Earth: Studies in Christianity and Culture*, ed., Robert T. Coote and John Stott (Grand Rapids: Eerdmans, 1980), 49-62.

현대 대중 문화의 근본적 가치를 드러내는 몇 가지 요점을 제시한다: (1) 문화적 다원주의, (2) 고백적 단순성(confessional simplicity), 그리고 (3) 자아 숭배(the cult of the self)(322).

　현대 문화의 다양성은 부인할 사람일 없을 정도로 피부에 와 닿는 현상이다. 그런데 이와 함께 종교의 다원성에 대한 관심도 고조되고 있다(323). 그리하여 현대 문화는 모든 종교들이 같은 입장에 있다고 보고, 그런 근거에서 관용을 최대의 덕목으로 높이고 있다(323). 이리하여 다원주의의 사회학적 사실이 규범적 가치로 변화되고 말았다. 이런 상황에서는 진리가 평가의 적절한 범주가 안 된다고 거부되는 것이다(323).[24] 심지어 복음주의자들도 이런 다원주의에 미묘한 영향과 압력 아래서 복음주의의 좀더 공격적이고 걸려 넘어지게 할만한 요소들을 덜 강조하고, 하나님을 위해 무엇을 할 것인가 보다는 하나님께서 우리를 위해 무엇을 하실 수 있는가는 강조하는 것이 복음주의자들 사이의 유행이 되고 있는 것이다(323).

　또한 현대 문화의 고백적 단순성도 우리의 신학적 이상이 공격해야 할 점이다(323). 현대 사회에서는 정치 유세와 같은 데서 잘 나타나듯이 복잡한 내용을 슬로우건이 대신하고, 복잡한 논의를 대체해 가고 있다(324). 이에 부합해서 현대 복음주의에서는 복음도 대중이 쉽게 소화할 수 있는 것만으로 단순화되어 버리고 말았다.[25] 그 결과 신학조차도 잘 어우러진 옷으로보다는 조작조각을 기워만든 퀼트(a patchwork quilt)와 같이 나나나게 되었음을 린츠는 지적한다(324). 예를 들어서, 본질적인 것을 넘어서는 신학은 주변적인 것이고 중요하지 않은 것으로 여겨지는 현상이 이를 반영한다는 것이다. 복음을 몇 가지 본질적인 것(소위 "증류된 본질"[distilled essence])으로만 환원시키는 일이 일어났다는 것이다(324, 333).[26] 그리고 이를 대중적인 시장에 내어놓아 많은 이들에게 소비시키는 일에 관심을 기울

---

[24] Cf. Leslie Newbegin, *Truth to Tell: The Gospel as Public Truth* (Grand Rapids: Eerdmans, 1991).

[25] 이를 잘 설명하기 위해서 린츠는 심지어 예수님을 현대판 세일즈맨의 전형으로 만들어 버린 점을 Bruce Barton, *The Man Nobody Knows* (Indianapolis: Bobbs-Merrill, 1925), 195ff.를 언급하면서 잘 지적하는 H. J. Cadbury, *The Peril of Modernizing Jesus* (London: SPCK, 1962), 11을 언급한다.

[26] Cf. James D. Hunter, *American Evangelicalism: Conservative Religion and the Quandary of Modernity* (New Brunswick, N.J.: Rutgers University Press, 1983), 83-84.

인 것이다. 그런데 "현대의 자유 시장 경제에서는 진리가 항상 승리하는 것이 아니다"(325). 그러므로 "현대 복음주의 신학자들은 다시 돌아가서 교회로 하여금 이런 복음 전도 전략에 대해서 비판적으로 성찰하도록 도와야 한다"(325).

셋째로, 현대 문화의 자아 숭배 문제도[27] 신학이 비판적으로 관여해야 할 문제이다. "우리는 자아에 열광된 시대(a age that is fascinated with the self), 주관주의적 전환(the subjective turn)을 이룬 문화 가운데서 살아간다" (335). 특히 현대 기술의 발전과 함께 현대인은 선택하는 대로 무엇이나 할 수 있는 사람들이 된 듯한 상황 가운데서, 현대인들은 자신들이 운명을 통제할 수 있다고 생각하면서 자아가 아주 중요하게 된 것이다.[28] 그런데 복음주의에서도 이런 현상이 나타나고 있으니 건강과 부를 약속하는 복음을 강조하는 현상으로부터, 온갖 주관주의가 판치는 현상이 이를 입증한다는 것이다(326). 복음주의자라는 우리도 역사와 세계 안의 객관적인 하나님의 말씀을 손상시키고, 신앙의 대상인 그 분보다는 신앙을 가진 사람을 더 강조한다(335). 교회가 사람들이 편안하게 느끼고 행복하도록 하기 위해 존재한다는 의식의 확대도 그것을 보여 준다(326). 그러나 "이것은 기독교적 수사로 세례된 쾌락주의일 뿐이다"(326). 린츠가 볼 때 우리는 인간의 최고 목적인 하나님의 영광을 반영하는 에드워드적인 신학의 이상에서 상당히 멀리 벗어난 것이라고 한다(326). 그러나 우리는 성공과 상장보다는 하나님께 대한 신실성을 주장해야만 한다. "복음주의자들은 신학적으로 생각하고, 신학적으로 정의되기를 배워야만 한다"(327).

20세기 초기 복음주의자들이 거의 포기했던 영역인 학문 영역은 우리의 신학적 이상이 구현되어야 할 세 번째 영역이라고 할 수 있다. 그러나 점점 이 영역에 대한 작업을 하면서 기독교계에서는 복음의 가치들보다는 학계의 가치들이 수용되는 유혹이 나타나고 있다고 한다(317). "(학계에든지 다른 데에든 지를 막론하고) 타당성에 대한 추구는 본래적으로 위험한 것이다"(328). 다른 문화에서와 같이 복음주의도 권위에 대한 전통적 재가를 자아의 권위로 대체했다(329). 그 대표적인 예가 성경 해석에서 드러난다.

---

[27] 이에 대해서 린츠는 Philip Rieff, *The Triumph of the Therapeutic* (New York: Harper & Row, 1966)을 언급하고 있다.

[28] Cf. Peter Berger, *The Heretical Imperative* (Garden City, N.Y.: Doubleday-Anchor, 1979).

주관적 직관이 성경을 충용하는 효과적 틀이 되고 있기 때문이다(329). 사람들은 구속적/역사적/문법적 주해의 힘든 과정을 통하기보다는 주관적으로 성경을 읽는다(329). 그리고 현대에는 "본문의 권위는 그 본문이 가지고 있은 객관적 성질이나 의미에 있은 것이기보다는 그 본문에 대한 개인적 경험에 근거하는 것이다"(329).[29] 그 결과 "복음주의자들은 그들이 변호한다고 주장하는 성경의 권위를 손상시키고 있는 것이다"(330). 그러므로 이제 과제는 우리의 독특성을 일지 않으면서 어떻게 학문적으로 책임적일 수 있을까 하는 것이다. 그것은 소위 학계의 승인을 받으려고 학계에 참여하는 것이 아니라, 명료성과 정확성과 깊이 때문에 학문적 작업에 관여하려는 과제를 부여한다(331). 그리고 이것은 그 동안 복음주의자들에게 없던 것에 대한 좋은 교정제 역할을 하며, "깊은 지각력과 조심스러운 표현으로 우리의 신학적 이상을 생각할 수 있는 기회를 부여해 주는 것이다"(332). 린츠는 이점을 강조하면서 이렇게 말한다: "복음주의 신앙의 사유화를 극복할 수 있는 전략 중 중요한 한 부분이 대학으로 되돌아가는 것이다"(332). 그러나 이것은 신학의 내용에 관한 진술이기보다는 형식에 대한 진술임을 린츠는 또한 강조한다. 신학적 이상이 부분적으로 학계에서도 충용되지 않는 한 우리가 겪고 있는 현재의 많은 결점들을 계속 가져갈 것이라는 것을 알기에 이를 주장하는 것이다.

현재로서는 복음주의자들은 신학적 내용보다는 우리 시대에 유행하는 기술적이고 기능적 합리성을 사용할 뿐이고(332, 333), 그들을 다른 이들과 구별하는 일은 비교적 잘 하면서도(332, 336) 그들의 정확한 모습을 규정하는 일에서 아주 명확하지 못하다(332). 즉, 우리는 우리의 정체성을 소극적으로만 진술할 뿐(복음중의자가 어떤 이가 아닌가를 진술할 뿐), (우리가 어디서 왔으며 어디로 가는 지를) 적극적이고도 긍정적으로 제시하지 못한다(336). 우리는 우리의 교리적 사고만을 겨우 정당화할 뿐 이 세상에 변변하게 제공해 주는 것이 없다(335f.). 더 나아가서 "현대 복음주의의 기능적 통제는 하나님의 초자연적 섭리를 손상시킨다"는 문제도 나타난다(333). 복음주의자들 안에서 "어떻게 --을 할 것인가"를 논하는 규범들이 많이 나타나고 있다는 것이 이 사실을 증거해 준다고 한다. 이런 영적 실증주의

---

[29] Cf. Scott Hafeman, "Seminary, Subjectivity and the Centrality of Scripture: Reflections on the Current Crisis in Evangelical Seminary Education," *Journal of the Evangelical Theological Society* 32 (1989); 129-43.

(spiritual positivism)을 극복할 수 있은 방안은 "심각하고 일관성 있는 비판적 성찰에로 되돌아가는 것"이다(333). 신학적으로 이제는 쉬운 이해를 제시하는 것이 아니라, 깊이 있은 이해(depth of understanding)을 제시해야 한다. "하나님의 경륜 전체에 신실하려는 노력은 모든 의미에서 고통스러운 노력(both painful and painstaking effort)을 동반하는 것이다"(333). 그런데 그 동안 복음주의자들이 발전시켜 온 복음주의자들을 격리시키고 보호하는 고치가 어쩌면 우리들로 하여금 조심스러운 반성을 하지 못하도록 했었다는 것도 생각해야 한다는 것을 린츠는 지적한다(333). 예를 들어서 변증 영역에서, 복음주의 책들은 이미 회심한 자들에게만 선포하고, 다른 이들에게 대해서 작업하지 않는 경우가 너무 많은 것이다. 그러므로 린츠는 신학적 이상에 있어서 참된 깊이와 참된 명료성을 다시 회복할 수 있는 길이 대학과 공적인 영역에로 되돌아감으로써 얻어질 수 있다고 결론 내린다.

III. 논의점

이제까지 우리는 린츠가 조직신학의 새로운 틀을 어떻게 제시하고 있는지를 살펴보았다. 이제 그의 신학의 골격을 제시하고 있는 이 서론의 서론(335)에 충실한 여러 권의 구체적인 신학 책들이 이 내용을 확신시켜 주기를 기다린다. 일단 이 서론 가운데서 우리가 제기할 수 있는 논의 점들을 다음 같이 몇 가지로 제시해 보고자 한다.

첫째로, 때때로 린츠는 중요한 주장을 하면서 어떤 점에서 같은 의견이 나누어 질 수 있으나 궁극적으로 다른 입장에 있는 이들을 그 문제점에 대한 지적이 없이 끌어 와 사용하는 일이 있다. 물로 이것은 린츠만의 문제가 아니라, 오늘날 많은 보수적 신학자들이 비슷하게 공유하고 있은 문제점이다. 물로 그들로서는 그들이 언급하는 모든 이의 사상에 전부 동의하는 것이 아니라, 논의를 하는 점 구체적인 점에 대해서는 같은 의견을 지닌 것으로 인용될 수 있다는 의미에서 다른 사상가들을 인용한다고 할 수 있다. 그러나 이런 인용 방식이 가져 올 수 있은 오해와 잠재적 위험성은 특히 우리 나라 사회와 같은 전통적으로 권위주의적인 사회 속에서는 좀더 크다고 생각된다.

예를 들어서, 린츠는 바른 성경 해석을 위해 우리는 전체 정경을 해석적 지평으로 신중하게 취하여야 한다고 주장하면서(273), "정경 안의 정경" 개념을 강하게 비판하면서, 주해를 위해 전체로서의 정경을 강조하고, 교회의 정체성은 나뉘어진 구절들로부터가 아니라 전체로서의 정경에서 형성되며, 교회의 주해도 전체로서의 정경이라는 관점에서 수행되어야 한다는 것을 강조하는 브레드 챠일즈를[30] 언급하고 있다(273, n 20). 그러나 그가 더 이상 그에 대한 논의를 하지 않으므로, 챠일즈를 잘 알고 있는 사람이 아니라면 챠일즈의 문제에 대해서는 맹목이게 할 결과를 낳을 수도 있는 것이다. 그는 이 책에서 챠일즈를 세 번 인용하고 있는 데 두 곳에서는 긍정적으로 그의 말에 동감하면서 소개하고(255, 273), 한 곳에서는 "상당히 보수적인 구약 학자"인 챠일즈도 계몽주의 이전의 이해도 돌아가자고 하는 것은 "그 개념이 잘못된 일 뿐만 아니라, 실제적으로 불가능한 것일 것이다" (The New Testament as Canon, 35)고 말하고 있다고 언급하고 지나가는 것이다(197). 그러므로 린츠는 이 책에서는 챠일즈에 대해 별로 비판적인 언급을 하지 않는 것이다. 이런 진술 방법이 가져 올 수 있는 문제점을 생각하면, 그의 좋은 구성 전체가 희석될까 두려운 마음을 갖게 한다.

이런 것의 두 번째 예로 어느 정도는 파크리의 주장과 작업에[31] 동의하면서 일종의 기사적 접근(narrative approach)을 시사하는 린츠의 방법에 대해 다음과 같은 질문을 할 수 있을 것이다. 일단 그것이 성경이 말하려는 바를 전달하는 효과적인 방법의 하나가 될 수 있고, 아마 이야기에 중독된 현대 사회 속에서는 그것이 전달의 가장 효과적인 수단이라고까지 말할 수 있을 수도 있을 것이다. 그러나 그것을 제대로 다 전달하고 났을 때, 만일 피전달자가 그 이야기를 그저(린츠가 예로 들어 설명한) 중세의 어떤 이야기(a medieval tale) 수준으로만 받아들인다면 그것은 과연 제대로 된 전달이라고 할 수 있을까? 그 이야기에 의해서 세상을 보는 눈이 바뀌고, 현대인들이 생각하는 대로만 생각하는 것이 다는 아니라는 수준에만 이른 것을 성경이 말하려는 바(vision)를 다 파악한 것이라고 할 수 있을까? 성경 이야기의 의미에는 동의하되, 그것이 사실성, 역사성에 대해서는 동의하지 않는다면 우리는 어떻게 할 것인가? 바로 여기에 소위 기사적 접근의 한계

---

[30] Cf. Brevard Childs, *The New Testament as Canon: An Introduction* (Philadelphia: Fortress Press, 1985).

[31] Cf. Gabriel Fackre, *The Christian Story, vol. 1: A Narrative Interpretation of Basic Christian Doctrine* (Grand Rapids: Eerdmans, 1984), esp., 4-10.

가 있다고 해야 하지 않을까?

그렇다면 우리는 기사적인 접근이 결국 성경과 신학이 말하려는 바 이상(vision)을 현대인에게 효과적으로 전달하는 수단으로서의 구실을 하고, 일단 그 이상을 받아들인 이들 사이에서는 결국 일종의 추상적 개념을 사용한 정리들이 필요하다고 말해야 하지 않을까? 물론 이렇게 되면 우리의 신학적 작업은 이를테면 두 단계의 작업을 하는 것이 된다: (1) 일차적으로는 기사적인(narrative) 접근에 근거한 이야기하기(story telling), 그리고 (2) 이차적으로 그 모든 이야기의 궁극적 의미를 설명해 보려는 작업. 사실 이 두 단계의 작업은 그동안 계속해서 기독교회 내에서 이루어진 일이 아닐까? 그리고 일단 그 이야기에 충실한 접근을 한 뒤에 추상적인 논의를 한다면, 린츠가 우려하는 "성경의 정보를 추상적인 신학적 언어로 번역하는 것이 명료성을 전달할 뿐만 아니라, 또한 그 명료성을 앗아갈 수도 있다"는(275) 문제를 피할 수 있은 것은 아닐까? 아니면 린츠는 끝까지 신학적인 용어를 사용한 정리에 반대하는 것일까? 여기서 린츠 자신이 든 예를 들어 설명한다면, 일단 중세 이야기가 말하려는 바를 다 파악한 후에 그 아이가 자란 후에는 그것을 추상적인 용어, 현대인들이 사용하는 용어로 설명할 수도 있어야 하지 않겠는가 하는 것이다. 그렇지 않고 항상 그 이야기 수준에 남겨두는 것은 더 이상 성장하지 못하기를 바라고, 항상 그 이야기 속에 가두어 놓으려고 하는 것이 되지 않겠는가 말이다. 그러므로 린츠가 동의하며 사용하는 이 기사적 접근은 결국 일단 성경이 말하는 바에로 현대인들을 걸림돌 없이 접근시키는 한 방법으로만 여겨져야 한다고 생각된다. 물론 이 과정까지를 신학적 작업에 포함시키는 것에 대해 반대할 수는 없다. 그러나 신학적 작업이 그것으로만 그쳐서 그 후에 그 이야기를 가지고 어떻게 할 것인가 하는 문제가 도외시되어서는 안 된다는 것이다. 근자의 기사적 접근들은 바로 이 문제를 도외시하는 문제를 가진 것 같고, 린츠도 이 문제를 깊이 있게 생각하고 있지 않은 것 같아 아쉽다. 즉, 우리의 신학적 작업은 이야기하는 것(story telling)이나 기사(narrative)를 전달하는 것으로 과연 족한가에 대한 문제를 제기하는 것이다.

둘째로, 린츠는 그리스도 왕국의 시작(the inauguration of the Christ's kingdom)을 그리스도의 승천의 결과로 이루어진 오순절에서 시작된 것으로 말한다(308, 314). 그리스도께서 승천하셨을 때 그는 면류관을 가진 왕이 되기 위해 승천하신 것(ascended to be crowned king)이라고 한다(308).

이것은 매우 중요한 요점이다. 그러나 승천과 오순절 사건만을 중심으로 이렇게 강조하여 말하기 위해서는 좀더 깊이 있는 주해적 논의가 필요했다는 생각을 하게 된다. 그런 주해적 논의의 과정 가운데서 그리스도의 초림과 관련된 여러 사건들을 한 묶음으로 묶어서(one package) 그런 일련의 사건들을 통해 하나님 나라가 이미 임한 것으로 말할 수 있다는 생각이 하나의 대안으로 제시될 수도 있을 것이다. 구속을 위해 필수적인 일들이 모두 마쳐진 후 승천하고 성령이 보내진 것을 그 나라 도입(inauguration)으로 말하느냐, 아니면 그의 초림과 그 사역 전체를 그 시작으로 말하느냐는 대립적으로 논의될 문제는 아니라고 생각된다. 그러나 린츠의 강조점이 혹시 지나치게 승천과 오순절의 강조하는 것으로 오해될 수도 있다는 생각에서 이 말을 덧붙이게 된다.

IV. 결 론

우리가 이 소 논문에서 살펴 본 린츠의 조직 신학적 구성에 있어서 가장 강하게 부각되는 점은 그가 성경을 실질적으로 중요시하는 신학을 제시한다는 점이라고 할 수 있다. 그는 성경이 하나님의 구속적 목적을 계시해 줄뿐만 아니라, 또한 그 구속적 목적의 한 도구(agent)라는 것을 강조하여 말한다(274). 그는 "성경에 기록된 특별 계시가 구속적"이라고 말한 죤 머레이가[32] 같은 요점을 말한 것임을 분명히 한다(274). 하나님께서 하고 계시는 근본적인 일이 구속을 이루시는 것인데, 이를 이루는 것이 부분적으로는 성경 안에서 그리고 성경을 통해서 이루어진다는 것이다(275). 성경이 이렇게 중요하므로 성경의 내용만이 아니라, 성경의 구조를 반영하는 조직 신학적 구조를 세워야 한다고 주장하는 것이다. 이런 린츠의 요구는 조직 신학을 하는 새로운 구조를 제시한다는 점에서, 그것도 성경의 구속사적 구조를 반영하는 구조를 제시한다는 점에서 매우 흥미롭다. 그러므로 우리가 위에서 제기한 사소한 문제점들이 극복되고 그의 구조를 가지는 조직 신학이 린츠에 의해서 또 그의 영향을 받은 다른 이들에 의해서 제시되기를 우리는 큰 소망을 가지고 기다리게 된다.

---

[32] John Murray, "Systematic Theology, Second Article," in *The Collected Writings of John Murray*, vol. 4 (Edinburgh: Banner of Truth Trust, 1982), 4.

유전공학적 구원론에 대한 신학적 논의

이 정 석 *

진화론과 우생학

현대 유전공학의 도전

유전자 결정론의 오류

인간의 영혼과 자유

하나님의 개별적 섭리

인간의 죄성과 유전

인간의 구원과 성화

인간은 자기 존재의 신비를 하나씩 밝혀가고 있으며, 거대한 게놈 프로젝트는 인간의 유전자지도를 완성하고 그 적용을 눈앞에 두고 있다. 유전공학은 인간의 유전인자를 치유함으로서 인간의 문제를 해결할 수 있으며, 나아가 인류를 고통과 범죄로부터 해방할 수 있다고 생각한다. 기독교는 그동안 인간의 근본적인 문제가 죄악에 있으며, 죄의 문제가 그리스도의 대속과 성령의 치유를 통해 해결된다고 가르쳐 왔다. 그러나, 죄성이 해결되고 신과 같이 완전한 성품을 회복한다는 성화는 괄목할만한 진전을 보이지 않고 인간성은 별로 개선되지 않고 있다는 내외의 지적을 받고 있다. 한편, 현대의 유전공학은 죄성을 결함있는 유전인자로 규정하고, 유전자 치료를 통하여 과학적으로 범죄성향을 제거하면 언젠가 완전무결한 인간을 탄생시킬 수 있다고 주장한다. 과연 그것이 가능할까? 그러나, 만일 그것이 현실화된다면 기독교는 위기에 봉착할 수 있다.

---

* 풀러신학교 교수, 조직신학(Ph.D.)

진화론과 우생학

기독교는 하나님이 창조한 인간의 본질이 불변한다고 생각하였으나, 진화론을 주장한 찰스 다윈은 인간의 본질이 끝없이 변화하고 발전한다고 주장하였다. 인간은 본래 미생물에서부터 반복적인 진화의 과정을 통하여 현재의 인간이 되었으며, 현재의 인간도 여전히 진화의 과정 속에 있어서 보다 고도의 존재로 발전하고 있다고 생각하였다. 이러한 역사적 낙관론은 철학자 헤겔에서도 볼 수 있는데, 그는 인간의 정신이 변증법적으로 발전하여 결국 완전한 인간의 상태에 도달하리라고 믿고 유토피아를 기대하였다. 물론, 헤겔의 이상주의는 세계대전과 같은 야만적인 인류의 모습이 드러나면서 근거 없는 환상임이 밝혀졌고, 다윈의 진화론도 실증적 과학의 선을 넘어선 상상의 산물로 나타났지만, 신의 존재를 부정하고 자기를 믿는 현대인들은 과학적 발전을 통하여 인간의 모든 질병을 치유하고 죽음을 극복하려는 신앙과 소망을 버리지 않고 있다.

오스트리아의 신부였던 멘델이 유전의 법칙을 발견한 이후 유전학이 크게 발전하였는데, 완전한 인간을 꿈꾸는 인간의 환상을 실현하려는 우생학이 발생하였다. 우생학(優生學, eugenics)이란 결함이 있는 유전자를 제거하고 우월한 유전자를 확장시켜 인류를 개량하려는 방법을 연구하는 학문으로서,[1] 다윈의 사촌인 프란시스 갤톤(Francis Galton)에 의해 19세기말 시작되었다. 특히, 독일의 나치정권은 우생학에 따라 순수한 게르만족을 회복하여 세계를 지배하고자 독일인 중에서도 열등한 유전인자를 가진 사람들에게는 임신을 금지시키고 안락사를 강요하는가 하면 죄없는 어린이들을 수없이 희생하였고, 급기야 악한 유전인자를 가졌다고 생각한 유대인들을 대량 학살하는 범죄를 자행하기에 이르렀다.[2] 우생학은 독일뿐 아니라 영국, 노르웨이, 브라질, 소련을 비롯한 여러 나라에서 수용되었으며, 미국에서도

---

[1] Allen Buchanan et al, *From Chance To Choice: Genetics and Justice* (Cambridge University Press, 2000), 46-52. 우생학은 그럴듯한 주장과 달리 심각한 문제점을 안고 있다: (1) 인간을 치료하는 것이 아니라 대체하려는 것이다, (2) 모든 인간의 다양한 가치를 이해하지 못하고 획일적 인간관을 가지고 있다, (3) 후손을 생산하는 자유를 침해한다, (4) 전제적인 국가의 개입으로 이루어진다, (5) 다수의 희생으로 소수가 이익을 취하는 불의를 범한다.

[2] Ibid., 37-8.

1923년 우생학협회를 창설하고 카네기의 지원 하에 우생학 기록 조사소를 운영하며 가계의 유전정보를 수집하였고 캘리포니아를 선두로 우생입법을 추진하였으나, 전후 문제가 되면서 조용히 자취를 감추었다.[3] 그러나, 스칸디나비아에서는 1976년까지도 열등한 유전인자를 가진 여성들에게 강제로 임신을 금지하는 법이 유지되었으며, 이 단종법으로 약 10만명의 여성이 자녀출산의 권리를 거부당하였다.[4]

현대 유전공학의 도전

유대인 6백만을 학살한 나치의 우생학적 범죄는 인류에게 심각한 충격을 주었으며, 그 결과 우생학은 전면에서 사라졌다. 그러나, 완전한 인간을 꿈꾸는 환상은 죽지 않았으며, 현대 유전공학으로 다시 재기하고 있다.[5] 1973년에 인간의 유전자 조작이 시작되었으며, 보다 완벽한 유전자 개입을 위해 유전자 지도를 작성하고 유전자들의 특성을 연구하는 등 철저한 준비작업이 진행되고 있다. 특히, 1997년 복제양 돌리가 탄생한 이후 인간 복제를 연구하기 시작하였고, 급기야 작년 말에는 최초로 인간복제가 부분적 성공을 거두기에 이르렀다.[6]

---

[3] Ibid., 31-2, 38-40.

[4] Sandro Spinsanti, "Gene Theraphy and the Improvement of Human Nature: Ethical Questions", in *The Ethics of Genetic Engineering*, ed. Maureen Junker-Kenny and Lisa Sowle Cahill, *Concilium* 1998/2 (SCM Press, 1998), 14.

[5] Buchanan, 1: "정부와 기업과 과학의 강력한 연대가 인류사회를 새로운 시대로 몰아가고 있다."; Robert A. Brungs, "Biology and the Future: A Doctrinal Agenda", *Theological Studies* 50(1989) : 703: "현대의 생명공학과 그 가능한 적용들은 인류 역사상 가장 강력한 과학적, 기술적 업적이다."

[6] 2001년 11월 25일 미국 보스톤 주변에 있는 한 생명공학 회사(Advanced Cell Technology)가 인간 복제에 성공했다고 발표하였으며, 이 사실이 확인되었다. 7명의 여자에게서 난자를 받아, 그중 19개의 난자에서 유전인자를 제거한 다음 그 자리에 다른 사람의 세포에서 추출한 유전인자를 주입하였다. 그러나, 난자가 정자와 결합되지 않고서는 독자적으로 생식할 수 없기 때문에 단성생식(parthenogenesis)을 가능하도록 하는 화학처리를 하여 세포증식을 시도한 것이다. 이 실험에서 단지 7개의 난자만이 분할을 시작하였는데, 네개는 두 세포, 두개는 네 세포까지, 그리고 한 개만이 여섯 세포로 증가하다가 모두 죽고 말았다. 따라서, 이 실험을 실패로 평가하기도 하지만, 최초로 복제된 인간의 생명이 3일

물론, 모든 유전공학이 죄악적이 아니며, 결함을 가진 체세포(somatic cell)의 유전자 치료(gene theraphy)는 의학의 발전으로서 난치병을 치료하는 긍정적 기능을 수행한다.[7] 그러나, 이러한 제한은 구속력을 가지지 못하고 배아단계의 유전자에 개입(germ-line intervention)하는 유전자 개량(gene enhancement)을 통하여 인류를 근본적으로 변화시키려는 시도를 막지 못할 것이다.[8] 실로, 엥겔하트는 유전자 치료와 배아 치료의 구분이 모호할 뿐 아니라 사실상 구별할 수 없으며, 그것은 질병의 이해에 따라 달라진다고 주장한다. 그는 심지어 인격성(personhood)과 인간성(humanhood)을 구별하고, 우리는 부단한 유전자 개량을 통하여 인간으로 남기를 고집하지 말고 인격에 더 잘 맞는 존재로 본성을 바꾸어 나가야 된다고 주장한다.[9] 배아유전자 조작은 그 사람뿐 아니라 그의 모든 후손의 유전자를 변형시키려는 무책임한 행위로서, 다시 돌이킬 수 없는 환원불가능성(irrevocability)의 심각한 문제를 안고 있다. '유전자 치료의 아버지'라고 불리는 이 분야의 개척자 프렌치 앤더슨박사는 "처음 시작할 때보다 지금은 매우 두려워하고 있다"고 토로하면서, 배아 개입은 핵무기보다도 더 가공할 파괴력을 가진 위험한 시도라고 지적하고, "스모그로 가득찬 공기, 오염된 하천, 오탁된 지하수, 결함을 가진 핵발전소, 사라지는 오존층의 경우에는 손상을 회복시킬 수 있는 가능성이 남아 있지만, 만일 우리가 무심코 우리의 유전적 유산을 오염시켰을 경우에는 그 손상을 돌이킬 수 없다"고 경고하였다.[10] 로버트 쿤이 지적하는 대로, 유전공학의 미래는 "예측할 수도 없고 알 수

동안 지속되었다는 사실에서 소설이나 영화 속에서나 보았던 가공할 미래를 예측하게 만든다. 졸고, "인간복제에 대한 그리스도인의 자세", 『크리스챤 투데이』 2001년 12월 5일자 또는 Http://jsrhee.hihome.com/cloning2.htm를 참고하라.

[7] Philip Hefner, "Determinism, Freedom, and Moral Failure", *Dialog* 33(1994): 24. 교회는 전반적으로 배아개입에는 부정적이지만, 질병의 유전자 치료에는 긍정적이다.

[8] W. French Anderson et al, "Will Gene Theraphy Change the Human Nature?" Debate on *Closer To Truth*, Http://www.closertotruth.com/topics/healthsex/205/205transcript.html: "우리는 이미 인간 배아공학의 용감한 신세계로 들어왔다."

[9] H. Tristram Engelhardt, Jr., "Persons and Humans: Refashioning Ourselves in a Better Image and Likeness, *Zygon* 19(1984): 281-295.

[10] Anderson, Debate; J. Robert Nelson, *On the New Frontiers of Genetics and Religion* (Eerdmans, 1994), 117.

도 없고 중지시킬 수도 없다."[11] 이러한 인간 개량론적 시도는 기독교의 구원론에 중대한 도전과 위협이 아닐 수 없다.[12] 왜냐하면 기독교가 인간 죄악의 문제를 표방하면서도 외부에서 볼 때 가시적 성과가 미흡하였지만, 유전공학이 과학적으로 그 문제를 획기적으로 해결할 수 있다고 장담하기 때문이다.

신학적으로 죄악의 문제는 원죄에 기반을 두고 있다. 인간이 스스로 범하는 자범죄도 사실은 원죄로 인한 죄성 때문에 불가피하게 범하게 된다고 생각하기 때문이다. 현대인은 인류 역사가 시작될 때 한 조상이 범한 타인의 죄를 아무 동의 없이 부과하고, 또 그 죄 때문에 죄를 짓지 않을 수 없게 되었다는 원죄(original sin)의 교리를 이해하지 못할 뿐 아니라 공의롭지 못하다고 생각하지만, 무언가 인간의 내면에 문제가 있다는 사실은 부인하지 않는다.[13] 그리고, 그 문제를 과학적으로 해결하기 원한다. 기독교가 말하는 원죄의 두 측면, 즉 죄책과 오염에 대하여, 죄책감(guilt)은 심리학과 정신의학의 도움을 받아 해방될 수 있다고 생각하며, 특히 신에 대한 두려움과 억압상태에서 살던 종교적 시대를 탈피한 현대인은 신에 대한 죄책감에서 해방될 수 있고 이유 없는 죄책감이나 강박관념은 심층심리학으로 해결할 수 있다고 주장한다. 또한, 인간의 성격이나 행동에 문제가 있는 인간성의 오염(corruption)은 해당 유전인자의 결함에서 유발된다고 판단하고, 유전자 치료를 통하여 개인과 인류 전체의 그릇된 성격과 행동을 교정할 수 있다고 믿는다. 그리스도의 대속이나 성령의 치료라는 신의 도움이 필요 없이 인간이 스스로 해결할 수 있을 뿐 아니라, 훨씬 더 정확하게 잘 고칠 수 있다고 주장한다.

---

[11] Robert Lawrence Kuhn, Debate.

[12] Ronald Cole-Turner, *The New Genesis: Theology and the Genetic Revolution* (Westminster/John Knox Press, 1993), 87: "만일 유전학적 연구가 사람들에게 그들의 신념이나 행동이 '그들의 유전인자의 결과 이상 아무것도 아니다'는 사실을 확신시키는데 성공한다면, 신학은 심각한 위협에 직면할 것이다."; Brungs, 703: "이 새로운 테크놀로지 혁명은 교회의 교리적 이해에 결정적인 요구를 제기할 것이다."

[13] Hefner, 26-7. 헤프너는 인간에게 있는 근본적인 긴장들, 즉 유전자와 문화의 긴장, 개인성과 사회성의 긴장, 그리고 인간의 태생적 한계와 오류로 인한 긴장이 존재하여 내적인 갈등이 상존하는데, 이를 기독교의 타락과 원죄 교리의 생물문화학적 근거로 이해하였다.

한편, 기독교의 속죄론과 유전공학의 유전자 치유를 통한 죄성의 해결을 조화시키려는 타협적 노력도 있다. 로버트 브렁스는 기독교의 종말론적 새 인간과 유전공학적인 새 인간의 두 비전이 서로 만날 수 있다고 보고, 하나님이 인간에게 자기를 변화시킬 수 있는 능력을 부여함으로서 인간의 유전공학적 노력을 통하여 기독교의 새로운 인간이 탄생할 수 있다고 생각한다.[14] 로날드 콜-터너도 복음서가 강조한 질병의 치유가 약화된 현대에 있어서 신학과 유전공학은 공히 인간에게 결함이 있다는데 동의하며, 결함있는 유전인자를 치유함으로서 타락으로 인한 죄성을 제거할 수 있다고 생각한다. 이러한 구속적 테크놀로지를 통하여 신과 인간은 공동창조자로서 신의 창조사역에 참여하게 된다고 주장한다.[15]

유전자 결정론의 오류

동물심리학자인 스키너는 {인간의 자유와 존엄성을 넘어서}라는 책에서, 인간은 하나의 동물로서 본능에 따라 기계적으로 행동하며, 따라서 인간에게 자유나 선택권이 있다고 생각하는 것은 환상에 불과하다고 주장하였다.[16] 유전자 결정론(genetic determinism)은 인간의 행동이나 성향이 모두 유전자의 필연적 작용이어서, 어떤 유전인자를 가졌느냐에 따라 그 사람이 결정되어 있다는 이론이다. 동물학자 에드워드 윌슨은 심지어 종교적인 성향도 유전인자에 따라 결정된다고 주장하였다.[17] 따라서, 유전인자를 고치면 행동이나 성격도 달라지며, 반대로 유전인자와 무관한 인간 행동이나 성격의 변화는 불가능하다는 생각이다.

물론 유전인자는 그의 행동과 성격에 상당한 영향을 미치는 것이 사실이

---

[14] Brungs, 705-8.

[15] Cole-Turner, 80-109.

[16] Burrhus Frederic Skinner, *Beyond Freedom and Dignity* (Bantam Books, 1971); Jacques Monod, *Chance and Necessity* (Collins, 1972). 유전적 결정론의 주창자들은 상당수가 동물학자 혹은 동물심리학자로서, 인간을 동물로 보는 물질적이고 진화론적인 전제에서 출발하며, 이것은 과학의 선을 넘어서 이데올로기로 작용한다. 리처드 르원틴, {DNA 독트린}, 김동광 역 (궁리, 2001)을 참고하라.

[17] Edward O. Wilson, *On Human Nature* (Harvard University Press, 1978), 205.

다. 그러나, 인간의 자유나 결정권이 전혀 존재하지 않고 모든 것이 유전자에 의해 결정된다는 생각은 대다수의 유전공학자들 자신도 동의하지 않는다.[18] 왜냐하면 유전인자는 가능성일 뿐 결정의 모든 원인이 아니기 때문이다. 유전인자가 인간의 행동에 어떤 영향을 미치는지에 대한 연구 결과, "한 세트의 유전인자가 어떤 특징에 원인적으로 작용하지만, 그와 같은 유전인자들이 그 특성을 일으키기에 '충족'하다는 것은 아니다. 그리고 그와 같은 유전인자들이 그 특성을 일으키는데 반드시 필수적이라는 말도 아니다."[19] 인간의 행동이나 특성은 유전인자와 환경의 상호작용에 의해 발생한다. 필립 헤프너에 의하면, "우리가 우리의 유전인자에 의해 어떤 죄악적 사고를 하거나 이런 저런 죄악적 행동을 하도록 결정되어 있다는 생각은 일고의 가치도 없다… 비록 우리의 다른 것들과 마찬가지로 죄도 분명히 우리의 유전인자에 기초하고 있지만, 그것이 현실화되는 것은 단지 생물학적, 그리고 문화적 요인의 다양한 상황이 작용할 때만 가능하다."[20] 실로, 인간의 유전적 구조와 환경적 요인 두가지가 생물학적 적응에 나타난다.[21] 유전자는 억압과 표현의 방식을 통해 외부의 영향에 반응하며,[22] 양자의 상호관계에 의해 최종적으로 결정되기 때문이다. 또한 배움의 과정을 통하여 유전자는 영향을 받는다.[23] 따라서, 알코올에 약한 유전적 요인을 동일하게 가

---

[18] Kuhn, Debate: "여기 있는 누구도 유전학이 도덕이나 신비주의나 그와 같은 다른 인간의 품성을 완전히 결정한다고 주장하지 않는다… 유전자는 하나의 성향(predisposition)을 제공할 뿐이며… 거기에 가족과 문화와 사회의 보다 강력한 영향이 작용한다."

[19] Buchanan, 353-370.

[20] Hefner, 28.

[21] David Cole, "Genetic Presdestination?" *Dialog* 33(1994): 18.

[22] Ibid., 19. 최초의 세포분열 이후 얼마 안되어 모든 세포가 동일한 유전인자를 가지지만 서로 다른 표현형태(phenotype)로 발전하는데, 이와 같은 차별화(differentiation)는 유전정보를 변화시키지 않으면서도 각기 다른 표현의 패턴을 산출하는 신비한 변화를 결과한다. 그러면 과연 무엇이 동일한 유전인자를 가진 동일한 세포를 서로 다른 형태로 변화시키는가? 한 세포안에 있는 10만여개의 유전인자중 대부분은 억압되고 극소수가 표현됨으로서 그와 같은 차별이 발생하는데, 그 동인은 신비의 베일에 가려 있고 단지 내부와 외부의 환경에 대한 생물학적 적용으로 추정된다.

[23] Ibid., 19-20. 인간의 두뇌는 약 100만개의 신경원(neuron)이라고 불리는 신경세포로 구성되어 있는데, 각각의 뉴론들은 수많은 돌기를 통해 신호를 전달하는데, 돌기와 돌기가 만나는 부분을 시냅스(synapse)라고 한다. 최근의 연구결과는 이

지고 있다 할지라도, 어떤 사람은 교육과 결단에 의해 중독자가 되지 않고 어떤 사람은 무지와 의지 박약으로 중독자가 된다.

　무엇보다도 신비한 것은 유전자가 끊임없이 변화한다는 사실이다. 유전자 변이(變異, gene mutation)는 선천적인 요인과 후천적인 요인이 있는데, 부모에게서 시작된 변화가 자녀에게서 완성되기도 하고 본인에서 시작한 변화도 있다. 변이의 동인은 신비에 감추어져 있으나, 이와 같은 유전자의 변화를 통하여 모든 인간은 자기의 독특성과 개성을 가지게 되며, 동일한 부모에게서 태어난 형제들도 서로 다른 인생을 살게 되고, 모든 인류가 동일한 조상의 유전인자를 물려받았지만 60억 인류가 하나도 정확히 동일한 유전자 집합을 가지고 있지 않게 된 이유이기도 하다. 따라서, 유전자 결정론은 잘못된 생각이며, 유전자 조작을 통하여 인간의 문제를 해결하겠다는 생각도 얼마나 단순한 발상인지 모른다.[24]

인간의 영혼과 자유

　그러면, 인간의 주체는 무엇인가?[25] 무엇이 그의 행동과 삶을 결정하며 유전인자와 외부적 영향을 종합하여 최종적인 판단과 지시를 내리는가? 유전자는 분명히 하나의 요인이며 기능이지만, 인격적 판단과 결정의 주체는 아니다. 인간의 주체는 마음이라고도 하고 영혼이라고도 불리는 영적이며 초월적인 실체이다. 인간이 하나님의 형상대로(imago Dei) 창조되었다는 사실은 하나님이 영이듯이 인간의 주체도 영이라는 진리를 가르쳐 준다. 물

러한 시냅스가 학습이 증가할수록 증가하며, 성인의 경우에도 같은 효과가 나타난다. 즉, 외부의 영향은 심지어 내부의 구조까지도 변화시킨다.

[24] Ibid., 21-2: "학습과정에서 두뇌에 발생하는 인간의 마음과 유전적 표현의 패턴의 협력작용은 그 자체가 보다 폭넓은 이해를 암시한다. 두뇌와 신체의 유전적 표현이 차별화되는 패턴은 후속적 상호작용을 위한 기초를 수정하면서 인간의 영혼이 계속 활동하는 기반으로 인정될 수 있다."

[25] Brungs, 698-701. 그는 "현대의 가장 주요한 교리적 이슈는 인간의 본성에 관한 것"이며, 특히 "현대 교회를 괴롭히는 모든 주요 이슈들이 바로 우리 신체의 의미에 집중되어 있다"고 보았다. 따라서, 현대신학은 신체에 대한 교리를 개발해야 한다고 주장하였다.

론 인간은 신과 달리 육체를 가지고 있어서 영육이 결합된 존재이지만,[26] 영혼이 죽음에서 육체와 분리될 수 있다는 사실은 영혼의 독립성과 주체성을 입증한다. 육체는 영혼의 옷이며 도구이며 기반인데, 유전자는 육체의 구성요인일 뿐이다.

콜-터너는 "유전적으로 결정된 유기체 외에 유전적 요인에 영향을 받지 않고 따라서 유전학과 무관하게 고려될 수 있는 본질적 자아 혹은 영혼이 있다고 생각하는 것은… 의아한 형이상학"이라고 규정하고, 과거에 많은 신학자들이 영혼을 육체에 머무는 독립적 실체로 인정하였으나, 그것은 비성경적인 이원론이라고 비판하면서, "비유전적 혹은 비유기적 영혼이란 존재하지 않으며", "영혼은 두뇌에 존재하고, 우리의 유전인자가 두뇌를 구성하기 때문에 유전인자가 우리 영혼의 근간을 제공한다"고 주장한다.[27] 그러나, 영혼은 육체를 아무리 해부해도 찾을 수 없는 초월성을 가지며, 인간이 죽으면 유전인자는 남아 썩지만 영혼은 육체를 떠난다. 영혼은 유전인자로 구성되지 않는 단순성을 가지며, 한 사람의 인격과 정체성은 영혼에 속한다.

그리고, 하나님의 형상대로 창조되었다는 것은 그분의 선하고 진실한 마음과 정의감, 심미성, 거룩한 마음, 그리고 무엇보다도 사랑하는 마음을 받았다는 뜻인데, 이는 모두 영혼의 기능이다. 왜냐하면 하나님은 육체가 없으며 모두 영적 속성들이기 때문이다. 더욱이, 인간의 자유는 신의 자유에서 유래한 영혼의 본질로서, 모든 육체적, 물질적, 환경적 영향들을 통제하고 그것들을 고려하되 기계적으로 결정되지 않는 인격적 판단을 가능하게 만든다. 자유로운 영혼이 주관하는 영육결합체로서의 인간은 유기적이며 종합적이고 전인적인 존재로서, 인간을 분해하고 유전인자라는 물질적 요소로 분석하면 이해할 수 없는 신비로운 존재이다. 따라서, 마치 기계와 같이 부속품을 교체하여 개선하는 방식으로 유전자를 조작해서 인간을 개선할 수 없다.

---

[26] Nelson, 101-2. 그에 의하면, '영육통일체(psychosomatic unity)'라는 인간관은 최근 의학에서 개발된 용어이지만, 그 기원은 성경에 있으며 그리스의 물질주의나 인도의 영혼주의와 다른 제3의 인간관으로 서구에 정착되었는데, 이 성경적 인간관이 현대의 유전공학과도 조화될 수 있다고 생각한다.

[27] Cole-Turner, 87-8.

바르트는 인간에 대한 이해를 실체적 인간(Der wirkliche Mensch)과 현상적 인간(Der phänomenale Mensch)으로 구분하고, 과학적 지식이 보여주는 인간의 모습은 피상적이며 진정한 실체는 신적 계시를 통해서만 이해할 수 있다고 주장하였다.[28] 인간을 유전인자로 환원하여 이해하는 환원주의(reductionism)적 발상에 대하여 많은 비판이 제기되고 있다. 제임스 구스타프슨은 인간을 순전히 하나의 생물학적 조직으로 전락시키는 환원주의적 발상에는 인간에 대한 존중이나 신비감이 완전히 결여되어 있다고 비판하였다.[29] 폴 쥬웻은 현대에 있어서 "종교는 단순히 심리학이 되고, 심리학은 단순히 생물학이 되며, 생물학은 단순히 큰 분자의 화학이 되고, 큰 분자는 원자들로 구성되는데 원자는 물리학의 법칙에 따라 작용하기 때문에 궁극적으로는 모든 것이 물리학이 된다"고 통탄하고, 이와 같은 기계론적 환원주의와 달리, "기독교 교리는 인간의 자아를 아래로부터 (분자들과 전자력의 복합적인 덩어리로) 보기보다 위로부터 (하나님의 형상대로 창조된 존재로) 이해한다"고 구별하였다.[30]

하나님의 개별적 섭리

인간은 유전학적으로 침팬지와 98% 동일하다고 하지만,[31] 인간은 지성과 감성과 의지에 있어서 동물과 비교할 수 없는 인격적 존재로서, 신체는 부모의 유전에 의해 부여되지만 영혼은 개별적으로 하나님에 의하여 창조된다. 그러나 유전공학은 영혼의 존재를 부정하고 두뇌세포의 유전인자로 오해하고 인간의 개성이나 다양성의 의미를 이해하지 못한다. 그리하여, 유전자 조작을 하는데 있어서 먼저 답변되어야할 질문, 즉 이상적인 인간이란 무엇인가, 또는 궁극적으로 인간이란 무엇인가에 대해 심각하게 잘못된 철학적 혹은 신학적 전제를 가지고 임한다.

---

[28] Karl Barth, *Kirchliche Dogmatik* III/2, 236-241.

[29] James M. Gustafson, "Where Theologians and Geneticists Meet", *Dialog* 33(1994): 9, 14.

[30] Paul K. Jewett, *Who We Are: On Dignity as Human: A Neo-Evangelical Theology* (Eerdmans, 1996), 7-8.

[31] Nelson, 98.

　유전공학은 인간의 작업으로서 단순하고 저급한 인간의 한계를 넘지 못하여 수많은 인간 각가에 대한 하나님의 개별적 섭리를 이해하지 못한다. 무조건 모든 사람이 키가 크고 지능이 높으며 피부가 희어야 된다고 생각하기 때문에 단순하고 획일적이며, 결국 동일한 제품을 찍어내듯이 완전한 유전인자를 가진 인간을 가상하고 완전한 인간을 복제하려는 인간공장식 사고를 하는 것이다. 물론 유전공학이 모두 나치적 행동을 하는 것은 아니지만, 기본적인 인간관은 유사하다. 이런 논리에 따르면, 키가 적고 지능이 낮으며 피부가 희지 못한 사람은 모두 우생학적으로 열등한 인간이어서, 생존이나 생식의 가치가 없는 것이다. 이것은 십자가나 고난의 가치를 전혀 인식하지 못하는 비인격적 발상으로서, 인종주의나 민족주의, 또는 신체주의를 결과할 뿐 아니라 신의 창조와 섭리를 비난하고 인생의 깊은 의미를 부정하게 만든다.[32]

　모든 인간은 똑같이 창조되지 않았으며, 소명과 섭리는 개별적으로 다르다. 각자의 개성과 은사가 다르고, 베드로와 요한에게 주어진 인생의 길이 다르다. 따라서, 모든 인간은 고귀하고 의미있는 것이다. 인간은 모두 단지 인간이라는 이유만으로 존중되어야 하며, 어떤 획일적 기준으로 평가되어서는 안된다. 모든 인간은 그의 독특성과 개성이 가치있는 것으로 인정되어야 하며, 결코 인간의 정의나 심사를 시도해서는 안된다. 산드로 스핀산티는 이것을 '정의의 금지(the prohibition of definition)'이라고 불렀다.[33] 아무도 질병이나 고통을 원하지 않지만, 인간은 고난과 연단을 통하여 정금과 같이 성숙하고 깊어지며 교만이 치유되고 약자를 동정하게 된다. 따라서, 십자가는 인간을 구원하는 길이다. 심지어 예수님은 장애자에게도 놀라운 섭리가 주어져 있음을 분명히 하였다. 현세의 고난은 내세의 영광에 이

---

[32] Michael Ruse, "Genesis Revisited: Can We Do Better Than God?" *Zygon* 19(1984): 297-316. 그는 인간의 본성을 여섯가지 범주로 나누고 유전공학적 개입을 통하여 인간의 능력을 상향시켰을 경우들을 하나하나 점검한 뒤에, 그럴 경우 엄청난 혼란과 불행을 야기하며 오히려 현재의 상태가 최적이라고 평가하고 "하나님이 별로 잘못하지 않았다!"는 긍정적 결론을 내렸다. 예를 들어, 모든 인류가 모차르트와 같이 오페라를 작곡한다면 수십억개의 오페라를 어떻게 감상하겠으며, 개같이 모든 냄새를 맡는다면 어떻게 살겠는가? 유전적 변화를 시도하려면 정당성이 있어야 하는데, 그러한 정당화가 생가처럼 쉽지 않다고 지적하였다.

[33] Spinsanti, 20.

르는 길이며, 현세에서도 고난을 통하여 영혼의 역량이 확장됨으로서 더 훌륭한 인간이 될 수 있다.

물론, 부모에게는 최상의 자녀를 추구할 자유가 있으나, 그것이 결코 자녀의 자결권을 침해해서는 안된다. 부모는 유전적 변화보다는 환경적, 교육적 노력을 통해 자녀를 양육해야 한다. 유전적 개량론은 선택적 낙태와 장애아 무시 등 심각한 자녀 차별을 결과하며, 자기 자녀에 대한 최선이 타인에게는 최악이 될 수도 있다. 자결권(self-determination)이란 자기의 가치관과 목적을 스스로 설정하고 그에 따라 자기 인생의 중대한 결정을 내릴 수 있는 권리로서, 존 롤스는 인간됨의 중심적 조건이 이 자결권이 "최상위의 질서(highest order)"라고 생각하였다.[34] 중국이나 한국에서 남아선호로 인하여 수많은 여아들이 태어나기도 전에 희생을 당하고 급기야는 성비 불균형으로 인해 심각한 결혼문제가 대두되고 있는 현실을 생각한다면, 부모들이 배아 유전자 조작을 통한 신분상승을 시도할 경우 일어날 혼란과 사회적 균형의 파괴는 가공할 일이 아닐 수 없다. 단순한 인간은 우주 전체를 고려할 수 있는 능력이 없으며, 그것은 하나님의 무한한 지혜와 능력에 근거하는 신적 통치와 조정으로만 가능한 일이다. 하나님은 그의 영광스러운 목적을 위하여 우주적 경륜을 가지고 모든 인간을 개인적으로 창조하며 개인적으로 사용한다.

인간의 죄성과 유전

물론, 인간의 개성과 유전은 깊은 연관성을 가지고 있다. 자식은 부모를 닮는다. 외모뿐 아니라 성격이나 행동방식, 심지어 질병이나 약점도 닮는다. 이러한 유전적 유사성은 유전공학의 개입을 초래하는 근거가 된다. 인간의 문제 가운데에는 수술과 같은 방식으로 해결될 수 있는 신체적 결함도 있으며, 이 면에서는 유전공학이 긍정적인 공헌을 할 수도 있다. 그러나, 많은 문제들은 스스로 시행착오를 거치면서 해결해야 된다. 영혼은 수술할 수 없기 때문에, 영혼과 관련된 문제들은 영적인 방식으로 치유되고 극복되어야 한다.

---

[34] Buchanan, 156-161, 214-8.

부모의 습관적 범죄는 자녀에게 영향을 미치며, 이는 유전적 변이와 행동의 관찰 혹은 교육을 통해 이루어진다. 부모는 자녀의 이러한 문제를 단순히 수술로 해결할 수 없다. 신체에 상해를 가하고 수술로 해결하면 된다는 식의 사고도 잘못이지만, 마음에 상처를 가하고 수술로 해결할 수 있다는 발상은 더욱더 잘못된 것이다. 유전자 치료를 통하여 해결될 수 있는 부분은 극히 제한되어 있다. 물론, 죄성은 전인적이며 신체와도 관련이 있지만, 보다 인간의 주체인 영혼의 문제이기 때문이다.

그러면, 인간의 영혼은 어떻게 죄성을 소유하게 되며, 육체의 죄성과는 어떤 관계를 가지는가? 이 문제는 영혼의 기원에 관한 교리와 관련되어 있다. 신학사적으로, 영혼의 기원에 대해서는 두 이론, 즉 영혼이 육체와 함께 부모에게서 유전된다는 유전설(traducianism)과 부모에 의해 육체가 형성되는 순간 하나님이 영혼을 창조한다는 창조설(creationism)이 대립되어 왔다. 자녀가 부모의 육체적 외모뿐 아니라 정신적 성향도 닮기 때문에 유전설이 실제적이라는 평가를 받았으며, 특히 창조론이 가진 난제, 즉 죄악적인 본성과 죄적 성향을 가진 영혼을 창조한 책임을 하나님이 져야하는 문제를 회피할 수 있기 때문에 선호되었다.[35] 그러나, 유전설이 비물질적인 영혼의 분리나 증식을 전제한다는 철학적 문제에 봉착하면서 창조설이 우세하게 되었다. 창조설에서는 하나님이 무죄한 영혼을 창조하여 육체와 결합시킨다고 생각하는데, 그러면 어떻게 무죄한 영혼이 죄성을 가진 영혼으로 변질되는가? 웨인 그루뎀은 하나님이 영혼을 창조함에 있어서 부모의 유전적 성향과 일치하는 영혼을 만든다고 말하지만,[36] 그럴 경우 하나님이 죄성을 가진 영혼을 창조함을 의미하며, 결과적으로 하나님에게 악한 창조의 책임을 지우게 되는 문제를 극복하지 못한다.

아브라함 카이퍼가 이 난관을 해결할 수 있는 '유기적 창조설'을 제시하

---

[35] Louis Berkhof, *Systematic Theology* (Eerdmans, 1941), 199-200. 스트롱이 창조론에 대해 가장 심각한 반론을 제시하였다: "이 이론은 만일 영혼이 처음부터 타락한 성향을 소유하도록 창조되었다면 하나님을 도덕적 죄악의 직접적 창조자로 만들며, 만일 영혼이 순수하게 창조되었다고 주장한다면 하나님이 이 순수한 영혼을 불가피하게 오염시킬 육체에 결합시켰다고 가르침으로서 하나님을 도덕적 죄악의 간접적 창조자로 만든다."

[36] Wayne Grudem, *Systematic Theology* (IVP, 1994), 485.

였는데, 하나님이 육체에 적응력을 가진 순수한 영혼을 창조하시며, 이 영혼이 죄성을 가진 육체와 결합되어 분리할 수 없는 영육통일체가 되는 순간 순수하게 창조된 영혼이 육체의 죄성을 공유하게 된다는 주장이다.[37] 전통적으로, 인간의 영혼과 천사의 영혼이 가진 차이는 육체에의 적응력 혹은 인력(affectio)에 있다고 보았으며, 영혼과 육체의 결합은 우발적(per accidens)이 아니라 본질적으로서 단순한 혼합(mixtio)이 아니라 하나가 되는 완전한 연합(unio)으로 규정하였다.[38] 결론적으로, 인간의 원죄는[39] 두 개의 경로를 통하여 개인에게 부과된다. 하나는 죄의 전수(propagatio peccati)로서 부모의 순수하지 못한 씨(semen impurum)를 통하여 유전적으로 육체에 전수되는 오염(corruptio)이며, 다른 하나는 죄의 전가(imputatio peccati)로서 하나님께서 개별적으로 순수하게 그러나 원초적 의가 결여된(privatio iustitiae originalis) 영혼을 창조하고 거기에 전가의 방식을 통하여 부과하는 죄책(reatus)이다. 그리고, 영혼과 육체가 결합하여 하나가 되는 순간 마치 하얀 솜이 진흙탕에 들어가자마자 더러워지듯이 순수한 영혼은 오염되어, 전인적으로 오염과 죄책을 가진 죄성을 소유하게 되는 것이다.

인간의 구원과 성화

진정한 인간의 구원은 그리스도의 십자가 대속으로만 가능하다. 왜냐하면 죄책은 아담으로 대표되는 인류 공동체에게 모두 부과된 법적 형벌이기 때문에 유전자나 육체와 무관하며, 오로지 하나님의 용서와 은혜를 통해서만 제거될 수 있기 때문이다. 이러한 사죄가 그리스도의 대속을 통해 이루

---

[37] G. C. Berkouwer, *Man: The Image of God*, tr. Dirk W. Fellema (Eerdmans, 1962), 288-92.

[38] 하인리히 헤페, 『개혁파 정통교의학』, 졸역 (크리스챤 다이제스트, 2000), I: 331-5.

[39] Ibid., 496-506; Grudem, 494. 그루뎀은 원죄(original sin)을 유전된 죄 혹은 상속된 죄(inherited sin)라고 고쳐 불렀다. 그 이유는 원죄라는 말이 나와는 무관한 아담의 죄로 오해될 수 있는 반면, 유전된 죄라는 말은훨씬 더 직접적으로 이해될 수 있고 오해를 상당히 방지할 수 있기 때문이다. 독일에서 일반적으로 원죄를 의미하는 *Erbsunde*라는 용어도 직역하면 유전된 죄라는 뜻으로, Otto Weber의 영역판 *Foundations of Dogmatics*, I: 596ff에서도 '유전된 죄(inherited sin)'라고 번역하였다.

어졌기 때문에, 그 사실을 감사한 마음으로 믿고 수용할 때 죄책과 정죄로부터 자유로워지고 의로움과 영적 평화가 주어진다. 칼 라너에 의하면, "생명공학은 구원에 도움이 되지 않는다. 오히려, 이 테크놀로지는 은혜의 수용이 모든 구원의 조건이기 때문에, 우리가 변경하지 말고 수용해야 할 은혜, 즉 우리 유전적 유산의 창조적 은혜를 방해한다."[40]

한편, 인간성의 오염은 성화의 과정을 통해서 해결되는데, 먼저 성령의 신비로운 치유를 통하여 인간 저변에 도사리고 있는 영혼의 저항심과 반항심을 제거하며, 자유의 능력을 부여하여 영혼이 주체적으로 성령의 도움을 받으며 행동을 교정하고 신성을 회복하도록 만든다. 이러한 성화의 과정은 일생동안 계속되는데, 여기서 결정적인 것은 하나님과의 화해와 관계 회복이다. 인간의 죄악은 본질적으로 창조자 하나님과의 단절이며, 이러한 단절은 마치 나무에서 잘라진 가지가 뒤틀리고 매마르는 것같이 인간 영혼의 왜곡과 쇠약, 그리고 반항성을 결과하였던 것이다. 그 결과, 인간과의 관계 능력도 심각하게 왜곡되고 약화되었다. 따라서, 인간의 문제는 유전자 조작으로 해결할 수 있는 것이 아니라, 다시 하나님과의 관계를 회복하고 연결하는데 있다. 하나님과의 화해와 교제는 모든 문제를 해결하는 유일한 길이며, 성령의 치유로 점차 회복되어진다. 십자가는 성화에 있어서도 결정적이다. 그의 고난을 수용하고 십자가의 길을 따라가며 십자가의 사랑을 배워 사랑을 회복하는 것이 인간의 죄성을 치유하여 신을 닮은 인간이 되는 비결이다. 유전공학은 일반은총인 과학의 한 분야로서 인류에게 공헌할 수 있는 긍정적 측면을 가지고 있으나, 과학의 선을 넘어서 하나님만이 해결할 수 있는 죄악의 문제를 해결할 수 있다는 환상을 버려야 한다. 폴 램지가 지적한 대로, "인간은 신노릇을 하려고 들기 전에 먼저 인간이 되기를 배워야 한다. 인간이 되기를 배운 다음에는 신노릇을 하려고 들지 않을 것이다."[41]

---

[40] Cole-Turner, 65.

[41] Paul Ramsey, *Fabricated Man: The Ethics of Genetic Control* (Yale University Press, 1970), 138.

교회(Church)와 정치제도 소고

서 요 한 [*]

1. 서 론
2. 교회의 정의
3. 교회의 명칭과 본질
4. 교회의 생활과 발전
5. 교회 정치의 필요성과 정치형태
6. 결론: 요약 및 평가

1. 서 론

　말씀으로 하늘과 땅을 창조하신 하나님은 그의 영광과 인간의 행복을 위해 이 땅에 가정과 교회와 국가를 세우셨다. 따라서 이 3기관들은 크고 작은 각자의 소명과 특성, 은사를 따라 그의 뜻을 실현해야 한다. 이 목적을 이루기 위해 각 기관들은 최선을 다해야 할 것이다. 위의 3 기관 중 특별히 교회는 하나님께서 그가 부르신 자들을 통해 이루신 영적 기관이다. 이 교회는 비록 인종과 국가, 배경과 역사는 달라도 그리스도를 머리로 신비한 몸을 이룬다. 그러나 오늘 세계 교회와 한국 교회, 교단의 현실은 어떤가? 왜 우리 교회는 서로 돕고 협력하기보다는 분열과 분리, 반목과 갈등으로 말할 수 없는 상처로 얼룩져 있는가?[1] 한때 고난 중에 참 신앙의 모범을

---

[*] 총회개혁신학연구원, 교회사(Ph.D.)

[1] 1982년에 나온 세계 기독교 대사전에 따르면 20세기초에 1900개의 교단이 있었다. 그러나 1986년 현재 22,000개의 교단으로 늘어났다고 한다. 실로 엄청난 교단

보여 준 교회는 죄악의 세찬 격랑에 능력과 독특성을 상실하고 형식주의적 신앙 행태로 지탄받아 온지 오래다.[2] 이런 때 우리 그리스도인들은 심기 일전하여 새로운 모습으로 거듭나야겠다.

지금 세계는 최첨단 정보 과학의 발달로 하루가 다르게 변모해 가고 있다. 1969년의 인간 달 착륙은 이제 1997년 7월 5일 미국의 무인 패스파인더 호의 화성 탐사로 이어져 21세기 신(新) 우주 과학 시대가 놀랍게 펼쳐지고 있다.[3] 그럼에도 불구하고 이 땅에는 불신과 반목, 가난과 질병은 끝이 없고, 삶과 죽음에 대한 공포와 이교 사상의 난무, 그리고 급속한 세속화로 사망 길을 벗어나지 못하고 있다. 이러다가 결국 이 세상은 하나님의 심판을 피할 수 없는 절망적 파국에 이르게 될 것이다. 그러나 하나님의 부름 받은 교회는 끝까지 세상과 타협하지 않고 말씀에 따라 믿음으로 승리해야 한다. 하나님은 이 교회를 지배하거나 간섭할 어떤 권위와 힘을 그 누구에게도 허락하지 않았다. 왜냐하면 하나님이 친히 교회의 주인이시기 때문이다. 하나님은 그의 신부인 교회를 통해 영광을 받으실 것이다. 그러므로 우리는 교회를 교회되게 하여 하나님의 창조 목적을 이루어야겠다. 우리가 싸워 이겨야 할 대적은 형제와 이웃이 아니라 혈과 육이며 하늘의 공중 권세 잡은 자이다.

의 증가를 본다. 그러면 한국 교회는 어떤가? 한국 교회는 분열로 얼룩진 교회가 아닌가? 단적으로 한국 장로 교회만 해도 1996년 현재 약 170여 개의 교단이 있다. 실로 부끄러운 일이 아닐 수 없다. 그리스도를 주라 믿고 고백하는 이 세상의 모든 교회는 모두 하나다. 주님의 하나 되게 하신 말씀을 기억하며 힘써 지키도록 노력해야겠다. Walter A. Elwell(ed.), *Evangelical Dictionary of Theology*, Michigan: Grand Rapids, Baker Book House, 1984, p. 231.

[2] 존 맥아더, 「주님의 교회계획」, 최치남역, 생명의 말씀사, 1993, p. 167.

[3] 우리가 TV를 통해 보았듯이 패스파인더는 정확하게 14.2도로 화성 대기권에 진입한 후 낙하산을 펴서 화성 표면에 착륙했다. 워낙 빠른 속도로 대기권에 진입했기 때문에 신속히 낙하산을 폈는데 시속 230Km로 착륙하였다. 이처럼 엄청난 속도로 화성 표면에 충돌했는데도 우주선은 에어 백의 도움으로 부서지지 않고 잘 작동되었다. 화성에 착륙한 후 패스파인더에서 분리되어 나온 소저너호는 초속 1Cm의 느린 속도로 화성 표면을 거닐면서 각종 사진을 지구로 전송했다. 소저너호가 보내 온 사진은 마치 미국 남서부 사막 지대를 연상케 하듯 바위 투성이의 황량한 벌판과 같았다. 이것은 1976년 바이킹호가 화성에 착륙해 보내 온 사진들과 크게 다르지 않았다. 하지만 온 세계는 새로운 우주 과학 시대의 도래로 큰 흥분에 빠지게 되었다.

　따라서 모든 교회는 개 교회나 교단의 이익을 위해 주님의 명령과 약속을 망각치 않고 피차 지체 의식을 증진시켜 나가야겠다. 서로 이해하고 양보하며 화해하는 관용적 자세가 요구된다. 본 논고에서는 하나님이 세우신 교회란 무엇인가? 즉 교회의 본질과 왜 하나님은 이 교회에 정치를 허락하셨으며, 그 허락하신 정치제도는 무엇인가? 과연 어떤 제도가 가장 성경적인가? 를 역사적 근거를 통해 살펴보고 결론으로 요약과 평가를 하고자 한다.

2. 교회의 정의

　(1) 구약적 정의: 구약에서 사용되는 교회의 역사적 배경은 BC 3세기의 히브리 성경의 헬라어 번역에 기초한다. 교회, 즉 에클레시아라는 말은 70인 역에 약 100회 등장하는데 항상 히브리어 카할(qahal)과 그와 같은 어근을 가진 단어를 번역한 것이다. 카할이 쉬나고게(sunagoge)를 포함하여 일곱 개의 각기 다른 헬라어로 번역되어 그 의미가 광범위함을 보여 주지만 그 중 에클레시아가 가장 주된 번역이다. 그런데 카할은 단순히 문자 그대로 총회, 집회(convocation), 혹은 회중을 의미한다. 그리고 이 낱말은 거의 모든 사람들의 모임을 가리켜 사용할 수 있는데[4] 이 낱말이 이렇게 다양하게 사용된 것을 보아 구약의 카할이나 70인 역의 헬라어 번역은 에클레시아에 전문적인 의미를 부여한 것은 아니었음을 알 수 있다. 그러나 이스라엘과 신약 교회의 연속성을 증명하기 위하여 카할이 구약에서 이스라엘을 가리키는 일종의 전문 용어가 되었으며, 그 뜻은 하나님의 백성이라고 종종 주장하고 있음을 본다.

　역사적으로 이 용어는 고대적인 용법에서 전령에 의해 소집된 시민의 총회, 즉 입법 총회를 가리키는 말이었다. 하지만 소환한다는 개념은 이내 그

---

[4] 예를 들면 이것은 악한 모의를 꾸미려고 모인 모임(창 49:6; 시 26:5)과 백성의 문제(왕상 12:3; 잠 5:14), 전쟁이나 침공을 위해(민 22:4; 삿 20:2), 포로에서 귀환하는 동행에 끼기위해(렘 31:8), 혹은 어떤 방식으로 하나님을 경배하려고(대하 20:5; 느 5:13) 모인 모임을 가리킨다. 이 낱말은 이스라엘 회중을 가리키는데 사용되지만(민 16:3; 미 2:5) 천사를 가리킬 때도 사용되며(시 89:5) 단순히 모인 대중을 가리키기도 한다(창 28:3, 35:11). Francis Brown, S. R. Driver and Charles A. Briggs, *A Hebrew and English Lexicon of the Ole Testament*, p. 874.

용례에서 사라졌다.[5] 그리스 아테네에서는 에클레시아가 미리 정한 날짜에 모여 특별히 소환할 필요가 없는 입법 총회를 뜻하며 오늘날 현대 입법부와 아주 유사했다. 하지만 긴급한 문제를 처리하기 위해 소환된 총회는 순크레토이(sunkletoi)라고 불러서 일반적인 에클레시아와 구분했다. 이 말은 그 구성원이나 모임 방식에 상관없이 모임을 뜻하게 되었다. 이 폭넓은 용법은 신약에서도 다양하게 나타난다.[6] 그러나 성경은 사람들이 모일 때마다 새로운 에클레시아가 존재한 것으로 이해한다. 이것이 바로 신자의 공동체로 하나의 뜻, 교회를 의미한다. 이 교회의 모형은 구약 신 23:2에서는 "여호와의 총회"로 기록되었는데 신약에서는 히 12:23에 "하늘에 기록한 장자들의 총회"로 묘사되어 있다. 예수님은 이 교회를 세우기 위해 오셨으며(마 16:8) 우리는 사도들과 선지자들의 터 위에 세우심을 입은 자들이다. 그리스도 예수께서 친히 모퉁이 돌이 되셨다(엡 2:20).

(2) 신약적 정의: 교회는 본래 헬라어로 쿠리아콘(kuriakon)이며 영어로는 쳐취(Church), 스코틀랜드어는 커크(Kirk)이며 독일어는 키르헤(Kirche)이다. 이 말은 쿠리오스(kurios, 주)의 중성 형용사로 주께 속한 이라는 뜻이다. 퀴리아콘은 신약 마 16:18, 18:17(2회), 고전 11:20(주의 만찬)과 계 1:10(주의 날)에서 5회 등장한다. 그런데 에클레시아가 현재의 교회로는 복음서에 단 한 번 언급된다. 이것은 초기 그리스도인들 사이에서 자신들이 주님께 속한, 주님께 연관된 또는 주님의 집이라는 뜻으로 사용하였다. 또 그 장소는 오직 그곳에 모인 하나님의 사람들 때문이라는 사실을 깨닫고 이 말을 모임 자체에도 적용하였다.[7] 이로써 오늘날 교회라 말 할 때는 사도행전에 기록된 대로 예수님의 승천 이후에 시작되었음을 본다. 모임 장소, 신자들의 지역 조직, 신자들의 보편적인 몸, 루터교회 같은 특수한 교파, 영국 국교 같은 특수한 지역이나 나라에 관련된 신자들의 조직으로 표

---

[5] A. T. Robertson, *A Grammar of the Greek New Testament in the Light of Historical Research*, p. 174.

[6] 예를 들면, 에베소 연극장으로 달려 나갔던 폭도들을 에클레시아라 부르며(행 19:32, 41), 그리고 같은 문맥에서 이 말은 합법적인 총회(행 19:39), 민회(民會)를 가리키기도 한다. 즉 세속 헬라어 에클레시아는 오직 외형적인 총회나 모임을 가리키지 총회를 구성하는 사람들을 가리키는 것은 아니다. 때문에 사람들이 모이지 않았을 때에는 그들이 에클레시아를 구성하고 있는 것으로 보이지 않는다.

[7] Edmund P. Clowney, *The Church*, IVP, 1995, pp. 30-32.

현되었다.

　어원적으로 신약에서 사용된 교회, 즉 영어의 처취에 해당하는 헬라어는 에클레시아(ekklesia)이다. 이 말은 에크(ek, 밖으로)와 칼레오(kaleo, 부르다 혹은 소환하다)의 복합어인 동사 에칼레오(ekkaleo)에서 파생된 말이다. 이 에칼레오는 두 단어가 함께 쓰여서 밖으로 불러내다라는 뜻을 가진다.[8] 이 의미는 하나님께서 그의 사람들을 세상에서 분리시켜 "밖으로 불러내신 백성"을 지지하는데 종종 사용된다. 때문에 이 교회는 종교의식과 이를 통한 권익 차원에서의 성전 중심 종교나 혹은 이의 어떤 보충이나 연장이 아닌 외형상의 그것과 구별되는 영적인 연합체였다.[9] 이런 의미로 주님은 분명히 당시 종교 지도자인 제사장들과 논쟁을 통해 율법적으로 성전 종교를 주도하는데 대해 어떤 타협도 없이 전적인 변화와 개혁을 요구하였다.[10] 그러나 이것은 예수님이 종교 지도자들로부터 미움과 증오를 받게 된 원인이기도 했다. 하지만 예수님은 하나님 나라의 건설을 위해 복음을 증거하고 이를 위해 그의 제자들과 동역자들을 부르셔서 그의 뜻을 이루셨다. 그리고 그는 친히 대제사장과 대속제물로서 구약의 예언을 성취하시고 성전이나 제사가 아닌 신령과 진리로 예배할 수 있는 에클레시아를 세워 주셨다. 여기서 ecclesiastical 즉 교회적인 것과 ecclesiology, 교회론이 파생되었는데 초기 헬라어 사용자들에 의해 폭넓게 사용되었다. 그러므로 신약적 의미의 에클레시아는 단순한 비전문적 의미에서 하나님의 백성 된 그리스도인을 가리키는 완전한 전문용어로 발전한 것을 보여준다.[11]

---

[8] 존 맥아더는 엡 1:4-12 강해에서 교회란 무엇인가를 매우 탁월하게 지적하였다. 그에 의하면 교회는 선택: 앞선 부르심, 구속: 불러주심, 성화: 불러 옮기심, 동일화: 불러오심, 계시: 불러 내리심, 연합: 불러 함께하심, 영화: 불러들이심, 선포: 불러 보내심으로 정의했다. *Ibid.*, pp. 166-179.

[9] 예를 들면 요 2:19과 마 26:1, 마 12:6처럼 예수께서 "이 성전을 헐라 내가 사흘 동안에 일으키리라", "가로되 이 사람의 말이 내가 하나님의 성전을 헐고 사흘에 지을 수 있다고 하더라", "내가 너희에게 이르노니 더 큰 이가 여기 있느니라"에서 보듯이 그는 성전 종교의 변화와 개혁 이상의 심판적 차원을 말씀하였다.

[10] 요 2:13-25; 마 21:12-13; 막 11:15-18; 눅 19:5-48 참조.

[11] 에클레시아는 신약에 114회가 나온다. 이들 가운데 5회는 신약 교회를 전혀 언급하지 않으며 109회는 신약 교회와 관계가 깊은데 크게 두 가지다. (1) 그리스도께 믿음과 충성을 고백하는 자들이 모인 어떤 특정 지역 교회(살전 1:1)나 총회(고전 4:17; 갈 1:22)에 주로 사용. (2) 보편 교회에 적용된다(행 8:1-3; 9:31).

3. 교회의 명칭과 본질

(1) 명칭: 상기한 바와 같이 신약적 의미의 교회는 구약적 전통에 따라 외형상의 어떤 건물이나 또는 모세의 율법을 중심으로 그 안에서 행해지는 어떤 의식에 근거하지 않고 모든 예언을 성취하신 예수님의 십자가와 그의 구속에 기초한다. 이렇게 예수님의 피로 갑주고 사서 세움을 입은 교회는 성경에 다양하게, 예를 들면 하나님의 교회(고후 1:1), 그리스도의 배우자(아 4:8-12), 그리스도의 신부(계 21:9)요 몸(골 1:18), 그 아들의 왕국(골 1:13), 양떼(요 10:16), 하나님의 집(히 10:21; 벧전 4:17), 거룩한 예루살렘(계 21:10), 선택된 신부(요이 1)등으로 묘사된다. 이 명칭들은 그리스도의 몸으로(고전 12장) 이 세상의 어떤 단체와 확연히 구별되는 신비한 공동체이다. 그러므로 신약에서는 구원받은 성도들 자신이 바로 하나님의 성전이며(고전 3:16) 그 성도들 모두가 예수 그리스도 안에서 그의 신부인 교회(엡 2:21-22; 5:25)로 함께 지어져 간다.[12] 이같은 예는 예수님의 가르침과 복음적 실천을 통해 일관되게 보여진다. 즉 예수님은 그의 사역 초기의 산상수훈을 통해 구약적 유전의 문제점을 복음의 빛 아래서 해석하시고 보다 적극적으로 모든 곳, 특별히 안식일에는 회당에 가서서 복음을 전파하셨다. 그러나 이 일로 예수님은 많은 종교 지도자들에 의해 원성을 사기도 했다. 복음서는 바로 이런 갈등과 음모와 송사를 자세히 설명해 준다.[13] 그러나 주님은 조금도 흔들리지 않고 이들의 교훈에 주의할 것과, 특별히 전통과 유전, 율법에 대하여 분명하게 가르치셨다. 그러므로 예수님은 당시 종교 지도자들에 의해 도덕과 윤리, 규범과 질서를 파괴한다는 선동자로 몰리게 되었다.

(2) 본질: 하지만 예수님은 그의 죽음을 통해 새로운 공동체, 즉 교회를 만들어 주셨다. 그리스도는 교회의 머리시며 그의 지체인 교회는 마 10:1과 막 6:7, 눅 10:1에 있는 것처럼 더러운 귀신을 쫓아내며 모든 병과 약한 것을 고치며 하나님의 나라를 온 세상에 선포해야 한다. 하이델베르크 신조

---

[12] 엡 2:21-22, "그의 안에서 건물마다 서로 연결하여 주안에서 성전이 되어 가고 너희도 성령 안에서 하나님의 거하실 처소가 되기 위하여 예수 안에서 함께 지어져 가느니라".

[13] 마 16:21-28; 17:22; 20:17-19 참조.

는 이 교회를 성령과 하나님의 말씀으로 영원한 생명을 위해 선택된 무리라 표현했고 벨직 신앙고백서는 참 신앙의 거룩한 무리로 그리스도 안에서구원을 소망하며 그의 피로 씻김 받아 성령으로 인침바된 하나의 우주적이며 보편적인 단체라 했다(히 12:23; 엡 5:25).[14] 이 영적인 신령한 교회는내적으로 사람들의 눈에는 감추어져 있으나 이 세상과 구별된 삶을 추구한다. 거듭난 모든 성도들은 성령 안에서 한 몸을 이룬 가족이요 하나님의자녀가 된다. 이 교회(총회)는 참 신앙과 거룩으로 영적인 면을 가지나 모든 성도들이 피차 신앙을 고백하고 대화하며 맡은바 직무와 사역에 힘을기울인다. 그리스도의 분부에 따라 교회는 성찬과 교회 훈련을 집행 실시하여 하나님의 말씀을 이루고 제도와 고백과 교제를 통해 외적 성장에 도모한다.

4. 교회의 생활과 발전

(1) 생활: 구약에서 교회는 아브라함과 함께 시작된 영적인 이스라엘 공동체의 발전을 말한다. 그러나 신약에서 교회는 예수의 부활 승천 이후 지상에서 사역하는 동안 관계를 맺은 제자들과 무리에 의해 시작되었다.[15] 이들은 오순절에 성령을 받고 예수가 죽음에서 부활한 그리스도라고 증거하는 권능을 받았다(행 1:8). 이 새 무리들은(엡 2:15)은 여러 장소에서 예배를 드리기 위해 정기적으로 모이고(행 20:7; 히 10:25), 회당의 방식을 따라 구성원들 가운데서 선출된 장로들에게 다스림을 받는(행 14:23) 신자공동체라는 외적인 형태를 취하였다. 이 교회는 종교에 관한 어떤 문제들에 동의하는 자들의 모임이 아니라 세상에 기초가 놓이기 이전에 선택된신령한 그리스도의 몸(엡 1:4)이다. 이 집합체는 왕이신 그리스도의 지혜와능력으로 보호를 받으며 통치를 받는다. 때문에 교회는 완전하고 철저한영적 자유를 주장한다.[16] 그러면 교회 밖의 타락한 불순종의 세상은 어떤

---

[14] G. H. Kersten, *Reformed Dogmatics*, vol II., Michigan: Grand Rapids, Eerdmans Publishing Co., 1983, pp. 457-459.

[15] Walter A. Elwell, *op. cit.*, p. 231; G. H. Kersten, *Reformed Dogmatics*, vol II., 1983, p. 459; 도날드 거쓰리, 「신약신학」, 정원태.김근수역, 기독교문서선교회, 1993, p. 890.

가? 우리는 이들도 하나님의 경영하시는 손안에 있다고 믿는다. 아마도 이 세상은 그의 통제와 보호가 없었다면 이미 파멸했을 것이다. 비록 이 세상 나라가 패역하며 거슬려도 때가 찬 후 아들이 오시면 장차 그의 나라가 될 것이다.

초기 신앙인들의 생활은 말씀 중심으로 성도간에 서로 교제하며 지냈다. 이들은 서로의 필요를 위해 서로 돕고 영적 복리를 위해 기도하며 살았다. 특별히 주님의 말씀을 기다리며 그의 오심을 간절히 사모하였다. 이들은 모이면 기도하고 흩어지면 전도하는 생활 모습으로 일관했다. 성령에 충만하여 항상 능력있는 삶을 살았다. 이들의 이 같은 경건한 생활은 복음 전도에 큰 힘과 무기가 되었다. 고난과 박해 시에도 타협치 않고 그리스도의 복음을 만방에 증거하였다. 그 결과 믿는 자의 수가 급증하게 되었고 마침내 그리스도인이라는 칭호를 얻게 되었다.[17] 초대 교인들의 이 같은 삶은 어떤 힘과 권력, 무력으로도 제어(制御)할 수 없는 강력한 단체를 형성했다. 이들은 아직 소수에 불과했으나 많은 사람들의 두려움의 대상이 되었다. 이들은 세상 끝날 까지 너희와 함께 하리라는(마 28:19-20) 주의 약속을 붙잡고 증인의 사명을 잘 감당하였다.

(2) 발전: 초기 교회는 로마의 박해에도 한가지 원인은 있겠으나 아직은 어떤 제도화된 구체적 조직을 갖지는 않았다. 한 지역의 주교가 다른 지역의 기독교인들에게 아무런 권위를 내세움이 없이 서로 각자의 지역 교회에서 충성을 다했다. 당시 기독교인들은 박해로 옥외나 카타콤에서, 회당과 개인 집에서 예배를 드렸다. 그러나 교회는 또한 이단과 분파의 등장으로

---

[16] D. M. Lloyd-Jones, *Knowing the Times*, The Banner of Truth Trust, 1989, p. 36.

[17] 하지만 주님이 재림하셔서 이 땅에 새 예루살렘 성을 건설하실 때까지 완전한 교회는 없다. 그러나 이들은 하나님의 계시와 그리스도 안에서 그 무엇도 끊을 수 없는 결속과 연합을 이룬다(롬 8:). 교회의 설립자 그리스도는 이 세상 끝날 까지 그의 교회를 모으고 도우시며 밤낮없이 대적자 사탄과 세상과 죄를 대항하여 싸운다. 주님은 사탄과 세상과 죄악이 더 이상 성도들을 공격할 수 없도록 믿는자들의 대변자가 되신다. 그러므로 우리 성도들은 세상에서 환란을 당하나 항상 담대해야 한다. 성도들은 그 아들과 함께 승리하여 모든 영광과 존귀를 하나님께 드리며 영원토록 그와 더불어 왕노릇 하게 될 것이다.

매우 혼란하게 되었고 그 결과 정치 및 종교적 안정이 요구되었다. 이런 상황에서 2세기 말경 교회를 단합할 교구 제도가 발달하면서 군주의 성격을 띤 주교직이 등장하였다. 이제 교회는 교회의 통일성을 위해 주교의 힘을 빌리게 되었으며 점차 로마에 있는 주교와 교회에게 특별한 영예와 권위의 자리가 부여되었다. 교회의 제도 형태가 이렇게 발전하게 되면서 통치를 위한 조직과 정치가 필요하게 되었다.[18] 로마의 교회는 모든 교회 문제에 있어서 하나의 중재자로 최고의 존경을 얻게 되었다. 로마제국의 광범위한 제국적 조직망에 따라 교회들도 같은 방식으로 자신들을 조직하기 시작하였다. 따라서 자연스럽게 교회는 교회적 체제와 조직을 갖게 되었다.

이 조직은 교회의 다양한 직책들 가운데서의 서열(序列)이나 중요성에 기초하였다. 본래 주교와 장로의 직책은 동의어로 통용되었으나 시간이 지나면서 그 사이가 구별되었다. 그리고 또한 위엄과 중요성에 있어서 주교 다음인 수석 부제의 직책이 등장한다. 3세기가 시작되면서 교회의 참된 본질에 대해 정의를 내리고자 하는 논쟁이 발전하였다. 그 당시 교회들은 우두머리로서의 주교(감독) 그리고 그의 휘하에서 치리하는 장로들의 지역을 중심한 집단, 그리고 장로들 휘하의 부제들로 조직되었다. 따라서 구원을 받기 위해서는 이 기구의 일원이 되어야 했다. 3세기 중엽 북아프리카 카르타고의 주교 키프리안은 교회의 단일성이라는 소책자에서 교회들을 하나의 커다란 세계적 교회의 일부라 주장하고 로마는 베드로의 보좌요 사제적 단일성의 기초가 되는 주된 교회라 말했다.

교회의 개념은 콘스탄티누스 황제(306-337 AD)의 기독교 공인 이후 변화를 가져왔다. 즉 기독교 공인으로 기독교인들은 공개적이며 자유롭게 하나님께 예배할 수 있었다. 그러나 이때부터 교회는 소명받은 무리로서보다는 특정한 건물 또는 구조물로 이해되기 시작하였다. 그리하여 당시 기독교인들은 법정(法庭)등으로 사용된 장방형의 회당인 바실리카를 교회 건물

---

[18] 교회 정치란 개 교회나 연합한 교회들이 각자 세운 지도자들에 따라 실시하는 정치 조직이나 체제를 말한다. 이것은 성경에 실례들이 나타남으로 교회와 교인들의 영적 유익을 위해 실천해야 할 것이다. 물론 이것을 잘하면 구원을 받고 받지 못하는 것은 아니다. 그러나 교회의 질서를 위해 필수적이다. 가령 하나님의 계시를 효과적으로 이루기 위해서 필요한 제도이다. 여기에 조직과 행정, 교육과 예배 모범이 요구된다.

을 위한 모델로 사용하였다. 그리고 그와 더불어 교회라는 용어를 건물을 가리키는 말로 사용하였다. 이들 교회 건물들은 신약의 의미와 달리 다만 기독교인들이 공공 집회로 만나고 모이는 자유가 부여된 것으로 바뀌게 되었다. 이제 교회는 점차 형식적 신앙 생활을 위한 질서와 규범을 중시하며 회의를 소집하는 거대한 교회를 조직하였다. 이로써 교회는 비록 세상적 권위를 얻었으나 성경적 의미를 상실하게 되고[19] 점차 세속적인 제도로 전락하며 계급화되기 시작하였다. 결국 이것은 교회를 타락으로 몰아 마침내 세인의 지탄을 받게하는 계기를 제공하였다. 그러나 16세기 종교 개혁자들은 이 같은 교회의 폐습과 전통에서 벗어나 말씀 중심의 교회를 회복하였다. 이들은 한결같이 교회를 교회되게 하고자 온 힘을 기울였다.

5. 교회 정치의 필요성과 정치형태

5.1. 필요성

(1) 교회의 존재 목적상: 그리스도의 교회는 그를 머리로 한 하나의 제도이다. 그는 교회가 그의 명령을 잘 이행할 수 있도록 말씀을 통해 범위를 정해주셨다. 그런데 교회가 자신의 영역을 넘어서 자신에게 속하지 않은 특권을 사취(詐取)한다면 이는 하나님의 정하신 질서를 파괴하는 것이다. 교회는 세상과 달리 그 존재 목적이 뚜렷하다. 무엇보다도 (i) 하나님께 예배드리는 것이다. 인간의 제일되는 목적은 그를 영화롭게 하는 것이다. 이것은 삶의 모든 것을 지배하며 이로써 생명을 공급받는다. 이 예배를 위해 하나님은 자신의 원칙, 즉 영적 희생과 성령에 의해 인도되는 것을 말씀하셨다. 하나님은 영이시므로 그의 계시를 따라 영적으로 드려야 한다. 예배는 두 가지 측면이 있는데 하나는 우리를 향한 하나님의 말씀과 이 말씀에 대한 우리의 응답이다. 하나님은 예배를 통해 우리에게 말씀하신다. 우리는 이 말씀을 듣고 감사하며 기도하고 그분께 찬양드려야 한다. (ii) 선포: 이는 세계 복음화를 위해 교회가 이루어야 할 사명을 말한다. 이를 통

---

[19] 사실 신약의 기독교인들은 다락방이나(행 1:12-15, 2:1-2), 성전 지역(행 2:46; 5:20-21, 42), 회당에서(약 2:2), 그리고 다른 장소와 가정에서(행 5:42; 롬 16:5; 고전 16:19) 서로 만나 예배를 드렸다.

해 모든 사람들이 예수를 믿어 죄사함을 얻고 구원을 받아 주의 제자가 되게하려는(마 28:19-20)는 것이다. 이는 하나님이 세우신 기관으로 국가가 할 수 없는 독특한 사명이다.

(2) 약속의 수행 과정상: 지상의 공동체 교회는 성경에서 하나님의 나라(the kingdom of God), 하늘나라(the kingdom of heaven), 즉 거대한 왕국으로 묘사된다(요 18:36). 교회가 하나의 나라, 즉 국가라는 사실은 곧 최고의 통치자 왕(그리스도)과 다스림을 받는 백성(신자들), 그리고 다스리는 법률(성경)이 존재함을 보여준다. 이 왕국을 바로 통치하여 그 목적을 이루기 위해서는 여러 지도자들과 다양한 법률, 직무와 조직 같은 제도가 요구된다.[20] 질서의 하나님은 그의 구원 계획 성취를 위해 그의 거룩한 산 시온에 그의 왕을 두셨다(시 2:6; 미 4:7; 사 9:6-7). 그리고 그는 교회의 조직과 제도를 통해 그의 원하시는 실제 목적을 이루어 가신다.[21] 그리스도는 이 교회의 주인으로 중심에 계시며 그의 나라의 궁극적 승리를 위해 정치 제도를 사용하신다. 바울은 디모데에게 "내가 속히 네게 가기를 바라나 이것을 네게 쓰는 것은 만일 내가 지체하면 너로 하나님의 집에서 어떻게 행하여야 할 것을 알게 하려 함이니 이 집은 살아 계신 하나님의 교회요 진리의 기둥과 터이니라"(딤전 3:14-15)고 말했다.

교회는 이를 합리적으로 수행하기 위해서 조직을 정비하는 일종의 정치적 기능을 잘 수행해야 한다.[22] 그러므로 교회 정치는 나쁜 것이 아니다. 이것을 성경적 원리에 따라 바로 실천하고 실행하는 지혜가 필요하다. 한 성경과 한 하나님, 한 성령과 주님을 믿고 따르는 이 세상의 많은 교회들은 성경 해석과 신학적 입장은 달라도 하나님의 뜻을 이루어 가야 한다. 그러나 혹 우리가 정치를 방해하면 이는 직접적으로 기독교 신앙의 진리를 침해하는 것이 된다. 이 정치는 성직 계급 제나 시민 정부가 아니라 장로들

---

[20] James Moir Porteous, *The Government of the Kingdom of Christ*, Edinburgh: Johnston, Hunter, & Co., 1873, p. 20.

[21] Sinclair B. Ferguson & David F.Wright(eds.), *New Dictionary of Theology*, IVP., 1988, pp. 140-143; 윌리암 플래처,「신학의 역사」, 이은선역, 기독교문서선교회, 1996, p. 13.

[22] John Lawrence Mosheim, *An Ecclesiastical History*, Glasgow: Blackie, Fullarton, & Co., 1827, pp. 27-29.

에 의한 통치를 남겨 주었다. 그러므로 교회의 조직이나 정치 질서를 파괴
하는 것을 경계해야 할 것이다. 하지만 우리는 때로 왜 이렇게 교회가 많
을까? 혹은 이렇게 많은 교회 중에 참된 교회(교단)는 어디에 있는가? 나
는 어느 교회(교단)에 속해야 할 것인가로 고민하게 된다.

5.2. 정치형태

이제 하나님의 피조물로서 우리의 관심은 어떻게 이것들을 효과적으로
이룰 수 있는가에 있다. 역사적으로 교회는 사회적으로 다양한 정치제도나
형태를 갖고 있다. 성경은 어느 곳에서도 교회 정치의 형태를 분명하게 하
나로 제시하지 않고 있으며 실제가 아닌 원리를 제공하고 있다.[23] 그런데
이 원리가 모든 시대에 표준으로 적용될 수 있는가는 학자들 사이에서 아
직도 논쟁의 대상이다. 그 이유는 오순절 이후 신약의 서신서들을 보면 교
회 정치가 상당히 발전했으며 수정 완화되었음을 발견하기 때문이다.[24] 이
땅에는 한 하나님과 성경을 믿으면서도 장로교, 감리교, 침례교, 루터교, 성
공회 같은 다양한 교회와 교단이 있다. 그 이유는 각자의 성경 해석과 신
학적 입장 차이 때문이다. 예를 들면 어떤 교단은 성경 말씀의 권위와 하

---

[23] 이성희 목사에 따르면 교회 정치의 성경적 근거는 구약에서 출 18:13-27이며
신약에서는 행 6:1-7을 들 수 있는데 양자는 유사성에도 불구하고 차이점 또한
현저하다. 그는 문제의 발단은 구약과 신약 공통적으로 사람이 많다는 것과 업무
의 과중이다. "21세기 미래 사회 속에서 바람직한 교회 정치 제도는 무엇인가?",
「오늘의 한국 장로교 정치제도 이대로 좋은가?」교회갱신을 위한 목회자 협의회,
1997년 4월 28일, pp. 12-13.

[24] 예를 들면 처음 행 6:1-7에서는 7명의 집사가 임명되었으나 행 14:23과 20:17,
딤전 3:1과 딛 1:5-9, 히 13:7, 벧전 5:1에서는 장로가 임명되었다. 이 직분들은
전도자와 여집사처럼 사도와 선지자로서 막연한 기능을 했다(행 21:8; 엡 4:11;
딤후 4:5). 이 외에도 어떤 경우 사도가 장로로 묘사되며(벧전 5:1) 혹은 7집사
중에 하나는 복음 전도자로 기록된다(행 21:8). 그리고 모든 장로와 달리 몇몇
장로들은 설교하고(딤전 5:17), 전혀 사도가 아닌 아볼로가 설교를 했다(행
18:24-26). 그러나 신약 성경은 3 형태의 확실한 사역을 보여준다. (1) 사도와
집사와 몇몇 여인들에 의해 수행되는 애찬사역(ministry of tables), (2) 사도들
과 장로들, 주교와 목사들에 의해 수행되는 감독(oversight)과 목양(pastoral
care) 사역, (3) 사도들과 선지자, 복음 전도자, 장로들과 집사들, 그 외에 전혀
언급되지 않은 몇몇 사람들에 의한 말씀 사역이다. 사도 시대 이후 이 같은 정책
은 각 교회의 전통에 따라 발전하였다.

나님의 주권을 강조하며 다른 교단은 교회의 전통과 의식, 혹은 인간의 이성과 합리성을 주장한다. 구원에 있어서도 또한 오직 믿음만을 강조하는 하거나 다른 한편 선한 행위를 강조하는 교단도 있다. 정치가 비록 추상적이나 그것이 권력을 갖게 되면 그 즉시 실재가 된다. 그것은 이 세상에 가시적인 것으로 나타나며 구체적인 형태를 지니게 된다. 그 형태들은 대략 교황 정치, 감독 정치, 회중(독립)청치, 장로 정치와 같은 체제를 중심으로 정리할 수 있다.[25] 이 용어들은 공격적 의미로 사용하는 것은 아니며 단지 교회의 어떤 특징을 말해 주는 것의 한 표현이다.

5.2.1. 교황정치(Prelacy)

(1) 역사적 개관: 교황 정치의 수장인 교황(pappa)은 본래 고대 헬라어의 아버지(father)라는 말에서 유래하였다. 여기에 근거하여 로마 가톨릭은 초기 교부 시대이래 지금까지 절대적인 일인 통치의 이 체제를 유지해 왔다. 이들은 마 16:16-18, 눅 22:31-32과 요 21:15-17을 근거로 초대 교황 베드로가 그의 후계자인 로마의 감독과 주교들에게 사도 계승권을 이양했다. 이들에 따르면 베드로는 예수님의 수제자로[26] 다른 동료 사도들보다 우월하며 특별한 지위를 받았다. 심지어 이들은 베드로를 예수님의 특별 대리인이라고 간주하며 점차 예수와 동등시했다.[27] 그리고 초대 교회의 지도자인 바나바와 야고보, 디모데와 디도가 사도적 감독(베드로)과 후대 감독들을 연결해 준다고 보았다.[28] 따라서 사도적 승계는 합법적이므로 모든 기독

---

[25] Donald Macloud, "Church Government", *New Dictionary of Theology*, pp. 143-146.

[26] 그 이유는 베드로가 예수님에 의해 제일 먼저 소명을 받았으며(마 4:18-19), 사도들의 명단에서 제일 먼저 나타나고(마 10:2), 최초로 예수를 주라 고백했으며 (마 16:16) 부활하신 주님을 제일 먼저 보았기(고전 15:5) 때문이다. 그는 부활 후 제일 먼저 복음을 선포했다(행 2:14). 이 같은 이유로 가톨릭은 베드로를 수제자로 간주하였다. 그러나 갈 2:11에서 보듯 베드로는 여러번의 실수를 했다. 로마 교황들은 아직도 사도 베드로의 계승자라고 생각하는데 이들의 주장은 사도 베드로의 역할과 큰 차이가 있음을 발견한다. 특별히 성경 어디서도 베드로는 그의 후계자를 임명했다는 기록이 없다. 자세한 것은 비판을 참고하라.

[27] Charles Sydney Carter, *The Protestant Dictionary: Containing articles of the History, Doctrines, and Practices of the Christian Church*, London: The Harrison Trust, 1933, pp. 488-490, 625-627.

교인들은 신앙과 의무로서 교황에게 순복해야 한다. 한편 교황은 주교 선출시에 최종 결정권을 갖고 그를 실제로 임명하며, 주교들은 교황에게 책임을 진다. 이 같은 맥락에서 사도 베드로의 계승자 교황은 절대적인 권위를 가지고 약 9억의 전 세계 가톨릭 교회를 다스렸다.

특별히 클레멘트를 포함한 초대 교부들은[29] 당시의 로마가 다른 교구 대표들보다도 더 많은 사도적 전승과 연결되었기 때문에 다른 감독보다도 로마 감독은 더 많은 특권을 갖게 되었다고 주장했다.[30] 이러한 우월성은 교

---

[28] Walter M. Abbott(ed.), *The Documents of Vatican II*, London: Geoffrey Chapman, pp. 391-392; J. B. Lightfoot, "The Christian Ministry", in *Saint Paul's Epistle to the Philippians*, p. 181; E. M. B. Green, *Called to Serve: Ministry and Ministers in the Church*, p. 43.

[29] 예를 들면 초대 교부 클레멘트와 이그나티우스, 이레네우스와 키프리안과 히에로니무스(제롬)는 로마 교구가 다른 교구들보다 탁월한 지위를 갖는다고 주장했다. 특별히 이레네우스는 사도들로부터 이어져 내려오는 비밀스런 전승은 이 감독들을 통하여 공개적이며 공식적으로 승계되었다고 믿었다. 이들은 교회의 분열을 방지하고 대신 일치를 진작시키기 위한 보증으로서 성직자 계급 제도 내에서의 사도적 계승을 발달시켰다. 이그나티우스와 이레네우스에 따르면 성직자 계급 제도는 이단을 대적하기 위한 가장 훌륭한 방어책이며 참된 교리를 진작시킬 제도였다. 그리고 키프리안은 로마 감독직의 중요성을 강조했다. 다른 사람들은 감독은 사도적 기능을 이어 받은 승계자로 보았는데 이는 감독들이 지도권과 교리 순결을 지키는 책임을 포함하여 사도들이 어떤 일들을 수행하기 때문이다. Charles N. Cochrane, *Christianity and Classical Culture*, New York: Oxford University Press, 1944.

[30] 예를 들면 베드로와 바울은 로마에서 순교했는데 이들 두 사람은 초대 교회의 탁월한 지도자였으므로 교회와 로마의 감독이 특권을 추가하려 한 것은 전혀 이상한 것이 아니다. 뿐만 아니라 AD 64년 로마 황제 네로의 대 박해 시에도 로마 교회는 그 중심지였다. 바울 서신들 중에서 가장 길면서도 가장 중요한 서신은 로마 교회에 보낸 것이다. 로마 교회는 100년에 이르기까지 모든 기독교 교회 중에서 가장 규모가 크고 부유한 교회 중 하나였다. 로마 시가 제국의 수도로서 지닌 역사적 특권 때문에 이 도시에 있는 교회의 지위도 자연히 높아졌다. 이 교회는 이단과 분파주의에 맞서 확고한 정통주의를 유지하였다. 따라서 이들은 로마의 감독에게 많은 특권을 부여하는 것을 주저하지 않았다. 그리하여 이들은 (i) 모든 감독들은 사도들을 통해서 그리스도와 연결된다는 사도적 계승 교리를 받아들였다. 이에 로마 교황은 베드로의 가시적 계승자로 절대적인 권위를 보유하게 되었다. (ii) 각 교회 안에서는 한 사람의 감독이 군주적 감독으로서 동료 장로들 보다 우월한 지위를 차지하게 되었다. (iii) 로마 감독은 그 교구와 연관된 전승들이 지닌 중요성 때문에 다른 감독들 중에서 으뜸으로 인정되었다.

회의 일치를 진작하는 결속체로 나타나 신조의[31] 발달로 더욱 강화되었다. 이 같은 로마 교회의 사도 계승권의 강조는 군주적 감독 제도로 발전하여 3세기에 와서 임명에 의한 승계 교리로 나타났다. 이것은, 토마스 린지(Thomas Lindsey)에 따르면, 커져가는 교회의 권위와 사도적 권위를 연결하려고 했던 라틴 교회의 법률가들이 그 교리를 나타나게 했다.[32] 이는 아우구스투스부터 디오클레티아누스까지 황제 정치를 옛 공화정 헌법의 연장이라 한 것과 같다. 따라서 사람들은 군주적 감독이 화합의 구심점이요 진리의 저장고요 성례를 통해서 하나님의 은혜의 방편들을 나누어주는 자라고 생각하였다. 결국 교회는 이런 승계를 거친 자들을 합법적인 사역자로 간주하고, 교회에 필요한 의식과 성례를 집행할 수 있게 했다.[33]

---

[31] 신조란 성서 안에 있는 관습과 거룩하고 절대적인 신앙의 규칙을 상대적이고 제한적으로 표현한 것으로 대중이 사용할 수 있는 신앙의 진술로서 여기에는 구원과 교회의 신학적 안녕에 필요한 조항들이 포함된다. 최초의 신조로는 마 16:16의 베드로의 고백에 기초한 사도 신경이 있는데 초기부터 세례 때의 신앙 고백으로 사용되었다. 340년경에 가장 오래된 신조가 로마에서 등장했는데 그것은 400년경에 푸피누스가 사용한 것과 비슷한 것이었다. 이 신조는 삼위일체론적이며 삼위의 위격과 사역에 관심을 둔다. 그것은 집단으로서의 교회의 우주적 본질을 강조하며 구원을 그리스도와 관련지으며, 신자의 부활과 내세의 목표에 초점을 두는 분명한 종말론을 포함한다. 그 외 많은 신조들이 있는데 이 신조들은 대체로 (1) 신앙의 정통성을 시험하기 위해서, (2) 이단과 구별하여 동료 신자들을 알아보기 위해서, (3) 그리고 본질적인 신앙의 교리들을 편리하게 요약하여 가르치기 위한 목적으로 사용되어 왔다. 이 모든 신조들은 생동감 있는 신앙을 전제로 하여 그것을 지적으로 표현하였다. 초대 교회에는 전체 교회의 대표들이 작성한 종교회의의 신조, 혹은 보편적 신조들이 신학적 논쟁 기간에 대거 출현하였다. 그런데 종교개혁 시대에는 교파에 따라 여러 가지 신조가 등장했고 그 이후에 더욱 가속화되었다. 성경에서 신조적 진술들은 롬 10: 9-10, 고전 15: 4, 딤전 3: 16 등이 있다.

[32] Thomas M. Lindsay, *The Church and the Ministry in the Early Churchies*, James Family Publishing, 1977, p. 279.

[33] 그러나 교회의 사역자들을 통하여 계속되어야 할 사도의 가르침이 무엇이어야 하는 문제는 계속 남는다. 바울은 디모데에게 그가 받은 가리침을 다른 사람들에게 맡기라고 분명히 가르쳤고 이 사람들은 그와 비슷하게 그 가르침을 전달할 것이다. 그래서 사도적 가르침의 승계가 있어야 한다. 교회 지도권의 기능도 그와 꼭 마찬가지이다. 이 지도권은 사도들이 넘겨 준 것이었으며, 사도들은 장로로도 활동하며(벧전 5:1-2; 요이 1-2), 지역 장로들을 임명했다(행 14:23, 20:17 이하).

이것은 6세기 그레고리 6세에 의해 로마의 주교로 간주되었다가 11세기 그레고리 7세(1073-1085)에 의해 공식화되었는데 그 이유는 로마의 교황권을 다른 주교들과 구별하기 위함이었다. 그 후 교황은 부여된 절대 권력을 바탕으로 교회와 세속 정부를 관할하는 막강한 권세를 누리게 되었다. 이들은 성경을 하나님의 말씀으로 인정하나 또한 그밖에 여러 교회의 전통과 의식을 존중한다. 구원은 믿음과 함께 수양과 선한 행실, 업적을 통해서도 얻을 수 있으며 특별히 7성례를 통해 신앙을 증진할 수 있다. 1962-1965년 발표된 로마 교황청의 바티칸 II 정강에 따르면 "베드로의 계승자 로마 교황(Roman Pontif)은 영구하며 가견적 근원이며 주교 연합과 모든 믿는 자들의 기초"라고 선언한다. 이 선언에 따라 교황권은 사도적 메시지와 사역, 그의 보편성과 우주적 일체감을 유지하기 위해 교회 내의 연합 사역을 위해 주력한다.

　(2) 성경적 근거: 로마 교회의 사도적 계승은 마태복음 16:16-18과 함께 눅 22:31-32; 요 21:15-17 등에 기초한다. 이 이론에 따르면 베드로는 예수님의 수제자로 다른 동료 사도들보다 우월한 지위를 부여받았다. 그의 탁월한 지위는 이후 그의 후계자인 로마의 주교들에게 이양되었다. 따라서 사도직의 승계는 합법적이므로 모든 기독교인들은 신앙과 의무로써 교황에게 순복해야 한다. 이 이론은 590년 그레고리 1세가 교황에 오르면서 교회의 전통으로 굳게 정착되었다. 그러나 우리는 마 16:16-18의 정확한 분석을 통해 성경의 원리를 바로 확립해야 할 것이다. 마 16:16에서 예수님이 반석을 지칭하는 두 단어 페트로스(petros, stone)와 페트라(petra, living rock)를 사용하셨다. 그런데 여기서 베드로에게 적용된 페트로스는 남성 명사이지만 그리스도 교회의 기초가 될 반석에 사용된 것은 여성 명사 페트라이다. 이 반석 페트라는 교회의 기초를 놓기에 적합한 큰 바위(rock)이나 페트로스는 하나의 작은 돌맹이(stone)일 뿐이다. 따라서 예수님은 페트라가 시몬(베드로)의 이름으로 적합치 않으므로 페트로스를 사용하셨다. 학자들은 이를 해석할 때 교회의 기초적 개념으로서 이 반석을 그리스도, 모든 사도들, 혹은 베드로의 고백 등으로 다양하게 해석해 왔다.[34] 그러나 본문에서 이 반석은 그리스도시오 살아 계신 하나님의 아들이라고 고백한 사

---

[34] Edmund P.Clowney, *The Church*, IVP., 1995, pp. 39-41.

도들의 대표 베드로를 말한다. 예수님은 그 베드로를 지지하여 그에게 천국의 열쇠를 주신다(마 16:19)고 하셨다. 이 말은 다윗의 집의 열쇠를 다윗의 종 엘리아김의 어깨 위에 두어 그가 열면 닫을 자가 없겠고 닫으면 열 자가 없으리라(사 22:22)고 하신 것처럼 그가 그리스도의 집의 문을 다스리는 도구(陶具)로서의 권위를 가지게 될 것을 말한다. 마침내 이 예언이 성취되어 베드로는 오순절에 유대인에게(행 2:14), 사마리아인에게(8:14), 그리고 마지막으로 이방인에게(10:34) 문을 열었다.

하지만 궁극적으로 본문에서 보여주는 반석(living rock)은 베드로의 신앙고백이 나타내듯이 십자가에서 죽으시고 죽음에서 부활하셔서 하나님의 우편에 앉으실 살아계신 하나님의 아들 그리스도이시다. 이를 증명하듯이 베드로는 벧전 2:6-8에서 교회의 기초(반석)는 자신이 아니라 그리스도라고 진술했다. 베드로의 이 진술은 반석이신 그리스도를 머리로 모든 사람들이 동일하게 영적인 걸물의 기둥이 될 것과 또한 그 열쇠는 베드로가 아닌 죽으시고 부활하신 그리스도가 낳은 구원의 효과를 선포함으로서 작동됨을 말한다. 따라서 베드로의 권위는 전적으로 그만이 갖고 누릴 수 있는 독점적 성경의 것이 아니다. 사실 예수님은 이미 겟세마네 동산에서 베드로가 그리스도를 저버릴 것을 말씀하셨고(눅 22:31-32), 부활하신 후에 그리스도를 배반했던 일을 용서하신 후에 베드로에게 양떼를 먹이라고 강력히 요청하셨다. 이는 그가 교회의 기초로서 반석이 될 수 없음을 보여주는 것이다. 또한 예수님께서 마 16:19에서 베드로에게 하늘의 권세를 허락하셨으나 그와 비슷한 권세가 다른 사도들에게도 동등하게 수여되었음을 기억해야 한다(요 20:19-31). 베드로는 다른 사도들과 전혀 다를 바 없는 사도 중에 하나일 뿐이다. 사도 바울은 베드로가 다른 제자들 보다 높은 지위를 가지고 있다고 생각하지 않았다. 바울은 베드로가 갈라디아 지방에서 유대인 신자들과 영합했을 때 그를 질책하였다(갈 2:11-14). 이를 종합해 볼 때 결국 교회의 기초는 베드로가 아니라 그리스도이심을 알 수 있다. 그리스도는 그의 몸된 교회의 유일한 머리이다. 만약 가톨릭의 주장대로 교황이 가견적 교회의 머리라면 교회는 이로써 두 개의 머리를 갖게 된 괴물일 것이다.[35] 성경은 예수 그리스도 외에 다른 교회의 머리는 없다고 가르친다.

---

[35] James Moir Porteous, *The Government of the Kingdom of Christ*, Edinburgh: Johnstone, Hunter, & Co., 1873, pp. 298-299.

5.2.2. 감독 정치(Episcopacy)

(1) 어의적 의미: 이 정치 체제의 명칭 감독(목사)은 헬라어 에피스코프스(episkopos)에서 파생했는데 실제적으로 감독자(overseer)라는 뜻을 갖는다. 이 말은 신약에서 장로라는 단어와 교대(交代)로 사용되었는데(행 20:17; 빌 1:1; 딤전 3:), 벧전 2:25은 예수 자신이 감독이라 묘사된다. 그런데 이들은 장로와 감독을 구별하고 초기 사도들이 주교들에게 행한 안수를 목회의 표준이요 교회의 근본적 규례로 제정했다. 그리고 이들은 안수받은 감독들은 동시에 장로로서 은혜의 수단인 성례 의식을 집행할 수 있도록 했다.[36] 따라서 이들은 감독 중심의 제도를 강조하였다. 그러나 감독 정치는 교황 한 사람이 모든 교회와 나라를 통치하려는 것과 달리 독립된 한 국가의 영역에서 한 감독을 중심으로 하는 교회 통치를 주장한다. 즉 전자가 로마의 교황을 중심으로 전 우주적이요 보편적인 단일 교회(universial church)를 추구한다면 후자는 한 나라를 중심으로 하는 국가 교회(national church)를 말한다. 이는 주로 헬라 정교와 감리교회, 영국의 성공회 같은 교회에서 실시하는 것으로 가톨릭과 같이 성직자의 계급 구조를 따르는 체제이다.

(2) 역사적 발전: 이들에 따르면 바나바나 야고보, 디모데와 디도는 예루살렘 교회에서 사도적 대리로서 장로적 권위 이상의 특별한 지위를 가졌다.[37] 이들은 그들의 사역지에서 교회와 장로회 위에 상위 권위를 가졌다.

---

[36] G. D. Henderson, *Why we are Presbyterians*, Church of Scotland Publications, p. 42.

[37] 이들에 따르면 이 직분의 선례는 예루살렘 교회에서 야고보가 갖았던 지위이다. 바울은 그를 사도(갈 1:19)라 부르며 교회의 기둥(2:9) 가운데 하나라고 언급한다. 그는 사도와 장로가 포함되어 있던 중요한 예루살렘 공의회에서 회장을 맡아 토론을 정리하고 문제를 판단한다(행 15:13 이하). 이 사건에서 그가 두드러진 지위를 차지하고 있었다는 점은 다른 구절들의 지지를 받는데 이 구절들은 그를 교회의 지도자로 분명하게 가르치고 있다(12:17, 21:18). 하지만 그가 다른 교회 지도자들과 맺은 관계를 조사해 보면 그는 다른 지도자들을 다스린 다기보다는 집단 가운데서 사회를 맡은 직분 자임이 드러난다. 바울과 바나바는 예루살렘 공의회에 가면서 교회와 사도와 장로들에게(15:4) 영접을 받았지만 야고보에 대한 언급은 없다. 야고보가 자신의 판단을 표현한 것에 이어서 바울과 바나바와 함께 안디옥에 보내는 편지를 전할 대표단을 파송한 것은 다름 아닌 사도와 장로와

온 교회(22절)의 결정이었으며, 이 편지는 그들이 작정한 규례(16:4)라고 표현되었다. 확실한 것은 야고보의 현저한 지위이다. 그러나 이것은 후대의 일인 감독제와는 거리가 멀다. 그가 탁월했던 점은 오히려 특별히 그가 거룩하다고 소문이 난 데서 두드러지는데 이 거룩함으로 그는 의인(the Just)이라는 별명을 얻었고 또 전승이 그것을 설명해 준다. 이 전승에 의하면 그는 기도를 많이하여 그의 무릎은 마치 낙타의 무릎처럼 못이 박혔다고 한다. 그의 거룩한 품성보다 더 중요한 것은 그가 그리스도와 가장 가까운 친척이었다는 사실이며, 유대인 사회에서 가족 연대는 특별히 중요하다는 점이다. 바울이 그를 주의 형제(갈 1:19)라고 부른 것은 의미있는 일이다. 몇몇 교회를 포함하여 권위있는 인물인 디모데와 디도의 사역을 감독 제도의 선례라 보기도 한다. 하지만 그들이 상당히 널리 교회를 섬긴 것을 생각하면 그들의 지위가 감독이라고 볼 수 없게 된다. 왜냐하면 감독은 초대 교회에서 특히 소아시아에 나타나는 것으로 어떤 지역에 국한되어 있었던 것으로 보이기 때문이다. 나아가 그들에게는 아무런 칭호도 없고 그들의 특별한 지위를 계속 이어가는 데 필요한 아무런 규정도 없기 때문이다. 만일 그들이 감독 직분을 시작하고 있다면 이런 규정이 마땅히 있을 것이다. 감독 임명에 대한 언급은 확실히 장로를 가리키고 있는 것이지 그들의 승계자를 가리키는 것이 아니다. 그들의 직무는 전도 여행에서 세운 사도 바울의 일시적인 대표자의 역할로 보는 것이 더 낫다(고전 4:17; 고후 8:23; 살전 3:2; 빌 2:19-23). 그들은 몇몇 교회들에 할 사역을 마치고 나서 사도들에게 돌아간다(딤후 4:9, 21; 딛 3:12). 이러한 사상은 1세기 말 즈음에 먼저 소아시아에서 한 세대가 지난 후에는 서방에서 점차 나타났다. 이 직분은 크고 작은 동료들 사이에 지도권으로 부각되면서 2세기와 3세기 동안에는 독립적으로 우월한 지위로 발전한다. 예를 들면 2세기 초에 교회마다 혹은 조직된 그리스도인의 공동체마다 감독(목사), 장로, 집사의 세 계급 사역자가 있었다. 이그나티우스는 감독을 예로 들며 독자들에게 하나님의 자리에 앉아 있는 감독과 사도, 공의회의 자리에 앉아 있는 장로와 그리스도의 봉사(diakonia)를 위임받은 집사들의 다스림을 받으며 하나가 되어 모든 일을 행하라고 했다. 이중 집사는 감독과 장로의 삼중 사역 안에서 구체적인 직분으로 발전하였다. 감독주의자들은 성직으로서 집사 직분은 그 자체 신약에는 없어도, 신약 교회에 이미 분명하게 나타난 어떤 특색이 발전한 것이라 한다. 이것은 이후 점차 행정 기능과 목회 기능과 전례 기능이 결합됨으로써 집사직의 중요성이 커졌다. 3세기경 히폴리투스의 사도적 전통은 집사를 감독과 교회의 연결 고리로 간주한다. 구제 물품을 모으고 분배하는 것이 집사들의 주된 책임이었으며 장로의 직분에 종속되었다. 이것은 중세를 지나면서 그 중요성이 쇠퇴하고 단지 사제가 되기 위해 거쳐가는 것으로 인식되었다. 그러나 종교 개혁자들은 성직으로서의 집사의 전례적 기능을 제거하였다. 이 직분이 생길 때 교회의 필요는 본질적인 것이 아니라 도구적인 것이었다. 이때 감독은 다양한 성격의 교회들을 하나로 묶는 요인이 되었는데, 그것은 많은 교회가 핍박으로 고통 당하고 있었기 때문이다. 따라서 감독은 권위를 가지고 교리적인 발언자로서 박해에 대항하며 이단의 침입을 막는 보호막이 되었다. 그리고 어떤 사람이 일정한 지역의 교회들을 연합하여 실제적으로 대표할 필요를 느꼈다. 감독제주의자들에 따르

그 후 이 제도는 2세기 중엽 감독(목사)과 장로, 집사의 삼중 사역으로 나타나 폭넓고 확고하게 정착되었다. 그런데 어떻게 군주적 성격의 감독이 등장했는지는 알 길이 없다. 사도 교부들 가운데 이그나티우스와 폴리갑은 그들의 작품에서 군주의 성격을 띤 감독을 말하며 위기 시에는 성직 체계가 아닌 감독을 중심으로 뭉쳐야 할 것을 말했다. 4세기 기독교 공인 이후에는 주교 한 사람이 하나의 교구, 즉 일군의 교회들을 관할하는 관습이 등장하였다. 당시 주교는 일반적으로 도시 또는 읍 단위 교회의 수장이었다. 더 나아가 교회가 제국 내의 행정구역 체제를 받아들이면서 주교들 중의 주교들로 교황과 총대주교와 수도 대주교와 대주교가 등장하였다. 이 같은 제도는 동서방 교회의 분열과 교회와 국가의 긴밀한 관계의 정립, 특별히 서방에서 로마 교구의 권력이 부상하면서 확대되었다. 중세와 그 이후 시대에 주교들은 가톨릭처럼 신앙과 세속 분야 모두를 망라하여 다스리는 실질적인 지배자였다.[38] 때문에 이 정치는 상회와 하회의 구분이 분명하고 성직자간의 계급적 차이가 눈에 띤다. 또한 지역 교회의 평등권과 자율권이 인정되지 않는다.[39] 그러나 이들은 가톨릭처럼 사도권 계승은 주장하지 않는다.[40]

영국의 헨리 8세는 1534년 수장령을 통해 이 제도를 확고히 정착시켰다.[41] 가톨릭에서 신교 신앙으로 바뀌는 개혁의 과정에서 영국 교회는 교황 대신 국왕을 중심으로 한 감독 교회를 발전시켰다. 이들은 감독제는 곧 교회의 본질로 이것이 없이 참된 교회는 있을 수 없으며 또한 신성하게 임명된 주교는 구원의 한 수단인 성례를 통해 인간에게 특별 은혜를 베푸는 유일한 통로라 했다.[42] 그러나 개혁자들은 주교의 이 같은 중세 가톨릭적 권

면, 이 필요들은 성령의 인도를 통하여 이런 감독제를 통해 해소되었다. J. B. Lightfoot, op. cit., p. 181; E. M. B. Green, op. cit., p. 43.

[38] 영국에서는 지금도 이 전통이 남아 있어 많은 수의 주교들이 상원의원직을 갖고 있다.

[39] 오덕교,「장로교회사」, 합동신학교, 1995, pp. 15-16.

[40] 「교회사대사전」 vol. I., 기독지혜사, 1994, p. 35.

[41] G. D. Henderson, op. cit., pp. 28-29.

[42] Ibid., pp. 29, 59. 초대 교회에서 집사는 감독을 돕는 자였으나 오늘 성공회에서는 사제를 준비하는 자에게 붙여진다. 칼빈은 본래 집사의 기능은 행 6:에 있는 것처럼 가난한 자와 병자들을 돌보는 것이며 장로를 돕는 자이다.

력 확대를 우려하여 그 직위를 개혁하거나 폐지하고 목사나 교구 목사의
직위와 동등하게 취급했다.

5.2.3. 독립정치(Independency) 혹은 회중정치(Congregationalism)

(1) 사상의 발전: 역사적으로 이 사상은 16세기 영국 엘리자베스 통치
기간 중 발생한 박해로부터 형성된 기독교회의 한 당파로 대개 브라운주의
자들로 불린다.[43] 이들은 극단적인 개혁을 주장하며 영국 교회를 참된 교회
로 인정하지 않고, 동시에 여기에 속한 목회자와 성례전과 서품들을 모두
거부하였다. 이로써 이들은 국교에서 완전히 분리되었고 당시 계속 국교와
관계를 갖고 있는 장로파 청교도들과 신학적인 극한 대립을 벌였다. 이들
은 교회 내에서 평등주의적이며 민주적인 과정을 따르는 교회정치 제도로
역사적 계속성이나 전통, 계승보다는 항상 새로운 성령의 사건적 활동에
관심을 기울였다.[44] 따라서 이 교회들은 제도화된 교회나 주교들 혹은 관리
들에게 종속되지 않고 각 교회는 그 자체 자율적이며 독립적이다. 이는 곧
머리되신 그리스도 외에는 교회 위에 어떤 사람이나 조직을 인정치 않음을
말한다. 이들에 따르면 진정한 교회란 오직 그리스도의 부르심에 따라 그
분과 다른 형제들과 함께 그리스도의 제자로 살기로 언약한 사람들로만 구
성된다. 이 교회의 독립적인 모든 회중(gathered church)은 그 어떤 외부의
치리권이나 계층과 무관하며, 오직 그 자체 교회 회원이 모든 정치권을 갖
는다. 따라서 이들은 임의로 목사를 선택하며 예산의 자율적 집행과, 권징
의 자율적인 실시를 강조한다.[45] 또한 이들은 교회의 복잡한 계층 구조와
권위를 부정하고 지역 교회에 모든 자치권을 두며 세속 정부와의 분리를

---

[43] 회중교회 혹은 독립 교회는 이 교회의 설립자인 로버트 브라운의 이름에서 비
롯되었다. 그는 과격하고 고집이 셌으나 훌륭한 재능을 가진 사람이었다. 그는
교회와 여왕의 의식들, 그리고 그녀와 관계를 계속하는 모든 사람들을 매서운 말
로 탄핵했다. 그를 추종하던자들은 영국에서 추방되어 화란으로 건너갔다. 그러
나 곧 그들 사이 의견 대립으로 브라운은 다시 영국으로 돌아와 국교회와 연합
하였다.

[44] *Ibid.*, p. 43: James Heron, *A Short History of Puritanism*, T. & T. Clark:
Edinburgh, 1908, p. 136.

[45] James Moir Porteous, *The Government of the Kingdom of Christ*, Edinburgh:
Johnston, Hunter, & Co., 1873, pp. 190-205.

주장한다.

이 제도는 하나님으로부터 은사를 받았다고 인정되어 선출된 사역자를 배제하지 않지만 그들의 권위는 회중과 맺은 관계에 있으나, 일반적으로 감독제나 장로교의 지도자들보다 실제적으로 크지 않다. 궁극적으로 직분자들은 다른 지체들보다 교회 권위를 더 가지지 않는다. 지체마다 사안의 결정에 대해 오직 한 표를 가질 뿐이다. 이들은 다른 교회나 교단과의 연합을 부정 분리하고 개교회주의를 추구한다. 이 형태는 장로교와 같이 교구 감독제를 거부하나 장로교의 당회나 노회, 대회와 총회 같은[46] 제도를 부인한다. 주로 회중교회(congregatianalism)와 침례교회(baptists), 혹은 분리주의자(separatists)들이 이 체제를 취한다.

(2) 교회직분: 이 교회의 직분은 대개 목사(장로)와 집사 두 종류의 사역자로 구성이 된다. 그러나 실제로 회중 교회에는 정해진 직분의 유형이 없다. 때때로 이 직분들은 교회를 전반적으로 감독하는 장로와 봉사의 사역을 맡은 집사가 여럿 있는 것으로 표시되기는 한다. 좀더 일반적으로는 목사와 집사가 있는데 어떤 경우든지 집사는 회중을 감독하는 일에도 관계한다. 일반적으로 성직 임명은 평신도가 해서는 안 되는 일을 할 수 있도록 특별한 지위를 사람에게 주는 것이라고 보지 않는다. 오히려 사람이 성직 임명을 받아 필요하다면 평신도도 실제로 할 수 있는 일을 하도록 따로 세움을 받았지만 이 사람은 하나님으로부터 그 일을 하라고 친히 부르심을 받았고, 자신의 사역이 하나님의 소명과 은사와 훈련 때문에 좀더 효과가 있을 것이라는 확신으로 기대하므로 모든 시간과 힘을 쏟아 하나님의 일을 하도록 따로 세움을 받는 것이다.

(3) 지역교회의 권위: 이들에 따르면 신약은 지역 교회 위에 있는 교회 조직을 전혀 보여 주지 않는다.[47] 사도와 사도가 보낸 자들은 여러 교회에서 어떤 권위를 행하는 것으로 보이지만, 감독이나 장로 그리고 집사의 영속적인 직분이 어떤 지역 회중 밖에서 사법권을 가지고 있다는 증거는 전혀 없다. 오히려 회중 교회마다 자기 지역에서 하나님의 모든 교회를 대표

---

[46] John Macpherson, *Presbyterianism*, Edinburgh: T. & T. Clark, p. 1.
[47] Louis Berkhof, *Systematic Theology*, p. 590.

했다. 그 직분들은 임명을 받을 때에 충분한 사명 위임을 받았다. 감독이나 장로들은 지역 사역자이며 교회들은 회당처럼 성격상 민주적이며 분명히 자율적이다. 서로 몸의 한 부분을 실제로 도와주어서 하나된 것을 표현한다. 이와 같은 각 회중 교회의 자율성은 신약 교회에 명백히 나타난다. 예를 들면 이들에게 권징을 할 수 있는 궁극적인 권위는 교회 자체에 있다. 화해를 이루기 위해 사용한 다른 수단이 실패로 돌아가면, 그 결과 최종 법정인 지역 교회 앞에 그 문제를 가져오는데, 이 법정을 넘어서서는 더 이상 호소하지 못한다(마 18:15-17). 바울도 한 지체의 출교를 명령했지만, 자신이 그 일을 하기보다는 교회에게 권징을 시행하라고 한다(고전 5:5; 살후 3:6, 14-15).

5.2.4. 장로정치(Presbytery)

(1) 특징적 사상: 이 제도의 기본적 특징은 그리스도의 몸된 지상교회의 여러 교파 가운데 한 지교회로서 칼빈에 의해 주어졌으나[48] 17세기 스코틀랜드와 영국에서 감독주의적 성공회 체제 안에서 오랜 논쟁과 투쟁을 통해 크게 발전되었다.[49] 이 제도는 신학적으로 칼빈의 개혁주의 신앙 체계를 따르며, 정치적으로 장로 중심의 민주적 정치체제를 따른다. 이는 곧 각 지역 회중에 의해 피택된 장로들로 구성된 당회와 노회, 대회, 총회를 중심으로 교회를 돌보는 정치 형태이다.[50] 여기서 당회는 목사 또는 복수의 목사와

---

[48] John Calvin, Institutes of Christian Religion, vol. IV., iii-iv.

[49] 서요한,「언약사상사」, 기독교문서선교회, 1994 참조. 하지만 이 명칭 외에도 이와 동일한 전통과 의미를 갖는 교회가 있다. 예를 들면 개혁교회는 주로 유럽을 근거지로한 칼빈주의 노선을 따르는 단체로 주로 교회의 정치체제를 나타내기보다는 그 교리적 특색, 즉 개혁주의를 더욱 강조한다. 이는 알미니안 교리를 따르는 교회들중 정치적으로 감독의 치리제를 주장하는 감리교회와 이보다는 성결교리를 앞세운 교리 중심의 성결교회의 차이와 같다. 따라서 장로교회와 개혁교회는 명칭이 달라도 모두 다 같은 칼빈주의 교회이다. 이 교회들은 신학적으로 개혁주의 원리를 따르며 역사적으로 칼빈이 종교개혁을 이룩한 스위스의 제네바를 모체로 한다. 김의환, "장로제도의 역사적 기원을 본다",「목회와 신학」, 두란노서원, 1994 11월(통권 65호), pp. 40-41.

[50] 지역 교회를 다스리는 대표 단체를 지지하는 성경적 근거는 예루살렘 공의회 사건에 나타나 있다(행 15:1-35, 16:1-4). 여기서는 할례가 구원에서 차지하는 위치에 대하여 안디옥 교회 안에 의견 대립과 논쟁이 있은 후, 바울과 바나바를 어떤 사람들과 함께 예루살렘의 사도와 장로들에게 보내어 그 문제를 논의하라

치리 장로로 구성된다. 그러므로 장로교회란 명칭은 교리 체계를 말하기보다는 교회 정치의 체제를 나타내는 이름이다.

그런데 하나님의 교회에서 수행되는 치리와 관련하여 장로들은 모두 그리스도안에서 하나 되어 피차 동등한 위치에서 책임을 수행한다. 장로들에 의하여 수행되는 치리는 그리스도로부터의 파송에 의한 것이며 장로들은 그리스도에게 책임을 진다는 것은 회원 전체와 장로들의 의무다. 그러므로 이 치리에 대하여 교회는 어떤 특정인의 주도권을 허용치 않는다. 하지만 장로교 내에서 이 원칙이 손상되고 종종 거의 배제되어 온 이유는 목사가 교회의 치리에 일종의 우선권 또는 우월권을 가져야 한다는 관념을 받아들이거나 실제로 그렇게 실시해 왔기 때문이다. 그러나 성경은 목사가 치리 장로보다 더 높은 권위나 치리권을 갖는다거나 책임도 장로보다 더진다는 것에 대하여 말하지 않는다. 하지만 가르치는 장로로서 목사는 설교와 가르치는 자신의 구별되는 기능을 통해 교회에서 그만의 고유한 특권을 행사한다.[51] 그러나 치리에서는 치리 장로들과 동등하다.

교회 규칙에 의하면 목사와 장로로 구성되는 당회의 임무는 각 교회를 영적으로 통치하며 감독하는 것이다. 그리고 노회는 일정한 지역에 속한 지교회나 기관의 모든 목사와 각 교회의 장로들의 비율에 따라 파송된 회원으로 구성된다. 이 원리에 따라 각 노회는 개 교회에서 파송된 대표들을 통해 목사들과 장로들을 준비시키고 임명하며, 치리하고 지역 회중을 설립하며 통합하고 분리하며, 자치권을 갖지 못하는 지역 교회들을 다스리고 회중의 모든 구성원들을 대신하여 재산을 관리하며 대회 및 총회와 같은 상회의 대표들을 선출할 수 있는 법적 권한을 갖는다. 대회는 대체로 3개 이상의 노회로 구성되는데 모든 목사와 한 교회 한 명의 장로로 구성된다. 한편 총회는 전 노회가 각각 선출하여 파송한 대의원(총대)으로 구성되는데 교회의 최고 기관이며 전 교회를 대표한다. 교회 생활과 관계된 모든

고 했다(행 15:1-2). 한 결정이 나자 야고보는 이를 선포하고 그 집단이 그것을 받아들였다. 다시 안디옥에 그 결과에 대하여 편지를 보냈다(19-30). 따라서 바울은 이 규례를 다른 교회들에게 지키게 했다(16:4). 이와 같은 대표와 중앙 권위의 원리는 행정적인 필요와 사법적인 필요가 생길 때 여러 가지 구별되는 조직으로 발전했다.

[51] 존 머레이, 「조직신학 1」, 크리스챤 다이제스트, 박문재역, 1991, p. 264.

영역들에서, 상소 제도는 노회로부터 대회를 거쳐 최종 결정들이 내려지는 총회에 이르게 된다.

이는 한편으로 회중제의 개교회주의와 교회 연합의 실패를 피하고 다른 한편으로는 교회에 속한 권위를 행사하는 성직자 개인이나 성직 회의에 모든 업무를 이관하는 잘못을 피하려는 의도에서 출발한다.[52] 따라서 이 제도는 모든 교회 성도들의 만인 제사장직에 근거하여 전 성도가 하나님 앞에서 평등하다고 믿는다. 이처럼 장로교회는 회중 교회처럼 교회 정치의 자율과 평등 사상을 믿지만 모든 교회가 그리스도의 몸이므로 함께 연합해야 한다고 확신한다. 뿐만 아니라 장로교회는 회중 교회처럼 교회와 국가의 영역을 구분하지만 두 기관이 적대적이 아니라 상호 협력적이라 믿는다. 이 두 기관은 하나님이 세우신 기관으로 그의 뜻을 이루기 위해 서로 도와야 한다. 어느 기관이 다른 기관을 지배하거나 종속될 수 없으며 모두 동등하다.

결국 위의 4 기관들은 개 교회의 독립성을 존중하며, 비록 기능과 규모는 달라도 모든 교회의 연합과 일치 및 유기적인 통일체를 형성한다.[53] 이런 초대 교회의 전통은 중세를 거치면서 잘못 이해되고 정착되었다. 특별히 교회의 연합과 일치는 오직 교황 한 사람에 의해서 주도되었다. 그러나 종교개혁을 통해 영국과 독일, 프랑스, 스코틀랜드 같은 신교 국가들은 이 제도를 거부했다. 이들 개혁자들은 그리스도를 머리로 모든 교회의 영적 독립과 자치권을 인정하고 동시에 이 권위가 국왕과 시민 통치자에게 이양되었음을 주장했다. 그러나 이들은 왕이며 교회의 머리되신 그리스도는 교회의 직분자들에게 시 관헌들과 구별되는 특별한 통치 권한을 부여하였다. 그러나 이에 대한 잘못된 이해로 말미암아 교회와 국가의 갈등은 끝없이 전개되었다.

(2) 실제적 정치 구조: 이는 주로 스코틀랜드, 영국, 미국, 캐나다, 한국 같은 개혁주의적 장로교 전통을 중시하는 교회에서 시행된다. 장로교에 있어서 장로의 직무는 목사와 교사의 직무와 더불어 지역 교회의 네 가지 사

---

[52] John Macpherson, *Presbyterianism*, Edinburgh: T. & T. Clark, p. 7.
[53] G. D. Henderson, *op. cit.*, p. 83.

역들 중의 하나이다. 그런데 장로제에 있어서 가르치는 장로(목사)와 치리 장로는 모두 같은 권위를 가지고 있지만 보통 이들의 사역은 구별되며, 가르치는 장로를 보다 높은 서열에 둔다. 가르치는 장로들은 노회의 다른 사역자들이 임명하지만, 치리 장로들은 지역 회중들이 선택 임명한다. 더 나아가 치리 장로는 교회 정치를 돕는 반면에, 말씀과 성례를 맡은 사역은 가르치는 장로가 한다. 하지만 장로교는 이들 사역자들의 동등성을 유지하는 것이 가장 중요한 일이다. 그들은 동등한 사역자이며, 그들 위에 제 3의 어떤 서열도 존재하지 않는다. 예를 들면 신약은 교회를 돌보는 일이 장로에게 맡겨진 일이었음을 보여준다.[54]

교회정치 형태의 비교표

형 태	해당 교파	권 위	성경적 근거
감독 정치	로마 가톨릭, 동방정교회, 영국 성공회, 루터교회, 감리교회	감독	마 16:18-19; 행 6:6; 14:23; 갈 1:19; 2:9
장로 정치	장로 교회, 개혁 교회	장로	행 11:30; 15:2; 20:17; 딤전 5:17; 딛 1:5; 벧전 5:1-2; 딤전 5:17
회중 정치	회중 교회, 침례 교회, 메노파 교회, 복음자유교회	회중	행 6:3-5; 11:22; 14:23, 27; 15:12, 22-25; 고전 5:12; 고후 2:6-7; 골 1:5; 벧전 2:9; 살후 3:14

5.2.5. 이상적인 정치제도

(1) 특정인에 의해 다스려지기 보다 다수로 통치되는 민주정치제도: 교회 정치는 교회에서 필요한 것이다. 이 교회는 교황 정치와 감독 정치, 혹

---

[54] 그들은 사도들과 함께 예루살렘 교회의 일을 주도하던 사람이었다(행 15:4, 22-23). 그들의 자격은 다스릴 능력과 관계가 있으며(딤전 3:4-5) 교회 안에 다스리는 자가 있다는 것은 의심할 여지없이 장로들을 말한다(살전 5:12-13; 히 13:17). 대표자로서 다스리는 자인 장로들에게 주어진 권위의 범위는 명시적으로 나타나 있지 않다. 그러나 궁극적으로는 모든 교회가 결정할 사안이 있는 것으로 보인다(마 18:15-17). 장로들 사이에 사역이 구분됨을 가리키는 내용은 가르치는 일에 힘쓰는 사람들은 다른 치리 장로들 가운데서 뽑는다(딤전 5:17). 모든 감독 혹은 장로들은 가르칠 자격이 있다(딤전 3:2; 딛 1:9).

은 독립 정치처럼 어떤 특정인이나 교회에 속한 모든 회원이 다스리는 것이 아니다. 장로 제도는 양자의 문제점을 잘 보완한 가장 바람직한 제도로, 일반 성도들이 자신들의 대표를 뽑아, 예를 들면 목사 청빙이나 장로 선출, 그들로 하여금 교회를 통치하게 하는 대의 체제이다. 이것은 의회제도처럼 가장 바람직한 민주 제도로 비록 목사와 장로가 교회를 돌보나 모두 목자장이며 대감독이신 그리스도의 종으로 그를 섬긴다. 주님은 그 누구에게도 교회를 통치할 권한을 부여하지 않고 친히 그가 피흘려 값주고 산 교회를 통치하신다. 그러므로 모든 신앙인들은 그를 머리로 차별없이 한 지체를 이룬다.

(2) 대표자의 모범적 삶: 이는 장로 자신이 교회의 대표성을 가지나 한편 그는 양무리 가운데 하나라는 사실을 잊어서는 안 될 것이다. 대의 정치에 참여하는 장로 자신도 다른 사람에게 하는 치리에 스스로 복속된다. 그러므로 장로가 이 일을 바로 수행하기 위해서는 양무리의 본이 되어야 한다. 항상 성령의 인도를 따라 살아야 한다. 그리스도께 헌신된 자세로 섬겨야 한다. 오직 말씀의 철저한 실천과 복종만을 강조하는 것이 장로교회의 특징이다. 우리는 이 제도의 실천을 통해 마음에 평안을 얻는다.

6. 결론: 요약 및 평가

6.1. 요약

지금까지 살펴본 바와 같이 교회는 하나님이 그의 아들의 부활과 승천 이후에 성령 강림과 함께 시작된 특별한 영적 기관이다. 하나님은 그의 교회를 통해 그의 영원하신 구원 계획을 실현코자 하신다. 이 교회를 이루기 위해 하나님은 때때로 우리같이 연약한 사람들을 부르셔서 그의 지체가 되게 하신다. 하나님은 그 목적을 위해 정치 원리와 체제를 가르쳐 주시고 우리가 그의 종으로 힘써 일하도록 하셨다. 정치는 하나님이 인간에게 주신 축복 중에 하나로 이것이 바로 실시되지 않으면 혼란이 평화를 잠식하여 하나님의 이름은 비난을 받게 될 것이다.[55] 때문에 교회 정치는 성경적 원리에 따라 실습되어야 한다. 그러나 오늘 이 땅의 많은 교회들은 동일한 성경적 정치 원리를 따르지 않고 각자 다른 형태를 따른다. 재미있는 것은 각 교단들은 각자 자신들의 정치제도가 가장 성경적이라고 주장한다는 것이다. 이것은 각 교단마다 매우 상반된 입장을 보여주는 실례이다. 예를 들면 감독교회와 장로교회, 독립교회는 원리와 실천면에서 매우 독특한 면을 갖는다. 감독교회와 장로교회는 서로 상반되며 독립교회는 이 둘과 또한 상반된다. 이 세 개의 이론 체계가 서로 차이가 있으나 서로 정죄하고 비판할 것은 아니다.

그럼에도 불구하고 우리는 보다 성경적인 원리를 찾아내어 그것의 합법적인 실천에 귀를 기울여야 할 것이다. 그런데 문제는 우리가 교회 생활을 하면서 이중 어떤 정치 원리를 택해야 하는 가이다. 대부분은 자신의 선택과 달리 전통적으로 실행된 원리를 따라 살아간다. 그러다 보니 어떤 경우에는 형식적이 될 때가 있다. 특별히 한국 강단에서 교회 정치에 대하여 강론되는 예는 거의 없다. 그러나 보니 장로교의 전통과 특징에 대하여 전무하다. 이들은 교회는 모두 다 동일한 것으로 취급한다. 생각하기를 싫어한다. 어떤 성도의 경우 정치는 아무런 유익이 되지 않는다고 한다. 결국 교인들은 자신들이 바로 배우지 않기 때문에 이쪽 일에 대하여 무관심할 수밖에 없다. 따라서 어떤 경우에는 한 마을 한 건물에 여러 교회가 존립하기도 한다. 같은 예수를 믿으면서도 다른 얼굴을 한 교회가 동시에 존재한다. 오히려 각자의 독특성을 견지하며 피차 이해하는 자세가 요구된다. 때로 우리가 어떤 특정 교단과 제도를 선호하는 경우가 있으나 그것은 결코 절대적이 되어서는 안 된다. 그 이유는 하나님께서 다양성을 인정하고 계시므로 신앙과 실천의 일치를 꾀할 수 없기 때문이다. 그렇다고 교리적 원리에서 모든 것을 수요하자는 것은 아니다. 구원에 필수적인 것은 우리가 생사를 걸고 심지어 피 흘리기까지 하며 싸워야 하나 그렇지 않은 것은 피차 하나되게 하심을 이루기 위해 화목해야겠다. 모든 기독교인들의 주된 관심은 진리를 사랑하는 것이다. 상기한 정치 제도는 오늘날 세계 기독교회에서 널리 실시하고 있는 제도이다. 물론 이 외에도 다른 제도들이 있으나 크게 작게는 대게 이 원리를 혼합하거나 변형된 것들이다. 예를 들면 감리교회는 영국 성공회의 제도를 변형한 것이며 순복음교회는 그 시작은

---

[55] James Moir Porteous, *op. cit.*, pp. 92-93.

감리교이나 그 제도는 장로교를 혼합하였다.

6.2. 평가

주님은 당신의 교회가 이 땅에서 가장 아름답고 거룩하게 서기를 원하신다. 이것을 위해 주님은 세상의 어떤 기관과 달리 매우 독특한 교회 정치제도를 허락해 주셨다. 이것을 통해 하나님의 말씀을 온 세계에 전파하며 하나님이 교회를 사랑하시는 뜻을 발견케 하기 위함이었다. 그러나 오늘 교회의 현실을 보면 교회의 여러 직제는 권력과 명예, 혹은 출세의 한 도구로 전락하였다. 소위 성직을 통해 하나님께 영광돌리기 보다는 욕을 보이는 경우가 종종있다. 그런 면에서 교회정치는 어쩌면 필요악인지도 모른다. 분명히 성경이 이것을 가르쳐 주고 있으나 그것을 실심함으로 많은 문제점들이 야기되기 때문이다.

(1) 무엇보다도 먼저 우리는 하나님이 주신 정치원리를 바로 이해해야겠다. 그리하여 과연 성경의 원리, 즉 섬김의 원리가 우리 교회와 교단에서 그대로 실현되고 있는가를 확인해야 한다. 만약 말씀을 떠나 교회와 교단이 무질서하다면 이에 대한 조처를 취해야 할 것이다. 하나님의 정치 원리는 이 제도를 통해 복음을 효과적으로 전파하며, 성도간의 사랑과 화해, 질서를 도모하여 세상을 새롭게 하는 것이다. 그러나 이에서 떠나 정치나 권력욕에 맛을 들이게 되면 주님에 대한 관심에서 멀어지고 자신의 영광만 구하게 된다. 그러므로 우리는 성경의 바른 정치 원리, 즉 사도들의 가르침을 바로 이해하고 교회의 유기적 질서를 실현하는데 힘써야겠다.[56] 하나님의 말씀은 상호 모순되지 않으므로 이 제도들을 깊이 연구하여 바른 신앙 생활하는 것이 필요하다. 아무리 좋은 원리라도 그것을 바르게 실천하지 않으면 소용이 없는 것이다. 우리 가운데 혹 교회 정치에 관심이 있는 자는 원리대로 할 수 있도록 성령의 지혜를 구하기 바란다.

(2) 그 다음 교회 정치제도가 곧 우리의 구원이나 신앙의 성숙도를 좌우하지는 않는다는 점이다. 말하자면 정치를 잘하면 구원받고 그렇지 못하면

---

[56] 토마스 위드로우, 「장로교회의 성경적 근거」, 이국진역, 아가페문화사, 1991, p. 29.

구원받지 못하고, 혹은 어떤 능력과 사명으로 치부해서는 안 된다는 것이다. 한 걸음 더 나아가 장로교를 믿으면 천국가고 감리교, 순복음 교회를 나가면 지옥에 간다는 식이 되어서는 안되겠다. 혹시나 무지한 언어로 상처받는 영혼이 일어나지 않도록 힘써야겠다. 한 번 생각해 보자. 우리가 어떤 특정한 교회나 교리, 교단을 선택하는 것이 의무일 수 있겠는가? 반듯이 그렇지는 않다. 그러나 이에 대한 이해가 부족하기 때문에 내 교회나 교단이 아니면 진노를 산다거나 구원이 없다고 넌두리를 하는 경우를 본다. 이렇게 하여 스스로 신학적 자질과 신앙의 인격을 짓밟고 유린하지 않도록 하자. 우리의 전통처럼 중후함을 보여주자. 주님께서 돌보지 않으면 살아갈 수 없다는 신앙, 항상 하나님 앞에서 자신을 살피는 신앙으로 일관해야 할 것이다.

(3) 혼합주의적 교파주의자가 되지 않도록 힘써야겠다. 말하자면 편리를 따라 교단과 신학을 바꾸는 얄팍한 행동을 삼가자는 말이다. 요즘 같은 경우 특별히 교회가 정체 내지 침체되는 상황에서 현실에 편승하는 일이 없도록 해야겠다. 주님의 소명에 감사하여 헌신키로 했으면 일사각오 정신으로 정통 신학을 위해 죽을 각오로 임해야겠다. 상황이 불리하고 힘드니까 교단을 바꾸고 신학을 변형하는 작태를 중지해야겠다. 이렇게 지조가 없어서야 어떻게 영원한 진리를 위해 헌신할 수 있겠는가? 꿀을 찾기 위해서 동분서주하는 벌처럼 성경의 오묘한 말씀, 개혁자들이 발견한 신학의 진수를 찾아 열심히 노력하기 바란다. 목회 성공은 오늘의 땀과 수고에서 시작된다. 게으르지 말고 열심을 품고 더욱 주를 사랑할 수 있기를 바란다. 내가 장로교 보수 정통신학의 후예로서 이것을 위해 일하게 된 것에 항상 감사하며 살기를 바란다.

(4) 우리는 이처럼 많은 교회와 교단의 다양한 제도와 조직을 통해 하나님의 은혜와 사랑을 발견할 수 있어야겠다. 하나님은 심히 크시고 광대하셔서 우리처럼 좁은 분이 아니시기 때문이다. 참된 교회는 개혁자들의 지적처럼 말씀의 바른 선포와 성례의 바른 집행, 권징의 시행을 통해 결정된다. 이를 위해 보다 합당한 체계와 조직, 제도가 요구된다. 여기 교회의 제도나 조직은 구원에 필수적이지는 않다. 그렇다고 이것이 전혀 불필요한 것도 아니다. 성경에 기록된 말씀 중에 소홀히 할 것이 무엇인가? 이는 말

씀을 실천하는 과정에서 우리의 영적 생활에 유익하기 때문에 주신 것이다. 천지는 없어져도 주의 말씀은 영영토록 있을 것이다. 성경 말씀의 효과적인 결실을 위해 이것이 요구되는 것이다. 이것은 마치 우리 신체의 구조처럼 어떤 것은 결정적으로 중요한 것이 혹은 별로 중요하지 않은 것도 있다. 그러나 전체적으로 이것의 조화는 필수적이다. 서로의 필요를 통한 유기적 통일성이 중요하다.

한국기독교의 신학논쟁과 통일문제

정 준 기 [*]

1. 머리글
2. 보수주의
3. 진보주의
4. 통일문제에 임하여
5. 결　론

1. 머리글

　한국 기독교는 선교 이후 세계 기독교계를 놀라게 하는 높은 성장률을 보이며 한강의 기적이라 불리는 한국사회의 발전과 발맞추어 성장해 왔다. 그러나 눈부신 뒤안길에는 보수진영과 진보진영의 신학논쟁을 비롯한 기독교 내부의 여러 갈등과 반목이 있었다. 일반적으로 한국에서 보수와 진보를 구분짓는 쟁점은 '성경관'과 '교회의 사회참여'이다. 보수진영은 성경무오설과 정교분리의 원칙을, 진보진영은 성경의 고등비평과 사회참여를 주장한다.

　19세기 중엽 자유주의 신학이 등장한 이래 세계 기독교는 보수진영과 진보진영으로 양분되어 대결을 벌여왔다. 한국에서의 보수와 진보의 갈등 역시 세계 신학계의 영향을 받으며 전개되었다. 두 진영은 신학적 차이뿐 아

---

* 광신대학교 교수, 교회사(Ph.D.)

니라 격변기의 한국 현실 속에 적응하면서 더욱 큰 틈을 빚어내었다. 보수진영과 진보진영의 신학논쟁이 현실 상황에서 첨예한 갈등 구도로 전개되면서 서로 간의 대화조차 불가능할 정도가 되었다.

그러나 1990년대 들어 남북관계가 진전되고 북한의 식량난으로 인한 대북지원 등의 현안 앞에서 한국기독교는 새로운 양상을 나타내었다. 1980년대에 보수진영의 신학노선이 '로잔언약'과 '휘튼언약' 등으로 대표되는 사회참여를 중시하는 복음주의 신학으로 선회하면서 진보진영과의 접점을 찾게 되었다. 신학노선의 변화 뿐 아니라 북한 문제를 둘러싼 한국사회의 여건 변화 또한 화해의 가능성을 뒷받침해 주었다. 진보진영 역시 학생운동의 퇴조 속에 통일운동에 약세를 보이는 가운데 보수진영과의 연합에의 필요성이 요구되었다. 보수진영과 진보진영이 오랜 갈등과 대화 단절을 극복하고 같이 협력하며 가까워질 수 있는 기회가 온 것이다.

본 연구는 한국기독교의 사상적 조류와 그에 따른 기독교의 갈등과 반목의 역사적 사건을 짚어보고 통일문제에 있어 보수진영과 진보진영의 화해가능성을 찾아보고자 했다. 통일문제라는 지엽적인 틀을 통해 한국 기독교사라는 큰 흐름을 고찰함으로 한국 기독교사에 있어 통일문제가 주는 교훈과 의미를 살펴보는 것이다.

2. 보수주의

19세기 말 선교가 시작된 이래 해방 전까지 한국 기독교는 보수주의 자체였다 해도 과언이 아니다. 내한한 선교사들 대부분이 보수적인 신학 배경을 가진 복음주의자들이었다. 한국교회의 보수주의는 성경의 절대권위를 앞세우며 교회성장, 개인구원, 선교 및 전도활동에 크게 기여했다. 1970년대 이후 복음화운동을 통해 급격한 교세 확장을 거듭하며 한국 교회의 양적 성장을 이루었다. 하지만 지나친 경직성으로 인해 극심한 교회 분열을 초래하고 사회윤리의 부재 등으로 인해 기독교회로서 반드시 해야 할 선지자의 모습을 보여 주지 못한 것도 사실이다. 이는 일제시대 보수주의 기독교가 3.1운동과 신사참배반대 등 민족교회로서의 사명을 다했던 것과 상반되는 대목이다.

2.1. 보수주의의 개념

보수주의는 복음주의와 동의어로 종종 사용되는데 본 연구에서는 칼빈의 개혁주의, 영미 청교도주의, 경건주의, 오순절운동, 근본주의, 신복음주의 등 복음주의에 포함되는 사조들을 보수주의라 하기로 한다.[1] 한국 보수주의 신학을 확립한 박형룡은 청교도적 개혁주의 장로교회의 신학적 전통을 확고히 보수할 것을 강조했다. 그는 보수주의 신학이란 "청교도적인 영미 장로교 선교사들의 선교를 받아 출발하고 웨스터민스터 표준문서들을 교의와 규례의 표준으로 채용하여 수행하는 신학"이며 "구주대륙의 칼빈 개혁주의에 영미의 청교도사상을 가미하여 '웨스터민스터' 표준에 구현된 신학"이라 정의했다.[2]

박형룡의 신학은 한국 교회에 보수주의 전통이 뿌리를 내리도록 하는데 지대한 공헌을 하였다. 박형룡 신학의 뿌리는 초기 한국 교회의 부흥에 큰 영향력을 미친 길선주 목사, 그의 은사였던 프린스턴신학교의 메이천 등에게서 찾을 수 있다. 미국 보수주의 신학의 명문이었던 프린스턴대학의 교수 메이천은 당시 미국 개신교가 보수와 자유 진영으로 나뉘어 분열할 때 보수주의의 선봉에 섰다. 대세는 자유주의의 승리로 기울었고 프린스턴신학교도 자유주의로 방향을 선회하자 메이천과 소수 보수주의자들은 프린스턴을 떠나 웨스터민스터신학교를 세우고 새 교단을 설립했다. 이러한 갈등과 분열은 한국에서 그대로 재현되는데 한국에서는 미국과 달리 보수주의 신학이 우위에 서게 되는데 여기에는 한국의 메이천이라 불리는 박형룡의 공헌이 컸다.

---

[1] 참조: 정준기, 「복음운동사」(광주: 광신대학교출판부, 1997)
이에 대해 다른 견해도 있는데 신복윤은 복음주의와 근본주의, 개혁주의를 각각 다른 개념으로 설명했다. 그에 의하면 복음주의란 17세기 이후 독일 루터교회의 죽은 전통을 개혁하려는 경건주의 운동을 모체로 성경의 권위를 강조하고 의식적 예배보다는 설교의 우위성을 주장하는 것을 특징으로 하는데 한마디로 경건주의에 개혁주의가 가미된 운동이라 하였다. 인터넷자료에서 참조, 2002년 2월 9일 검색.

[2] 박형룡, "한국교회의 신학적 전통", 「神學指南」, 제 43권 3집, 11, 15. 송길섭, 「한국신학사상사」(서울: 대한기독교출판사, 1991), 324.에서 재인용

2.2. 신사참배와 한국교회 분열

한국 보수주의 신학의 발전에 대해 이야기할 때 한국교회의 분열을 함께 논하지 않을 수 없다는 것은 안타까운 일이다. 한국교회의 분열의 뿌리는 신사참배 문제와 보수와 진보 간의 신학적 차이로 인한 것이었다. 일제는 1930년대 말부터 1945년까지 황국신민화 정책을 노골적으로 내세우며 신사참배를 강요했다. 전국의 기독교학교들은 신사참배를 하느냐 폐교하느냐의 갈림길에 있었고 목회자들은 많은 핍박을 각오해야 했다. 일제는 교활하게도 신사참배는 종교와 아무 상관이 없는 국가의식이라고 주장했는데 자유주의자들은 이를 받아들이고 타협했을 뿐 아니라 신학적으로 정당화하기조차 했다. 하지만 보수적인 장로교회와 그 선교회들은 우상숭배를 하지 말라는 하나님의 말씀을 고수하고자 신사참배를 반대하였다. 1938년 일제는 신사참배를 반대하는 목사들을 협박하며 경찰의 감시와 통제 아래 제27회 총회에서 신사참배 허용안을 불법적으로 통과시켰다. 공식적으로 장로교회마저 일제의 신사참배에 굴복하였지만 많은 보수적인 기독교 지도자들은 이를 반대하며 투쟁하였다. 일제의 극심한 핍박으로 인해 그들은 순교하거나 옥에 갇히거나 해외로 망명하는 고난을 당해야 했다.

해방 후 박형룡을 위시한 신사 참배 반대자들은 한국 교회 재건 원칙을 내세우며 신사 참배자들의 통회, 자숙을 주장했는데 이는 당시 교계에서 강한 반발을 샀다. 해방의 기쁨 속에 일제의 부역 정도는 이민족의 압제에 의한 어쩔 수 없는 아픔으로 덮어 두고자 하는 시대 분위기였다. 친일파도 건재하는 세상이었기에 신사 참배했다고 자숙할 사회적 여건이 마련되지 않았던 것이다. 1946년 6월 장로교 총회에서는 신사찬배 찬성을 허용한 것에 대해 회의 절차상의 오류로 인정할 뿐 역사적인 과오로 인정하지 않았다. 이로 인해 한국 교회는 분열의 위기로 빠져들게 되었다.

1946년 6월 장로교 총회에서 자유주의 계열에 의해 세워진 조선신학교를 총회직영신학교로 승인하였다. 이에 출옥성도인 한상동, 박윤선은 보수주의 신학의 정통성을 잇고자 부산에 고려신학교를 설립했다. 1947년 일제의 핍박을 피해 만주로 갔던 박형룡이 귀국하여 고려신학교 교장으로 취임했는데 그는 총회와 노회의 지지 가운데 교회재건이 추진되어야 한다고 생각했기에 고려신학교를 총회직영신학교로 키우고자 했다. 이에 반해 설립자인 한상동은 총회 지도자들을 신뢰할 수 없다고 하여 독립적으로 운영하고자 했기에 1948년에 박형룡은 교장직을 사임하였다. 박형룡이 학교를 떠나자 한때 고려신학교를 인정했던 경남노회의 승인이 취소되었고 1951년 6·25 동란 중에 열린 장로교 총회에서 고려파는 거부되었다. 이에 고려파는 따로 '경남법통노회'를 조직하여 '독립총노회'를 조직함으로 교회 분열의 서막이 열리게 되었다. 고려파의 분립이 교회재건을 두고 보수주의 내부에서 갈라진 것이라면 기장파의 분립은 보수주의와 자유주의를 가르는 사건이라 할 수 있다.

1939년 세워진 조선신학교는 김재준의 영향력 아래 고등비평을 성경 연구 방법으로 수용하는 등 진보적인 학풍을 세워갔다. 해방 후 보수주의 계열에서는 조선신학교를 대체할 새로운 장로회 직영 신학교를 구상하였고 1948년 고려신학교를 사임하고 서울로 올라온 박형룡을 교장으로 추대하여 장로회신학교를 시작하였다. 총회에서는 조선신학교와 장로회신학교를 합병하고자 했으나 이는 실제적으로 불가능한 일이었다. 1952년 총회에서는 성경무오설을 부인하는 김재준을 교회에서 제명하고 조선신학교 졸업생은 교역자로 받아들이지 않는다고 결의했다. 교회는 둘로 분열되어 진통을 겪다가 1953년 총회에서 김재준을 목사직에서 파면함으로 김재준과 조선신학교를 지지하는 이들은 따로 '한국기독교장로회'를 설립하였다.

한국 장로교회의 우파인 '고려파'와 좌파인 '기장파'가 숫적 열세에 밀려 제명되는 형태로 떨어져 나간 후 장로교회는 다시 세 번째로 분열되었다. 분열의 가장 큰 원인은 기독교연합(에큐메니칼)운동을 추진하는 세계기독교연합회(World Council of Churches, WCC) 가입 문제였다. 1959년 9월 28일 장로교총회에서는 WCC 가입 찬성파와 반대파의 치열한 싸움으로 회의가 중단되게 되었는데 다음 날 찬성파들이 따로 속회를 개최함으로 총회파는 WCC 찬성하는 통합측과 반대하는 합동측으로 분열되었다. 이 후 장로교회는 분열의 전통을 좇아 헤아릴 수 없을 정도의 많은 분파로 갈라지게 되었다.

보수주의가 이러한 분열을 거듭하게 된 것은 한국 기독교사에 있어 부끄러운 수치라 아니할 수 없다. 보수주의의 분열의 근본적인 원인은 신사참배 문제를 올바르게 해결하지 못한데 있었고 또한 한국의 보수주의가 관용성이 부족하고 지나치게 경직된 근본주의 신학에 가까운 특성을 지닌 데서 찾을 수 있었다. 한국사학자인 이만열은 신사참배 문제를 친일잔재 청산의 실패로 보고 이 후 한국 기독교의 폐해와 연관시켜 설명하였다.

"해방 당시의 한국교회가 철저한 회개가 없었기 때문에 해방공간에 더 이상 예
언자적 사명을 수행할 수 없고, 일반 친일파들이 보신을 위해 기회주의적으로 기
생하였던 바로 그 이데올로기에 편승할 수 밖에 없었으며 반공의 보루로서 민족
분단에 한 주역을 맡았으며, 그 뒤 이승만 정권과 유착할 수밖에 없었음을 지적한
다. 한 우상으로부터의 철저한 단절이 없었으므로 그 뒤 한국 기독교는 '극단적인
반공주의'의 이데올로기와 거기에 연관된 '북진통일론'으로부터, 또 이승만 정권
으로부터, 나아가서는 자본주의적인 '물신주의'로부터도 자신을 단절·해방시키
지 못하게 되었다. 한국 기독교가 반공이데올로기에 편승함과 동시에 권력의 우
편에 서게 된 것은 이 때문이다."[3]

2.3. 보수주의와 한국교회 성장

진보진영과의 첨예한 대립 속에서 보수진영은 정교 분리의 원칙을 내세
우며 정치 및 사회 문제에 대한 관심에서 한 걸음 물러났다. 사회 현실 문
제에 관심을 가지는 것은 자유주의 신학을 가진 진보진영에서나 하는 것으
로 생각하고 아예 눈을 돌리지 않으려고 한 것이다. 하지만 정치와 종교를
분리한다는 명분 아래 교회에게 요구되는 역사적 요청을 외면함으로 결과
적으로 정권을 지지하는 결과를 빚었음을 부인하기 어렵다. 5.16 군사 쿠데
타가 일어난 후 교계는 군사정부가 부정부패를 일소하고 공산주의의 위협
으로부터 나라를 보호한다는 명목으로 지지성명을 발표했다. 진보진영에서
군사정부의 인권유린에 반대하며 민주화를 위해 투쟁하며 소외된 이들을
위해 산업선교를 할 때, 보수진영의 지도자들은 대통령 조찬기도회에 참석
하여 정권을 위해 기도해 주었다. 1980년 신군부 등장 때 역시 '나라를 위
한 조찬기도회'에서 전두환 국보위상임위원장을 위해 공개적인 축복기도
를 함으로 '군권찬탈'에 대한 정당성을 부여하며 독재정권의 출현에 협조
했다는 비난을 면치 못했다.[4]

그러나 보수진영이 경건 생활과 말씀 선포에 힘쓰며 개인구원을 통해 교
회성장에 큰 기여를 한 것은 의미있는 일이다. 보수주의 교회는 개인의 회
심을 강조하는 복음화운동으로 인해 크게 성장했는데 1964년에 80만이던
기독교인 수가 1969년에는 300만, 1980년대 말에 이르면 1,000만에 이를 정

---

[3] 이만열, 「한국기독교와 민족통일운동」(서울: 한국기독교역사연구소, 2001), 285.
[4] Ibid., 289.

도가 되었다.[5] 1964년에 발족된 '한국복음화운동추진위원회'는 범교단적인 연합운동으로서 "삼천만을 그리스도에게로!"라는 표어 아래 조직적으로 복음화운동을 펼쳤는데 1965년에는 수차례의 전도집회를 열어 백만명에 이르는 인원을 동원하였다. 1970년대에도 60년대와 주최측은 달라졌지만 계속해서 대규모 복음화운동이 열렸다. 1973년에 열린 세계적인 부흥사 빌리 그래함 전도대회에는 4백만명이 동원되었고 대회기간 중 결신자의 수가 5만여명에 이르렀다. 70만의 인파가 몰린 '엑스플로 74'에 이어 1977년에는 '77 민족복음화대회'가 열렸는데 "민족복음화를 위하여, 한국인에 의해서, 오직 성령으로"라는 주제 아래 연인원 150만명이 동원되었다.[6] 이러한 복음화운동의 열기에는 오순절 계통의 성령운동이 중요한 역할을 하였다. 원래 한국 기독교의 주류를 이루고 있는 장로교는 합리적이고 경건한 전통 신앙을 강조하기에 다소 냉냉한 분위기였는데 연합운동을 통해 오순절 계통의 성령운동의 확산되면서 한국교회에는 교파를 초월한 부흥회 붐이 일어났다. 신유, 물질적 축복 등을 강조하는 성령의 뜨거운 체험은 1970, 80년대의 새마을 운동과 함께 일어난 대중의 경제적 번영에 대한 갈망과 합치되며 사람들을 교회로 이끄는 매력적인 요인이 되었다.

한편 복음화운동은 개별 선교단체를 통해서도 추진되었는데 1980년대에는 CCC, IVF, SFC, 네비게이토, UBF 등 학원내의 파라처치운동 및 보수교단의 학원 성경공부운동 등이 활발히 전개되었다. 주로 대학생과 특수계층을 대상으로 하는 이 선교단체들은 일반 교회의 대규모 부흥집회와는 대조적으로 개인전도, 그룹 성경공부 등의 방법을 통해 복음을 전하였는데 이로 인해 일반교회의 성경공부방법에도 변화가 일어났다. 여하튼 1960년대에서 80년대에 이르는 때에는 보수적인 교회일수록 높은 전도율을 보이며 많은 성장을 하였다.

2.4. 한국교회에 주는 의미(공헌과 한계)

보수주의는 한국 기독교가 초기 기독교 전통을 이어받는 성경적 신앙 전통 위에 서게 하였다. 구한말에는 한글 성경보급을 통한 한글정착, 농촌 계몽운동, 전도운동 등 사회 문화적인 영역에서 기독교는 선도적인 역할을

---

[5] 김영재, 「한국교회사」, 355. 한국종교별교세현황 통계 참조.
[6] 이만열, 「한국기독교와 민족통일운동」,198.

하였다. 뿐만 아니라 3.1운동을 통해 일제에 항거하며 민족의식을 고취시키며 성경말씀에 순종하고자 무자비한 일제의 신사참배 강요 앞에서도 저항하였다. 1960년대 이후에는 복음화운동을 통해 활발한 전도운동을 펼치며 수많은 영혼들을 구령하고 한국교회의 성장에 크게 기여했다.

그렇지만 한국교회의 분열에 보수주의의 극단적인 배타성이 주요한 역할을 하였음을 부인하기 어렵다. 또한 자유주의 신학에 대한 극단적인 경계로 인해 역사와 사회 문제에 대해 무관심함으로 몰역사적인 모습을 보여주기도 했다. 정교분리 원칙에 입각한다 하여 역사적인 요청을 외면하고 결과적으로 정교유착적인 모습을 보이기도 했다. 독재정권에 영합하는 듯한 국가조찬기도회, 삼선개헌에 대해 '개헌문제와 양심자유 선언', '삼선개헌지지성명발표' 등 몰역사적인 행태로 인해 세간의 비난을 받았다. 지나친 타계주의로 인해 사회 밖의 종교라 불리며 사회에 대한 책임 인식에 둔감했다. 공산주의에 대한 지나친 두려움과 경직성으로 인해 민주화와 인권문제를 다루는 진보적 기독교 인사들을 용공주의자로 정죄하기도 했다.

독재정권 아래 사회 정의를 외치며 외로운 길을 가던 진보 계열에서는 보수적 교회의 폭발적인 성장에 대해 교세 확장, 물량적 성공주의이며 독재정권의 비호 아래 교회의 선지자적 사명을 수행하지 못한 것이라고 비난하였다. 그래서 1,000만에 이르는 신자를 자랑하지만 기독교적 윤리와 가치관이 사회 속에 내재되지 못하고 신앙과 행위가 분리되는 위선적인 기독교인이 많음을 지적한다. 이러한 비판 가운데 수긍해야 할 점들도 분명히 있지만 시각의 차이로 인해 보수주의의 긍정적인 점들을 제대로 평가하지 못한 측면도 있다. 보수주의가 하나님의 말씀을 절대적으로 믿으며 복음의 순수성을 고수하여 말씀선포와 기도, 전도에 힘쓰는 것은 기독교 신앙에 합치되는 것이며 성경적으로 볼 때 교회의 주요한 사명을 수행한 것이다. 한편으로 보수주의의 신앙 행태가 개인적인 차원에서 머물지 말고 사회 윤리적인 차원으로까지 성숙하는 것은 보수주의가 체질개선을 위해 꾸준히 노력해야 할 과제이다.

3. 진보주의

한국교회의 현실에서 진보주의란 보수주의와 대립적인 의미로 통용되는

데 이는 자유주의 신학에 기반을 두고 있다. 자유주의 신학 노선을 따르는 신학대학으로는 한신대, 감신대, 연세대, 서울대, 일부 장신대 학자들 및 이들을 따르는 교단과 교회들이 있다. 그들은 현실의 정치·사회·경제에 깊은 관심을 갖고 활발한 對정부 활동을 펼치며 기독교의 사회 참여를 주도해 왔다. 한국 교회사를 연구해 볼 때 진보주의란 한국적 상황과 특수한 역사 속에서 출현한 결과물로서 파악해야 함을 알 수 있다. 한국교회에서 보수주의와 진보주의의 차이는 처음에는 적은 것이었으나 일제시대와 해방, 6.25동란, 군사독재와 경제성장 등 급변하는 사회적 상황 속에서 차츰 그 간격이 벌어지게 되었고 종내에는 대화마저 단절되기에 이르렀다.

3.1.자유주의 신학의 개념

엄밀히 말하자면 세계기독교사적 관점에서 살펴보는 자유주의와 한국교회사에서 의미하는 자유주의에는 차이가 있다. 19세기 중엽 유럽에서는 계몽주의, 관념론, 합리주의 등 인간의 이성을 중시하는 철학사조의 영향으로 기존의 전통적 가치체계에 대한 심각한 도전이 일어났다. 근대의 과학적 합리성에 비추어 볼 때 성경의 창조론이나 기적은 신화로 취급되었고 성경을 역사적으로 해석하는 고등비평의 방법이 도용되기 시작했다. 성경에 대한 절대권위를 부정하고 성경을 역사적 문서로서 철학적으로 비판하는 동시에 보편적 세속 문학의 비판 방법을 사용했던 것이다. 유럽의 교회와 신학교들은 자유주의로 탈바꿈했고 이 엄청난 물결은 20세기에 이르러 미국의 보수주의를 강타했다. 치열한 신학적 논쟁 끝에 1930년대에 이르러 보수주의 신학의 보루이자 뼈대였던 프린스턴신학교가 자유주의로 돌아서게 되었다.

미국 신학계가 자유주의로 기울어 진 후 미국이나 일본으로 유학을 다녀 온 한국의 목회자들은 자연스럽게 자유주의 신학사상의 영향을 받았다. 한국 자유주의 신학자의 대명사라 할 수 있는 김재준 목사 역시 자유주의 신학이 팽배했던 일본과 1929년 이후 프린스턴신학교에서 공부하였다. 김재준 목사의 신학사상을 살펴보면 초기에 그는 신학의 자유를 주장하는 보수주의 경향을 지닌 신정통주의자였다. 그러나 정통주의 신학을 고수하며 신학의 자유 자체를 허용하지 않던 장로교의 분명한 원칙 아래 반목과 갈등을 거듭하던 그의 신학은 실제 문제에의 적용에 있어 점차 길을 달리하기 시작했다. 한국적 의미에서 '자유주의'란 서구의 개념과 달리 정통주의에 반대하는 모든 신학사조를 의미했다.

> 한국에서는 자유주의 신학이 정통주의와 근본주의 신조에 맞지 않는 것을 포함하는 것으로 인식되어 왔다. … 한국에 있어서의 자유주의 신학은 미국에서 정통주의자들이 근본주의 신조를 앞세우고 반대하던 자유주의가 아니었는데 한국의 정통주의자는 정통주의를 심기 위하여 정통주의에 호응하지 않는 신학을 다 자유주의로 단정하고 교권을 가지고 막으려 했던 것이다. 그래서 서양의 자유주의를 반대하고 나온 바르트의 소위 신정통주의 신학도 배격하였던 것이다.[7]

이는 정통주의 개혁신앙을 가진 초기 선교사들에 의해 복음이 수용된 후 보수주의 신앙에 기초해서 기독교 전통을 세워가던 한국 교회의 상황을 고려해 볼 때 이해가 가능한 맥락이다. 신정통주의는 성경 연구에 있어 고등비평 방법론을 사용하며 자유주의에 대항한 신학사조로서 서구에서는 교회의 정통주의를 강화시키는 역할을 했다. 하지만 자유주의 신학이 없었던 한국적 맥락에서는 신정통주의 신학이 자유주의 신학의 역할을 했던 것이다.[8]

비록 한국에서 자유주의가 정통주의에 대한 배타적인 용어로 사용되었지만 그 사상의 보편적 특징을 들자면, 성경 연구에 고등비평 방법을 사용하는 것과 기독교의 진리가 합리적인 방법으로 사회 속에서 구현되어야 한다는 사회적 복음사상이라 할 수 있다.[9]

3.2. 자유주의 신학의 전개

한국의 자유주의 신학이 초기에는 자유주의라기보다는 신정통주의에 가까왔다면 보수주의와 갈등과 대립을 겪으면서 한편으로는 격변하는 한국의 사회변동 속에서 점차 자유주의로서의 모습을 드러내게 되었다.

초기 한국선교사들의 주류는 개혁주의 신앙을 가진 보수주의자들이었지만 1925년 캐나다장로교회가 자유주의적 성향을 가진 캐나다 연합교회에

---

[7] 원문은 이장식, "자유주의 신학, 한국에서의(B입장)", 「기독교대백과사전」제 13권 (서울: 기독교문사, 1984), 465-66. 서정민, "한국교회와 자유주의: 한국교회사적 입장", 「한국기독교사상」(서울: 연세대학교 출판부, 1998), 147.에서 재인용

[8] 김영재, 「한국교회사」, 201.

[9] 서정민, "한국교회와 자유주의", 「한국기독교사상」, 150.

통합됨으로써 캐나다선교회에는 자유주의적 선교사들이 많아지게 되었다. 선교지 분할정책에 의해 함경도지역을 총괄하던 캐나다선교부는 보수주의 신앙을 가진 한국 장로들의 강한 반발 속에서도 꾸준히 자유주의 신학을 가르친 결과 세력을 얻기 시작했다. 또한 자유주의가 지배했던 일본과 1930년대 미국의 신학교에서 수학한 신학자들을 통해 자유주의 신학이 국내에 도입되게 되었다.

한국에서 자유주의 신학 논쟁이 본격적으로 시작된 것은 1930년대였다. 1934년 장로교 총회에서는 성경의 역사적 비평에 관한 논란이 있었다. 김영주 목사가 창세기의 모세 저작을 부인한 사건과 김춘배 목사가 교회 내 여권문제 개선을 주장하며 사도 바울의 교훈을 지방교회의 풍습으로 칭한 사건이었다. 이 두 사람은 캐나다 선교회가 활동하던 함경도와 관련이 있었으며 일본의 감리교 계통 신학교에서 수학하였다는 공통점이 있었다.

1935년에는 한국 보수주의 진영의 거두인 박형룡에 의해 자유주의 서적이라고 규정된 감리교의 기념출판작 「아빙돈단권성경주석」번역에 참가한 장로교 신학자들의 사건이 총회적으로 문제시되었다. 이 사건은 관련 신학자들이 형식적으로 사과하는 것으로 일단락되었지만 자유주의와 보수주의의 신학논쟁에 있어 중요한 사건이었다.

장로교에 비해 신학적으로 개방되어 있었던 감리교는 "신앙에 있어서는 보수주의요 신학에 있어서 자유주의란 입장을 취한다"[10]는 감리교 신학자 정경옥의 말에서 그 색채를 가늠할 수 있다. 감리교는 장로교에 비해 초기부터 진보적이고 자유주의적인 신학 배경을 지닌 선교사들이 내한하여 새로운 신학교육을 실시했으며 한국인 지도자들의 유학과 인문학 연구를 허용한 선교부의 정책 등에 힘입어 장로교와는 분위기가 매우 달랐다.[11] 하지만 초기 한국 교회의 강한 보수주의 신앙 분위기 속에서 자유주의 신학자들은 전반적으로 침묵을 강요받아야 했던 것이 사실이다. 이렇듯 열세였던 자유주의 계열이 기반을 다지며 도약할 수 있었던 것은 아이러니하게도 보수주의가 일제에 의해 핍박을 받고 내몰렸던 1930년대 후반과 해방 이후 보수주의가 가까스로 재정비를 하던 어려운 시점이었다.

일제의 신사참배 강요 앞에 보수주의는 성경의 절대권위를 내세워 원칙

---

[10] 정경옥, 「기독교신학개론」(서울: 감리교신학교, 1939), 5. 서정민, "한국교회와 자유주의", 「한국기독교사상」, 179에서 재인용

[11] Ibid., 183.

적으로 반대하였지만 자유주의는 이를 찬성하였을 뿐 아니라 신학적으로 정당화하였다. 보수주의 계열이 일제의 심한 핍박 아래 투쟁하는 동안 자유주의 계열은 1939년에 일제의 호의 아래 조선신학교를 설립하는 등 신학적 자유를 구가할 수 있는 기초를 닦았다.

1947년 당시 장로교 총회 직영 신학교였던 조선신학교의 자유로운 학풍에 반대한 보수적인 신앙을 가진 학생들의 진정서 소동이 일어났다. 이번에는 자유주의 신학자들이 자신들의 의견을 강력히 주장하였기에 보수주의와의 갈등은 더욱 첨예화되었다. 1952년 장로교 총회에서는 김재준 목사를 제명하고 조선신학교 졸업생은 교역자로 받아들일 수 없다는 결의를 내렸다. 장로교는 양 편으로 나뉘어 심한 진통을 겪다가 1953년 제 38회 총회에서 김재준 목사를 파면시켰다. 1953년 6월 김재준 목사와 그의 지지자들은 조선신학교(현 한신대)를 중심으로 새로운 총회인 '기독교장로회'를 설립하였다.[12] 이로써 한국 자유주의 신학은 보수주의와의 갈등을 벗어나 문자 그대로 자유로운 신학의 길을 걷기 시작했다.

3.3. 사상적 흐름과 현실에의 적용

3.3.1.토착화 신학과 1960년대 초반

1961년 군사혁명으로 집권한 군사정부가 정책적으로 내세운 주요과제는 경제부흥과 민족문화의 중흥이었다. 특히 민족 문화의 중흥에 관련해 외세에 의존했던 과거를 반성하고 우리의 힘으로 우리의 것, 우리의 나라를 건설하자는 움직임이 활발했다. 이러한 분위기 가운데 1961년에서 65년까지 진보적인 신학자들을 중심으로 기독교의 토착화 문제가 활발히 논의되기 시작했다. 토착화 신학의 대표적 신학자로는 감신대의 윤성범 교수와 유동식 교수, 한신대의 김정준 교수 등을 들 수 있다.[13]

토착화 신학이란 한국에서는 '한국적 신학'이 되는데 이는 기독교의 초월적인 진리를 한국의 문화와 전통이라는 특수 상황 안에서 재발견하는 것이다. 특히 윤성범은 한국의 유교적인 전통을 기독교와 접목시켜 '誠의 신학'을 내세웠다.

---

12 김영재, 「한국교회사」, 255-56.
13 김영재, 「한국교회사」, 292. 서정민, "한국 교회와 자유주의", 189.

필자는 한국적 신학을 〈誠〉이라는 개념을 통해서 수립해 보려고 한 것이다. 誠이라는 말은 우리 말로 번역한다면 〈참말성〉이라고 할 수 있다. 그리고 이 말의 뜻은 '말씀'이 이루어졌다'는 뜻이 된다. … 誠은 유교 형이상학의 핵심이 아닐 수 없다. 이 형이상학적인 성의 관념은 신학에서는 〈하나님의 말씀〉과 일치된다. … 성의 신학은 한국인의 정신적 유산, 즉 겸양지덕을 체받고 이 미덕을 예수 그리스도의 겸비의 진리로 다시 불붙이는 작업을 하려는 것이다.[14]

또한 윤성범은 단군신화의 환인, 환웅, 환검 등 삼신과 기독교의 삼위일체론을 연계시키고 암곰과 마리아를 접목시키는 이론을 통해 한국인의 특별한 종교심을 강조했다. 유동식은 한국의 전통적인 '한' 사상을 기초로 풍류신학이란 용어로 토착화신학을 정리했다. 이와 같이 토착화를 주장한 신학자들은 한국인들이 친근한 전통 종교인 유교, 불교, 무속 신앙 등에서 복음의 요소들을 재발견하여 기독교적 의미를 부여하고자 했다. 이들에게 타종교는 개종의 대상이 아니라 대화의 상대였으며 이러한 토착화 작업을 통해 기독교 사상의 다원화, 상대화를 추구했다.

3.3.2.세속화 신학과 1960년대 후반

「기독교사상」1965년 2월호에서 강문규, 서남동, 유동식, 최신덕 등 자유주의 신학자들이 세속화 신학에 대한 논의를 시작했다.[15] 당시 세계 신학계에서 큰 영향을 끼쳤던 본 회퍼, 하비 콕스 등의 '세속화' 신학, '비종교화' 신학의 대세에 한국 신학계도 합류하게 된 것이다. 여기에는 1960년대 한국의 정치 사회적 상황의 변화에 대한 기독교의 대응이라는 현실적 요청도 중요한 역할을 하였다. 4.19 이전까지 한국 교회는 보수와 진보 가릴 것 없이 기독교인인 이승만의 자유당 정부에 대해 열광적인 지지를 보내었다. 이승만과 이기붕 등 자유당 정권이 부정부패를 자행할 때에도 그들이 기독교인이라는 이유만으로 침묵하며 무분별한 맹목적인 지지를 보내었다. 그

---

[14] 윤성범, "성의 신학이란 무엇인가", 「한국의 신학사상」(서울: 대한기독교서회, 1983), 143-47.

[15] 김영재, 「한국교회사」, 314. 참고: 기독교사상, 1965년 2월호, "세속주의와 세속화", 서남동, "복음전달과 그 세속적 이해", 유동식, "한국 교회가 지닌 비종교화의 과제", 최신덕, "사회적 편견과 전달".

러나 4.19를 거치면서 자유주의 계열은 새로운 정치, 사회적 변화에 눈을 뜨기 시작했다.

> "지금까지의 우리의 무관심과 방관주의의 태도를 버리고, 우리의 눈을 크게 뜨고, 우리의 귀를 열어서 어디에 부정이 있으며, 불법이 있으며, 민의가 묵살되고 있는가를 끊임없이 살펴서 여론을 일으키고, 자유로운 비판을 내려서 … 민주주의의 감시병이 되어야 할 것입니다."[16]

진보적 신학자들이 한국의 현실에 관심을 갖게 되었을 때 5.16 군사 쿠데타, 한일 국교 정상화 문제, 월남전, 경제개발에서 소외된 농민, 노동자들의 문제가 보이기 시작했다. 때마침 세계 신학계를 풍미하던 '세속화'론은 한국 자유주의 신학자들에게 한국 현실에 신학적으로 접근할 수 있는 좋은 틀이 되었기에 큰 호응을 얻었다.

'세속화'란 종교성이 상실되어 가는 시대를 의미하는데 이는 성숙한 사회의 긍정적이고 자연스런 모습이다. 이러한 세속화는 인류 문명의 필연적인 운명이며 기독교의 과제는 그런 세속화된 사회와 함께 호흡하며 개인구원이나 피안적 신앙, 율법주의와 같은 종교의 겉옷을 벗고 비종교화되는 것이다. 진보신학자 이종성은 우리말의 "세속화"는 부정적인 의미를 주므로 이 신학을 잘 표현하려면 "복음의 사회화, 생활화"라는 용어가 적합하다고 했다. 성숙한 그리스도인은 역사적, 세속적 실재로서 그리스도를 만나며 신학의 핵심은 복음의 사회적 구현이라는 것이다.

현실참여 신학으로서 세속화 신학은 이후 한국의 신학과 실천에 큰 변화를 가져왔는데 1970년대의 민중신학, 한신대와 감신대를 중심으로 한 인권문제와 민주화 운동, 후에는 통일운동 등에까지 영향을 주었다. 또한 사회 정치 문제에 무관심했던 보수주의 신학에 사회참여와 봉사의 중요성을 일깨우는 역할도 했음은 부인할 수 없다.

진보적 기독교 사상을 지닌 이들은 1960년대의 시대문제에 관심을 갖고 실천적인 참여를 시도하였다. 1965년 당시 일본과의 국교정상화를 두고 세간에서는 '한일굴욕외교 반대투쟁'이 격화되었다. 한경직, 김재준, 이태준 등 진보적인 교계지도자 10여명은 이 문제에 대해 전교계적인 신앙결의를

---

16 홍현설, "4.19에서 얻은 교훈", 「기독교사상」, 1960년 6월호, 23. 김영재, 「한국기독교사」, 276에서 재인용.

표하기로 하였다. 영락교회에서 '한일굴욕외교 반대 신앙집회'를 열었는데 한경직 목사와 김재준 목사가 강사로서 집회를 성공적으로 이끌었다. 또한 박정희 공화당 정권이 영구집권을 위해 삼선개헌을 진행시키고 있었을 때 재야세력과 기독교 진보세력은 힘을 합하여 연대전선을 형성하여 저항하였다. 1969년 '3선개헌반대 범국민투쟁위원회'가 결성되었는데 진보적 기독교계 지도자인 김재준 목사가 위원장에 추대되었다. '범국민 투쟁위'는 효창공원에서 6만명이 모인 군중집회를 개최하며 민주주의 정착을 위해 투쟁했다.[17] 물론 이러한 대정부 활동은 불법적인 3선개헌 관철로 실패했지만 1960년대 당시의 사회정칙적 현실에 기독교계가 민감하게 대응하며 민족의 운명과 고난에 깊이 동참하였다는 점에 의의가 있다 할 것이다. 이러한 진보적 기독교계의 활동의 이면에는 토착화, 세속화 등의 자유주의 신학적 논의가 근거하고 있음은 자명하다.

그러나 토착화 신학과 세속화 신학과 같은 자유주의 신학을 수용한 기독교장로회 교단은 실제적인 목회에 있어 보수주의 교단에 비해 수적인 열세를 만회하기 어려웠다.[18] 이는 기독교의 토착화, 세속화가 비종교인과의 대화를 쉽게 해 줄 수는 있지만 비기독교인을 전도하여 개종시키기에는 실효성이 없기 때문이었다. 김영재는 오랜 기독교 전통의 배경을 가진 서구에서 '비종교화'란 기독교 본래의 정신으로 돌아가는 것을 목적으로 하지만, 한국과 같은 선교지에서 기독교의 '비종교화'란 무속신앙이나 전통신앙으로 환원함을 의미한다고 했다. 실제적인 교회 성장의 부진에 부딪히자 기장교단은 스스로의 한계를 극복하기 위해 노력했다. 무속적 열광주의와 타계주의를 경계하느라 경건생활 훈련을 무시했으며 사회정의실현을 위해 애쓰느라 교회의 청지기 직분을 등한시한 것을 고백하는 등 김재준이 폄하했던 보수주의의 장점들을 일부 인정했다.[19]

이러한 역사적 교훈을 돌아볼 때 보수계열의 개인구원과 진보계열의 사회구원은 상호대립적인 명제가 아니라 상호보완적인 명제임을 알 수 있다.

---

[17] 김경재, "해방 후 한국 기독교의 역사인식과 죄책고백", 인터넷 자료, 2001년 12월 26일 검색.

[18] 김영재, 「한국교회사」, 320. 참조: 1964년에서 1975년 사이의 교회성장률을 보면 장로교 합동측이 66.8%, 통합측이 26%인데 반해 기장측은 8.6%에 머물렀다. (원문: 이정근, "한국 문화 세계에서의 기독교 교육 연구", 신학사상, 제 17권, 1977년, 363)

[19] 김영재, 「한국교회사」, 319-21.

서로에게 좋은 영향을 주며 서로 자극이 될 때 진정한 기독교의 아름다운 균형이 이루어질 것이다.

3.3.3.민중신학과 1970년대

1969년 삼선개헌과 유신독재체제와 이에 따른 인권말살, 경제개발 과정에서 소외된 농민·노동자 문제 등 1970년대의 한국 역사현실은 많은 병폐와 문제를 안고 있었다. 민중신학은 이러한 시대적 요청을 배경으로 탄생했는데 민중신학이란 개념이 구체화된 것은 1975년 서남동의 "예수, 교회사, 한국교회"라는 논문을 통해서였다. 그는 예수의 생애를 사회 정치적인 각도에서 해석하며 억압된 민중을 해방시키기 위한 정치적 삶으로 보았다. 하나님의 구원이란 정치적 자유를 의미하며 한국 교회의 사명은 독재정권 아래 침묵하는 민중을 위해 민중의 편에서 해방을 위해 싸우는 것이라 역설했다.[20]

민중신학은 세계 신학계를 풍미한 남미의 해방신학, 미국의 흑인신학, 여성신학 등 소외계층을 다룬 신학운동들과 영향을 주고 받으면서도 독자적인 한국의 신학사상으로 평가받았다. 일본의 현대 신학자인 구리바야시 데루오는 민중신학의 의의를 다음과 같이 표현했다.

> "민중신학은 한반도의 민족적 남북분단이라고 하는 정치적 상황, 활발한 경제성장을 진행시켜 나가는 과정에서도 독재적인 정치체제를 지녀왔던 한국사회의 '민중'을 기반으로 하여 진행시켜 온 신학적 노력이다. … 오랫동안 억압받아 온 민중을 역사의 주체로서, 신학의 의식, 그것 자체로까지 끌어 올렸다."[21]

안병무에 의하면 민중이란 '가난한 사람들, 불구자, 맹인들, 절뚝발이들이 해가 져도 일자리 없어 거리를 헤매는 실업자들이며 눌린 자, 포로된 자들이며 배고프며 헐벗었으며 슬퍼 통곡하며 박해받는 자'라고 했다.[22] 이러한 민중신학은 민주화 운동과 사회 운동에 신학적인 동기를 부여했으나 예수를 민중의 해방자로 해석하고 성경을 민중의 해방을 위해 유익한 문서 정

---

[20] 참조. 서남동, "예수, 교회사, 한국교회", 「한국의 기독교사상」

[21] 참조. 서정민·조재국 역, 「차별받는 그리스도-가시관의 신학」(서울: 다산글방, 1994), 56-7. 서정민, "한국 교회와 자유주의", 193에서 재인용.

[22] 참조. 안병무, "민중, 민족, 교회", 「한국의 신학사상」, 347.

도로 취급함으로 전통적 개혁신앙과는 더욱 거리가 멀어지게 되었다.

구체적인 삶의 영역에 관심을 갖고 주체적으로 뛰어든 진보적 기독인들은 1973년 독재정권에 항거하여 '1973년 한국 그리스도인 선언'을 발표하였고 민주주의 수호, 사회정의, 인권보호, 노동자 농민 생존권 보존 등을 중심으로 하는 민중운동을 활발히 펼쳤다. 이로 인해 기독자 교수협의회 소속인사들, 기독 학생들, 재야 기독신앙인들, 목회자들, 노동운동가 등 많은 기독 지식인들이 감옥에 갇히고 해직되며 고문 살해당하기도 했다. 이러한 민중운동은 1980년대에는 민족통일, 군축평화운동, 환경문제 등 다양한 사회 문제로 영역을 확대하며 진보적인 정치·사회 활동을 펼쳐나갔다.

3.4. 한국교회에 있어서의 의의(공헌과 한계)

한국기독교는 초기부터 민족교회로서의 역할을 감당하며 3.1운동 및 일제에 대한 저항 등을 통해 한국 역사 현실에 치열하게 참여해 왔다. 해방 이후 한 때 한국기독교는 몰역사성, 사회 현실에 대한 무감각으로 인해 세간의 지탄을 받기도 했지만 진보계열의 對정부활동 및 인권문제, 노동자·농민 문제에의 관심 등을 통해 사회 현실에 참여하며 교회의 선각자적 역할을 감당할 수 있었다. '하나님의 선교'[23]에 입각한 진보계열은 산업선교, 도시빈민선교 등 가난하고 눌린 자들을 자유케 하는데 힘썼다. 1960-80년대에 이르는 민족사적 격변의 시기에 진보적 기독교가 인권과 민주주의의 파수꾼으로 자리매김하며 민족 운명 개척에 힘쓴 것은 의미있는 일이었다.

그러나 진보진영은 교회의 사명을 정치, 사회 참여에 초점을 두었기에 개인구원이나 선교, 전도를 쓸모없는 인상으로 매도한 점이 있다. 이는 기독교 본래의 정신을 망각한 잘못이다. 복음주의 선교협의체들의 연합하여 작성한 로잔언약에 의하면 "사람과의 화해가 하나님과의 화해를 의미하지 않는다. 사회활동이 곧 복음전도를 의미하지도 않는다. 또한 정치적 자유와 해방이 구원을 가르키지 않는다."고 선언하였다. 동시에 복음전도와 사회참

---

[23] 하나님의 선교란 WCC의 주요선교개념으로서 교회 중심적인 전통적인 선교개념을 탈피하여 세상 가운데 하나님께서 선교하시는 역사 현실에 동참하자는 것이다. 이 선교신학에 의하면 사회, 정치, 경제 구조 문제에 적극적으로 개입하여 사회참여를 하는 것 자체가 선교이다. 또한 다른 종교들을 인정하고 대화를 통해 그 종교 안에서 복음의 의미를 재발견하는 것으로 선교가 완성된다고 본다.

여는 논리적으로 구분되지만 현실적으로 분리할 수 없는 '기독교인의 의무 이고 이웃에 대한 사랑이며 예수 그리스도에 대한 순종"이라고 하였다.[24] 라인홀드 니버는 참된 기독교란 두 가지 축이 조화를 이루어야 하는데 하나는 하나님을 향한 수직적 차원, 즉 종교와 신앙이고 나머지 하나는 이웃을 향한 수평적 차원, 윤리·사회생활의 영역이라 했다.[25] 진보 계열은 기독인의 윤리적 의무, 사회 구원만을 지나치게 강조하였기에 기독교의 중요한 본질을 놓쳤다는 아쉬움이 든다.

또한 진보적 지식인들의 선각자적 기개는 높이 살만하지만 실제적으로 지역교회와 한국교회에 미친 영향력은 그다지 크지 못했던 측면이 있음을 자인한 바 있다.[26] 중요하고 의미있는 작업을 했지만 그것이 사회에 스며들 수 있는 기반을 마련하는데는 취약했다 할 수 있다.

4. 통일문제에 임하여[27]

남북 분단 후 세계냉전체제의 기류에 편승한 한국은 공산주의에 대한 적개심에 기초한 멸공통일을 주장했다. 4.19 이후 일시적으로 평화통일론이 대두되었으나 5.16 쿠데타로 성립된 군사정부의 극단적인 반공정책으로 말미암아 민간차원의 통일문제 논의는 국가반역죄로 취급될 정도로 경직되었다. 당시 군사혁명위원회가 발표한 6개 항의 혁명공약을 보면 제1항에서 "반공을 국시의 제일의(第一義)로 삼고 지금까지 형식적이고 구호에만 그친 반공태세를 재정비 강화한다"고 했고 제5항에서는 "민족적 숙원인 국토통일을 위하여 공산주의와 대결할 수 있는 실력배양에 전력을 기울인다"라고 천명했다. 이는 통일에 대한 국민들의 열망을 이용해 '반공'과 '통일을 위한 실력배양'의 논리로 정권에 대한 정당성을 부여받고 독재체재를 굳히

---

24 정중진, "21세기를 맞는 한국교회의 영적 개혁과 그 실천방안(1)-신학적 관점을 중심으로,「교회와 한국문제 논단」(서울: 기독교한국문제연구회, 2000), 166-67.

25 정진경, "기독교인의 사회참여", 인터넷 자료에서, 4, 2001년 12월 26일 검색.

26 한국기독교장로회(1978), 83. "우리 교단의 교회는 양적으로 성장하지 않아 고심하고 있다. 효과적인 봉사를 하려 할 때 어느 정도의 양적 성장이란 필요하다…." 김영재,「한국교회사」, 319에서 재인용.

27 이 부분에 대해서는 이만열의「한국기독교와 민족통일운동」의 연구가 많은 도움이 되었다.

겠다는 의도를 갖고 있었다.

그러나 1960년대의 눈에 띄는 경제성장을 통해 자신감을 갖게 된 박정희 정권은 1970년대에 이르면 통일정책에 변화를 보이기 시작했는데 여기에는 1969년 닉슨독트린과 미·중 접촉, 일·중 접촉 등 국제정세의 변화의 영향도 있었다. 한국정부는 북한에 대한 새로운 시각을 갖게 됨으로 무조건 타도대상으로 비난하던 데서 벗어나 북한에도 하나의 정권이 있다는 것을 인정하였다. 1972년에는 인도적 차원의 남북적십자회담과 더불어 남북 당국 간 최초의 공식문서라 할 수 있는 역사적인 7·4남북공동성명이 이루어졌다. 하지만 그해 10월 한국정부의 유신발표를 이유로 북측이 회담을 중단함으로 7·4남북공동성명은 결국 유명무실화되고 말았다.

1960년대부터 인권과 민주화를 위해 투쟁하던 기독교 진보 계열에서는 독재정권이 안보논리를 내세워 언론자유와 인권을 탄압하자 통일문제에 관심을 갖기 시작했다. 민주화를 위해서는 안보론의 근거가 되는 분단 상황을 해소하는 길 밖에 없다는 인식이 진보적 기독교 지도자들에게 인식되었던 것이다. 민주화운동과 통일문제가 나눌 수 없는 문제요 함께 해결해야 할 문제임을 자각한 이들은 "민주화를 통한 통일과 통일을 목표로 하는 민주화"를 주장했다. 이러한 논의와 함께 1980년대에 이르러 진보계열의 통일운동은 이론적으로 상당한 진전을 이루었다. 1988년 진보진영의 '민족의 통일과 평화에 대한 한국기독교회 선언'은 민간차원의 통일논의를 열게 되는 최초의 통일선언이었으며 통일역사에 선을 긋는 역사적인 선언이었다. 1995년 이전까지 한국교회의 통일운동은 진보진영에 의해 이루어졌는데 주로 선언중심, 계몽중심이었다.

1995년에는 북한이 극심한 수해로 말미암아 긴급 구호요청을 해 옴으로써 보수와 진보 양대 한국교회는 '북한동포돕기후원연합회'를 조직하여 막대한 물품을 지원함으로 한국교회의 통일운동은 실천적인 단계로 성장했다.[28] 1990년대 후반부터 보수계열이 통일문제에 대해 관심을 갖고 그동안 비축된 실력을 바탕으로 실질적으로 북한을 지원하기 시작했는데 그동안 적대시했던 보수와 진보가 연합하여 '남북나눔운동'을 펼치며 다양한 방면의 통일문제를 협력하기 시작한 것은 매우 긍정적이고 의미있는 일이다.

---

[28] 정태준, "한국교회 평화통일운동과 북한선교", 「기독교사상」2000년 8월호, 152-53.

4.1. 진보계열의 통일운동

4.1.1.역사적 전개

먼저 진보계열이 통일문제를 접근하는 신학적 배경에는 '하나님의 선교', '통일신학'[29]이 있다. '하나님의 선교'에 의하면 남북통일 자체가 선교이며 '통일신학'에 의하면 교회는 분단상황으로 고통받고 있는 민중 현실에 초점을 두고 통일문제에 접근해야 한다는 것이다. 1970년대까지 독재정권에 맞서 민주화를 위해 투쟁해 온 진보 계열에서는 1974년 기독교청년협의회 회원 삼천명의 통일기원 가두데모, 1976년 '민주구국선언서', 1978년 〈10·17 민주국민선언〉 등 반독재 민주구국 투쟁과 민족염원인 통일을 지향하는 성명을 발표하였다. 하지만 통일의 당위성을 역설할 뿐 구체적인 활동을 하지 않음으로 통일에 실제적인 공헌을 하지는 못했다.

1981년 해외동포 기독인 대표 45명과 북한동포가 만나 조국통일을 위한 첫 모임을 가졌는데 이를 '조국통일을 위한 북과 해외동포 기독자간의 대화' 제1차 회의라 했다. 1982년, 1984년에 걸쳐 제3차 회의까지 열렸는데 민주화를 위해 투쟁하는 반정부적 경향의 기독교인 해외동포들과 북한 고위관료, 목사들이 참석했다. 이 회의는 분단 후 첫 만남이라는 것 뿐 아니라 후에 남북 기독교인들이 해외에서 만나게 되는데 계기가 되었다는 점에서 의의가 있다.

한편 1981년 '제4차 한·독교회협의회', 1984년 '제3차 한·북미교회협의회'가 서울에서 열렸고 WCC가 주관한 '동북아시아의 평화와 정의에 관한 협의회'가 일본 도잔소에서 열렸다. 한국교회와 세계교회와의 만남과 유대를 통해 남북통일이 선교의 과제임이 천명되었고 통일문제에 관해 세계교회가 관심을 가지게 되었다. 이 회의 결과 세계교회협의회와 미국교회협의

---

[29] 통일신학이라는 용어가 처음 사용된 것은 1981년 〈기독교사상〉 6월호, 한신대 주재용 교수의 "한국교회의 통일론"이었다. 1970년대 민중신학을 계승한 통일신학은 1980년대 이후 민중의 삶의 수준이 높아지자 중산층까지도 포함하는 대중운동의 필요성에 의해 대두되었다. 보수와 진보로 양분된 한국교회의 분단을 개혁하여 민족교회를 이루자는 것과 이러한 교회 개혁을 통해 민족 분단을 극복하자고 주장한다. 통일신학은 민족문제, 민족교회, 평화통일, 남북의 화해, 기독교와 주세사상과의 대화, 희년 등을 주요 주제로서 다룬다. 참조: 통일신학동지회, 「통일과 민족교회의 신학」(서울: 한울, 1990)

회 대표들이 북한을 공식적으로 방문했으며 WCC의 주선으로 남북교회가 만나게 되는 대전환점이 마련되었다.

1986년 8월 스위스 글리온에서 WCC 주최로 남북교회가 역사적인 첫 만남을 이루었는데 '조선기독교도 연맹' 대표 4인과 '한국기독교교회협의회'(KNCC) 대표 6인을 포함하는 22명이 참석하였다. 남북교회의 만남은 1988년 제2차 글리온 회의, 1990년 제 3차 글리온회의 등으로 이어지며 서로 간에 신뢰를 쌓았고 상호방문, 남북당국간 상호불가침선언 채택 촉구, 사업추진 실무기구 설치 등 평화통일을 위한 구체적인 프로그램을 계획하게 되었다. 하지만 공권력을 앞세운 정권은 통일운동의 창구를 정부로 단일화하려는 정책 가운데 민간차원의 통일운동을 견제했다.

1989년 문익환 목사는 김일성 주석의 초청을 수락하여 정부의 통제에 불복한 방북을 감행했다. 이후 카톨릭신자인 임수경과 문규현 신부의 방북사건도 이어졌는데 이러한 민간차원의 방북통일운동은 이전까지 기독교 내부의 통일논의에서 한 차원 벗어나 전국민적인 통일문제에 대한 관심과 논의를 불러 일으켰다. 진보적 기독인사에 의한 방북사건은 보수적인 남한에서 부정적 평가를 받았지만 민간차원의 교류에 대한 가능성을 열어주었다는 점에서 역사적 의의가 있다.

1990년대 진보계열의 통일운동은 기존의 KNCC를 중심으로 한 평화통일 희년운동과 '기독교사회운동연합'을 중심으로 한 평화군축운동, 남·북·해외 범민족대회, 여성운동 등 다양한 방면으로 발전되었다. 하지만 1990년대 문민정부 출범을 기점으로 사회참여운동에서 독보적이었던 진보계열은 한계를 맞게 된다. 이와 더불어 1980년대 꽃을 피웠던 학생운동이 1990년대에 이르면 점차적으로 일반 국민들의 지지기반을 잃어가고 학원에서도 설득력을 잃어갔다. 통일에 대한 선각자적 계몽과 이론은 좋았지만 통일에 대한 논의가 이전보다 성숙해진 실천 시점에 이르자 지지기반이 약한 진보계열에서는 대중적인 실천과 참여를 이끌 수는 없었던 것이다. 이 국면에서 진보계열은 신앙적 열정 위에 실제적인 인적·물적 자원을 갖춘 보수주의라는 새 파트너를 필요로 하게 된 것이다.

4.1.2.KNCC 통일선언과 의의

1988년 2월 '민족의 통일과 평화에 대한 한국기독교교회 선언' 일명

'KNCC 통일선언'이 발표되었는데 이는 'NCC 통일문제협의회'를 중심으로 1985년부터 1988년까지 제5차에 걸쳐 350여명의 회원교단 지도자들이 모여 회의를 하며 작성된 것이었다. 선언문을 열거해 보면 :

민족의 통일과 평화에 대한 한국기독교회 선언(1988)

우리는 먼저 한반도에 그리스도의 복음을 보내주셔서 우리로 하여금 예수 그리스도의 십자가 죽음과 부활을 알게 하시고, 그것을 믿는 우리를 당신의 자녀로 삼으사 구원해주신 하나님의 은혜와 사랑에 찬양과 감사를 드린다. 또한 하나님의 성령이 한반도의 역사와 모든 믿음의 형제 자매들 속에 함께 하셔서 온 교회가 민족의 해방과 구원을 위하여 하나되어 일할 수 있도록 선교의 결단을 하게 해주신 것을 감사드린다. 우리는 하나님이 만물을 창조하신 분 창조주(창 1:1)이심을 믿으며, 모든 인간이 당신의 자녀로 초대받았음(롬 8:14-17, 갈 3:36, 4:7)을 믿는다. 예수 그리스도는 "평화의 종"(엡 2:13-19)으로 이 땅에 오셨으며 분단과 갈등과 억압의 역사 속에서 평화와 화해와 해방의 하나님 나라를 선포하셨다.(눅4:18, 요 14:27), 또한 예수 그리스도는 사람을 하나님과 화해하게 하시고 인간들 사이의 분열과 갈등을 극복하고 해방시켜서 하나되게 하시려고 고난을 받으셨으며 십자가에 못박혀 죽으시고 묻히셨으나 다시 부활하셨다(행 10:36-40). 예수 그리스도는 평화를 위하여 일하는 사람들을 축복하시면서 하나님이 그들을 자녀로 삼으실 것이라고 하셨다(마 5:9). 우리는 성령이 우리로 하여금 역사의 종말론적 미래를 보게하시고 우리를 하나되게 하셔서 하나님의 선교사역에 참여하게 하신다(요 14:18-21, 16:13-14, 17:11)는 것을 믿는다.
이제 우리는 한국교회는 그리스도인들 모두가 평화를 위하여 일하는 사도로 부름을 받았음(골 3:15)을 믿으며, 같은 피를 나눈 한 겨레가 남북으로 갈라져 서로 대립하고 있는 오늘의 이 현실을 극복하여 통일과 평화를 이루는 일이 한국교회에 내리는 하나님의 명령이며 우리가 감당해야 할 선교적 사명(마 5:23-24)임을 믿는다.
이러한 우리의 기본적인 신앙고백에 입각하여 한국기독교교회협의회는 한국교회와 세계 에큐메니칼 교회 공동체 앞에 민족의 통일과 평화에 대한 입장을 밝히고, 남북한 정부책임자들과 우리 민족 모두에게 기도하는 마음으로 이것을 호소하는 바이다.

정의와 평화를 위한 한국교회의 선교적 전통

이땅에 예수 그리스도의 복음이 전파된 지 1백여년이 지나는 동안 공교회가 저지른 민족사에 대한 많은 허물에도 불구하고 한국 그리스도인들은 하나님 나라를 선포함으로써 이 땅에 살고 있는 백성들의 참 소망이었던 해방과 독립을 실현하려고 애써왔다. 우리 신앙의 선배들은 성령에 힘입어서 성경말씀이 명하는 대로(눅 4:18-19) 가난한 이들에게 복음을 선포하였고 억눌린 백성에게 자유와 자주의 희망을 심어 주었으며, 일제에게 노예가 된 한국민족과 함께 고통을 나누며 민족의 해방과 독립을 위하여 선교하여 왔다.

한국의 그리스도인들은 평화의 의미를 노예처럼 굽히고 복종하면서 얻는 안일이나 안정에서 찾지 않았다. 평화는 정의의 열매(사 32:17)이어야 했으며 민족의 독립이 없거나 인간적 자유를 누릴 수 없는 평화는 거짓 평화(렘 6:13-14)일 뿐이었다. 일본 제국주의가 우리나라를 식민지로 다스리던 때의 한국교회의 평화운동은 곧 민족의 독립운동이자 노예된 민족의 아픔에 동참하는 것이었고, 하나님 나라를 선포하고 그에 대한 믿음을 역사속에서 실천해 나가는 민족해방운동이었다.

1919년 3 1독립운동에 한국의 그리스도인들은 앞장서서 참여하였으며, 일본 제국주의의 민족말살정책에 저항하였고, 국가주의를 종교화한 일제의 신사참배 강요에 항거하여 순교의 피를 흘렸다.

1945년 남북분단 이후 남한의 그리스도인들은 분단의 현실 속에서 고통당하는 피난민들과 전쟁 고아들과 희생자들을 돌보아 왔다. 또한 북한을 떠난 이산가족들과 교우들을 교회의 품안에 받아들였고 사랑으로 치유하여 왔다.

분단이 고착화되면서 나타난 군사독재정권은 안보를 구실로 인권을 유린하고 경제성장 논리로써 노동자와 농민을 억압했으며 한국교회는 이에 대하여 정의와 평화를 위한 신앙으로 저항하여 왔다. 1970년대와 80년대 한국교회의 인권 및 민주화운동은 바로 이러한 정의와 평화를 위한 선교운동의 전통을 이어받은 것이다.

민족분단의 현실

한반도의 남북분단은 현대 세계의 정치구조와 이념체제가 낳은 죄의 열매이다. 세계 초강대국들의 군사적, 이념적 대결과 상호분쟁 속에서 한국민족은 속죄양의 고난을 당하여 왔다.

1945년 제2차 세계대전이 끝나자 한국민족은 일본 제국주의의 식민지 노예상태로부터 해방되었으나 남북분단이라는 또 다른 굴레가 민족을 속박하기 시작하였다. 일본 제국주의 침략군대의 무장을 해제시킨다는 명목하에 설정된 남북분단선은 소련과 미국의 냉전체제에 의하여 고착화되었고, 남북한에는 각각 서로 다른 정부가 수립되어 한반도에서는 지난 40여년간 군사적, 정치적, 이념적 갈등과 분쟁이 심화되어 왔다.

1950년 6월 25일 일어난 한국전쟁은 동족상잔의 비극을 낳았으며, 국제적 갈등은 극대화되었다. 제2차 세계대전 동안에 유럽 전지역에 투하된 폭탄보다 더 많은 양의 폭탄이 투하되어 한반도는 초토화되었다. 이 전쟁에서 남한군 22만명, 북한군 60여만명, 중공군 1백만명, 미군 14만명, 유엔군 1만 6천여명의 사상자가 났으며 전쟁 중에 병으로 사망한 숫자를 포함하면 2백 50만명이나 되는 군인들이 희생되었다. 남한 50만과 북한 8배간의 민간인 사망자를 합치면 6백만의 피가 이 땅에 쏟아진 것이다(브리태니카 백과사전 1970년도판 통계임). 그리고 3백만명의 피난민과 1천만명의 이산가족이 생겼다.

6.25을 전후하여 북한 공산정권과 대립했던 북한의 그리스도인들은 수난과 죽음을 겪어야 했으며, 수십만의 북한 그리스도인들이 고향과 교회를 버리고 남한으로 내려와 피난생활을 감내해야 했다. 한국전쟁 동안 적지 않은 남한의 그리스도인들이 납치되었고 참혹하게 처형되기도 했다. 한편 공산주의 동조자들은 이념전쟁의 제물이 되었고 '부역자'라는 명목으로 사회에서 매장을 당하지 않으면 안되었다. 1953년 휴전 이후 일시적일 것으로 여겨졌던 '휴전선'이 영구불변의 '분단선'처럼 되면서 남북분단의 벽은 높아져 갔고 남북한의 두 체제는 단절과 대결 속에서 적대적이고 공격적인 관계를 지속시켜 왔다. 남북한의 군비경쟁은 가속화되었고, 북한병력 84만과 남한병력 60만을 합하여 근 1백50만군대가 무장대치하는 상태에 이르게 되었으며 한반도에 배치되었거나 겨냥되고 있는 핵무기는 이 땅을 없애버리고도 남을 정도의 가공할 파괴력을 보유하기에 이르렀다.

민족의 분단이 장기화되면서 양 체제에서 모두 안보와 이데올로기의 이름 아래 인권은 유린되어 왔으며, 언론과 출판, 집회와 결사의 자유는 억압되어 왔다. 그리고 서신 왕래도, 방문도, 통신도 두절된 양쪽은 한 땅덩어리위에서 가장 멀고 이질적인 나라가 되었다. 남북한의 교육과 선전은 상호비방 일색이며, 상대방을 상호 체제경쟁을 통하여 약화시키고 없애야 할 철천지 원수로 인식하게 하고 있다. 따라서 남북한 국민들은 동족의 생활과 문화에 대하여 서로 무지할 뿐 아니라 서로 알아서는 안되는 관계로까지 길들여져 왔다. 양 체제는 같은 피를 나눈 동족을 가장 무서운 원수로 인식하게 하고 있는 것이다.

남북대화의 길은 1972년 이른바 7 4공동성명이 계기가 되어 트이기 시작하여 대화와 협력과 교류에 희망을 갖게 하였다. 1985년에는 남북적십자회담이 재개되고 이산가족 고향방문이 이루어졌으나 그 수는 극히 한정되었으며 대화와 협상은 끝없이 공전되고 있는 실정이다.

남한 그리스도인들은 1980년대 초반까지만 해도 북한에 그리스도인들과 교회가 있는지 없는지조차 확인할 수 없었고, 분단이 고착화되는 과정에서 북한 공산정권에 대하여 깊고 오랜 불신과 뼈에 사무치는 적개심을 그대로 지닌 채 반공 이데올로기에 맹목적으로 집착해 왔다.

분단과 증오에 대한 죄책고백

한국의 그리스도인들은 평화와 통일에 관한 선언을 선포하면서 분단체제안에서 상대방에 대하여 깊고 오랜 증오와 적개심을 품어왔던 일이 우리의 죄임을 하나님과 민족 앞에서 고백한다.

(1) 한국민족의 분단은 세계 초강대국들의 동서 냉전체제의 대립이 빚은 구조적

죄악의 결과이며 남북한 사회 내부의 구조악의 원인이 되어 왔다. 분단으로 인하여 우리는 '네 이웃을 네 몸과 같이 사랑하라'는 하나님의 계명(마 22:37-40)을 어기는 죄를 범해 왔다.

우리는 갈라진 조국 때문에 같은 피를 나눈 동족을 미워하고 속이고 살인하였고, 그 죄악을 정치와 이념의 이름으로 오히려 정당화하는 이중의 죄를 범하여 왔다. 분단은 전쟁을 낳았으며 우리 그리스도인들은 전쟁방지의 명목으로 최강 최신의 무기로 재무장하고 병력과 군비를 강화하는 것을 찬동하는 죄(시 33:16-20, 44:6-7)을 범한다.

이러한 과정에서 한반도는 군사적으로뿐만 아니라 정치, 경제 각 분야에서 외세에 의존하게 되었고 동서 냉전체제에 편입되고 예속되게 되었다. 우리 그리스도인들은 이러한 민족 예속화 과정에서 민족적 자존심을 포기하고 자주독립정신을 상실하는 반민족적 죄악(롬 9:3)을 범하여 온 죄책을 고백한다.

(2) 우리는 한국교회가 민족분단의 역사적 과정 속에서 침묵하였으며 면면히 이어져 온 자주적 민족통일운동의 흐름을 외면하였을 뿐만 아니라 오히려 분단을 정당화하기까지 한 죄를 범했음을 고백한다.

남북한의 그리스도인들은 각각의 체제가 강요하는 이념을 절대적인 것으로 우상화하여 왔다. 이것은 하나님의 절대적 주권에 대한 반역죄(출 20:3-5)이며, 하나님의 뜻을 지켜야 하는 교회가 정권의 뜻에 따른 죄(행4:19)이다. 특히 남한의 그리스도인들은 반공 이데올로기를 종교적인 신념처럼 우상화하여 북한 공산정권을 적대시한 나머지 북한 동포들과 우리와 이념을 달리하는 동포들을 저주하기까지 한 죄(요 13:14-15, 4:20-21)를 범했음을 고백한다. 이것은 계명을 어긴 죄이며 분단에 의하여 고통받았고 또 아직도 고통받고 있는 이웃에 대하여 무관심한 죄이며 그들의 아픔을 그리스도의 사랑으로 치유하지 못한 죄(요 13:17)이다.

민족통일을 위한 한국교회의 기본원칙

정의롭고 평화로운 하나님의 나라가 임하도록 우리 그리스도인들 평화와 화해의 복음(엡 2:14-17)을 실천해야 하며, 동족의 고통스러운 삶에 동참해야 한다. 이 일을 감당하는 것이 곧 민족의 화해와 통일을 이룩하는데 있으므로 우리는 통일에 대한 관심과 노력이 바로 신앙의 문제임을 인식한다. 통일은 곧 민족의 삶과 세계 평화를 위협하는 분단을 극복함으로써 갈등과 대결에서 화해와 공존으로 나아가는 것이며, 마침내 하나의 평화로운 민족 공동체를 이룩하는 것이다.

한국기독교교회협의회는 1984년 이래 수차에 걸친 협의 모임을 통하여 민족통일을 향한 한국교회의 기본적인 원칙을 다음과 같이 설정하였다.

한국기독교교회협의회는 1972년 남북간에 최초로 합의된 7 4공동성명에 나타난 1)자주, 2)평화, 3)사상 이념 제도를 초월한 민족적 대단결의 3대 정신이 민족의 화해와 통일을 위한 기본원칙이되어야 한다고 믿는다. 또한 이와 함께 우리 그리스도인들은 최소한 다음과 같은 두 가지 원칙이 통일을 위한 모든 대회 및 협상, 실천 속에서 전개되어야 한다고 믿는다.

(1) 통일은 민족이나 국가의 공동선과 이익을 실현하는 것일 뿐 아니라 인간의 자유와 존엄성을 최대한 보장하는 것이어야 한다. 국가나 민족도 인간의 자유와 복지를 보장하기 위해서 있는 것이며, 이념과 체제도 인간을 위해 존재하는 것이기 때문에 인도주의적인 배려와 조치의 시행은 최우선적으로 고려되어야 하며 다른 어떠한 이유로도 인도주의적 조치의 시행이 보류되어서는 안된다.

(2) 통일을 위한 방안을 만드는 모든 논의 과정에는 민족구성원 전체의 민주적인 참여가 보장되어야 한다. 특별히 분단체제 하에서 가장 고통을 받고 있을 뿐 아니라 민족 구성원 다수를 차지하고 있으면서도 의사결정 과정에서 늘 소외되어 온 민중의 참여는 우선적으로 보장되어야 한다.

<h3 align="center">남북한 정부에 대한 한국교회의 건의</h3>

이상의 원칙들에 입각하여 본 협의회는 다음과 같은 사항들이 실질적으로 하루속히 이루어질 수 있도록 남북한 정부당국이 성의를 가지고 대화에 임해줄 것을 촉구한다.

(1) 분단으로 인한 상처의 치유를 위하여

가) 무엇보다도 먼저 지난 40여년간 분단체제에서 온갖 고생을 겪으면서 희생되어 온 이산가족들이 다시 만나서 함께 살 수 있도록 해야 하며, 어느 곳이든지 당사자들이 살기 원하는 곳으로 자유롭게 옮게 살 수 있도록 보장하여야 한다.

나) 통일이 되기 전이라도 남북으로 갈라져서 사는 모든 사람들에게 일년 중 일정한 기간 동안(추석이나 명절 같은 때)자유롭게 친척과 고향을 방문할 수 있도록 허용해야 한다.

다) 민족분단의 고정화 과정에서 불가피하게 나타날 수밖에 없었던 일시적 과오나 가족이나 친척이 특수한 전력을 갖고 있다는 이유 때문에 오늘날까지도 사회적으로 부당한 차별을 받고 있는 사람들이 존재하는 현실은 즉각 타파되어야 한다.

(2) 분단극복을 위한 국민의 참여를 실질적으로 증진시키기 위하여

가) 정부당국이 남북한 양쪽에 관한 정보를 독점하거나 통일논의를 독점하여서는 안되며, 남북한 국민이 통일논의와 통일정책수립과정에 주체적으로 자유롭게 참여할 수 있도록 언론의 자유를 보장하고, 통일문제의 연구 및 논의를 위한 민간기구의 활동을 제도적으로 현실적으로 보장하여야 한다.

나) 남북한 양측은 체제나 이념의 반대자들이 자기의 양심과 신앙에 따라서 자유롭게 비판할 수 있도록 최대한 허용하여야 하며, 세계인권선언과 유엔 인권협정을 준수해야 한다.

(3) 사상 이념 제도를 초월한 민족적 대단결을 위하여

민족 자주성을 실현할 수 있으려면 남북한 국민이 각각의 사상, 이념, 제도의 차이를 초월하여 남북한 국민 스스로가 같은 운명체로서 하나의 민족이라는 사실을 상호 분명하게 확인할 수 있어야 한다. 이러한 상호확인을 위해서는 남북한이 서로 굳게 신뢰할 수 있어야 한다. 따라서 서로를 신뢰할 수 있도록 하는 일은 남북통일을 위한 모든 노력의 가장 기본적인 출발점이 되어야 한다. 상호신뢰를 조성하기 위해서는 불신과 적대감을 낳는 모든 요소들이 제거되어야 함과 동시에 상호교류를 확대하여 상호이해의 기반을 넓히고 민족동질성을 시급히 회복시켜야 한다. 신뢰조성을 위한 모든 조치들은 분단극복에 있어 가장 본질적인 것이기 때문에 비록 남북한 정부 당국자간의 회담이 진전되지 못하고 있거나 협상타결이 이루어지지 못하고 있을 때에라도 민간 차원에서는 추진될 수 있어야 한다.

 가) 남북한은 상호 적대감과 공격적 성향을 없애고 상대방에 대한 비방과 욕설, 배타주의를 제거해야 한다. 또한 상대방의 이질적인 이념과 체제에 대한 극단적이고 감정적인 비난을 상호 건설적인 비판으로 전환시켜야 한다.

 나) 상호이해의 증진을 위해서는 서로의 실상을 편견없이 객관적으로 파악할 수 있어야 하기 때문에 교류, 방문, 통신이 개방되어야 한다.

 다) 민족동질성 회복을 위하여 남북의 언어, 역사, 지리, 생물, 자연자원 등에 관한 학술분야에서 교류와 합동연구를 추진하고 문화, 예술, 종교, 스포츠 분야에서도 서로 교류하여야 한다.

 라) 남북한간의 경제교류는 민족의 이익에 부합될 뿐 아니라 상호이해 증진이 계기가 될 수도 있으므로 가능한 최대로 개방되어야 한다.

(4) 남북한 긴장완화의 평화증진을 위하여

 가) 한반도의 전쟁방지와 긴장완화를 위해서는 하루 속히 전쟁상태를 종식시키는 평화협정이 체결되어야 하며, 이를 위해서 남북한 당국과 미국, 중공 등 참전국들이 휴전협정을 평화협정으로 전환시키고 불가침조약을 여기에 포함시키는 협상을 조속히 열어야 한다.

 나) 평화협정이 체결되고, 남북한 상호간에 신뢰회복이 확인되며 한반도 전역에 걸친 평화와 안정이 국제적으로 보장되었을 때, 주한미군은 철수해야 하며 주한유엔군 사령부도 해체되어야 한다.

 다) 과다한 군사력 경쟁은 남북한의 평화통일의 가장 큰 장애요인이며 경제발전에 있어서도 역기능을 하고 있다. 따라서 남북한은 상호간의 협상에 따라 군사력을 감축해야 하며 군비를 줄여서 평화산업으로 전환시켜야 한다.

 라) 핵무기는 어떠한 경우에도 사용되어서는 안되며, 남북한 양측은 한반도에서 핵무기의 사용 가능성 자체를 원천적으로 막아야 한다. 따라서 한반도에 배치되었거나 한반도를 겨냥하고 있는 모든 핵무기는 철거되어야 한다.

(5) 민족 자주성의 실현을 위하여

 가) 남북한간의 협상이나 회담, 국제적인 협약에 있어서는 주변 강대국이나 외세의 간섭에 의존하는 일이 없어야 하며 민족의 자주성과 주체성을 지켜나가야 한다.

나) 남북한 양측은 민족의 삶과 이익을 우선으로 하지 않고 오히려 이것에 배치되는 내용으로 체결된 모든 외교적 협상이나 조약을 수정하거나 폐기하여야 하며, 국제연합이나 동맹국들과의 관계수립이나 협약에 있어서도 남북한 상호간의 합의와 공동의 이익을 우선적으로 고려하여 반영시켜야 한다.

평화와 통일을 위한 한국교회의 과제

우리는 예수 그리스도가 '평화의 주'(골 1:20)이심을 믿으며 하나님의 인간구원과 해방을 위한 선교사역이 우리와 이념과 체제가 다른 사회 속에서도 이루어지고 있음을 믿는다. 다른 사회체제 속에서 살고 있는 그리스도인들이 갖는 신앙고백의 형태와 교회의 모습이 비록 우리와 다르다 할지라도 우리는 그들이 한분이신 하나님, 한분 그리스도에 매어 있으므로 우리와 한몸을 이루는 지체들임(고전 12:12-26)을 믿는다.

세계 에큐메니칼 공동체는 최근 몇 년간, 놀랍게도 우리와 떨어져 있던 북한 사회 내의 신앙의 형제 자매들과 접촉하고 그들의 소식을 알려옴으로써 우리의 이같은 확신을 더욱 굳게 하여 주었다.

우리는 다시금 이 한반도 역사 안에서 활동하시는 하나님의 해방사역에 감사를 드리며 어려운 상황 속에서도 꿋꿋하게 신앙을 지켜 나가고 있는 북한에 있는 믿음의 형제 자매들에게 하나님의 은총과 축복이 함께 하시기를 기원한다.

이와 같은 고백에 입각하여 한국기독교교회협의회는 평화와 화해의 선교적 사명을 다하기 위하여, 그리고 민족 분단의 고통에 동참하고 통일로써 이를 극복해야 한다는 역사적 요청에 응답하기 위하여, 회개하고 기도하는 마음으로 평화와 통일을 위한 희년선포운동을 다음과 같이 전개하고자 한다.

(1) 한국기독교교회협의회는 1995년을 '평화와 통일의 희년'으로 선포한다.

"주님의 성령이 나에게 내리셨다.

주께서 나에게 기름을 부으시어

가난한 이들에게 복음을 전하게 하셨다.

주께서 나를 보내시어

묶인 사람들에게 해방을 알려주고

눈먼 사람들은 보게 하고

억눌린 사람들에게는 자유를 주며

주님의 은혜의 해를 선포하게 하셨다."(눅 4:18-19)

'희년'은 안식년이 일곱번 되풀이되는 49년이 끝나고 50년째 되는 해이다. (레 25:8-10). 희년 선포는 하나님의 백성이 하나님의 역사적 주권을 철저히 신뢰하고 그 계약을 지키는 행위이다. 희년은 억압적이고 절대적인 내외정치권력에 의하여 이루어진 모든 사회적, 경제적 갈등을 극복하여 오게된 자를 해방하고, 빚진 자의 빚을 탕감하며, 팔린 땅을 본래의 경작자에게 되돌려 주고, 빼앗긴 집을 본래 살던 자에게 돌려주어 하나님의 정의를 바탕으로 하는 샬롬을 이루어 통일된 평화의 계약공동체를 회복하는 해(레 25:11-55)이다. 한국교회가 해방 50년째인 1995년을 희년으로 선포하는 것은 50년 역사를, 아니 전 역사를 지배하시는 하나님의 역사적 현존을 믿으면서 평화로운 계약공동체의 회복을 선포하고 또 오늘 한반도의 역사 속에서 그것을 이룩하려는 우리의 결의를 다지려는 데에 있다. 따라서 희년을 향한 대행진은 희년 대망 속에서, 민족사 안에서 역사 하시는 하나님의 주권에 대한 우리의 믿음을 갱신하고 하나님의 선교에의 부르심에 대한 우리의 결단을 새롭게 해나가는 과정이 되어야 할 것이다.

(2) 한국교회는 '희년을 향한 대행진'속에서 평화와 통일을 위한 교회갱신운동을 활발히 전개한다.

가) 평화와 통일의 선교적 소명을 감당하기 위해서 한국교회는 개교회주의와 교권주의를 극복하고 교회일치를 위한 선교적 협력을 더욱 강화해야 한다.

나) 희년을 선포하는 한국교회는 '참여'를 제약해 온 교회의 내적 구조를 갱신해야 한다. 따라서 여성과 청년을 포함하는 평신도의 선교사역에의 참여는 과감하게 개발되고 촉진되어야 한다. 다) 한국교회는 우리 사회의 경제적, 사회적 정의를 실현하기 위하여 예언자적 역할을 계속해 나가야 한다.

(3) 평화와 통일의 희년을 선포하기 위하여 한국교회는 평화와 화해의 결단을 하는 신앙공동체로서 평화교육과 통일교육을 시행해 나갈 것이다.

가) 한국교회는 평화에 관한 성서연구와 신학연구 등 평화교육을 널리 보급하고 각종 신학연구기관과 기독교교육기관은 이를 위하여 정보교환과 연구를 촉진시킨다.

나) 한국교회는 민족통일에 대한 교회의 관심을 높이기 위하여 분단구조 및 분단역사에 대한 이해와 분단문제에 관한 신학적 인식을 심화함으로써 민족통일의 역사적, 사회적, 신학적 당위성을 인식하게 하는 통일교육을 촉진시킨다.

다) 한국교회는 기독교신앙에 대한 신학적 성찰과 결단을 통하여 공산주의 이데올로기에 대한 학문적 이해를 넓히고 이념적인 대화에 필요한 이데올로기의 연구와 교육을 촉진시킨다.

(4) 한국교회는 평화와 통일을 선포하는 희년축제와 예전(禮典)을 통하여 신앙을 새롭게 하고 참다운 화해와 일치를 실천해 간다.

가) 한국교회는 평화와 통일의 희년을 기념하는 '평화와 통일 기도주일'을 설정하고 예배의식을 개발한다. 이 예배의식에는 통일을 위한 기도, 분단의 죄책고백, 소명과 결단, 분단의 희생자들과 분단민족을 위한 중보의 기도, 민족화합을 위한 신앙고백, 말씀선포(희년선포), 찬송과 시, 평화와 화해를 위한 성례전 등이 포함된다.

나) 남북한 교회의 상호왕래가 실현될 때까지 세계교회와 협력하여 평화와 통일의 희년을 남북한 교회가 공동으로 선포하도록 하고, '평화와 통일기도주일'을 공동으로 지키는 일과 '평화와 통일을 위한 기도문'을 공동으로 작성하여 사용하도록 하는 일을 추진한다.

다) 한국교회는 세계교회와의 협력을 통하여 이산가족의 생사확인, 서신왕래의 가능성 등을 모색하고 남북으로 헤어진 친척과 교우, 친구 찾기 운동을 전개한다.

(5) 한국교회는 평화와 통일을 위한 연대운동을 지속적으로 전개해 나간다.

가) '평화와 통일을 위한 희년'의 선포는 신앙고백의 행위로서 지속적으로 확대되는 '평화와 통일을 위한 위한 연대운동'으로 전개될 것이다. 이것은 개교회 차원에서, 교단적인 차원에서, 에큐메니칼 운동의 차원에서 포괄적으로 진행되어야 한다. 특별히 한국기독교교회협의회는 평화와 통일을 위한 신앙고백적 행동과 실천을 가맹교단 뿐만 아니라 비가맹교단과 천주교를 포괄하는 차원에서 공동으로 해 나갈 수 있도록 노력할 것이다.

나) 평화와 통일을 위한 선교적 소명은 한반도의 모든 그리스도인들의 보편적인 과제이므로 한국교회는 북한 기독교 공동체의 신앙과 삶을 위하여 기도하며 남북한 교회의 상호교류를 위하여 노력할 것이다.

다) 한반도의 평화와 통일은 동북아시아 평화뿐만 아니라 세계평화에 있어서도 하나의 관건이므로 한국교회는 한반도 주변의 미국, 소련, 일본, 중국 등 4개국 내의 기독교 공동체를 비롯한 세계교회들과도 긴밀하게 협의하여 연대운동을 전개해 나갈 것이다.

라) 한국교회는 타종교 및 타단체운동들과의 대화를 확장, 심화시키고 평화와 통일을 위한 연대의식을 촉진시켜 공동연구와 연대활동을 전개해 나갈 것이다.

1988년 2월 29일
한국기독교교회협의회

선언문은 예수 그리스도를 평화의 종이요 그 분의 고난은 분열과 갈등을 극복하고 해방시켜 하나되게 하시려는 고난이요 평화통일은 한국교회에 주는 하나님의 명령이며 선교적 사명이라고 신앙고백함으로 시작한다. 이는 한국교회가 분단해소 문제에 개입하는 신앙적 근거를 제시하며 선언문을 신앙고백으로 선포함을 보여 준다. 이런 신앙고백에 기초한 선언문의 목적은 '민족의 통일과 평화에 대한 교회의 입장을 밝히고 남북한 정부와 민족에게 기도하는 마음으로 이를 호소'하는 것이라 했다. 즉, 통일문제에 관한 교회의 입장을 공식적으로 밝히고 호소한다는 것이다. 지금까지 통일문제를 비롯한 여러 현실 사회문제에 관련하여 개교단, 개교회 및 소수의 지도자에 의한 선각자적인 움직임은 있어왔지만 이렇듯이 여러 교회의 소리를 하나로 모은 공식적인 운동은 부재했다는 점에서 이 선언문은 특별한 의미를 지닌다. 비록 한국교회의 또 하나의 주축인 보수주의 교단이 빠진 진보적인 성향의 교회에 편중된 반쪽의 오케스트라였지만 이는 한국교회가 민족교회로서의 전통을 되살리며 선각자의 위상을 회복하는데 있어 중요한 전환점이었다. 선언문의 여섯 개의 항목을 보면 첫째, 정의와 평화를 위한 한국교회의 선교적 전통; 둘째, 민족분단의 현실; 셋째, 분단과 증오에 대한 죄책고백; 넷째, 민족통일을 위한 한국교회의 기본원칙; 다섯째, 남북한 정부에 대한 한국교회의 건의; 여섯째, 평화와 통일을 위한 한국교회의 과제 등이다. 원래 한국교회는 민족교회로서의 역사적 정체성을 가졌는데 현실은 민족이 이념적으로 분단되어 증오하게 되었고 여기에는 한국교회의 잘못이 컸음을 회개하며 통일을 위한 교회의 기본원칙과 정부에의 건의를 제안하고 앞으로 해야 할 교회의 과제를 제시한다는 것이다. 한마디로 요약하면 정의·평화를 위해 노력해 온 한국교회의 전통 위에 분단상태의 죄악을 회개하고 평화통일을 위한 건의와 교회의 과제를 제시한 것이다.

선언문의 핵심은 셋째 항목인 죄책 고백이었다. 이제까지 한국 역사상 어느 누구도 민족의 죄와 아픔에 대해 공개적으로 죄를 인정하고 고백한 경우는 없었다. 신사참배나 부일문제, 6.25 동란, 분단 등을 거치면서 네 탓은 많이 했어도 내 탓이라고 죄를 뒤집어쓰고 회개한 경우는 없었다는 점에서 이 선언은 진정한 가치를 지니고 있다. 만약 이 선언문이 자신의 죄책 고백이 없이 평화와 통일을 이루어야 한다는 당위성과 의무만을 강제했다면 지금까지 이루어졌던 여타의 선언문들과 차별이 없었을 것이다. 그러나 기독교는 회개를 통해 과거의 죄를 깨끗이 정리하고 단절됨으로 새로운 시작이 가능하며 이로 인해 정당성과 신선함이 부여된다. 따라서 죄책고백은 정치적 사회적인 여타의 운동들이 할 수 없는 기독교만의 몫인 것이다. 회개에 기초한 선언문은 기독교 공동체로서의 정체성을 확인하며 과거 문제를 공개적으로 처리함으로 통일운동의 새로운 활력과 방향을 제시할 수 있는 정당성을 확보했다. 무엇보다 북한을 이질적인 집단, 미움의 대상으로만 보았던 죄책을 고백하며 민족공동체의식을 회복할 것을 촉구한 것은 당시에 있어 신선한 충격이 아닐 수 없었다. 이는 1988년 민족자존과 통일번영을 위한 특별선언(7·7선언)을 비롯한 이후의 통일정책에도 반영되었다. 7·7선언은 북한을 대결자로 보았던 이전의 통일정책 차원에서 탈피하여 북한을 '선언의 동반자'로 간주하고 남북이 함께 민족공동체 관계를 발전시켜 통일에 이른다는 인식을 바탕으로 하였다.

선언문의 각 항목별로 중요한 사항을 짚어보면 첫째로 '한국교회의 선교적 전통'에서는 일제시대 민족의 해방과 독립을 위하여 투쟁한 한국교회의 역사적 전통을 70, 80년대 인권 및 민주화운동과 연계시키며 정의와 평화를 모색해 온 민족교회로서의 정체성을 상기시켰다. 둘째로, '민족분단의 현실'에서는 남북분단을 강대국의 정치 및 이념 대결이 빚은 죄의 열매로 간주하고 안보 논리 아래 유린된 인권문제와 자유권 침해, 증오심에 기초한 반공이데올로기 등을 날카롭게 지적했다. 셋째로 '죄책고백'에서는 민족분단 상황 자체에 대한 일반적인 죄책과 한국교회의 몰역사성을 회개했다. 전자는 분단으로 인해 '네 이웃을 사랑하라'는 계명을 어겼으며 강대국에 예속되는 중에 민족적 자존심을 포기한 반민족적 죄를 범했음을 의미한다. 후자는 민족분단의 역사적 과정에서 한국교회가 침묵한 죄, 반공이데올로기를 우상화하여 동포에 대해 무관심하고 저주하기까지 한 죄를 가리킨다.

넷째로, '한국교회의 기본원칙'에서는 7·4남북공동성명의 자주, 평화, 민족대단결 3대원칙에 인간자유와 존엄성 보장, 민족구성원 전체의 민주적인 참여 등 2개 항목을 덧붙여 5개의 원칙을 내세웠다. 인간존엄성 보장과 민중의 참여 원칙은 양 체제가 그동안 이념 존속을 위해 인권을 유린해 왔음에 대한 문제의식에서 나온 대원칙이었다. 이념과 체제도 인간을 위해 있는 것이며 국가나 민족 이념에 앞서 인간이 최우선적이라는 인도주의 및 민족공동체 의식은 통일문제를 풀어 가는데 있어 주요한 지표가 되었다. 다섯째로, '정부에 대한 교회의 건의'에서는 기본원칙의 실천사항으로 이산가족 문제해결 등 분단상처 치유; 통일논의에 국민참여 증진; 민족대단결을 위한 상호 교류·개방; 불가침조약 체결, 미군철수, 비핵화 등 긴장완화와 평화증진 ; 각종 국제 협약 및 회담의 주체성, 자주적 조약 체결을 통한 민족자주 실현 등을 내세웠다. 여섯째로, 교회의 과제로는 1995년을 '평화와 통일의 희년'으로 선포하고 교회일치 및 평신도의 선교사역 개방 등 교회갱신운동을 전개하며 통일교육 실시, 희년축제와 예전(藝展), 연대운동 전개 등을 내세웠다.

이 선언이 발표되자 한국기독교 내부에서는 찬성과 반발이 엇갈렸는데 보수적인 교단에서는 매우 격앙된 자세로 비난했다. 역설적으로 보면 그때까지 통일문제에 거의 관심을 보이지 않았던 보수교단에서 이 선언에 자극을 받아 통일문제에 관심을 갖게 되었다는 의미이다. 오늘날 이 선언에 대한 일반적인 평가로는 "민간에 의해 제출된 최초의 본격적인 통일선언으로 역사적 의미를 지닌다", "민간차원의 통일논의의 물꼬를 튼 것", "통일

논의의 내용과 형식에서의 수위와 지향점을 결정케 하는 분수령이 되었다는 점"이다.[30]

이만열은 이 선언이 한국 기독교 통일 논의를 종합·정리함으로 운동의 방향을 제시하였고 기독교 내에서 통일논의를 활성화시키는 계기를 만들었다고 했다. 이 선언은 민주화·평화·선교를 통일과 관련해서 생각하도록 하고 '분단을 악의 근원으로', '분단책임을 나에게서' 보도록 하는 '통일문제에 대한 기독교의 새로운 인식'을 가능하게 했다. 또한 이 선언은 정부에게도 큰 충격을 주어 그 해 7월 "민족자존과 통일 번영의 새 시대를 약속하는" 노태우대통령의 '7·7특별선언', 1991년 "남북 화해와 불가침 및 교류·협력에 관한 합의서", "한반도 비핵화에 관한 공동선언" 등 정부의 정책에도 영향을 미쳤다.

4.2. 보수주의의 동참

진보계열에서 사회참여 신학을 외치며 시대와 역사현실에 깊은 관심을 표명할 때 보수진영은 사회문제에 대해 관심을 갖는 대신 복음을 전파하고 영혼을 구령하는 일에 전력했다. 이러한 보수주의 관점은 1966년 베를린에서 열린 제2회 복음주의 진영의 세계대회에서 이루어진 빌리 그래함의 개회 연설에서 잘 나타난다. "복음을 선포하고 사람들을 그리스도께로 돌아오게 하는 주요 과제로 교회가 돌아온다면, 교회는 자신이 다른 일을 통해 할 수 있는 것보다 인간의 사회적, 도덕적, 심리적 필요에 훨씬 더 많은 영향을 미치게 될 것이다." 보수진영은 전통적인 의미의 복음전도를 기독인의 가장 중요한 의무로 여겼고 이에 충실할 때 다른 문제들은 해결될 것이라 믿었기에 사회운동은 논외의 사항이었다.

그러나 세계 곳곳의 독재와 분쟁, 제3세계 문제, 환경문제 등 세계 환경의 변화에 대한 WCC의 사회참여 신학과 활동은 보수진영에도 많은 변화를 가져왔다. 1974년 스위스 로잔에서 열린 '로잔 세계복음화 국제대회'를 기점으로 복음적 보수주의 진영의 신학에도 변화가 찾아왔다. 세계 150여 개국에서 2700여명의 기독교지도자들이 모인 로잔대회에서 결의된 15개항에는 보수진영의 사회참여에 대한 반성과 강조가 이루어졌다. 그 중 그리

---

[30] 이만열, "민족의 통일과 평화에 대한 한국기독교회 선언'의 역사적 의의", 「한국기독교와 민족통일운동」, 409-10.

스도인의 사회적 책임을 다룬 5항[31]을 살펴보면 '전도와 사회참여를 상반된 것으로 잘못 생각한 점을 참회하며', '사회운동이 전도는 아닐지라도 전도와 사회·정치적 참여는 기독인의 의무'임을 증거했다.

로잔언약을 계기로 보수진영의 사회참여 의식은 계속 증진되었으며 한국에서는 1980년대에 이르러 '하나님나라 운동' 신학으로 발전되었다. 그동안 신학적 노선으로 인해 침묵해야 했던 젊은 복음주의자들은 '하나님나라 운동' 신학에 힘입어 사회운동에 활발히 참여했다. 이러한 배경 아래 1990년대에 이르면 보수주의가 통일운동의 새로운 세력으로 부상하게 되었다.

과거에 보수진영에서는 '민족문제'의 차원보다는 '북한 선교적' 차원에서 접근하였는데 1990년대에 들어 동구권의 몰락, 독일의 통일, 남북 관계 개선 등을 통해 통일문제를 현실적으로 고려해야 하는 상황이 전개되었다. 이에 보수진영에서도 민족통일 문제를 연구하려는 열의가 일어나 1994년에는 〈민족통일과 한국기독교〉라는 주제로 학술대회가 이루어졌다. 또한 통일운동의 경험과 노하우가 집적된 진보측과의 제휴가 이루어져 1993년에는 '평화와 통일을 위한 남북나눔운동'이 출범되었다. 남북나눔운동은 보수와

---

[31] 5. CHRISTIAN SOCIAL RESPONSIBILITY

We affirm that God is both the Creator and the Judge of all men. We therefore should share his concern for justice and reconciliation throughout human society and for the liberation of men and women from every kind of oppression. Because men and women are made in the image of God, every person, regardless of race, religion, colour, culture, class, sex or age, has an intrinsic dignity because of which he or she should be respected and served, not exploited. Here too we express penitence both for our neglect and for having sometimes regarded evangelism and social concern as mutually exclusive. Although reconciliation with other people is not reconciliation with God, nor is social action evangelism, nor is political liberation salvation, nevertheless we affirm that evangelism and socio-political involvement are both part of our Christian duty. For both are necessary expressions of our doctrines of God and man, our love for our neighbour and our obedience to Jesus Christ. The message of salvation implies also a message of judgment upon every form of alienation, oppression and discrimination, and we should not be afraid to denounce evil and injustice wherever they exist. When people receive Christ they are born again into his kingdom and must seek not only to exhibit but also to spread its righteousness in the midst of an unrighteous world. The salvation we claim should be transforming us in the totality of our personal and social responsibilities. Faith without works is dead. (Acts 17:26,31; Gen. 18:25; Isa. 1:17; Psa. 45:7; Gen. 1:26,27; Jas. 3:9; Lev. 19:18; Luke 6:27,35; Jas. 2:14-26; Joh. 3:3,5; Matt. 5:20; 6:33; II Cor. 3:18; Jas. 2:20) 인터넷 자료, 2002년 2월 9일 검색.

진보 진영이 손을 잡고 동역하여 이룬 통일문제에의 접근이라는 점에서 한국 교회사에 있어 중요한 의미를 지닌다.

보수진영의 통일문제에 대한 접근을 증폭시킨 계기는 북한의 식량난과 탈북자문제였다. 북한은 1985년부터 식량난이 시작되어 1990년부터는 하루 두끼 먹기운동, 절식·절량운동을 벌여오다가 1995년부터는 정상적인 식량배급이 중단되었다. 게다가 가뭄과 홍수 등 자연재해까지 연이어 겹치면서 수백만명의 아사자가 발생하게 되었다. 식량난으로 인해 중국으로 월경한 탈북자들 문제가 남한사회에 알려지자 보수진영의 대북돕기 활동이 본격적으로 진행되었다.

1989년 KNCC의 인권운동과 민주화운동의 반향으로 순수복음을 수호한다는 기치를 들고 보수진영의 연합회인 '한국기독교총연합회'(이하 한기총)이 조직되었다. 한기총은 1990년대에 들어서면서 통일문제를 다루기 위한 상임위원회인 '남북교회협력위원회' 산하에 '통일정책위원회', '북한교회재건위원회', '북한동포돕기위원회' 등 특별위원회를 구성하여 활동하였다.

'북한교회재건위원회'는 남한교회가 북한교회를 입양하여 통일 후의 북한교회재건을 추진하는 것이며 '통일정책위원회'는 통일과 북한복음화에 관한 한국교회의 방향과 정책을 제시하는 것이다. '통일정책위원회'에서는 1996년에는 '한국교회의 통일정책선언문'을 통해 보수진영의 통일 한국상과 통일 정책을 공포하였다. 이 선언문에서 보수진영은 그동안의 과오를 인정하고 민족통일 문제에 적극 동참할 것을 다짐하였다. "해방 후 남한의 교회가 하나님의 은혜로 크게 성장·부흥하였고 받은 바 축복이 컸음을 감사하거니와 이에 상응하는 하나님과 민족 앞에서의 책임, 특히 통일을 위한 기독인으로서의 사명을 다하지 못했음을 솔직히 고백하고 회개한다."[32]

'북한동포돕기위원회'는 1990년부터 '사랑의 쌀 나누기 운동'을 펼치며 탈북자들을 돕기 시작한 운동이 확대된 것으로 1995년에 특별위원회로 구성되었고 대북식량지원사업과 탈북동포돕기사업을 추진하였다. 1997년 1-5월까지 대북식량지원 상황을 보면 제1,2차에 걸쳐 4억2천만원에 상당하는 식량을 북한적십자와 '조선기독교도연맹'을 통해 전달하였다. 이외에도 비공개로 '선교적 차원의 비공식적인 식량지원'과 '국내외 1만 탈북동포돕기사업'이 추진하고 있다.[33]

---

[32] 한기총 통일정책위원회, 「평화통일과 북한복음화」(서울: 쿰란출판사, 1997), 6.

한국대학생선교회(CCC)를 중심으로 한 12개 대학생 선교단체는 '10만 대학생 통일봉사단' 운동을 통해 대학생들이 북한돕기 및 통일관련 운동에 동참하게 했다. 또한 통일봉사단은 대학생들의 1년치 평균용돈의 1%에 해당하는 1만원을 절약해 북한을 돕자는 '북한동포돕기 전국대학생 모금운동'을 펼쳤다.[34] 또한 CCC의 통일봉사단을 중심으로 '젖염소 보내기' 운동이 전개되어 2001년10월에 젖염소 100마리가 북한으로 보내졌으며 2002년 현재 11억 이상이 헌금되는 등 대북돕기 사업이 활발히 진행 중이다.[35] 이 외에도 한국 장로교 선교사였던 유진벨을 기념하는 유진벨 재단은 북한의 폐결핵 퇴치를 위해 대북지원사업을 펼쳤는데 1995-2000년에 걸쳐 총 $14,265,208(약 170억 상당)을 지원했다. 대학생성경읽기선교회(UBF)를 비롯한 여러 기독교 단체에서 투명한 경영으로 신뢰받는 유진벨을 꾸준히 지원함으로 북한동포돕기 운동에 참여하였다.

보수진영은 그동안의 '몰역사적, 타계주의적'이라는 불명예를 씻고 그동안 집적된 인적·물적 자원 및 보수주의 특유의 강한 신앙적 열성으로 북한돕기 운동을 펼침으로 통일운동의 실력자로 부상했다. 통일문제 있어 보수진영의 실력과 진보진영의 이론이 만남으로 두 진영의 화합 가능성이 비로소 열리게 된 것이다.

4.3. 화합의 가능성을 찾아서

1990년대에 들어 통일문제에 관심을 갖고 활동하기 시작한 보수진영을 주축으로 진보와의 연합운동이 벌어졌는데 그 결과 1993년에 '남북나눔운동'이 발족되었다. 남북나눔운동의 창립선언문을 보면 한국교회의 분열과 파쟁에 관해 반성하고 연합을 지향하며 통일에 헌신될 것을 선언하고 있다.

> "우리는 한국교회 스스로가 파쟁과 분열을 극복하지 못하고서는 남북 간의 평
> 화와 통일을 위한 사명을 감당할 자격과 능력이 없다는 것을 심각하게 반성하며
> 과거의 파쟁과 분열의 잘못을 회개합니다. 동시에, 우리는 한국교회가 세속적 물

---

[33] 한기총 북한교회재건위원회 편찬, 「북한교회재건백서」(서울: 진리와 자유, 1997), 430-42.

[34] 국민일보 기사, 1997년 5월 8일 "북 동포돕기, 60만 기독학생 나섰다"

[35] 인터넷에서, "(CCC) 지구별 젖염소 작정 및 헌금현황" 참조, 2002년 2월 14일 검색.

신주의와 정치적 이념에 매여 한국 사회에 대한 영적 권위를 행사하지 못하면 우리 민족 최대의 십자가인 분단 극복의 사명을 제대로 감당할 수 없음을 깨닫고 세속적 물신주의와 정치적 이념을 초월 극복하지 못한 잘못을 회개합니다. 우리는 이러한 회개운동을 통하여 한국교회의 분열을 치유하고 교파를 초월하여 단합하며, 나아가 경건과 절제의 기반 위에 한국교회의 진정한 권위 회복을 뜨겁게 소망하면서 '나눔운동'을 힘써 전개하고자 합니다."[36]

남북나눔운동은 크게 영적나눔운동, 소식나눔운동, 살림나눔운동, 경건과 절제운동 등 4개 영역으로 나누어진다. 영적나눔운동에서는 기도운동 및 남북교회 공동예배, 백두산 산상기도회 등의 실천사항들이 전개되고 있으며 소식나눔운동에서는 각종 소식지 발간 및 세미나 및 통일학교 운영 등을 펼치고 있다. 살림나눔운동에서는 분유보내기 운동, 나눔의 쌀 보내기 운동, 기초 의약품 보내기 운동, 한국교회 북한 수해 복구 돕기 운동(북한 수해 동포 겨울나기 지원 및 북한 어린이 돕기 운동), 경제특구에 지역사회센터(예배당, 병원, 탁아소 등) 건립, 의료기 지원, 운송수단 지원 등 다양한 대북지원 활동이 추진하고 있다. 1997년에 남북나눔운동에서는 286,000,000원을 북한에 지원하여 배추씨앗 뿌리기, 라면 450만개, 밀가루 5000톤, 쌀 57.26톤 등을 보냈으며 1998년 10월 제 7차 대북지원에서는 결핵 의료기기, 국수공장용 발전기, 밀가루 1000톤, 분유 15톤 등 총 6억원 규모의 지원을 했다.

또한 북한돕기운동을 전개하는 교단과 단체를 하나로 묶어 '한국기독교 북한동포후원연합회'를 조직하였는데 예장통합 및 예장고신을 비롯한 보수진영과 기장 등 진보진영이 연합하여 정부가 인정한 대북지원의 창구로 활용되고 있다. 1997년 한해동안 북한동포후원연합회를 통해 북한에 지원된 금액을 살펴보면 예장통합측이 1,280,000,000원, 기장측 150,000,000 등 22개 교단의 총액이 43,787,631,123원이었다.[37]

'한국기독교 북한동포후원연합회'의 활동은 2000년 6월 4일 여의도에서 열린 '평화통일을 위한 특별 연합예배'를 통해 결성된 '식량은행'으로 이어졌는데 이는 한교협(KNCC)와 한기총의 연합이라는 점에서 큰 의의가 있었다. 남북정상 회담을 일주일 앞두고 진보와 보수의 상징인 한교협과 한기총이 손을 잡고 연합예배를 드렸다는 것은 통일문제에 있어서만큼은

---

[36] 인터넷 자료, 남북나눔운동 홈페이지, 2002년 2월 6일 검색.
[37] Ibid.

두 진영이 서로의 벽을 허물고 하나가 될 수 있음을 시사해 주었다. 진보진영이나 보수진영 모두 통일문제에 있어서 공감대가 형성되었고 두 진영이 연합하여 통일운동을 진행시킬 수 있는 상황 또한 준비되어 있었다. 진보 진영에서는 1970년대 이후 민주화와 인권 문제에 관심을 갖고 꾸준히 노력해 왔으며 1980년대에 이르러서는 통일운동을 주도해 나갈 수 있었던 훌륭한 이론가들이 준비되어 있었다. 반공주의의 깊은 잠에 빠져있던 한민족과 한국교회를 깨우며 계몽시킨 것은 진보진영의 공헌이었다. 하지만 1990년대 들어 다원화된 사회 속에서 통일운동을 비롯한 학생 운동이 전반적으로 난관에 부딪힘으로 진보진영은 통일운동을 주도해 나갈 힘이 부족했다.

반면 1990년대에 이르러 탈북자문제 및 북한의 기아사태 등 실질적인 대북지원의 필요성이 제기되었을 때 보수진영에서는 재정적인 능력을 바탕으로 구체적인 지원을 할 수 있었다. 그동안 민족과 역사 현실에 대해 무관심하다는 비평을 많이 받았지만 꾸준히 복음을 전파함으로 그 결과 교세를 크게 성장시킬 수 있었던 보수 진영에서는 축적된 실력을 바탕으로 인도적 차원, 민족적 차원, 선교적 차원에서 북한동포돕기 운동을 활발히 진행시켰다. 두 진영의 만남을 통해 통일운동은 더욱 박차를 가할 수 있었고 한국기독교는 통일운동에 있어 중요한 역할을 담당하게 되었다. 역사적으로 볼 때 대립과 반목으로 점철된 보수진영과 진보진영의 갈등이 통일문제를 통해 풀리게 되고 한국 기독교가 화해를 할 수 있는 가능성이 열리게 되었다. 그동안의 갈등으로 인해 아직은 서로 간에 완전히 화합하기에는 넘어야 할 장벽들이 많지만 일단 그 물꼬가 트였고 통일문제에 있어서만큼은 같은 방향을 지향한다는 점에서 희망을 가질 수 있다. 민족통일 문제를 통해 보수진영과 진보진영이 서로 화합함으로 한국기독교가 역사 현실 속에 영향력을 미치는 복음의 파수꾼이요 빛과 소금이 되어야 할 것이다.

5. 결 론

본 연구를 통해 통일문제에 있어서 보수진영과 진보진영의 공유된 활동이 한국기독교의 연합의 가능성을 보여 줌을 살펴보았다. 한국교회의 통일운동을 고찰하며 그 동안의 수치스런 분열과 상호 비방을 줄이고 일치와 단절, 그리고 상호 존중과 사랑의 가능성을 깨닫게 되었다.

'영혼구원'이냐 '민족구원'이냐, '개인구원'이냐 '사회구원'이냐 하는 문제는 보수진영의 '내면적 회심지향 신앙'이냐 진보진영의 '사회정의 지향적 신앙'이냐 하는 문제와 직결된다. 지금까지 이 두 명제는 대립적이었고 대화조차 단절될 정도로 깊은 간격이 있었다. 그러나 통일문제를 통해 이 두 명제는 대립적이 아니라 상호 보충적이며 보완적이 될 수 있음을 알 수 있었다. 기독교는 하나님 나라와 세상 사이의 중보적 화해를 감당하는 다리 역할을 할 때 비로소 그 진가가 발휘된다. 이를 위해서는 먼저 하나님과의 화해가 이루어져야 하며 그 다음에는 세상에 대한 기독인의 윤리와 의무를 감당하는 것이 요구된다. 이 둘은 논리적 우선순위이지 시간적 우선순위가 아님으로 현실 속에서 이 두 가지는 뗄 수 없는 관계임은 이미 로잔언약에서 증언되고 있다.

통일문제는 갈등으로 점철된 한국기독교사에 있어 새로운 희망과 화합의 가능성을 열어 주는 소중한 기회이다. 한국기독교가 이 기회를 잘 활용하여 자신의 유익을 생각하기에 앞서 민족공동체와 하나님나라를 먼저 생각함으로 민족통일 뿐 아니라 한국기독교의 화합이라는 희망찬 태양이 우리 위에 임하기를 염원한다. 그 서광이 우리의 마음을 설레게 하는 역사적 시점에 서 있는 우리에게 이 땅의 기독인으로서 역사적 책임 및 신앙적 양심이 요구된다.

끝으로 통일문제에 임한 한국기독교의 두 진영이 화합과 일치를 이룰 때 앞으로 환경문제, 에이즈 문제, 국제테러 등 다양한 현실 문제들에 대해서도 의견이 접근되어 많은 공헌하기를 기대해 본다. 이를 위해서는 복음의 중심을 굳게 지키면서도 시대의 요청에 귀를 기울이는 신학 연구 및 구체적인 활동이 수반되어야 할 것이다.

원로목사와 담임목사

변 한 규 [*]

1. 담임목사가 바라는 원로목사

2. 원로목사가 바라는 담임목사

3. 원로목사가 취할 자세

4. 담임목사가 취할 자세

5. 헌법, 제도가 말하는 원로목사와 담임목사

6. 원로목사와 담임목사간의 올바른 관계 설정에
   대한 제언

목사와 동역자는 관계면이나 도덕적인 생활면에서 상호 등한하여서는 안 된다. 목사는 혼자서 목회의 길을 가는 것이 아니라 수 많은 동역자들과 함께 가는 것이며, 또 그러한 기쁨을 소유해야 한다. 그러므로 목사와 목사간에, 혹은 동역자 간에 친절과 예의와 협동으로 유대관계를 긴밀히 갖고 있다면 그것은 커다란 재산이 될 것이다. 목사 간에는 윤리가 있어야 한다. 도덕적인 아량과 덕이 있어야 한다. 선임자와 후임자, 선배와 후배, 이웃지역의 목회자 그리고 타교파의 목회자들과 좋은 관계를 맺고 있어야 한다. 그러한 면에서 볼 때 원로목사와 담임목사는 더욱 좋은 관계를 맺어야 할 것이다.

1. 담임목사가 바라는 원로목사

한국교회는 또 하나의 새로운 풍속도를 그려주고 있다. 원로목사와 담임목사의 갈등, 바로 그것이다. 원로목사가 후임자를 선정하여 교회를 맡겼으

* 총회개혁신학연구원 원장, 광신대학교 전체이사장, 광주중앙교회 담임목사, D.Min., D.D.

나 결국 두 목사 간에 불화로 후임자가 사임하게 되었다는 소문은 가슴 아픈 일이다. 이러한 일이 더 발생하기 전에 이제는 한국교회가 원로목사의 위상을 바로 정립할 때가 온 것이다. 그것은 무엇인가?

1) 원로목사를 어떻게 예우해야 되며, 원로목사가 자기가 생명처럼 여기는 교회와 후임자 되는 담임목사에 대해 어떻게 대해야 교회의 덕이 될 것인가를 분명히 해야 할 시기가 온 것이다.

2) 원로목사가 담임목사의 권위하에 있는 원로목사상을 가져야 한다. 담임목사도 원로목사에 대한 예의가 있을 법함은 인지상정(人之常情)이다. 원로목사가 자기 스케줄을 당회장에게 보고함 같은 여유를 교인에게 보일 때 교인들의 담임목사에게 향한 존경이 그 비례로 커진다고 보여진다.

3) '출호이자 반호이자(出乎爾者 返乎爾者)'란 말대로 나간대로 받는다. 원로도 그렇고 담임도 그런 경우라고 본다. 원로목사가 담임목사의 권위를 존중하여야 함을 잊지 않을 것이요, 여기에 순응한 담임목사의 예의가 있을 때 그 조화의 미덕이 교회에 풍기리라 믿어진다.

다음은 김태복 목사가 몇 분의 원로목사를 만나 인터뷰한 것을 간추린 내용이다.

한쪽 폐만 가지고도 90평생을 오직 그리스도의 존귀만 위해 산 한경직, 일생 선교에 진력했을 뿐 아니라 이제 70세의 나이에도 그 열정이 식지 않은 채 전력하는 조동진, 장남이 광주일고를 시험보는 날이 주일이라서 포기하게 만들고 기독교 계통인 숭일고에 입학하게 할 정도로 철저한 보수신앙자인 정규오, 기장측의 분위기가 반정부적일 때가 많음에도 조국을 위해서라면 여야(與野)를 초월해서 소신있게 행동적인 삶을 산 조향록, 이화대학교 교수로 있던 딸의 시신(屍身)을 눕혀 놓고도 새벽기도회를 인도했다는 욥의 신앙을 가졌던 방지일, 6·25 사변 때 공산당에 붙잡혀 간 고등학생짜리 아들이 어느 공산당에게 되돌아 오겠다는 약속을 얻고 잠시 귀가한 처지에도 피신을 시키기는 커녕 약속을 지켜야 된다고 하면서 눈물로 공산당 치하로 되돌려 보냈던 박용익, 두고가는 식구들이 10번의 이사를 하는 참담한 가난을 알면서도 학문에 대한 열정 때문에 유학을 떠났던 정진경, 월남한 후 40년을 독신으로 지내면서 갖은 유혹을 이기고 오직 주님께 전생을 바친 한병기, 아직도 공비가 출몰하던 때에 부흥강사로 가던 도중 공산당에 체포당한 후에 경찰이 나타나므로 총격전이 벌어지는 상황에서 얼마든지 피신할 수 있었지만 집회 약속을 지키기 위해 총격전이 벌어지는 틈을 뚫고 가서 집회을 인도했다는 이상근, 일생 농촌선교를 위해 헌신하고도 부족한지 은퇴한 후 모든 재산을 털어 목민학사(牧民學舍)를 세우고 지방 교역자 자녀 12명과 숙식을 같이 하고 있는 박명수 등, 모두가 필자에게는 감히 추종할 수 없는 분들임을 절감하고 돌아오곤 했다.

담대한 믿음, 일생을 초지일관하게 살아온 신념있는 행동, 검소검약의 선비적인 삶, 그들의 세대가 공통적으로 당했던 배움의 기회를 잃었음에도 독학으로 일어선 대기만성의 삶 등, 그럼에도 학벌에 대한 열등의식을 잘 내보이지 않는 의연함, 무슨 난처한 질문을 퍼부어도 솔직하게 대답하는 큰 그릇됨, 이러한 모든 것에서 성자적인 체취가 풍겨지고 있다. 그것은 필자만의 느낌이 아니라 지금 현직에 있는 모든 목회자들의 느낌일지 모른다. 왜냐하면 지금 원로급들은 대부분 동양적인 유교문화 속에서 사상과 습관이 형성되었고 지금의 50대 이하의 목회자들은 서구적인 사상과 윤리관에 의해 그 뼈대를 형성해 왔기 때문이다.

임택진 목사는 원로목사와 담임목사간에 어떤 입장을 취하느냐는 질문에 대해서 답하기를 "저는 교회를 그만두면서 분명히 공언하기를 '나는 이 교회 헌금의 의무는 하겠으나 출석의 의무는 안하겠습니다' 라고 했습니다. 그래서 좀체 안갑니다. 작년에도 두 번 갔습니다. 잘 안 가는 이유는 담임목사님에게 부담이 되기 때문입니다"고 했다.

담임목사가 하는 일이 하나님의 뜻에 크게 위배되지 않는 한 어떠한 일에도 간섭을 하면 목회를 소신껏 할 수도 없고, 당회나 교회 앞에서 그의 지도력은 약화될 것이요, 하나님의 일이 그만큼 손해를 볼 것이다.

어느 누구나 100사람의 만족을 다 줄 수가 없다. 그러므로 때로 불만을 가지고 일부러 온 자이든지, 심한 경우에 당회원 몇 명이 목회자의 결정적인 실수를 가지고 와서 집단불만을 표하려 왔든지 간에 담임목사 편에 서서 변호하고 순종하도록 권유하는 일에 힘써야 할 것이다. 그것이 곧 교회의 유익이요, 이 소식을 전해들은 담임목사도 큰 감동과 선한 결심을 가지게 될 것이다.

담임목사는 원로목사의 교회에 대한 애착을 간섭으로 여기는 과잉 반응을 해서는 안된다. 그것은 어느 의미에서 자연스러운 감정의 발로이다. 교인들이 자주 왕래하고 또 자주 교회행사에 초빙하여 모시는 것이 큰 유익이 되었으면 되었지 결코 손해가 아닌 것이다.

다음은 필자가 섬기고 있는 광주중앙교회 원로목사이신 정규오 목사의 글이다(필자는 이 분에게서 학습과 세례를 받았고, 신학교에 보냄도 받았

다. 그리고 이 분 밑에서 부목으로도 있었고, 유학도 할 수 있었고, 그의 후
임으로 목회도 하고 있다. 지금 믿음의 아버지로 모시고 있다. 그러나 부족
한 종에게 허물이 너무 많은지라 한없이 송구스럽기만 하다). 여기에 월간
목회(牧會)에 실린 그의 〈원로목사로서 이렇게 하고 있다〉를 그대로 옮긴
다. 원로목사와 담임목사간의 올바른 관계 설정이 절실히 필요한 이 시대
에 우리 모두에게 귀감이 될 줄로 믿는다.

　　한국교회의 현실과 추세는 원로목사가 보다 많이 추대되어야 할 상황이다. 또
다른 편에서는 신중론도 심심찮게 일어나고 있고 심지어는 폐지론까지 거론되
고 있는 마당에 다소나마 교계에 일조(一助)가 되기를 바라는 충정에서 펜을
들었다. 교회를 섬기시는 여러 동역자들의 깊은 이해와 관용을 바랄 뿐이다.

1) 원로목사로 추대를 받기까지.

　　한국장로교와 다른 교단에서도 목사정년제가 실시되기 전인데 부족한 종은
아래와 같은 두 가지 이유에서 65세 자작(自作) 은퇴를 결심했다.

　　첫째는, 내가 나 자신을 살펴볼 때 나는 영력, 지력, 체력에서 도저히 광주중
앙교회를 더이상 섬기기에 부족함을 깨달았다. 특별히 나에게 감명을 준 것은
내가 1947년 부산 고려신학교에 내려가서 한 학기를 공부하는 중 한상동 목사님
께서 경건회를 인도하시면서 말씀하시기를 어떤 목사가 모교회에서 성만찬예식
을 거행하면서 배잔 도중 배잔하시던 장로가 실수하여 포도즙이 담겨있는 잔을
좌석에서 떨어뜨려 깨어진 일이 발생했고, 그 목사님은 책임을 지고 교회를 사
면한 일이 있었다는 성직의 존엄성을 강조한 설교였다.

　　종이 광주중앙교회를 시무하는 동안 교회가 점차적으로 커져 성찬예식을 거
행할 때 천명내외의 세례교인이 참석하게 되었다. 필자는 한번의 성례주일이 일
주일의 부흥강사로서 기울이는 정력보다 더함을 절감했고, 따라서 영력, 지력,
체력이 부족함을 실감하고, 65세 자진 은퇴를 결심했다.

　　둘째는, 후배에게 길을 열어주기 위하여서이다. 교회란 허공에 존재하는 것이
아니라 사회 속에서 소금 노릇 빛 노릇을 해야 하고 땅 위에 하나님의 나라를
확장하는 선교적, 교육적, 사회적 사명이 있음을 부족한 종들이 교회와 현실을
정확하게 알지 아니하면 안된다. 따라서 부족한 종은 높은 영적 능력을 갖추지
못했을 뿐만 아니라 사회를 향한 지적 실력도 갖추지 못한 종이었다.

　　자신을 알았으면 진퇴를 분명히 해야 하고 책임을 질 줄 알아야 한다. 능력있
고 실력있는 유능한 후진(後進) 종들에게 비교적 큰 교회로 성장한 광주중앙교

회를 봉사토록 하는 것은 당연지사라 생각되어 은퇴를 결심하였다.

　1979년 11월 14일은 나의 생일로 만 65세가 되는 그날에 당회를 소집하고 당회에 사임서를 제출했다. 물론 법적으로는 소속노회에 제출한 것이지만 실질적으로는 당회에 그 일차적인 실권이 있으므로 당회에 제출했다. 많은 토론 끝에 1955년 5월 30일 광주중앙교회에 부임하여 23년 6개월을 수종들다가 마침내 사임을 결의하고 노회에 제출키로 했다. 당회록에 기록까지는 아니했지만 일종의 조건부 결의였다. 그 조건부 결의란 첫째, 한달에 한 번씩은 주일 낮 예배에 설교할 것, 둘째, 다른 교회의 설교목사가 되지 말 것, 셋째, 광주시내에 개척교회를 세우지 말 것 등이었다. 나의 사임문제를 놓고서 교계일부에서는 화제거리가 되었다고 한다. 어떤 시내에서 목회하던 목사와 미국에 계시는 모목사는 정규오가 사임을 한다면 자기 손가락 끝에 불을 켜 보이겠다며 샛빨간 거짓 장난이라고 비꼬는 일도 있었다고 한다. 65세 은퇴를 결심한 3년 전부터 후임자를 생각지 아니할 수가 없었다. 후임자가 확정되기까지는 당회 공동의회 노회를 통과하여야 한다. 물론 내가 후임자를 결정하는 것은 아니지만 비교적 모든 형편을 잘 아는 내가 후임자를 잘 추천할 수 있다고 판단되었다. 나는 몇 가지의 후보자격 기준을 정하고서 몇몇 분을 생각하다가 지금의 담임목사인 변한규 목사님을 추천하게 되었고 당회는 만장일치, 공동의회도 거의 만장일치, 노회도 이의 없이 통과되었다.

　참고로 나의 후보자 추천기준은 이러하다. ① 칼빈주의 보수신학과 신앙에 투철한 자, ② 설교와 행정에 능력이 있는 자, ③ 일반 정규대학을 졸업하고 유학하여 박사학위를 취득한 자, ④ 가능한 한 본 교회나 본 지방 출신인 자 등이다. 후임자로 봉사하고 있는 변한규 목사님은 내가 그 분에게 세례를 베풀었고, 결혼을 주례했고, 광주중앙교회에서 신학교육의 장학비 일부를 지급하기도 했고, 담임목사가 되기전 본교회 부목사로 재직중이기도 했다. 이는 모두가 여호와 하나님의 예정과 섭리이심을 확신한다.

　후임목사의 결정과 동시에 부족하기 짝이 없는 종도 주님의 긍휼하심과 교회의 은근함을 힘입어 원로목사로 추대되어 공동의회, 노회를 통과하게 되었다. 1980년 3월 1일 변한규 위임 목사 취임과 부족한 종의 원로목사 추대 예배가 동시에 거행되었다. 나와 변한규 목사님은 강당에서 어깨동무를 하고 두 손을 높이 들고서 감격의 인사와 서약을 했다. 나는 분명히 말했다. "변 목사께서 만일에 칼빈주의 보수 정통신앙을 떠나서 광주중앙교회를 다른 노선으로 끌고 간다면 나는 힘을 다하고 성도들을 총동원하여 변 목사 추방운동을 전개하겠다. 그러나 신학과 신앙이 아닌 다른 일로 잘못이 있다고 하면 목사도 인간인 까닭에 실수할 수 있으니 나는 최선을 다하여 당회장 목사님을 지지하고 그를 위하여 선한 싸움을 하겠다"고 선포했고, 변 목사님도 같은 뜻을 표명하여 예배당 안은 숙연한 감격에 충만하여 이·취임예배를 은혜롭게 마쳤다.

 2) 원로목사 제도의 교회적 의미는 무엇인가.

원로목사와 교회 위임목사와의 관계는 여러가지 현실과 교계의 사정을 살펴볼 때 덕(德)보다는 부덕, 득보다는 실, 유익보다는 해가 더 많을 수도 있다고 판단되어 신중을 기하지 아니할 수 없다. 다만 원칙적인 상관관계와 최소한의 사례를 적어보려 한다.

각 교단의 헌법에 따라 원로목사에 대한 조문(條文)은 다를 수 있으나 그 정신이나 목적은 다를 바가 없을 것이다. 본 교단의 헌법 제5장 제4조 9항 원로목사란에 "한 교회에서 20년 이상 시무한 목사가 만년(晩年)에 시무를 사면하게 될 때 그 교회가 그 영예를 보존하기 위하여 원로목사로 추대하는 목사로 생활비를 작정하고 공동의회의 투표를 거쳐 노회 인준으로써 원로목사가 된다"고 되어 있고 원로목사에 대한 다른 조항은 찾아 볼 수가 없다. 그렇다면 헌법의 단일 조항에서 규정한 정신과 내용은 무엇인가.

첫째는, 한 교회에서 20년 이상을 시무한 목사이어야 한다.

둘째는, 만년 다시 말해서, 연로하고 노쇠하여 그 교회를 시무할 수가 없을 경우이며, 또한 '만년'이라는 용어에 대하여 명문적인 제한은 없으므로 해당 교회와 목사와 당사자간의 신앙 양심에 맡길 것이나, 헌법상 정년제를 실시하는 교단은 정년제의 연령을 기준으로 함이 가장 합리적이라 할 수 있을 것이다.

셋째는, 영예를 보존하기 위함이며 영예란 시무한 목사의 영광스러운 성직과 종으로서의 충성된 업적을 길이 보존하고 존대하는 의미이며,

넷째는, 원로목사를 추대하는 교회는 사임 후 평생동안 생활비를 지급하여 노후를 평안히 해드리는 일이다.

생활비의 지급이란 헌법적으로는 정액이 없지만 매월 드리는 경우는 현 담임목사의 60~70% 정도의 생활비를 드림이 좋을 것이라고 생각하며, 원로목사가 특별한 사정이나 요구가 있을 때에는 일시불로 책정하여 드릴 수도 있다. 일시불의 경우란 원로목사가 사임 당시 지급받았던 생활비의 5년간 통산금액을 드림이 적당하지 않을까 한다.

부족한 종은 사임당시 생활비의 5년분을 지급받았다. 그 당시 생각으로는 본인의 노후의 은거와 교역자들의 수양을 위하여 헐몬수양관을 건축 추진 중이었으므로 건축비로 충당하고자 해서였다. 노후생활비, 퇴직적금, 수양관 건립비로 헌금하여 준 5천만원을 가지고 다른 곳에는 일체 사용치 않고 현위치(광주광역시 북구 화

암동 산 140소재)의 헐몬수양관을 건축하였다. 그러나 봉사하여 오던 중 광주중앙교회로부터 받은 은혜가 너무 크고 감사하여 부족한 종의 가족회의에서 만장일치의 동의를 거쳐 1987년 9월 헐몬수양관 일체와 소유를 광주중앙교회에 헌납하고 등기이전까지를 완료했다(감정원의 감정가격 2억 5천만원, 현시가 10억 이상).

다섯째는, 공동의회와 노회의 결의가 있어야 한다. 이상 조문을 살펴볼 때 원로목사에게는 영예와 필요한 생활비를 받는 이외에는 다른 아무 것도 있을 수 없다.

여섯째로, 원로목사에게는 지교회의 치리권이 없다. 원로목사는 치리권에 있어서는 무임목사나 은퇴목사와 같은 것이다. 그러나 한 교회에서 20년이상 혹은 30, 40년을 시무했다 하더라도 만년이 되지 아니하였고 건강하여 시무할 수가 있다고 하면 원로목사가 될 필요가 없다. 계속하여 담임목사로 시무하면 된다. 다만 만년이 되어 시무하기가 어려워 은퇴하려고 할 때 교회가 원하고 본인이 허락하면 원로목사로 추대가 되는 것이다.

시무목사가 필수적으로 구비하여야 할 조건은 삼방(三莠)이 있어야 한다고 한다. 삼방이란 ① 골방이다. 쉬지말고 기도하여 영력을 갖추는 것이다. ② 책방이다. 하나님의 말씀과 각종 서적을 탐독하여 지적 수준을 높이는 것이다. ③ 심방이다. 양떼의 사정을 잘 살펴서 지도하고 봉사하는 중노동의 생활이다. 그런데 누구라도 연로하게 되면 체력이 약해진다.

3) 원로목사가 치리권을 가질 수 있는가.

심불로(心不老)라는 옛말이 있지마는 연로하게 되면 정신력이 쇠퇴하여지고 판단력, 결단력, 추진력, 통솔력 등이 감퇴하게 된다. 그래서 원로목사에게는 지교회의 치리권를 받드는 담임목사는 어려움이 많지만 매년 3분의 1이상의 구성원이 교체되는 노회나 총회에서는 경험많은 원로목사가 회원으로 피선되면 상회에 유익이 된다.

그럴리야 없겠지만, 만에 하나라도 원로목사가 헌법에 강제명문규정이 없으니 원로목사의 교회에서나 다른 지교회에서 치리권을 맡기면 할 수 있다고 한다면 이는 일지이부지(一知二不知)의 판단착오라 할 수 있다. 바울사도는 교회를 가리켜 그리스도의 몸이요 지체라고(엡 4장, 고전 12장) 말씀하시고 각 지체는 각각 다른 직임을 가진다 하셨다. 인간의 몸된 지체는 각각 맡은 일에 직임을 다할 뿐이니 결단코 다른 지체에 간섭이나 월권하지 아니한다. 아무리 급하고 분주하다 할찌라도 눈이 입을 대신하여 먹는 일을 하지 않고 귀가 눈이 하는 일을 대신하지 아니한다. 교회는 그리스도 예수께서 머리가 되시고 성도는 그의 몸이요 지체로서 자기가 맡은 일에만 죽도록 충성을 다 해야 할 것이다. 우리가 참고할 수 있는 것은 정치 문답조례 제73문 원로목사 문답에서도 위에서 진술한 정신과 내용이 같음을 알 수 있다.

1980년 3월 1일 원로목사로 추대를 받은 후 헐몬수양관에 우거하면서 지방의 약한 교회에 다니면서 집회도 인도하고 그 당시 미국장로교회의 전도목사였던 김종식 목사와 함께 전도운동을 하려 하였다. 종이 섬기는 총회신학교에 교장서리를 감깐이라도 맡아달라는 수차의 교섭이 있어 덤으로 주님께서 부르시는 뜻인가 하고 그해 3월초 상경하여 1년 7개월간 교장서리로 봉사하다가 1981년 10월에 광주로 적향(的鄕)하게 되었다.

그 사이에 광주에 사는 시민으로서는 오랫동안 잊을 수 없는 5·18 사건이 터지게 되었고, 그해 6월에 위문차 잠깐 광주에 왔을 때 광주중앙교회 낮예배 설교를 하게 되었고, 제목은 "순교자의 피의 호소"였다. 예배가 끝난 후 성도님들의 사심없는 환열(歡悅)을 받게 되었다. 그 때에 부족한 종은 심사숙고 기도 끝에 당회장을 중심하여 일치단결 교회의 부흥발전을 위하여서 나로서는 중대한 몇 가지 결단을 하게 되었다.

4) 불간섭 원칙을 철저히 지켜간다.

① 당회를 위시한 교회의 어떤 회의에도 참석하지 아니한다. 원로목사가 된지 12년간 단 한번도 광주중앙교회의 각종회의에 참석하지 아니했다.

② 광주중앙교회의 각종예배에 출석치 아니한다. 노회행사나 장로장립 등의 행사 이외에 한번도 출석하지 아니했다. 지금까지 예배는 헐몬수양관 가족들과 합하여 10인 내외의 성도들이 모여서 주일, 삼일예배를 드리고 내가 예배를 인도한다.

③ 통상시 각종예배에 설교하지 아니한다. 당회장 목사님께서 외국출타 등의 사정으로 설교한 횟수는 12년 동안 7회 정도이었다. 물론 노회행사, 교회의 특별행사 같은 때의 설교 횟수까지 합한다면 10회 정도는 될 것이다. 20년 이상을 섬기었다하면 성도들의 대부분은 원로목사에게 세례를 받았고, 제직임명을 받았고, 장로안수를 받았고, 각종 심장, 관혼상제 등 그리스도의 사랑과 보혈로써 천국가정의 형제가 되었고, 20년 동안 설교를 받아 영의 양식으로 성장했으니 원로목사와 친숙한 양이 상당 수가 있을 수 있다.

그런데 후임 당회장 목사와는 교제의 기간이 연천(年淺)하고 설교의 스타일도, 행정의 방법도 원로목사와는 다를 수 밖에 없을 것이다. 까닭에 담임목사와 원로목사가 함께 교회를 받들게 되면 아무리 두 목사 사이는 원만하다 할찌라도 양떼들에 의하여 본의 아닌 불편한 관계가 생길 수 있는 것은 어쩌면 불가피한 일이요 당연한 결과일 수도 있다.

④ 당회장 목사로부터 어떤 특별한 문제나 법적 난제에 대하여 자문을 구할 때에는 원로목사란 권위 의식보다는 선배의 입장에서 나의 의견을 개진(開陣)하여 참고의 자료로 삼게 해야 한다.

부족한 종은 이상의 원칙을 정하고서 광주중앙교회의 일반운영이나 인사문제, 재정문제 등에 관하여 일체 관여하지 않는다. 위와 같은 사항은 지금도 철저히 지키고 있다.

5) 새로운 관계 정립을 위해서는 떠나야만 한다.

부족한 종은 신학원에서 교회행정을 강의할 때에 "교역자가 임지를 옮기게 되면 공적행사를 제외하고서는 일체의 내왕을 금해야 한다. 따라서 목사 자신이나 가족들까지라도 전임지를 방문하지 말라"고 가르쳤다. 일단 떠나면 전임지 양떼와는 정을 끊어야 한다. 그리고 전임지에서 친하게 지냈던 제직이나 성도나 친척까지도 신임교회로 이사하게 되면 안된다고 가르쳤다.

이같은 원리는 원로목사와 그 교회와 담임목사 사이에도 동일하게 적용되어야 한다고 믿는다. 연로하여 그 교회를 담임할 수가 없어서 후임을 정하여 담임목사가 위임되었다면 법적으로나 실질적으로 담임목사는 원로목사에 대하여 법적 관계, 실질관계를 떠나야 한다.

그러나 신앙적으로 예의적으로 원로목사를 존경하고 자문과 지도받기를 게을리하지 말고 원로목사가 눈물과 땀과 피로써 이룩한 교회의 전통이나 신앙과 신학을 신수(信守)하여야 할 것이다.

부족한 종과 광주중앙교회 당회장 목사인 변한규 목사 그리고 교회와의 관계는 이상에서 말씀드린 내용들을 통하여 지극히 원만한 관계를 유지하고 있다. 광주중앙교회는 담임목사와 원로목사와의 관계로써 살필 때 지극히 작은 파벌이나 갈등도 없이 그야말로 일치단결하여 교회의 부흥과 발전을 위하여 매진하고 있다.

6) 형님과 동생, 부모와 자녀처럼.

둘째, 필자는 원로목사가 아닌 선배라는 입장과 이·취임시의 공동선언과 같이 신학적인 문제에 관련지어 조언할 때가 (예, 연합집회에 대한 개방성 등) 없지 아니하였지만, 그 외의 문제 전반에 걸쳐서는 동생같이 사랑하고, 당회장 목사님은 부족한 종을 형님같이, 부모와 같이 존경한다. 한 두 가지 예를 들면 지금까지 계속하여 정월 초하룻 날이면 친히 변 목사님이 앞장서 부목사 전도사 전원이 세배인사를 하러 온다. 또 지금까지도 잊지 아니하고 생일을 기억하고 각종절기에 선물을 가지고 찾아온다. 여행시는 반드시 찾아와 인사한다. 어려운 사건이라 판단되면 조용히 찾아와서 자문을 구한다. 기본적인 교회행정의 전통과 질서를 그대로 지키고 있다.

나는 몇 년전 대전 남부교회 박요한 목사님 원로목사 추대식에 참석했다가 축사를 부탁받고 사양하다가 등단하여 축사 아닌 축사를 했다. 축사의 요지는 "원로목사가 된 박목사님은 오늘 이후부터 남부교회를 떠나십시오, 대전에 계시더라도 다른 교회로 나가시고 할 수 있으면 대전을 떠나시고 남부교회와 교제를 끊으시오. 그 길이 남부교회를 위하는 길이요, 담임목사를 사랑하는 방법이요, 원로목사인 박 목사님께서도 존경과 기쁨을 누리는 일이라"고 했다. 교인들의 우뢰와 같은 박수를 받았다. 박 목사님은 종의 말을 듣고 실행하신 일은 아니지만 원로목사가 되신 그 다음날 경기도 성남시로 이사했다. 남부교회는 평화롭게 부흥 발전되고 원로목사 박 목사님도 건강하게 남은 때를 도서(島嶼)전도, 약한 지방교회를 위하여 헌신 충성하고 계신다.

끝으로 원로목사님들, 후임 담임목사들 그리고 그 교회들 위에 하나님의 은혜와 축복이 충만하시기를 진심으로 기원한다.

1980년 3월에 원로목사로 추대된 이후 정규오 목사는 일 년에 한 두 차례 주일예배 설교를 통하여 교회에 봉사할 뿐 당회나 제직회 등 어떤 모임도 참석하지 않았다. 광주중앙교회와 적절한 거리를 두는 그의 태도는 원로목사의 바람직한 한 가지 유형으로 교계에 제시되기도 한다. 일견 교회에 무관심한 것처럼 보이지만 25년간 시무하셨던 광주중앙교회에 대한 사랑이 결코 작지 않다는 것은 정규오 목사 개인 소유의 헐몬수양관을 교회에 헌납(1987. 7. 28)한 사실로 나타난다.

헐몬수양관은 1975년에 문인순 사모에 의해 원로목사의 반대에도 불구하고 건립되었다. 처음에는 무등산 해발 850고지 정상이 바로 눈앞에 보이던 곳에 있던 조그만 움막집을 구입하여 시작하였다가 무등산 보호정책의 일환으로 현 위치로 장소를 옮기게 되었다. 광주 북구 화암동에 5,000여평의 부지를 장만하고 수양관을 건립하기까지 사모의 수고와 인내가 있었으며 많은 성도들의 기도와 헌금이 있었다.

정 목사님께서는 신학사상에 있어서 이 지방 광주의 의미를 다음과 같이 말씀하신다.

"초기 선교사들의 선교지 분할정책에 의해 이 지방은 미국의 장로교가 그 뿌리를 내리게 되었지요. 따라서 칼빈의 보수 신앙이 뻗어나간 곳도 이 지방입니다. 그런 의미에서 이 지방(호남지역일대)은 한국 기독교 보수 신앙의 근원인 셈이지요. 따라서 광주가 제2의 제네바가 되기를 원합니다."

여기 "광주가 제네바가 되기를 원한다"는 말은 무엇을 의미하는가?

칼빈의 개혁주의 신앙을 채택하고 그의 경건·보수의 신학 사상을 제네바를 중심으로 세계 각지에 뻗쳐나갔다. 광란의 도시 제네바가 칼빈의 사상으로 말미암아 경건의 도시가 되고 보수 신앙을 사수하며 세계 교회를 움직이는 도시로 변모한 것이다. 이러한 의미에서 "광주가 제2의 제네바가 돼야 한다"고 말씀하셨으리라 짐작해 본다.

2. 원로목사가 바라는 담임목사

우리나라 옛말에 어머니가 딸을 시집 보낼 때 "시집가면 3년 동안은 소경노릇 하고 3년 동안은 귀머거리 되고, 3년 동안은 벙어리 되어 조심하라"고 교훈했다. 이 말은 잘못된 것 보아도 못 본 척하고, 다 들어 알면서도 모르는 척하고, 할 말이 많아도 혀를 물고 인내하라는 것이다. 한 3년은 조용히 침묵하면서 목회하라는 것이 아닌가라고 생각한다. 원로목사의 목회하던 방법이나 제도를 조급히 바꾸지 말아야 한다. 후임목사는 서서히 자기의 목회적 비젼을 심어 나가야 한다. 그런 목회의 철학을 가지면 언젠가는 자신이 뿌린 그 씨앗이 결실되어 수확할 때가 있을 것이다.

우선 원로목사의 자세는 어떠해야 하는가? 원로목사로 추대를 받은 것은 지대하고 존귀한 지위를 은혜로 누리는 바이니 소홀하게 맡길 수는 없다. 이런 점에서도 타의 본이 될 것은 물론이다. 원로목사가 된 때부터는 그 교회 주무는 담임목사가 맡은지라 원로목사이면서 한 평신도의 지위를 가진 것을 기억하여야 한다. 그 이유는 담임목사에게 그 당회 권한이 있기 때문이다.

옛글에 "자유유방"(子遊有方), 아들이 어디갔을 때 그 방향을 어머니에게 고한다는 말이다. 원로목사의 방향을 당회장으로 알고 있게 함이 마땅하다. 아들의 지위라서가 아니라 원로목사의 지위로서 그러함이다.

원로목사가 떠난 교회의 그 누구를 교육시키는 것은 금물이다. 이제 원로로 추대함은 지위이기는 하지만 누구를 교육시키는 지위는 벗어난 것을 명심하여야 한다. 더욱 교회 행정에선 추대된 날부터 완전하게 떼어야 한다. 교인들이 혹 교회 행정에 관한 말을 묻든지 혹 못 마땅히 생각하는 경향이 있더라도 완전하게 평교인으로 행정권에 대해 평신도가 어떻게 해야 함을 보여야 할 것이다. 혹 단에 서게 될 때 당회장이 명함임을 자신이 교인들에게 알게 하여야 할 것이다.

강단권, 행정권을 맡은 담임목사를 위해서 "쉬지 말고 항상 기도할 것이다". 이러한 원로목사 상이 되어질 때 원로목사는 모든 면에 플러스가 될지언정 마이너스가 되지는 않는다.

"누가 약하면 내가 약하지 아니하며 누가 실족하게 되면 내가 애타하지 않더냐"(고후 11:29). 이런 심정으로 일하는 모습을 볼 때 그 대견함이 대단하여 원로의 존경의 대상이 된다. 원로의 존경의 대상이 된다 함은 모든 교인들의 존경의 대상이 됨을 뜻한다.

그런데 교회는 믿음의 가족들이다. 정든 식구들이니 그리워짐은 자명한 이치다. 서로 분가할 망정 친자간에 그 정을 나눔은 귀한 일이라기보다 자연적이라 함이 마땅하다. 주례했던 내외의 자식이 성혼을 하는데 어버이로서의 기쁨이 없을 수 없다.

어버이가 있어 자식이 있음 같이 근본을 그리워하게 되는 것이 인지상정인데 그를 제도로 중단시킨다면 정상적인 도에서 떠났다 할 것이다. 양들은 전 목자가 먹이는 꼴을 오래 먹은 습관으로 다른 먹이는 구미에 얼른 들지 않는다. 담임목사는 자기의 요리 솜씨를 길러야 될 이유가 여기에 있다.

대체적으로 교인들은 원로목사를 사랑한다. 오래도록 향수에 젖어 있고, 그에 대한 연민이 몸에 베어 있기 때문이다. 담임목사는 이를 수용해야 한다. 이 사랑과 함께 나누라. 당신의 선배 목회자를 사랑과 친절로 대접하라. 또한 그에 대한 당신의 사랑을 통해 당신은 교인 가정의 사랑을 받을 수 있을 것이다. 양들이 무심코 전 목사의 말을 하게 될 때 비위에 거스르게 듣지 않음이 담임목사에게 플러스가 된다. 경우에 따라서는 원로에게 불만을 가진 양들도 있어 담임목사와 대화할 때 불평을 털어놓을 수 있다. 이런 구미를 서로 가지는 것이 당장에 맛있을 것 같으나 이는 손해가 될지언정 보탬이 되지 못함을 본다. 비단 원로에게 대한 불만뿐 아니라 어느 뉘의 단점으로 대화의 구미를 돋군다면 이는 목사상으로 크게 손해를 입을 것이니 더욱 원로에 대해서 그러할 것이다.

담임, 원로간의 서로의 존경이 오가는 것이 바람직하다. 이는 의도적으로가 아니라 이렇게 되어짐이 자연스러워져야 할 것이다.

3. 원로목사가 취할 자세

첫째, 용퇴의 의지가 필요하다. '나는 은퇴한 사람이다'. 이것은 법적인 규범을 지키자는 것이다. 그러면 문제가 생기지 않는다.

둘째, 불간섭의 원칙이다. '목회는 담임목사님이 하는 것이다. 나는 물러난 목사이다' 라는 의식이 필요하다.

셋째, 자기를 개발해야 한다. 할 일이 있어야 한다. 물론 원로목사에 따라 상황이 다를 수 있다.

넷째, 자기 관리를 위해 노력해야 한다. 은퇴 당시나 은퇴 후의 목회자 상이나 목사로서의 자기 이미지를 지켜나가는 것이 필요하다. 다 같은 주님의 종이고 일꾼일 뿐이니 이는 그를 기쁘시게 할 책임이 있다(딤후 2:4).

4. 담임목사가 취할 자세

사도 바울은 담임목사가 취할 자세에 대해 다음과 같이 잘 말해 주고 있다. "하나님이 자기 피로 사신 교회의 감독자로" 후임자를 세우셨다. 그러므로 담임목사는 자신을 위해, 양무리를 위해, 교회를 위해 다음 네 가지는 삼가야 한다(행 20:28).

첫째, 선배와 후배 사이를 잊으면 안될 것이다. 선배라면 마땅히 존경해야 한다. 어떻게 후배와 선배가 같이 겨눌 수 있겠는가. 그 자리를 담임목사가 잘 지켜주어야 한다.

둘째, 선배목사의 목회방법을 무시하면 안 된다. 인생도 경륜과 경험이 말하는데 목회도 그렇다. 아무리 목회를 못했다 하더라도 그분의 목회경륜과 인생지혜를 배울 수 있어야 한다. 그럼에도 불구하고 30년 40년 동안 굳어진 제도, 이를테면 예배의식, 주보 등을 갑자기 고치려고 한다. 그것은 굳어진 나무를 함부로 꺾어 버리는 것과 같다. 취임하자 다 뜯어 고치면 교인들이 고개를 갸우뚱하기 쉽다. 이런 것이 담임목사에게 플러스가 되지 못한다. 전 목자의 하던 일을 유연하게 고쳐 나가야 할 것이다.

셋째, 목회를 서둘지 말라는 것이다. 인생이 마라톤이듯이 목회도 마라톤이다. 우리 앞의 선배들도 30~40년 목회하여 원로로 옮겨 앉았다. 20~30년 내다보고 하는 것이 목회라면 서둘러서 되는 것이 아니다. 구멍가게를 해도 하루 이틀 내다보고 한다면 부작용이 생긴다. 너무 서두르지 말라. 장거리 경주를 한다는 생각으로 목회를 해야 본인에게도 스트레스가 없다.

넷째, 강단 문제이다. 담임목사는 원로목사가 강단을 원한다면 강단을 드리도록 하라. 우선 편하고 오랜 경험있는 목사님의 경륜과 신앙과 삶의 지혜를 듣는다고 생각하면 된다. 이것도 결국 사랑과 이해가 전제되어야 해결된다. 역시 시간과 세월이 약이다. 담임목사가 아무리 조급하게 여겨도 시간이 가고 세월이 지나야 해결될 것이다. 그것을 인위적으로 협상하거나 빗자루로 쓸어서 해결되겠는가?

영적인 차원에서 또한 신앙적 자세와 목회적 차원에서 후임 목회자는 원로목사를 진정한 선배로 대우하고 아버지처럼 대우하면 많은 측면에서 문제가 해소될 수 있을 것이다. 요즘 가장 중요하게 대두되는 문제로 목사 세계의 의리가 땅에 떨어졌다는 탄식과 걱정을 많이 듣는다. 유기적 측면에서 피차 원로목사는 원로목사 나름대로 의리를 지키고, 후임목사는 후임으로 의리를 지킨다면 많은 문제가 해소될 수 있을 것이다.

5. 헌법, 제도가 말하는 원로목사와 담임목사

원로목사와 담임목사 사이에 빚어지는 긴장과 갈등 관계는 요즈음 우리 한국교회에 심각한 문제로 대두된 문제 중 하나이다.

1) 원로목사 제도는 각 교단마다 조금씩 규정이 다르기는 하지만 원리에 있어서는 대동소이하다. 원로목사의 규정을 보면 "원로목사는 한 교회에서 20년 이상을 시무해 온 목사가 시무를 사면할 때에 교회가 그 명예를 보존하기 위하여 원로목사로 추대한 목사이며, 공동의회에서 투표하여 그 생활비를 정하여 노회에 허락받아 지급하는 목사를 원로목사라고 한다"로 되어 있다.

시무를 사면할 때에 원로목사로 추대되기 때문에 원로목사는 교회를 떠난 목사이다. 미국교회에서는 자기가 시무하는 교회를 사임하면 일정한 거리 밖으로 이사를 해야 하고 특별한 일이 없는 한 노회의 허락없이 전에 시무하던 교회 가까이에 살 수 없도록 제도적으로 규정되어 있다. 때문에 일단 교회에서 사임하고 나면 사임한 교회에서는 모든 관계가 끝난 상태이다.

2) 물론 대부분의 원로목사님은 교회를 사임함과 동시에 시무했던 교회와의 관계를 깨끗이 끊고 후임목사님이 소신껏 목회할 수 있도록 깊은 배려를 하시는 분이 많다. 그러나 때로는 교회 시무를 사임하고 원로목사로 추대되었는데도 여전히 그 교회에 출석하고 한달에 한번씩 설교도 하고 축도도 하고 더 나아가 심방도 하고 결혼주례, 장례집례도 여전히 하고 당회 운영까지도 뒤에서 자문하고 있는 교회도 없지 않다. 바로 이런 문제로 원

로목사와 후임목사와의 불편한 관계가 발생한다.

때문에 원로목사가 된 후에도 여전히 이전에 누리던 직권에 대한 미련을 버리지 못하고 계속해서 간섭 내지 감독자가 되려고 하니 원로목사와 담임목사의 관계가 긴장과 대립, 불화의 관계로까지 악화될 수 밖에 없는 것이다.

3) 원헌법(原憲法)으로 보아도 무방할 1922년판 헌법에 원로목사에 대하여 아래와 같이 규정되었다.

"支敎會 牧師가 老昏하여 職務를 老會에 辭免할 時에 基 敎會가 該 牧師를 愛하고 基 事業에 對하여 感謝的 感想이 있음므로 本敎會에 斷續하여 名譽的 關係를 保存코자 하면, 正式으로 共同 處理會를 召集하고 俸給의 多少를 不問하고 本敎會에 元老牧師로 投票할 수 있으나, 老會가 承認한 後에 元老牧師의 名譽를 줄지니, 이런 牧師는 本 支敎會에 職務와 權은 없으나 上會權은 있나니라"(〈조선 예수교 장로회 헌법〉 1992년 판, 정치 제17장 2)고 했다.

4) 미국의 헌법에도 "원로목사는 당회의 요청이 없는 이상 당회에 참석치 못하며 교회 내의 그 어떤 재판권도 가지지 못하나, 목사의 직분은 그대로 있으므로 노회의 회원권을 가진다"(J. A. Hodge: What is Presbyterian Law. p. 49. 1891)고 하여 우리 원헌법과 그 뜻을 같이하고 있다.

원로목사란 지교회의 법적인 직무와 직권이 전혀 없는 명명백백한 무임목사요, 무임목사이면서도 지교회로부터 봉급을 받으며, 노회에서는 시무목사와 같은 대우를 받도록 규정하고 있음이 일반적이라고 하겠다.

5) 원로목사와 담임목사 제도는 주의 종들을 공대하라고 하신 지극히 당연한 성경적인 제도이다. 조금 앞서거나 뒤에 섰다고는 해도 다같이 걸어야 할 성직자들의 마땅한 공도(公道)이니, 서로 존귀히 여기며 주 안에서 사랑하며 교회 평화를 이루고 하나님을 영화롭게 하는 종들이 되어야 한다.

만일 이 원로목사 제도가 없었다고 하면 20년 이상이나 나를 공들여 키워 준 주의 종을 다만 늙었다는 이유만으로 교회에서 내어 쫓아야 하지 않았겠는가. 혹은 이미 노쇠하여 목회능력이 상실된 줄을 알면서도 돌아가시는 그날까지 시무목사로 모셔야만 하겠으니 그러했을 경우의 교회의 폐단은 또한 얼마나 크겠는가?

더구나 연로하셔서 이제는 다른 교회로 청빙을 받는 입장도 아니고, 한 평생을 두고 사실상 무임목사로, 부르실 날을 기다리면서 노후를 보내야만 할 처지를 놓고 생각한다고 하면, 원로목사의 노후를 교회가 책임지는 제도야말로 도처에서 주의 종을 공대해야 한다는 명령을 받은 하나님의 자녀들에게 있어서는 너무나 당연한 제도요 권리요 의무라고 해야 하지 않겠는가(마 10:40~42, 눅10:16).

은퇴 후 그 노후를 책임지고 꾸준히 한국 교회 안에서 종신(終身)토록 하는 원로목사 제도야말로 지교회를 위해서, 원로목사 자신을 위해서, 나아가서는 담임목사를 위해서 반드시 필요한 성경적 제도이다.

6) 원로목사와 담임목사는 결국 한 길을 가는 성직자들이다. 원로목사의 길이 바로 담임목사의 길이요, 담임목사의 길이 바로 원로목사가 한 평생을 걸어 온 길이다.

담임목사는 아직 젊었으니 명석한 판단력과 강인한 추진력이 있고, 원로목사에게는 노숙한 경험이 있다. 그런즉 원로목사로 하여금 그 노숙한 경험으로 담임목사의 목회를 도와 만년 시무정신(萬年視務精神)으로 노후를 살아가게 하며, 담임목사 또한 노련한 경험으로 뒷받침하는 원로목사의 후광을 힘입어 자신만만한 목회생활이 이루어지도록 해야 한다. 그런데 원로목사와 담임목사가 서로 의합하지 못하고 불화와 갈등을 일으켜 당사자만이 아니라 교회평화를 깨는 일이 비일비재한 것은 가슴 아픈 일이 아닐 수 없다.

원로목사가 법으로는 사실상 무임목사인 것이 틀림이 없다. 그러나 그것이 반드시 옳은 것은 아니라고 해도 법을 넘어서 초법적(超法的)인 존재가 바로 원로목사인 줄을 왜 모르는가. 그가 이 지교회에서 이미 20년 이상을 목회하셨으니, 그래서 부임당시 10세의 소년 소녀가 이미 30세가 되었고, 20세 짜리가 40세가 되었으며, 30세짜리가 50세가 되었는데, 그래서 교인 모두가 교인이기 이전에 아들 손자 며느리 같기만 한데도 있는 법만 쓰고 없는 법은 쓸 수가 없다고 하겠는가?

6. 원로목사와 담임목사간의 올바른 관계 설정에 대한 제언

1) 해결해야 할 문제는 무엇인가?

첫째, 교회관과 목사관의 문제이다. 원로목사는 제도적으로 혹은 법적으로 목회 일선에서 물러난 목사를 의미한다. 목회 사역에서 본다면 장기간 담임목사로 시무했고 나이많아 물러난 목사를 일컫는 말이다. 담임목사라면 제도적으로 현직 담임목사이고 은퇴하신 분의 후임으로 부임한 목사이다. 목회관과 교회관의 문제에서 원로목사나 담임목사가 '교회를 내꺼다' 라고 생각하면 문제가 생긴다. '내가 개척했고 내가 세웠다. 내가 50년 목회했다. 내가 피와 땀을 바쳤다'라고 생각할 수가 있다. 담임목사도 '지금은 내가 담임한다' 그러면 문제가 생긴다. 목회에 대해서도 '내가 30년 목회한 교회', '내가 지금 목회하는 교회'라고 생각하면 문제가 없을 수 없다.

둘째, 인간 관계의 문제이다. 원로목사나 담임목사 사이에 문제가 되는 것은 원로목사가 담임목사를 어떻게 보느냐 혹은, 담임목사가 원로목사를 어떻게 보느냐의 이해에서 생기는 문제이다. 양자 사이가 와해되거나 연결고리가 끊어지면 문제가 생긴다. 그 틈바구니에 또 교인이 끼인다. 교인들이 화해자가 될 수도 있고 원로목사와 담임목사를 불편한 관계로 만들 수도 있다.

셋째, 예우의 문제이다. 경제적인 것도 기대하지 말고 대우도 기대하지 말고 원로목사는 은퇴하는 것이 바람직하다. 그러나 원로목사는 그런 입장에 사시더라도 교회나 담임목사는 최선을 다해서 보살펴 드려야 한다. 담임목사가 앞장 서서 노후 생활하시는데 걱정스럽지 않도록 예우하고 경제적으로 인격적으로 예우해야 한다. 이런 측면에서 교회가 사회보다 나아야 한다. 일반 직장에서도 30~40년 일하고 물러나면 모든 것을 책임진다. 하물며 교회가 '나 몰라라' 하고 물러서면 안 될 일이다.

2) 올바른 관계 설정

원로목사와 담임목사! 더욱 큰 불화와 갈등으로 피차 괴로워하며 교회를 요란케 하고 하나님의 영광을 가리우는 일이 없어야 한다. 어떤 길이 있을까?

첫째는, 원로목사를 공대하고 존귀히 여겨 그 무궁무진한 경험과, 그 나라를 바라보며 일편단심 교회만을 사랑하는 원로목사의 사랑을 모두 나의 목회에 활용하여 단점을 보완하고 성공적인 목회자가 되는 길이요,

둘째는, 담임목사를 위해서 힘써 기도하면서 언행을 조심하는 것으로써 원로목사의 존재를 의식하지 않을 수 없을만치 스스로를 숨기는 길이다. 마치 대가족 제도 밑에서 서로 헤어질 수 없는 식구들처럼 원로목사와 담임목사 사이도 하나님께서 그처럼 짝지어 주신 줄 믿고, 서로 돕고 의지하며 한 길을 가는 길이다.

셋째는, 제도적인 대책의 길이다. 교단이나 노회에서 은퇴하신 어른들의 일감을 마련하자는 것이다. 본인 스스로 일을 만들면 가장 좋겠으나 개인의 형편이나 역량에 따라서 어려울 수 있다. 아직도 교역자를 전담으로 모

실 수 없는 농촌교회가 많다. 그런 교회에 노회나 총회 혹은 교회에서 제도적으로 도와드리고 은퇴 목사님이 교회의 강단을 맡아 감당하도록 한다. 목사가 설교하던 강단에서 나왔을 때 서야 할 강단이 없는 것처럼 맥빠지고 고독한 일이 없다. 목사의 생명은 강단에 있으므로 강단에 서면 활력이 넘치고 힘이 생긴다. 하루 쉬는 것은 상관없지만 한달 쉬고 일년 쉬면 영력도 떨어지고 기도 시간도 준다. 그러므로 은퇴한 목사님에게는 설교의 기회를 제공하고 교회나 노회는 제도적 정책으로 필요한 경비를 대어드리는 연구가 선행되어야 할 것이다.

복음주의자들의 선교이해

최 정 만 *

서 론
1. 성경적 복음주의자들(Biblical Evangelicals)의 선교 이해
2. 역사적 복음주의자들(Historical Evangelicals)의 선교 이해
3. 선교적 복음주의자들(Missionary Evangelicals)의 선교 이해
4. 과격한 복음주의자들(Radical Evangelists)의 선교 이해
5. 고백적 복음주의자들(Confessional Evangelists)의 선교 이해
6. 오순절 복음주의자들(Pentecostal Evangelicals)의 선교 이해
7. 신복음주의자들(New Evangelicals)의 선교 이해
8. 분리주의 및 세대주의적 근본주의자들
　 (Separato-Dispensational Fundamentalists)의 선교 이해
9. 에큐메니칼 복음주의자들(Ecumenical Evangelists)의 선교 이해
결 론

서 론

선교에 관한 입장을 표명함에 있어서,흑백 논리에 입각하여 에큐메니칼 (ecumenical)선교에 속하지 아니하면 그 반대 입장인 복음주의 (evangelical)선교라고 간단히 단정할 수는 없다. 우리는 모든 복음주의자들을 다 반에큐메니칼(anti-ecumenicals)이라고 할 수 없는 것과 같이 모든 에큐메니칼주의자들은 다 반복음주의자들(anti-evangelicals)이라고 할 수는 없다. 이러한 사실 때문에 우리가 쓰고 있는 용어의 불충분함이 더욱 아쉽게 여겨진다.[1] 양쪽 진영 중 어느 한쪽에만 속해 있기를 거부하고 있는 학자들이 있는데, 데이빗 보쉬는 그들의 이름을 아래와 같이 열거하고 있다.[2]

---

* 광신대학교 교수, 선교학(D.Miss.)

[1] David J. Bosch, 전 재옥(역), *Witness to the World,* **선교신학**,(서울:두란노서원,1985),42.

[2] *Ibid.*

스티펀 니일(Stephen Neill), 레슬리 뉴비긴(Leslie Newbigin), 요하네스 페르
까일(Johannes Verkuyl), 게르하르트 로젠크란쯔(Gerhard Rosenkranz), 한스
베르너 겐지헨(Hans Werner Gensichen), 제랄드 앤더슨(Gerald Anderson),
벵트 순드클러(Bengt Sundkler), 죤 므비티(John Mbiti), 에릭 샵(Eric Sharp),
모티마 아리아스(Mortimer Arias), 올라브 마이켈버스트(Olav Mykelbust)

위에 열거된 학자들은 회색 지대에 속하는 자들로서 에큐메니칼 진영에
속한 학자들[3]로 부터는 복음주의자라는 비난을, 그리고 복음주의자들로부
터는 에큐메니칼주의자라는 비난과 공격을 받는 자들이다. 피터 바이어하
우스(Peter Beyerhaus) 같은 분에 의하면, 복음주의자들 중에서도 최소한
여섯 그룹으로 분류할 수 있다고 한다.[4]

첫째 그룹이 빌리그래함(Billy Graham)을 위시한 신복음주의자들(**New-
Evangelicals**)인데 이들은 모든 복음주의 진영을 연합하려 하고 있다. 둘
째 그룹은 신복음주의자들과 반대 입장에서 신학적 분리 노선을 견지하는
분리주의 및 세대주의적 근본주의자들 (Separate-Dispensational
Fundamentalists)이다. 여기에는 칼 맥킨타이어(Carl McIntire)를 중심으로
한 국제 기독교회 연합회의(ICCC: International Council of Christian
Churches)에 속한자들과 비브리칼 신학교, 밥죤스 대학 등이 전자에 속하고
달라스 신학교, 무디 성경학교, 탈벗 신학교, 바이올라 대학등이 후자에 속
한다. 셋째 그룹은 피터 바이어하우스를 위시한 '고백적 복음주의자들'
(**Confessional Evangelicals**)이다. 넷째 그룹은 오순절적인 복음주의자들
(**Pentecostal Evangelicals**)이 있는데 성령파, 은사파, 오순절파, 등이 여
기에 속한다. 다섯째 그룹은 남미의 오르란도 코스타스(Orlando Costas), 르
네 빠띨라(Rene Padilla), 사무엘 에스코바(Samuel Escobar)를 위시한 '과격
한 복음주의자들' (**Radical Evangelicals**)[5] 인데 북미주에는 메노나이트 교

---

[3] *Ibid.*, p.43, David J. Bosch는 전형적인 Ecumenical주의자들로는 요하네스 호켄
다이크(Johnnes Hoekendijk), 데이비스(J. C. Davis), 토마스(M. M. Thomas) 루
드비히 류띠(Ludwig Rutti), 리차드 숄(Richard Schiaull), 토마스 비제르
(Thomas Wieser), 버게스 카(Bugess Car)를 열거하고 있다.

[4] Peter Beyerhaus (ed.) *Reich Gottes Order Weltgemeinschaft?* (Bad Liebenzell,
1975), pp.307-8.

[5] 이 용어는 1974년 스위스 제네바에서 열린 로쟌 세계 복음화 대회(Lausan
Congress on World Evangelization)에서 처음으로 만들어진 신조어이다.

파가 이에 속한다. 여섯째 그룹으로는 훼스토 키벵게레(Festo Kivengere)를 위시하여 에큐메니칼 진영과 친교하기를 원하는 자들로서 바이어 하우스가 특별히 붙여준 이름으로 '에큐메니칼 복음주의자들'(Ecumenical Evangelists)들이 있다.[6]

그런데 위의 어느 그룹에도 넣기에는 너무 영향력이 큰 복음주의 대가들이 있다. 일곱 번째 그룹으로 이들에게는 '선교적 복음주의자'(**Missionary Evangelicals**)들이라고 붙이고 싶다. 여기에는 도날드 맥가브란(Donald McGavran), 아더 글라서(Arthur Glasser), 폴 피어슨(Paul Pierson), 챨스 크라프트(Charles Kraft), 폴 히버트(Paul Hiebert), 랄프 윈터(Ralph Winter), 피터 와그너(Peter Wagner), 허버트 케인(Herbert Kane) 등이 있다. 여덟 번째로 역사적 복음주의자 혹은 복음적 복음주의자(**Historical Evangelicals**) 그룹에는 아더 존스톤(Arthur Johnston)등이 있다. 아홉 번째로 성경적 복음주의자들(**Biblical Evangelicals**) 그룹이 있는데 죤 스토트(John Stott), 칼 바르트(Karl Barth)를 이 부류에 넣고 생각해 볼 수 있으나, 성경 해석상의 신학적 견해에 있어서는 이 두 사람 또한 커다란 차이를 보이고 있다. 그리고 보수주의진영에 속한 선교사이며 신학자인 죤 M. L. 영(John M. L. Young) 박사도 여기에 분류해 본다. **세계 복음화를 위한 전쟁**(*The Battle for World Evangelization*)의 저자 아더 존스톤(Arthur Johnstone)은 일반적 복음주의와 구별되는 에큐메니칼주의와 대응하는 복음주의(Evangelicalism)이 있다는 사실을 환기시키면서 이런 특별한 관심은 교회의 새로운 이해라고 하면서 역사적으로 교회의 선교는 복음 선포뿐이라고 했다.

> 1966년의 **Berlin** 선교 대회와 1974년의 로잔 언약(**Lausanne Covenant**) 사이에 지역대회의 연구에 의하여 일반적인 복음주의와 **Ecumenicalism**에 대응하는 복음주의(**Evangelicalism**) 그 자체에 있는 명확한 경향을 구분 짓게 되었다. 이런 신학적인 경향 중 약간은 **Lausanne '74** 의 계속위원회에서 삽입 시켰다. 이런 특별한 관심은 교회의 선교 중에서 새로운 이해이기도 하였다. 역사적으로 교회의 선교는 복음 선포뿐이었다.[7]

---

[6] David J. Bosch, *Ibid.*, p. 44.

[7] Arthur Johnstone, *The Battle of World Evangelization* (Wheaton: Tyndale House, 1978), p.18.

아더 죤스톤은 또한 죤 스토트(John Stott)가 복음 전도와 사회 정치적 참여의 중요성을 동등시 함으로써 전도를 선교의 역사적 목표로 격하시켰다고 비판한다.[8]

> 복음 전도와 사회 정치적 관여의 중요성을 동등시하고 싶어하는 자들은 Stott 의 논문과 선언의 진술에 의하여 그것을 정당화 할 수 있을 것이다. … 우리는 복음 전도와 사회 정치적 참여가 우리의 기독교적 의무의 부분이라는 것을 단언 한다. 성경의 무오성과 권위에 대한 복음주의적 위임이 복음 전도에 대한 우선적 인 관심에로 인도하며 또한 다른 사람들을 위한 사랑의 관심에로도 인도한다는 좋은 실례가 만들어 질 수도 있을 것이다.[9]

이미 언급한 바와 같이 복음주의자라 해도 선교 이해에 있어서 조금씩 서로 다른 견해를 가지고 있기 때문에 편의상 전술한 아홉 그룹의 선교 이 해를 각각 살펴보는 것이 좋을 것 같다.

1. 성경적 복음주의자들(Biblical Evangelicals)의 선교 이해:

영국의 옥스퍼드 대학에서는 '췌이바쓰 강좌'(Chavasse Lecture)라는 명칭으로 위클리프 홀(Wycliff Hall)에서 해마다 저명한 세계적 석학들을 초빙해서 세계 선교를 주제로 한 공개 신학대강좌를 주최하는데 1975년에 는 죤 스토트(John Stott) 박사가 주 강사로 초청되어 'Christian Mission in the Modern World'라는 제목으로 강의를 하였다.[10]

전체 다섯 번의 연속강의중 두 번째 강의의 제목이 성경적 전도(Biblical Evangelism)인데 이 강의에서 스토트는 "'선교(Mission)'를 하나의 포괄 적인 단어"라고 하면서 "그것은 하나님께서 자기 백성을 세계 속으로 보내 어 하게 하시는 모든 일을 포괄하는 말"이라고 하고 "그것은 복음화와 사 회적 책임을 포함한다"고 하고 "이 양자는 인간의 필요에 따라서 애타게

---

[8] Bosch, *Op. cit.*, p.44.

[9] Johnstone, *Op. cit.*, p.302-3.

[10] 이 강의 내용이 한국에서 김명혁 교수에 의해서 번역되어 **현대 기독교 선교**(서 울: 성광문화사, 1981)라는 이름으로 소개 되었다.

봉사하려고 하는 사랑의 진정한 표현인 까닭"이라고 했다.[11] 그럼에도 불구하고 스토트는 복음화에 우선권(priority)을 두었다. "본인은 '로쟌 언약'(Lausanne Covenant)의 희생적 봉사라고 하는 교회의 선교에 있어서 복음화가 제일 중요하다는 진술에 동의하여야 한다고 생각한다."[12]

신정통(Neo-Orthodox) 신학계를 대변하는 바르트(Karl Barth)는 그가 남긴 **'교회 교의학'**(*The Church Dogmatics*)이라는 8,000여쪽의 방대한 기록 가운데 '선교'에 대해서는 불과 네쪽만을 할애하였다. 양적으로만 본다면 그가 '선교'에 대해서는 거의 관심이 없는 듯한 인상을 가질 수 있으나 좀 더 자세히 연구해 보면 그의 전체 저작 가운데 선교의 사상이 골고루 분포되어 있는 것을 깨달을 수 있으며. 따라서, 칼 바르트는 신정통 신학을 대표하는 교의 신학자인 동시에 선교 사상을 강도있게 취급한 학자중의 한 사람이다.

그의 선교 개념은 예수 그리스도 안에서 만나게 되는 하나님의 자기 계시를 통하여 하나님과 화해하게 되는 사건을 선교의 출발점으로 삼는다. 하나님의 언약대로 예수 그리스도께서 십자가에서 죽으시고 그 기초 위에 화해가 성립하는 것이며, 교회는 이 화해의 일에 참여함으로써 선교의 일에 참여하게 된다고 하였다.

바르트의 신학이 계시 이해에서부터 문제가 있듯이 선교 이해에 있어서도 자신은 그것이 가장 성경적이라고 믿고 있으나, 너무 주관주의에 치우친 감이 있다. 그는 그리스도께서 십자가에 죽으신 이 화해 사건은 인류 구원을 위한 화해로는 영원히 필요하고도 충분한 화해이므로 교회의 선교는 이것을 그들에게 알리기만 하면 된다는 것이다. 그리고 선교의 목적이 '이방인들에게 회심의 결과로 오는 구원'에 있지 아니하고 그리스도께서 이미 이루어 놓은 '하나님과의 화해됨의 증인으로서 이를 선포'하는데 있다는 것이다.[13] 이것은 선교가 하나님의 구원의 과정에 참여하는 것이 아니라 '과거적 사건이 되버린 구원의 정보 제공'에 불과한 것이요 보편적이고도 포괄적인 구원론에 빠지기 쉬운 커다란 과오를 범하고 있는 것이다.

---

[11] John Stott, *Christian Misison in Modern World*, 김명혁 역, **현대 기독교 선교**,(서울: 성광문화사, 1989), p.43.

[12] *Ibid.*

[13] W. Scott, *Karl Barth's Theology of Mission*,(Downers Grove: Inter-Varsity Press, 1978), pp.9f.

보수주의 선교 신학자 죤 영 박사(John M. L. Young)는 선교를 정의하기를 "잃어버린 자의 구원과 토착교회의 설립, 하나님 나라의 건설 및 하나님의 교회를 통해서, 그의 완전한 말씀을 모든 나라에 선포하기 위해, 그리스도의 사자들을 보내는 삼위일체 하나님의 일"을 말한다[14]고 했다. 이 정의는 1618-1619년에 열린 도르트 총회에서 자기의 저서 **교회 정치**(*Politica Ecclesiastica*)를 통하여 제시한 보에티우스의 종교개혁적 선교 원리에 크게 영향을 받은 듯하다.

보에티우스(**Gisbertus Voetius**)는 하나님 자신이 선교의 "효과적인 원리의 기초"(**causa efficiens Prima**)"이며 하나님은 교회를 통하여 이 세상에 선교적 활동을 하시며 교회는 선교하는 기관이라고 했다. 그는 선교를 정의하기를 "이교도를 개종(**Conversio gentilium**) 시키고, 교회를 세우며(**Plantatio ecclesiae**) 하나님의 은총과 영광을 선포(**Gloria et manifestation gratiae divinae**) 하는 것"이라고 했다.

2. 역사적 복음주의자들(Historical Evangelicals)의 선교 이해:

'역사적 복음주의자' 혹은 '복음적 복음주의자'라는 말은 서로 교체적으로 쓰이는 용어인데, 아더 죤스톤(Arthur Johnston)이 자기 자신을 가리켜 사용한 용어이다.[15]

역사적으로 '선교'라는 용어가 쓰이기 시작한 것은 약 13세기경 중세부터이다. 라틴어 동사 'Mittere'(보내다)에서 유래된 동일 개념의 헬라어 '아포스텔로'(send, send out, send away)와 '펨포'(commission, appoint)에서 선교라는 의미의 어원적 기원을 찾을 수 있다. 선교라는 의미를 가진 낱말이 신약 성경에 215회 나타나고 있는데, 여기에는 모두 '파송'의 의미가 있다.[16]

신약 성경 복음서에서 예수 그리스도 자신은 선교의 근거에 대해서, 내 아버지께서 나를 보내시니 나도 너희를 보내노라(요 20:21)고 말씀하신 것

---

[14] John M.L. Young, *The Motive and Aim of Mission* (1972), 김진홍 역, p.9.

[15] *Ibid.*, p.19.

[16] Gehard Kitel, (ed) *Theological Dictionary of the New Testament*, Voll. 1, (Grand Rapids: W.B. Eerdmans Pub. Co. 1964), pp.398f.

을 보아도 성부 하나님께서 성자 예수 그리스도를 인류 구원을 위해서 이 땅에 파송하셨고, 예수 그리스도는 하늘과 땅의 모든 권세를 성부 하나님으로부터 위임받아서(마 28:18) 다시 그의 제자들을 세상으로 파송하시는 것이다.

그러므로 선교의 근원은 삼위일체 하나님이라고 하는 주장은 성경적 확고한 근거와 복음주의 신학적 확실하고도 강력한 지지를 얻고 있는 것이다.[17]

그런데, 헬라어에서 '보낸다', '파송한다'의 뜻을 가진 동사 '아포스텔로'의 명사형 '아포스텔로스'가 '보냄을 받은 자' 곧 그리스도를 대신하여, 그리스도에 의하여 보냄을 받은 '사도'(apostle)의 의미로 쓰였고, 중세에는 Catholic의 수도원 중심으로 사용된 용어인데 세상을 향하여 사도의 생활과 사명을 띠고 보냄을 받은 자를 '미션나리'(missionary)라고 하였다. 그런데 16세기이후부터는 Catholic 선교 지역이 아닌 곳으로도 복음을 전하기 위하여 사명자들을 보냈는데 이때 파송받은 자들에게도 '미션나리'라는 명칭을 붙여 주었으며 이러한 역사적인 근거 아래 '선교'를 '사도적 임무'와 동일시하고 '선교학'을 '사도적 임무의 신학'으로, 선교사를 현대적 사도로 동일시하는 경향도 있다.[18]

바울 사도는 고린도교회 교인뿐만 아니라 모든 성도들을 향해서 우리가 그리스도를 대신하여 사신이 되었다(고후 5:20, $\tilde{v}\pi\epsilon.\rho\ X\rho\iota\sigma\tau\sigma\upsilon\ o\tilde{\upsilon}\nu\ \pi\rho\epsilon\sigma\beta\epsilon\acute{\upsilon}\sigma\mu\epsilon\nu$)고 하였는데 여기서 $\pi\rho\epsilon\sigma\beta\epsilon\acute{\upsilon}\sigma\mu\epsilon\nu$은 대사가 되어 (be an ambassador) 파송을 받는다는 뜻이 거기에 포함되어 있다. 바울은 자신의 사도직을 매우 강한 어조로 변증[19]하면서, 또한 자신을 선교사로 동일시하였고, 선교의 사명을 위해서 존재함을 역설하고 있다.

---

[17] John Stott, *The Contemporary Christian: Applying God's Word to Today's World* (Downers Grove, Inter Varsity Press, 1992), pp.321f. "Our God is a missionary God" J. Herbert Kane, *The Christian World Mission: Today and Tomorrow* (Grand Rapids: Baker Book House, 1981), pp.15, "Jehovah, A Missionary God; The Bible, a Missionary Book; The Gospel, a Missionary Message; The Church, a Witnessing Community" George W. Peters, *A Biblical Theology of Missions*, (Chicago: Moody Press, 1973), pp.55f. "Missionary Theology and the Nature of God".

[18] Johannes Verkuyl, *Contemporary Missiology*,(Grand Rapds: Eerdmans Publiing Co.1978), 2. 최정만 역, **현대선교신학개론**, (서울:CLC,1991)

[19] 롬1:1, 고전1:1, 고후1:1, 갈1:1, 엡1:1, 골1:1, 딤전1:1, 딤후1:1, 딛1:1

3. 선교적 복음주의자들(Missionary Evangelicals)의
선교 이해:

선교적 복음주의자들이라는 말은 본고의 필자가 여기서 편의상 명명한 것이고 세계 학계에서는 이들이 소위 '교회 성장학파'(Church-Growth School)로 더 잘 알려져 있다. 'Church-Growth'(교회 성장)이라는 용어도 사실은 이 학파의 리더(Leader)격인 도날드 맥가브란(Donald McGavran)이 처음으로 만든 말이며 그 의미도 '선교'의 등가물(equivalent)로서 에큐메니칼 진영에서 즐겨 사용하는 "선교"(mission)이라는 말에 대치되는 개념으로 사용하고 있는 것이다. '선교'라는 용어가 너무 남용되이 쓰이고 있고 이로 인해서 Stephen Neill 감독은 너무나도 유명한 말 "곧, 모든 것이 선교면 아무 것도 선교가 아니다"(If everything is mission, nothing is mission)는 말을 남겼다. 이 때 맥가브란은 '선교'라는 말을 쓰는 대신에 '교회 성장'이라는 새롭고 참신한 신조어를 쓸 것을 주장해서 큰 관심을 끌었다.

맥가브란은 처음에 자기가 발전시킨 사상을 표현하는데 '전도'라든지 혹은 '선교'라고 하는 전통적인 언어를 사용하기를 원했으나, 그는 곧 이러한 용어들이 효력이 없다는 것을 발견하였다. '전도'나 '선교'라는 용어는 그 정의가 여러번 바뀌게 되므로 신선한 맛을 잃게 되었다. '전도'나 '선교'라는 용어가 그리스도인들이 개인적으로 혹은 집단적으로 이루어 놓은 모든 선한 것들을 포괄적으로 의미하게 되자 결국은 실제적으로 아무런 의미도 없는 말이 되어 버렸다.
그래서 그의 표현에 꼭 들어맞는 말을 찾기 위하여 애쓴 결과 맥가브란은 '교회'와 '성장'이라는 평범한 두 개의 말을 결합시키는데 착안하게 된 것이다. 그래서 지금은 전문적인 용어가 된 이 '교회 성장'(**Church-Growth**)은 하나의 독립적인 학술어가 되었다. '교회 성장'이란 용어의 진정한 의미는 예수 그리스도와 아직 아무런 개인적인 관계를 가지고 있지 아니한 사람들로 하여금 그와 더불어 교제를 가지게 해주며, 책임 있는 교인이 되게 만들어 주는데 관련된 모든 사항을 의미하는 것이다.[20]

"지금부터 100년 전 까지만 해도 신학적으로 말할 때 '선교'는 당연히 세계 복음화로 이해되어 왔다." (A hundred years ago the mission was theologically justified as the outpost of world evangelization)[21]고 전제하고 신

---

[20] Peter C. Wagner, *Your Church Can Grow*, 권달천 역, 교회 성장 원리 (서울: 생명의 말씀사, 1980), p.10.

학적 정의로서의 선교는 가능한 모든 수단을 다 동원한 전도(Theologically mission was evangelism by means possible)[22]라고 하면서 맥가브란은 선교라는 용어가 "선교적 기관을 의미하고 있다는데 대해서 누구나가 동의하고 있지만, 그 용어가 구조보다는 과업들을 기술할 때 쓰여질 경우에는 커다란 불명료성이 제기 된다"[23]고 하면서 신학적으로 하나님의 선교 명령 (the missionary mandate of God)의 근거를 성경과 선교 역사에서 찾고 있다.

> 초기 선교시기에 있어서는 신학이 선교를 창출시켜 내었었다. 성경을 연구하는 중에 그리스도인들이 하나님께서 세상 만민의 구원을 원하심을 믿고 그리하여 그리스도인들이 좀 더 효과적으로 세계 복음화에 참여하도록 명령하고 계신다는 것을 믿게 되면 그들은 선교사들을 임명하여 세상으로 파송하였던 것이다. 그러나 훨씬 후기 선교시기에 접어들자 이미 수행된 선교 활동들 안에서 그들 나름대로의 선교 신학을 만들어 내는 경향을 보였다.[24]

다음은 맥가브란이 **현대 선교 신학**(*Contemporary Theoligies of Mission*)에서 정의한 선교 개념이다.

첫째로 선교란 선교 기관들에 의해서 타문화권에서 행해지는 활동과 사업이라고 그는 정의를 내리고 있다.

> 선교란 수많은 종류의 선교기관(**misisons**)에 의하여 수행되어지는 매우 폭넓은 사업(**a vast enterprise**)이다. 다시 말해서 인종과 국가를 초월한 기독교인들에 의해서 타문화권을 넘어서 수행되어지는 여러 종류의 활동들이 다 여기에 포함된다. 동기 면에서도 매우 다양성을 띠게 되므로 이에 따라서 여러 형태의 선교사업이 이루어지는 것이다. … (중략)

둘째로 맥가브란은 "선교란 선교사들에 의해서 행해지는 미지의 세계 영혼들에게 그리스도를 알리는 구령 복음 선포 사역과 그에 부수되는 사역들"을 선교라고 정의했다. 선교사의 부수적인 사역은 탐험을 해서 미지 세

---

[21] Glasser & McGavran, *Op. cit.*, p.17

[22] *Ibid.*

[23] *Ibid*, p.15 :Everyone is agreed that 'mission' can mean a missionary agency, but great uncertainty arises when the word is used to describe tasks instead of structures."

[24] Ibid.

계를 문명 세계에 알리는 것, 노예 무역 등 사회적 악행을 막는 일, 선교 지역에서 농업 및 산업을 육성해서 살기 좋은 사회로 만들어 주는 일, 그리고 성경을 번역해 주는 일 등이다.

데이빗 리빙스턴은 1)그리스도를 알지 못하는 영혼들에게 찾아가서 그리스도를 알릴 목적으로, 2)또 다른 동기로는 탐험을 해서 미지의 세계를 알릴 목적으로, 3)그리고 또 다른 제 3의 동기는 당시 아프리카에 횡행하던 노예 무역을 종식시킬 목적으로 아프리카 선교를 떠났던 것이다.

이 당시에 영국의 지도자들 중 어떤 이들은 선교와 영국의 제국주의는 뗄 수 없는 밀접한 관계가 있다고 했다. 농업적인 동기에서도 상당히 많은 선교사들이 아시아 아프리카 지역으로 떠난다. 이 지역의 가난한 사람들에게 농업 생산성을 높여 주는 일은 가능하고도 필요한 것이다.

인도의 알라 하바드(Allahabad)에 농업 연구소를 세운 장로교 선교사 샘 히긴보텀(Sam Higgignbottom) 선교사가 좋은 예가 된다.[25] 문자 언어를 갖지 못한 지역에 문자 언어를 만들어 주고 성경이 번역되도록 도와 주는 일도 역시 선교의 중요한 일부인데, 이 분야는 현재 위클립 성경 번역 선교회(Wycliffe Bible Translators)가 좋은 모델이 된다.

세째로 맥가브란은 지교회의 예배의식의 개선, 예배 형식의 토착화 및 고아, 병자를 돕는 사회 복지적 측면을 선교 개념에 포함시키고 있다.

과거 25년 동안 수많은 선교 기관에서 "선교"라는 개념에 대하여 논의 해 왔다는 것은 선교 개념의 다양화를 입증하는 예가 된다. 그 중 한가지 예를 들면 "선교는 통일이다"(Mission is unity) 혹은 "예배가 곧 선교다"(Worship is mission)는 주장이 있다. 교회 합병(church mergers), 예배 의식의 개선, 예배 형식의 토착화를 위한 일을 행하는 것이 곧 선교하는 것이라고 주장한다.

선교의 종류를 결정하는 요인에는 여럿이 있다. 많은 선교사와 선교부가 고아들을 돕기 위하여 모금을 시작할 수 있다. 나병환자들(leprosy victims)을 위한 모금은 상당한 호소력이 있다. 의료 선교는 대단히 필요하고, 또한 기독교들이 사회의 복지에 관심이 있다는 것을 확신시키는 것이 매우(전도에) 도움을 주는 가치 있는 일이다. 복음을 바로 전하기에 상당히 어려운 지역에는 박애선교(Philanthropic missions)라는 것도 있다.

---

[25] 아프리카 감비아에 가서 선교활동을 하는 이재환 선교사는 그의 아프리카 선교의 초기에 아프리카인들에게 기술 교육을 통한 농업 생산성 특히 땅콩 농사에 있어서 생산성을 높여 주는데 크게 공헌하였다.

케인박사(**J. Herbert Kane**)는 "선교"란 개념에는 복음주의자들과 자유주의자들의 극단적인 두 견해가 있다고 전제하고 복음주의자들은 "복음선포, 영혼구원 그리고 교회 설립만이 선교를 위한 자기들의 책임"이라고 하고, 자유주의자들은 "이 땅에서 하나님이 하시는 모든 일까지 선교에 포함" 시키고 있다고 했다. 윈체스터(Winchester)의 주교, 테일러(J. V. Taylor)는 "선교"(mission)라는 말 대신에 항상 "전도"(evangelism)라는 말을 쓴다. 케인박사의 견해는 극단적인 두 견해의 중간적 입장을 취한 것인데, 그에 의하면 '선교'란 '전도'를 포함하는 말이긴 하나 "전도"에 국한하지는 아니한다. 그렇다고 해서 자유주의자들이 말하는 것처럼 '선교'를 이 세상에서 하나님이 하시는 모든 일이 다 선교라고, 광범위하게 정의할 수도 없다. '선교'란 말 속에서는 세상을 향한 교회의 총체적 의무(total obligation of the church to the world)가 내포되어 있다. 예수 그리스도가 제자들에게 "너희는 세상을 향한 빛이요 소금이다"고 한 것은 이 세상의 모든 사람 곧 친구나 원수나 동일하게 사랑하며, 자기를 저주하고 욕하는 자를 도리어 축복하며 자기를 해하는 자에게 선행을 베풀어주며, 핍박하는 자들을 위하여 기도해 주라고 하는 이 모든 가르침이 세상을 향한 교회의 선교적 사명(the missionary obligation of the church toward the world)인 것이다.

랄프 윈터(**Ralph D. Winter**)는 과테말라에서 16년간 선교사로 일한 후 Fuller 신학교 선교 대학원에서 선교 역사 교수로 일하다가 현재는 세계 선교 센타(U.S. Center for World Mission) 원장으로 있는데, 주님께서 제자들에게 그가 떠난 후 성령이 제자들에게 임하여, 땅끝까지 이르러 증인이 될 것과 주님이 떠나신 후에 제자들이 더 큰일들을 하게 될 것을 예언해 주신 성경 말씀을 근거로 하여 교회사는 주님을 따르는 자들에게 일어난 더 큰 일들의 기록이기 때문에 성경을 '제1권', 라토렛 교수의 단권 교회사를 '제2권'이라고 부르면서 교회사를 중요시한다.[26]

따라서 교회 역사 연구를 무시하고 성경 공부만 강조하는 네비게이토(**Navigator**)나 대학생 성경 읽기 선교회(**U.B.F.**) 선교 단체들은 심각한 이단적 요소를 가지고 있다고 비판한다.[27] 그는 또한 자기들의 전통과 입장만이 성경적이고 절대적으로 옳다고 생각하며 다른 기독교 전통을 무시하는 Modality[28] 및 Sodality[29]를 신랄하게 비판한다.

---

[26] 김명혁, 역사 신학 및 선교 신학 연구, (서울: 총신대 출판부, 1979), p.203.
[27] *Ibid.*

그래서 Winter교수는 그와 같은 분파적 성격을 가지고 있는 단체들을 BoBo 단체들이라 불렀다. 그 이유는 사도들이 죽었을 때 진리의 불빛이 Blink Out(꺼졌다 B.O.) 했다가 자기들의 운동과 단체가 일어날 때 다시 불빛이 Blink On(켜졌다 B.O.) 했다고 주장하는데서 나왔다는 재미있는 표현을 쓰고 있다.[30]

또한 Winter교수는 칼빈주의나 알미니안주의 등 신학적 전통들은 상대적인 문화의 한 형태라고 보며, 초문화적 진리의 의미가 각 문화적 형태에 담겨서 표현되고 전달된다고 하므로써, 의미와 기능의 중요성을 지나치게 강조한다. 이러한 그의 주장은 결국 신학적 전통의 다원화가 타당하다는 주장이다.[31]

신학이란 성경 진리를 설명하는 하나의 체계라고 할 때, 우리가 사용하는 언어 표현의 불완전성과 또한 인간의 사유와 지성의 한계성 때문에 이

---

[28]

	Pierson, Paul E.	Snyder, Howard A.	Mellis, Charles J.	Choi, Jeong Man(필자)
Modality	Congregational Structure	Church Structure	Nurturning Communities	체제중심구조 (System Oriented S.)
Sodality	Missionary Structure	Para-church Structure	Committed Communities	사명중심구조 (Mission Oriented S.)

원터교수의 신조어(新造語)라 할 수 있는 Modality 와 Sodality라는 학술용어가 한국에 소개된지 20년이 넘지만 이를 한국어로 어떻게 번역 소개하는 것이 좋겠다는 이렇다 할 학적 제안이나 토의가 없음을 필자는 늘 안타깝게 생각해 오다가 1991년부터 이화여자 대학교와 총신 대학원에서 강의를 하던 중 Modality를 하나님의 복음 전파를 위한 '정형적 구조(定型的 構造)'로 Sodality는 '성형적 구조(成形的 構造)'로 번역해서 시험 강의를 해 보았더니 그 반응이 매우 좋아서 그 후부터 필자는 위의 두 번역 용어를 즐겨 사용하고 있다. 그리고 Paul E. Pierson은 Congregational Structure(회중적 구조)와 Missionary Structure(선교적 구조)로, Howard A. Synder는 Church Structure(교회 구조)와 Para-Church Structure(방계적 교회 구조)로, Charles J. Mellis는 Nurturing Communities(양육 공동체)와 Committed Communities(헌신된 공동체)라고 했다. Ralph D. Winter, *Crucial Demensions in World Mission*, (Pasadena: William Carey Library, 1976), pp.326-344.Paul E. Pierson, *Historical Development of the Christian Movement*, (Pasadena: Fuller SWM MH520 unpublished Syllabus, 1981).Howard A. Synder, *The Community of the King*, (Downers Grove, IL.: IVF press, 1977).

[29] 김명혁, *Op. cit.*, p.203.

[30] 김명혁, *Op. cit.*, p.203.

[31] *Ibid.*, p.204.

세상에 어떠한 신학 전통과 체계도 절대적인 것은 있을 수 없다는 주장은 인정하더라도, 이러한 신학적 다원론을 주장하는 Winter교수 자신도 또 하나의 Bo-Bo 이론 중의 하나가 되어 있음을 논리적으로 부정할 수 없다.

Winter교수는 또한 성경에 표현된 모든 구절이 그 자체가 복음인 동시에, 또한 성경이 기록되던 당시의 그 지역의 문화적 표현이라고 강조한다. 그러므로 매 구절의 중요성은 문화적 표현 그 자체(예를 들면, 어린양, 십자가 …. 등)에 있는 것이 아니라 그 유추(類推)가 전달하려고 의도했던 본래의 내용을 파악하여 이를 바르게 전해야 한다고 주장한다. 김명혁 교수는 Winter교수의 이와 같은 주장에는 어느 정도의 타당성이 있다고 했다.[32]

그러나 이 원리를 그리스도의 성육신, 십자가의 죽으심과 3일만에 부활하신 그리스도 사건(Christ-events)에 적용했을 때 어떠한 결과가 나오는가? 사건 그 자체 보다 그 사건이 가지고 있는 의미만 강조할 때 극단적으로 나가면 그리스도께서 십자가에서 완전히 죽으셨다는 그 사건의 중요성보다도, 그리고 3일만에 실제의 몸으로 부활하셨다는 그 사실 여부 보다 부활이라는 사건이 가지는 의미의 중요성을 바르게 깨닫고 믿는 것이 중요하다는 지극히 위험한 결과에 이르고 만다. 이와 같은 Winter교수의 선교론의 욧점은 복음을 효과적으로 잘 전하기 위해서는 각 문화 내에 있는 복음의 표현에 적합한 '구속적 유추'(救贖的 類推)를 찾아서 그것을 효과적으로 잘 사용하는 소위 적응식 선교를 해야 한다고 주장한다.[33]

Winter교수는 '선교'를 정의하기를 하나님께서 역사적으로 Sodality 와 Modality와 같은 두 구조를 사용하셔서 구원의 역사를 전개해 나가시는 하나님의 활동이지만 Modality는 Sodality가 선교 활동을 할 수 있는 전초 기지 혹은 선교 활동의 결과로 굳어진 구조이므로 결국은 Sodality를 통해서만 세계 선교가 수행될 수 있다고 보았다. 그러므로 윈터는 자신을 'Sodality의 사도(使徒)'라고 까지 부르면서 자신의 여생을 이러한 Sodality 운동을 위해서 바친다고 하면서 U.S. Center for World Mission을 만들어 이를 위해 혼신 전력을 다하고 있다.

---

[32] *Ibid.*, p.205.

[33] Winter교수는 Nobili, Mattheo Ricci, Valignano와 같이 적응식 선교에 성공한 인물들을 모범적인 선교사라고 한다.　과거 역사에서 인도와 중국, 일본등에서 카톨릭 선교에 큰 부흥이 일어날 수 있었던 기회가 있었는데도 로마 교황의 적응식 선교에 대한 금령 때문에 그곳에서 카톨릭 선교는 실패 하였다고 Winter교수는 주장한다.

그러나 그가 앞서 언급한 위험한 신학 사상이라든가 그의 지나친 개성 때문에 그는 Fuller 신학교를 떠나게 되었고, 그의 선교 사상 또한 Sodality(선교단체, 신학교 혹은 선교운동등)를 Modality와 동일 차원에서 같은 교회 구조로 보고자 하는 위험스런 교회관을 담고 있으며, 이러한 그의 영향 때문에 교회의 보완적 기구로서 교회를 도와야 할 선교 단체들이 교회에 큰 피해를 주는 이단적 행동들을 표출하고 있는 것도 사실이다.

4. 과격한 복음주의자들(Radical Evangelists)의 선교 이해:

북미주의 메노나이트파나 라틴아머리카의 르네빠떨라(Rene Padilla), 사무엘 에스코바(Samuel Escobar)와 오르란도 코스타스(Orlando Costas)등이 이 분류에 속한다고 이미 언급한 바 있는데, 여기서는 코스타스의 저서, **총체적 선교**(*The Integrity of Mission*)에 나타난 그의 선교 이해를 참고하고자 한다.[34]

첫째로 '선교'는 '선포'이다(Misison is proclamation).

타락하여 멸망 상태에 있는 인류를 구속하기 위하여 독생자를 보내겠다고 약속하시고, 그 약속을 성취해 주신 하나님의 구원의 구원계획과 그 계획을 성취하신 것이 말씀의 내용이라면 말씀의 내용을 선포해야 하는 것이 교회의 임무이다. '선포'의 내용은 '주의 이름', '주의 나라', '주의 은혜'이다.

둘째로, '선교'는 '제자화'이다(Mission is disciple making).

'제자 삼는다'는 것은 신자가 교회라고 하는 새 단체에 연합됨으로 주를 따름이다. 그리고 예수의 선교에 참여하는 것이며, 예수께 전적으로 순종하는 것이다.

셋째로, '선교'는 '운동화'이다(Mission is mobilization).

운동의 과정은 1)의식화, 2)분석, 3)계획, 4)공동의 노력, 5)평가의 순으로 그 과정을 정할 수 있다. 선교에 대한 잘못된 의식을 바르게 하고 전도에 대한 책임을 수용하게끔 하는 일이다. 전도는 전 교인이 다 해야 한다는

---

[34] Orlando E. Costas, *The Integrity of Mission*, New York: Harper & Row, 1979, pp.1-93.

전도의 보편화 의식을 무엇보다도 먼저 운동으로 펴 나가야 한다.

넷째로, '선교'는 '총체적 성장'이다(Mission is integral growth).

우리는 증거, 권면, 상담을 통해서 수량적 성장을 도모해야 하고, 신학의 이해와 봉사, 그리고 성도의 교제로 깊이의 성장을 도모해야 하며 빛된 삶, 타인을 위한 삶, 희생의 삶 등으로 대 사회적 성장을 해야 한다.

다섯째로, '선교'는 '해방'이다(Misison is liberation).

선교는 인간과 분리해서 생각할 수 없다. 하나님의 말씀을 통해서 볼 때 약한 자와 억눌리는 자에 대한 언급을 결코 간과할 수 없다. 성경은 하나님의 해방적 행동과 관련된다.

여섯 번째로, '선교'는 '축제'이다(Mission is celebration).

선교는 승리적인 상황을 축하함이고, 교회를 축하함이며 이 축하는 예배의 연속이다.[35]

이 과격한 복음주의자들 가운데 메노나이트파는 복음주의의 카테고리에 포함시킬 수 있으나 빠떨라, 에스코바르, 코스타스는 해방 신학계열에 속하는 자들로서 WCC와의 유대를 고려할 때 복음주의 카테고리에 넣기 보다는 차라리 에큐메니칼에 속하는 것으로 보는 것이 좋을 것이다. 그러나 여기서의 이 분류는 아더 존스톤의 분류임을 밝혀둔다.

5. 고백적 복음주의자들(Confessional Evangelists)의 선교 이해:

독일 복음주의 신학자들이 1970년 3월 3일, 4일 양일간 프랑크푸르트에 있는 도미니칸 수도원에 모여서 발터 퀴르네트(Walter Kürneth)박사를 의장으로 독일 복음주의 신학회의를 개최하여 게오르그 휘체돔의 **혁명 세계 속의 선교**(*Misison in einer Welt der Revolution*)[36]라는 책과 피터 바이어하우스의 **인간화: 세계의 유일한 희망인가?**(*Humanisierung: einzige Hoffnung der Welt?*)[37]라는 두 권의 책과 제출된 문서들의 문제성에 대해서 다루면서

---

[35] *Ibid.*

[36] Georg Vicedom, *Misison in einer Welt der Revelution*(Bookhaus Verlag, 1968)

[37] Peter Beyerhaus, *Humanisierung: einzige Hoffnung der Welt?*(MBK Verlag, 1968).

피터 바이어하우스에 의해서 초안된 프랑크푸르트 선언문[38]은 선교에 위기가 왔음을 선언하면서 성경적 토대에 입각하여 기독교인들과 교회들과 선교 단체들에게 하나님께서 부여하신 (선교 본연의) 임무에로 다시 돌아갈 것을 촉구했다. 피터 바이어하우스교수는 선교의 개념을 성경적으로 다음과 같이 정의하고 있다.[39]

(1) '선교'는 하나님을 영화롭게 하는 것(a mission which glorifies God)이다. 멸망 상태에 처한 인간에 대한 긍휼과 동정심에서가 아니라 하나님께 영광을 돌리는 것이 선교의 관심이다. 선교는 세상의 대변인이 아니라 세상에서 하나님의 대변인이 되는 것이다.

(2) '선교'는 영원한 구원을 증거하고 제시하는 것(a mission which brings eternal redemption)이다. 죄로 영원한 멸망에 처한 인간에게 자유, 정의, 평등 …. 등의 수평적인 평화(샬롬)로는 영원한 죽음 문제를 해결할 수 없고, 오직 예수 그리스도를 통한 하나님과의 화해(reconciliation)의 결과로 샬롬(shalom)을 오게 하는 것이 '선교'이다.

(3) '선교'는 '마귀를 내어 쫓는 것'(a mission which exorcizes demons)이다. 예수님의 사역도 하나님 나라를 선포하시면서 귀신을 내어 쫓고 (*dedemonization*) 병을 고쳐 주시는 일을 하시면서 하나님 나라의 임재를 'here and now' (여기, 이제)로 말씀하셨다.

(4) '선교'는 그리스도의 재림을 준비케 하는 것(a mission which prepares Christ's return)이다. 그의 우주적 통치의 교두보인 교회는 주의 돌아오심을 준비함에서 모든 백성 앞에 복음을 증거하도록 부르심을 받았고 보내어졌다.[40]

---

[38] 이 선언문이 작성된 배경에 대해서 Beyerhaus는 그의 저서 **혼들리는 기초** (*Shaken Foundation*, Grand Rapids: Zondervan Pub. Co. 1972)의 제5장 "The Story of the Frankfurt Declaration"에서 우리는 바이어하우스의 선교 이해를 알아본다. 여기 참고로 프랑크푸르트 선언문에 최초로 서명한 교수 명단을 제시해 본다.P. 바이어하우스교수(신학박사, 튜빙겐대학교, 선언문 작성)W. 뷜트교수(신학박사, 자르부르크컨대학교)E. 얼바인교수(신학박사, 에르랑켄대학교)H. 엔겔란교수(신학박사, 키엘대학교)H. 프라이교수(신학박사, 베텔대학교)J. 호이바흐교수(신학박사,라우엔부르크대학교)A. 킴멜교수(신학박사, 라이프찌히대학교)W.퀴르네트교수(신학, 철학박사, 에르랑켄대학교), 대회의장O. 미첼교수(신학교수, 튜빙겐대학교)W. 문틀레교수(신학교수, 마르부르크대학교)H. 로르바흐교수(철학박사, 마인쯔대학교)G. 스텔린교수(신학박사, 마인쯔대학교)G. 휘체돔교수(신학박사, 노이엔데테르자우스대학교)U. 비거트교수(신학박사, 튜빙겐대학교)J. W. 빈터하거교수(신학박사, 베를린대학교)

[39] *Ibid.*, pp.34-47.

[40] *Ibid.*

6. 오순절 복음주의자들(Pentecostal Evangelicals)의 선교 이해:

은사주의자들(The Charismatics)과 오순절 운동(The Pentecostal Movement)을 하는 자들은 특별히 성령의 현현(manifestation)과 체험을 강조한다. 오순절주의자들은 하나님께서 자신들을 말세에 선교 위임을 하나님으로부터 받은 특별한 사람들이라고 이해한다. 오순절주의자들에게 성령 세례의 의미는 구원받은 후에 받는 두 번째 축복(second blessing) 즉 더 깊은 영적 체험이다. 말세에 성령의 세례는, 초대 교회에 내린 이른 비 성령 세례와는 대조적인 늦은 비에 해당하는데 임박한 종말의 예비적 징조에 해당하는 선교적 사건이라는 것이다. 이런 마지막 때 성령의 불을 받은 자들은 하늘의 능력을 덧입고 마지막 선교의도구로 쓰신다는 강한 선교 중심적 성령 이해 내지는 성령 사역 중심적 선교 이해를 오순절적 복음주의자들이 가지고 있다. 오순절주의자들은 성령의 자의적 사역(주권적 사역)을 강조한다.

> 성령을 바람에 비유한 이유는 바람의 임의성 때문입니다. 바람은 자유로이 움직입니다. 인간이 바람을 조작할 수는 없습니다. 이처럼 성령님께서는 절대 주권적인 하나님으로서 당신이 원하시는 대로 역사하시지 우리 임의대로 성령님을 움직일 수 없습니다. 성령님께서 이 시간 기상천외의 일을 하라셔도 나는 그대로 행할 것입니다.[41]

이들은 또한 성령의 임의성에 대한 강조와 함께 성령의 구체적 인도와 내재성에 대한 강조를 통하여 끊임없이 변화하는 상황에 대처하도록 하는 것이다. 그러므로 오순절복음주의자들의 선교이해는 성령의 임의적 사역에 의한 구원 역사에 참여하되 그때 그때의 선교적 상황에 구체적으로 대응하고 응답하는 행위라고 할 수 있다.

---

[41] 조용기, *성공적인 목회 설교*(서울: 서울 서적, 1984).

7. 신복음주의자들(New Evangelicals)의 선교 이해 :

신복음주의(Neo-Evangelicalism)는 모든 복음주의 운동 가운데서 숫적으로나 신학적 깊이와 세력면에 있어서 가장 큰 규모요 가장 중심적 위치에 자리 잡고 있다. 이 운동의 리더(leader)는 빌리그래함(**Billy Graham**)이다. 신학계에서 '신복음주의'(Neo-Evangelicalism)라는 새 단어를 처음 사용한 것은 1948년에 캘리포니아주 파사데나시 레이크 애비뉴에 있는 레이크 애비뉴 회중교회(Lake Avenue Congregation Church)에서 시작된 풀러신학교의 개학식 연설에서 오켕가(Harold J. Ockenga)에 의해서 였다. 이때 오켕가와 그의 신학적 협력자들이 의미한 것은 과거의 근본주의 신학의 장점과 복음주의 신학의 열정과 장점을 결합 시켜서 복음의 세계적 확산을 위한 새로운 시작(**the new beginning for the world evangelization**)을 의미 했던 것이다.[42]

그들은 근본주의(Fundamentalism)적 요소 가운데 1)신학적 역사적 전망의 결여, 2)교리 표현의 모호성, 3)학자적 자질의 결여, 4)적절한 문서운동의 결여, 5)세대주의적 입장, 6)문화와 사회 문제에 대한 의식 결여, 7)부정적 사고 방식 및 반대를 위한 반대, 8)투쟁을 위한 투쟁, 9)복음을 개인적 종교 체험으로 축소시키는 것[43]등등의 단점을 버리고 기독교인들의 사회적 책임에 대한 보수주의자들의 새로운 인식을 촉구[44]하고 있다. 또한 신복음주의는 "성경의 권위를 받아드리는 점에서는 신정통주의와 단절되며 현대주의자들의 교리 체계를 반대하고 전적으로 정통적인 교리 체계를 수락하므로 자유주의자들과도 관계를 단절하고 있다"[45]고 오켕가박사는 강조하고 있다.

신복음주의자들이 1)성경의 권위와 무오성 교리에 대한 현대인들의 이해를 도모하는 것과, 2)성경 진리와 현대 과학과의 불일치와 괴리 현상에 대한 합리적인 설명을 시도, 3)효과적인 세계 복음화를 위해서는 자유주의자

---

[42] Victor M. Matthews, *Neo-Evangelicalism*(Des Plaines, Ill: Regular Baptist Press, 1971), pp.1-2.

[43] 114 Ronald Nash, *The New Evangelism*(Grand Rapids: Zondervan Pub. co.. House, 1963), pp.23-32.

[44] Harvie M. Conn, *현대 신학 해설*(서울: 한국 개혁주의 신행협회, 1979), p.172.

[45] Herold J. Ockenga, "The New Evangelism", *The Park Street Spirit*, February, 1958, pp.4-5.

들까지 포함한 세계의 모든 기독교인들이 서로 함께 손을 잡고 전도해야 한다는 협력 전도를 주장하였다.[46]

　신복음주의를 이끌고 있는 빌리 그래함은 이 세상을 불타는 집에 비유하고 있다. 고층빌딩에 불이 타고 있는데 우선 급선무는 불을 끄는 것 보다 고가 사닥다리를 펴고 건물 안으로 뛰어들어가 아우성 치고 있는 영혼들을 구출해 내는 일이다. 이러한 불타는 세계를 향해서 그리스도인들은 복음 선교에 대한 긴급성(urgency)을 느껴야 한다는 것이다.

　우리가 살고 있는 이 세상은 이미 '이 세상 임금'(요 16:11)들의 공중권세 아래 있기 때문에 본질적으로 악하게 보는 것이 신복음주의자들의 세계관이며, 따라서 기독교인들은 이 세상과 짝하여 즐겨서도 안되지만 그렇다고 이 세상을 도피해서도 안된다. 1966년 베르린(Berlin)에서 열린 세계 복음화대회(Weltkongress für Evangelization in Berlin)는 "한 인류, 한 복음, 한 임무"(One Race, One Gospel, One Task)라는 주제 아래 발표한 선언문 내용을 보면 신복음주의 신학과 선교를 이해하는데 도움이 될 것이다.

> 　우리는 사람 편이 아니라 하나님 편에서 먼저 구원의 복음을 전파할 것을 강조한다. 우리는 하나님의 말씀을 인간의 말을 통해서 전파하도록 하나님의 백성으로 부름을 받고 있다. 우리는 성경 진리의 권위 아래 두지 않는 모든 신학과 비평을 거부하고 하나님의 말씀에 무엇을 덧붙임으로 그 권위를 약화시키는 모든 전통과 주의를 배척한다. …… 복음 전도는 십자가에 달려 돌아가셨다가 부활하신 그리스도에 관한 복음(고전15:3-4)을 전파하는 것이다. 그는 성경대로 인류를 위한 유일한 구세주이며, 복음전도의 목적은 저주받고 잃어버린 죄인들이 하나님을 의지하고 성령의 능력을 통하여 그리스도를 구주로 영접하고 예수 그리스도를 삶의 현장에서나 공동체 내에서 구주로 섬기며 그가 영광중에 재림하시는 날을 기다리는 것이다.[47]

　이 선언문 마지막 부분에서는 이 대회 개최에 대한 전망을 보여 주신 빌리 그래함과 이 전망이 실현되도록 기여한 크리스체니티 투데이(Christianity Today)지에 감사한다는 명문화된 문구를 보더라도 이 대회가 신복음주의자들[48]인 Harold Lindsell이나 Carl F.H. Henry등의 학자들에 의해

---

[46] Harvie M. Conn, *Op. cit.*, pp.170f.
[47] 베르린 세계 복음화 대회 선언문 제2항.
[48] Billy Graham과 Christianity Today지는 바로 신복음주의 운동의 상징적 존재라 할 수 있다.

서 주도되어진 것임을 쉽게 이해할 수가 있다. 이 대회의 성격에 대해서 아더 죤스톤은 다음과 같이 정리하고 있다.

1)교회론 중심적 선교이다.

신복음주의자들은 복음 전도의 책임이 교회에 있다는 존 스토트(John R. W. Stott)의 견해를 적극 수용하여, 교회의 세례와 교육의 역할은 복음 전도의 책임 내에서의 본질적인 연결(links)로서 해석한다. 다원적이고 자발적인 미국 복음 전도가 개인주의적 열심으로부터 부흥주의적 교회론 중심의 선교로 방향 전환을 하고 있는 것이다.[49]

2)서구의 선교로부터 전 세계 교회의 선교(missions)에로의 전환 촉구이다.

신복음주의자들은 2차 세계대전 후 민족교회 의식의 부상과 더불어 제3세계 교회들은 제3세계에 선교를 추구하도록 격려를 받았다. 이 선교 대회가 서구 선교의 종말은 아니었지만 자기나라의 경계선을 넘어서는 제3세계에 대한 그들의 선교의 시각을 표시했다.

20세기초반부터는 구원의 단위가 '개인'에서부터 '사회'로 바뀌어져 가는 사회복음주의 영향이 교회의 선교적 과업(the task)의 재고를 강요했다. 이것은 신약 성경의 저변에 흐르고 있는 종말론적 사상보다는 윤리적 성격을 띤 "현재 여기에서"(Here and Now)의 하나님 나라 건설과 관련된 '시민 종교'(a civil religion)의 한 형태가 되어버렸다.

여기에서의 선교적 개념은 필히 교회와 세상과의 담벽을 허물어 버리는 것에 귀착될 수밖에 없는 세속화 선교, 현존 선교, ... 등등의 새로운 선교가 등장했다. '66 베르린 대회는 이러한 WCC 신학자들에 의한 '선교(mission)의 새 정의'에 대처하는 투쟁이었다. 선교는 주로 사회의 재구성을 위한 것이 되었고 복음 전도는 주로 그 성취를 위한 수단으로 생각되었으며, '하나님의 선교'(Missio Dei—1958 '가나' 대회 주제)가 선교이지 인간의 복음 전도의 노력이 선교가 아니라고 생각하는 잘못된 선교 개념에 대해서 신복음주의자들은 '66 베르린대회에서 "영혼 구원을 위한 전도를 통한 세계 복음화는 전 세계 교회가 책임지고 나가야 할 과업임"을 선포했고, '74 로잔대회에서는 복음의 선포와 사회적 책임에 대한 교회의 인식을 촉구하는 선교 이해를 가져왔다.[50]

---

[49] Arthur Johnstone, *Op. cit.*, p.175f.

[50] *Ibid.*

3)초교파적, 초국가적, 인종 초월적, 사도적 사명 이행의 선교이다.

신복음주의자들은, 성경의 무오성에 대한 확고한 신앙과 그리스도로부터 위임받은 권위를 가지고 사도적 시각(perspective)에서 문화적 장벽을 초월해서 행하는 모든 활동이 선교라고 보았다.

4)전략 지향적 선교이다.

신복음주의자들은 '세계의 창문들'로 제시된 10/40 지역에 분포되어 있는 세계의 주요 종교에 대한 고찰을 통해서 복음주의적 시각에서 특정한 지역에 대한 아주 훌륭한 전략을 제시하고 있다. 이것은 신학적 강조점이 선교전략에 영향을 끼치는 바가 크다는 사실을 제시하고 있다.[51]

8. 분리주의 및 세대주의적 근본주의자들(Separate-Dispensational Fundamentalists)의 선교이해:

신복음주의의 신학 및 선교 노선에 대해서 반대적 입장에 서 있는 대표적인 두 종류의 노선을 우선 들어본다며 분리주의적 근본주의(Separate-Fundamentalism)와 세대주의적 근본주의(Dispensational Fundamentalism)을 들 수 있다. 전자를 신근본주의(Neo-Fundamentalism)이라고 명명하는 학자도 있다.[52]

근본주의가 차츰 세대주의와 동일시되어 가는 경향이 퍼져 나갔고, 세대주의자들은 이런 동일시를 환영하였으나[53] 계약 신학적 기초 위에 서 있는 보수주의 장로교 칼빈주의자들은 새로 조직된 미국 장로교(PCA, the Presbyterian Church of America—여기서 후에 갈라져 나간 일부가 OPC 곧 the Orthodox Presbyterian Church가 되었다)가 기독교인의 자유, 전천년설 주장 및 세대주의 비판 등의 공통된 주제를 중심으로 그레샴 메이첸(J. Gresham Machen)과 그의 후계자들은 웨스트민스터 신학교에 모였다.[54]

---

[51] *Ibid.*

[52] Harvie M. Conn, *Op. cit.*, p.162f.

[53] Edward J. Carnell, **The Case for Orthodox Theology** (Philadelphia : Westminster Press, 1959), pp.117-119.

[54] George Marsden, "Perspective on the Division of 1937", **Presbyterian Guardian, XXXIII** (January-April, 1964).

분리주의적 근본주의

칼 매킨타이어를 중심으로 한 몇몇 교회 지도자들은 웨스트민스터 신학교가 행하고 있는 세대주의에 대한 신학적 공격은 궁극적으로 전 천년설에 대한 아군진영자살공격이라고 주장하고 이를 반대했다.[55] 이 논쟁의 결과로 성경 장로교(BPC, the Bible Presbyterian Church)가 정통 장로교(OPC)로부터 분리하게 되었다. 이들이 근본주의자들의 진영을 향하여 자기들의 환상에 동참치 아니하는 자들로부터 '분리하라'고 경고하고 외치는 데서 분리주의자들(Separatists) 혹은 분리주의적 근본주의자(Separate-Fundamentalists)라는 이름이 붙게 된 것이다.[56]

신복음주의 진영의 대변자 중의 한 사람인 칼 헨리(Carl Henry)는 신근본주의 혹은 분리주의적 근본주의를 "1)근본주의의 축소 현상으로서 2)극도의 세대주의, 3)과도한 감정주의(emotionalism), 4)사회로부터의 도피 은둔주의, 5)문화적인 도전 앞에서 가지는 위축과 공포, 6)윤리적 문제에 대한 소홀, 7)호전적인 신학 논쟁, 8)이기주의적인 경건 강조"등의 약점을 지적했다.[57]

이들의 선교 이해는 우선 무엇보다도 이들이 복음을 전파하고 옹호(defense)하기를 원한다는 사실에서부터 출발하는 것이 좋겠다.[58]

그러나 이들이 옹호하려는 면이 전파하려는 면 보다 더 우세하므로 이들의 복음 전파는 자연히 긍정적 적극적인 자세가 되지 못하고 부정적 소극적 자세가 되었다. 따라서 당당한 진리 싸움이 되지 못하고 사사로운 감정 다툼이 되었으며, 은혜와 예의를 벗어나서, 지나친 질책으로 바뀌어 버렸다.[59]

이들의 선교 이해는 또한 성경적인 바른 교리를 펴나가는 것이라고 하나 교리적인 상이점을 논하는 데는 의도적인 유예기간을 선포하고 칼빈주의적 성경 신학의 유기적 관련성과 생활 전반에 걸친 하나님 나라의 확장에

---

[55] Ned B. Stonehouse, *J. Gresham Machen: **A Biographical Memoir*** (Grand Rapids: Eerdmans Pub. Co., 1955), pp.503f.

[56] Harvie M. Conn. *Op. cit.*, p.165.

[57] *Ibid.*

[58] Cornelius Van Til의 ***The Defense of the Faith***는 이러한 내용을 대변하는 대표적 저서로 유명하다.

[59] Harvie M. Conn, *Op. cit.*, p.165.

대한 강조에 있어서는 잠잠하였다.[60] 그리고 예배참석, 기도생활, 성경 읽기 등 개인적인 경건생활은 강조하면서 경제학, 사회학, 자연과학 등의 세상 문화영역이 성경 신학에 의해서 적극적으로 지도 받지 못하고 소극적으로 제약을 받는다.[61]

이들은 자유주의의 확산에 대항하여 보수주의자간의 단합 협동을 촉구하지만 지나친 경쟁의식은 비협조적이어서, 같은 보수진영에 까지도 "회개하라"고 하는 '운동주의'(movementism)으로 흐른다.[62]

이들은 특히 교회론을 강조하면서 교회의 순결성과 복음의 근본적 신조 내에서의 영적 통일성을 강조한다. 이 운동은 개인적 사회의 윤리적 문제는 성령의 사역에 의한 개개인의 초자연적 중생 체험을 통해서만 해결된다고(요 3:35) 주장한다. 이들의 대 사회적 선교 활동은 금주운동 구조작업, 병원, 고아원, 가난한자 구제활동과 종족문제, 민권문제, 반공운동 등에 관심을 갖는 것 등이다.[63]

교회 성장학자 도날드 맥가브란의 이론을 발전시킨 피터 와그너(Peter C. Wagner)의 주장에 의하면 'E-0 성장'이라는 것이 있다. '내적 성장'(inner-growth)라고도 하는데 개교회로 말하면 외형적으로는 교인들의 숫자가 증가한 것이 없으나 교인들의 신앙 상태가 영적으로 성장한 것을 말한다. 분리주의적 근본주의에서의 선교 개념이 이와 같은 것이라고 필자는 단정하고 싶다.

세대주의적 근본주의

다음으로는 세대주의적 근본주의(Dispensational Fundamentalism)의 선교 이해에 대해서 생각해 보고자 한다. 세대주의(Dispensationalism)이란 영국의 플리머스 형제운동(Pymouth Brethren Movement)의 지도자 죤 다비(John Nelson Darby 1800-1882)에 의해서 시작되어, '스코필드 관주 성경'으로 유명한 C. I. 스코필드에서 발달한 신학 사상인데, 하나님의 구원사를 7세대[64]

---

[60] *Ibid.*

[61] Louis Gasper, ***The Fundamentalist Movement***, (The Hague: Mouton and Co., 1963), pp.104-109.

[62] *Ibid.*

[63] Earling Jorstad, ***The Politics of Doomsday*** (Nashville: Abingdon Press, 1970), pp.92f.

로 나누고 각 세대마다 구원의 방법이 다르다고 주장한다. 예수 그리스도의 재림과 관련해서는 전 천년설을 주장한다. 데살로니가전서 4장 17절의 해석에서 이방신자를 위한 7년 휴거를 말한다. 이 기간 동안 유대인들은 지상에서 7년 대환란을 통과하며 지상 천년 왕국은 다윗 왕국과 관련된 구약 예언이 문자적으로 지상에서 성취하는 것으로 믿고 있다.[65]

이들의 성경관은 성경이 하나님의 영감에 의해서 쓰여졌기 때문에 절대적으로 오류가 없다고 믿으며, 현대 이성주의 및 과학주의에 의한 성경 비판 태도에 반대하며[66] 바스(C.B. Bass)가 지적한 바 대로 엄격한 문자주의적 해석은 "강요된 해석"의 과오를 범하게 된다.[67] 그러나 달라스 신학교 조직신학 교수인 찰스 콜드웰 라이리(Charles Caldwell Ryrie)는 "말의 문자적 해석은 모든 언어의 이해에 가장 정상적인 접근"으로서 "일상적인 해석"이요, 또 "문자주의자들은 비유적 언어나 예언에 사용되는 상징적 언어와 영적 의미를 전달하는 언어등을 무시하거나 거부하지 않는다"[68]고 하였다.

또한 Ryrie는 예수님의 초림에 관한 구약 예언이 모두 문자적으로 성취되었고, 논리적으로도 만약 언어가 문자적으로 해석되지 아니하면 언어의 객관성이 사라진다는 이유로 문자적 해석을 주장한다.

이러한 세대주의자들은 개인의 영혼 구원에 가장 큰 관심을 기울이는 선교관을 가지고 있다. 이들은 조직화된 가시적 교회는 형식에 치우쳐서 영혼 구원이라는 가장 중요한 사명을 감당해내지 못한다는 주장이다. 이들은 평신도들이 신학적이 아닌 살아 있는 하나님의 말씀, 생명의 양식으로서의 성경 이해에 쉽게 접근하게 함으로써 성경 공부에 친근해지게 하여 선교에 접근한다. 현대의 과학주의, 합리주의의 영향으로 성경의 절대적 권위가 도전 받고 있는 때에 성경의 진리 보급 운동으로 선교의 열매를 거두고 있는

---

[64] 제1세대: 창조부터 홍수까지   제2세대: 홍수후 노아의시대   제3세대: 아브라함의 시대   제4세대: 이스라엘시대(A: 율법시대, B: 제사장시대, C: 왕정시대)   제5세대: 이방인들의 시대   제6세대: 성령의 시대   제7세대: 천년왕국 시대

[65] Charles Caldwell Ryrie, *Dispensationalism Today* (Chicago Moody Press, 1965), p.70f.

[66] Fames Barr, *Fundamentalism tr. by William Chang* (서울: 대한 기독교출판사, 1984), pp.7f.

[67] Clarence B. Bass, *Backgrounds to Dispensationalism: Its historical genesis and ecclesiastical implications*, (Grand Rapids: Baker Book House, 1977), pp.150f.

[68] Ryrie, C.C. *Op. cit.*, p.87.

것이다. 이들은 또한 전 천년설 말세의 임박성을 알림으로서 선교에 대한 열정을 불러일으키는데도 공헌하였다.

9. 에큐메니칼 복음주의자들(Ecumenical Evangelists)의 선교 이해:

복음주의자들 가운데서는 훼스토 키뱅게레(Festo Kivengere)를 중심으로 해서 에큐메니칼 진영과 친교하기를 원하는 자들이 있다. 1974년 스위스 로잔(Lausanne)에서 세계복음화대회가 열렸을 때, 훼스토 키뱅게레는 마지막 날 성만찬을 집례하면서 "우리 복음주의자들이 WCC와 친교하는 것이 옳으며, 우리쪽에서 그쪽으로 먼저 손을 뻗치자"고 간절히 호소하는 설교를 하였다. 이 설교를 듣고 난 피터 바이어 하우스가 이들에게 붙여준 명칭이 에큐메니칼 복음주의자들(Ecumenical Evangelists)이다. 이들은 에큐메니칼 진영과 손을 잡고 하나가 되어 화해의 복음을 증거하는 것을 그들의 선교 이해로 삼았다.

결 론

'선교'를 체계적인 신학연구의 중요한 주제 중의 하나로 취급하기 시작한 것은 최근의 일이다. 그런데, 선교가 무엇인가에 대해서 정의를 내리는 일에서부터 선교의 신학적 논의가 전개되어야 할 터이지만 그것이 쉬운 일이 아니다. 광의의 개념에서 선교를 정의하다 보면 스티펀 니일(**Stephen Neill**)이나 맥가브란(**Donald A. McGavran**)이 우려한 것처럼 선교는 "모든 것이 선교"(everything is mission)일 수도 있고, "아무것도 선교가 아닐"(nothing is mission) 수도 있다는 모순된 논리에 빠질 수가 있다.

그러나 우리가 기독교 신앙과 복음의 본질적인 성격을 생각 해 볼 때 **기독교 신앙은 본질적으로 선교적**이라고 할 수 있으며, 오순절 사건이후 사도행전적 신약 교회도 본질적으로 선교적인 동기에서부터 출발하고 있다.

선교 역사 연구의 결과는 19세기에 이미 복음이 전 세계적으로 확산되었다고 결론짓고 있다. 세계 6대륙과 북극 남극까지 19세기에 이미 복음이 다

전해지고 교회가 세워졌다. 세계 복음화의 선교 열기가 지구 전체를 뜨겁게 하였다. 그래서 선교 신학자들과 교회사가들은 19세기를 '선교의 세기'라고까지 말한다.

그러나 20세기는 '세계적 선교대회의 세기'였다. 이 기간 중에는 기독교인들이 어디서 좀 모였다하면 거기에는 '세계 선교 대회'와 관련을 가지는 일들이 대부분이었다. 이러한 세계 선교 대회 과정에서 에큐메니칼 선교 신학 사상 때문에 전통적인 교회 중심의 선교가 거부되고, 하나님의 선교(**Missio Dei**) 사상이 기세를 더해감에 따라서 선교사 파송이 유보되거나 이미 파송 받아 현장에서 뿌리내리고 활동하고 있는 선교사들에게도 선교 지원금을 중단함으로써 선교 현장으로부터의 철수를 강요 당하는 사례가 증가하고 있다.

선교는 '어떻게', '어디서부터', '어디로', '누가' 하는가 하는 문제를 내걸고 1910년 에딘버러 선교대회 이래로 씨름 하다가 1958년 가나 선교 대회 때부터는 "선교란 무엇인가?"라는 주제를 가지고 지금까지 전 세계 교회와 선교 주체들이 씨름하고 있다.

역사적으로는 '선교'(mission)의 개념이 먼저 생긴 것이 아니고 '선교사'(missionary)의 개념이 먼저 생겼다는 설이 있다. 중세의 프란시스칸 종단에서 수도사들이 이교도들의 세계에 가서 수도원을 건립하고 거기 살면서 복음을 증거 했는데 이들을 "미션나리"라고 부른 데서부터 선교의 개념을 찾아 볼 수 있다.

그러므로 선교의 기본 개념에 '파송', '사명', '위임'의 뜻이 있는 것이다. 복음서에 나오는 선교 지상 명령을 분석해 보면 "가서 세례를 주라"는 명령과 "가르쳐 지키게 하라"는 명령으로 구성되어 있다. 전자는 타 문화권에 가서 이방인들에게 복음을 전하고 세례를 주어서 교회를 세우라는 '선교 사역 명령'이고, 후자는 가르쳐 양육하고, 말씀대로 지켜 행하게 하는 '목회 사역 명령'이다. 이 양자의 관계에서 논리적으로 볼 때 선교 사역이 선행하지 아니할 때 목회 사역이 존재할 수가 없기 때문에, 선교 사역이 교회의 본질적 사명이 되는 것이다.

18세기 이전까지는 개신교회의 선교 개념이 이 세상 사람들을 교회로 불러모아서, 교회를 중심으로 하나님 나라를 확장시키는 것에 우선 순위

(priority)를 두었다. 그러나 18세기 이후에는 종래의 교회 확장의 선교 개념에서부터 해외 타 문화권 선교(cross-culture foreign misison)의 개념으로 쓰이게 되었다.

이것이 고전적인 선교의 개념으로 인식되었으나 선교의 활동을 주도하는 선교 사업은 교회 전체의 사명으로 해 온 것이 아니고 교회 안에서 조직된 소수의 자발적인 기관(voluntary organization)과 회심후의 두 번 째 결단(second decision making)이 이루어진 엘리뜨들이 해외에 나가서 제자를 삼는 것을 선교의 지상 목표(마 28:19,20)로 삼았다. 이들이 국제적인 유대 관계를 가지고 열심을 내어 세계적인 선교 대회를 개최하면서, 타 문화권에 복음을 전해 왔기 때문에 선교의 발전이 이루어져 오게 된 것이다.

그런데 이러한 뜨거운 복음주의 선교의 열기는 19세기 후반기부터 세차게 몰아치는 자유주의 찬바람에 식어 가면서 기독청년 지도자들에 의해서 주도되었던 해외 선교 운동이 앞 세대와의 연결 관계가 단절되면서 해외 선교에서 사회의 구조적 악을 제거하고 개선해 나가려고 하는 사회 복음주의로 관심이 전향되어 갔다.

기독교 선교는 차츰 위기 국면을 맞이하게 되었고, 새로운 신학이 에큐메니칼 선교에 영향을 주면서, 교회가 하는 일 모두가 선교이기 때문에, 지금까지 전통적인 선교 개념에서 타문화권에 선교사를 파송하는 것이 무의미한 일이라고 신학적으로 판정을 내렸다. '성육신 신학'의 영향으로 '현존 선교'가 등장하였고 교회의 선교적 본질 개념을 극대화하면서 광의의 선교 개념을 채택한 에큐메니칼 선교 신학은 '하나님의 선교'(**Missio Dei**) 사상을 그 신학의 중심점에 두게 되었다.

이들은 교회의 본질을 강조해 나갈 때 지금까지 복음주의적 좁은 의미의 선교 개념으로는 부적합하다고 주장하면서 새로운 선교 개념의 당위성을 주장하였다. 여기서 도르트회의(1618-9)에서 보에티우스에의해서 주장되고 채택된 "개종", "교회 설립", "하나님께 영광"이라는 고전적 선교 개념은 포기되어질 수밖에 없으며, 대신에 타종교와의 대화, 인권, 정의, 평화, 인간화, 세속화, 샬롬 건설 등이 새로운 선교 개념의 내용이 되었다.

에큐메니칼 선교 신학의 핵심이 "하나님의 선교 사상"이라고 이미 말했는데, 이 사상에 의하면 하나님의 보이지 아니하는 모든 활동은 교회와는 상관없이 하나님의 예정하신 자의적이고 주권적인 뜻 안에서 완전히 독자적으로 이루어 나가시는 모든 활동이 세상 안에서 전개될 때 여기서 선교 적 의미를 찾을 수 있다는 것이다.

이 사상을 체계화시킨 신학자로는 칼하르텐슈타인, 게오르그 휘체돔도 있지만 누구보다도 요하네스 호켄다이크의 역할이 크다 할 것이다. 그는 종래의 "하나님-교회-세상" 모델의 선교 신학을 비판하고, "하나님-세상-교 회" 모델을 내세웠다. 전통적 선교 개념 내에서 반 룰러가 말한 "선교가 교 회의 한 기능"이라는 말이 잘못이라고 지적하면서 호켄다이크는 "교회가 선교의 한 기능"이라고 말함으로써, 교회를 존재(Sein)로서 보지 아니하고, 기능(Function)으로 보았다. 이것은 고전적 교회론을 전면 부정하는 교회론 의 혁명 선언문과도 같은 말이다.

호켄다이크가 주장하는 선교 개념의 요점은 하나님 나라(샬롬)의 확장이 곧 선교라고 했다. 이러한 선교를 위해서 교회는 "모이는 구조"에서 "흩어 지는 구조"로 바뀌어져야 하며, "세상을 위한 교회", "타자를 위한 교회"가 되어야 한다는 주장이다. 이러한 에큐메니칼 선교 신학이 1952년 빌링겐에 서 열린 제5차 세계 선교 대회에서 세상과 교회의 구별을 없애자는 극단적 주장에까지 이르자, 레슬리 뉴비긴 등이 "세상에서 활동하시는 하나님과 구원의 하나님은 동일하신 하나님이지만 그 행위는 다르고, 선교는 복음이 온 세상에 전파되고, 모든 인류에게 증거되는 지리적 확장 개념을 포함한 다"고 했다.

또 호켄다이크는 앞으로 나타날 제4인간형에 대해서는 "무종교 형식의 복음"을 전해야 한다고 했는데 결론적으로 이러한 새로운 신학, 새로운 선 교 개념은, 반복음적이고, 비성경적인 잘못된 선교 개념이다.

선교의 개념과 본질을 규명하고자 함에 있어서 에큐메니칼의 선교이해와 복음주의의 선교이해에 현저한 차이가 있다고 하더라도 이를 흑백 논리에 의해서 이분법적으로 구분짓는 것은 좀 곤란하다는 것을 본론에서 언급하 였다. 왜냐하면 복음주의적 선교이해도 여러 종류의 입장이 있기 때문이다. 성경적 복음주의의 선교이해만 하더라도 존 스토트는 "하나님께서 자기 백 성을 세계 속으로 보내게 하시는 모든 일을 포괄하는 말이 선교"라고 하고 그것은 복음화(evangelization)와 사회적 책임(social obligation)을 포함하는 것이라고 하였다. 그러나 칼 바르트는 "예수 그리스도 안에서 만나게 되는 하나님의 자기 계시를 통하여 하나님과 화해하게 되는 사건을 선교"로 보는 것이다. 예수 그리스도께서 십자가에서 죽으심으로 인하여 하나님과 인류 사이에는 화해라는 단 일회적 사건이 성립하게 되었고 이 사건을 알지 못하는 자들에게 선포하여 알려 주는 일이 선교라고 했다. 이 주장은 보편적이면서 포괄적인 구원론에 빠지기 쉬운 오류를 내포하고 있다. 존 영은 "잃어버린 자의 구원과 토착교회의 설립, 하나님 나라의 건설 및 교회를 통해서 그의 완전한 말씀을 모든 나라에 선포하기 위해서 그리스도의 사자들을 보내는 삼위일체 하나님의 일"을 선교라고 했다.

교회 성장학의 아버지로 불리는 도널드 맥가브란은 "선교기관에 의해서 타문화권에서 행해지는 모든 활동과 사업 그리고 선교사들에 의해서 행해지는 구령 복음 선포 사역과 그에 부수되는 사역"을 일차적으로 선교라고 정의하고 "지교회의 예배 갱신, 예배 형식의 토착화, 및 고아, 병자를 돕는 사회 복지적 측면"을 선교 개념에 포함시키고 있다.

피터 바이어 하우스는 선교의 개념과 본질을 성경적으로 정의하기를 "세상에서 하나님의 대변인이 되어 영원한 멸망에 처한 인간에게 영원한 구원을 증거하고 제시하여(bring eternal redemption) 하나님과 화해케 함으로써 하나님께 영광을 돌리는 것"(glorify God)이라고 했다. 존 스토트나 빌리 그래함을 중심으로한 신복음주의자들이 이해하고 있는 선교의 개념과 본질은 "주님으로부터 땅끝까지 복음을 전하라는 선교의 대위임을 받은 교회가 이 사명을 감당하기 위해서, 초교파적, 초국가적, 인종 초월적, 효과적 전략을 세워서 전 세계적으로 복음을 증거하는 것"이라고 했다.

"선교란 무엇인가?"라는 주제에 대해서 한마디로 대답할 수는 없지만 이에 대한 복음주의자들의 선교이해를 살펴보는 가운데 다음과 같이 필자 나름대로 정리해볼 수가 있겠다.

선교란 영원히 멸망 상태에 처해 있는 인간을 구원하기 위한 하나님의 구원 활동과 세계 경영의 일 가운데 교회에 위임하셔서 그 교회의 기구와 구성원들로 하여금 이 일을 수행해 나가도록 맡겨 주신 모든 일을 선교라고 정의해보았다.

우리는 이 선교를 통해서 개개인의 영혼이 예수 그리스도를 영접하여 이 땅 위에서 하나님 나라를 확장시켜 나가며 교회를 설립하여 하나님께 영광을 돌려 드리게 하는 것을 선교의 목표로 삼는다. 이 목표 달성을 위해서 전 세계의 교회가 교파, 국가, 인종, 성별, 연령, 지위를 초월하여 함께 힘을 모아서 그 효과를 증대시켜 나가는 전문적인 선교 전략을 필요로 한다.(이상)

BIBLIOGRAPHY

1. 외국 서적

Anderson, G. H. & Stransky, T. F. *Mission Trends,(No.1)*. ed. Grand Rapids: W .B. Eerdmans, 1974.

Ames, William. *The Marrow of Theology*. Boston: Pilgrim Press, 1968.

Balke, Williem. *Calvin and the Anabaptist Radicals*. Grand Rapids: W. B. Eerdmans, 1981.

Bass, Clarence B. *Backgrounds to Dispensationalism*. Grand Rapids: Baker Books House, 1977.

Battles, Ford Lewis. *Analysis of the Institutes of the Christian Religion of John Calvin*. Grand Rapids: Baker Book House, 1980.

Baxter, Richard. *The Practical Works of Richard Baxter*, (Vol.1). London: 1888.

Berger, Heinrich. *Calvins Geschichtsauffassung*. Zurich: Zwingli Verlag, 1955.

Beyerhaus, Peter. *Humanisierung: Einzige Hoffnung der Welt?* MBK Verlag, 1968.

_____________. *Reich Gottes Order Weltgemeinschaft*. Bad Liebenzell, 1975.

Blauw, Johannes. *The Missionary Nature of The Church*. NY: McGraw Hill, 1962.

Bosch, David J. *Transforming Missions*. NY: Orvbis Books, 1932.

Carnell, Edward J. *The Case for Orthodox Theology*. Philadelphia: Westminster Press, 1969.

Costas, Orlando E. *The Integrity of Mission*. NY: Harper & Row, 1979.

Gasper, Louis. *The Fundamentalist Movement*. The Hague: Mouton and Co., 1963.

Glasser, Arthur F., McGavran, Donald A. *Contemporary Theologies of Mission*. Grand Rapids: Baker Book House, 1983.

Hahn F. *Mission in the New Testament*. London: S. C. M., 1965.

Harnack, Adolf Von. *What Is Christianity?* NY: Harper & Brothers, 1975.

Hartenstein, Karl. *Die Mission als Theologische Problem*. Berlin: Furche Verlag, 1933.

Hesselink, I. John. *Calvin's Concept of the Law*. Allison Park: Pickwick Publicaitons, 1992.

Hocking, William Ernest. *Rethinking Missions: A Layman's Inquiry After One Hundred Years*. NY: Harper & Brothers, 1932.

Hoekendijk, Johannes. *The Church Inside Out*. London: SCM Press, 1966.

Hoongstra, Jacob T. (ed.) *John Calvin: Contemporary Prophet*. Grand Rapids: Baker Book House, 1959

Horneer, Norman A. *Protestant Cross-Currents in Mission*. ed. Nashville: Abingdon, 1968.

Jogeneel, J.A.B. *Het Christendom als wereldzendingsgodiens*. Hagve: Boeken Centrum, 1986.

Johnston, Arthur. *The Battle of World Evangelization*. Wheaton: Tyndale House, 1978.

Jorstad, Earling. *The Politics of Doomsday*. Nashville: Abingdon Press, 1970.

Kane, J. Herbert. *The Christian World Mission: Today and Tomorrow*. Grand Rapids: Baker Book House, 1981.

Little, Franklin H. *Theology of the Christian Mission*. NY: McGraw Hill, 1951.

McDonell, Kilian. *John Calvin, the Church, and the Eucharist*. Princeton: Princeton University Press, 1967.

Metthews, Victor M. *Neo-Evangelicalism*. Des Plaines: Regular Baptist Press, 1971.

Nash, Ronald. *The New Evangelism*. Grand Rapids: Zondervan Pub. Co. House, 1963.

Newbegin, Lesslie. *Trinitarian Faith and Today's Mission*. Richmond: John Knox Press, 1964.

Niles, D. T. *Upon the Earth: The Mission of God and the Missionary Enterprise of the Churches*. London Lutterworth Press, 1962.

Ockenga Herold J. "The New Evangelism", *The Park Street*(February), 1958.

Palmer, Timothy. *John Calvin's View of the Kingdom of God*. (Ph. D. Dissertation), University of Aberdeen, 1988.

Peters George W. *A Biblical Theology of Missions*. Chicago: Moody Press, 1973.

Rosin, Helmute. *Missio Dei*. Leyden: Inter-University Institute for Missiology and Ecumenics, 1972.

Ryrice, Caldwell Charles. *Dispensationalism Today*. Chicago: Moody Press, 1965.

Scott, W. *Karl Barth's Theology of Mission*. Downers Grove: Inter-Varsity Press, 1978.

Stonehouse, Ned B. *J. Gresham Machen: A Biographical Memoir*. Grand Rapids: W.B. Eerdmans Pub. Co., 1955.

Stott, John. *The Contemporary Christian Applying God's Word to Today's World*. Downers Grove, Inter-Varsity Press, 1992.

Troeltsch, Ernst. *Die Absolutheit des Christentdums und die Religious Geschichte*. Tubingen: B. C. Mobt, 1902.

Verkuyl, J. *Contemporary Missiology: An Introduction*. Grand Rapids: W. B. Eerdmans Publishing Co., 1978.

Vicedom, George. *Mission in einer Welt der Revelution.* Bookhaus Verlag, 1968.

_____________. *The Mission of God.* St. Louis: concordia, 1965.

Visser't Hooft, W. A. *The Background of the Social Gospel in America.* Haarlem: H. D. Tjeenk Willink & Zoon, 1928.

Wagner, Peter C. *Strategies of Church Growth.* Pasadena: Fuller T. Seminary Syllabus, 1983.

Warneck, Gustav. *Outline of A History of Protestant Missions.* Edinburgh: Morrison & Gibbs, 1901.

Warren, Max. *To Apply of Gospel: A Sellection from the Writtings of Henry Venn.* Grand Rapids: W. B. Eerdmans, 1971.

Yoder. *A History of the Educational Movement, (1917-48).* London: SPCK, 1954.

2. 한국 서적

Conn, Harvie M. (간 하배). 현대 신학 해설. 서울: 개혁주의 신행 협회, 1979.

김 명혁. 역사 신학 및 선교 신학 연구. 서울: 총신대 출판부, 1979.

조 용기. 성공적인 목회. 서울: 서울 서적, 1984.

최 정만. 칼빈의 선교 사상. 서울: 기독교 문서 선교회, 1999.

______. 비교종교학개론. 서울: 도서출판 이레, 2002.

3. 번 역 서

Anderson, Gerald H./ 박 근원(역). *The Theology of The Christian Mission./* 선교 신학 서설. 서울: 대한 기독교 서회, 1975.

Bosch, Dowid J./ 전 재옥(역). *Witness to the World/*선교 신학. 서울: 두란노 서원, 1980.

Johnston, Arthur P./ 임 홍빈(역). *The Battle for World Evangelism/*세계를 위한 투쟁. 서울: 성광 문화사, 1983.

Kraemer, Hendrick/ 최 정만 (역). *Christian Message In A Non-Christian World/*기독교 선교와 타종교. 서울: 기독교 문서 선교회, 1993.

Stott, John/ 김 명혁(역). *Christian Mission in Modern World/*현대 기독교 선교. 서울: 성광 문화사, 1981.

Verkuyl, Johannes/ 최 정만(역). *Contemporary Missiology: An Introduction/* 현대 선교 신학 개론. 서울: 기독교 문서 선교회, 1991.

Wagner, Peter C./ 권 달천(역). 교회 성장 원리. 서울: 생명의 말씀사, 1980.

Young, John M. L./ 김 진흥(역). *The Motive and Aim of Mission/*선교의 동기와 목적. 서울: 개혁주의 신행협회, 1972.

색 인

◆ 성 경

◆ 주 제

白山 李眞泰 博士 七旬 記念 論叢

神學과 敬虔

2002年　9月　15日　인쇄
2002年　10月　1日　발행

발 행 인 : 정규남
편집위원 : 노영근 박정식 이태훈 황성일
출판위원 : 총회개혁신학연구원 총동문회
　　　　　 위원장 최수복, 총무 윤서구
발 행 처 : 광신대학교출판부
　　　　　 광주광역시 북구 본촌동 산 70번지
　　　　　 TEL (062) 571-7251~4
　　　　　 FAX (062) 571-7255
인 쇄 소 : 삼일인쇄사
등　 　록 : 북구 제 05-04-0134

定價 : 22,000원

HON
http://www.honam.ac.kr
UNIV